BIBLIOTHÈQUE LATINE-FRANÇAISE

ŒUVRES COMPLÈTES
D'AULU-GELLE

TRADUCTION FRANÇAISE

DE

MM. DE CHAUMONT, FLAMBART ET BUISSON

Nouvelle édition, revue avec le plus grand soin

PAR

M. CHARPENTIER | ET M. BLANCHET
Inspecteur honoraire de l'Académie de Paris, | Ancien professeur de rhétorique au lycée
agrégé de la Faculté des lettres. | impérial de Strasbourg.

TOME PREMIER

PARIS

GARNIER FRÈRES, LIBRAIRES-ÉDITEURS

6, RUE DES SAINTS-PÈRES, ET PALAIS-ROYAL, 215

ANCIENNE ET MO[...]

SAL[...]

des Serrurie[...]
n échange et a[...]

BIBLIOTHÈQUE LATINE-FRANÇAISE

31

ŒUVRES

COMPLÈTES

D'AULU-GELLE

I

OEUVRES

COMPLÈTES

D'AULU-GELLE

TRADUCTION FRANÇAISE

DE

MM. DE CHAUMONT, FLAMBART ET BUISSON

Nouvelle édition, revue avec le plus grand soin

PAR

M. CHARPENTIER	ET M. BLANCHET
Inspecteur honoraire de l'Académie de Paris, agrégé de la Faculté des lettres.	Ancien professeur de rhétorique au lycée impérial de Strasbourg.

TOME PREMIER

PARIS

GARNIER FRÈRES, LIBRAIRES-ÉDITEURS

6, RUE DES SAINTS-PÈRES, ET PALAIS-ROYAL, 215

1863

NOTICE SUR AULU-GELLE

Aulu-Gelle, *Aulus Agellus*, ou, suivant quelques manuscrits qui, à tort, ont réuni en un seul mot l'initiale du prénom et le nom de famille, *Agellius*, naquit sous le règne d'Adrien et mourut sous celui de Marc-Aurèle; il eut pour maîtres de rhétorique et de grammaire Titus Castricius et Sulpicius Apollinaris, qui enseignaient à cette époque. Il appartenait sans doute à une famille noble, car il rappelle quelque part que quand il prit la robe prétexte après avoir reçu à Rome, où probablement il naquit, sa première éducation, il alla, selon la coutume des jeunes nobles, perfectionner ses études à Athènes[1]; il y suivit les leçons du philosophe platonicien Taurus et de Pérégrinus qui, de philosophe cynique se fit chrétien, et, doublement apostat, de chrétien redevint philosophe, et qui, finissant moins en sage qu'en fou, se brûla sur

---

[1] Nos... compluresque alios nostrates, qui Roma in Græciam ad capiendum ingenii cultum concesserant. *Nuits Attiques*, lib. I, C. 2.

un bûcher aux jeux olympiques; — immortalisé du reste par les railleries de Lucien qui, en sa personne, travestit le christianisme. A Athènes, encore, Aulu-Gelle entretint un commerce assidu avec Hérode Atticus. Rhéteur brillant, ancien maître de Marc-Aurèle, Hérode tenait à Athènes un rang élevé; il recevait dans sa riche maison de Céphisia les Romains venus d'Athènes : plus affable sans doute et plus hospitalier envers les étrangers, ce qui se voit quelquefois, qu'il n'était facile et agréable à ses compatriotes avec lesquels il vécut en assez mauvaise intelligence. Peu de temps après son retour à Rome, on ne sait à quelle époque il y revint, Aulu-Gelle fut nommé, par les préteurs, centumvir ou juré en affaires civiles[1]. Jeune encore, il prit ses fonctions au sérieux : non-seulement il recherche avec empressement les livres qui traitent des devoirs du juge[2], mais encore, la première fois qu'il lui fallut rendre un jugement, se défiant de lui-même, il ajourne l'affaire[3]; il quitte son tribunal et va, pour s'éclairer, consulter son ami le philosophe Favorinus[4]. Un peu plus tard, il fut choisi par les consuls pour juger extraordinairement pendant les calendes[5]. On peut croire que Aulu-Gelle exagère un peu ses occupations judiciaires, car où aurait-il trouvé le temps de tant lire et de tant compiler?

[1] A prætoribus lectus in judices sum, ut judicia, quæ appellantur privata, susciperem homo... adolescens. *Nuits Attiques*, lib. XIV, C. 2.

[2] Libros utriusque linguæ, de officio judicis scriptos conquisivi. *Id.*

[3] Jussi igitur diem diffendi. *Id.*

[4] Inde e subselliis pergo ire ad Favorinum. Lib. XIV, C. 2.

[5] Quum Romæ a consulibus judex extra ordinem datus pronuntiare inter kalendas jussus essem. Lib. XII, C. 13.

A Rome comme à Athènes, Aulu-Gelle vécut dans la société des rhéteurs, des grammairiens et des philosophes, et il s'attacha principalement à deux professeurs alors célèbres, le Gaulois Favorinus et l'Africain Cornélius Fronton, un des maîtres de Marc-Aurèle, comme Hérode Atticus. A Rome, il retrouva aussi Hérode Atticus qui ne vivait pas en très-bon accord avec Fronton. Marc-Aurèle, qui lui-même avait à souffrir du caractère difficile d'Hérode, avait beaucoup à faire pour les rapprocher l'un de l'autre. Nous avons une preuve de cette difficulté et des bienveillants efforts du prince dans une lettre que Marc-Aurèle écrit à Fronton pour l'engager à user de modération dans son plaidoyer contre Hérode. Hérode avait avec son propre fils de graves démêlés, et Fronton était chargé de la cause du fils. Marc-Aurèle lui écrit donc : « Tu m'as souvent dit que tu étais à la recherche de ce qui pourrait m'être le plus agréable. L'occasion se présente : l'audience approche où l'on paraît disposé non-seulement à entendre favorablement ton discours, mais aussi à se faire un malin plaisir de ton indignation. Pour moi, que tu me regardes comme un conseiller téméraire ou comme un enfant bien hardi et trop bienveillant pour ton adversaire, cela ne m'empêchera pas de te dire tout bas mon conseil sur ce que je croirai le plus convenable... Pour toi quelle plus belle occasion de gloire que de ne pas répondre, même provoqué ! Il est vrai que si c'est lui qui commence, on pourra, jusqu'à un certain point, te pardonner de lui avoir répondu, mais je lui ai demandé qu'il ne commençât point, et je crois l'avoir obtenu ; car je vous aime l'un et l'autre, et chacun en raison de ses mérites. » Et une autre fois : « Pour Hérode, je t'en prie, pousse-le à bout, comme dit notre Quintus, par une obstinée obstination. Hérode t'aime, et moi j'en fais autant, et quiconque ne t'aime point ne comprend point avec son esprit, ne voit point avec ses yeux ; je ne dis rien des oreilles, car toutes les oreilles sont esclaves de ta voix. »

Favorinus, Gaulois d'origine, ne le cédait point en célébrité à Fronton. C'est lui qui, s'étant rendu à l'avis de l'empereur Adrien, qui l'avait repris sur une expression qui avait pour elle d'excellentes autorités, répondit à ses amis qui lui en faisaient un reproche : « Vous avez tort, mes amis, de ne pas vouloir que je reconnaisse comme le plus savant de l'univers un homme qui a trente légions à son service. » C'est déjà le mot de Voltaire sur Frédéric. Favorinus, au témoignage de saint Augustin, était un homme d'un grand savoir et d'une élocution fort élégante ; c'était aussi, on peut le croire, un philosophe sérieux. Il a eu, avant J.-J. Rousseau, et peut-être la lui a-t-il inspirée, l'idée de rappeler aux mères le devoir que leur impose la nature, de nourrir leur nouveau-né. Les paroles de l'auteur de l'*Émile* ne sont pas plus éloquentes que celles de Favorinus.

C'est dans cette société de savants et d'antiquaires que vivait Aulu-Gelle, s'engageant le plus souvent dans des discussions frivoles : « Quand peut-on dire que l'on meurt ? Quand peut-on dire qu'on se lève ? » et autres questions également puériles. Aulu-Gelle, cependant, rencontre mieux quelquefois. Il sait captiver notre attention en nous racontant l'anecdote du jeune Prétextatus, l'amour d'un dauphin pour un jeune enfant, l'aventure d'Arion, la fable de l'alouette et de ses petits. On trouve dans son ouvrage des recherches curieuses sur les antiquités, sur la grammaire et sur le droit romain, des points d'érudition discutés avec sagacité, des fragments d'ouvrages perdus ; des investigations précieuses sur les langues, les institutions et les mœurs des anciens. Les citations qu'il emprunte aux vieux auteurs sont pour nous d'une utilité et d'une importance incontestable. On s'est étonné qu'il ne citât nulle part ni Quintilien, ni Pline le Jeune, ni Tacite, ni Lucain, ni Juvénal ; mais c'est là précisément le mérite de son livre ; c'était aussi le goût de son temps. Quand Fronton veut former Marc-Aurèle à l'éloquence, quels modèles lui conseille-t-il d'imiter ? Est-ce Cicéron ? non ; c'est Caton, ce sont les Gracques. L'empereur Adrien aussi préférait Caton à Cicéron, Ennius à Virgile. Sans doute, les Quadrigarius, les Valerius Antias, ne valent pas les Tite-Live et les Tacite ; mais ceux-ci ne pouvaient périr ; et sans Aulu-Gelle, que saurions-nous des premiers ? Ne soyons donc pas surpris de cette prédilection d'Aulu-Gelle pour les curiosités de l'érudition et les obscurités de la vieille langue latine. Nous-mêmes n'en sommes-nous pas un peu là ? Ce qui nous attire aujourd'hui, ce qui sollicite les recherches des savants, ce ne sont pas, ce me semble, les grands écrivains du dix-septième ; ou si nous y revenons, ce n'est pas précisément aux plus purs que nous nous adressons, mais à ceux qui, par quelques archaïsmes de langage, par quelques tours et quelques formes naïves et gauloises, se rapprochent un peu du seizième et même du quinzième siècle ; notre critique n'est plus guère que de la philologie. Soyons donc indulgents à ce goût d'Aulu-Gelle pour les étrangetés littéraires, historiques ou philosophiques. Moins exclusif, son ouvrage aurait pour nous moins de prix ; nous sommes assez renseignés sur les auteurs du siècle d'Auguste, qui, du reste, par leur simplicité même dans la grandeur, se font assez comprendre ; nous avons, au contraire, besoin d'être initiés à ces mystères de l'ancienne langue latine, à ces formules du vieux droit romain, à toutes ces singularités, en un mot, de langage et de vie civile qui sont le fonds de son livre.

Aulu-Gelle, nous l'avons vu, avait, jeune encore, été étudier aux écoles d'Athènes ; il est assez probable que, plus tard, il fit, à Athènes, plusieurs voyages ; car ce n'est que dans un âge assez avancé qu'il composa, en Grèce, ses *Nuits Attiques*[1]. Quelques critiques ont pensé que la mort avait interrompu le travail d'Aulu-Gelle ; une phrase de la préface pourrait le faire croire[2]. Mais comment alors expliquer cette autre phrase où il dit qu'il a rassemblé, sous les yeux du lecteur, tous les titres placés en tête des chapitres, pour qu'on puisse voir sur-le-champ les matières qu'il traite[3] ? Peut-être voulait-il donner une autre direction à ses études, ou mettre dans son travail un ordre qui s'y fait trop regretter, car ces extraits divisés en vingt livres, dont le huitième est perdu avec une partie du sixième, sont jetés sans aucun plan, au hasard des conversations et des lectures de l'auteur. Après chacune de ces lectures ou de ces conversations, Aulu-Gelle prenait des notes ; son recueil n'est autre chose qu'un choix revu et retouché de notes. C'est un compilateur et non un écri-

---

[1] Ad hoc... ut liberis quoque meis paratæ istius modi remissiones essent... Sed quoniam longinquis per hiemem noctibus in agro... terræ Atticæ, commentationes hasce ludere ac facere exorsi sumus. Lib XIV, C. 2.

[2] Ea omnia succisiva et subsecundaria tempora ad colligendas hujusce modi memoriarum disceptatiunculas conferam. *Prologus*.

[3] Capita rerum, quæ cuique commentario insunt, exposuimus hic universa, ut am statim declararetur, quid quove in libro quæri invenirique possit. *Id*.

vain; il ne prétend, c'est lui-même qui nous le dit, ni à la pureté ni à l'élégance de la diction[1]. Toute son ambition, c'est de nous exposer avec clarté l'opinion des philosophes, des grammairiens, des jurisconsultes, des annalistes, des historiens, des pontifes, des augures; elle ne va pas même, quand il y a désaccord entre les différentes opinions qu'il présente, jusqu'à se prononcer pour celle qui lui paraît la meilleure; il se contente alors de dire qu'il laisse ce soin au lecteur[2]. Aulu-Gelle ne brille donc ni par le jugement, ni par le style; son recueil n'est cependant pas l'ouvrage d'un homme sans esprit; on y rencontre plus d'une pensée ingénieuse et des traits d'une finesse piquante; indispensable pour les recherches de l'érudition, il n'est pas sans intérêt non plus pour l'histoire littéraire: c'est à la fois un glossaire archéologique, un répertoire de droit et un magasin littéraire.

J. P. C.

---

[1] Tantum cæteris omnibus in ipsius quoque inscriptionis laude cedentes, quantum cessimus in cura et elegantia scriptionis... quæ autem parum plana videbuntur.

[2] In hac re tam excellentis doctrinæ non meum judicium est, ego in medium relinquo. Lib. I, 18; VI, 14.

AULU-GELLE

LES NUITS ATTIQUES

PRÉFACE

On peut trouver d'autres ouvrages plus attrayants que celui-ci ; mon but, en le composant, a été de préparer à mes enfants des sujets de délassement dans les intervalles de repos que les affaires laisseraient à leur esprit. J'ai suivi l'ordre fortuit dans lequel s'étaient présentés mes extraits. Toutes les fois que j'avais en main un livre grec ou latin, ou que j'entendais rapporter quelque chose de remarquable, dès que mon attention était frappée, et sur quelque sujet que ce fût, je prenais des notes sans ordre et sans suite. C'étaient, pour ainsi dire, des provisions littéraires, que je mettais en réserve pour aider ma mémoire :

PRÆFATIO

Atqui jucundiora alia reperiri queunt. Ipse autem ad hoc scripsi, ut liberis quoque meis paratæ istiusmodi remissiones essent, quando animus eorum, interstitione aliqua negotiorum data, laxari indulgerique potuisset. Usi autem sumus ordine rerum fortuito, quem antea in excerpendo feceramus. Nam proinde, ut librum quemque in manus ceperam, seu Græcum seu Latinum, vel quid memoratu dignum audieram, ita, quæ libitum erat, cujus generis cumque erant, indistincte atque promiscue annotabam : eaque mihi ad subsidium memoriæ, quasi

ainsi, quand j'avais besoin d'un fait ou d'un mot, et que ma mémoire me faisait défaut, ou que je n'avais pas à ma disposition les livres originaux, j'avais un moyen facile de les trouver et de les mettre au jour. Cet ouvrage présente donc la même incohérence de matières que ces notes premières, prises à la hâte, sans méthode, sans ordre, au milieu de recherches et de lectures de toutes sortes. Comme c'est dans la campagne de l'Attique, et pendant les longues nuits d'hiver, que je me suis amusé à composer ce recueil, je l'ai intitulé *Nuits attiques*, sans rechercher l'élégance du titre, comme l'eût fait la plupart des auteurs d'écrits semblables dans les langues grecque et latine. A des œuvres d'une érudition variée, mélangée et presque confuse, ils ont voulu donner des titres ingénieux et analogues à la nature du livre. Ainsi, les uns ont pris pour titre *les Muses*, les autres, *les Bois*; celui-ci, *le Voile*; celui-là, *la Corne d'Abondance*; l'un, *la Ruche, la Prairie, mes Lectures*; un autre, *Lectures attiques, le Parterre, Découvertes*; quelques-uns, *les Flambeaux, Mélanges*; plusieurs,

---

quoddam litterarum penus, recondebam; ut, quando usus venisset aut rei aut verbi, cujus me forte repens oblivio tenuisset, et libri, ex quibus ea sumpseram, non adessent, facile inde nobis inventu atque depromptu foret. Facta igitur est in his quoque commentariis eadem rerum disparilitas, quæ fuit in illis annotationibus pristinis : quas breviter et indigeste et incondite annotationibus [tractationibus], lectionibusque variis feceramus. Sed quoniam longinquis per hiemem noctibus in agro, sicuti dixi, terræ Atticæ commentationes hasce ludere ac facere exorsi sumus : idcirco eas inscripsimus *Noctium Atticarum*, nihil imitati festivitates inscriptionum, quas plerique alii utriusque linguæ scriptores in id genus libris fecerunt. Nam quia variam et miscellam et quasi confusaneam doctrinam conquisiverant, eo titulos quoque ad eam sententiam exquisitissimos indiderunt. Namque alii *Musarum* inscripserunt; alii *Silvarum*; ille Πέπλον, hic Ἀμαλθείας Κέρας; alius Κήρια, partim Λειμῶνας, quidam *Lectionis suæ*; alius *Antiquarum lectionum*; atque alius Ἀνθηρῶν; et item alius Εὑρημάτων. Sunt etiam, qui Λύχνους inscripserunt : sunt item, qui Στρωματεῖς : sunt adeo, qui

Pandectes, *l'Hélicon*, *Problèmes*, *Manuels*, *Poignard*; d'autres encore, *Souvenirs*, *Réalités*, *Digressions*, *l'École*, *Histoire de la nature*, *Histoire universelle*, *le Pré*, *le Verger*, *Lieux communs*; un grand nombre, *Conjectures* ou *Epîtres morales*, *Questions épistolaires*, *Questions mélangées* : et bien d'autres titres plus coquets encore, qui tous ont un parfum d'élégance. Pour moi, modeste selon ma position, sans recherche, sans prétention, avec une simplicité presque rustique, j'ai pris pour titre *Nuits attiques*, du temps et du lieu même où se sont passées mes veilles d'hiver : en sorte que mon livre le cède à tous les autres pour l'éclat du titre, comme il le cédait déjà pour la pureté et l'élégance du style. Cependant, dans mes notes et extraits, je n'ai pas suivi la même méthode que la plupart de mes devanciers. Presque tous, en effet, et surtout les Grecs, dans leurs lectures immenses et variées, marquaient, comme on dit, d'une raie blanche tous les détails qu'ils rencontraient, sans le moindre discernement : ils ne visaient qu'à la quantité; et l'attention du lecteur succombera de lassitude ou d'ennui avant d'y trouver un

---

Πανδέκτας, et Ἑλικῶνα, et Προβλήματα, et Ἐγχειρίδια, et Παραξιφίδας. Est qui *Memoriales* titulum fecerit : est qui Πραγματικά; et Πάρεργα, et Διδασκαλικά. Est item qui *Historiæ naturalis;* est Παντοδαπῆς ἱστορίας; est præterea qui *Pratum;* est itidem qui Πάγκαρπον; est qui Τόπων scripsit. Sunt item multi qui *Conjectanea;* neque item non sunt, qui indices libris suis fecerunt aut *Epistolarum moralium* aut *Epistolicarum quæstionum* aut *Confusarum;* et quædam alia inscripta nimis lepida, multasque prorsu concinnitates redolentia. Nos vero, ut captus noster est, incuriose et immeditate ac prope etiam subrustice ex ipso loco ac tempore hibernarum vigiliarum *Atticas Noctes* inscripsimus; tanquam tum ceteris omnibus in ipsius quoque inscriptionis laude cedentes, quantum cessimus in cura et elegantia scriptionis. Sed ne consilium quidem in excerpendis notandisque rebus idem mihi, quod plerisque illis, fuit. Namque illi omnes, et eorum maxime Græci, multa et varia lectitantes, in quas res cumque inciderent, alba, ut dicitur, linea sine cura discriminis, solam copiam sectati converrebant : quibus in legendis ante animus senio ac tædio languebit, quam unum

ou deux passages d'une lecture attrayante, qui cultivent l'esprit ou enrichissent la mémoire. Pour moi, j'avais toujours devant les yeux la maxime d'Héraclite d'Éphèse, ce sage si renommé : « L'excès de connaissances ne profite pas à l'esprit. » Je me suis attaché, sans réserve et jusqu'à la fatigue, à parcourir un nombre infini de volumes, dans tous les moments de loisir que j'ai pu dérober aux affaires ; mais je n'en ai recueilli que bien peu d'extraits : je n'ai pris que ce qui m'a paru propre, soit à entretenir dans les esprits, libres et dégagés d'autres soins, le goût des connaissances honnêtes, et à leur rendre facile et prompte l'étude des arts utiles, soit à préserver d'une ignorance grossière et honteuse des mots et des choses les personnes dont la vie est préoccupée de travaux tout différents. Si l'on rencontre dans ce recueil quelques détails minutieux et subtils sur la grammaire, la dialectique ou la géométrie, ou quelques notions abstraites sur le droit des augures et des pontifes, il ne faut pas les laisser de côté, comme inutiles à connaître ou difficiles à comprendre. Je ne me suis pas livré, sur ces matières, à de profondes et obscures

---

alterumve repererit, quod sit aut voluptati legere, aut cultui legisse, aut usui meminisse. Ego vero, quum illud Heracliti Ephesii, viri summe nobilis, verbum cordi haberem, quod profecto ita est : Πολυμαθίη νόον οὐ διδάσκει, ipse quidem volvendis transeundisque multis admodum voluminibus, per omnia semper negotiorum intervalla, in quibus furari otium potui, exercitus defessusque sum : sed modica ex iis, eaque sola accepi, quæ aut ingenia prompta expeditaque ad honestæ eruditionis cupidinem utiliumque artium contemplationem celeri facilique compendio ducerent, aut homines aliis jam vitæ negotiis occupatos a turpi certe agrestique rerum atque verborum imperitia vindicarent. Quæ erunt autem in his commentariis pauca quædam scrupulosa et anxia, vel ex grammatica, vel ex dialectica, vel etiam ex geometria, quæque erunt item paucula remotiora super augurio jure et pontificio, non oportet ea defugere, quasi aut cognitu non utilia, aut perceptu difficilia : non enim fecimus altos nimis et obscuros in his rebus quæstionum sinus; sed primitias quasdam et quasi libamenta ingenuarum artium

recherches : je me suis borné à offrir les principes élémentaires des sciences libérales, qu'il est, sinon funeste, du moins honteux, pour un homme bien élevé d'ignorer entièrement.

Je crois donc devoir adresser une prière aux personnes qui pourraient avoir le temps et le désir de connaître cet opuscule : c'est de ne pas regarder avec dédain, comme par trop vulgaires, les choses que déjà elles avaient apprises ailleurs : car qu'y a-t-il dans les lettres de si caché qui ne soit découvert à un certain nombre d'intelligences ? Et il suffit, pour ma justification, que ce ne soient pas des notions ressassées dans les écoles ou rebattues dans les livres. Si parfois, au contraire, le lecteur rencontre des aperçus entièrement nouveaux pour lui, il devra, ce me semble, pour être juste, examiner sans prévention si ces courtes et rares leçons, loin de n'offrir à l'étude qu'un aliment inutile, ou de ralentir l'ardeur de l'esprit, ne renferment pas les éléments nécessaires pour développer et fortifier les dispositions naturelles, affermir la mémoire, assouplir le discours, épurer le langage, lui donner plus d'agrément dans la conversation, de solidité dans les luttes oratoires. Quant aux passages qui sembleront manquer de clarté, et n'être ni assez complets ni assez dé-

---

dedimus : quæ virum civiliter eruditum neque audisse unquam neque attigisse, si non inutile, at quidem certe indecorum est.

Ab his igitur, si cui forte nonnunquam tempus voluptasque erit lucubratiunculas istas cognoscere, petitum impetratumque volumus, ut in legendo, quæ pridem scierint, non aspernentur quasi nota invulgataque (nam et quid tam remotum in litteris est, quin id tamen complusculi sciant ? et satis hoc blandum est, non esse hæc neque in scholis decantata, neque in commentariis protrita) : quæ porro nova sibi ignotaque offenderint, æquum esse puto, ut sine vano obtrectatu considerent, an minutæ istæ admonitiones pauxillulæ nequaquam tamen sint vel ad alendum studium ineptæ, vel ad oblectandum fovendumque animum frigidæ ; sed ejus seminis generisque sint, ex quo facile adolescant aut ingenia hominum vegetiora, aut memoria adminiculatior, aut oratio solertior, aut sermo

veloppés, je prie le lecteur de se rappeler que j'ai moins voulu lui donner un renseignement que lui fournir des indices, dont il pût suivre la trace, pour pousser plus loin son instruction, si bon lui semblait, en recourant à des livres ou à des maîtres. Si l'on croit avoir à relever quelques erreurs, on s'en prendra, si on l'ose, aux sources où j'ai puisé; d'ailleurs, il ne faudrait pas se hâter de blâmer toutes les propositions qu'on trouverait contredites par d'autres écrivains : on doit peser les raisons et les autorités de part et d'autre. Je m'attache surtout à ce dernier avis : que les hommes pour qui lire, écrire, méditer, ne fut jamais ni un plaisir ni une occupation, qui jamais n'ont consacré leurs veilles à de semblables travaux, dont l'esprit jamais n'a été poli par les études, les recherches, les discussions et les luttes ordinaires entre rivaux de science; que ces hommes, tout entiers à leurs passions et à leurs affaires, s'éloignent de ces *Nuits*, et qu'ils aillent chercher d'autres plaisirs. Il est un vieil adage :

Il n'y a rien de commun entre la musique et le geai, entre la marjolaine et le cochon.

incorruptior, aut delectantior in otio, atque in ludo liberalior. Quæ autem parum plana videbuntur, aut minus plena instructaque, petimus, inquam, ut ea non docendi magis, quam admonendi gratia scripta existiment : et quasi demonstratione vestigiorum contenti persequantur ea post, si libebit, vel libris repertis vel magistris. Quæ vero putaverint reprehendenda, his, si audebunt, succenseant, unde ea nos accepimus; sed enim, quæ aliter apud alium scripta legerint, ne jam statim temere obstrepant : sed et rationes rerum et auctoritates hominum pensitent, quos illi, quosque nos sequuti sumus. Erit autem id longe optimum, ut, qui in lectitando, scribendo, commentando, nunquam voluptates, nunquam labores ceperunt, nullas hoc genus vigilias vigilarunt, neque ullis inter ejusdem musæ æmulos certationibus disceptationibusque percontando, scribendo, climati sunt, sed intemperiarum negotiorumque pleni sunt : abeant a *Noctibus* his procul, atque alia sibi oblectamenta quærant. Vetus adagium est :

Nihil cum fidibus græculo, nihil cum amaracino sui.

Et même, dussent s'en irriter davantage la méchanceté et l'envie de quelques ignorants, j'emprunterai à un chœur d'Aristophane quelques vers anapestes ; et la loi que ce spirituel auteur imposait aux spectateurs de sa pièce, je veux l'imposer aux lecteurs de ce recueil, pour empêcher un vulgaire ignorant, étranger au commerce des muses, d'y porter une main sacrilège. Voici les vers où le poëte porte cette loi :

Qu'ils fassent silence, qu'ils se retirent loin de nos chœurs, ceux qui ne sont pas initiés à nos secrets, dont la pensée n'est pas pure, qui n'ont jamais vu ni célébré les mystères des nobles muses ; je le leur dis et répète, qu'ils se retirent loin de ce chœur. Et vous, commencez les chants et les réjouissances nocturnes qui conviennent à cette fête.

Jusqu'ici j'ai écrit vingt livres de mémoires. Pendant le reste des jours qu'il plaira aux dieux de m'accorder encore, tous les moments de loisir que me laisseront le soin de mes affaires domestiques et l'éducation de mes enfants, toutes les heures dont

---

Atque etiam, quo sit quorumdam male doctorum hominum scævitas et invidentia irritatior, mutuabor ex Aristophanis choro anapæsta pauca, et quam ille, homo festivissimus, fabulæ suæ spectandæ legem dedit, eamdem ego commentariis his legendis dabo : ut ea ne attingat neve adeat profestum et profanum vulgus, a ludo musico diversum. Versus legis datæ hi sunt :

> Εὐφημεῖν χρὴ κἀξίστασθαι τοῖς ἡμετέροισι χοροῖσιν,
> Ὅστις ἄπειρος τοιῶνδε λόγων, ἢ γνώμῃ μὴ καθαρεύει,
> Ἢ γενναίων ὄργια μουσῶν, μήτ' εἶδεν, μήτ' ἐχόρευσε.
> Τούτοις αὐδῶ, κ' αὖθις ἀπαυδῶ, κ' αὖτις τὸ τρίτον μάλ' ἀπαυδῶ,
> Ἐξίστασθαι τοῖσι χοροῖς· ὑμεῖς δ' ἀνεγείρετε μολπὴν
> Καὶ παννυχίδας τὰς ἡμετέρας, αἳ τῇδε πρέπουσιν ἑορτῇ.

Volumina commentariorum ad hunc diem viginti jam facta sunt. Quantum autem vitæ mihi deinceps deum voluntate erit, quantumque a tuenda re familiari procurandoque cultu liberorum meorum dabitur otium, ea omnia succisiva

je pourrai disposer librement, je les consacrerai à recueillir les matériaux de nouveaux mémoires. Le nombre de mes livres, si les dieux me prêtent assistance, ira donc progressivement avec celui des jours qui peuvent me rester ; et je désire ne prolonger ma vie, qu'autant que je serai capable de continuer ces travaux littéraires. J'ai rassemblé ici les titres des différents chapitres, afin que le lecteur puisse voir sur-le-champ les sujets que j'ai traités, et la place qu'ils occupent dans chaque livre. Nous ne reproduirons pas ici les sommaires des chapitres, attendu qu'ils ont déjà été placés chacun en tête du chapitre auquel il se réfère.

et subsecundaria tempora ad colligendas hujuscemodi memoriarum disceptatiunculas conferam. Progredietur ergo numerus librorum, diis bene juvantibus, cum ipsius vitæ, quantuli quique fuerint, progressibus, neque longiora mihi dari spatia vivendi volo, quam dum ero ad hanc quoque facultatem scribendi commentandique idoneus. Capita rerum, quæ cuique commentario insunt, exposuimus hic universa, ut jam statim declaretur, quid quove in libro quæri invenirique possit. Ea capitum summaria, quia jam ante singula capita posita leguntur, hic repetere supersedemus.

LES NUITS ATTIQUES

LIVRE PREMIER

I. De quelle mesure et de quelle proportion, au rapport de Plutarque, se servit le philosophe Pythagore pour avoir la taille d'Hercule, pendant le séjour de ce dieu sur la terre.

PLUTARQUE, dans un traité qui a pour titre : *Combien les dons de l'esprit et la vertu mettent de différence entre l'âme et le corps*, nous fait connaître le moyen ingénieux et adroit dont se servit le philosophe Pythagore pour déterminer la taille d'Hercule, et pour découvrir de combien elle surpassait celle des autres hommes. Comme il passait pour constant qu'Hercule s'était servi de ses pieds pour mesurer le stade établi à Pise, près du temple de Jupiter Olympien, et qu'il lui avait donné une longueur de six cents pieds; et comme les autres stades établis par d'autres en

LIBER PRIMUS

I. Quali proportione quibusque collectionibus Plutarchus ratiocinatum esse Pythagoram philosophum dixerit de comprehendenda corporis proceritate, qua fuit Hercules, quum vitam inter homines viveret.

PLUTARCHUS in libro, quem [in] scribit Ὁπόση ψυχῶν καὶ σωμάτων ἀνθρώποις περὶ εὐφυΐαν καὶ ἀρετὴν διαφορά, scite subtiliterque ratiocinatum Pythagoram philosophum dicit, in reperienda modulandaque status longitudinisque ejus præstantia. Nam quum fere constaret, curriculum stadii, quod est Pisis ad Jovis Olympii, Herculem pedibus suis metatum, idque fecisse longum pedes sexcentos; cætera

Grèce, dans la suite, avaient le même nombre de pieds, quoiqu'ils fussent un peu plus courts, Pythagore comprit facilement, d'après les règles de proportion, qu'entre le pied d'Hercule et celui des autres hommes, il devait y avoir la même différence de longueur qu'entre le stade d'Olympie et les autres stades de la Grèce. Connaissant donc la dimension du pied d'Hercule, Pythagore détermina sa taille en se réglant sur la proportion ordinaire de tous les membres entre eux; et il conclut par un calcul rigoureux que la taille d'Hercule surpassait celle des autres hommes autant que le stade d'Olympie surpassait en longueur les autres stades ayant le même nombre de pieds.

II. Comment l'illustre Hérode Atticus cita fort à propos à un jeune homme présomptueux et plein de vanité, soi-disant philosophe, un passage du stoïcien Épictète, dans lequel ce dernier distingue assez plaisamment le véritable stoïcien des impudents bavards qui prennent ce nom.

Lorsque j'étudiais à Athènes, Hérode Atticus, cet illustre personnage consulaire, doué d'un si grand talent pour l'éloquence grecque, m'invitait souvent à aller le visiter dans une maison de

quoque stadia in terra Græcia, ab aliis postea instituta, pedum quidem esse numero sexcentum, sed tamen [esse] aliquantulum breviora; facile intellexit modum spatiumque plantæ Herculis, ratione proportionis habitat tanto fuisse quam aliorum procerius, quanto Olympicum stadium longius esse, quam cætera. Comprehensa autem mensura Herculani pedis, quanta longinquitas corporis ei mensuræ conveniret, secundum naturalem membrorum omnium inter se competentiam, modificatus est : atque ita id collegit, quod erat consequens, tanto fuisse Herculem corpore excelsiorem quam alios, quanto Olympicum stadium cæteris pari numero factis anteiret.

II. Ab Herode Attico Cl. V. tempestive deprompta in quemdam jactabundum et gloriosum adolescentem, specie tantum philosophiæ sectatorem, verba Epicteti stoici, quibus festiviter a vero stoico sejunxit vulgus loquacium nebulonum, qui se stoicos nuncuparent.

Herodes Atticus, vir et Græca facundia et consulari honore præditus, accersebat sæpe nos, quum apud magistros Athenis essemus, in villas ei urbi proximas,

campagne qu'il possédait près de la ville; il invitait en même temps Servilianus, homme de distinction, et plusieurs autres compatriotes qui étaient venus en Grèce pour cultiver leur esprit.

Un jour, pendant les chaleurs de l'automne, nous étions réunis dans sa villa appelée Céphisia, où nous avions, pour braver les feux de la canicule, l'ombrage de bois élevés, de vastes promenades sur un gazon moelleux, des portiques où le zéphir entretenait une agréable fraîcheur, de larges bassins aux eaux pures et limpides, et des fontaines dont le murmure se mêlait aux chants harmonieux des oiseaux. Là se trouvait aussi un jeune homme, disciple du portique, à ce qu'il disait, mais bavard et présomptueux outre mesure. A table, dans la conversation qui s'engage ordinairement à la fin des repas, notre homme discuta, à tort et à travers, sur les différentes doctrines philosophiques; je croyais qu'il n'en finirait jamais; à l'entendre parler, tous les autres philosophes, les plus illustres savants de Rome et d'Athènes n'étaient que des hommes ignorants et grossiers à côté de lui; il nous rompait la tête avec ses termes techniques que nous n'entendions pas, et ses syllogismes et les finesses de la dialectique, se vantant d'être le seul à connaître certains arguments que les Grecs nomment κυριεύοντες, ἡσυχάζοντες, σωρεῖται, et autres

---

me et Cl. V. Servilianum, compluresque alios nostrates, qui Romā in Græciam ad capiendum ingenii cultum concesserant.

Atque ibi tunc, quum essemus apud eum in villa cui nomen est Cephisia, et æstu anni et sidere autumni flagrantissimo, propulsabamus caloris incommoda lucorum umbra ingentium, longis ambulacris et mollibus, ædium positu refrigeranti, lavacris nitidis et abundis et collucentibus, totiusque villæ venustate aquis undique canoris atque avibus personante. Erat ibidem nobiscum simul adolescens philosophiæ sectator, disciplinæ, ut ipse dicebat, stoicæ, sed loquacior impendio et promptior. Is plerumque in convivio, sermonibus, qui post epulas haberi solent, multa atque immodica de philosophiæ doctrinis intempestive atque insulbide disserebat, præque se uno cæteros omnes, linguæ Atticæ principes, gentemque omnem togatam, totumque nomen Latinum, rudes esse et agrestes prædicabat : atque interea vocabulis haud facile cognitis, syllogismorum captionumque dialecticarum laqueis strepebat, κυριεύοντας, ἡσυχάζοντας καὶ σωρείτας, aliosque

énigmes; personne, assurait-il, n'avait étudié mieux que lui la science de la morale, la nature de l'esprit humain, les différentes vertus, les devoirs qui en découlent, les penchants qui s'en éloignent ou s'en rapprochent, les passions, les vices, les souillures, les maladies de l'âme; il affirmait que ni les souffrances physiques ni les dangers qui peuvent occasionner la mort, rien ne pouvait atténuer ni troubler cet état de bonheur parfait qu'il croyait avoir atteint; que la sérénité du stoïcien ne peut être obscurcie par aucun nuage. Comme ce fanfaron n'en finissait pas, et que tout le monde en était excédé, Hérode Atticus prend la parole, en grec, comme il le faisait souvent : « Grand philosophe, dit-il, puisque nous ne pouvons te répondre, étant trop grossiers et trop ignorants pour lutter avec toi, permets que je te fasse connaître, d'après un de ses traités, ce qu'a pensé et ce qu'a dit de ton bavardage impudent Épictète, le plus illustre des stoïciens. » Aussitôt il fait apporter le second livre des leçons d'Épictète mis en ordre par Arrien. Dans ce traité, ce respectable vieillard adresse de justes reproches à ces jeunes gens qui, se disant stoïciens sans avoir ni vertu ni zèle pour le bien, s'amusent à des spéculations sans importance, à des commentaires puérils sur les pre-

---

id genus griphos neminem posse dicens nisi se dissolvere : rem vero ethicam, naturamque humani ingenii, virtutumque origines officiaque earum et confinia aut contraria, morborum vitiorumque fraudes, animorumque labes ac pestilentias, asseverabat nulli esse magis ea omnia explorata, comperta meditataque [quam sibi]. Cruciatibus autem doloribusque corporis et periculis mortem minitantibus habitum statumque vitæ beatæ, quem se esse adeptum putabat, neque lædi, neque imminui existimabat; ac ne oris quoque et vultus serenitatem stoici hominis unquam ulla posse ægritudine obnubilari. Has ille inanes quum flaret glorias, jamque omnes finem cuperent, verbisque ejus defatigati pertæduissent : tum Herodes Græca, ut hujus plurimus mos fuit, oratione utens : « Permitte, inquit, philosophorum amplissime, quoniam respondere nos tibi, quos idiotas et rudes vocas, non quimus, recitari ex libro, quid de hujuscemodi magniloquentia vestra senserit dixeritque Epictetus, stoicorum vel maximus; » jussitque proferri dissertationum Epicteti digestarum ab Arriano primum librum : in quo ille venerandus senex juvenes, qui se stoicos appellabant, neque frugis neque operæ probæ, se in theorematis tantum nugalibus et puerilium isagoga-

miers éléments de la science. On apporta le livre, et on fit lecture de ce passage dans lequel Épictète, avec autant de sévérité que d'enjouement, distingue du véritable et sincère stoïcien, de celui qui est sans contredit *invincible, indomptable, indépendant, libre, riche, heureux*, cette troupe d'hommes impudents, soi-disant stoïciens, qui jettent de la poudre aux yeux de leurs auditeurs avec de grands mots et de vains arguments, profanant le nom de l'étude la plus digne de respect. Voici le passage : « Parle-moi sur les biens et sur les maux. — Écoute :

Le vent m'a poussé de Troie dans le pays des Cycones.

« Les choses de ce monde sont ou bonnes, ou mauvaises, ou indifférentes. Les choses bonnes sont la vertu et tout ce qui s'y rattache ; les choses mauvaises sont le vice et tout ce qui tient au vice ; les choses indifférentes sont celles qui tiennent le milieu entre le bien et le mal, comme la richesse, la santé, la vie, la mort, le plaisir, la douleur. — D'où sais-tu cela ? — C'est Hellanicus qui le dit dans ses *Égyptiatiques*. Mais qu'importe de rapporter l'opinion d'Hellanicus ou celle de Diogène dans sa morale, de Chrysippe ou de Cléanthe ? — C'est bien ; tu as sé-

---

rum commentationibus oblectantes, objurgatione justa incessivit. Lecta igitur sunt ex libro, qui prolatus est, ea quæ addidit. Quibus verbis Epictetus severe simul ac festiviter sejunxit atque divisit a vero atque sincero stoico, qui esset procul dubio ἀκώλυτος, ἀνεκβίαστος, ἀπαραπόδιστος, ἐλεύθερος, εὔπορος, εὐδαίμων, vulgus aliud nebulonum hominum, qui se stoicos nuncuparent, atraque verborum et argutiarum fuligine ob oculos audientium jacta sanctissimæ disciplinæ nomen ementirentur : Εἰπέ μοι περὶ ἀγαθῶν καὶ κακῶν. — Ἄκουε :

Ἰλιόθεν με φέρων ἄνεμος Κικόνεσσι πέλασσεν.

Τῶν ὄντων τὰ μέν ἐστιν ἀγαθά, τὰ δὲ κακά, τὰ δὲ ἀδιάφορα. Ἀγαθὰ μὲν οὖν αἱ ἀρεταὶ καὶ τὰ μετέχοντα αὐτῶν· κακὰ δὲ, κακίαι, καὶ τὰ μετέχοντα κακίας· ἀδιάφορα δὲ, τὰ μεταξὺ τούτων, πλοῦτος, ὑγίεια, ζωή, θάνατος, ἡδονή, πόνος. — Πόθεν οἶδας ; — [οὕτως] Ἑλλάνικος λέγει ἐν τοῖς Αἰγυπτιακοῖς. Τί δὲ διαφέρει τοῦτο εἰπεῖν, ἢ ὅτι Διογένης ἐν τῇ ἠθικῇ, ἢ Χρύσιππος, ἢ Κλεάνθης ; — Βεβασάνικας οὖν αὐτὸ καὶ δόγμα

rieusement réfléchi sur cette doctrine; tu te l'es appropriée. Dis-moi maintenant, que fais-tu lorsque tu es surpris par la tempête? Sans doute tu te rappelles encore ta division, lorsque la voile cède à la force des vents? mais non; tu te lamentes. Si, au milieu de tes cris de détresse, quelque mauvais plaisant, s'approchant, te rappelle à ta morale en te disant : Répète-moi donc, au nom des Dieux, ta théorie d'hier : n'est-il pas vrai que le naufrage n'est point un mal? qu'il n'a aucun rapport avec le mal? Tu ne frapperais pas cet homme? tu ne lui dirais pas : Qu'y a-t-il de commun entre nous deux? Nous périssons, et tu viens plaisanter!

« On t'accuse, César te cite devant son tribunal, ne va pas au moins oublier ta division! Mais tu pâlis, tu trembles en franchissant le seuil du palais! Quoi? tu trembles? dira-t-on. De quoi s'agit-il pour toi? Est-ce que César peut placer le vice ou la vertu dans le cœur de ceux qui paraissent devant lui? — Laisse-moi, dirais-tu; pourquoi rire de moi et de mes maux? — Cependant réponds-moi, philosophe, pourquoi trembles-tu? Que crains-tu? la mort, la prison, la torture, l'exil, l'infamie? car tu ne peux craindre autre chose? Mais, dans tout cela, il n'y a aucun mal, rien qui ressemble au mal! N'est-ce pas ce que tu disais? — De quoi te mêles-tu? j'ai bien assez de mes maux. —

σεαυτοῦ πεποιηκαι. Δείκνυε πῶς εἴωθας ἐν πλοίῳ χειμάζεσθαι· μέμνησαι ταύτης τῆς διαιρέσεως, ὅταν ψοφήσῃ τὸ ἱστίον· καὶ ἀνακραυγάσαντί σοι ἐάν τις κακόσχολος παραστὰς εἴπῃ· Λέγε μοι οὐ πρὸς τοὺς θεούς, ἃ πρώην ἔλεγες, μή κακία ἐστὶ τὸ ναυαγῆσαι; μή τι κακίας μετέχον; οὐκ ἄρα ξύλον ἐνσείεις αὐτῷ· Τί ἡμῖν καὶ σοί, ἄνθρωπε; ἀπολλύμεθα, καὶ σὺ ἐλθὼν παίζεις.

Ἂν δέ σε ὁ Καῖσαρ μεταπέμψηται κατηγορούμενον, μέμνησαι τῆς διαιρέσεως. Ἄν τις σοι εἰσιόντι καὶ ὠχριῶντι ἅμα καὶ τρέμοντι προσελθὼν εἴπῃ· τί τρέμεις, ἄνθρωπε; περὶ τίνων σοί ἐστιν ὁ λόγος· μήτι ἔσω ὁ Καῖσαρ ἀρετὴν καὶ κακίαν τοῖς εἰσερχομένοις δίδωσι; — Τί μοι ἐμπαίζεις καὶ σὺ πρὸς τοῖς ἐμοῖς κακοῖς; — Ὅμως, φιλόσοφε, εἰπέ μοι· τί τρέμεις; οὐχὶ θάνατός ἐστι τὸ κινδυνευόμενον, ἢ δεσμωτήριον, ἢ πόνος τοῦ σώματος; ἢ φυγή, ἢ ἀδοξία; τί γὰρ ἄλλο; μήτι κακία; μήτι μετέχον κακίας; οὐ οὖν τίνα πρὸς ταῦτα ἔλεγες; — Τί ἐμοὶ καὶ σοί, ἄνθρωπε; ἀρκεῖ ἐμοὶ τὰ ἐμὰ κακά. — Καὶ καλῶς

Tu as raison, ils doivent te suffire, en effet : lâcheté, faiblesse, orgueil, jactance sur les bancs de l'école, en voilà bien assez.

« Pourquoi donc te parer d'une gloire qui ne t'appartient pas? Pourquoi te dire stoïcien? Jugez-vous d'après vos actes, et vous verrez de quelle secte vous êtes. Vous verrez que vous êtes presque tous épicuriens, et que quelques-uns seulement sont des péripatéticiens, et encore des péripatéticiens relâchés. »

Cette lecture ferma la bouche à notre présomptueux jeune homme, comme s'il eût entendu, dans ces paroles d'Épictète, moins une censure générale, qu'une personnalité que lui adressait Hérode Atticus.

III. Conduite équivoque de Chilon le Lacédémonien pour sauver un ami ; examen de cette question délicate et digne d'attention : Est-il permis de commettre une faute dans l'intérêt d'un ami ? Opinion de M. Cicéron et de Théophraste sur ce sujet.

Le Lacédémonien Chilon, un de ces personnages illustres appelés les sept sages, arrivé au terme de sa carrière, adressa aux amis qui l'entouraient ces paroles qui nous ont été transmises

λέγεις· ἀρκεῖ γάρ σοι τὰ σὰ κακά, ἡ ἀγέννεια, ἡ δειλία, ἡ ἀλαζονεία, ἣν ἠλαζονεύου ἐν τῇ σχολῇ καθήμενος.

Τί τοῖς ἀλλοτρίοις ἐκαλλωπίζου; τί στωικὸν ἔλεγες σεαυτόν; Τηρεῖτε οὕτως ἑαυτοὺς ἐν οἷς πράσσετε, καὶ εὑρήσετε τίνος ἐσθ' αἱρέσεως· τοὺς πλείστους ὑμῶν ἐπικουρείους εὑρήσετε, ὀλίγους τινὰς περιπατητικούς, καὶ τούτους ἐκλελυμένους.

His ille auditis insolentissimus adolescens obticuit, tanquam si ea omnia non ab Epicteto in quosdam alios, sed ab Herode in eum dicta essent.

III. Quod Chilo Lacedæmonius consilium anceps pro salute amici cepit; quodque est circumspecte et anxie considerandum, an pro utilitatibus amicorum delinquendum aliquando sit : notataque inibi et relata, quæ Theophrastus et M. Cicero super ea re scripserunt.

Lacedæmonium Chilonem, unum ex illo inclyto numero sapientum, scriptum est in libris eorum, qui vitas resque gestas clarorum hominum memoriæ manda-

par les écrivains qui se sont chargés du soin de faire passer à la postérité la vie et les actions des grands hommes : « Dans ma longue carrière, il n'est aucune parole, aucune action dont j'aie à me repentir ; peut-être me rendrez-vous ce témoignage. Dans ce moment suprême, je ne cherche pas à me tromper ; non je n'ai commis aucune action dont le souvenir puisse attrister ma dernière heure, à l'exception d'une seule, dont la nature est telle que je ne sais encore si elle est innocente ou coupable.

« Je devais, moi troisième, être juge dans une affaire où il s'agissait de la tête d'un ami. La loi était formelle, l'accusé devait être condamné. Il fallait donc ou perdre un ami ou violer la loi. Après avoir médité longuement sur les moyens de sortir d'une position aussi délicate, je ne trouvai pas de parti meilleur à suivre que celui auquel je m'arrêtai. Tout bas je portai une sentence de mort, et j'engageai mes collègues à faire grâce au coupable. Ainsi je conciliai les devoirs du juge avec ceux de l'ami. Mais aujourd'hui cette conduite me donne quelque inquiétude ; je crains qu'il ne soit ni légal ni juste, dans la même affaire et dans le même moment, sur la même question, d'avoir conseillé aux autres tout le contraire de ce que je croyais devoir faire. »

verunt, quum die vitæ suæ postremo eum inibi mors occuparet, ad circumstantes amicos sic loquutum : « Dicta mea, inquit, factaque in ætate longa pleraque omnia fuisse non pœnitenda, forsitan vos etiam sciatis. Ego certe in hoc quidem tempore non fallo me, nihil esse quidquam commissum a me, cujus memoria rei aliquid pariat ægritudinis : nisi profecto illud unum sit, quod rectene an perperam fecerim, nondum mihi plane liquet.

» Super amici capite judex cum duobus aliis fui. Lex ita fuit, uti eum hominem condemnari necesse esset. Aut amicus igitur capitali perdendus, aut adhibenda fraus legi fuit. Multa cum animo meo ad casum tam ancipitem medendum consultanti visum est, esse id quod feci, præ hoc quod erant alia, toleratu facilius. Tacitus ad condemnandum sententiam tuli : his, qui simul judicabant, ut absolverent, persuasi. Sic mihi et judicis et amici officium in re tanta salvum fuit. Sed hanc capio ex eo facto molestiam, quod metuo ne a perfidia et culpa non abhorreat, in eadem re eodemque tempore, inque communi negotio, quod mihi optimum facta duxerim, diversum ejus aliis suasisse. »

Ainsi Chilon, homme d'une probité irréprochable, n'a pas su jusqu'où il pouvait aller contre la loi, contre la justice, en faveur d'un ami; cette incertitude trouble la fin de ses jours. Après lui, plusieurs philosophes ont recherché avec soin et avec la plus scrupuleuse attention, comme nous le voyons dans leurs traités, *s'il faut*, pour me servir de leurs expressions, βοηθεῖν τῷ φίλῳ παρὰ τὸ δίκαιον, καὶ μέχρι πόσου καὶ ποῖα; c'est-à-dire, si l'on peut, quelquefois, dans l'intérêt d'un ami, agir contre la loi et contre la morale, et dans quelles circonstances et jusqu'à quel point. Cette question a été traitée par beaucoup de philosophes, comme je viens de le dire, mais surtout par Théophraste, péripatéticien aussi modeste que savant. Sa dissertation se trouve, si j'ai bonne mémoire, dans le livre premier de son traité *de l'Amitié*. Ce traité me semble avoir été connu de M. Cicéron lorsqu'il écrivait le sien sur le même sujet. Il embellit ce qu'il crut devoir prendre à Théophraste des charmes de son génie et de son éloquence, et le fit passer dans sa langue avec autant d'habileté que de bonheur. Quant à cette question agitée tant de fois, comme je viens de le dire, et si difficile à résoudre, Cicéron n'a fait que l'effleurer, sans l'approfondir; il n'a pas même poursuivi l'examen de ce

Hic autem Chilo, præstabilis homo sapientia, quonam usque debuerit contra legem contraque jus pro amico progredi, dubitavit; eaque res in fine quoque vitæ ipso animum ejus anxit. Et alii deinceps multi philosophiæ sectatores, ut in libris eorum scriptum est, satis anquisite satisque sollicite quæsierunt, ut verbis, quæ scripta sunt, ipsis utar : εἰ δεῖ βοηθεῖν τῷ φίλῳ παρὰ τὸ δίκαιον, καὶ μέχρι πόσου, καὶ ποῖα. Ea verba significant, quæsisse eos, an nonnunquam contra jus contrave morem faciendum pro amico sit, et in qualibus [et in quibus], causis, et quemnam adusque modum. Super hac quæstione quum ab aliis, sicuti dixi, multis, tum vel diligentissime a Theophrasto disputatur, viro in philosophia peripatetica modestissimo doctissimoque. Eaque disputatio scripta est, si recte meminimus, in libro ejus *de Amicitia* primo. Eum librum M. Cicero videtur legisse, quum ipse quoque librum de amicitia componeret. Et cætera quidem, quæ sumenda a Theophrasto existimavit, ut ingenium facundiaque ejus fuit, sumpsit et transposuit commodissime aptissimeque. Hunc autem locum, de quo satis quæsitum esse dixi, omnium rerum aliarum difficillimum strictim atque cursim

que Théophraste a discuté avec tant de conscience et de clarté; et, laissant de côté ce qu'il y avait de pénible, de fastidieux dans la question, il s'est contenté d'offrir les idées principales dans quelques lignes. Je transcris ses paroles que l'on sera peut-être bien aise de relire : « Voici, selon moi, quelles limites il faut fixer. Entre deux amis que nous supposons gens de bien, projets, volonté, tout sans exception doit être commun ; et s'il arrive par malheur que l'un d'eux ait besoin d'assistance dans les choses qui ne soient pas absolument justes, mais où il s'agisse pour lui de l'honneur ou de la vie, l'autre pourra dévier un peu du droit chemin, pourvu toutefois que l'infamie n'en soit point la conséquence. Jusqu'à un certain point l'amitié est une excuse. »

« Ainsi, lorsqu'il s'agira, dit Cicéron, de la vie ou de la réputation d'un ami, nous pourrons nous relâcher un moment de nos principes, pour soutenir ses desseins, même lorsqu'ils sont injustes. » Mais en quoi peut-on s'éloigner du devoir? jusqu'où peut aller le zèle de l'amitié? quel degré d'injustice peut-on favoriser chez un ami? C'est ce que Cicéron ne détermine nullement. Que m'importe de savoir que mon ami étant dans de semblables dangers, pourvu qu'il n'en résulte pas pour moi un trop grand déshonneur, je puis m'écarter de la bonne voie, si l'on ne

---

transgressus est : neque ea, quæ a Theophrasto pensiculate atque enucleate scripta sunt, exsequutus est; sed, anxietate illa et quasi morositate disputationis prætermissa, genus ipsum rei tantum paucis verbis notavit. Ea verba Ciceronis, si recensere quis vellet, apposui : « His igitur finibus utendum esse arbitror, ut, quum emendati mores amicorum sunt, tum sit inter eos omnium rerum, consiliorum, voluntatum, sine ulla exceptione communitas : ut, etiamsi qua fortuna acciderit, ut minus justæ voluntates amicorum adjuvandæ sint, in quibus eorum aut caput agatur, aut fama, declinandum sit de via, modo ne summa turpitudo sequatur : est enim quatenus amicitiæ venia dari possit. »

« Quum agetur, inquit, aut caput amici, aut fama, declinandum est de via, ut etiam iniquam voluntatem illius adjutemus. » Sed cujusmodi declinatio ista esse debeat, qualisque ad adjuvandum digressio, et in quanta voluntatis amici iniquitate, non dicit. Quid autem refert scire me in ejusmodi periculis amicorum, si non magna me turpitudo insequutura est, de via recta esse declinandum, nisi

m'apprend pas ce qui peut constituer l'infamie et jusqu'où je puis m'écarter du devoir? « Oui, dit Cicéron, jusqu'à un certain point, l'amitié peut être une excuse légitime. » Mais quelle est cette limite que l'on ne peut franchir sans se rendre coupable? voilà ce qu'il faudrait nous apprendre, et voilà justement ce qui ne nous est point enseigné par les philosophes. Le sage Chilon, que je viens de citer, pour sauver un ami, s'écarta de la bonne voie; mais au moins je vois où il s'est arrêté; pour soustraire son ami à la mort, il donna un conseil que condamne la morale; et encore, à ses derniers moments, il ne savait si sa conduite était louable ou criminelle. « On ne peut, dit encore Cicéron, dans l'intérêt d'un ami, prendre les armes contre sa patrie. » Ce que tout le monde sait fort bien, même avant la naissance de Théognis, comme dit Lucilius. Mais voici un autre point sur lequel je voudrais être éclairé : lorsque, dans l'intérêt d'un ami, je puis agir contre la justice sans toutefois porter atteinte à la paix, à la liberté de mon pays; lorsque je dois, comme le dit Cicéron, m'écarter de la bonne voie, en quoi, comment, et dans quelle circonstance le pourrai-je? Où devrai-je m'arrêter? Périclès, cet illustre Athénien, ce génie supérieur, a, d'un seul trait, exprimé sa pensée plus clairement que personne. Un ami lui de-

id quoque me docuerit, quam putet magnam turpitudinem, et, quum decessero de via, quousque degredi debeam? « Est enim, inquit, quatenus dari amicitiæ venia possit. » Hoc immo ipsum est, quod maxime discendum est, quoque ab iis, qui docent, minime dicitur, quatenus quaque fini dari amicitiæ venia debeat. Chilo ille sapiens, de quo paulo ante dixi, conservandi amici causa de via declinavit; sed video, quousque progressus est; falsum enim pro amici salute consilium dedit. Id ipsum tamen in fine quoque vitæ, an jure posset reprehendi culparique, dubitavit. « Contra patriam, inquit Cicero, arma pro amico sumenda non sunt. » Hoc profecto nemo ignoravit, etiam priusquam Theognis, ut Lucilius ait, nasceretur. Sed id quæro, id desidero : quum pro amico contra jus et contra quam licet, salva tamen libertate atque pace, faciendum est, et quum de via, sicut ipse ait, declinandum est : quid et quantum, et in quali causa, et quonam usque id fieri debeat. Pericles ille Atheniensis, egregius vir ingenio, bonisque omnibus disciplinis ornatus, in una quidem specie, sed planius tamen, quid existimaret,

mandant de se parjurer pour faire triompher sa cause, il répondit :

Pour un ami, il faut tout sacrifier, excepté les dieux.

Théophraste, dans le traité déjà cité, entre plus avant dans son sujet que Cicéron ; il est plus profond, plus exact dans sa discussion. Mais Théophraste lui-même n'examine pas non plus chaque cas en particulier ; il ne prouve jamais ce qu'il avance d'une manière précise ; il embrasse tout son sujet et le traite en général ; voici à peu près son raisonnement : Nous devons, dit-il, encourir un faible blâme ou un déshonneur léger, si par ce moyen nous pouvons procurer à un ami un avantage notable ; le léger dommage fait à notre honneur est largement compensé par le mérite d'avoir aidé un ami ; cette tache, cette brèche faite à notre réputation disparaît par l'importance du service rendu à l'amitié. Ne nous laissons pas effrayer par des mots, ajoute-t-il, sous prétexte que notre honneur et l'intérêt de notre ami ne sont pas également précieux en eux-mêmes ; en pareille matière, ce ne sont ni les mots ni leur valeur qui doivent nous décider, mais bien le poids, la gravité des circonstances ; et si, pour obliger un

---

professus est. Nam quum amicus eum rogaret ut pro re causaque ejus falsum dejeraret, his ad eum verbis usus est :

Δεῖ μὲν συμπράττειν τοῖς φίλοις, ἀλλὰ μέχρι τῶν θεῶν.

Theophrastus autem, in eo quo dixi libro, anquisitius quidem super hac re ipsa et exactius pressiusque, quam Cicero, disserit. Sed is quoque in docendo non de unoquoque facto singillatim existimat, neque certis exemplorum documentis, sed generibus rerum summatim universimque utitur, ad hunc ferme modum : Parva, inquit, et tenuis vel turpitudo, vel infamia subeunda est, si ea re magna utilitas amico quaeri potest. Rependitur quippe et compensatur leve damnum delibatae honestatis majore alia gravioreque in adjuvando amico honestate : minimaque illa labes et quasi lacuna famae munimentis partarum amico utilitatum solidatur. Neque nominibus, inquit, moveri nos oportet, quod paria genere ipso non sunt honestas meae famae et rei amici utilitas. Ponderibus haec enim potestatibusque praesentibus, non vocabulorum appellationibus neque dignitatibus generum dijudicanda sunt. Nam quum in rebus aut paribus, aut non longe secus,

ami, il y a, ou à peu près, parité entre le déshonneur et le service que nous voulons rendre, alors il faut, sans hésiter, préférer le soin de notre honneur; mais si l'intérêt de notre ami l'emporte et que notre réputation ait peu à souffrir, sacrifions notre honneur à la cause de notre ami. Ainsi une masse d'airain a plus de prix qu'une légère feuille d'or. Voici les paroles de Théophraste : « Je ne sais pas s'il y a ici quelque chose de préférable absolument, et si l'un des deux objets de comparaison, pris dans une proportion quelconque, doit l'emporter sur l'autre. Par exemple, on ne peut pas dire d'une manière absolue que l'or est plus précieux que l'airain ; car une quantité quelconque d'or ne devra pas toujours être préférée à une quantité déterminée d'airain. L'estimation devra dépendre du volume et du poids. »

Le philosophe Favorinus autorisant aussi, d'après les circonstances, l'indulgence que l'on peut avoir pour l'amitié, et adoucissant un peu la rigueur inflexible de la justice, s'exprime ainsi : « Ce que les hommes appellent obligeance n'est autre chose qu'une légère infraction à la loi, lorsque les circonstances l'exigent. » Le même Théophraste ajoute ensuite que l'appréciation du plus ou du moins en pareil cas et, en général, l'examen de ces questions de conduite dépendent de motifs extérieurs très-

---

utilitas amici aut honestas nostra consistit, honestas procul dubio præponderat. Quum vero amici utilitas nimio est amplior, honestatis autem nostræ in re non gravi levis jactura est : tunc, quod utile amico est, id præ illo, quod honestum nobis est, fit plenius : sicuti magnum pondus æris parva lamna auri fit pretiosius. Verba adeo ipsa Theophrasti super ea re adscripsi : Οὐκ οἶδ', εἴ που τούτῳ τῷ γένει τιμιώτερον ἤδη, καὶ, ὁτοῦν ἂν ᾖ μέρος, τούτου, πρὸς τὸ τηλίκον θατέρου συγκρινόμενον, αἱρετὸν ἔσται. Λέγω δὲ οἷον, οὐ καὶ χρυσίον τιμιώτερον χαλκοῦ, καὶ τηλίκον τοῦ χρυσίου πρὸς τὸ τηλίκον χαλκοῦ μέγεθος ἀντιπαραβαλλόμενον, πλέον δόξει, ἀλλὰ ποιήσει τινὰ ῥοπὴν καὶ τὸ πλῆθος καὶ τὸ μέγεθος.

Favorinus quoque philosophus hujuscemodi indulgentiam gratiæ tempestive, laxato paulum remissoque subtili justitiæ examine, his verbis definivit : Ἡ καλουμένη χάρις παρὰ τοῖς ἀνθρώποις, τουτέστιν, ὕφεσις ἀκριβείας ἐν δέοντι. Post deinde idem Theophrastus ad hanc ferme sententiam disseruit : Has tamen, inquit, et parvitates rerum et magnitudines, atque has omnes officiorum æstimationes alia non-

divers ; que les considérations de personnes, de temps, de nécessités, de circonstances, dont le détail ne peut être circonscrit dans des principes généraux, déterminent, règlent notre devoir et tantôt rendent blâmables, et tantôt justifient les démarches que fait faire l'amitié. Ces considérations et autres semblables sont présentées par Théophraste avec prudence, circonspection et conscience ; mais on voit trop que c'est un philosophe qui fait preuve de goût dans sa discussion, dans les distinctions qu'il établit, lorsqu'il devrait s'attacher à trancher la question par une conclusion nette et précise. C'est parce que les philosophes ignorent souvent les principes de la science, la variété des êtres, la diversité des questions, qu'ils ne peuvent nous donner ces préceptes fixes, bons dans tous les temps, applicables à tous les cas, préceptes dont je regrettais l'absence dès le début de ce morceau. Chilon, qui a donné lieu à cette discussion, entre autres règles utiles et sages, a donné celle-ci, qui est d'une utilité incontestable, parce qu'elle renferme dans de justes limites les mouvements impétueux de l'amour et de la haine : « Aimez, dit-il, comme pouvant haïr ensuite ; et haïssez comme pouvant aimer un jour. » Plutarque, dans le premier livre de son traité *sur l'Ame*, rapporte sur le même Chilon le trait suivant : « Chilon,

---

nunquam momenta extrinsecus atque aliæ quasi appendices personarum et causarum et temporum, et circumstantiæ ipsius necessitates, quas includere in præcepta difficile est ; moderantur et regunt et quasi gubernant, et nunc ratas efficiunt, nunc irritas. Hæc taliaque Theophrastus satis caute et sollicite et religiose, cum discernendi magis disputandique diligentia, quam cum decernendi sententia atque fiducia, disseruit ; quoniam profecto causas scientiæ, corporum varietates, disceptationumque differentiam ignorantes, directum atque perpetuum distinctumque in rebus singulis præceptum, quod ego nos in prima tractatus istius parte desiderare dixeram, non capiunt. Ejus autem Chilonis, a quo disputatiunculæ hujus initium fecimus, quum alia quædam sunt monita utilia atque prudentia, tum id maxime exploratæ utilitatis est, quod duas ferocissimas affectiones amoris atque odii intra modum tantum coercuit. « Hac, inquit, fini ames, tanquam forte fortuna osurus : hac itidem tenus oderis, tanquam fortasse post amaturus. » Super hoc eodem Chilone Plutarchus philosophus in libro περὶ ψυχῆς

cet ancien sage, ayant entendu un homme se vanter de n'avoir point d'ennemis, lui dit : « — Tu n'as donc pas non plus d'amis. Il pensait que l'amitié et la haine s'appellent mutuellement et sont inséparables dans le cœur de l'homme. »

IV. Avec quelle subtilité et quelle finesse Antonius Julianus commentait un passage de M. Cicéron, où un changement de mots donne lieu à une équivoque.

Le rhéteur Antonius Julianus était doué d'un esprit délicat et aimable; il possédait ce genre d'érudition qui est aussi intéressant qu'utile; il connaissait les beautés des anciens, il en avait orné sa mémoire. De plus, il se livrait à l'étude des ouvrages anciens avec tant d'ardeur, il en faisait si bien ressortir les beautés, il en critiquait si à propos les défauts, qu'on était forcé d'admettre ses décisions comme irréprochables. Voici l'opinion de ce savant sur l'enthymème qui se trouve dans le plaidoyer de M. Cicéron *pour Cn. Plancius*. Mais avant tout, il me paraît bon de produire le passage qui a donné lieu à la discussion : « Quelle différence, d'ailleurs, entre devoir de l'argent et de la reconnaissance? Dans le premier cas, l'argent rendu, il n'y a plus de dette; et, tant qu'on doit, on retient ce qui n'est pas à soi. Mais,

primo ita scripsit : Χείλων ὁ παλαιός, ἀκούσας τινὸς λέγοντος μηδένα ἔχειν ἐχθρὸν, ἠρώτησεν, εἰ καὶ μηδένα φίλον ἔχει· νομίζων ἐξ ἀνάγκης ἐπακολουθεῖν καὶ συνεπάγεσθαι φιλίας καὶ ἀπεχθείας.

IV. Quam tenuiter curioseque exploraverit Antonius Julianus in oratione M. Tullii verbi ab eo mutati argutiam.

Antonius Julianus rhetor perquam fuit honesti atque amoeni ingenii; doctrina quoque ista utiliore ac delectabili; veterumque elegantiarum cura et memoria multa fuit : ad hoc scripta pleraque omnia antiquiora tam curiose spectabat, et aut virtutes pensitabat, aut vitia rimabatur, ut judicium factum esse ad amussim diceres. Is Julianus super eo enthymemate, quod est in oratione M. Tullii; qua pro Cn. Plancio dixit, ita existimavit. Sed verba prius, de quibus judicium ab eo factum est, ipsa ponam : Quanquam dissimilis est pecuniae debitio, et gratiae : nam qui pecuniam dissolvit; statim non habet id quod reddidit; qui autem

en fait de reconnaissance, lorsque je rends, je me crois toujours redevable, et ce sentiment est de lui-même un payement. Ce que je paye ici à Plancius n'empêchera pas que je ne reste son débiteur; et ma bonne intention aurait suffi pour m'acquitter envers lui, quand même la disgrâce qu'il subit ne serait pas venue me mettre à l'épreuve. »

Sans doute, dit Julianus, l'arrangement de ce morceau est élégant, il a du nombre, de l'harmonie; la symétrie des expressions produit une agréable cadence ; mais il faut de l'indulgence au lecteur, pour la substitution des mots par lesquels Cicéron a voulu rendre sa pensée. Car il pouvait très-bien, dans sa comparaison, employer le même mot pour exprimer la dette de la reconnaissance et celle de l'argent. La comparaison sera juste avec ces expressions : *Devoir* de l'argent, *devoir* de la reconnaissance; on pourra se servir du même mot pour exprimer la différence qui existe entre l'une et l'autre dette acquittée ou non; mais Cicéron, ajoute Antonius, après avoir dit qu'il y a une différence entre la dette d'argent et la dette de reconnaissance, et voulant donner la raison de cette différence, emploie le mot *debet*, doit, pour l'argent; et pour la reconnaissance, il substitue le mot *habet*, il a, à *debet*: voilà ses propres expressions : *Gratiam autem et qui refert, habet; et qui habet, in eo ipso quod habet, refert.*

debet, æs retinet alienum, Gratiam autem et qui refert, habet; et qui habet, in eo ipso quod habet, refert. Neque ego nunc Plancio desinam debere, si hoc solvero; nec minus ei redderem voluntate ipsa, si hoc molestiæ non accidisset. »
Crispum sane, inquit, agmen orationis rotundumque, ac modulo ipso numerorum venustum, sed quod cum venia legendum sit verbi paulum ideo immutati, ut sententiæ fides salva esset. Namque debitio gratiæ et pecuniæ collata verbum utrobique servare posset. Ita enim recte opposita inter sese gratiæ pecuniæque debitio videbitur, si et pecunia quidem deberi dicatur et gratia : sed quid eveniat in pecunia debita solutave, quid contra in gratia debita redditave, debitionis verbo utrinque servato, disseratur. Cicero autem, inquit, quum gratiæ pecuniæque debitionem dissimilem esse dixisset, ejusque sententiæ rationem redderet, verbum *debet* in pecunia ponit; in gratia *habet* subjicit pro *debet* ; ita enim dicit : « Gratiam autem et qui refert, habet; et qui habet, in eo ipso quod

Or, le mot *habet* ne fait pas sentir la comparaison établie; car c'est ici l'obligation, et non le fait de la reconnaissance, qui est comparée avec la dette pécuniaire. Pour être conséquent, Cicéron aurait dû dire : *Et qui debet, in eo ipso quod debet, refert;* ce qui eût fait un sens absurde et forcé. Comment, en effet, la dette de la reconnaissance, qui n'est pas payée, serait-elle censée l'être par cela même qu'elle est due? Cicéron a donc changé le mot, et l'a remplacé par un mot analogue pour ne pas paraître abandonner sa comparaison, tout en conservant la justesse de la pensée. C'est ainsi que Julianus analysait et commentait les pensées de nos auteurs anciens, dont la jeunesse venait étudier les ouvrages dans son école.

V. Reproches adressés à l'orateur Démosthène à cause du soin extrême qu'il prenait de sa personne et de ses vêtements; mêmes reproches faits à l'orateur Hortensius, qui, pour la même recherche dans sa mise, et à cause de sa manière théâtrale de débiter, reçut le nom de la danseuse Dionysia.

On rapporte que Démosthène était, dans ses vêtements et dans tout son extérieur, d'une propreté et d'une élégance qui annonçaient beaucoup trop de recherche. De là ces railleries de ses rivaux et de ses adversaires sur son manteau élégant et sur sa

---

habet, refert. » Sed id verbum *habet* cum proposita comparatione non satis convenit. Debitio enim gratiæ, non habitio, cum pecunia confertur. Atque ideo consequens quidem fuerat sic dicere : « Et qui debet, in eo ipso quod debet, refert; » quod absurdum et nimis coactum foret, si nondum redditam gratiam eo ipso redditam diceret, quia debetur. Immutavit ergo, inquit, et subdidit verbum ei verbo, quod omiserat, finitimum, ut videretur et sensum debitionis collatæ non reliquisse, et concinnitatem sententiæ retinuisse. Ad hunc modum Julianus enodabat dijudicabatque veterum scriptorum sententias, quas apud eum adolescentes lectitabant.

V. Quod Demosthenes rhetor cultu corporis atque vestitus probris obnoxio, infamique munditia fuit; quodque item Hortensius orator ob ejusmodi munditias gestumque in agendo histrionicum Dionysiæ saltatriculæ cognomento compellatus est.

Demosthenem tradunt et vestitu sincero et cultu corporis nitido venustoque nimisque accurato fuisse. Hinc etiam κομψή illa χλανίς καὶ μαλακοὶ χιτωνίσκοι ab æmulis adversariisque probro data. Hinc etiam turpibus indignisque in

molle tunique. De là encore ces reproches honteux, flétrissants, de n'être homme qu'à moitié, et de souiller sa bouche d'infâmes turpitudes. Hortensius, le plus illustre des orateurs de son temps, si nous en exceptons M. Cicéron, essuya les mêmes railleries, les mêmes imputations. Une mise toujours soignée, des habits arrangés avec art, des gestes fréquents, une action étudiée et théâtrale, le firent souvent traiter d'histrion, en plein barreau. L. Torquatus, homme grossier et sans égards, parlant contre lui dans la cause de Sylla devant le plus auguste et le plus sévère des tribunaux, fit plus que l'appeler histrion ; il le traita de danseuse, lui donnant le nom de Dionysia, célèbre danseuse de cette époque. Hortensius, d'une voix douce et tranquille, lui répondit : « J'aime mieux être Dionysia, que d'être comme toi, Torquatus, grossier, étranger à Vénus et à Bacchus. »

VI. Passage d'un discours que Metellus Numidicus prononça devant le peuple, pendant sa censure, pour exhorter les citoyens au mariage. Pourquoi ce discours fut critiqué, et comment il a été défendu.

On lisait devant plusieurs hommes instruits le discours que Métellus Numidicus, homme grave et disert, prononça pendant

eum verbis non temperatum, quin parum vir, et ore quoque polluto diceretur. Ad eumdem modum Hortensius omnibus ferme oratoribus ætatis suæ, nisi M. Tullio, clarior, quod multa [cum] munditia et circumspecte compositeque indutus et amictus esset, manusque ejus inter agendum forent argutæ admodum et gestuosæ, maledictis compellationibusque probrosis jactatus est, multaque in eum, quasi in histrionem, in ipsis causis atque judiciis dicta sunt. Sed quum L. Torquatus, subagresti homo ingenio et infestivo, gravius acerbiusque apud consilium judicum, quum de causa Sullæ quereretur, non jam histrionem eum esse diceret, sed gesticulariam Dionysiamque eum notissimæ saltatriculæ nomine appellaret : tum voce molli atque demissa Hortensius : « Dionysia, inquit, Dionysia malo equidem esse, quam quod tu, Torquate, ἄμουσος, ἀναφρόδιτος, ἀπροσδιόνυσος. »

VI. Verba ex oratione Metelli Numidici, quam dixit ad populum in censura, quum eum ad uxores ducendas adhortaretur ; eaque oratio quam ob causam reprehensa, et quo contra modo defensa sit.

Multis et eruditis viris audientibus legebatur oratio Metelli Numidici, gravis ac diserti viri, quam in censura dixit ad populum de ducendis uxoribus, quum

sa censure, devant le peuple, sur la question du mariage, pour exhorter les citoyens à prendre des épouses. Dans ce discours, on trouvait le passage suivant : « Si nous pouvions, Romains, vivre sans femmes, tous nous éviterions un tel ennui ; mais, puisque la nature a voulu qu'on ne pût ni vivre tranquillement avec une femme ni vivre sans femme, occupons-nous plutôt de la perpétuité de notre nation que du bonheur de notre courte vie. » Quelques auditeurs trouvaient que le censeur Métellus, qui voulait exhorter les Romains au mariage, aurait dû s'abstenir d'avouer les soucis et les inconvénients inséparables de cet état. En parlant ainsi, disaient-ils, il détournait ses auditeurs du mariage, plutôt qu'il ne leur en donnait le goût ; il fallait soutenir la thèse contraire, affirmer que, le plus souvent, le mariage n'entraîne aucun déplaisir, et que si le ménage est parfois troublé par quelques ennuis, ils sont légers et faciles à supporter ; largement compensés, d'ailleurs, par tant d'avantages et de plaisirs ; enfin, que ces chagrins eux-mêmes, n'étant pas un mal universel, ne sont pas une conséquence forcée du mariage ; mais que, le plus souvent, ils ne doivent être imputés qu'aux fautes et à l'injustice de certains maris. Titus Castricius, au contraire, pensait que Métellus avait parlé d'une manière convenable et conforme à son sujet : car, dit-il, le langage d'un censeur doit

---

cum ad matrimonia capessenda adhortaretur. In ea oratione ita scriptum fuit : « Si sine uxore possemus, Quirites, esse, omnes ea molestia careremus : sed quoniam ita natura tradidit, ut nec cum illis satis commode, nec sine illis ullo modo vivi possit, saluti perpetuæ potius, quam brevi voluptati consulendum. » Videbatur quibusdam, Metellum censorem, cui consilium esset ad uxores ducendas populum hortari, non oportuisse [neque] de molestia incommodisque perpetuis rei uxoriæ confiteri ; neque adhortari magis esse, quam dissuadere, absterrereque : sed contra in id potius orationem debuisse sumi dicebant, ut et nullas plerumque esse in matrimoniis molestias asseveraret, et, si quæ tamen accidere nonnunquam viderentur, parvas et leves facilesque esse toleratu diceret ; majoribusque eas emolumentis et voluptatibus obliterari : easdemque ipsas neque omnibus, neque naturæ vitio, sed quorumdam maritorum culpa et injustitia evenire. Titus autem Castricius recte atque condigne Metellum esse loquutum existimabat. Aliter,

différer de celui d'un rhéteur; le rhéteur peut à son gré avoir recours à des raisonnements faux, hardis, trompeurs, captieux; tout lui est permis pourvu que son discours ait un air de vérité, et qu'il sache, n'importe par quel artifice de parole, émouvoir ses auditeurs; Castricius ajoutait qu'il serait honteux pour un rhéteur de laisser, même dans une mauvaise cause, quelque point qui prêterait matière aux objections. Mais Métellus, ce magistrat irréprochable, cet homme si grave et si consciencieux, aussi distingué par l'éclat de ses honneurs que par la dignité de sa vie, s'adressant au peuple romain, ne devait dire que ce qui était vrai pour lui et pour les autres; surtout parlant sur un sujet que l'expérience de chaque jour, le commerce ordinaire de la vie rendaient familier à ses auditeurs. Il a donc franchement avoué l'existence d'un ennui connu de tous les hommes; cet aveu lui a valu de passer pour un magistrat scrupuleux et de bonne foi; puis, naturellement et sans peine, il a fait admettre au peuple cette vérité parfaitement évidente, que la république ne pouvait être sauvée sans le mariage. Voici un autre passage tiré du même discours de Métellus, et qui, à mon gré, n'est pas moins digne d'être relu et médité avec une attention soutenue, que les pensées des plus illustres philosophes : « La puissance

---

inquit, censor loqui debet, aliter rhetor. Rhetori concessum est, sententiis uti falsis, audacibus, subdolis, captiosis, si veri modo similes sint, et possint ad movendos hominum animos qualicumque astu irrepere. Præterea turpe esse ait rhetori, si quid in mala causa destitutum atque impugnatum relinquat. Sed enim Metellum, inquit, sanctum virum, illa gravitate et fide præditum, cum tanta honorum atque vitæ dignitate, apud populum Romanum loquentem nihil decuit aliud dicere, quam quod verum esse sibi atque omnibus videbatur : præsertim quum super ea re diceret, quæ quotidiana intelligentia et communi pervulgatoque vitæ usu comprehenderetur. De molestia igitur cunctis hominibus notissima confessus, eaque confessione fidem sedulitatis veritatisque commeritus, tum denique facile et procliviter, quod fuit rerum omnium validissimum atque verissimum, persuasit, civitatem salvam esse sine matrimoniorum frequentia non posse. Hoc quoque aliud ex eadem oratione Metelli dignum esse existimavimus assidua lectione, non hercle minus, quam quæ a gravissimis philosophis scripta sunt. Verba Metelli hæc sunt : « Di immortales plurimum possunt; sed non plus

des dieux est grande; mais leur bienveillance pour nous ne doit pas aller plus loin que celle de nos parents. Nos parents, si nous persistons dans la voie de l'erreur, nous déshéritent; que devons-nous donc attendre des dieux immortels, si nous ne mettons un terme à nos égarements? L'homme, pour mériter leurs faveurs, ne doit pas être leur ennemi. Les dieux doivent récompenser la vertu, mais non la donner. »

VII. Que, dans ces mots du cinquième discours de Cicéron *contre Verrès* : — *Hanc sibi rem præsidio sperant futurum*, il n'y a ni faute de texte ni solécisme; que c'est bien à tort qu'on a voulu corriger ce passage et mettre *futuram*. Autre mot de Cicéron corrigé mal à propos. Quelques réflexions sur le soin extrême que Cicéron donnait à l'harmonie et au nombre de la période.

On lit dans le cinquième discours de Cicéron *contre Verrès*, dans le texte si correct que nous devons aux soins et à l'érudition de Tiron : « Des hommes sans fortune et sans nom traversent les mers; ils abordent à des rivages qu'ils n'avaient jamais vus, où souvent ils ne connaissent personne, où souvent personne ne les connaît. Cependant, pleins de confiance dans le titre de citoyen, ils croient être en sûreté, non pas seulement devant nos magis-

velle debent nobis, quam parentes. At parentes, si pergunt liberi errare, bonis exheredant. Quid ergo nos a dis immortalibus diutius exspectemus, nisi malis rationibus finem faciamus? His demum deos propitios esse æquum est, qui sibi adversarii non sunt. Di immortales virtutem approbare, non adhibere debent. »

VII. In hisce verbis Ciceronis ex oratione quinta *in Verrem* : — *Hanc sibi rem præsidio sperant futurum*, neque mendum esse nec vitium; erroreque istos, qui bonos violant libros, et *futuram* scribunt : atque inibi de quodam alio Ciceronis verbo dictum, quod probe scriptum perperam mutatur : et aspersa pauca de modulis numerisque orationis, quos Cicero avide sectatus est.

In oratione Ciceronis quinta *in Verrem*, in libro spectatæ fidei, Tironiana cura atque disciplina facto, ita scriptum fuit : Homines tenues obscuro loco nati navigant : adeunt ad ea loca, quæ nunquam ante adierant; neque noti esse iis, quo venerunt, neque semper cum cognitoribus esse possunt. Hac una tamen fiducia civitatis, non modo apud nostros magistratus, qui et legum et existimationis

trats, qui sont contenus par la crainte des lois et de l'opinion publique, non-seulement auprès des Romains, citoyens unis avec eux par le même langage, par les mêmes droits, par une infinité d'autres rapports; mais, en quelque lieu qu'ils se trouvent, ils espèrent que ce titre les rendra partout inviolables. *Hanc sibi rem præsidio sperant futurum.* »

On a cru voir une faute de texte dans le dernier mot : on a prétendu qu'il fallait écrire *futuram* et non *futurum*; et l'on ne doutait nullement qu'il ne fallût corriger cet endroit pour éviter que, dans un discours de Cicéron, le crime de solécisme ne fût aussi évident que celui d'adultère dans la comédie de Plaute (car c'est ainsi que les critiques désignaient, en plaisantant, la prétendue faute.) Un de mes amis, qui a beaucoup lu, et qui dans ses veilles a médité, approfondi la plupart de nos auteurs anciens, se trouvait là par hasard. Après avoir examiné le passage, il soutint qu'il n'y a ni faute de texte ni solécisme; que l'expression de Cicéron est une forme ancienne et régulière : car *futurum*, dit-il, ne se rapporte point à *rem*, comme le pensent ceux qui lisent sans réflexion et sans examen; *futurum* n'est point là pris comme participe, c'est un mot indéfini, de ceux que les Grecs appellent ἀπαρέμφατον, qui ne se définit pas clairement, qui ne sont asservis ni au nombre ni au genre; et qui sont indépen-

periculo continentur, neque apud cives solum Romanos, qui et sermonis et juris et multarum rerum societate juncti sunt, fore se tutos arbitrantur, sed quocumque venerint, hanc sibi rem præsidio sperant *futurum*. »

Videbatur compluribus in extremo verbo menda esse : debuisse enim scribi [putabant] non *futurum*, sed *futuram*; neque dubitabant quin liber emendandus esset, ne, ut in Plauti comœdia mœchus (sic enim mendæ suæ illudiabant), ita in Ciceronis oratione solœcismus esset manifestarius. Aderat ibi forte amicus noster, homo lectione multa exercitus, cui pleraque omnia veterum litterarum quæsita, meditata evigilataque erant. Is, libro inspecto, ait nullum esse in eo verbo neque mendum neque vitium : Ciceronem probe ac vetuste loquutum. Nam *futurum*, inquit, non refertur ad *rem*, sicut legentibus temere et incuriose videtur, neque pro participio positum est; sed verbum est indefinitum, quod Græci appellant ἀπαρέμφατον, neque numeris neque generibus præserviens, sed

dants et impersonnels. C. Gracchus s'est servi d'une locution semblable dans un discours qui a pour titre : *Sur Quintus Popilius au sujet des assemblées*. Voici le passage : *Credo ego inimicos meos hoc dicturum,* je crois que mes ennemis le diront. N'est-il pas évident que la même raison a fait employer *dicturum* et *futurum* au lieu de *futuram* et *dicturos*? devant être, devant faire, devant dire. Cette tournure est tout aussi conforme aux règles de la grammaire que celle qui permet, en grec, de rattacher à des sujets de tous les nombres et de tous les genres indistinctement des mots tels que ceux-ci : ποιήσειν, ἔσεσθαι, λέξειν, et autres semblables. Mon ami dit que, dans le troisième livre des *Annales* de Cl. Quadrigarius, on trouvait aussi ces mots : *Dum ii conciderentur, hostium copias ibi occupatas futurum,* pendant que ceux-ci seront égorgés, les troupes des ennemis seraient occupées en cet endroit.

Le même Quadrigarius commence ainsi le dix-huitième livre de ses *Annales* : — *Si pro tua bonitate et nostra voluntate tibi valetudo suppetit, est quod speremus, deos bonis bene facturum,* si vous conservez une santé telle que le méritent vos vertus et que nous la désirons, il y a lieu d'espérer que les dieux favoriseront les gens de bien. Dans le vingt-quatrième livre de Valérius Antbias, on trouve une semblable tournure : *Si hæ res divinæ factæ riteque perlitatæ essent, haruspices dixerunt,*

---

liberum undique et impromiscuum est. Quali C. Gracchus verbo usus est in oratione cujus titulus est : « *De Quinto Popilio circum conciliabula*, in qua ita scriptum est : « Credo ego inimicos meos hoc dicturum. » *Inimicos*, inquit, *dicturum*, et non *dicturos*. Videturne ea ratione positum esse apud Gracchum *dicturum*, qua est apud Ciceronem *futurum*? Sicut in Græca oratione, sine ulla vitii suspicione, omnibus numeris generibusque sine discrimine attribuuntur hujuscemodi verba : ποιήσειν, ἔσεσθαι, λέξειν, et similia. In Cl. quoque Quadrigarii tertio *Annali* libro verba hæc esse dixit : « Dum ii conciderentur, hostium copias ibi occupatas *futurum*. »

In duodevicesimo *Annali* ejusdem Quadrigarii principium libri sic scriptum : « Si pro tua bonitate et nostra voluntate tibi valetudo suppetit, est quod speremus, deos bonis bene *facturum*. » Item in Valerii Antiatis quarto et vicesimo

omnia ex sententia processurum esse, si les cérémonies sont faites selon le rite, on obtiendra, dirent les aruspices, les plus heureux succès.

Plaute, dans sa *Casina*, dit, en parlant d'une jeune fille, *occisurum*, et non *occisuram* :

> Etiamne habet Casina gladium ? — Habet, sed duos,
> Quibus, altero te *occisurum* ait, altero villicum.

— Casina a-t-elle encore une épée ? — Mieux que cela, elle en a deux : l'une, dit-elle, servira à vous frapper; l'autre est réservée au fermier.

Laberius dans les *Jumeaux* :

> Non putavi, hoc eam *facturum*

— Je n'ai pas cru qu'elle le ferait.

Or, tous ces écrivains savaient ce que c'est qu'un solécisme. Gracchus a dit *dicturum* ; Quadrigarius, *futurum* et *bene facturum* ; Antias, *processurum* ; Plaute, *occisurum* ; Labérius, *facturum*, tous ces mots étant employés d'une manière indéfinie. C'est une forme qui ne subit les modifications ni du monde, ni des personnes, ni du genre, ni du temps, mais qui comprend tout

---

simili modo scriptum esse : « Si hæ res divinæ factæ riteque perlitatæ essent, haruspices dixerunt, omnia ex sententia *processurum* esse. »

Plautus etiam in *Casina*, quum de puella loqueretur, *occisurum* dixit, non *occisuram*, his verbis :

> Etiamne habet Casina gladium ? — Habet, sed duos,
> Quibus, altero te *occisurum* ait, altero villicum.

Item Laberius in *Gemellis* :

> Non putavi, inquit, hoc eam *facturum*.

Non ergo isti omnes, solœcismus quid esset, ignoraverunt. Sed et Gracchus, *dicturum*, et Quadrigarius, *futurum* et [bene] *facturum*, et Antias, *processurum*, et Plautus, *occisurum*, et Laberius, *facturum*, indefinito modo dixerunt. Qui modus neque in numeros, neque in personas, neque in genera [neque in tempora], distrahitur, sed omnia isthæc una eademque declinatione complectitur. Sicuti

cela sous une seule et même désinence. M. Cicéron, en se servant de *futurum*, n'a mis ni le masculin ni le neutre (ce qui serait en effet un solécisme); il a employé un mot indépendant de tout genre.

Mon ami citait encore un passage du discours de Cicéron *pour la loi Manilia*, dans lequel se trouvent ces mots : *Quum vestros portus, atque eos portus, quibus vitam ac spiritum ducitis, in prædonum fuisse potestatem sciatis*, quand vous savez que vos ports, ces ports qui vous nourrissent, et sans lesquels vous ne pouvez vivre, ont été au pouvoir des pirates. Il disait que les mots *in potestatem fuisse* ne constituent pas un solécisme, comme le pense généralement la foule des demi-savants; et qu'au contraire la tournure était bonne et toute grecque. Plaute, le plus élégant modèle du génie de la langue latine, a bien dit dans son *Amphitryon* :

Numero mihi *in mentem* fuit;

Il me vient à l'esprit fort à propos.

au lieu de *in mente*, qui est la tournure la plus ordinaire. Mais, indépendamment de Plaute, dont mon ami venait de nous citer un passage, les écrivains anciens nous offrent mille exemples de semblables formes, et j'en ai cité quelques-unes dans ce recueil.

M. Cicero dixit *futurum*, non virili genere neque neutro (solœcismus enim plane foret), sed verbo usus est ab omni necessitate generum absoluto.

Idem autem ille amicus noster in ejusdem M. Tullii [Ciceronis] oratione quæ est de imperio Cn. Pompeii, ita scriptum esse a Cicerone dicebat, atque ipse ita lectitabat : « Quum vestros portus, atque eos portus, quibus vitam ac spiritum ducitis, in prædonum *fuisse potestatem* sciatis. » Neque solœcismum esse aiebat *in potestatem fuisse*, ut vulgus semidoctum putat, sed ratione dictum certa et proba contendebat, qua et Græci ita uterentur. Et Plautus, verborum Latinorum elegantissimus, in *Amphytrione* dixit :

Numero mihi *in mentem* fuit;

non, ut dici solitum est, *in mente*. Sed enim præter Plautum, cujus ille in *præsens* exemplo usus est, multam nos quoque apud veteres scriptores locutionum talium copiam offendimus; atque his vulgo annotamentis inspersimus. Ut ratio-

Au reste, toute règle et toute autorité mises à part, l'harmonie de la phrase et l'arrangement des mots prouvent assez que cette forme a dû plaire à M. Cicéron, recherchant avec un soin extrême les effets du nombre et de la cadence, et qu'il a pu dire, tout en restant fidèle à la grammaire, *in potestatem*, au lieu de *in potestate*. *In potestatem* est plus harmonieux, plus doux; *in potestate* est dur et désagréable pour qui a l'oreille exercée, intelligente et délicate pour saisir ces nuances. C'est ainsi que Cicéron a préféré encore *explicavit* à *explicuit*, bien que cette dernière forme eût prévalu de son temps. Voici ces paroles tirées de son discours *pour la loi Manilia* : — *Testis est Sicilia, quam multis undique cinctam periculis non terrore belli, sed consilii celeritate explicavit*, témoin la Sicile, qu'il délivra des dangers qui la menaçaient de tous côtés, moins par la terreur des armes que par la célérité des opérations. Mettez *explicuit*, la phrase aura moins de nombre et moins d'harmonie.

VIII. Anecdote rapportée par le philosophe Sotion sur la courtisane Laïs et l'orateur Démosthène.

Le péripatéticien Sotion ne manquait pas de mérite; il a composé un recueil d'anecdotes de tous genres; il l'a intitulé la *Corne*

nem autem istam missam facias et auctoritates : sonus tamen et positura ipsa verborum satis declarant, id potius ἐπιμελείᾳ τῶν λέξεων modulamentisque orationis M. Tullii convenisse, ut, quoniam utrumvis dici Latine posset, *potestatem* dicere malet, non *potestate*. Illud enim sic compositum jucundius ad aurem conspectiusque, insuavius hoc imperfectiusque est, si modo ita explorata aure homo sit, non surda nec jacenti : sicuti est hercle, quod *explicavit* dicere maluit, quam *explicuit*, quod esse jam usitatius cœperat. Verba sunt hæc ipsius ex oratione, quam de imperio Cn. Pompei habuit : « Testis est Sicilia, quam multis undique cinctam periculis non terrore belli, sed consilii celeritate explicavit. » At si *explicuit* diceret, imperfecto et debili numero verborum sonus clauderet.

VIII. Historia in libris Sotionis philosophi reperta super Laide meretrice et Demosthene rhetore.

Sotion ex peripatetica disciplina haud sane ignobilis vir fuit. Is librum multæ variæque historiæ refertum composuit, eumque inscripsit Κέρας Ἀμαλθείας. Ea

d'*Amalthée*, ce qui est à peu près l'équivalent de l'expression latine, *Cornu copiæ*, la corne d'abondance. On trouve dans ce recueil l'anecdote suivante sur l'orateur Démosthène et la courtisane Laïs. La Corinthienne Laïs, dit Sotion, femme d'une beauté et d'une grâce ravissante, se faisait un immense revenu. Les hommes les plus opulents de toute la Grèce accouraient chez elle; on n'était admis qu'en donnant ce qu'elle exigeait, et elle mettait ses faveurs à un prix excessif; de là cet adage connu en Grèce :

Il n'est pas permis à tout le monde d'aborder à Corinthe;

car c'était en vain qu'on allait à Corinthe chez Laïs, si on ne pouvait donner la somme demandée. Un jour, Démosthène se rend secrètement chez elle, et sollicite ses faveurs. Mais Laïs lui demande dix milles drachmes, c'est-à-dire un talent, ce qui vaut dix mille deniers de notre monnaie. L'effronterie de cette femme et l'énormité de la somme confondent et effrayent Démosthène, qui se retire en disant : « Je n'achète pas si cher un repentir. » Mais le mot est bien plus piquant en grec : Οὐκ ὠνοῦμαι μυρίων δραχμῶν μεταμέλειαν.

vox hoc ferme valet, tanquam si dicas *Cornu Copiæ*. In eo libro super Demosthene rhetore et Laide meretrice historia hæc scripta est. Lais, inquit, Corinthia ob elegantiam venustatemque formæ grandem pecuniam demerebat, conventusque ad eam ditiorum hominum ex Græcia celebres erant : neque admittebatur, nisi qui dabat quod poposcerat. Poscebat autem illa nimium quantum. Hinc ait natum esse illud frequens apud Græcos adagium :

Οὐ παντὸς ἀνδρὸς ἐς Κόρινθον ἔσθ' ὁ πλοῦς.

quod frustra iret Corinthum ad Laidem, qui non quiret dare quod posceretur. Ad hanc ille Demosthenes clanculum adit; et, ut sibi sui copiam faceret, petit : at Lais μυρίας δραχμὰς ἢ τάλαντον poposcit. Hoc facit nummi nostratis denarium decem millia. Tali petulantia mulieris atque pecuniæ magnitudine ictus expavidusque Demosthenes evertit [ur], et discedens : Ego, inquit, pænitere tanti non emo. Sed Græca ipsa, quæ fertur dixisse, lepidiora sunt : Οὐκ ὠνοῦμαι, inquit, μυρίων δραχμῶν μεταμέλειαν.

IX. Sur la méthode et l'ordre de l'enseignement de la philosophie pythagoricienne; quel était le temps où les disciples devaient se taire, et celui où il leur était permis de parler.

Voici l'ordre et la méthode que Pythagore et les philosophes qui héritèrent de sa doctrine suivaient dans la réception et dans l'instruction de leurs disciples. Pythagore commençait par étudier la physionomie des jeunes gens qui se présentaient comme disciples, ἐφυσιογνωμόνει. Ce mot signifie connaître les mœurs et le caractère de l'homme d'après les traits du visage, la forme du corps et tout l'extérieur de l'individu. Lorsqu'il avait trouvé un sujet capable, Pythagore l'admettait aussitôt dans son école, où le nouveau disciple devait garder le silence pendant un certain temps. Ce temps n'était pas de même durée pour tous; il était proportionné au plus ou moins de capacité de chacun. Le disciple qui gardait le silence écoutait attentivement ce que disaient les autres; il ne pouvait ni demander l'explication de ce qu'il n'avait pas saisi, ni commenter par écrit ce qu'il entendait. Au reste, ce silence ne durait pas moins de deux ans. Ceux qui subissaient cette première épreuve étaient désignés par le nom d'auditeurs ἀκουστικοί : mais lorsqu'ils avaient appris les deux choses

---

IX. Qui modus fuerit, quis ordo disciplinæ Pythagoricæ; quantumque temporis imperatum observatumque sit dicendi simul ac tacendi.

Ordo atque ratio Pythagoræ, ac deinceps familiæ successionis ejus, recipiendi instituendique discipulos hujuscemodi fuisse traditur. Jam a principio adolescentes, qui sese ad discendum obtulerant, ἐφυσιογνωμόνει. Id verbum significat, mores naturasque hominum conjectatione quadam de oris et vultus ingenio deque totius corporis filo atque habitu sciscitari. Tum, qui exploratus ab eo idoneusque fuerat, recipi in disciplinam statim jubebat et tempus certum tacere; non omnes idem, sed alios aliud tempus pro æstimato captu solertiæ. Is autem qui tacebat, quæ dicebantur ab aliis, audiebat; neque percontari, si parum intellexerat, neque commentari, quæ audierat, fas erat. Sed non minus quisquam tacuit, quam biennium. Hi prorsus appellabantur intra tempus tacendi audiendique ἀκουστικοί.

les plus difficiles de ce monde, *écouter et se taire*, lorsqu'ils avaient développé leur intelligence par ce long silence que l'on appelait ἐχεμυθία discrétion, ils pouvaient parler, interroger, écrire ce qu'ils avaient entendu, et émettre leur opinion. On les appelait alors μαθηματικοί, mathématiciens, du nom des sciences qu'ils avaient commencé à étudier et à méditer : car les anciens Grecs appelaient μαθήματα la géométrie, la gnomonique, la musique et les autres connaissances du même ordre. Aujourd'hui le vulgaire appelle mathématiciens des hommes qu'il serait plus juste de nommer Chaldéens, d'après le pays dont leur science tire son origine. L'esprit orné de ces connaissances, les disciples étudiaient les merveilles de l'univers et les principes de la nature : alors ils prenaient le nom de φυσικοί physiciens. Après m'avoir donné ces détails sur l'école pythagoricienne : « Maintenant, s'écriait mon ami Taurus, les jeunes gens qui abordent l'école comme des profanes, non-seulement ne se sont jamais exercés à la spéculation, non-seulement n'ont aucune teinture des lettres et des sciences, mais encore ils donnent au maître la méthode qu'il doit suivre pour leur instruction. L'un dit : « Enseignez-moi d'abord ceci; » l'autre : « Voilà ce que je veux apprendre, et non cela. » Celui-ci veut commencer par *le Banquet* de Platon, pour y voir l'ivresse

Ast ubi res didicerant rerum omnium difficillimas, tacere audireque, atque esse jam cœperant silentio eruditi, cui erat nomen ἐχεμυθία, tum verba facere et quærere, quæque audissent scribere, et quæ ipsi opinarentur expromere potestas erat. Hi dicebantur in eo tempore μαθηματικοί, ab iis scilicet artibus, quas jam discere atque meditari inceptaverant : quoniam geometriam et gnomonicam, musicam, cæterasque item disciplinas altiores μαθήματα veteres Græci appellabant : vulgus autem, quos gentilitio vocabulo Chaldeos dicere oportet, mathematicos dixit. Exinde his scientiæ studiis ornati ad perspicienda mundi opera et principia naturæ procedebant : ac tunc denique nominabantur φυσικοί. Hæc eadem super Pythagora noster Taurus quum dixisset : « Nunc autem, inquit, isti qui repente pedibus illotis ad philosophos devertunt, non est hoc satis, quod sunt omnino ἀθεώρητοι, ἄμουσοι, ἀγεωμέτρητοι : sed legem etiam dant, qua philosophari discant. Alius ait : « Hoc me primum doce. » Item alius : « Hoc volo, inquit, discere ; istud nolo. » Hic a *Symposio* Platonis incipere gestit, propter Alcibiadis

d'Alcibiade ; celui-là par le *Phèdre*, à cause du discours de Lysias. Il en est, ô Jupiter ! qui veulent lire Platon, non pour se rendre meilleurs, mais pour former leur style; non pour être plus sages, mais pour donner plus de grâce à leur élocution. » Telles étaient les réflexions de mon ami Taurus, comparant nos jeunes philosophes avec les anciens pythagoriciens. Nous ne devons pas oublier qu'une fois reçus dans l'école de Pythagore, les disciples mettaient en commun leur patrimoine et leurs revenus, formant ainsi une société indissoluble qui était l'image de cette antique communauté de biens que l'on appelait, en droit romain, *ercto non cito*, héritage non partagé.

X. En quels termes le philosophe Favorinus apostropha un jeune homme qui affectait de se servir de locutions anciennes et vieillies.

Le philosophe Favorinus dit un jour à un jeune homme qui recherchait les termes anciens, et qui, dans la conversation, employait des mots surannés et par cela même très-inconnus : « Curius, Fabricius, Coruncanius, ces premiers héros de la république, les trois Horaces, bien plus anciens encore, parlaient à leurs contemporains en termes clairs et intelligibles ; ils parlaient

commissationem ; ille a *Phædro*, propter Lysiæ orationem. Est etiam, inquit, pro Jupiter ! qui Platonem legere postulet, non vitæ ornandæ, sed linguæ orationisque comendæ gratia, nec ut modestior fiat, sed ut lepidior. » Hæc Taurus dicere solitus, novitios philosophorum sectatores cum veteribus pythagoricis pensitans. Sed id quoque non prætereundum est, quod omnes simul, qui a Pythagora in cohortem illam disciplinarum recepti erant, quod quisque familiæ pecuniæque habebat, in medium dabant ; et coibatur societas inseparabilis, tanquam illud fuerit antiquum consortium, quod jure atque verbo Romano appellabatur *ercto non cito*.

X. Quibus verbis compellaverit Favorinus philosophus adolescentem casce nimis et prisce loquentem.

Favorinus philosophus adolescenti, veterum verborum cupidissimo, et plerasque voces nimis priscas et ignotissimas in quotidianis communibusque sermonibus expromenti : « Curius, inquit, et Fabricius, et Coruncanius, antiquissimi viri [nostri], et his antiquiores Horatii illi trigemini, plane ac dilucide cum suis

la langue de leur temps et non celle des Aurunces, des Sicaniens, des Pélasges, qui, dit-on, habitèrent les premiers l'Italie. Mais toi, comme si tu conversais avec la mère du roi Évandre, tu te sers de mots tombés en désuétude depuis plusieurs siècles, sans doute pour que personne ne puisse ni te comprendre ni t'entendre. Jeune fou, tais-toi; tu parviendras à ton but bien plus vite. Tu prétends que l'antiquité te plaît pour sa probité, pour sa tempérance, sa modération; eh bien! forme tes mœurs sur celles des anciens, et parle la langue de ton époque; grave profondément dans ta mémoire le précepte que C. César, cet esprit supérieur et juste, a examiné dans le premier livre de son traité *sur l'Analogie* : « Fuir une expression étrange et inusitée comme on évite un écueil. »

XI. Que les Lacédémoniens, au rapport de Thucydide, allaient au combat au son de la flûte et non au son de la trompette. Paroles de cet historien à ce sujet. Que, d'après Hérodote, le roi Halyatte se faisait accompagner de joueurs de flûte en allant au combat. Quelques observations sur la flûte dont l'orateur Gracchus employait le secours à la tribune.

Thucydide, ce grave historien, rapporte que les Lacédémoniens, peuple belliqueux s'il en fut, n'allaient point aux combats

fabulati sunt : neque Auruncorum, aut Sicanorum, aut Pelasgorum, qui primi [in] coluisse Italiam dicuntur, sed ætatis suæ verbis loquuti sunt. Tu autem, perinde quasi cum matre Evandri nunc loquare, sermone abhinc multis annis jam desito uteris, quod scire atque intelligere neminem vis, quæ dicas. Nonne, homo inepte, ut quod vis abunde consequaris, taces? Sed antiquitatem tibi placere ais, quod honesta et bona et sobria et modesta sit. Vive ergo moribus præteritis; loquere verbis præsentibus; atque id, quod a C. Cæsare, excellentis ingenii ac prudentiæ viro, in primo *de Analogia* libro, scriptum est, habe semper in memoria atque in pectore, « ut, tanquam scopulum, sic fugias inauditum atque insolens verbum. »

XI. Quod Thucydides, historiæ scriptor inclytus, Lacedæmonios in acie non tuba, sed tibiis esse usos dicit; verbaque ejus super ea re posita : quodque Herodotus Halyatten regem fidicinas in procinctu habuisse tradit : atque inibi quædam notata de Gracchi fistula concionatoria.

Auctor historiæ Græcæ gravissimus Thucydides, Lacedæmonios summos bella-

au son de la trompette et du clairon, mais aux accents mélodieux de la flûte. Ce n'était point pour observer un rite sacré, ni pour accomplir une prescription religieuse; c'est qu'au lieu d'exciter et d'enflammer le courage par les éclats de la trompette et du clairon, ils voulaient régler et modérer l'ardeur de leurs guerriers par les modulations de la flûte. Ils pensaient qu'à la première attaque, au commencement de la mêlée, rien n'est plus propre à ménager la vie et à élever le courage du soldat que ces sons harmonieux qui l'empêchent de se livrer à la fureur qui l'aveugle. C'est pourquoi, lorsque les troupes étaient en ordre de bataille, les bataillons prêts à s'élancer, lorsque l'armée allait s'ébranler, des joueurs de flûte, placés dans les rangs, se faisaient entendre. Ces accords doux, purs et sacrés, étaient comme une discipline musicale qui tempérait l'impétuosité et la fougue des guerriers, et les empêchait de s'élancer pêle-mêle et sans ordre. Mais pourquoi ne citerions-nous pas ici l'illustre historien lui-même? Ses paroles donneront plus de poids et plus d'autorité à mon observation : « Alors les deux armées s'avancent en ordre de bataille : les Argiens et leurs alliés s'élancent avec fougue et avec emportement; les Lacédémoniens, au contraire, s'ébranlent lentement au son de flûtes nombreuses placées, selon la cou-

---

iores non cornuum tubarumve signis, sed tibiarum modulis in præliis usos esse, refert : non prorsus, ex aliquo ritu religionum; neque rei divinæ gratia, neque autem ut excitarentur atque evibrarentur animi, quod cornua et litui moliuntur : sed contra, ut moderatiores modulatioresque fierent; quod tibicinis numeris temperatur. Nihil adeo in congrediendis hostibus atque in principiis præliorum ad salutem virtutemque aptius rati, quam si permulcti sonis mitioribus non immodice ferocirent. Quum procinctæ igitur classes erant, et instructa acies, cœptumque in hostem progredi : tibicines inter exercitum positi canere inceptabant. Ea ibi præcentione tranquilla et [delectabili atque adeo] venerabili, ad quamdam quasi militaris musicæ disciplinam vis et impetus militum, ne sparsi dispalatique proruerent, cohibebatur. Sed ipsius illius egregii scriptoris uti verbis libet, quæ et dignitate et fide graviora sunt : Καὶ μετὰ ταῦτα ἡ ξύνοδος ἦν, Ἀργεῖοι μὲν καὶ οἱ ξύμμαχοι ἐντόνως καὶ ὀργῇ χωροῦντες· Λακεδαιμόνιοι δὲ βραδέως καὶ ὑπὸ αὐλητῶν πολλῶν, νόμῳ ἐγκαθεστώτων· οὐ τοῦ θείου χάριν, ἀλλ' ἵνα ὁμαλῶς μετὰ ῥυθμοῦ

tume, au milieu des rangs. Ce n'est point pour se conformer à quelque loi religieuse ; mais pour que les soldats puissent, d'un pas égal et cadencé, s'avancer au combat sans rompre leurs rangs, sans se disperser ; ce qui arrive souvent aux grandes armées quand l'action s'engage. »

Les Crétois, dit-on, avaient coutume de régler leur marche, au moment de l'attaque, au son de la harpe. D'après Hérodote, Halyatte, roi de Lydie, prince livré aux mœurs efféminées et au luxe des barbares, lorsqu'il faisait la guerre aux Milésiens, se faisait accompagner d'une troupe d'hommes qui jouaient de la flûte et de la lyre ; il avait même dans son armée des joueuses de flûte, qui figuraient ordinairement dans ses orgies ; elle donnaient le signal du combat. D'après Homère, les Grecs s'avançaient au combat, non au son des lyres et des flûtes, mais dans un profond recueillement, remplis de force et de courage par le sentiment de leur commune ardeur :

Les Grecs, respirant la guerre, marchaient en silence, et brûlaient de se donner un mutuel appui.

Que signifient donc ces bruyantes clameurs que poussaient les

βαίνοντες προσέλθοιεν, καὶ μὴ διασπασθείη αὐτοῖς ἡ τάξις· ὅπερ φιλεῖ τὰ μεγάλα στρατόπεδα ποιεῖν ἐν ταῖς προσόδοις.

Cretenses quoque prælia ingredi solitos memoriæ datum est præcinente ac præmoderante cithara gressibus. Halyattes autem, rex terræ Lydiæ, more atque luxu barbarico præditus, quum bellum Milesiis faceret, ut Herodotus in historiis tradit, concinentes habuit fistulatores et fidicines ; atque feminas etiam tibicinas in exercitu atque in procinctu habuit, lascivientium delicias conviviorum. Sed enim Achæos Homerus pugnam indipisci ait non fidicularum tibiarumque concentu, sed mentium animorumque conspiratu tacito nitibundos :

Οἱ δ' ἄρ' ἴσαν σιγῇ μένεα πνείοντες Ἀχαιοί,
Ἐν θυμῷ μεμαῶτες ἀλεξέμεν ἀλλήλοισιν.

Quid ille vult ardentissimus clamor militum Romanorum, quem in congres-

soldats romains au premier choc, comme le rapportent les historiens? Étaient-elles une infraction aux sages lois de la discipline de leurs ancêtres? ou n'est-ce pas plutôt qu'une armée doit marcher en silence et d'un pas modéré, quand elle est encore à une assez grande distance de l'ennemi; mais qu'au moment même d'en venir aux mains, le soldat doit se précipiter impétueusement sur l'ennemi pour le disperser, et pousser des cris pour jeter la terreur dans ses rangs? Mais, à propos de la flûte des Lacédémoniens, je me rappelle la flûte dont les sons réglaient et modéraient la voix de C. Gracchus, lorsqu'il était à la tribune. Au reste, il n'est pas vrai, comme on le rapporte ordinairement, qu'un joueur de flûte se tînt derrière lui tandis qu'il parlait, soit pour tempérer son action par ses modulations variées, soit pour lui donner plus de force et de ton. Quelle absurdité, de croire que la flûte pût marquer à Gracchus, parlant en public, la mesure, le rhythme et les différentes cadences, comme elle règle les pas de l'histrion sur le théâtre!

Les auteurs qui sont les mieux instruits du fait rapportent qu'un homme, caché dans l'auditoire, tirait d'une flûte courte un son lent et grave pour l'avertir de modérer les éclats trop violents de sa voix; car le génie naturellement emporté de

sibus præliorum fieri solitum scriptores annalium memoravere? Contrane institutum flebat antiquæ disciplinæ tam probabile? An tum etiam gradu clementi et silentio est opus, quum ad hostem itur in conspectu longinquo procul distantem? quum vero prope ad manus ventum est, tum jam e propinquo hostis et impetu propulsandus et clamore terrendus est? Ecce autem, per tibicinia Laconica, tibiæ quoque illius concionatoriæ in mentem venit, quam C. Graccho, quum populo agenti præisse ac præministrasse modulos ferunt. Sed nequaquam sic est, ut a vulgo dicitur, canere tibia solitum, qui pone eum loquentem staret, variisque modis tum demulcere animum actionemque ejus, tum intendere. Quid enim foret ea re ineptius, si, ut planipedi saltanti, ita Graccho concionanti numeros et modos et frequentamenta quædam varia tibicen incineret?

Sed qui hoc compertius memoriæ tradiderunt, stetisse in circumstantibus dicunt occultius, qui fistula brevi sensim graviusculum sonum inspiraret, ad reprimendum sedandumque impetus vocis ejus. Refervescente namque impulsu

C. Gracchus n'avait pas besoin, je le pense, d'excitation extérieure, lorsqu'il était à la tribune. Marcus Cicéron croit toutefois que Gracchus employait ce joueur de flûte pour une double fin : les sons lents ou rapides devaient ou donner du ton et de la force à sa parole lorsqu'elle s'affaiblissait, ou la modérer lorsque l'orateur se laissait aller à sa fougue et à son emportement. Voici le passage même de Cicéron : « Licinius, homme instruit, et ton client, Catulus, a pu te dire que Gracchus, dont il était le secrétaire, faisait cacher derrière lui, lorsqu'il parlait en public, un musicien habile, qui lui donnait le ton sur une flûte d'ivoire, et l'empêchait ainsi de trop baisser la voix ou de s'abandonner à des éclats trop violents. »

Pour en revenir à cette coutume des Lacédémoniens, Aristote, dans son livre des *Problèmes*, prétend que ces peuples commençaient la lutte au son de la flûte, pour que l'assurance et l'ardeur de leurs soldats parussent dans tout leur éclat : car la timidité et la crainte, dit-il, s'allient mal avec une semblable manière de marcher au combat. Les timides et les lâches ne sauront conserver cet ensemble imposant et harmonieux d'une marche régulière et intrépide. Aristote ne dit que quelques mots à ce sujet; les voici : « Pourquoi, sur le point de combattre,

---

et instinctu extraneo, naturalis illa Gracchi vehementia indiguisse, non, opinor, existimanda est. Marcus tamen Cicero fistulatorem istum utrique rei adhibitum esse a Graccho putat, ut sonis tum placidis tum citatis aut demissam jacentemque orationem ejus erigeret, aut ferocientem sævientemque cohiberet. Verba ipsius Ciceronis apposui : « Itaque idem Gracchus, quod potes audire, Catule, ex Licinio, cliente tuo, litterato homine, quem servum sibi habuit ille ad manum, cum eburnea solitus est habere fistula, qui staret post ipsum occulte, quum concionaretur, peritum hominem; qui inflaret celeriter eum sonum, qui illum aut remissum excitaret, aut a contentione revocaret. »

Morem autem illum ingrediendi ad tibicinum modulos prælii institutum esse a Lacedæmoniis, Aristoteles in libris *Problematum* scripsit, quo manifestior fieret exploratiorque militum securitas et alacritas : nam diffidentiæ, inquit, et timori cum ingressione hujuscemodi minime convenit; et mœsti atque formidantes ab hac tam intrepida ac tam decora incedendi modulatione alieni sunt. Verba pauca

marchent-ils au son de la flûte? C'est pour connaître les lâches qui n'osent avancer. »

XII. Quelles conditions d'âge et de naissance devait remplir la jeune fille que l'on consacrait au culte de Vesta. Rites et cérémonies religieuses de sa *prise* par le grand prêtre. Nom qui lui était donné par ce dernier, lorsqu'il la *prenait* ; droits de la vestale lorsqu'elle a été *prise*. Que, d'après Labéon, elle ne peut hériter d'un intestat. Que nul citoyen ne peut, non plus, hériter *ab intestat* d'une vestale.

Les auteurs qui ont traité des règlements relatifs à la *prise* des vestales, entre autres Antistius Labéon, un des plus exacts, nous apprennent que la jeune fille destinée à Vesta ne devait avoir ni moins de six ans ni plus de dix; il fallait qu'elle eût encore son père et sa mère; qu'elle ne fût ni bègue, ni sourde, ni affligée d'aucune autre infirmité physique; que ni elle ni son père n'eussent été émancipés, quand même du vivant de son père elle eût été sous la dépendance de son aïeul; que son père et sa mère n'eussent jamais été esclaves ensemble, qu'aucun des deux ne l'eût été séparément, qu'ils n'eussent jamais exercé une profession basse. Toute jeune fille dont la sœur avait été *prise* pour être vestale était exempte du sacerdoce. La fille d'un fla-

---

Aristotelis super ea re apposui : Διὰ τί, ἐπειδὰν κινδυνεύειν μέλλωσι, πρὸς αὐλὸν ἐμβαίνουσιν; ἵνα τοὺς δειλοὺς ἀσχημονοῦντας γινώσκωσιν.

XII. Virgo Vestæ quid ætatis, et ex quali familia, et quo ritu quibusque cærimoniis et religionibus, ac quo nomine a pontifice maximo capiatur, et quo statim jure esse incipiat, simulatque capta est : quodque, ut Labeo dicit, nec [illa] intestato cuiquam nec ejus intestatæ quisquam jure heres est.

Qui de [vestali] virgine capienda scripserunt, quorum diligentissime scripsit Labeo Antistius, minorem quam annos VI, majorem quam annos X natam, negaverunt capi fas esse; item quæ non sit patrima et matrima; item quæ lingua debili sensuve aurium deminuta aliave qua corporis labe insignita sit; item quæ ipsa aut cujus pater emancipatus sit, etiam si vivo patre in avi potestate sit; item cujus parentes alter ambove servitute servierunt; aut in negotiis sordidis diversantur : sed eam, cujus soror ad id sacerdotium lecta est, excusationem me-

mine, d'un augure, d'un quindécemvir préposé aux sacrifices, d'un septemvir ordonnateur de festins sacrés, d'un salien; la fiancée d'un pontife, la fille d'un joueur de flûte dans les cérémonies religieuses, jouissaient également de l'exemption. Attéius Capiton nous apprend aussi qu'on ne pouvait *prendre* la fille d'un citoyen qui n'était pas domicilié en Italie, et qu'on exemptait la fille de celui qui avait trois enfants. Dès qu'une jeune fille a été *prise*, qu'elle a touché le seuil du temple de Vesta et qu'elle a été livrée aux pontifes, elle est, sans émancipation ni perte des droits, soustraite à l'autorité paternelle, et acquiert le droit de tester. Les plus anciens ouvrages ne nous apprennent rien sur les cérémonies en usage lors de la *prise* d'une vestale. Nous savons seulement que la première vestale fut *prise* par le roi Numa; mais nous avons la loi Papia qui ordonne qu'on choisisse, d'après l'indication du grand pontife, vingt jeunes filles parmi la jeunesse de Rome, qu'au milieu de l'assemblée le sort désigne l'une d'entre elles, et que la jeune fille qui aura été désignée soit *prise* par le grand pontife et consacrée à Vesta. Cette manière de procéder par le sort à l'élection d'une vestale, d'après la loi Papia, ne paraît pas aujourd'hui toujours nécessaire; en effet, si un citoyen d'une famille honorable se présente chez le grand pontife et lui offre sa fille pour la consacrer au sacerdoce de Vesta, pourvu toutefois que toutes les conditions du rite soient

reri aiunt; item cujus pater flamen, aut augur, aut quindecimvirum sacris faciundis, aut qui septemvirum epulonum, aut Salius est. Spousæ quoque pontificis et tubicinis sacrorum filiæ vacatio a sacerdotio isto tribui solet. Præterea Capito Atteius scriptum reliquit, neque ejus legendam filiam, qui domicilium in Italia non haberet, et excusandam ejus, qui liberos tres haberet. Virgo autem vestalis simul est capta atque in atrium Vestæ deducta et pontificibus tradita [est]; eo statim tempore sine emancipatione ac sine capitis minutione e patris potestate exit et jus testamenti faciundi adipiscitur. De more autem rituque capiundæ virginis litteræ quidem antiquiores non exstant, nisi, quæ capta prima est, a Numa rege esse captam. Sed Papiam legem invenimus, quâ cavetur, ut pontificis maximi arbitratu virgines e populo viginti legantur, sortitioque in concione ex eo numero fiat, et, cujus virginis ducta erit, ut eam pontifex maxi-

observées, le sénat dispense de la loi Papia. On dit *prendre* une vestale, parce que le grand pontife l'arrache d'entre les bras de son père, qui en était le maître, comme on enlève une captive les armes à la main. Dans le premier livre de Fabius Pictor, nous trouvons les paroles que doit prononcer le grand pontife lorsqu'il *prend* une vestale. Voici cette formule : Amata, je te prends conformément aux lois, je te fais vestale, je te charge, en ta qualité de vestale, de faire ce qui est utile au peuple et à l'empire romain. Plusieurs pensent que le mot *prendre* ne peut s'employer que pour la vestale. C'est une erreur; le même mot est employé pour les flamines de Jupiter, pour les pontifes et pour les augures. L. Sylla dit, dans le deuxième livre de ses *Mémoires* : « P. Cornélius, qui, le premier, fut surnommé Sylla, fut *pris* pour être flamine de Jupiter. »

M. Caton, dans son discours pour les Lusitaniens, dit, en accusant Serv. Galba : « On dit qu'ils ont voulu faire défection ! Je prétends maintenant connaître à fond le droit des pontifes : serai-je pour cela *pris* pour être pontife? Si je dis que je possède parfaitement le droit augural, viendra-t-on pour cela me *prendre* pour augure? » Ce n'est pas tout; dans les commen-

---

mus capiat, eaque Vestæ fiat. Sed ea sortitio ex lege Papia non necessaria nunc videri solet. Nam, si quis honesto loco natus adeat pontificem maximum, atque offerat ad sacerdotium filiam suam, cujus duntaxat salvis religionum observationibus ratio haberi possit, gratia Papiæ legis per senatum fit. Capi autem virgo propterea dici videtur, quia pontificis maximi manu prehensa ab eo parente, in cujus potestate est, veluti bello capta abducitur. In libro primo Fabii Pictoris, quæ verba pontificem maximum dicere oporteat, quum virginem capit, scriptum est. Ea verba hæc sunt : Sacerdotem vestalem quæ sacra faciat, quæ ious. siete sacerdotem vestalem facere, pro populo romano quiritium, utei quæ optuma lege fovit, ita te, Amata capio. Plerique autem capi virginem solam debere dici putant. Sed flamines quoque diales, item pontifices et augures capi dicebantur. L. Sulla, *Rerum gestarum*, libro ii, ita scripsit : « P. Cornelius, cui primum cognomen Sullæ impositum est, flamen dialis captus. »

M. Cato de Lusitanis, quum Serv. Galbam accusavit : « Tamen dicunt deficere voluisse. Ego me nunc volo jus pontificium optime scire : jamne ea causa pontifex capiar? Si volo augurium optime tenere, ecquis me ob eam rem augurem

taires de Labéon sur la loi des Douze-Tables, nous lisons : « Une vestale ne peut hériter d'un citoyen *ab intestat* : nul citoyen ne peut, non plus, hériter d'une vestale morte sans testament : on prétend que ses biens retournent à l'État. On cherche quels peuvent être les motifs de cette loi. » Le grand pontife, en *prenant* une vestale, l'appelle *Amata*, parce que c'était, dit-on, le nom de celle qui fut prise la première pour être consacrée à Vesta.

XIII. Sur cette question agitée en philosophie : Faut-il exécuter ponctuellement les ordres qu'on a reçus ? Peut-on s'en écarter quelquefois, si l'on a l'espoir d'être plus utile à celui qui nous a donné un ordre ? Examen des diverses opinions émises à ce sujet.

Entre autres questions relatives à l'examen et à l'appréciation des devoirs moraux que les philosophes grecs appellent καθήκοντα devoirs, on pose souvent celle-ci : Lorsqu'on vous a chargé d'une commission dont tous les détails sont nettement expliqués, vous est-il permis de vous écarter des instructions que vous avez reçues, si vous pensez que l'affaire n'en ira que mieux, et que vous serez plus utile à celui qui vous a confié l'exécution de ses projets ? Question difficile à résoudre, et à propos de la-

---

capiat? » Præterea etiam in commentariis Labeonis, quæ ad Duodecim Tabulas composuit, ita scriptum est : « Virgo vestalis neque heres est cuiquam intestato, neque intestatæ quisquam : sed bona ejus in publicum redigi aiunt. Id quo jure fiat, quæritur. » Amata inter capiendum a pontifice maximo appellatur, quoniam, quæ prima capta est, hoc fuisse nomine traditum est.

XIII. Quæsitum esse in philosophia, quidnam foret in recepto mandato rectius, idne omnino facere, quod mandatum est ; an nonnunquam etiam contra, si id speres ei, qui mandavit, utilius fore : superque ea quæstione expositæ diversæ sententiæ.

In officiis capiendis, censendis, judicandisque, quæ Græce καθήκοντα philosophi appellant, quæri solet, an negotio tibi dato, et, quidquid omnino faceres, definito, contra quid facere debeas, si eo facto videri possit res eventura prosperius, exque utilitate ejus, qui id tibi negotium mandavit. Anceps quæstio et in utramque partem a prudentibus viris arbitrata est. Sunt enim non pauci, qui

quelle le pour et le contre ont été soutenus par des hommes de mérite. Plusieurs, s'attachant à une règle absolue, soutiennent que lorsqu'un citoyen, revêtu de l'autorité nécessaire pour être obéi, s'est arrêté à un projet après une mûre délibération, dans une affaire personnelle, il n'est point permis d'agir autrement qu'il ne l'a prescrit, lors même qu'un événement imprévu donnerait l'espérance que les choses pourraient mieux réussir en modifiant l'exécution des ordres donnés, parce que, disent-ils, si notre espérance est déçue, nous encourons le blâme dû à notre désobéissance, et notre témérité sans excuse mérite un châtiment; si nous réussissons, rendons-en grâce aux dieux : néanmoins nous avons donné un exemple dangereux qui peut priver de leur autorité les plans les plus sages et détruire le respect pour les ordres reçus. D'autres ont pensé qu'il fallait préalablement peser les inconvénients qui résulteraient d'une désobéissance aux ordres reçus, si l'on échouait, et les avantages que promet le succès : si les inconvénients sont de peu d'importance, si les avantages doivent être considérables, et si l'on peut raisonnablement espérer le succès, la désobéissance est permise; il ne faut pas laisser échapper l'occasion favorable que nous envoie la Divinité. Ceux qui soutiennent cette thèse pensent qu'avec de tels motifs la désobéissance n'est point d'un mauvais exemple; mais ils ajoutent qu'il est bon de connaître l'esprit et le caractère

---

sententiam suam una in parte defixerint, et, re semel statuta deliberataque, ab eo, cujus negotium id pontificiumque esset, nequaquam putaverint contra dictum ejus esse faciendum, etiamsi repentinus aliquis casus rem commodius agi posse polliceretur, ne, si spes fefellisset, culpa impatientiæ et pœna indeprecabilis subeunda esset. Si res forte melius vertisset; diis quidem gratia habenda, sed exemplum tamen intromissum videretur, quo bene consulta consilia religione mandati soluta corrumperentur. Alii existimaverunt, incommoda prius, quæ metuenda essent, si res gesta aliter foret, quam imperatum est, cum emolumento spei pensitanda esse : et, si ea leviora minoraque, utilitas autem contra gravior et amplior spe quantum potest firma ostenderetur, tum posse adversum mandata fieri censuerunt; ne oblata divinitus rei bene gerendæ occasio amitteretur. Neque timendum exemplum non parendi crediderunt, si rationes hujuscemodi duntaxat

de celui qui a donné les ordres, pour éviter de blesser un homme fier, dur, inexorable, tels que furent, dans l'exercice du commandement, Postumius et Manlius : car si on doit rendre compte à de tels chefs, il ne faut jamais s'écarter de ce qu'ils ont prescrit. Pour donner plus de force et d'intérêt à cette dernière considération, je vais citer un trait de P. Crassus Mutianus, citoyen illustre et célèbre. Ce Crassus, au rapport de Sempronius Asellion et de plusieurs autres historiens romains, possédait cinq choses bien dignes d'être considérées comme ce qu'il y a de meilleur et de plus important dans ce monde : la richesse, la noblesse, l'éloquence, la science du droit, la dignité de grand pontife. Pendant son consulat, ayant l'Asie pour province, il se disposait à mettre le siége devant Leuca, place fortifiée ; comme il avait besoin d'une poutre assez solide et assez longue pour en faire un bélier qui pût abattre les murailles de la ville, il écrivit à l'entrepreneur des bâtiments d'Élée, ville amie et alliée du peuple romain, de lui envoyer le plus grand des deux mâts qu'il se rappelait y avoir vus. Cet homme, ayant compris ce que Crassus voulait en faire, n'envoya point le grand mât, comme il en avait reçu l'ordre, mais le plus petit, qui lui paraissait le plus

---

non deessent. Cumprimis autem respiciendum putaverunt ingenium naturamque illius, cuja res præceptumque esset ; ne ferox durus, indomitus, inexorabilisque sit, qualia fuerunt Postumiana imperia et Manliana : nam si tali præceptori ratio reddenda sit, nihil faciendum esse monuerunt aliter, quam præceptum est. Instructius deliberatiusque fore arbitramur theorematium hoc de mandatis hujuscemodi obsequendis, si exemplum quoque P. Crassi Mutiani, clari ac inclyti viri, apposuerimus. Is Crassus a Sempronio Asellione et plerisque aliis historiæ Romanæ scriptoribus traditur quinque habuisse rerum bonarum maxima et præcipua ; quod esset ditissimus, quod nobilissimus, quod eloquentissimus, quod jurisconsultissimus, quod pontifex maximus. Is quum in consulatu obtineret Asiam provinciam, et circumsidere oppugnareque Leucas [oppidum] pararet, opusque esset firma atque procera trabe, qua arietem faceret, quo muros ejus oppidi quateret, scripsit ad magistrum ἀρχιτέκτονα Elatensium sociorum amicorumque populi Romani, ut ex malis duobus, quos apud eos vidisset, uter major esset, eum mittendum curaret. Tum magister ἀρχιτέκτων, comperto, quamobrem malum desideraret, non, uti jussus erat, majorem, sed, quem esse magis

propre à faire un bélier et le plus facile à transporter. Crassus fait venir l'entrepreneur, lui demande pourquoi il n'a pas exécuté ses ordres, et, sans écouter la raison et les motifs de sa désobéissance, il le fait dépouiller de ses vêtements et frapper de verges, persuadé que l'autorité des chefs s'affaiblit et se perd, quand les inférieurs, au lieu d'obéir ponctuellement, modifient dans l'exécution les ordres donnés.

XIV. Réponse de C. Fabricius, célèbre par ses exploits, mais pauvre, aux Samnites, qui lui offraient une somme d'or considérable pour le tirer de l'indigence.

Julius Hygin, dans le sixième livre *de la Vie et des Actions mémorables des hommes illustres*, rapporte que des ambassadeurs vinrent un jour, de la part des Samnites, trouver C. Fabricius, général romain, et qu'après avoir rappelé les services nombreux et importants qu'il leur avait rendus depuis que la paix était faite, ils lui offrirent une somme considérable, en le priant de l'accepter et d'en faire usage; disant que les Samnites agissaient ainsi, parce qu'il leur semblait qu'il lui manquait bien des choses pour soutenir l'éclat de sa maison; que sa manière de

idoneum aptioremque faciendo arieti, facilioremque portatu existimabat, minorem misit. Crassus eum vocari jussit; et quum interrogasset, cur non, quem jusserat, misisset, causis rationibusque quas dictitabat spretis, vestimenta detrahi imperavit, virgisque multum cecidit, corrumpi atque dissolvi officium omne imperantis ratus, si quis ad id, quod facere jussus est, non obsequio debito, sed consilio non desiderato respondeat.

XIV. Quid dixerit feceritque C. Fabricius, magna vir gloria magnisque rebus gestis, sed familiæ pecuniæque inops, quum ei Samnites tanquam indigenti grave aurum donarent.

Julius Hyginus in libro *de Vita Rebusque illustrium virorum* sexto legatos dicit a Samnitibus ad C. Fabricium imperatorem populi Romani venisse, et, memoratis multis magnisque rebus, quæ bene ac benevole post redditam pacem Samnitibus fecisset, obtulisse dono grandem pecuniam, orasseque uti acciperet utereturque : atque id facere Samnites dixisse, quod viderent multa ad splendo-

vivre ne répondait pas aux honneurs dont il était revêtu. A ces mots, continue Hygin, C. Fabricius, portant ses mains ouvertes de ses oreilles à ses yeux, de là à ses narines, à sa bouche, et sur son bas-ventre, répondit : « Tant que ma volonté pourra commander à tout cela, je ne manquerai de rien ; aussi me garderai-je bien d'accepter, de ceux à qui il peut être utile, un trésor qui ne pourrait me servir. »

XV. Combien est importune et désagréable l'habitude de parler beaucoup et sans sujet. Justes reproches adressés aux bavards, en plusieurs circonstances, par les principaux écrivains de Rome et d'Athènes.

Au sujet de ces parleurs frivoles et importuns qui, sans jamais s'arrêter à rien de solide, donnent un libre essor à l'intempérance de leur langage, on a dit avec raison que les paroles naissent sur leurs lèvres, et qu'elles ne viennent pas de leur âme ; une langue ne doit point s'agiter au hasard et sans règle, mais s'assujettir par un lien intime à la pensée, et ne se mouvoir que pour lui obéir.

dorem domus atque victus defieri, neque pro amplitudine dignitateque lautum paratum esse. Tum Fabricium planas manus ab auribus ad oculos, et infra deinceps ad nares et ad os et ad gulam, atque inde porro ad ventrem imum deduxisse, et legatis ita respondisse : « Dum illis omnibus membris, quæ attigisset, obsistere atque imperare posset, nunquam quidquam defuturum : propterea pecuniam, qua nihil sibi esset usus, ab iis, quibus eam sciret usui esse, non accipere. »

XV. Quam importunum vitium sit plerumque odii futilis inanisque loquacitas, et quam multis in locis a principibus utriusque linguæ viris detestatione justa culpata sit.

Qui sunt leves et futiles et importuni loquutores, quique nullo rerum pondere innixi verbis humidis et lapsantibus diffluunt, eorum orationem bene existimatum est in ore nasci, non in pectore : linguam autem debere aiunt non esse liberam nec vagam, sed vinclis de pectore imo ac de corde aptis moveri et quasi gubernari.

Cependant, combien d'hommes ne voit-on point qui répandent un déluge de mots dénués de sens, et avec une sécurité et une aisance telles, qu'ils semblent le plus souvent ignorer eux-mêmes qu'ils parlent? Homère dit que les paroles d'Ulysse, ce héros si sage et si éloquent, sortaient de sa poitrine, au lieu de dire qu'elles sortaient de sa bouche : paroles qu'il faut moins rapporter au son de la voix et à l'accent d'Ulysse qu'à la profondeur de ses pensées. Le même poëte a dit, avec beaucoup de raison, que les dents sont un rempart opposé à l'impétuosité de la langue; qu'ainsi, l'irréflexion des paroles peut être non-seulement arrêtée par l'attention et la vigilance de l'esprit, mais réprimée par la garde placée, pour ainsi dire, dans la bouche. Voici les paroles d'Homère :

Mais lorsque sa voix retentissante sortait de sa poitrine.

et :

O ma fille, quelle parole s'est échappée du rempart de tes dents?

Je crois bon de citer aussi un passage de M. Tullius, où cet orateur blâme avec autant de sévérité que de raison cette abon-

---

Sed enim videas quosdam sic scatere verbis sine ullo judicii negotio cum securitate multa et profunda, ut loquentes plerumque videantur loqui sese nescire. Ulyssem contra Homerus, virum sapienti facundia præditum, vocem mittere ait non ex ore, sed ex pectore : quod scilicet non ad sonum magis habitumque vocis, quam ad sententiarum penitus conceptarum altitudinem pertineret; petulantiæque verborum coercendæ vallum esse oppositum dentium luculente dixit, ut loquendi temeritas non cordis tantum custodia atque vigilia cohibeatur, sed et quibusdam quasi excubiis in ore positis sæpiatur. Homerica, de quibus supra dixi, hæc sunt :

Ἀλλ' ὅτε δὴ ῥ' ὄπα τε μεγάλην ἐκ στήθεος ἵει·

et :

Τέκνον ἐμόν, ποῖόν σε ἔπος φύγεν ἕρκος ὀδόντων;

M. Tullii quoque verba posui, quibus stultam et inanem dicendi copiam gra-

dance frivole et stérile de paroles : « Mais qu'il demeure bien entendu, dit-il, qu'il n'y a aucun éloge à donner à ceux qui, tout à fait étrangers à l'art de la parole, ne peuvent exposer ce qu'ils savent; ni à ceux qui, sans instruction aucune, parlent avec élégance et avec abondance de ce qu'ils ignorent complétement. S'il fallait choisir, je préférerais le savoir sans éloquence à un frivole bavardage. » Dans son premier livre *de l'Orateur*, on trouve encore ces mots : « Qu'y a-t-il de plus déraisonnable que des phrases brillantes et pompeuses, qui frappent l'oreille d'un vain bruit, et ne présentent à l'esprit ni pensées ni instruction? » Mais l'ennemi le plus acharné de ce défaut est sans contredit M. Caton. Dans le discours intitulé, *Si Célius s'est appelé tribun du peuple*, il s'écrie : « Jamais il ne se tait, celui qui est atteint de la maladie de parler. Il ressemble à l'hydropique qui dort et boit sans cesse. Cet homme est tellement pressé du besoin de parler, que si les gens qu'il invite ne viennent pas, il louera un auditoire. Ses paroles frappent vos oreilles sans vous persuader; c'est un charlatan dont vous entendez les paroles, mais auquel vous vous garderez bien de vous adresser, en cas de maladie. » Dans le même discours, Caton, reprochant à ce même M. Célius, tribun du peuple, la vénalité de ses paroles et

---

viter et vere detestatus est : « Dummodo, inquit, hoc constet, neque infantiam ejus qui rem norit, sed eam explicare dicendo non queat, neque inscientiam illius cui res non suppetat, verba non desint, esse laudandam; quorum si alterum sit optandum, malim equidem indisertam prudentiam, quam stultam loquacitatem. » Item in libro *de Oratore* primo verba hæc posuit : « Quid enim est tam furiosum, quam verborum vel optimorum atque ornatissimorum sonitus inanis, nulla subjecta sententia nec scientia? » Cumprimis autem M. Cato atrocissimus hujusce [modi] vitii insectator est. Namque in oratione, quæ inscripta est : *Si se Cœlius trib. pleb. appellasset* : « Nunquam, inquit, tacet, quem morbus tenet loquendi, tanquam veternosum bibendi atque dormiendi. Quod si non conveniatis, tum convocari jubet; ita est cupidus orationis, ut conducat, qui auscultet : itaque auditis, non auscultatis, tanquam pharmacopolam : nam ejus verba audiuntur; verum ei se nemo committit, si æger est. » Idem Cato in eadem oratione eidem M. Cœlio, tribuno plebis, vilitatem opprobrans non loquendi tantum, verum etiam

de son silence, s'écrie : « Avec un morceau de pain, on peut lui ouvrir ou lui fermer la bouche. »

Ce n'est pas sans raison qu'Homère donne à Thersite les noms de parleur sans mesure, de discoureur impudent ; il compare aussi le bruit de ses discours diffus et ennuyeux aux cris des geais babillards ; car c'est là, je pense, ce que signifient les mots ἀμετροεπής ἀκριτόμυθος. Eupolis caractérise la même espèce d'hommes dans ce vers remarquable :

Très-habile à parler, incapable de rien dire.

C'est ce qu'a voulu imiter notre Salluste, lorsqu'il dit : « Plus parleur qu'éloquent. » Hésiode, le plus sage des poëtes, dit que, loin de prostituer la langue, il faut au contraire la cacher comme un trésor ; que toute sa grâce, quand on la laisse libre, lui vient de la modestie, de la retenue et de la modération :

Une langue capable de se contenir est un trésor parmi les hommes ; jamais elle ne plaît davantage que lorsqu'elle sait se modérer.

---

tacendi : « Frusto, inquit, panis conduci potest, vel uti taceat, vel uti loquatur. »
Neque non merito Homerus unum ex omnibus Thersiten ἀμετροεπῆ, ἀκριτόμυθον appellat : [modo] verba illius multa et ἄκοσμα strepentium sine modo graculorum similia esse dicit. Quid enim est aliud [ἀμετροεπής] ἐκολῴα? Eupolidis quoque versus de id genus hominibus consignatissime factus est :

Λαλεῖν ἄριστος, ἀδυνατώτατος λέγειν.

Quod Sallustius noster imitari volens, « Loquax, inquit, magis quam facundus. » Quapropter Hesiodus, poetarum prudentissimus, linguam non vulgandam, sed recondendam esse dicit, perinde ut thesaurum ; ejusque esse in promendo gratiam plurimam, si modesta, et parca, et modulata sit :

Γλώσσης τοι θησαυρὸς ἐν ἀνθρώποισιν ἄριστος
Φειδωλῆς· πλείστη δὲ χάρις κατὰ μέτρον ἰούσης.

Épicharme a dit aussi avec beaucoup de justesse :

Très-peu propre à parler, mais incapable de se taire ;

pensée qui a, sans doute, donné lieu à celle-ci :

Ne pouvant parler, il ne pouvait cependant pas se taire.

J'ai entendu Favorinus dire que ces vers d'Euripide :

Une bouche sans frein, une folie sans bornes, ont ordinairement une fin malheureuse,

ne doivent pas seulement être appliqués à ceux qui tiennent des discours impies et sacriléges, mais bien plus encore à ces parleurs sans mesure, dont la langue intempérante et sans frein s'agite sans cesse et répand un épouvantable torrent de paroles. Les Grecs ont pour désigner ces hommes le mot significatif de καταγλωσσοι grands parleurs.

Un des amis de Valérius Probus m'a raconté que cet illustre grammairien, quelque temps avant sa mort, lisait d'une manière

---

Epicharmium quoque illud non inscite se habet :

Οὐ λέγειν δεινός, ἀλλὰ σιγᾶν ἀδύνατος.

Ex quo [hoc] profecto sumptum est :

Qui quum loqui non posset, tacere non poterat.

Favorinum ego audivi dicere, versus istos Euripidis,

Ἀχαλίνων στομάτων
Ἀνόμου τ' ἀφροσύνας
Τὸ τέλος δυστυχία·

non de iis tantum factos accipi debere, qui impia aut illicita dicerent, sed vel maxime de hominibus quoque posse dici stulta et immodica blaterantibus, quorum lingua tam prodiga infrenisque sit, ut fluat semper æstuetque colluvione verborum teterrima. Quod genus homines a Græcis significantissimo vocabulo καταγλωσσοι appellantur.

Valerium Probum, grammaticum illustrem, ex familiari ejus, docto viro, com-

nouvelle cette phrase de Salluste : *Satis eloquentiæ, sapientiæ parum* (assez d'éloquence, peu de raison); il assurait que Salluste avait écrit *satis loquentiæ* (assez de faconde) : car, disait-il, ce dernier mot convenait bien mieux à Salluste, novateur en fait de style; d'ailleurs, le mot *eloquentia* semble ne pas convenir à l'idée renfermée dans les mots *parum sapientiæ*. Enfin, cette déplorable manie de parler, ce flux de grands mots vides de sens sont très-bien dépeints dans ce vers du mordant Aristophane :

Homme grossier, parleur sans mesure, dont la langue est sans frein, la bouche sans porte; braillard insupportable, parleur lourd et emphatique.

Nos anciens écrivains n'ont pas moins énergiquement flétri ce défaut en donnant aux bavards les noms de *loquutuleii*, babillards, *blaterones*, criards, *lingulacæ*, bavards.

XVI. Que cette phrase *Ibi mille hominum occiditur*, tirée du troisième livre des *Annales* de Quadrigarius, n'est ni une licence ni une tournure poétique, mais qu'elle est parfaitement conforme aux règles de la grammaire.

Quadrigarius, dans le troisième livre de ses *Annales*, a écrit :

peri Sallustianum illud : « Satis eloquentiæ, sapientiæ parum, » brevi antequam vita decederet, sic legere cœpisse, et sic a Sallustio relictum affirmasse : « Satis loquentiæ, sapientiæ parum; » quod *loquentia* novatori verborum Sallustio maxime congrueret, *eloquentia* cum insipientia minime conveniret. Hujuscemodi autem loquacitatem verborumque turbam magnitudine inani vastam facetissimus poeta Aristophanes insignibus vocabulis denotavit in his versibus :

Ἄνθρωπον ἀγριοποιόν, αὐθαδόστομον,
Ἔχοντ' ἀχάλινον, ἀκρατές, ἀπύλωτον στόμα,
Ἀπερίλαλητον, κομποφακελορρήμονα.

Neque minus insigniter veteres quoque nostri hoc genus homines, in verba projectos, *loquutuleios*, et *blaterones*, et *lingulacas* dixerunt.

XVI. Quod verba istæc Quadrigarii ex *Annali* tertio : « Ibi mille hominum occiditur, » non licentia neque de poetarum figura, sed ratione certa et proba grammaticæ disciplinæ dicta sunt.

Quadrigarius in tertio *Annalium* ita scripsit : « Ibi *occiditur* mille ho-

Ibi occiditur mille hominum, là mille hommes furent tués. Il emploie le singulier *occiditur,* et non le pluriel *occiduntur.* Lucilius aussi, dans le troisième livre de ses *Satires,* a dit :

Ad portam *mille,* a porta *est sex* inde Salernum.

Il met *mille est,* et non *mille sunt.* Varron, dans le dix-septième livre *des Choses humaines :* — *Ad Romuli initium plus mille et centum annorum est,* un espace de plus de onze cents ans s'écoula avant la naissance de Romulus.

Caton, dans le premier livre *des Origines :* — *Inde est fermè mille passum,* de là il y a presque mille pas. M. Cicéron, dans la sixième *Philippique :* — *Itane Janus medius in L. Antonii clientela est : Quis unquam in illo Jano inventus est, qui L. Antonio millenummum ferret expensum?* Ainsi donc la place de Janus est sous la protection de L. Antoine? Qui jamais trouvera-t-on dans cette place qui eût voulu lui prêter mille sesterces?

Dans toutes ces citations et dans beaucoup d'autres endroits, on trouve *mille* pris comme un nom singulier. Il ne faut pas croire, comme on le pense, que ce soit un archaïsme, une concession faite à l'élégance de la phrase : la grammaire semble exiger cette construction. En effet, *mille* ne répond pas au mot grec χίλιοι, mille, mais bien à χιλιάς un milier : de même que l'on dit *una* χιλιάς, *duæ* χιλιάδες, un millier, deux milliers; de

---

minum. » *Occiditur,* inquit, non *occiduntur.* Item Lucilius in tertio *Satyrarum :*

Ad portam *mille,* a porta *est sex* inde Salernum.

Mille, inquit, *est,* non *mille sunt.* Varro in septimodecimo [Rerum] humanarum : Ad Romuli initium plus mille et centum annorum *est.* »

M. Cato in primo *Originum* : « Inde *est* fermè mille passuum. » M. Cicero in sexta in Antonium : « Itane Janus medius in L. Antonii clientela est : Quis unquam in illo Jano inventus est, qui L. Antonio mille nummum *ferret* expensum? »

In his atque in multis aliis *mille* numero singulari dictum est. Neque hoc, ut quidam putant, vetustati concessum est, aut per figurarum concinnitatem admissum est : sed sic videtur ratio poscere. *Mille* enim non pro eo ponitur, quod Græce χίλιοι dicitur, sed quod χιλιάς : et sicuti una χιλιάς et quæ χιλιάδες; ita

même aussi on peut dire d'une manière exacte et correcte : *unum mille* et *duo millia*. C'est pourquoi on ne fait pas de faute quand on dit : *Mille denarium in arca est*, il y a mille deniers dans le trésor public, et : *Mille equitum in exercitu est*, il y a mille cavaliers dans l'armée.

C'est ce que prouve d'une manière plus précise un autre passage de Lucilius, outre celui que je viens de citer. Ce poëte dit dans son quinzième livre :

> Hunc *milli passum* qui vicerit atque duobus,
> Campanus sonipes succussor nullu' sequetur
> Majore in spatio; ac diversu' videbitur ire.

Dans son neuvième livre, il dit de même :

> Tu *milli nummum* potes uno quærere centum.

Lucilius, en mettant *milli passum* pour *mille passibus*, et *uno milli nummum* pour *unis mille nummis*, fait voir clairement que *mille* est un substantif dont le pluriel est *millia*, et qui peut même se mettre à l'ablatif. Il ne faut pas chercher les autres cas de ce nom, puisque beaucoup d'autres substantifs n'en ont

---

unum mille et duo millia certa atque directa ratione dicitur. Quamobrem id quoque recte et probabiliter dici solitum : « Mille denarium in arca *est* ; » et : « Mille equitum in exercitu *est*. »

Lucilius autem, præter quod supra posui, alio quoque in loco id manifestius demonstrat. Nam in libro quintodecimo ita dicit :

> Hunc *milli passum* qui vicerit atque duobus,
> Campanus sonipes succussor nullu' sequetur
> Majore in spatio; ac diversu' videbitur ire.

Item in alio libro [nono] :

> Tu *milli nummum* potes uno quærere centum.

Milli passum dixit pro *mille passibus*, et *uno milli nummum* pro *unis mille nummis*; aperteque ostendit *mille* et vocabulum esse, et singulari numero dici, ejusque plurativum esse *millia*, et casum etiam capere ablativum. Neque cæteros casus requiri oportet; quum sint alia pleraque vocabula, quæ in singulos tantum

qu'un, et que quelques-uns même sont indéclinables. Aussi me paraît-il assez probable que M. Cicéron, dans sa *Milonienne*, ait laissé cette phrase ainsi écrite : *Ante fundum Clodii, quo in fundo, propter insanas illas substructiones, facile mille hominum versabatur valentium*, devant la terre de Clodius, où il y avait alors, pour travailler à ses constructions insensées, un millier d'hommes forts et robustes. Il faut donc lire *versabatur*, et non *versabantur*, leçon qui ne se trouve, du reste, que dans les manuscrits peu corrects; car *mille hominum*, un milliers d'hommes, n'a pas le sens de *mille homines*, mille hommes. Ces deux manières de parler présentent un sens différent.

XVII. Avec quel calme Socrate supporta l'humeur intraitable de sa femme. Ce que M. Varron, dans une satire, dit sur les devoirs du mari.

Xanthippe, femme du philosophe Socrate, était, dit-on, d'un caractère difficile et querelleur; ses emportements et sa mauvaise humeur fatiguaient son mari la nuit et le jour. Étonné de cette conduite, Alcibiade demanda à Socrate pourquoi il ne chassait pas de chez lui une femme si acariâtre. « Parce que, répondit Socrate, en la gardant chez moi, je m'habitue, je m'exerce

casus, quædam etiam, quæ in nullum inclinentur. Quapropter nihil jam dubium est, quin M. Cicero, in oratione quam scripsit *pro Milone*, ita scriptum reliquerit : « *Ante fundum Clodii, quo in fundo, propter insanas illas substructiones, facile mille hominum versabatur valentium*; » non *versabantur*, quod in libris minus accurate scriptis est : alia enim ratione *mille hominum* [alia *mille homines*] dicendum est.

XVII. Quanta cum animi æquitate toleraverit Socrates uxoris ingenium intractabile : atque inibi, quid M. Varro in quadam satyra de officio mariti scripserit.

Xanthippe, Socratis philosophi uxor, morosa admodum fuisse fertur et jurgiosa : irarumque et molestiarum muliebrium per diem perque noctem satagebat. Has ejus intemperies in maritum Alcibiades demiratus, interrogavit Socratem, quænam ratio esset cur mulierem tam acerbam domo non exigeret. « Quoniam, inquit Socrates, quum illam domi talem perpetior, insuesco et exerceor, ut cæte-

à supporter avec plus de patience l'insolence et les injures des autres. » Sans doute, Varron se rappelait cette réponse de Socrate, lorsqu'il écrivait dans une de ses Satires Ménippées, *sur les Devoirs du mari* : « Le mari doit corriger les défauts de sa femme, ou les supporter. Celui qui parvient à les détruire se donne une compagne plus agréable; celui qui les supporte travaille à sa propre perfection. » Varron rapproche ici en plaisantant les mots *tollere*, faire disparaître et *ferre*, supporter; mais il est évident que *tollere* est pour *corrigere*, corriger : car il est clair que Varron a pensé qu'il fallait supporter, dans sa femme, un défaut que l'on ne pourrait corriger, patience qui n'a rien de déshonorant pour un mari; car les défauts sont bien plus supportables que les vices.

XVIII. Que M. Varron, dans le quatorzième livre de son traité *des Choses humaines*, relève quelques erreurs de son maître L. Élius sur l'étymologie. Que Varron, dans ce même livre, se trompe sur l'étymologie du mot *fur*, voleur.

Dans le quatorzième livre de son traité *des Choses divines*, M. Varron relève une erreur de L. Élius, un des savants de Rome les plus distingués de ce temps, à propos d'un mot latin dérivé

---

rorum quoque foris petulantiam et injuriam facilius feram. » Secundum hanc sententiam quoque Varro in Satyra Menippæa, quam *de Officio mariti* scripsit : « Vitium, inquit, uxoris aut tollendum aut ferendum est. Qui tollit vitium, uxorem commodiorem præstat; qui fert, sese meliorem facit. » Hæc verba Varronis, *tollere et ferre*, lepide quidem composita sunt; sed *tollere* apparet dictum pro *corrigere*. Id etiam apparet, ejusmodi vitium uxoris, si corrigi non possit, ferendum esse Varronem censuisse; quod ferri scilicet a viro honeste potest : vitia enim flagitiis leviora sunt.

XVIII. Quod M. Varro in quartodecimo *Humanarum* L. Ælium magistrum suum περὶ Ἐτυμολογίας [disserentem] falso reprehendit, quodque idem Varro in eodem libro *furis* ἔτυμον falsum dicit.

In quartodecimo *Rerum divinarum* libro M. Varro doctissimum tunc civitatis hominem L. Ælium errasse ostendit; quod vocabulum Græcum vetus tradnctum

de l'ancien grec, dont Élius croyait trouver la racine dans le latin même, comme si ce mot en fût dérivé, et qu'il décomposait en deux autres mots latins. Je cite le passage même de Varron : « Je me rappelle que mon maître Élius, l'homme le plus érudit de notre temps, tomba plus d'une fois dans cette erreur. En effet, ignorant l'origine grecque de quelques mots latins, il en a donné l'étymologie comme s'ils eussent appartenu à notre langue. Par exemple, le mot latin *lepus*, lièvre, ne vient pas, comme il le dit, de *levipes*, aux pieds légers, mais bien d'un ancien mot grec. Beaucoup, en effet, de ces mots anciens de la langue grecque sont oubliés aujourd'hui, parce qu'ils sont remplacés par d'autres. C'est ainsi que beaucoup de grammairiens ignorent que les mots *Græcus*, Grec; *puteus*, puits; *lepus*, lièvre, sont dérivés de mots grecs anciens, parce qu'on dit aujourd'hui Ἕλλην, φρέαρ, λαγωός. Du reste, non-seulement je ne veux pas faire ici le procès d'Élius, mais au contraire je loue son esprit ingénieux; car le succès est l'œuvre du hasard, l'essai seul est digne d'éloge. » Voilà ce qu'écrivait Varron au commencement du livre *sur l'Étymologie des mots*; ses observations sur l'origine des mots et sur l'usage des deux langues sont aussi justes que sa critique est pleine de bienveillance pour son maître Élius. Lui-même, toutefois, à la fin de ce livre, prétend que *fur*, voleur,

in linguam Romanam, perinde atque si primitus Latine fictum esset, resolverit in voces Latinas ratione etymologica falsa. Verba ipsa super ea re Varronis posuimus : « In quo L. Ælius noster, litteris ornatissimus, memoria nostra erravit aliquotiens. Nam aliqnot verborum antiquorum Græcorum, perinde atque essent propria nostra, reddidit causas falsas. Non enim *leporem* dicimus, ut ait, quod est levipes; sed quod est vocabulum antiquum Græcum. Multa [enim] vetera illorum ignorantur, quod pro iis aliis nunc vocabulis utantur; et illorum esse plerique ignorent Græcum, quod nunc nominant Ἕλληνα; puteum esse, quod vocant φρέαρ; leporem, quod λαγωόν dicunt. In quo non modo Ælii ingenium non reprehendo, sed industriam laudo. Successum enim fortuna, experientiam laus sequitur. » Hæc Varro id primore libro scripsit *de Ratione vocabulorum* scitissime, de usu utriusque linguæ peritissime, de ipso Ælio clementissime. Sed in posteriore ejusdem libri parte dicit, « *furem* ex eo dictum, quod veteres Roman

dérive de *furvus*, mot par lequel les anciens Romains désignaient un objet noir, parce que les voleurs rencontrent plus de facilité pendant la nuit. Or, il me semble que Varron se trompe ici comme son maître s'était trompé pour *lepus*. Ce que les Grecs d'aujourd'hui nomment κλέπτης, était autrefois désigné par le mot φῶρ; de là, par l'affinité des lettres, φῶρ a donné le mot latin *fur*. Varron ne se rappelait-il pas ce mot ? ou bien a-t-il pensé qu'il était plus naturel et plus logique de tirer *fur* de *furvus*, qui veut dire noir ? En pareille matière, je ne dois faire aucune conjecture quand il s'agit d'un homme aussi érudit que Varron.

XIX. Anecdote sur les livres Sybillins et sur le roi Tarquin le Superbe.

Voici ce que nous lisons dans les annales anciennes au sujet des livres Sibyllins. Une vieille femme étrangère et inconnue vint trouver le roi Tarquin le Superbe. Elle portait neuf livres qui renfermaient, disait-elle, des oracles divins; elle offrait de les vendre. Tarquin s'informant du prix, elle en demanda une somme si exorbitante, que le roi se moqua de l'étrangère et pensa que l'âge la faisait déraisonner. Alors elle apporte devant le roi

furvum atrum appellaverint; et fures per noctem, quæ atra sit, facilius furentur. » Nonne sic videtur Varro de fure [errasse], tanquam Ælius de lepore ? Nam quod a Græcis nunc κλέπτης dicitur, antiquiore Græca lingua φῶρ est dictum. Hinc per affinitatem litterarum, qui φῶρ Græce, Latine *fur* est. Sed ea res fugeritne tunc Varronis memoriam; an contra aptius et cohærentius putarit *furem* a *furvo*, id est nigro, appellari : in hac re de viro tam excellentis doctrinæ non meum judicium est.

XIX. Historia super libris Sibillinis, ac de Tarquinio Superbo rege.

In antiquis annalibus memoria super libris Sibyllinis hæc prodita est. Anus hospita atque incognita ad Tarquinium Superbum regem adiit, novem libros ferens, quos esse dicebat divina oracula : eos velle [dixit] venundare. Tarquinius pretium percontatus est : mulier nimium atque immensum poposcit. Rex, quasi anus ætate desiperet, derisit. Tum illa foculum coram eo cum igni apposuit; et

un brasier allumé, brûle trois de ses livres, et demande à Tarquin s'il veut acheter les six autres au même prix. Tarquin se met à rire de plus belle et dit que cette vieille radote sans aucun doute. L'inconnue jette de nouveau trois autres livres dans le brasier, et, avec le même calme, demande au roi s'il veut les trois derniers au même prix. Tarquin devient plus sérieux et commence à réfléchir : il comprend qu'il ne faut pas dédaigner une proposition faite avec tant de fermeté et d'insistance, et donne pour les trois derniers livres la somme demandée pour tous. Cette femme sort alors du palais de Tarquin, et jamais on ne la revit depuis ce temps. Les trois livres, renfermés dans le sanctuaire d'un temple, furent appelés Sibyllins. Ce sont ces livres que consultent les quindécemvirs comme un oracle, lorsqu'on veut interroger les dieux immortels sur les affaires de l'État.

XX. Ce que les géomètres appellent σχήματα. Noms latins des figures de géométrie.

Les figures que les géomètres désignent sous le nom de σχήματα sont de deux espèces : le plan et le solide, qu'ils appellent ἐπίπεδον et στερεόν. La figure plane n'a que deux dimen-

tres libros ex novem deurit; et, ecquid reliquos sex eodem pretio emere vellet, regem interrogavit. Sed enim Tarquinius id multo risit magis, dixitque anum jam procul dubio delirare. Mulier ibidem statim tres alios libros exussit: atque id ipsum denuo placide rogavit [ut], tres reliquos eodem illo pretio emat. Tarquinius ore jam serio atque attentiore animo fit ; eam constantiam confidentiamque non insuper habendam intelligit, et libros tres reliquos mercatur nihilo minore pretio, quam quod erat petitum pro omnibus. Sed eam mulierem tunc a Tarquinio digressam postea nusquam loci visam constitit. Libri tres in sacrarium conditi Sibyllini appellati. Ad eos, quasi ad oraculum, quindecimviri adeunt, quum dii immortales publice consulendi sunt.

XX. Quid geometræ σχήματα, quibusque omnia ista Latinis vocabulis appellentur.

Figurarum, quæ σχήματα, geometræ appellant, genera sunt duo : planum et solidum. Hæc ipsi vocant ἐπίπεδον καὶ στερεόν. *Planum* est, quod in duas partes

sions, largeur et longueur, comme les triangles, les carrés tracés sur une surface plane sans épaisseur. La figure solide est celle qui est terminée par des lignes indiquant non-seulement la longueur, la largeur, mais encore l'épaisseur, à peu près comme les sommets triangulaires que l'on appelle pyramides, ou les surfaces carrées en tous sens que les Grecs appellent κύβοι cubes, et que nous nommons *quadrantalia*. Le cube est une figure carrée sur toutes les faces : « Tels sont, dit M. Varron, les dés avec lesquels on joue sur un damier, et qu'en raison de leur forme on nomme aussi κύβοι. » En mathématiques aussi, on appelle cube le nombre dont toutes les parties sont réductibles au même nombre ⋅ comme lorsqu'on multiplie trois par trois, et que le produit est encore multiplié par trois. D'après Pythagore, le cube de trois donne le temps de l'accomplissement du cercle lunaire : en effet, la lune achève son cours en vingt-sept jours, nombre qui est le cube de trois, en grec τριάς. Ce que nous appelons *linea*, ligne, est appelé par les Grecs γραμμή. Voici la définition de M. Varron : « La ligne est une longueur sans largeur ni épaisseur. » Euclide est plus concis, il ne parle pas de la profondeur ; il se contente de dire : « La ligne est une longueur sans largeur ; » ce que l'on ne peut traduire en latin par un seul mot,

---

solum lineas habet, qua latum est et qua longum : qualia sunt triquetra et quadrata, quæ in area fiunt, sine altitudine. *Solidum* est, quando non longitudines modo et latitudines planas numeri linearum efficiunt, sed etiam extollunt altitudines : quales sunt ferme metæ trianguli, quas pyramidas appellant : vel qualia sunt quadrata undique, quæ κύβους illi, nos quadrantalia dicimus. Κύβος enim est figura ex omni latere quadrata : « Quales sunt, inquit M. Varro, tesseræ, quibus in alveolo luditur : ex quo ipsæ quoque appellatæ κύβοι. » In numeris etiam similiter κύβος dicitur, quum omne latus ejusdem numeri æquabiliter in sese solvitur, sicuti fit quum ter terna ducuntur : atque idem ipse numerus triplicatur. Hujus numeri cubum Pythagoras vim habere lunaris circuli dixit, quod et luna orbem suum lustret septem et viginti diebus, qui numerus ternio, qui Græce dicitur τριάς, tantumdem efficiat in cubo. *Linea* autem a nostris dicitur, quam γραμμήν Græci nominant. Eam M. Varro ita definit : « Linea est, inquit, longitudo quædam sine latitudine et altitudine. » Εὐκλείδης autem brevius, præ-

à moins que l'on ne risque *illatabilis*, qui manque de largeur.

XXI. Que Julius Hygin affirme positivement avoir lu, dans un manuscrit qui avait appartenu à la famille de P. Virgile, ce vers ainsi écrit : *Et ora Tristia tentantum sensu torquebit amaror*, au lieu de *sensu torquebit amaro*, leçon généralement reçue.

On lit ordinairement ainsi ces deux vers des *Géorgiques* de Virgile :

> At sapor indicium faciet manifestus, et ora
> Tristia tentantum sensu torquebit amaro.

La saveur de cette eau vous fera connaître la qualité de la terre ; si vous la goûtez, elle vous laissera une amertume désagréable.

Mais Hygin, grammairien d'un grand mérite, affirme et soutient, dans ses commentaires sur Virgile, que tel n'est pas le texte du poëte, et qu'il a lu lui-même, dans un exemplaire qui avait appartenu à la famille de Virgile, ces vers écrits ainsi :

> . . . . Et ora
> Tristia tentantum sensu torquebit amaror.

---

remissa altitudine : γραμμή est, inquit, μῆκος ἀπλατές, quod exprimere uno Latino verbo non queas, nisi audeas dicere *illatabile*.

XXI. Quod Julius Hyginus affirmatissime contend[er]it, legisse se librum P. Virgilii domesticum, in quo scriptum esset : *Et ora Tristia tentantum sensu torquebit amaror*, non, quod vulgus legeret : *sensu torquebit amaro*.

Versus istos ex *Georgicis* Virgilii plerique omnes sic legunt :

> At sapor indicium faciet manifestus, et ora
> Tristia tentantum sensu torquebit amaro.

Hyginus autem, non hercle ignobilis grammaticus, in commentariis quæ in Virgilium fecit, confirmat et perseverat, non hoc a Virgilio relictum, sed, quod ipse invenerit in libro, qui fuerat ex domo atque familia Virgilii :

> . . . . Et ora
> Tristia tentantum sensu torquebit amaror.

4.

Hygin n'est pas le seul qui admette cette leçon ; elle a été reçue aussi par plusieurs savants. En effet, il paraît absurde de dire *sapor sensu amaro torquet;* car, dit-on, puisque la saveur, *sapor,* est une sensation, *sensus,* et qu'on ne peut mettre dans la saveur d'autre sensation qu'elle-même, c'est comme si on disait : *sensus sensu amaro torquet,* une sensation vous révolte par une sensation amère. Je lisais un jour avec Favorinus ce commentaire d'Hygin ; choqué de la dureté et de la nouveauté de la tournure, *sensu torquebit amaro,* notre philosophe se mit à rire : « Je suis prêt, dit-il, à jurer par Jupiter Lapis, ce qui est le plus sacré de tous les serments, que jamais Virgile n'a écrit *amaro.* Je partage complétement l'avis d'Hygin. » Virgile ne s'est pas servi le premier du mot *amaror;* on le trouve dans Lucrèce, et Virgile n'a pas cru devoir dédaigner l'autorité d'un poëte distingué par son génie et son éloquence. En effet, on trouve dans le quatrième chant du poëme de Lucrèce les vers suivants :

> Denique in os salsi venit humor sæpe saporis :
> Quum mare versamur propter : dilutaque contra
> Quum tuimur misceri absinthia, tangit amaror.

Parcours les bords de l'Océan, la vapeur saline affecte ton palais, et l'absinthe broyée devant toi te lance son amertume.

Neque id soli Hygino, sed doctis quibusdam etiam viris complacitum : quoniam videtur absurde dici : « sapor sensu amaro torquet; ». quum ipse, inquiunt, sapor sensus sit, non alium in semet ipso sensum habeat, ac perinde sit quasi dicatur : « sensus sensu amaro torquet. » Sed enim quum Favorino Hygini commentarium legissem, atque ei statim displicita esset insolentia et insuavitas illius : « sensu torquebit amaro, » risit, et : « Jovem Lapidem, inquit, quod sanctissimum jusjurandum est habitum paratus sum ego jurare Virgilium hoc nunquam scripsisse, sed Hyginum ego verum dicere arbitror. » Non enim primus finxit hoc verbum Virgilius insolenter; sed in carminibus Lucretii inventum est : nec est aspernatus auctoritatem poetæ, ingenio et facundia præcellentis. Verba ex quarto Lucretii hæc sunt :

> Denique in os salsi venit humor sæpe saporis :
> Quum mare versamur propter : dilutaque contra
> Quum tuimur misceri absinthia, tangit amaror.

— Ce ne sont pas seulement des mots, mais des vers entiers, des passages même que Virgile a empruntés à Lucrèce.

XXII. Un avocat s'exprime-t-il d'une manière correcte et latine, lorsqu'il dit, en parlant de celui qu'il défend *Superesse se ei ?* De la signification propre de *superesse*.

Il existe encore aujourd'hui une locution très-répandue dans laquelle on donne à *superesse* une signification qui ne lui est pas propre; ainsi on dit : *Hic illi superest,* pour dire il est son avocat. Cette locution est en usage non-seulement dans les carrefours, parmi le bas peuple, mais au forum, dans les comices, dans les tribunaux. Mais tous ceux qui ont parlé leur langue avec le plus de pureté ont donné à *superesse* le sens d'être superflu, surabonder, être de reste. Ainsi M. Varron, dans la satire qui a pour titre : *Vous ne savez pas ce que le soir amène,* a donné à *superesse* le sens de être de trop, être hors de saison, hors de propos.

Voici le passage de Varron : « *In convivio legi nec omnia debent, et ea potissimum, quæ simul sunt* βιωφελῆ, *et delectent po-*

Non verba autem sola, sed versus prope totos et locos quoque Lucretii plurimos sectatum esse Virgilium videmus.

XXII. An, qui causas defendit, recte Latineque dicat *Superesse se ei,* quod defendit, et *superesse* proprie quid sit.

Irroboravit inveteravitque falsa atque aliena verbi significatio [ejus], quod dicitur : *Hic illi superest,* quum dicendum est advocatum esse quem cuipiam, causamque ejus defendere. Atque id dicitur, non in compitis tantum, neque in plebe vulgaria, sed in foro, in comitio, apud tribunalia. Qui integre autem loquuti sunt, magnam partem *superesse* ita dixerunt, ut eo verbo significarent superfluere et supervacare atque esse supra necessarium modum. Itaque M. Varro in satira, quæ inscripta est, *Nescis quid vesper serus vehat, superfuisse* dicit immodice et intempestive fuisse.

Verba ex eo libro hæc sunt : « In convivio legi nec omnia debent, et ea potissimum, quæ simul sunt βιωφελῆ, et delectent potius : ut id quoque videatur non

lius : ut id quoque videatur non defuisse magis, quam superfuisse, dans un festin toute lecture n'est pas convenable; il faut choisir ce qui peut être utile à la vie et agréable en même temps; il faut que l'agréable domine. En pareille matière, préférez l'excès à l'insuffisance d'agrément. » Je me rappelle que, me trouvant un jour, par hasard, à l'audience d'un préteur fort instruit, j'entendis un avocat, qui n'était pas sans mérite, demander qu'on lui permît de laisser-là-sa-cause. Le préteur dit à la partie intéressée : « Vous n'avez pas d'avocat. » Le défenseur de s'écrier : *Ego illi, vir clarissime, supersum,* très-illustre magistrat, me voici; et le préteur de répondre malicieusement : *Tu plane superes, non ades,* vous êtes de trop, vous n'êtes pas présent. M. Cicéron, dans le traité intitulé : *de la Manière de réduire en art le droit civil,* s'exprime ainsi : *Nec vero scientia juris majoribus suis Q. Ælius Tubero defuit, doctrina etiam superfuit,* Q. Élius Tubéron, par ses connaissances dans le droit, se montra digne de ses ancêtres, et il les surpassa même par son instruction. Ici *superfuit* semble signifier que Tubéron laissa bien loin ses ancêtres par l'étendue et l'extrême abondance de son savoir : en effet, Tubéron connaissait à fond la philosophie du Portique et la dialectique. Dans le second livre de la *République,* nous trouvons encore le même mot employé par Cicéron; nous ne devons pas omettre ce passage : *Non gra-*

---

defuisse magis, quam *superfuisse.* » Memini ego, prætoris, docti hominis, tribunali me forte assistere, atque ibi advocatum non incelebrem sic postulare, ut extra causam diceret, remque, quæ agebatur, non attingeret; tunc prætorem ei, cuja res erat, dixisse advocatum eum non habere : et quum is, qui verba faciebat, reclamasset : « Ego illi, V. Cl., *supersum,* » respondisse prætorem festiviter : « Tu plane *superes,* non ades. » M. autem Cicero, in libro qui inscriptus est, *de Jure civili in artem redigendo,* verba hæc posuit : « Nec vero scientia juris majoribus suis Q. Ælius Tubero defuit, doctrina etiam *superfuit;* » in quo loco *superfuit* significare videtur *suprà fuit* et *præstitit,* superavitque majores suos doctrina sua superfluenti, tum et nimis abundanti : disciplinas enim Tubero stoicas et dialecticas percalluerat. In libro quoque *de Republica* secundo id ipsum verbum Ciceronis non temere transeundum. Verba ex eo libro hæc sunt : « Non *varer, Lœli, nisi et hos velle putarem, et ipse cuperem, te quoque aliquam partem hujus nostri sermonis attingere : præsertim quum heri ipse dixeris te nobis etiam superfuturum. Verum, [si] id quidem fieri non potest, ne desis, omnes te rogamus*, je continuerais, Lélius, si mes compagnons le voulaient, si je ne désirais moi-même t'entendre discuter quelque partie du sujet sur lequel nous nous entretenons : d'ailleurs, tu te rappelles que tu as dit hier que tu pouvais sur ce sujet en dire plus long que nous, et même plus peut-être qu'on ne voudrait en entendre. Mais jamais nous ne pourrons nous lasser d'entendre Lélius; nous le prions tous de tenir sa parole.

Julius Paulus, un des hommes les plus érudits de notre temps, disait, avec autant de justesse que de sens, que *superesse* est susceptible de plusieurs acceptions, tant en latin qu'en grec. En effet, par le mot περισσόν les Grecs désignent ou ce qui est de trop et superflu, ou ce qui est en grande quantité, en trop grande abondance. Ainsi nos ancêtres, par *superesse*, exprimaient tantôt le superflu, l'inutile, ce qui n'est d'aucune nécessité, comme nous le prouve le passage cité par Varron; tantôt, comme chez Cicéron, ce qui surpasse beaucoup les autres choses, au delà de toute mesure en allant jusqu'à l'excès. Or, l'avocat qui dit *superesse se ei*, en parlant de son client, n'entend cette

---

gravarer, Læli, nisi et hos velle putarem, et ipse cuperem, te quoque aliquam partem hujus nostri sermonis attingere : præsertim quum heri ipse dixeris te nobis etiam *superfuturum*. Verum [si], id quidem fieri non potest, ne desis, omnes te rogamus. »

Exquisite igitur et comperte Julius Paulus dicebat, homo in nostra memoria doctissimus, *superesse* non simplici ratione dici tam Latine quam Græce : Græcos enim περισσόν (περιεῖναι) in utramque partem ponere ; vel quod supervacaneum esset, ac non necessarium, vel quod abundans nimis et affluens et exsuperans. Sic quoque nostros veteres *superesse* alias dixisse pro superfluenti et supervacuo neque admodum necessario, ita ut supra posuimus Varronem dicere : alias ita, ut Cicero dixit, pro eo quod copia quidem et facultate cæteris anteiret, supra modum tamen et largius prolixiusque flueret, quam esset satis. Qui dicit ergo *se superesse* ei quem defendit, nihil istorum vult dicere; sed nescio quid aliud

locution d'aucune de ces manières. Je ne sais quel sens inconnu, inadmissible, il lui donne. On ne peut même ici s'appuyer de l'autorité de Virgile, qui a dit dans ses *Géorgiques :*

    Primus ego in patriam mecum, modo vita supersit

Le premier, je veux amener avec moi dans ma patrie, pourvu que le ciel m'accorde assez de jours.

Car, dans cet endroit, Virgile me semble avoir altéré le sens du mot *superesse*, auquel il donne la signification de subsister longtemps, d'avoir une longue durée. J'aime mieux le sens que Virgile a donné à ce même mot dans cet autre passage :

    Florentisque secant herbas, fluviosque ministrant,
    Farraque, ne blando nequeat *superesse* labori.

On fauche pour lui l'herbe tendre; on lui sert l'eau dont il s'abreuve; on apporte devant lui du grain, de peur qu'un travail si doux ne l'épuise.

Ici *superesse* signifie suffire au travail, résister à la fatigue. J'ai recherché si les anciens écrivains ont employé *superesse* dans le sens de rester en arrière, manquer à ce qui reste à faire. Pour exprimer cette idée, Salluste a dit *superare*, et non *superesse*.

---

indictum inscitumque dicit. At ne Virgilii quidem poterit auctoritate uti, qui in *Georgicis* ita scripsit :

    Primus ego in patriam mecum, modo vita supersit.

Hoc enim in loco Virgilius ἀκυρότερον [eo] verbo usus videtur quod *supersit* dixit pro longinquius diutiusque adsit. Illud contra ejusdem Virgilii est aliquanto probabilius :

    Florentisque secant herbas, fluviosque ministrant,
    Farraque, ne blando nequeat *superesse* labori.

Significat enim : supra laborem esse, neque opprimi a labore. An autem *superesse* dixerint veteres pro restare et perficiendæ rei deesse, quærebamus. Nam Sallustius in significatione ista non *superesse*, sed *superare* dicit. Verba ejus in

Voici ses paroles, tirées de l'*Histoire de la guerre de Jugurtha* : *Is plerumque seorsum a rege exercitum ductare, et omnis res exsequi solitus erat, quæ Jugurthæ fesso aut majoribus astricto superaverant*, il avait l'habitude de conduire l'armée sans le roi, et faisait ordinairement ce que la fatigue ou des travaux plus importants ne permettaient pas à Jugurtha de faire lui-même. Dans le troisième livre des *Annales* d'Ennius, nous trouvons ce vers :

Inde sibi memorat unum *superesse* laborem,

Il dit alors qu'il lui reste une tâche à remplir.

c'est-à-dire qu'il lui reste encore quelque chose à faire. Ce mot doit être divisé par la prononciation en deux mots distincts, au lieu de n'en former qu'un. Cicéron, dans la deuxième *Philippique*, pour désigner ce qui reste, dit *restare*, et non *superesse*. Enfin nous trouvons *superesse* pour *superstitem esse* (survivre). Dans le recueil des *Lettres de M. Cicéron à L. Plancus*, nous lisons dans une lettre de M. Asinius Pollion à Cicéron : *Nam neque deesse reipublicæ volo, neque superesse* (je ne veux ni refuser mes services à la république, ni lui survivre), ce qui veut dire évidemment que si l'État succombe, il ne veut pas survivre à sa ruine.

Jugurtha hæc sunt : « Is plerumque seorsum a rege exercitum ductare, et omnis res exsequi solitus erat, quæ Jugurthæ fesso aut majoribus astricto superaverant. » Sed invenimus in tertio Ennii *Annalium*, in hoc versu :

Inde sibi memorat unum *superesse* laborem,

id est reliquum esse est restare; quod quidem divise pronuntiandum est, ut non una pars orationis esse videatur, sed duæ. Cicero autem in secunda *Antonianarum*, quod est reliquum, non *superesse*, sed *restare* dicit. Præter hæc, *superesse* invenimus dictum pro *superstitem esse* : ita enim scriptum est in libro *Epistolarum* M. Ciceronis ad L. Plancum et in epistola [M.] Asinii Pollionis ad Ciceronem verbis his : « Nam neque deesse reipublicæ volo, neque *superesse*, per quod significat, si respublica emoriatur et pereat, nolle se vivere.

Dans l'*Asinaire* de Plaute, nous voyons un autre exemple plus frappant encore ; ce sont les deux premiers vers de la pièce :

> Sicut tuum vis unicum gnatum tuæ
> *Superesse* vitæ sospitem et superstitem.

Puisque vous voulez que votre fils unique vous survive et fournisse après vous une longue carrière.

Ce serait donc joindre à l'impropriété des termes un présage fâcheux, si un avocat avancé en âge disait à un jeune homme, son client : *Ego tibi supersum*.

XXIII. Ce qu'était Papirius Prétextatus. Origine de ce surnom. Récit de toute cette plaisante histoire de Papirius.

L'histoire de Papirius Prétextatus a été racontée par M. Caton, dans son discours à l'armée contre Galba, avec autant d'élégance, de clarté que de pureté. J'aurais inséré les propres paroles de Caton dans ce recueil, si j'avais eu le discours à ma disposition dans le moment. Au reste, si on tient plus au fait qu'à la beauté et à la noblesse de l'expression, voici à peu près en quoi ce qui

In Plauti autem *Asinaria* manifestius id ipsum scriptum est in his verbis, quæ sunt ejus comœdiæ prima :

> Sicut tuum vis unicum gnatum tuæ
> *Superesse* vitæ sospitem et superstitem.

Cavenda igitur est non improprietas sola verbi, sed etiam pravitas ominis, si quis senior advocatus adolescenti *superesse se* dicat.

XXIII. Quis fuerit Papirius Prætextatus, quæve istius causa cognomenti sit : historiaque ista omnis super eodem Papirio cognitu jucunda.

Historia de Papirio Prætextato dicta scriptaque est a M. Catone, in oratione qua usus est ad milites contra Galbam, cum multa quidem venustate atque luce atque munditia verborum. Ea Catonis verba huic prorsus commentario indidissem, si libri copia fuisset id temporis, quum hæc dictavi. Quod si non virtutes dignitatesque verborum, sed rem ipsam scire quæris (res), ferme ad hunc modum est.

eut lieu. Autrefois les sénateurs avaient coutume de se rendre à la curie avec ceux de leurs fils qui étaient revêtus de la robe prétexte. Un jour le sénat, après avoir délibéré sur une affaire importante, renvoya la suite de la discussion au lendemain; mais on décida que le sujet resterait secret jusqu'à ce qu'une détermination eût été prise. Cependant la mère du jeune Papirius demande à son fils, qui avait accompagné son père au sénat, quel avait été le sujet de la délibération. L'enfant répond que c'est un secret et qu'il doit le taire. Cette réponse piqua la curiosité de la mère. Le silence de l'enfant, ce mystère, la rendent encore plus impatiente de savoir de quoi il a été question; elle presse son fils avec plus d'opiniâtreté et d'acharnement. Poussé à bout, Papirius a recours alors à un mensonge plaisant et ingénieux : « Le sénat, dit-il, a agité la question de savoir s'il est plus utile pour la république qu'un homme ait deux femmes ou qu'une femme épouse deux hommes. » A ces mots, la mère est saisie de terreur; elle sort en toute hâte, va raconter cette nouvelle aux dames romaines. Le lendemain, affluence de matrones aux abords du sénat; larmes, prières, supplications pour obtenir qu'une femme épouse plutôt deux hommes, qu'un homme deux femmes. A leur entrée dans la curie, les sénateurs se demandent ce que

---

Mos antea senatoribus Romæ fuit, in curiam cum prætextatis filiis introire. Tunc quidem in senatu res major quæpiam consultata, eaque in diem posterum prolata est; placuitque ut eam rem, super qua tractavissent, ne quis enuntiaret prius quam decreta esset. Mater Papirii pueri, qui cum parente suo in curia fuerat, percontata est filium quidnam in senatu patres egissent. Puer respondit tacendum esse, neque id dici licere. Mulier fit audiendi cupidior. Secretum rei et silentium pueri animum ejus ad inquirendum everberat. Quærit igitur compressius violentiusque. Tum puer, matre urgente, lepidi atque festivi mendacii consilium capit : actum in senatu dicit, utrum videretur utilius exque republica esse, unusne ut duas uxores haberet, an ut una apud duos nupta esset. Hoc illa ubi audivit, animo compavescit; domo trepidans egreditur : ad cæteras matronas defert quod audierat. Perveniunt ad senatum postera die matrumfamilias caterva : lacrymantes atque obsecrantes orant, una potius ut duobus nupta fieret, quam ut uni duæ. Senatores ingredientes in curiam, quæ illa mulierum intemperies et quid

signifient ce tumulte et ces prières. Alors le jeune Papirius s'avance au milieu de l'assemblée, raconte ce qui s'est passé, les instances de sa mère et sa réponse. Le sénat, charmé de la discrétion et de l'esprit de cet enfant, arrête que désormais nul fils de sénateur, excepté le seul Papirius, ne pourra accompagner son père à la curie. Un autre honneur fut accordé au jeune Papirius : on lui donna le surnom de Prétextatus, pour rappeler la prudence avec laquelle, dans l'âge où l'on porte encore la prétexte, il avait su parler et se taire si à propos.

XXIV. Épitaphes de trois poëtes anciens, Névius, Plaute et Pacuvius, composées par eux-mêmes, et gravées sur leurs tombeaux.

Trois poëtes illustres, Cn. Névius, M. Plaute, M. Pacuvius, ont composé chacun une inscription pour servir d'épitaphe à leur tombeau. L'élégance et la beauté de ces pièces m'ont engagé à les insérer dans ce recueil. L'épitaphe de Névius se ressent un peu de l'orgueil des poëtes de la Campanie ; les éloges qu'il se prodigue pourraient paraître mérités s'ils sortaient d'une autre bouche :

sibi postulatio isthæc vellet mirabantur. Puer Papirius, in medium curiæ progressus, quid mater audire institisset, qûid ipse matri dixisset, rem, sicuti fuerat, denarrat. Senatus, fidem atque ingenium pueri exosculatus, consultum facit, uti posthac pueri cum patribus in curiam ne introeant, nisi ille unus Papirius : eique puero postea cognomentum, honoris gratia, inditum Prætextatus, ob tacendi loquendique in ætate prætextata prudentiam.

XXIV. Tria epigrammata trium veterum poëtarum, Nævii, Plauti, Pacuvii, quæ, facta ab ipsis, eorum sepulcris incisa sunt.

Trium poetarum illustrium epigrammata, Cn. Nævii, M. Plauti, M. Pacuvii; quæ ipsi fecerunt, et incidenda suo sepulcro reliquerunt, nobilitatis eorum gratia et venustatis, scribenda in his commentariis esse duxi. Epigramma Nævii plenum superbiæ Campanæ : quod testimonium esse justum potuisset, nisi ab ipso dictum esset :

Si les Immortels pouvaient pleurer un mortel, les Muses divines verseraient des larmes sur la tombe du poëte Névius. Depuis qu'il est descendu aux sombres bords, à Rome, on a oublié la langue latine.

Voici l'épitaphe de Plaute; nous hésiterions à l'attribuer à cet écrivain, si M. Varron ne l'avait insérée dans le premier livre de son ouvrage *sur les Poëtes* :

Depuis que Plaute nous a été ravi par la mort, la comédie est en deuil, la scène est déserte : les Ris, les Jeux, la Comédie, la Poésie au mètre libre, versent ensemble des larmes sur sa tombe.

Les vers de Pacuvius sont un modèle de modestie, de pureté; ils sont dignes de sa gravité pleine d'élégance :

Jeune homme, quelque pressé que tu sois, ce marbre t'appelle, approche et lis : *Ici repose le poëte Pacuvius*. C'est ce que je voulais t'apprendre. Adieu.

Mortalis immortalis flere si foret fas,
Flerent divæ Camœnæ Nævium poetam.
Itaque, postquam est Orcino traditus thesauro,
Oblitei sunt Romæ loquier Latina lingua.

Epigramma Plauti, quod dubitassemus an Plauti foret, nisi a M. Varrone positum esset in libro *de Poetis* primo :

Postquam morte datu'st Plautus, comœdia luget;
Scena est deserta : dein Risus, Ludu', Jocusque,
Et numeri innumeri simul omnes collacrumarunt.

Epigramma Pacuvii verecundissimum et purissimum, dignumque ejus elegantissima gravitate :

Adulescens, tametsi properas, hoc [te] saxum rogat,
Utei ad se aspicias ; deinde, quod scriptum 'st, legas.
Hic sunt poetæ Pacuviei Marcei sita
Ossa. Hoc volebam nescius ne esses. Vale.

XXV. Définition du mot *trêve* par M. Varron. Recherches attentives sur l'étymologie de ce mot.

Dans son traité *des Choses humaines*, au livre qui a pour titre : *de la Guerre et de la Paix*, Varron donne deux définitions du mot *trêve*. « La trêve, dit-il, est une paix de quelques jours entre deux camps ennemis. » Ailleurs, il dit que ce sont « les vacances de la guerre. (*Feriæ belli*). » Ces deux définitions paraissent plus remarquables par leur laconisme élégant et spirituel, que justes et complètes. La trêve n'est point une *paix* de quelques jours, puisque la guerre continue, bien que l'on ne combatte pas ; la trêve ne s'établit pas seulement entre deux camps, et souvent elle dure plusieurs jours. Que devient cette définition, si, après avoir conclu une trêve de quelques mois, les parties belligérantes abandonnent le camp pour se retirer dans les places fortes ? La trêve cesse-t-elle alors ? ou bien, si une trêve n'est qu'une paix momentanée, que dire de ce passage du premier livre des *Annales* de Quadrigarius : « Pontius, général des Samnites, demanda au dictateur romain une trêve de six heures. » Quant à l'autre définition, qui fait d'une trêve *les vacances de la guerre*, c'est bien plutôt un mot spirituel qu'une définition claire et complète. Les Grecs, pour désigner une suspension d'armes,

---

XXV. Quibus verbis M. Varro *inducias* definierit : quæsitumque inibi curiosius, quænam ratio sit vocabuli *induciarum*.

Duobus modis M. Varro in libro *Humanarum*, qui est *de Bello et Pace*, induciæ quid sint, definit. « Induciæ, inquit, sunt pax castrensis paucorum dierum. » Item alio in loco : « Induciæ, inquit, sunt belli feriæ. » Sed lepidæ magis atque jucundæ brevitatis utraque definitio, quam plena aut proba esse videtur. Nam neque pax est induciæ (bellum enim manet, pugna cessat) : neque in solis castris, neque paucorum tantum dierum induciæ sunt. Quid enim dicemus, si, induciis in mensium aliquot factis [in oppida], castris concedatur ? Nonne tum quoque induciæ sunt ? Aut rursus quid esse [id] dicemus, quod in primo *Annali* Quadrigarii scriptum est, « C. Pontium Samnitem a dictatore Romano sex horarum inducias postulasse, si induciæ paucorum tantum dierum appellandæ sunt ? » Belli autem

ont une expression plus significative et plus juste, c'est le mot ἐκεχειρία (Ἔχειν χεῖρας, retenir ses mains, suspension d'armes), dans lequel ils substituent à une lettre forte χ, une lettre plus douce κ. Ce mot semble tiré de la nature même de la trêve : les hostilités cessent et les bras des soldats sont enchaînés. Au reste, le projet de Varron n'était pas de donner une définition rigoureuse, et de s'assujettir aux règles et à toutes les conditions de la définition. Il lui a paru suffisant d'expliquer la trêve par une de ces démonstrations que les Grecs appellent τύποι, ὑπογραφαί (esquisses et description), plutôt que ὁρισμοί (définitions). Je cherche depuis longtemps quelle peut être l'étymologie du mot *induciæ* (trêve). Parmi toutes celles que j'ai lues ou recueillies, je vais citer celle qui me paraît la plus vraisemblable.

Je pense que le mot *induciæ* est formé de trois mots *inde uti jam* (après ce jour comme auparavant). En effet, la convention appelée trêve consiste à ne point combattre jusqu'à un certain jour fixé, à s'abstenir de toute hostilité de part et d'autre ; mais aussi on stipule qu'à partir de ce jour, tout se passera selon les lois de la guerre (*Ex eo die postea uti jam omnia belli jure agantur*). On détermine le jour jusqu'auquel toute hostilité sera suspendue, après lequel on reprendra les armes (*Inde uti jam pu-*

---

ferias festive magis dixit, quam aperte atque definite. Græci autem significantius consignantiusque cessationem istam pugnæ pactitiam ἐκεχειρίαν dixerunt, exempta una littera sonitus vastioris, et subjuncta lenioris : nam quod eo tempore non pugnetur, et manus cohibeantur, ἐκεχειρίαν appellarunt. Sed profecto non id fuit Varroni negotium, ut inducias superstitiose definiret, et legibus rationibusque omnibus definitionum inserviret. Satis enim visum est, ejusmodi facere demonstrationem ; quod genus Græci τύπους magis et ὑπογραφὰς, quam ὁρισμοὺς vocant. *Induciarum* autem vocabulum qua sit ratione factum, jam diu est, quum quærimus. Sed ex multis, quæ vel audivimus vel legimus, probabilius id, quod dicam, videtur.

Inducias sic dictas arbitramur, quasi tu dicas *inde uti jam*. Pactum induciarum hujusmodi est, ut in diem certum non pugnetur, nihilque incommodetur : sed ex eo die postea uti jam omnia belli jure agantur. Quod dicitur dies certus præfinitus, pactumque fit, ut ante eum diem ne pugnetur, atque, is dies ubi ve-

gnetur). Des mots *inde uti jam*, réunis en un seul, on a formé le mot *induciæ*.

Cependant Aurélius Opilius, dans le premier livre de son recueil intitulé *les Muses*, a dit : « On appelle *induciæ* une convention en vertu de laquelle les soldats des deux partis peuvent communiquer entre eux et entrer librement, sans combat, dans le camp ennemi (*Impune et sine pugna ineunt*). C'est de là que dérive le mot *induciæ*, comme si l'on disait *initiæ*, c'est-à-dire *initus*, *introitus* (visite, action d'entrer dans le camp). »

Si j'ai fait connaître l'opinion d'Aurélius, c'est pour éviter que quelque ennemi de ce recueil, pensant qu'elle m'a échappé dans mes recherches, ne la juge, par cela même, bien supérieure à la mienne.

XXVI. Réponse du philosophe Taurus quand je lui demandais si le sage se laissait aller à la colère.

Un jour, me trouvant à l'école de Taurus, je lui demandai si le sage se laissait aller à la colère (car souvent, après la leçon de chaque jour, ce philosophe permettait à ses disciples de lui adresser les questions qu'ils voudraient). Taurus, après une discussion

---

nit, inde uti jam pugnetur : idcirco ex iis, quibus dixi, vocibus, quasi per quemdem coitum et copulam nomen *induciarum* connexum est.

Aurelius autem Opilius, in primo librorum quos *Musarum* inscripsit : « Induciæ, inquit, dicuntur, quum hostes inter sese utrinque utroque alteri ad alteros impune ut sine pugna ineunt. Inde ab eo, inquit, nomen esse factum videtur, quasi [*initiæ*, hoc est] *initus* atque *introitus*. »

Hoc ab Aurelio scriptum propterea non præterii, ne cui harum *Noctium* æmulo eo tantum nomine elegantius id videretur, tanquam id nos originem verbi requirentes fugisset.

XXVI. Quem in modum mihi Taurus philosophus responderit percontanti, an sapiens irasceretur.

Interrogavi in diatriba Taurum, an sapiens irasceretur. Dabat enim sæpe post quotidianas lectiones quærendi, quod quis vellet, potestatem. Is quum graviter

grave et longue sur la colère considérée comme maladie de l'âme, et sur ses résultats, thèse développée dans les livres des anciens philosophes et dans ses propres commentaires, se tourne vers moi, qui l'avais interrogé : « Voilà, dit-il, ce que je pense sur la colère ; mais il n'est pas hors de propos de vous faire connaître, sur cette matière, l'opinion de Plutarque, cet homme si savant et si sage. Plutarque, donc, fit un jour dépouiller de sa tunique et fouetter, je ne sais pour quel délit, un de ses esclaves, homme pervers et insolent, qui avait retenu, des discours qu'il entendait, beaucoup de maximes philosophiques. On commençait à frapper ; l'esclave de dire en gémissant : « Je n'ai pas mérité un » tel châtiment ; je n'ai rien fait de mal, je n'ai commis aucun » crime. » Bientôt la violence de la douleur lui fait élever la voix ; ce ne sont plus des plaintes, des gémissements ; mais des paroles graves, des reproches qu'il fait entendre : « Plutarque, » disait-il, ne se conduit pas en philosophe ; il est honteux pour » lui de se mettre en colère ; il a souvent disserté sur les effets » de cette passion ; il a même écrit un très-beau livre sur la » patience ; mais il ne se conforme guère aux préceptes qu'il a » donnés dans ce traité, puisque, cédant à ses transports, il fait » déchirer de coups un malheureux. » Alors Plutarque, calme

---

et copiose de morbo affectuve iræ disseruisset, quæ et in veterum libris et in ipsius commentariis exposita sunt : convertit [ur] ad me, qui interrogaveram, et : « Hæc ego, inquit, super irascendo sentio. Sed et, quid Plutarchus noster, vir doctissimus ac prudentissimus, senserit, non ab re est, ut id quoque audias. Plutarchus, inquit, servo suo, nequam homini et contumaci, sed libris disputationibusque philosophiæ aures imbutas habenti, tunicam detrahi ob nescio quod delictum, cædique eum loro jussit. Cœperat verberari ; obloquebatur « non me-
» ruisse, ut vapulet ; nihil mali, nihil sceleris admisisse. » Postremo vociferari inter vapulandum incipit : neque jam querimonias aut gemitus ejulatusque facere, sed verba seria et objurgatoria : « Non ita esse Plutarchum, ut diceret ;
» philosophum irasci, turpe esse : sæpe eum de malo iræ edissertavisse : librum
» quoque περὶ Ἀοργησίας pulcherrimum conscripsisse ; iis omnibus, quæ in eo
» libro scripta sunt, nequaquam convenire, quod provolutus effususque in iram
» plurimis se plagis multaret. » Tum Plutarchus lente et leniter : « Quid autem,

et de sang-froid : « D'où juges-tu que je suis en colère, misé-
» rable ? Est-ce mon air, ma voix, mon visage, mes paroles, qui
» te font croire que la colère s'est emparée de moi ? Mon regard,
» je pense, n'est point égaré, mon visage n'est point troublé, je
» ne pousse point de cris menaçants, ma bouche n'écume point
» de fureur, le sang ne me monte point au visage ; je ne tiens
» point de propos dont j'aie à rougir ou à me repentir ; tu ne
» vois point en moi de mouvements brusques, d'agitation con-
» vulsive. Car, si tu l'ignores, sache que ce sont là les signes
» ordinaires de la colère. » Plutarque se tournant ensuite vers
l'esclave qui frappait : « Achève ta besogne, pendant que ton ca-
» marade et moi nous philosophons. » En résumé, voici l'opinion
de Taurus : il met une différence entre l'homme qui est exempt
de colère et celui qui est froid et indifférent ; pour lui, une âme
modérée est autre chose qu'une âme insensible et glacée (Ἀνάλγητον καὶ ἀναίσθητον). Comme tous les autres mouvements de l'âme,
que les philosophes latins appellent *affectus* ou *affectiones*, les
Grecs πάθη, ce ressentiment, qu'on appelle colère quand le
désir de la vengeance le rend plus violent, ne doit pas être tout
à fait banni par le sage : on ne demande pas au sage l'absence
complète (στέρησις, comme disent les Grecs) de cette passion,
mais seulement la modération, μετριότης.

» inquit, verbero, nunc ego tibi irasci videor ? Ex vultune meo, an ex voce, an
» ex colore, an etiam ex verbis, correptum esse me ira intelligis ? Mihi quidem
» neque oculi, opinor, truces sunt, neque os turbidum, neque immaniter clamo,
» neque in spumam ruboremve effervesco, neque pudenda dico aut pœnitenda ;
» neque omnino trepido ira et gestio. Hæc enim omnia, si ignoras, signa esse
» irarum solent. » Et simul ad eum, qui sædebat, conversus : « Interim, inquit,
» dum ego atque hic disputamus, hoc tu age. » Summa autem totius sententiæ
Tauri hæc fuit : Non idem esse existimavit ἀοργησίαν καὶ ἀναλγησίαν, aliudque
esse non iracundum animum, aliud ἀνάλγητον καὶ ἀναίσθητον, id est hebetem et
stupentem. Nam sicut aliorum omnium, quos Latini philosophi affectus vel affectiones, Græci πάθη appellant : ita hujus quoque motus animi, qui, quum est
ulciscendi causa sævior, ira dicitur, non privationem esse utilem censuit, quam
Græci στέρησιν dicunt : sed mediocritatem, quam μετριότητα illi appellant.

LIVRE DEUXIÈME

I. De quelle manière le philosophe Socrate avait coutume d'exercer son corps à la patience. Constance d'âme de ce sage.

Parmi les travaux et les exercices volontaires par lesquels Socrate cherchait à s'aguerrir contre la souffrance, voici, dit-on, une des épreuves singulières qu'il s'imposait : on prétend que souvent il restait debout, dans la même attitude, la nuit, le jour d'un soleil à l'autre, sans remuer les paupières ; immobile, à la même place, les regards dirigés vers le même point, plongé dans des pensées profondes, comme isolé de son corps par la méditation. Favorinus, parlant de la fermeté d'âme de ce sage, nous disait un jour, en rappelant ce fait : « Souvent Socrate restait dans la même position d'un soleil à l'autre ; immobile, plus droit qu'un tronc d'arbre. » Telle était aussi, dit-on, sa tempérance,

LIBER SECUNDUS

I. Quo genere solitus sit philosophus Socrates exercere patientiam corporis ; deque ejusdem viri patientia.

Inter labores voluntarios et exercitia corporis ad fortuitas patientiæ vices firmandi, id quoque accepimus Socratem facere insuevisse. Stare solitus Socrates dicitur, pertinaci statu, perdius atque pernox a summo lucis ortu ad solem alterum orientem, inconnivens, immobilis, iisdem in vestigiis, et ore atque oculis eumdem in locum directis cogitabundus, tanquam quodam secessu mentis atque animi facto a corpore. Quem rem quum Favorinus, de fortitudine ejus viri ut pleraque disserens, attigisset : Πολλάκις, inquit, ἐξ ἡλίου εἰς ἥλιον ἑστήκει ἀστραβέστερος τῶν πρέμνων. Temperantia quoque eum fuisse, tanta tradi-

que jamais il n'éprouva le plus léger dérangement dans sa santé. Pendant cette peste qui, dans le commencement de la guerre du Péloponnèse, dépeupla la ville d'Athènes, Socrate, grâce à sa sobriété, à l'égalité de son genre de vie, à son éloignement des plaisirs, à la force de sa santé, échappa facilement au fléau destructeur qui frappait tout le monde.

II. Devoirs et procédés réciproques des pères et des fils, soit pour se mettre à table, soit pour prendre des siéges, et dans d'autres cas semblables, tant en public qu'en famille, lorsque les fils sont magistrats et les pères simples particuliers. Dissertation du philosophe Taurus sur ce sujet. Exemple tiré de l'histoire romaine.

Un jour Taurus reçut la visite du proconsul de la province de Crète, qui, accompagné de son père, était venu à Athènes pour le voir et faire sa connaissance. Ils arrivèrent fort à propos. Taurus venait de congédier ses disciples; nous étions assis à l'entrée de la maison, et nous nous entretenions familièrement. Le proconsul et son père se présentent. Taurus se lève avec dignité, et, après les compliments d'usage, se rassied. On avance le pre-

tum est, ut omnia fere vitæ suæ tempora valetudine inoffensa vixerit. In illius etiam pestilentiæ vastitate, quæ in bello Peloponnesiaco in primis ipsam Atheniensium civitatem internecino genere morbi depopulata est, is parcendi moderandique rationibus dicitur et a voluptatum labe cavisse, et salubritates corporis retinuisse, ut nequaquam fuerit communi omnium cladi obnoxius.

II. Quæ ratio observatioque officiorum esse debeat inter patres filiosque in discumbendo sedendoque, atque in id genus rebus domi forisque, si filii magistratus sunt et patres privati : superque ea re Tauri philosophi dissertatio, et exemplum ex historia Romana petitum.

Ad philosophum Taurum Athenas visendi cognoscendique ejus gratia, venerat V. Cl. præses Cretæ provinciæ, et cum eo simul ejusdem præsidiis pater. Taurus, sectatoribus commodum dimissis, sedebat pro cubiculi sui foribus, et cum assistentibus nobis sermocinabatur. Introivit provinciæ præses, et cum eo pater. Assurrexit placide Taurus : et post mutuam salutationem resedit. Allata mox una

mier siége qui se trouve sous la main, et, pendant qu'on en va chercher d'autres, Taurus invite le père du proconsul à s'y placer; mais celui-ci refuse en disant: « Que mon fils le prenne; il est magistrat du peuple romain. — Sans préjudice de la dignité de ton fils, répond Taurus, assieds-toi, et nous examinerons ensemble lequel de vous deux doit s'asseoir le premier; si le titre de père doit l'emporter sur les droits du magistrat. » Enfin, le père s'étant assis, et le siége pour le proconsul ayant été apporté, Taurus se mit à disserter, et avec quelle justesse ! sur la déférence et les égards que les pères et les fils se doivent réciproquement. Voici le précis de sa dissertation : « Lorsqu'un fils paraît dans les lieux publics, lorsqu'il remplit ses fonctions de magistrat, le père doit abdiquer ses droits et céder la place pour un moment; mais, hors des affaires publiques, dans la famille, dans toutes les circonstances de la vie privée, dans les repas, dans les promenades, dans les réunions intimes, le magistrat s'efface pour faire place au père, simple particulier; et la dignité paternelle reprend les droits que lui donne la nature. Or, votre visite, l'examen que je fais avec vous de ces sortes de procédés, tout appartient à la vie privée; jouis donc chez moi, dit Taurus, des droits et des honneurs dont il est juste que tu jouisses chez toi. »

sella est, quæ in promptu erat, atque, dum aliæ promebantur, apposita est. Invitavit Taurus patrem præsidis, ut sederet. Atque ille ait : « Sedeat hic potius, qui populi Romani magistratus est. — Absque præjudicio, inquit Taurus, tu interea sede, dum inspicimus quærimusque, utrum conveniat, tene potius sedere, qui pater es, an filium, qui magistratus est. » Et, quum pater assedisset, appositumque esset aliud filio quoque ejus sedile, verba super ea re Taurus facit cum summa, di boni! honorum atque officiorum perpensatione. Eorum verborum sententia hæc fuit : « In publicis locis atque muneribus atque actionibus patrum jura cum filiorum, qui in magistratu sunt, potestatibus collata interquiescere paululum et connivere; sed quum extra rempublicam in domestica re atque vita sedeatur, ambuletur, in convivio quoque familiari discumbatur, tum inter filium magistratum et patrem privatum publicos honores cessare; naturales et genuinos exoriri. « Hoc igitur, inquit, quod ad me venistis, quod colloquimur nunc, quod de officiis disceptamus, privata actio est. Itaque utere apud me iis honoribus prius,

Sur ce sujet et sur d'autres encore, Taurus tint des discours semblables, avec autant de gravité que de politesse.

Je ne crois pas m'écarter de mon sujet en transcrivant ici ce que j'ai lu sur cette question de prééminence dans le sixième livre des *Annales* de Claudius Quadrigarius : « Ensuite on nomma consuls Sempronius Gracchus, qui l'avait été déjà, et Q. Fabius Maximus, fils du consul de l'année précédente. Un jour, le père, qui n'était que proconsul, s'avançant à cheval au-devant de son fils, crut que son titre de père le dispensait de mettre pied à terre. Comme on savait que la plus parfaite intelligence régnait entre le fils et le père, les licteurs n'osèrent pas ordonner à ce dernier de descendre. Mais quand il fut plus près, le consul dit au licteur : « Fais ton devoir. » A peine le licteur de service a-t-il entendu l'injonction faite par le consul, qu'il ordonne à Maximus de descendre. Fabius obéit et félicite son fils de savoir faire respecter l'autorité du peuple romain. »

III. Pour quelles raisons les anciens ont introduit dans certains mots la lettre aspirée *h*.

Nos ancêtres ont introduit dans beaucoup de mots la lettre *h*,

---

quibus domi quoque vestræ te uti priorem decet. » Hæc atque alia in eamdem sententiam Taurus graviter simul et comiter disseruit.

Quid autem super hujuscemodi patris atque filii officio apud Claudium legerimus, non [esse] ab re visum est, ut adscriberemus. Posuimus igitur verba ipsa Quadrigarii ex *Annali* ejus sexto transcripta : « Deinde facti consules Sempronius Gracchus iterum, Q. Fabius Maximus, filius ejus, qui priore anno erat consul. Ei consuli pater proconsul obviam in equo vehens venit, neque descendere voluit, quod pater erat ; et, quod inter eos sciebant maxima concordia convenire, lictores non ausi sunt descendere jubere. Ubi juxta venit, tum consul ait : « Descendere jube. » Quod posteaquam lictor ille, qui apparebat, cito intellexit, Maximum proconsulem descendere jussit. Fabius imperio paret, et filium collaudavit, quum imperium, quod populi esset, retineret. »

III. Qua ratione verbis quibusdam vocabulisque veteres immiscerunt *h* litteræ spiritum.

H litteram, sive illam spiritum magis, quam litteram, dici oportet, inserebant

qu'il serait peut-être plus juste de regarder comme une aspiration, pour leur donner plus de force et de vigueur, et pour en rendre le son plus accentué, plus énergique. En cela il me semble qu'ils ont voulu prendre pour modèles les écrivains attiques; car il est reconnu que ces derniers, contre l'usage du reste de la Grèce, aspiraient la première lettre des mots ἰχθύς, poisson, ἱρόσ sacre, et autres semblables. De même on a dit chez nous *lachrymæ*, larmes; *sepulchrum*, sépulcre; *ahenum*, d'airain; *vehemens*, véhément; *inchoare*, ébaucher; *helluari*, dévorer; *hallucinari*, se tromper; *honera*, fardeaux; *honustus*, charge. Il est évident que, dans tous ces mots, l'on n'a employé la lettre ou l'aspiration *h*, que pour donner au son plus de force et de vigueur, et, pour ainsi dire, plus de nerf. A propos du mot *ahenus*, que je viens de citer, je me rappelle que Fidus Optatus, grammairien distingué de Rome, me fit voir un manuscrit du deuxième livre de l'*Énéide*, précieux par son antiquité, et qu'il avait acheté deux mille sesterces dans le quartier des Sigillaires; ce manuscrit passait pour être l'original même de Virgile. On y lisait ces deux vers avec cette orthographe :

Vestibulum ante ipsum primoque in limine Pyrrhus

eam veteres nostri plerisque vocibus verborum firmandis roborandisque, ut sonus earum esset viridior vegetiorque; atque id videntur fecisse studio et exemplo linguæ Atticæ. Satis enim notum est. Atticos ἰχθὺν, ἱρὸν, [et] multa itidem talia, citra morem gentium Græciæ cæterarum, inspirantis primæ litteræ dixisse. Sic *lachrymas*, sic *sepulchrum*, sic *ahenum*, sic *vehemens*, sic *inchoare*, sic *helluari*, sic *hallucinari*, sic *honera*, sic *honustum* dixerunt. In his enim verbis omnibus litteræ seu spiritus istius nulla ratio visa est, nisi ut firmitas et vigor vocis, quasi quibusdam nervis additis, intenderetur. Sed quoniam *aheni* quoque exemplo usi sumus, venit nobis in memoriam, Fidum Optatum, multi nominis Romæ grammaticum, ostendisse mihi librum *Æneidos* secundum, mirandæ vetustatis, emptum in Sigillariis xx aureis, quem ipsius Virgilii fuisse credebat [ur] : in quo duo isti versus quum ita scripti forent :

Vestibulum ante ipsum primoque in limine Pyrrhus

Exsultat telis et luce coruscus aena.

Devant le vestibule, et sur le seuil même, Pyrrhus se dresse, resplendissant de l'éclat de ses armes d'airain.

On avait écrit *aena*, mais on voyait au-dessus une *h*. De même, dans les meilleures éditions de Virgile, on lit ainsi ce vers :

Aut foliis undam tepidi despumat aheni.

Ou bien, avec un rameau, elle écume la chaudière bouillante.

IV. Ce qui a engagé Gabius Bassus à appeler *divination* un certain genre de jugement. Explication de ce même mot par d'autres jurisconsultes.

Dans un procès, lorsqu'on cherche un accusateur, et que l'on rend un jugement qui confère à un citoyen pris parmi ceux qui se présentent, soit au nombre de deux ou de plusieurs, le droit d'accusation ou d'inscription, cet acte des juges s'appelle *divination*. On a cherché souvent d'où venait cette expression. Gabius Bassus, dans le troisième livre de son traité *de l'Origine des mots*, s'exprime ainsi : « Ce jugement s'appelle divination, parce qu'il faut, pour ainsi dire, que le juge devine, *divinat*, quelle

Exsultat telis et luce coruscus aena,

additam supra vidimus *h* litteram, et *ahena* factum. Sic in illo quoque Virgilii versu in optimis libris scriptum invenimus :

Aut foliis undam tepidi despumat aheni.

IV. Quam ob causam Gabius Bassus genus quoddam judicii divinationem appellari scripsit, et quam alii causam esse ejusdem vocabuli dixerunt.

Quum de constituendo accusatore quæritur, judiciumque super ea re redditur, cuinam potissimum ex duobus pluribusve accusatio subscriptiove in reum permittatur; ea res atque judicium cognito *divinatio* appellatur. Id vocabulum quam ob causam ita factum sit, quæri solet. Gabius Bassus in tertio librorum quos de *Origine vocabulorum* composuit : « Divinatio, inquit, judicium appellatur, quoniam divinare quodammodo judex oportet, quam sententiam sese ferre

sentence il doit porter. » Cette définition de Bassus me paraît incomplète, ou, disons mieux, insuffisante et sèche. Mais, sans doute, Bassus veut dire que ce jugement s'appelle divination, parce que, dans les autres causes, le juge a coutume d'éclairer sa religion par l'instruction de l'affaire, par les preuves et par l'audition des témoins ; tandis que, lorsqu'il faut désigner un accusateur, le juge n'a que de très-faibles raisons pour motiver son choix ; et qu'il est, pour ainsi dire, obligé de deviner quel est celui qui est le plus propre à remplir ce rôle. Voilà l'opinion de Bassus. Mais d'autres pensent que le mot *divination* vient de ce que, l'accusateur et l'accusé étant deux choses corrélatives, inséparables, et qui ne peuvent subsister l'une sans l'autre, et le genre de cause dont il s'agit présentant un accusé sans un accusateur, il faut avoir recours à la divination pour savoir ce que la cause ne donne pas, ce qu'elle laisse inconnu, l'accusateur.

V. Paroles ingénieuses et expressives du philosophe Favorinus, pour distinguer l'éloquence de Platon de celle de Lysias.

En parlant de Platon et de Lysias, Favorinus avait coutume de

par sit. » Nimis quidem est in verbis Gabii Bassi ratio imperfecta, vel magis inops et jejuna ; sed videtur, eum significare velle, idcirco dici divinationem, quod in aliis quidem causis judex ea, quæ didicit, quæque argumentis vel testibus demonstrata sunt, sequi solet : in hac autem re, quum eligendus accusator est, parva admodum et exilia sunt, quibus moveri judex possit ; et propterea, quinam magis ad accusandum idoneus sit, quasi divinandum est. Hæc Bassus. Sed alii quidem *divinationem* esse appellatam putat, quoniam, quum accusator et reus duæ res quasi cognatæ conjunctæque sint, neque utra sine altera constare possit ; in hoc tamen genere causæ reus quidem jam est, sed accusator nondum est ; et idcirco, quod adhuc usque deest et latet, divinatione supplendum est, quisnam sit accusator futurus.

V. Quam lepide designateque dixerit Favorinus philosophus, quid intersit inter Platonis et Lysiæ orationem.

Favorinus de Lysia et Platone solitus est dicere : « Si ex Platonis, inquit, ora-

dire : « Changez ou supprimez un mot dans un passage de Platon ; quelque adresse que vous y mettiez, vous altérerez cependant l'élégance du discours. Traitez de même Lysias, vous altérerez la pensée. »

VI. De quelques expressions de Virgile condamnées comme incorrectes et peu élégantes. Réfutation de ces critiques.

Quelques grammairiens du dernier siècle, et parmi eux Cornutus Annéus, homme qui ne manquait ni d'instruction ni de mérite, reprochent à Virgile, dans des commentaires sur les œuvres de ce poëte, d'avoir employé une expression commune et peu élégante dans les vers suivants :

> Candida succinctam latrantibus inguina monstris
> Dulichias vexasse rates, et gurgite in alto
> Ah timidos nautas canibus lacerasse marinis.

On dit que Scylla déchaîna contre les vaisseaux du souverain de Dulichium les monstres aboyants, horrible ceinture de ses flancs d'albâtre ; qu'elle saisit les matelots épouvantés, et les livra sous les flots à la voracité de ses chiens affamés.

Le mot *vexasse*, disent ces critiques, n'a pas assez de force ; il

---

tione verbum aliquod demas mutesve, atque id commodatissime facias, de elegantia tamen detraxeris : si ex Lysiæ, de sententia. »

VI. Quibus verbis ignaviter et abjecte Virgilius usus esse dicatur, et quid iis, qui id improbe dicunt, respondeatur.

Nonnulli grammatici ætatis superioris, in quibus est Cornutus Annæus, haud sane indocti neque ignobiles, qui commentaria in Virgilium composuerunt, reprehendunt quasi incuriose et abjecte verbum positum in his versibus :

> Candida succinctam latrantibus inguina monstris
> Dulichias vexasse rates, et gurgite in alto
> Ah timidos nautas canibus lacerasse marinis.

Vexasse enim putant verbum esse leve, et tenuis ac parvi incommodi ; nec

n'exprime qu'un mal faible et léger; il ne convient nullement à l'horrible peinture d'un monstre épouvantable qui saisit des hommes et les déchire.

Même observation sur un autre mot qui se trouve dans ces deux vers :

> Omnia jam vulgata; quis aut Eurysthea durum,
> Aut illaudati nescit Busiridis aras?

Tous les autres sujets sont devenus vulgaires; qui ne connaît la cruauté d'Eurystée et les autels de l'exécrable Busiris?

Illaudati, disent-ils, est encore une expression impropre qui n'a pas assez de force pour dépeindre l'horreur qu'inspire un monstre tel que Busiris : attendu qu'un tyran qui avait l'habitude d'immoler les étrangers de toutes les nations qui entraient dans ses États, n'est pas seulement indigne d'éloges, il doit être voué à l'opprobre et à l'exécration du genre humain.

Dans cet autre vers :

> Per tunicam squalentem auro latus haurit apertum;

Le fer pénètre dans son flanc, à travers sa tunique couverte d'or.

---

tantæ atrocitati congruere, quum homines repente a bellua immanissima rapti laniati que sint.

Item aliud hujuscemodi reprehendunt :

> Omnia jam vulgata; quis aut Eurysthea durum,
> Aut illaudati nescit Busiridis aras?

Illaudati parum idoneum esse verbum dicunt; neque id satis esse ad faciendum scelerati hominis detestationem : qui, quod hospites omnium gentium immolare solitus fuit, non laude indignus, sed detestatione exsecrationeque totius generis humani dignus esset.

Item aliud verbum culpaverunt :

> Per tunicam squalentem auro latus haurit apertum;

ils prétendent qu'on ne peut pas dire : *auro squalens*, parce qu'il n'y a rien de plus opposé au brillant et à l'éclat de l'or que la souillure et la malpropreté, idée que fait naître le mot *squalere*. Mais je crois que l'on peut répondre ainsi à ces critiques : d'abord *vexasse* est un mot plein de force ; il vient évidemment du verbe *vehere*, entraîner, qui déjà indique l'action d'une force étrangère ; car celui qui est entraîné n'est pas maître de lui. Mais *vexare*, qui en est dérivé, a, sans contredit, plus de force encore, et marque une impulsion plus violente. On s'en sert au propre pour exprimer l'agitation de quelqu'un qui est emporté, enlevé, poussé en sens contraire, par une force supérieure. C'est ainsi que *taxare* (toucher souvent) a plus de précision et d'énergie que *tangere* (toucher), dont il est le fréquentatif ; *jectare* (jeter souvent ou en grand nombre), de force et d'étendue que *jacere* (jeter), dont il est tiré ; *quassare* (agiter fortement) désigne une action plus grave, plus violente que *quatere* (agiter.) Parce qu'on dit souvent, *vexatus fumo, vento, pulvere* (incommodé par la fumée, par le vent, par la poussière), ce n'est pas une raison pour que le mot *vexare* perde sa force et sa signification réelle ; signification que lui ont conservée les anciens écrivains, fidèles observateurs de la propriété de chaque expression. M. Caton, dans son discours sur les Achéens, s'exprime ainsi : *Quumque*

---

tanquam [si] non convenerit dicere : *auro squalentem*, quoniam nitoribus splendoribusque auri squaloris illuvies sit contraria. Sed de verbo *vexasse* ita responderi posse credo. *Vexasse* grave verbum est, factumque ab eo videtur, quod est *vehere* : in quo inest jam vis quædam alieni arbitrii. Non enim sui potens est, qui vehitur. *Vexasse* autem, quod ex eo inclinatum est, vi ataque motu procul dubio vastiore est. Nam qui fertur et raptatur, atque huc atque illuc distrahitur, is vexari proprie dicitur : sicuti *taxare* pressius crebriusque est, quam *tangere*, unde procul dubio id inclinatum est : et *jactare* multo fusius largiusque est quam *jacere*, unde id verbum traductum est : et *quassare*, quam *quatere*, gravius violentiusque est. Non igitur, quia vulgo dici solet, vexatum esse quem fumo aut vento aut pulvere [laborare videmus], propterea debet vis vera atque natura verbi deperire; quæ a veteribus, qui proprie atque signate loquuti sunt, ita ut decuit conservata est. M. Catonis verba sunt ex oratione quam de

Hannibal terram Italiam laceraret atque vexaret, lorsqu'Annibal désolait et ravageait l'Italie.

Caton emploie ici le mot *vexare*, en parlant de l'Italie, à laquelle Annibal fit éprouver alors tout ce que l'on peut imaginer de calamités, de barbaries, de cruautés.

M. T. Cicéron, dans son quatrième discours *contre Verrès* : « Il a tellement dévasté, pillé cette province, qu'elle semble avoir été écrasée non par une guerre, non par un ennemi qui respecte encore les droits de la religion, de l'humanité, mais par des barbares, par des pirates : *a barbaris prædonibus vexata esse videatur*.

Quant au mot *illaudatus*, on en peut aussi justifier l'emploi de deux manières : d'abord on peut soutenir qu'il n'est point d'homme de mœurs assez perverses pour qu'on ne puisse trouver dans ses actions ou dans ses paroles quelque chose qui soit digne d'éloges. De là ce vers si ancien devenu proverbe :

Souvent un simple jardinier dit des choses fort judicieuses.

Mais s'il se rencontre un homme qui jamais, dans aucune circonstance, n'ait mérité d'éloges, on peut lui appliquer l'épithète de *illaudatus* ; c'est le plus pervers et le plus méchant de tous

---

Achæis scripsit : « Quumque Hannibal terram Italiam laceraret atque *vexaret*. »

Vexatam Italiam dixit Cato ab Hannibale, quando nullum calamitatis aut sævitiæ aut immanitatis genus reperiri queat, quod in eo tempore Italia non perpessa sit.

M. Tullius IV *in Verrem* : « Quæ ab isto sic spoliata atque direpta est, non ut ab hoste aliquo, qui tamen in bello religionem et consuetudinis jura retineret, sed ut a barbaris prædonibus *vexata* esse videatur. »

De *illaudato* autem duo videntur responderi posse. Unum est hujusmodi : nemo quisquam tam efferis est moribus, quin faciat aut dicat nonnunquam aliquid, quod laudari queat. Unde hic antiquissimus versus vicem proverbii celebratus est :

Πολλάκι καὶ κηπωρὸς ἀνὴρ μάλα καίριον εἶπεν.

Sed enim qui omni in re atque omni tempore laude omni vacat, is illaudatus

les hommes. De même on donne l'épithète d'*inculpatus* à l'homme qui ne s'est jamais rendu coupable d'aucune faute ; ce mot exprime le plus haut degré de vertu, comme *illaudatus* le dernier degré de la perversité. Homère loue moins ses héros des vertus qu'ils possèdent que des vices qu'ils n'ont pas. Par exemple, il dit :

Ainsi parla le devin irréprochable.

Et :

Tous les deux s'élancèrent sans y être contraints.

Ailleurs :

Là vous n'eussiez point vu le divin Agamemnon se livrer au sommeil, hésiter, refuser le combat.

Ainsi Épicure, définissant le souverain bien, dit que c'est l'absence de tout mal : « La dernière limite du bonheur, c'est l'absence de toute douleur. »

C'est encore par la même raison que Virgile a dit *inamabilis*

---

est ; isque omnium pessimus deterrimusque est ; sicuti omnis culpæ privatio inculpatu facit. Inculpatus autem instar est absolutæ virtutis ; illaudatus igitur quoque finis est extremæ malitiæ. Itaque Homerus non virtutibus appellandis, sed vitiis detrahendis laudare ampliter solet. Hoc enim est :

. . . . . Ηὖδα μάντις ἀμύμων.

Et :

. . . . Τὼ δ' οὐκ ἄκοντε πετέσθην.

Et item illud :

Ἔνθ' οὐκ ἂν βρίζοντα ἴδοις Ἀγαμέμνονα δῖον,
Οὐδὲ καταπτώσσοντ', οὐδ' οὐκ ἐθέλοντα μάχεσθαι.

Epicurus quoque simili modo maximam voluptatem detractionem privationemque omnis doloris definivit his verbis : Ὅρος τοῦ μεγέθους τῶν ἡδονῶν, ἡ παντὸς τοῦ ἀλγοῦντος ὑπεξαίρεσις.

Eadem ratione idem Virgilius *inamabilem* dixit Stygiam paludem. Nam sicut

(qu'on ne peut aimer), en parlant du marais de Styx. De même que pour lui *illaudatus* renferme l'idée d'absence de tout ce qui peut être loué, de même *inamabilis* désigne l'absence de ce qu'on peut aimer ; aussi donne-t-il à ces deux mots le sens le plus odieux. *Illaudatus* peut encore être justifié d'une autre manière. *Laudare*, dans la langue primitive, signifie désigner par le nom, appeler. Encore de nos jours, dans les procès, on emploie *laudari* en parlant du demandeur, au lieu de *nominari* (être appelé). *Illaudatus* a presque le sens de *illaudabilis*, qui ne mérite ni souvenir ni place dans la mémoire des hommes, qui ne doit pas être nommé. Ainsi il se disait de celui dont une assemblée générale de l'Asie, convoquée après l'incendie du temple de Diane d'Éphèse, défendit de jamais prononcer le nom. Il nous reste à parler des critiques qui portent sur les mots : *tunicam squalentem auro ;* le poëte désigne par là l'épaisseur du tissu d'or, disposé en forme d'écailles. En effet, *squalere* se dit au propre du rapprochement et de l'aspérité des écailles que l'on voit sur le corps des serpents et des poissons. C'est le sens de ce mot, et chez d'autres poëtes, et chez Virgile lui-même dans quelques passages :

. . . . . Quem pellis, ahenis

---

illaudatum κατὰ laudis στέρησιν, ita *inamabilem* κατὰ amoris στέρησιν detestatus est. Altero modo *illaudatus* ita defenditur. *Laudare* significat prisca lingua nominare appellareque. Sic in actionibus civilibus auctor *laudari* dicitur, quod est nominari. *Illaudatus* enim est quasi *illaudabilis*, qui neque mentione aut memoria ulla dignus, neque unquam nominandus est. Sicuti quondam a communi consilio Asiæ decretum est, uti nomen ejus, qui templum Dianæ Ephesi incenderat, ne quis ullo [in] tempore nominaret. Tertium restat ex iis quæ reprehensa sunt, quod *tunicam squalentem auro* dixit. Id autem significat copiam densitatemque auri in squamarum speciem intexti. *Squalere* enim dictum est a *squamarum* crebritate asperitateque, quæ in serpentum pisciumque coriis visuntur. Quam rem et alii, et hic quidem poeta locis aliquot demonstrat :

. . . . . . Quem pellis, *inquit*, ahenis

In plumam squamis auro conserta tegebat;

Il était revêtu d'une peau ornée de lames d'airain disposées en forme de plumes et enrichies d'or;

et ailleurs :

Jamque adeo rutilum thoraca indutus ahenis
Horrebat squamis.

Déjà il avait pris sa cuirasse brillante, couverte d'écailles d'airain.

Attius dit dans ses *Pélopides* :

Ejus serpentis squamæ squalido auro et purpura prætextæ.

Les écailles de ce serpent se hérissent éclatantes de pourpre et d'or.

On employait donc *squalere* pour désigner tout objet rendu épais et rude par une cause quelconque, et dont le nouvel aspect inspirait un sentiment d'horreur. Ainsi d'abord, pour désigner des corps grossiers et couverts d'aspérités par un amas de malpropreté, on se servait du mot *squalor*. Un long usage de ce mot, pris dans ce sens, a fait oublier et pour ainsi dire souillé sa si-

In plumam squamis auro conserta tegebat;

et alio loco :

Jamque adeo rutilum thoraca indutus ahenis
Horrebat squamis.

Attius in *Pelopidis* ita scribit :

Ejus serpentis squamæ squalido auro et purpura prætextæ.

Quidquid igitur nimis inculcatum obsitumque aliqua re erat, ut incilteret visentibus facie nova horrorem, id *squalere* dicebatur. Sic in corporibus incultis squamosisque alta congeries sordium *squalor* appellabatur : cujus significationis

gnification première ; si bien que *squalor* ne se prend plus que dans le sens de saleté, ordures.

VII. Des devoirs des enfants envers leurs pères. Opinion des philosophes qui dans leurs livres ont agité la question de savoir si, toujours et en toutes circonstances, un fils doit obéir aux ordres de son père.

On a souvent agité, dans les écoles de philosophie, la question de savoir si, toujours et en toutes circonstances, un fils doit obéir aux ordres de son père. Les philosophes grecs et latins qui ont écrit sur les devoirs distinguent, à ce sujet, trois règles de conduite dignes d'attention, qu'ils ont examinées avec beaucoup de sagacité. Voici ces trois règles : la première est qu'un fils doit obéir à tous les ordres de son père ; la deuxième, qu'il faut obéir dans certaines circonstances, et ne pas obéir dans d'autres ; la troisième, qu'il n'est aucun cas où le fils soit obligé d'obéir. Comme au premier aspect cette dernière opinion présente quelque chose d'odieux, c'est par elle que nous commencerons notre examen. Les ordres d'un père, disent ces philosophes, sont justes ou injustes : s'ils sont justes, le fils doit obéir non parce qu'il reçoit un ordre, mais parce qu'il faut faire ce qui est bien ; s'ils

---

multo assiduoque usu totum id verbum ita contaminatum est, ut jam *squalor* de re alia nulla, quam de solis inquinamentis dici cœperit.

VII. De officio erga patres liberorum : deque ea re ex philosophiæ libris, in quibus scriptum quæsitumque est, an semper in omnibus patris jussis obsequendum sit.

Quæri solitum est in philosophorum disceptationibus, an semper inque omnibus jussis patri parendum sit. Super ea re Græci nostrique, qui de officiis scripserunt, tres sententias esse, quæ spectandæ considerandæque sint, tradiderunt; easque subtilissime dijudicaverunt. Earum una est : omnibus, quæ pater imperat, parendum. Altera est : in quibusdam parendum, quibusdam non obsequendum. Tertia est : nihil necessum esse patri obsequi et parere. Hæc sententia quoniam primore aspectu nimis infamis est, super ea prius quæ dicta sunt, dicemus. Aut recte, inquiunt, imperat pater, aut perperam. Si recte imperat, non quia imperat, parendum, sed quoniam id fieri jus est; faciendum est : si perpe-

sont injustes, le fils ne doit point agir, parce que le mal est défendu. Ils concluent ensuite en disant : un fils ne doit donc jamais obéir aux ordres que lui donne son père. Mais cette conclusion est inadmissible; c'est une subtilité qui ne mérite pas la moindre attention, comme nous le prouverons bientôt. La première des trois propositions citées plus haut, savoir : qu'il faut avant tout obéir aux ordres d'un père, n'est ni vraie ni raisonnable. Qu'arrivera-t-il en effet si un père ordonne à son fils de trahir sa patrie, de tuer sa mère, ou d'accomplir une action honteuse ou infâme? Ici, le parti le plus sage et le plus sûr est un moyen terme : il faut en certains cas obéir, désobéir en d'autres. Mais lorsque l'on est contraint de désobéir aux ordres d'un père, il faut le faire avec mesure, avec respect, sans éclat, sans reproches amers; de telle sorte que l'on ait plutôt l'air d'éluder les ordres paternels, que de les repousser. Quant à la conclusion rapportée plus haut, à savoir que l'on ne doit jamais obéir, elle est fausse; voici comment on peut la réfuter et même la renverser : Toutes les actions des hommes, de l'avis des plus illustres philosophes, sont honnêtes ou déshonnêtes. Tout ce qui est honnête en soi, comme, par exemple, garder la foi jurée, défendre sa patrie, aimer ses amis, nous devons le faire, qu'un père nous

---

ram, nequaquam scilicet faciendum, quod fieri non oportet. Deinde ita concludunt : nunquam est igitur patri parendum, quæ imperat. Sed neque istam sententiam probari accepimus : argutiola quippe hæc, sicuti mox ostendemus, frivola et inanis est. Neque autem illa, quam primo in loco diximus, vera et proba videri potest : omnia esse, quæ pater jusserit, parendum. Quid enim? si proditionem patriæ, si matris necem, si alia quædam imperavit turpia aut impia? Media igitur sententia optima atque tutissima visa est : quædam esse parendum, quædam non obsequendum. Sed ea tamen quæ obsequi non oportet, leuiter et verecunde ac sine detestatione nimia sineque opprobratione acerba reprehensionis declinanda sensim et relinquenda esse dicunt, quam respuenda. Conclusio vero illa, qua colligitur, sicut supra dictum est, nihil patri parendum, imperfecta est, refutarique ac dilui sic potest : Omnia quæ in rebus humanis fiunt, sicut docti censuerunt, aut honesta sunt aut turpia. Quæ sua vi recta aut honesta sunt, ut fidem colere, ut patriam defendere, ut amicos diligere, ea fieri oportet, sive im-

l'ordonne ou ne l'ordonne pas. Au contraire, ce qui est honteux et tout à fait injuste, nous devons nous en abstenir, quand même un père nous l'ordonnerait. Quant à cette espèce d'actions qui tiennent le milieu, et que les Grecs appellent ἀδιάφορα indifférentes, μέσα moyennes, comme aller à la guerre, cultiver ses champs, briguer les honneurs, plaider, se marier, partir pour exécuter un ordre, se rendre où l'on est appelé; toutes ces actions et d'autres encore n'étant par elles-mêmes ni honnêtes ni déshonnêtes, et ne devenant louables ou répréhensibles que selon la manière dont elles sont accomplies, il faut dans toutes ces choses obéir aux ordres d'un père. Par exemple, un père veut que son fils se marie, embrasse la profession d'avocat; comme, dans ces deux cas, il s'agit d'actes qui ne sont ni honnêtes ni déshonnêtes, l'autorité paternelle doit jouir de tous ses droits. Mais si un père ordonnait à son fils d'épouser une femme perdue de réputation, une prostituée, une infâme, ou de plaider pour un Catilina, un Tubulon, un P. Clodius, le fils ne devrait pas obéir, parce que ces actes reçoivent des circonstances un caractère d'infamie, et par cela même ne sont plus indifférents. On ne peut donc pas établir sans distinction cette proposition : les ordres d'un père sont honnêtes ou déshonnêtes. Il faudrait, pour la

---

peret pater, sive non imperet. Sed quæ his contraria, quæque turpia et omnino iniqua sunt, ea ne si imperet quidem. Quæ vero in medio sunt, et a Græcis tum ἀδιάφορα tum μέσα appellantur, ut : in militiam ire, rus colere, honores capessere, causas defendere, uxorem ducere, uti jussum proficisci, uti accersitum venire; quoniam et hæc et his similia per sese ipsa neque honesta sunt neque turpia, sed, proinde ut a nobis aguntur, ita ipsis actionibus aut probanda fiunt aut reprehendenda : propterea in ejusmodi omnium rerum generibus patri parendum esse censent; veluti si uxorem ducere imperet, aut causas pro reis dicere. Quod enim utrumque in genere ipso per sese neque honestum neque turpe est, idcirco, si pater jubeat, obsequendum est. Sed enim si imperet, uxorem ducere infamem, propudiosam, criminosam : aut pro reo Catilina aliquo, aut Tubulo; aut P. Clodio causam dicere? Non scilicet parendum; quoniam accendente aliquo turpitudinis numero desinunt esse per sese hæc medita atque indifferentia. Non ergo integra est propositio dicenda : aut honesta sunt, quæ imperat pater, aut turpia. Neque ὑγιὴς et νόμιμον διεζευγμένον videri potest. Deest enim disjunctioni isti ter-

compléter, ajouter : Ou ne sont ni justes ni injustes; alors on pourra conclure que, dans certains cas donnés, il faut obéir aux ordres d'un père.

VIII. Que Plutarque blâme à tort la forme d'un syllogisme d'Épicure.

Plutarque, dans le deuxième livre de son traité *sur Homère*, accuse Épicure d'avoir fait un syllogisme vicieux, irrégulier et incomplet, dans ce passage qu'il cite : « Pour nous, la mort n'est rien; en effet, ce qui se dissout est insensible; or, ce qui est insensible ne peut nous affecter. » Épicure, dit Plutarque, a omis ce qui devait se trouver dans la majeure de son argument : « La mort est la séparation de l'âme et du corps. » Et comme s'il eût mis en avant cette proposition et qu'on l'eût admise, il s'en sert pour prouver autre chose. Cependant ce syllogisme ne peut marcher si cette proposition ne se trouve pas dans la majeure. »

Cette observation de Plutarque, sur la forme et sur l'ordre du syllogisme, ne manque pas de justesse. Car si on veut un syllogisme conforme aux règles de l'école, il faut dire : « La mort

---

tium : aut neque honesta sunt, neque turpia. Quod si additur, potest ita concludi : nonnunquam est igitur patri parendum.

VIII. Quod parum æqua reprehensio Epicuri a Plutarcho peracta sit in syllogismi disciplina.

Plutarchus, secundo librorum quos *de Homero* composuit, imperfecte atque præpostere atque inscite syllogismo esse usum Epicurum dicit, verbaque ipsa Epicuri ponit : Ὁ θάνατος οὐδὲν πρὸς ἡμᾶς· τὸ γὰρ διαλυθὲν ἀναισθητεῖ· τὸ δὲ ἀναισθητοῦν οὐδὲν πρὸς ἡμᾶς. Nam prætermisit, inquit, quod in prima parte sumere debuit : τὸν θάνατον εἶναι ψυχῆς καὶ σώματος διάλυσιν. Tum deinde eodem ipso, quod omiserat, quasi posito concessoque, ad confirmandum aliud utitur. Progredi autem hic, inquit, syllogismus, nisi illo prius posito, non potest.

Vere hoc quidem Plutarchus de forma et ordine syllogismi scripsit. Nam si, ut in disciplinis traditur, ita colligere et ratiocinari velis, sic dici oportet : Ὁ

est la dissolution de l'âme et du corps; or, ce qui se dissout est insensible, et ce qui est insensible ne peut nous affecter. » Mais Épicure, quelque opinion qu'on s'en fasse, ne me paraît pas avoir omis par ignorance la première partie de son syllogisme. Sans doute, il ne prétendait pas faire un syllogisme parfait et en forme, comme on en fait dans les écoles de philosophie. La mort étant la cause évidente de la séparation du corps et de l'âme, il n'a pas cru qu'il fût nécessaire de rappeler une vérité connue de tout le monde. Et s'il a placé aussi la conclusion au commencement de son raisonnement, au lieu de la mettre à la fin, qui dira que c'est par ignorance? Dans Platon, il n'est pas rare de trouver des syllogismes sans cet ordre méthodique qu'enseignent les maîtres; car cet écrivain sait s'affranchir de la règle avec une élégante liberté.

IX. Que le même Plutarque critique évidemment à tort une expression d'Épicure.

Dans le même livre, Plutarque accuse encore le même Épicure d'avoir employé une expression impropre et prise dans un sens inusité. Épicure a dit : Ὅρος τοῦ μεγέθους τῶν ἡδονῶν, ἡ

θάνατος ψυχῆς καὶ σώματος διάλυσις· τὸ δὲ διαλυθὲν ἀναισθητεῖ· τὸ δὲ ἀναισθητοῦν οὐδὲν πρὸς ἡμᾶς. Sed Epicurus, cuicuimodi homo est, non inscitia videtur partem illam syllogismi praetermisisse. Neque id ei negotium fuit, syllogismum tanquam in scholis philosophorum cum numeris omnibus et cum suis finibus dicere; et profecto, quia separatio animi et corporis in morte evidens est, non est ratus necessariam esse ejus admonitionem, quod omnibus prorsus erat obvium. Sicuti etiam, quod conclusionem syllogismi non in fine posuit, sed in principio : nam id quoque non imperite factum, quis non videt? Apud Platonem quoque multis in locis reperias syllogismos, repudiato conversoque ordine isto, qui in docendo traditur, cum eleganti quadam reprehensionis contemptione positos esse.

IX. Quod idem Plutarchus evidenti calumnia verbum ab Epicuro dictum insectatus sit.

In eodem libro idem Plutarchus eumdem Epicurum reprehendit, quod verbo usus sit parum proprio et alienae significationis. Ita enim scripsit Epicurus : Ὅρος

παντὸς τοῦ ἀλγοῦντος ὑπεξαίρεσις, le dernier degré du bonheur, c'est l'absence de tout mal. Plutarque soutient qu'il aurait fallu dire τοῦ ἀλγεινοῦ, et non pas τοῦ ἀλγοῦντος; car il faut ici exprimer l'absence de la douleur, et non l'absence de celui qui souffre. Cette critique est minutieuse et frivole, et Plutarque se montre ici envers Épicure sévère jusqu'à la chicane. Au reste, Épicure, loin de rechercher avec tant de soin l'élégance dans le choix des mots et de l'expression, en est, au contraire, l'ennemi.

X. Ce que signifie *favissæ Capitolinæ*. Réponse de M. Varron à Servius Sulpicius, qui lui demandait le sens de ce mot.

Le jurisconsulte Servius Sulpicius, homme de lettres des plus distingués, écrivit un jour à M. Varron pour lui demander le sens d'un mot que l'on trouve dans les livres des censeurs. Ce mot était *favissæ Capitolinæ*. Varron répondit qu'il se rappelait que Q. Catulus, chargé de faire des réparations au Capitole, lui avait dit un jour qu'ayant voulu faire baisser le terrain devant ce monument, afin d'augmenter le nombre des degrés qui y conduisent et d'élever la base de manière à la mettre en proportion

---

τοῦ μεγέθους τῶν ἡδονῶν, ἡ παντὸς τοῦ ἀλγοῦντος ὑπεξαίρεσις. Non, inquit, παντὸς τοῦ ἀλγοῦντος, sed παντὸς τοῦ ἀλγεινοῦ dicere oportuit. Detractio enim significanda est doloris, inquit, non dolentis. Nimis minute ac prope etiam subfrigide Plutarchus in Epicuro accusando λέξεις θηρεῖ. Has enim curas vocum verborumque elegantias non modo non sectatur Epicurus, sed etiam insectatur.

X. Quid sint favissæ Capitolinæ, et quid super eo verbo M. Varro Servio Sulpicio quærenti rescripserit.

Servius Sulpicius, juris civilis auctor, vir bene litteratus, scripsit ad M. Varronem, rogavitque ut rescriberet quid significaret verbum, quod in censoriis libris scriptum esset. Id erat verbum *favissæ Capitolinæ*. Varro rescripsit, in memoria sibi esse, Quod Q. Catulus, curator restituendi Capitolii, dixisset voluisse se aream Capitolinam deprimere, ut pluribus gradibus in ædem conscenderetur, suggestusque pro fastigii magnitudine altior fieret; sed facere id non

avec la hauteur du faîte, n'avait pu parvenir à son but à cause des *favissæ*, espèces de caves ou de fosses creusées sous le sol qui supporte le temple de Jupiter, où l'on déposait les vieilles statues enlevées du temple, et divers objets provenant d'offrandes.

Dans la même lettre, Varron ajoute qu'il n'a pu trouver l'étymologie de ce mot *favissæ*, mais qu'il a entendu dire souvent à Q. Valérius Soranus, que les anciens latins appelaient *flavissæ* ce que nous désignons aujourd'hui par le mot de *thesauri*, venu du grec, parce qu'on y enfouissait non de l'argent ou de l'airain brut, mais des pièces de métal fondues et frappées au coin de l'État : *flata signataque pecunia* (argent monnayé, frappé) ; et qu'il conjecturait d'après cela que la seconde lettre de *flavissæ* ayant été retranchée, on avait eu le mot *favissæ*, nom donné aux caves ou souterrains, dont les prêtres du Capitole se servaient pour garder les anciens objets du culte.

XI. Nombreux et mémorables exploits de Sicinius Dentatus.

L. Sinicius Dentatus, tribun du peuple sous le consulat de Sp. Tarpéius et de A. Hatérius, était doué d'un courage surhu-

quisse, quoniam *favissæ* impedissent. Id esse cellas quasdam et cisternas, quæ in area sub terra essent, ubi reponi solerent signa vetera, quæ ex eo templo collapsa essent, et alia quædam religiosa e donariis consecratis.

At deinde eadem epistola negat quidem se in litteris invenisse cur *favissæ* dictæ sint ; sed Q. Valerium Soranum solitum dicere ait, quos *thesauros* Græco nomine appellaremus, priscos Latinos *flavissas* dixisse : quod in eas non rude æs argentumque, sed flata signataque pecunia conderetur. Conjectare igitur se detractam esse ex eo verbo secundam litteram, et *favissas* esse dictas cellas quasdam et specus, quibus ædituí Capitolini uterentur ad custodiendum res veteres religiosas.

XI. De Sicinio Dentato, egregio bellatore, multa memoratu digna.

L. Sicinium Dentatum, qui tribunus plebi fuit, Sp. Tarpeio, A. Haterio consulibus, scriptum est in libris annalibus, plus, quam credi debeat, strenuum

main, si nous en croyons les annales; aussi reçut-il, à cause de ses exploits, le surnom d'Achille romain. Il se trouva, dit-on, à cent vingt batailles; il fut quarante-cinq fois blessé, toujours par devant, jamais par derrière; il obtint pour récompenses huit couronnes d'or, une obsidionale, trois murales, quatorze civiques, quatre-vingt-trois colliers, plus de cent soixante bracelets, dix-huit javelots, vingt-cinq phalères. Le peuple lui donna des dépouilles militaires de toutes sortes, récompenses, pour la plupart, des combats singuliers auxquels il avait appelé les ennemis. Neuf fois il triompha avec ses généraux.

XII. D'une loi de Solon, qui, au premier abord, semble être injuste et inique, mais dont l'utilité et la sagesse sont incontestables.

Parmi ces anciennes lois de Solon, qui furent gravées sur des tables de bois, et que les Athéniens, pour en assurer à jamais la durée, consacrèrent par des serments empruntés à la religion et par des prescriptions pénales, il y en avait une dont voici le sens, au rapport d'Aristote : « Si la discorde, des dissensions intestines soulèvent et divisent le peuple en deux partis; si l'irritation

bellatorem fuisse : nomenque ei factum ob ingentem fortitudinem, appellatumque esse Achillem Romanum. Is pugnasse in hostem dicitur centum et viginti præliis; cicatricem aversam nullam, adversas quinque et quadraginta tulisse; coronis esse donatus aureis octo, obsidionali una, muralibus tribus, civicis quatuordecim, torquibus tribus et octoginta armillis plus centum sexaginta, hastis duodeviginti, phaleris item donatus est quinquies viciesque. Spolia militaria [dona] habuit multijuga; in his provocatoria pleraque. Triumphavit cum imperatoribus suis triumphos novem.

XII. Considerata perpensaque lex quædam Solonis, speciem habens primorem iniquæ injustæque legis, sed ad usum et emolumentum salubritatis penitus reperta.

In legibus Solonis illis antiquissimis, quæ Athenis axibus ligneis incisæ sunt, quasque latas ab eo Athenienses, ut sempiternæ manerent, pœnis et religionibus sanxerunt, legem esse Aristoteles refert scriptam ad hanc sententiam : « Si ob discordiam dissensionemque seditio atque discessio populi in duas partes fiet;

fait prendre les armes ; si on en vient aux mains, le citoyen qui, dans ces moments de discorde civile, ne se joindra pas à l'une des deux factions, qui restera à l'écart, loin des troubles qui désolent la cité, sera chassé de sa maison, de sa patrie, sera dépouillé de tous ses biens et puni de l'exil. » Après avoir lu cette loi portée par un si sage législateur, je fus d'abord saisi d'étonnement : je cherchai pour quel motif il infligeait un châtiment au citoyen qui aurait voulu rester étranger à la sédition et à la guerre civile ; mais plusieurs personnes, qui avaient examiné à fond l'utilité de cette loi et la pensée du législateur, me dirent que cette loi était très-propre à étouffer les séditions, loin de les fomenter. Il en est ainsi, en effet ; si tous les citoyens vertueux, voyant leurs efforts impuissants pour calmer la sédition et pour ramener les esprits aigris, prenaient parti pour l'une ou l'autre faction, il arriverait que chaque parti comptant de tels hommes dans ses rangs, et subissant l'autorité de leur caractère, se laissant commander, gouverner par eux, reviendrait peu à peu à des sentiments de concorde et d'union. Car ces citoyens vertueux chercheront à maîtriser, à calmer ceux de leur parti, à sauver leurs adversaires plutôt qu'à les perdre. Le philosophe Favorinus

---

et ob eam causam irritatis animis utrinque arma capientur, pugnabiturque, tum qui in eo tempore in eoque casu civilis discordiæ non alterutra parte sese adjunxerit, sed solitarius separatusque a communi malo civitatis secesserit, is domo, patria, fortunisque omnibus careto : exsul extorrisque esto. » Quum hanc legem Solonis, singulari sapientia præditi, legissemus, tenuit nos gravis quædam in principio admiratio, requirens quam ob causam dignos esse pœna existimaverit, qui se procul a seditione et civili pugna removissent. Tum, qui penitus atque alte usum ac sententiam legis introspexerant, non ad augendam, sed ad desinendam seditionem legem hanc esse dicebant. Et res prorsum se sic habet. Nam si boni omnes, qui in principio coercendæ seditioni impares fuerint, populumque percitum et amentem non deterruerint, ad alterutram partem divisi sese adjunxerint : tum eveniet, ut, quum socii partis seorsum utriusque fuerint, eæque partes ab iis, ut majoris auctoritatis viris, temperari ac regi cœperint, concordia per eos potissimum restitui conciliarique possit, dum et suos, apud quos sunt, regunt atque mitificant, et adversarios sanatos magis cupiunt, quam perditos. Hoc idem Favorinus philosophus inter fratres quoque aut amicos dissidentes

pensait qu'il fallait agir ainsi pour calmer les haines qui divisent des frères ou des amis. « Le devoir des hommes bienveillants qui sont restés neutres dans le démêlé, quand ils voient leurs efforts inutiles pour ramener la concorde, est de se ranger de l'un ou de l'autre côté; ils doivent, disait-il, à la faveur de la confiance qu'ils inspirent, chercher à rétablir la paix entre les deux partis. Mais aujourd'hui, ajoutait Favorinus, dans les procès, les amis communs se retirent, et croient agir loyalement en abandonnant les deux parties à elles-mêmes; par cette conduite, ils livrent leurs amis à des avocats malveillants ou avares, qui irritent les haines, échauffent la querelle par amour de la discorde ou par cupidité. »

XIII. Que le pluriel *liberi* désigne très-souvent, chez les anciens, un seul enfant, fils ou fille.

Les anciens orateurs, les historiens, les poëtes, ont employé le pluriel *liberi* lorsqu'il ne s'agissait que d'un enfant, fils ou fille. En parcourant les livres de la plupart des anciens, j'ai trouvé souvent ce mot pris dans ce sens, et tout dernièrement encore, j'en ai trouvé un nouvel exemple dans le cinquième livre des

oportere fieri censebat : ut, qui in medio sunt utriusque partis benevoli, si in concordia annitenda parum auctoritatis, quasi ambigui amici, habuerint, tum alteri in alteram partem discedant; ac per id meritum viam sibi ad utriusque concordiam muniant. Nunc autem plerique, inquit, partis utriusque amici, quasi probe faciant, duo litigantes destituunt et relinquunt; deduntque eos advocatis malevolis aut avaris, qui lites animasque eorum inflamment, aut odii studio, aut lucri.

XIII. *Liberos* in multitudinis numero etiam unum filium filiamve veteres dixisse.

Antiqui oratores historiaeque aut carminum scriptores etiam unum filium filiamve *liberos* multitudinis numero appellarunt. Idque nos quum in complurium veterum libris scriptum aliquotiens adverterimus, nunc quoque in libro Sempronii Asellionis *Rerum gestarum* quinto ita positum esse offendimus. Is

Mémoires de Sempronius Asellion. Cet Asellion était tribun militaire au siége de Numance, sous les ordres de P. Spicion l'Africain; il a écrit le récit des événements dont il a été le témoin. Après avoir raconté la mort de Tibérius Gracchus, tribun du peuple, et dit que « toutes les fois qu'il sortait de chez lui, il n'était jamais accompagné de moins de trois ou quatre mille citoyens, » il ajoute un peu plus bas : « Gracchus se mit à prier le peuple de le défendre lui et ses enfants (*Ut se defenderent liberosque suos*) ; il fit avancer ensuite le seul fils qu'il eut, et, en versant presque des larmes, le recommanda à la bienveillance du peuple. »

XIV. Que M. Caton, dans son livre *contre Tibérius exilé*, a écrit : *stitisses vadimonium*, et non *stetisses*. Explication de l'emploi de ce mot.

Dans le texte ancien du discours de M. Caton *contre Tibérius exilé*, on lit ces mots: *Quid si vadimonium capite obvoluto stitisses* (hé quoi! si vous aviez comparu devant le tribunal la tête couverte d'un voile). C'est bien *stitisses* qu'il fallait employer ici. Mais des correcteurs ignorants et présomptueux ont remplacé l'*i*

Asellio sub P. Scipione Africano tribunus militum ad Numantium fuit : resque eas quibus gerendis ipse interfuit conscripsit. Ejus verba de Tiberio Graccho, tribuno plebi, quo in tempore interfectus in Capitolio est, hæc sunt : « Nam Gracchus domo quum proficiscebatur, nunquam minus terna aut quaterna millia hominum sequebantur. » Atque inde infra de eodem Graccho ita scripsit : « Orare cœpit ut se defenderent liberosque suos : eum, quem virilis sexus tum in eo tempore habebat, produci jussit, populoque commendavit prope flens. »

XIV. Quod M. Cato in libro qui inscriptus est *Contra Tiberium exsulem* : *stitisses vadimonium* per *i* litteram dicit; non *stetisses* : ejusque verbi ratio reddita.

In libro vetere M. Catonis, qui inscribitur *Contra Tiberium exsulem*, scriptum sic erat : « Quid si vadimonium capite obvoluto *stitisses* ? » Recte ille *stitisses* scripsit : sed falsi et audaces emendatores, e scripto per libros *stitisses* fecerunt,

par un *e*, et ont écrit *stetisses*, comme si *stitisses* était un mot absurde et vide de sens. Toutefois, c'est bien plutôt la correction qui est absurde, et ceux qui la font devraient comprendre que si Caton a écrit *stitisses*, c'est qu'on dit: *sistitur vadimonium*, et non pas *statur*.

XV. Grands honneurs que les anciens rendaient à la vieillesse. Pourquoi, dans la suite, ces mêmes honneurs ont été accordés aux hommes mariés et aux pères de famille. Détails sur le chapitre septième de la loi Julia.

Chez les premiers Romains, ni la naissance ni la fortune ne donnaient autant de droit aux respects publics que la vieillesse; les jeunes gens respectaient les vieillards à l'égal de leurs parents et des Dieux. Dans tous les lieux publics, dans toutes les circonstances, les vieillards occupaient le premier rang et jouissaient de toutes les prérogatives. Au sortir des festins, comme nous le lisons dans les plus anciennes annales, ils étaient reconduits jusque chez eux par les jeunes gens. On pense généralement que les Romains ont emprunté cette coutume aux Lacédémoniens, chez qui, d'après les lois de Lycurgue, en toutes circonstances, les plus grands honneurs sont réservés à la vieil-

tanquam *stitisses* vanum et nihili verbum esset. Quin potius ipsi nequam et nihili sunt, qui ignorant *stitisses* dictum a Catone, quoniam *sisteretur vadimonium*, non *staretur*.

XV. Quid antiquitus ætati senectæ potissimum habiti sunt ampli honores : et cur postea ad maritos et patres iidem isti honores delati sint : atque ibi quædam de capite legis Juliæ septimo.

Apud antiquissimos Romanorum neque generi neque pecuniæ præstantior honos tribui, quam ætati, solitus; majoresque natu a minoribus colebantur ad deum prope et parentum vicem, atque omni in loco inque omni specie honoris priores potioresque habiti. A convivio quoque, ut scriptum est in antiquitatibus, seniores a minoribus domum deducebantur, eumque morem accepisse Romanos a Lacedæmoniis traditum est, apud quos, Lycurgi legibus, major omnium rerum

lesse. Plus tard, lorsque l'on eut compris la nécessité de favoriser l'accroissement de la population, et qu'on eut accordé des récompenses et donné des encouragements à la paternité, dans certains cas, on préféra les hommes mariés et les pères de famille aux vieillards qui n'avaient ni femme ni enfants. Ainsi, d'après le chapitre septième de la loi Julia, le consul qui jouira le premier de l'honneur des faisceaux n'est pas celui qui est le plus âgé, mais celui qui a eu le plus d'enfants, soit vivants encore sous l'autorité paternelle, soit morts dans les combats. Si les deux consuls ont le même nombre d'enfants, celui qui est marié légitimement ou qui l'a été, a le pas sur son collègue; si les deux consuls sont époux et ont un nombre égal d'enfants, on fait revivre les anciens usages; l'âge reconquiert ses droits, et le plus âgé des consuls se fait précéder des licteurs. Mais si les deux consuls sont célibataires, ou s'ils ont un nombre égal d'enfants, ou si, mariés, ils sont sans enfants, l'âge devra-t-il avoir la préférence? C'est ce que la loi ne dit pas. Cependant j'ai entendu dire que le consul, autorisé par la loi à prendre les faisceaux, dans le premier mois, cède ce droit à son collègue, lorsque ce dernier a pour lui l'avantage de l'âge ou de la naissance, ou l'honneur d'un second consulat.

honos majori ætati habebatur. Sed postquam soboles civitati necessaria visa est, et ad prolem populi frequentandam præmiis atque invitamentis usus fuit, tum antelati quibusdam in rebus, qui uxores, quique liberos haberent, senioribus neque liberos neque uxores habentibus. Sic capite septimo legis Juliæ priori ex consulibus fasces sumendi potestas fit, non qui plures annos natus est, sed qui plures liberos, quam collega, aut in sua potestate habet, aut bello amisit. Sed si par utrique numerus liberorum est; maritus, aut qui in numero maritorum est, præfertur. Si vero ambo et mariti et patres totidem liberorum sunt, tum ille pristinus honos instauratur, et qui major natu est, prior fasces sumit. Super iis autem, qui aut cælibes ambo sunt, aut parem numerum filiorum habent, aut mariti sunt et liberos non habent, nihil scriptum in lege de [ea] ætate est. Solito tamen audio, qui lege potiores essent, fasces primi mensis collegis concedere aut longe ætate prioribus, aut nobilioribus multo, aut secundum consulatum ineuntibus.

XVI. Critique adressée à Césellius Vindex par Apollinaris sur l'interprétation d'un passage de Virgile.

Dans le sixième livre de l'*Énéide*, on lit ce passage :

Vois ce jeune homme appuyé sur un sceptre : le sort lui a donné la place la plus voisine de la lumière. C'est lui qui, le premier, naîtra du mélange de notre sang avec le sang italien ; il s'appellera Silvius, du nom albain, et sera le rejeton tardif de tes vieux ans. Ton épouse, Lavinie, élèvera dans les forêts ce roi, père des rois de la race qui régnera dans Albe la Longue.

On a cru trouver quelque contradiction dans ces mots :

> Tua postuma proles,

et :

> Quem tibi longævo serum Lavinia conjux
> Educet silvis regem.

En effet, si ce roi Silvius, comme le rapportent toutes nos an-

XVI. Quod Cæsellius Vindex a Sulpicio Apollinari reprehensus est in sensus Virgiliani enarratione.

Virgilii versus sunt e libro sexto :

> Ille, vides, pura juvenis qui nititur hasta,
> Proxima sorte tenet lucis loca. Primus ad auras
> Ætherias Italo commixtus sanguine surget
> Silvius, Albanum nomen, tua postuma proles,
> Quem tibi longævo serum Lavinia conjux
> Educet silvis regem regumque parentem,
> Unde genus Longa nostrum dominabitur Alba.

Videbantur hæc nequaquam convenire :

> Tua postuma proles,

et :

> Quem tibi longævo serum Lavinia conjux
> Educet silvis regem.

Nam si hic Silvius [ita], ut in omnium ferme annalium monumentis scriptum

ciennes annales, naquit après la mort de son père, et reçut pour cela le surnom de *Postumus*, pourquoi Virgile ajoute-t-il :

> Quem tibi longævo serum Lavinia conjux
> Educet silvis regem

Car, évidemment, le poëte veut dire ici que Lavinie mit au monde Silvius et l'éleva pendant la vieillesse d'Énée. C'est aussi l'opinion de Césellius dans son recueil intitulé *Lectures antiques*, où il dit : « Le fils posthume n'est pas celui qui naît après la mort de son père, mais celui qui vient au monde le dernier, comme Silvius, qui vint au monde tardivement, quand Énée était déjà vieux. » Mais Césellius ne s'appuie ici d'aucune autorité. Au contraire, beaucoup d'historiens, comme nous l'avons déjà dit, font naître Silvius après la mort d'Énée. Aussi Sulpicius Apollinaris, entre autres erreurs qu'il relève dans Césellius, lui reproche cette explication. « Cette erreur, dit-il, tient à l'interprétation du mot *longævus*, qui, dans ce vers, ne signifie pas vieux (ce qui serait contraire aux traditions), mais jouissant d'une vie éternelle dans le séjour de l'immortalité. En effet, An-

---

est, post mortem patris natus est, ob eamque causam prænomen ei Postumo fuit, qua ratione subjectum est :

> Quem tibi longævo serum Lavinia conjux
> Educet silvis ?

Hæc enim verba significare videri possunt, Ænea vivo ac jam sene natum ei Silvium et educatum. Itaque hanc sententiam esse verborum istorum Cæsellius opinatus in commentario *Lectionum antiquarum* : « Postuma, inquit, proles non eum significat, qui patre mortuo, sed qui postremo loco natus est, sicuti Silvius, qui, Ænea jam sene, tardo seroque partu est editus. » Sed hujus historiæ auctorem idoneum nullum nominat. Silvium autem post Æneæ mortem, sicuti diximus, natum esse multi tradiderunt. Idcirco Apollinaris Sulpicius inter cætera, in quibus Cæsellium reprehendit, hoc quoque ejus quasi erratum animadvertit, errorisque istius hanc esse causam dixit, quod scriptum ita sit: « Quem tibi longævo. » — « *Longævo*, inquit, non *seni* (significatio enim est contra historiæ fidem), sed in longum jam ævum et perpetuum recepto, immortalique facto. An-

chise, qui tenait ce langage à son fils, savait fort bien qu'au sortir de ce monde ce dernier serait placé au rang des Immortels, et jouirait d'une félicité éternelle. » Cette explication ne manque pas d'esprit; mais autre chose est une vie de longue durée, autre chose une vie éternelle : en parlant des dieux, on les appelle *immortales*, et non pas *longœvi*.

XVII. Observations de M. Cicéron sur la propriété de quelques prépositions. Réflexions sur la remarque de Cicéron.

M. T. Cicéron fait une remarque ingénieuse et juste sur les prépositions *in* et *cum*, quand elles sont jointes à un verbe ou à un substantif : suivies d'une *s* ou d'une *f*, elles sont longues; dans tous les autres cas elles sont brèves. Voici les paroles de Cicéron : « Qu'y a-t-il encore de plus propre à flatter l'oreille que cet usage établi contre la règle pour certains mots ? nous faisons brève la première lettre d'*indoctus*, et longue la première d'*insanus*; nous faisons également brève la première d'*inhumanus*, et longue la première d'*infelix*. De sorte que *in*, quand il est joint aux mots qui commencent par les mêmes lettres que *sapiens* ou *felix*, se prononce long; tandis qu'il est bref partout

---

chises enim, qui hæc dicit ad filium, sciebat eum, quum hominum vita discessisset, immortalem atque indigetem futurum, et longo perpetuoque ævo potiturum. » Hoc sane Apollinarii argute; sed aliud tamen est longum ævum, aliud perpetuum : neque dii longævi appellantur, sed immortales.

XVII. Cujusmodi naturam esse quarumdam præpositionum M. Cicero animadverterit : disceptatumque ibi super eo ipso, quod Cicero observaverat.

Observate curioseque animadvertit M. Tullius, *in* et *con* præpositiones verbis aut vocabulis præpositas tunc produci atque protendi, quum litteræ sequerentur, quæ primæ sunt in *sapiente* atque *felice* : in aliis autem omnibus correpte pronuntiari. Verba Ciceronis hæc sunt : « Quid vero hoc elegantius, quod non fit natura, sed quodam instituto ? *indoctus* dicimus brevi prima littera ; *insanus* producta ; *inhumanus* brevi, *infelix* longa ; et, ne multis, quibus in verbis eæ primæ litteræ sunt, quæ in *sapiente* atque *felice*, producte dicuntur : in cæteris vero

ailleurs. Même observation pour *composuit, consuevit, concrepuit, confecit.* Consultez la règle, elle vous condamne; consultez l'oreille, elle vous approuve. Pourquoi? c'est que l'oreille est flattée. Or, le discours doit se plier à tout ce que demande le plaisir de l'oreille. »

Il est évident que l'harmonie est la cause de ces différences remarquées par Cicéron; mais que dire de la préposition *pro*, qui, tantôt brève, tantôt longue, est en dehors de l'observation de M. T. Cicéron? Ainsi elle n'est pas toujours longue lorsqu'elle est suivi d'une *f,* cette lettre qui, d'après Cicéron, a la vertu de rendre longue les prépositions *in* et *cum*; car dans *proficisci, profundere, profugere, profanum, profestum,* la préposition *pro* est brève; dans *proferre, profligare, proficere,* elle est longue. Pourquoi cette lettre, qui d'après Cicéron peut rendre longue la syllabe qui la précède, ne produit-elle pas, dans tout autre mot du même genre, le même effet en vertu de la même règle d'harmonie? Pourquoi rend-elle longue, dans un mot, telle syllabe qu'elle fait brève dans un autre? D'ailleurs la préposition *cum* n'est pas longue seulement devant les lettres *s, f,* dont parle Cicéron : elle est longue dans le mot *coopertus,* employé par Caton et par Salluste pour désigner un homme accablé de

---

omnibus breviter. Item *composuit, consuevit, concrepuit, confecit.* Consule veritatem, reprehendet : refer ad aures, probabunt. Quære, cur ita? Se dicent juvari. Voluptati autem aurium morigerari debet oratio. »

Manifesta quidem ratio suavitatis est in his vocibus, de quibus Cicero loquutus est. Sed quid dicemus de præpositione *pro*, quæ, quum produci et corripi soleat, observationem hanc tamen M. Tullii aspernata est? Non enim semper producitur, quum sequitur ea littera, quæ prima est in verbo *felix,* quam Cicero hanc habere vim significat, ut propter eam rem *in* et *con* præpositiones producantur. Nam *proficisci,* et *profundere,* et *profugere,* et *profanum,* et *profestum* correpte dicimus; *proferre* autem, et *profligare,* et *proficere* producte. Cur igitur ea littera, quam Cicero productionis causam facere observavit, non in omnibus consimilibus eamdem vim aut rationis aut suavitatis tenet : sed aliam vocem produci facit, aliam corripi? Neque vero *con* particula tum solum producitur, quum ea littera, de qua Cicero dicit, insequitur. Nam et Cato et Sallustius :

dettes ; elle est encore longue dans *coligatus* et *conexus*. Du reste, il est possible qu'ici cette préposition soit longue à cause de l'élision de *n* ; car toujours on compense la suppression d'une lettre par l'allongement de la syllabe, comme on peut le remarquer aussi dans le verbe *cogo*, dont la première syllabe est longue. Dans *coegi*, *co* est bref, ce qui n'est point contraire à notre opinion : car le parfait *coegi* ne se forme pas régulièrement de *cogo*.

XVIII. Que Phédon, disciple de Socrate, fut esclave ; que plusieurs autres philosophes ont vécu dans la même condition.

Phédon d'Élis, disciple de Socrate, vécut dans l'intimité de ce philosophe et dans celle de Platon, qui donna son nom à son divin traité de l'immortalité de l'âme. Ce Phédon, doué de la beauté du corps et des plus heureuses facultés de l'intelligence, fut d'abord esclave ; quelques-uns ont même prétendu que dans son enfance il fut vendu à un prostitueur pour un infâme commerce. On ajoute que Cébès, cédant aux conseils de son maître

Fænoribus, inquiunt, *coopertus est*. Præterea *coligatus* et *conexus* producte dicuntur. Sed tamen videri potest in iis quæ posui, ob eam causam particula hæc produci, quoniam eliditur ex *n* littera ; nam detrimentum litteræ productione syllabæ compensatur. Quod quidem etiam in eo servatur, quod est *cogo*. Neque repugnat quod *coegi* correpte dicimus : non enim salva ἀναλογία dicitur a verbo, quod est *cogo*.

XVIII. Quod Phædon Socraticus servus fuit, quodque item alii complusculi [philosophi clari] servitutem servierunt.

Phædon Elidensis ex cohorte illa Socratica fuit, Socratique et Platoni per fuit familiaris. Ejus nomini Plato illum librum divinum de immortalitate animæ dedit. Is Phædon servus fuit forma atque ingenio liberali, et, ut quidam scripserunt, a lenone domino puer ad merendum coactus. Eum Cebes Socraticus hortante Socrate emisse dicitur, habuisseque in philosophiæ disciplinis. Atque is

Socrate, l'acheta et le nourrit des saines doctrines de la philosophie. Phédon devint bientôt lui-même un philosophe célèbre, et composa sur Socrate des dialogues d'un style plein d'élégance. Il y a encore beaucoup d'illustres philosophes qui ont commencé par être esclaves : entre autres ce Ménippe que M. Varron a imité dans ses *Satires*, intitulées *Cyniques* par les uns et par lui-même *Ménippées*. Il y eut encore Pompylus qui fut esclave du péripatéticien Théophraste ; Persée, de Zénon le stoïcien ; Mys, d'Épicure : tous trois furent des philosophes distingués. Diogène le Cynique, lui aussi, fut esclave ; à la vérité, il était né libre et avait été vendu. Xéniade de Corinthe, voulant l'acheter, lui demanda ce qu'il savait faire : « Commander à des hommes libres, » répondit-il. Xéniade, frappé de cette réponse, l'acheta, l'affranchit, et lui confia l'éducation de ses enfants en lui disant : « Voici des enfants, *liberos*, à qui vous commanderez. » Épictète, cet illustre philosophe, fut esclave aussi ; c'est un fait trop récent pour qu'il soit nécessaire de le rappeler ici. On cite de ce sage deux vers qu'il a composés sur lui-même ; il y donne à entendre que l'homme qui, dans cette vie, est toujours aux prises avec l'adversité, n'est pas pour cela l'objet de la haine des dieux ; mais qu'il est dans notre existence des mystères

---

postea philosophus illustris fuit; sermonesque ejus de Socrate admodum elegantes leguntur. Alii quoque non pauci servi fuerunt, qui post philosophi clari exstiterunt : ex quibus ille Menippus fuit, cujus libros M. Varro in satiris æmulatus est, quas alii *Cynicas*, ipse appellat *Menippeas*. Sed et Theophrasti peripatetici servus Pompylus, et Zenonis stoici servus, qui Perseus vocatus est, et Epicuri, cui nomen Mys fuit, philosophi non incelebres vixerunt. Diogenes etiam Cynicus servitutem servivit; sed is ex libertate in servitutem venum ierat : quem quum emere vellet Xeniades Corinthius, et, quid is artificii novisset, percontatus : « Novi, inquit Diogenes, hominibus liberis imperare. » Tum Xeniades, responsum ejus demiratus, emit et manu emisit; filiosque suos ei tradens : « Accipe, inquit, liberos meos, quibus imperes. » De Epicteto autem philosopho nobili, quod is quoque servus fuit, recentior est memoria, quam ut scribi quasi obliteratum debuerit. Ejus Epicteti etiam de se scripti duo versus feruntur : ex quibus latenter intelligas, non omnes omnimodis diis exosos esse, qui in hac vita cum

que bien peu de personnes peuvent comprendre. Voici ces vers :

« Épictète naquit dans l'esclavage ; il est boiteux, pauvre comme Irus, et néanmoins cher aux Immortels. »

XIX. Du mot *rescire* ; quelle en est la signification propre et véritable.

J'ai remarqué que le mot *rescire*, apprendre, a une signification propre, qui n'a rien de commun avec celles des autres verbes dont le radical est précédé de cette préposition *re*; dans *rescribere*, répondre, *relegere*, relire, *restituere*, restituer, elle a un sens tout autre que dans *rescire*. En effet, lorsque nous apprenons un fait auquel nous ne nous attendions pas, une nouvelle inespérée, nous employons *rescire*. Pourquoi, dans ce seul mot, la particule *re* a-t-elle ce sens singulier ? Voilà ce que je cherche encore. Mais je puis assurer que, chez tous les écrivains dont le style est le plus pur, je n'ai jamais trouvé ce verbe pris dans un autre sens : ils l'emploient toujours quand il s'agit d'un secret révélé ou d'un événement contraire à l'espoir ou à l'attente

---

ærumnarum varietate luctantur; sed esse arcanas causas, ad quas paucorum potuit pervenire curiositas :

Δοῦλος Ἐπίκτητος γενόμην, καὶ σώματι πηρὸς,
Καὶ πενίην Ἴρος, καὶ φίλος ἀθανάτοις.

XIX. Rescire verbum quid sit, et quam habeat veram atque propriam significationem.

Verbum *rescire* observavimus vim habere propriam quamdam, non ex communi significatione cæterorum verborum, quibus eadem præpositio *re* imponitur : neque ut *rescribere*, *relegere*, *restituere* dicimus, itidem *rescire*. Nam qui factum aliquod occultius aut inopinatum insperatumque cognoscit, is dicitur proprie *rescire*. Cur autem in hoc uno verbo *re* particula hujus sententiæ vim habeat, equidem adhuc quæro. Aliter enim dictum esse *resciri* aut *rescire* apud eos qui diligenter loquuti sunt, nondum invenimus, quam super iis rebus quæ aut consulto consilio latuerint, aut contra spem opinionemve usu venerint. Quan-

publique, quoique *scire* se dise également de tout événement heureux ou malheureux, prévu ou non.

Névius, dans son *Triphallus*, s'exprime ainsi :

> Si unquam quidquam filium *rescivero*
> Argentum amoris causa sumpse mutuum :
> Exemplo illo te ducam, ubi non despuas.

Si jamais j'apprends que mon fils emprunte de l'argent pour ses amours, je te conduirai aussitôt dans un lieu où tu ne pourras pas même cracher.

Claudius Quadrigarius, dans le premier livre de ses *Annales* : *Ea Lucani ubi resciverunt, sibi per fallacias verba data esse*, dès que les Lucaniens eurent appris qu'ils avaient été trompés par un mensonge. Ce même Quadrigarius dit encore dans le même livre, en parlant d'un événement funeste et imprévu : *Id ubi resciverunt propinqui obsidium, quos Pontio traditos supra demonstravimus : eorum parentes cum propinquis capillo passo in viam provolarunt* : « aussitôt que les parents des otages livrés à Pontius, comme je l'ai dit plus haut, en furent informés, on les vit tous accourir sur la route, éplorés, les cheveux en désordre. » Enfin M. Caton, dans le quatrième livre de ses *Origines* : *Deinde dictator jubet postridie magistrum equi-*

tum arcessi. Mittam te, si vis [inquit], cum equitibus. — Sero est, inquit magister equitum : jam rescivere. Ensuite, le lendemain, le dictateur fit venir le maître de la cavalerie : « Si vous voulez, lui dit-il, je vous ferai partir avec vos troupes. — Il est trop tard, répondit celui-ci : les ennemis sont déjà instruits de nos projets. »

XX. Que ce que nous appelons *vivaria* n'était pas désigné par ce mot chez les anciens; par quelle expression *vivaria* est remplacé dans un discours de M. Scipion au peuple romain, et dans l'*Économie rurale* de M. Varron.

Les enclos où l'on nourrit les bêtes fauves, nos *vivaria*, sont appelés *leporaria* par M. Varron dans le troisième livre de l'*Économie rurale*.

Voici le passage : « Il y a trois sortes d'endroits où l'on nourrit des animaux : les volières, *ornithones*, les parcs, *leporaria*, les viviers, *piscinæ*. J'appelle *ornithones* les lieux où l'on élève tous les oiseaux qui se trouvent dans une métairie; *leporaria* non-seulement des parcs pour les lièvres, comme l'entendaient nos ancêtres, mais encore toute espèce d'enclos ou de bâtiment fermé et palissadé attenant à une métairie, et dans lequel on nourrit des bêtes fauves. »

equitum arcessi. Mittam te, si vis [inquit], cum equitibus. — Sero est, inquit magister equitum : jam *rescivere*. »

XX. Quæ vulgo dicuntur vivaria, id vocabulum veteres non dixisse ; et quid pro ω P. Scipio in oratione ad populum, quid postea M. Varro in libris *de Re rustica* dixerit usurpatum.

Vivaria, quæ nunc dicuntur septa quædam loca, in quibus feræ vivæ pascuntur, M. Varro in libro de *Re rustica* tertio dicit *leporaria* appellari.

Verba Varronis subjeci : « Villaticæ pastionis genera sunt tria, ornithones, leporaria, piscinæ. Nunc ornithones dico omnium alitum, quæ intra parietes villæ solent pasci. Leporaria te accipere volo, non ea, quæ tritavi nostri dicebant, ubi soli lepores sint; sed omnia septa [afficta] ædificia villæ quæ sunt, et habent inclusa animalia quæ pascuntur. »

Dans le même livre, Varron dit un peu plus loin : « Lorsque tu achetas à M. Pison la terre de Tusculum, il y avait beaucoup de sangliers dans le parc à bêtes, *in leporario*. » Aujourd'hui, au lieu de *leporaria*, on se sert généralement du mot *vivaria*, qui correspond aux παραδείσοι des Grecs. Quand au terme de *leporaria*, employé par Varron, je ne me rappelle pas l'avoir trouvé dans aucun auteur plus ancien que lui. On lit dans Scipion, l'écrivain le plus pur de son temps, *roboraria*, mot qui, de l'avis de quelques érudits de Rome, a le sens de *vivaria*, et vient de ces palissades en chêne qui environnaient les parcs, et que nous voyons encore aujourd'hui en Italie autour d'un grand nombre d'enclos.

Voici comment s'exprime Scipion dans son cinquième discours contre Claudius Asellus : « Lorsqu'il voyait des champs bien cultivés, des villas superbes, il fallait, disait-il, élever un mur dans l'endroit le plus élevé ; il ordonnait de rendre la route plus droite ; la faisait passer à travers la vigne de celui-ci, dans les parcs, *roborarium*, et dans les viviers, *piscina*, de celui-là, au milieu des métairies de cet autre. » Les lacs et les étangs qui renferment le poisson sont désignés par le mot propre de *piscinæ*. On appelle communément *apiaria* les lieux où l'on met des ruches d'abeilles ;

Is item infra in eodem libro ita scribit : « Quum emisti fundum Tusculanum a M. Pisone, in leporario apri fuere multi. » *Vivaria* autem, quæ nunc vulgus dicit, sunt, quos παραδείσους Græci appellant : quæ autem *leporaria* Varro dicit, haud usquam memini apud vetustiores scriptum. Sed quod apud Scipionem omnium ætatis suis purissime loquutum legimus *roboraria*, aliquot Romæ doctos viros dicere audivi id significare, quod nos *vivaria* dicimus ; appellataque esse a tabulis roboreis, quibus septa essent : quod genus septorum vidimus in Italia locis plerisque.

Verba ex oratione ejus contra Claudium Asellum quinta hæc sunt : « Ubi agros optime cultos et villas expolitissimas vidisset, in his regionibus excelsissimo locorum murum statuere aiebat : inde corrigere viam, aliis per vineas medias, aliis per roborarium atque piscinam, aliis per villam. » Lacus vero et stagna, quæ piscibus vivis coercentur clausa, suo atque proprio nomine *piscinas* nominaverunt. *Apiaria* quoque vulgus dicit loca, in quibus siti [sunt] alvei apum : sed

7.

mais je ne me rappelle pas qu'aucun écrivain renommé pour la pureté de son style ait employé ce mot soit dans la conversation, soit dans ses ouvrages. Marcus Varron dit dans son troisième livre de l'*Économie rurale* : « Voilà comment il faut disposer les μελισσῶνες, endroit où sont placées les ruches, que quelques-uns appellent *mellaria*. » Mais le mot dont se sert Varron est grec, car on dit chez les Grecs μελισσῶνες, comme on dit ἀμπελῶνες, vignobles, δαφνῶνες, lieux plantés de lauriers.

XXI. Sur la constellation que les Grecs appellent Ἄμαξα, les Latins *Septentriones*. Explication et étymologie de ces deux mots.

De compagnie avec un certain nombre de Grecs et de Romains disciples du même maître, je faisais voile, par une belle nuit d'été, de l'île d'Égine vers le Pirée : la mer était calme, le ciel pur et serein ; assis tous ensemble à la poupe, nous admirions la splendeur des astres qui brillaient au firmament. Alors un d'entre nous, très-versé dans la langue des Grecs, nous dit quelle était la constellation que l'on appelle Ἄμαξα, chariot ; il nous fit voir l'Ourse Ἄρκτος, le Bouvier Βοώτης, et nous apprit pourquoi l'une de ces constellations est appelée la grande Ourse, et l'autre

---

neminem eorum ferme, qui incorrupte loquuti sunt, aut scripsisse memini aut dixisse. Marcus autem Varro *de Re rustica* tertio : « Μελισσῶνας, inquit, ita facere oportet, quæ quidam *mellaria* appellant. » Sed hoc verbum, quo Varro usus est, Græcum est : nam μελισσῶνες ita dicuntur, ut ἀμπελῶνες et δαφνῶνες.

XXI. Super eo sidere, quod Græci Ἄμαξαν nos *Septentriones* vocamus, ac de utriusque vocabuli ratione et origine.

Ab Ægina in Piræum complusculi earumdem disciplinarum sectatores Græci Romanique homines eadem in navi transmittebamus. Nox fuit, et clemens mare, et anni æstas, cœlumque liquide serenum. Sedebamus ergo in puppi simul universi, et lucentia sidera considerabamus. Tum quispiam ex iis, qui eodem in numero Græcas res eruditi erant, quid Ἄμαξα esset, quid Ἄρκτος, quid Βοώτης, et quænam major Ἄρκτος, et quæ minor, cur ita appellata, et quam in partem

la petite Ourse ; de quel côté ces deux constellations se meuvent pendant la nuit ; pourquoi Homère dit que l'Ourse seule ne se couche pas, quoique d'autres étoiles ne se couchent pas non plus. Quand notre ami eut terminé sa dissertation aussi savante qu'instructive, me tournant alors vers mes compatriotes : « Et vous, ignorants, me direz-vous pourquoi nous appelons *Septentriones* la constellation que les Grecs appellent Ἅμαξα ? Il ne suffit pas de me répondre : C'est parce que nous voyons sept étoiles dans cette constellation ; je veux une explication satisfaisante de toutes les parties du mot. » Alors un de ceux qui avaient le plus étudié les monuments anciens des lettres et des sciences, se tournant vers moi : « Le vulgaire des grammairiens, dit-il, se contente de dire que *Septentriones* vient de la réunion de sept étoiles. *Triones*, disent-ils, n'a pas de sens, c'est une terminaison de mot ; de même que dans *Quinquatrus*, mot qui sert à désigner le cinquième jour après les ides, *atrus* ne signifie rien ; pour moi, je partage l'opinion de L. Élius et de M. Varron, qui prétendent que dans les campagnes on appelait les bœufs *triones*, corruption de *terriones*, mot qui désignait les animaux propres à cultiver la terre. C'est pourquoi cette constellation nommée par les Grecs le Chariot Ἅμαξα, parce qu'elle a cette forme, reçut de nos ancê-

procedentis noctis spatio moverentur : et quamobrem Homerus solam eam non occidere dicat, quum et quædam alia non occidant : scite tum ista omnia ac perite disserebat. Hic ego ad nostros juvenes convertor, et : « Quid inquam, vos opici dicitis mihi ? Quare, quod Ἅμαξαν Græci vocant, nos *Septentriones* vocamus ? Non enim satis est, quod septem stellas videmus ; sed quid hoc totum, quod *Septentriones* dicimus, significet, scire, inquam, id prolixius volo. » Tum quispiam ex iis, qui se ad litteras memoriasque veteres dediderat : « Vulgus, inquit, grammaticorum *Septentriones* a solo numero stellarum dictum putat. *Triones* enim per sese nihil significare aiunt, sed vocabuli esse supplementum : sicut in eo, quod *Quinquatrus* dicamus, quod *quinque* ab idibus dierum numerus sit, *atrus* nihil significet. Sed ego quidem cum L. Ælio et M. Varrone sentio, qui *triones* rustico certo vocabulo boves appellatos scribunt, quasi quosdam *terriones*, hoc est arandæ colendæque terræ idoneos. Itaque hoc sidus, quod a figura posituraque ipsa, quia simile plaustri videtur, antiqui Græcorum Ἅμαξαν dixerunt,

tres le nom de *Septentriones*, à cause des sept étoiles dont la disposition semble figurer des bœufs attelés au joug. Après cette explication, ajouta-t-il, Varron en donne une autre : il se demande si le mot *triones* ne vient pas de la position des sept étoiles, qui forment des triangles par chaque groupe de trois étoiles. » De ces deux opinions, la dernière nous parut la plus ingénieuse et la plus vraisemblable ; car, en jetant les yeux sur cette constellation, nous vîmes que les étoiles étaient disposées de manière à former des triangles.

XXII. Sur le vent *Iapyx*. Nom et direction des autres vents. Discours de Favorinus sur ce sujet.

On avait l'habitude, à la table de Favorinus, lorsqu'on était dans l'intimité, de lire des vers de quelque ancien poëte lyrique, ou quelques fragments d'histoire grecque ou latine. Un jour, en lisant un poëte latin, trouvant le nom du vent *Iapyx*, nous demandâmes à notre hôte quel est ce vent, dans quelle direction il souffle, et quelle est l'étymologie de ce mot si rarement employé.

nostri quoque veteres a bubus junctis *Septentriones* appellarunt; id est a septem stellis ex quibus quasi juncti *triones* figurantur. Præter hanc, inquit, opinionem id quoque Varro addit, dubitare sese, an propterea magis hæ septem stellæ *triones* appellatæ sint, quia ita sunt sitæ, ut ternæ stellæ proximæ quæque inter sese faciant trigona, id est triquetras figuras. » Ex his duabus rationibus, quas ille dixit, quod posterius est, subtilius elegantiusque visum est. Intuentibus enim nobis in illud, ita propemodum res erat, ut ea forma esse triquetra videretur.

XXII. De vento *Iapyge*, deque aliorum ventorum vocabulis regionibusque accepta et Favorini sermonibus.

Apud mensam Favorini in convivio familiari legi solitum erat aut vetus carmen melici poetæ, aut historia partim Græcæ linguæ, alias Latinæ. Legebatur ergo tunc ibi in carmine Latino Ἰάπυξ ventus, quæsitumque est, quis hic ventus, et quibus ex locis spiraret, et quæ tam infrequentis vocabuli ratio esset : atque

Nous le priâmes, en outre, de vouloir nous apprendre et le nom et la direction des autres vents; car généralement on est peu d'accord sur leur dénomination, sur leur position et sur leur nombre. Alors Favorinus : « Personne n'ignore, dit-il, que le ciel est divisé en quatre régions, l'orient, l'occident, le midi et le nord. L'orient et l'occident sont mobiles et changent chaque jour; e midi et le nord sont des points fixes. En effet, le soleil ne se lève pas toujours dans la même région du ciel; de là divers noms donnés à l'orient; il est *équinoxial*, quand le soleil parcourt cet espace que les Grecs appellent ἰσημερινός; *solstitial*, égalité des jours et des nuits, à l'époque du solstice d'été; *brumal*, au solstice d'hiver. C'est ce que les Grecs appellent : θεριναὶ τροπαὶ καὶ χειμεριναί. De même, le soleil ne se couche pas toujours dans le même endroit; de là, plusieurs espèces d'occidents, qu'on désigne par les mêmes noms. Le vent qui vient d'orient au printemps, c'est-à-dire pendant l'équinoxe, s'appelle *Eurus*, mot qui, selon les étymologistes, vient de ἀπὸ τῆς ἕους ῥέων, soufflant du côté de l'aurore. Les Grecs le nomment encore Ἀπηλιώτης, vent de l'orient équinoxial; les matelots romains, *Subsolanus*. Le vent qui vient du côté où se trouve l'orient pendant le solstice d'été est appelé *Aquilo* en latin, et Βορέας en grec. C'est, dit-on,

etiam petebamus ut super cæterorum nominibus regionibusque ipse nos docere vellet, quia vulgo neque de appellationibus eorum, neque de numero conveniret. Tum Favorinus ita fabulatus est : Satis, inquit, notum est, limites regionesque esse cœli quatuor : exortum, occasum, meridiem, septentrionem. Exortus et occasus mobilia et varia sunt; meridies septentrionesque statu perpetuo stant et manent. Oritur enim sol non iudidem semper; sed aut æquinoctialis oriens dicitur, quum in circulo currit, qui appellatur [ἰσονύκτιος aut] ἰσημερινός; aut solstitialis, aut brumalis, quæ sunt θεριναὶ τροπαὶ καὶ χειμεριναί. Item cadit sol non in eumdem semper locum. Fit enim similiter occasus ejus aut æquinoctialis, aut solstitialis, aut brumalis. Qui ventus igitur ab oriente verno, id est æquinoctiali, venit, nominatur Eurus, ficto vocabulo, ut isti ἐτυμολογικοί aiunt, ὁ ἀπὸ τῆς ἕους ῥέων. Is alio quoque a Græcis nomine Ἀπηλιώτης, [a] Romanis nauticis Subsolanus cognominatur. Sed qui ab æstiva et solstitiali orientis meta venit, Latine Aquilo, Boreas Græce dicitur; eumque propterea quidam dicunt ab Ho-

à cause de la manière dont souffle ce vent qu'Homère l'appelle Αἰθρηγενέτης, qui amène la sérénité ; on croit que le nom de Borée vient du mot grec Βοή, cri, mugissement, parce que ce vent est impétueux et retentissant. Le troisième vent, qui souffle de l'orient, pendant le solstice d'hiver, est appelé *Vulturne* chez les Romains. Les Grecs, ayant recours à un mot composé, l'appellent Εὐρόνοτος, parce qu'il souffle entre le *Notus* et l'*Eurus*. Les trois vents d'orient sont donc l'*Aquilon*, le *Vulturne*, l'*Eurus* : ce dernier est au milieu. A ceux-ci sont opposés trois autres vents qui partent de l'occident : le *Caurus*, que les Grecs appellent Ἀργέστης, le rapide, il souffle contre l'*Aquilon* ; le *Favonius*, en grec Ζέφυρος, vent d'occident, il est opposé à l'*Eurus* ; l'*Africus*, en grec Λίψ, le vent de la pluie. De γίφω, répandre, verser, il souffle contre le *Vulturne*. L'orient et l'occident, qui sont opposés l'un à l'autre, ont donc six vents. Le midi, qui ne varie jamais, n'a qu'un vent ; les Latins l'appellent *Auster*, les Grecs Νότος, parce qu'il amène la pluie et le brouillard ; car le mot νοτίς veut dire *humor*, humidité. Par la même raison, le septentrion n'a qu'un vent ; ce vent, opposé à l'*Auster*, est appelé *Septentrionarius* en latin, Ἀπαρκτίας, qui vient de l'Ourse, du nord, en grec. Au lieu de ces huit vents, quelques-uns n'en

---

mero Αἰθρηγενέτην appellatum : Boream autem putant dictum ἀπὸ τῆς βοῆς, quoniam sit violenti flatus et sonori. Tertius ventus, qui ab orienti hiberno spirat, Vulturnum Romani vocant : eum plerique Græci mixto nomine, quod inter Notum et Eurum sit, Εὐρόνοτον appellant. Hi sunt igitur tres venti orientales : Aquilo, Vulturnus, Eurus ; quorum medius Eurus est. His oppositi et contrarii sunt alii tres occidui : Caurus, quem solent Græci Ἀργέστην vocare, is adversus Aquilonem flat ; item alter Favonius, qui Græce vocatur Ζέφυρος, is adversus Eurum flat ; tertius Africus, qui Græce vocatur Λίψ, is adversus Vulturnum flat. Eæ duæ regiones cœli orientis occidentisque inter sese adversæ sex habere ventos videntur. Meridies autem, quoniam certo atque fixo limite est, unum meridionalem ventum habet ; is Latine Auster, Græce Νότος nominatur, quoniam est nebulosus atque humectus : νοτίς enim Græce humor nominatur. Septentriones autem habent ob eamdem causam unum. Is objectus directusque in Austrum, Latine Septentrionarius, Græce Ἀπαρκτίας appellatur. Ex his octo ventis alii qua-

admettent que quatre, suivant en cela, disent-ils, l'opinion d'Homère, qui ne connaissait que l'*Eurus*, l'*Auster*, l'*Aquilon* et le *Zéphire*. Voici les vers dans lesquels Homère nomme ces quatre vents :

« Avec l'Eurus se précipitent le Zéphire, le Notus au souffle violent, et le froid Borée qui bouleverse les flots et chasse les nuages. »

Ainsi, on ne distingue dans le ciel que les quatre grandes régions déjà nommées, et l'on n'établit aucune division dans l'orient ni dans l'occident. Plusieurs, au contraire, admettent jusqu'à douze vents, parce qu'ils en placent quatre intermédiaires dans les régions du septentrion et du midi ; c'est ainsi que d'abord on avait introduit quatre vents intermédiaires, deux à l'orient et deux à l'occident. On donne encore d'autres noms à ces vents, usités chez les habitants des contrées où ils soufflent et tirés soit du nom des lieux, soit de quelque cause particulière. Nos Gaulois, par exemple, appellent le vent qui souffle de leur pays *Circius*, probablement à cause de la violence de ses tourbillons. Les Apuliens donnent à leur vent le nom même de leur

---

tuor detrahunt ventos : atque id facere se dicunt Homero auctore, qui solos quatuor ventos noverit : Eurum, Austrum, Aquilonem, Favonium. Versus Homeri sunt :

Σὺν δ' Εὖρός τ' ἔπεσε, Ζέφυρός τε, Νότος τε δυσαὴς,
Καὶ Βορέης αἰθρηγενέτης, μέγα κῦμα κυλίνδων.

a quatuor cœli partibus, quas quasi primas nominavimus, oriente scilicet atque occidente latioribus atque simplicibus, non tripartitis. Partim autem sunt, qui pro octo duodecim faciunt : tertios quatuor in media loca inserentes, cum meridie septentriones : eadem ratione, qua secundi quatuor intersiti sunt inter primores duos apud orientem occidentemque. Sunt porro alia quædam nomina quasi peculiarum ventorum, quæ incolæ in suis quisque regionibus fecerunt, aut ex locorum vocabulis, in quibus colunt, aut ex aliqua causa, quæ ad faciendum vocabulum acciderat. Nostri namque Galli, ventum ex sua terra flantem, quem sævissimum patiuntur, Circium appellant, a turbine, opinor, ejus ac vertigine. Iapygiæ ipsius ore proficiscentem quasi finibus, Apuli eodem, quo ipsi sunt, nomine Iapy-

pays : c'est le vent *Iapyx*. Je crois que c'est le même que le *Caurus*; car il vient de l'occident, et semble opposé à l'*Eurus*. Aussi Virgile dit-il que Cléopâtre, fuyant en Égypte, après la défaite de sa flotte, était poussée par le vent *Iapyx*; il donne aussi ce nom à un cheval d'Apulie. Il y a un autre vent, le *Cæcias*, qui, selon Aristote, souffle de telle façon qu'au lieu de chasser les nuages, il les attire à lui; de là ce vers devenu proverbe :

« Il attire à lui tous les maux, comme le Cæcias attire les nuages. »

Outre ces vents, il y en a encore d'autres, ou plutôt ce sont d'autres noms de vents, propres à chaque contrée : ainsi l'*Atabulus* dont parle Horace et dont j'allais traiter; les vents *Étésiens*, les vents appelés *Prodromes*, qui, à certaine époque de l'année, au commencement de la canicule, soufflent de différents côtés du ciel.

Je pourrais, puisque déjà je suis entré dans beaucoup de détails, vous entretenir de tous ces vents; je vous en expliquerais les noms, si déjà vous ne m'écoutiez depuis longtemps, comme

---

gem dicunt. Eum esse propemodum Caurum existimo; nam et est occidentalis, et videtur exadversum Eurum flare. Itaque Virgilius Cleopatram e navali prælio in Ægyptum fugientem vento Iapyge ferri ait. Equum quoque Apulum, eodem, quo ventum, vocabulo Iapygem appellavit. Est etiam ventus nomine Cæcias, quem Aristoteles ita flare dicit, ut nubes non procul propellat, sed ut ad sese vocet, ex quo versum istum proverbialem factum ait :

. . . . Κακὰ
Ἐφ' ἑαυτὸν ἕλκων, ὡς ὁ Καικίας νέφος.

Præter hos autem, quos dixi, sunt alii plurifariam venti commentitii et suæ quisque regionis indigenæ; ut est Horatianus quoque ille Atabulus, quos ipse quoque exsequuturus fui : addidissemque eos, qui Etesiæ et Prodromi appellitantur, qui certo tempore anni, quum canis oritur, ex alia atque alia parte cœli spirant.

Rationesque omnium vocabulorum, quoniam plus paulo adbibi, effudissem, nisi multa jam prorsus omnibus vobis reticentibus verba fecissem, quasi fieret

si je faisais une démonstration en règle : or, au milieu d'une nombreuse compagnie réunie à table, il n'est ni juste ni bienséant qu'un même personnage garde toujours la parole.

Voilà ce que nous dit Favorinus dans ce repas, avec une élégance d'expressions, une politesse et une grâce parfaite. Quant au vent qui souffle des Gaules, qu'il appelle *Circius*, M. Caton, dans le troisième livre de ses *Origines*, l'appelle *Cercius* et non *Circius*. Il dit dans un endroit où il parle des Espagnols qui habitent en deçà de l'Èbre : « Il y a dans ce pays des mines de fer et d'argent très-riches ; une montagne très-élevée de sel pur dans laquelle de nouvelles couches se forment sans cesse au fur et à mesure qu'on en extrait. Là, le vent *Cercius*, quand on parle, vous emplit la bouche ; il renverse un homme armé, une voiture chargée. » Quant à ce que j'ai avancé plus haut avec Favorinus, que les vents *Étésiens* soufflent de différents côtés du ciel, je ne sais si, tout en adoptant l'opinion commune, je ne me suis pas trompé. P. Nigidius, dans le deuxième livre de son traité *sur les Vents*, s'exprime ainsi : « Les vents Étésiens et les vents du midi, qui soufflent annuellement, suivent le cours du soleil. » Mais il faudrait savoir quel est le sens de ces mots : *secundo sole flant.*

---

a me ἀκρόασις ἐπιδεικτική. In convivio autem frequenti loqui solum unum, neque honestum est, inquit, neque commodum.

Hæc nobis Favorinus in eo, quo dixi, tempore apud mensam suam summa cum elegantia verborum, totiusque sermonis comitate atque gratia denarravit. Sed quod ait, ventum, qui ex terra Gallia flaret, Circium appellari, M. Cato tertio libro *Originum* eum ventum Cercium dicit, non Circium. Nam quum de Hispanis [Alpinis] scriberet, qui citra Hiberum colunt, verba hæc posuit : « Sunt in his regionibus ferrariæ, argenti fodinæ pulcherrimæ, mons ex sale mero magnus : quantum demas, tantum accessit. Ventus Cercius, quum loquare, buccam implet : armatum hominem, plaustrum oneratum percellit. » Quod supra autem dixi, Etesias ex alia atque alia cœli parte flare, haud scio an sequutus opinionem multorum temere dixerim. P. [enim] Nigidii in secundo librorum quos *de Vento* composuit, verba hæc sunt : « [Et] Ἐτησίαι et Austri anniversarii secundo sole flant. » Considerandum igitur est, quid sit *secundo sole*.

XXIII. Examen et comparaison de quelques endroits du *Plocium* de Ménandre et de celui de Cécilius.

Je lis souvent les comédies de nos anciens poëtes, imitées pour la plupart de Ménandre, de Posidippe, d'Apollodore, d'Alexis et de plusieurs autres comiques grecs. Tandis que je suis occupé à cette lecture, ces comédies, bien loin de me déplaire, me paraissent d'un style si fin, si gracieux, qu'il me semble que l'on ne peut rien faire de mieux. Mais quand je viens à les comparer aux comédies grecques, dont elles sont imitées, quand je fais un rapprochement attentif et détaillé entre la copie et l'original, aussitôt mon admiration se refroidit, disparaît; le génie latin pâlit devant les saillies et l'élégance du génie grec, qu'il ne peut égaler. Tout dernièrement encore, j'en ai fait une expérience frappante : je lisais le *Plocium* de Cécilius, avec quelques personnes, et nous trouvions à cette lecture un fort grand plaisir. L'envie nous prit de lire, en même temps, le *Plocium* de Ménandre, qui est la pièce originale. A peine avions-nous commencé, grands dieux ! que l'imitation nous parut froide et lourde ! que Cécilius fut jugé

XXIII. Consultatio dijudicatioque locorum facta ex comœdia Menandri et Cæcilii, quæ *Plocium* inscripta est.

Comœdias lectitamus nostrorum poetarum sumptas ac versas de Græcis; Menandro ac Posidippo aut Apollodoro aut Alexide, et quibusdam item aliis comicis. Neque, quum legimus eas, nimium sane displicent; quin lepidæ quoque et venuste scriptæ videntur, prorsus ut melius posse fieri nihil censeas. At enim si conferas et componas Græca ipsa, unde illa venerunt, ac singula considerate atque apte junctis et alternis lectionibus committas, oppido quam jacere atque sordere incipiunt, quæ Latina sunt : ita Græcarum, quas æmulari nequiverunt, facetiis atque luminibus obsolescunt. Nuper adeo usus hujus rei nobis venit. Cæcilii *Plocium* legebamus : haud quaquam mihi et qui aderant displicebat. Libitum est, Menandri quoque *Plocium* legere, a quo istam comœdiam verterat. Sed enim, postquam in manus Menander venit, a principio statim, dii boni ! quantum stupere atque frigere, quantumque mutare a Menandro Cæcilius visus est ! Dio-

inférieur à son modèle! Il n'y a pas une plus grande différence entre les armes de Diomède et celles de Glaucus. Nous arrivâmes à cette scène où un vieillard se plaint de sa femme fort laide, mais très-riche, qui vient de le contraindre à vendre une esclave jeune et jolie, entendue au service, qu'elle soupçonnait d'être la maîtresse de son mari. Je ne dirai pas combien ces deux auteurs diffèrent dans cette scène; il suffit de mettre les deux morceaux sous les yeux du lecteur. Commençons par Ménandre :

« Ma riche épouse va dormir tranquillement sur l'une et l'autre oreille, après l'importante et mémorable expédition qu'elle vient de faire. Elle en est venue à ses fins : cette fille lui faisait ombrage, elle l'a chassée de la maison, pour que tous les regards s'arrêtent sur le visage gracieux de ma Cléobyle. Ma femme, ma souveraine, est vraiment charmante : c'est l'âne au milieu des singes. Mais à quoi bon ces plaintes? je veux me taire et oublier cette nuit, cause de tous mes chagrins. Malheur à moi d'avoir épousé cette Cléobyle avec ses dix talents! Une femme haute d'une coudée! et elle est d'une fierté, d'une insolence qui me poussent à bout; par Jupiter

medis hercle arma et Glauci non dispari magis pretio existimata sunt. Accesserat dehinc lectio ad eum locum in quo maritus senex super uxore divite atque deformi querebatur, quod ancillam suam, non inscito puellam ministerio, et facie haud illiberali, coactus erat venundare suspectam uxori quasi pellicem : nihil dicam ego, quantum differat. Versus utriusque eximi jussi, et aliis ad judicium faciendum exponi. Menander sic.

Ἐπ' ἀμφοτέραν ἵν' ἐπίκληρος ᾗ μέλλει καθευδήσειν·
Κατεργάσασα μέγα καὶ περιβόητον ἔργον,
Ἣν βούλετ', ἐκ τῆς οἰκίας ἐξέβαλε τὴν λυποῦσαν·
Ἵν' ἐπιβλέπωσι πάντες εἰς τὸ Κρωβύλης πρόσωπον·
Ἦ γ' εὔγνωστος εἴχέ μ' ἡ γυνὴ δέσποινα,
Καὶ τὴν ὄψιν, ἣν ἐκτήσατ', ὄνος ἐν πιθήκοις.
Τὸ λεγόμενον τί ἐστι, τοῦτο βούλομαι σιωπᾶν.
Τὴν νύκτα, τὴν πολλῶν κακῶν ἀρχηγόν
Οἴμοι Κρωβύλην λαβεῖν ἐμέ, καὶ τὰ δέκα τάλαντα
Γύναιον οὖσα πήχεως· εἶτ' ἐστι τὸ φρύαγμα,

Olympien et par Minerve! non, cela n'est pas supportable. Cette pauvre petite qui servait plus vite que la parole, qui me la rendra? qui me la ramènera? »

Écoutons maintenant Cécilius :

UN VIEILLARD

On est malheureux quand on ne peut cacher son chagrin.

LE MARI

Comment le pourrais-je avec une femme de ce caractère et de cette tournure? Quand je me tairais, mon malheur en serait-il moins évident? hormis la dot, elle a tout ce qu'un mari ne souhaite nullement. Puissé-je au moins servir de leçon au sage! Je suis esclave; quoique libre, je suis prisonnier sans qu'on ait pris la ville. Elle m'enlève tout ce qui me plaît, direz-vous que c'est pour mon bonheur? Tandis que je soupire après sa mort, je suis moi-même un mort au milieu des vivants. Elle prétend que j'entretiens un commerce secret avec mon esclave; que je la trahis : aussi, prières, plaintes, instances, menaces, elle a si bien fait qu'il

Εἴποις ἂν ὑπόστατον, Δία τὸν Ὀλύμπιον,
Κ' Ἀθηνᾶν, οὐδαμῶς παιδισκάριον, θεραπευτικὸν δὲ
Λόγου τάχιον, ἀπαγέσθω δέ τις, ἢ ἄρ' ἀντεισαγάγοι.

Cæcilius autem sic :

SENEX

Is demum miser est, qui ærumnam suam nequit
Occultare.

MARITUS

Fere ita me uxor forma et factis facit.
Si taceam; tamen indicium est. Quæ, nisi dotem, omnia
Quæ nolis habet. Qui sapit, de me dicet : qui, quasi
Ad hostes captus; libere servio, salva urbe atque arce.
Quæ mihi quidquid placet, eo privat. Vin' me servatum?
Dum ejus mortem inhio, egomet vivo mortuus
Inter vivos. Ea me, clam se, cum mea ancilla ait
Consuetum; id me arguit : ita plorando, orando,
Instando atque objurgando me obtudit, uti eam

m'a fallu vendre cette fille. Je parierais que maintenant elle va dire à ses amies et à ses parentes : « Qui de vous, dans sa jeunesse, a obtenu de son mari ce que moi, vieille femme, je viens d'obtenir du mien ? je l'ai contraint à chasser sa maîtresse. » Voilà ce qu'on dira ; et propos de courir sur mon compte, malheureux !

Outre l'infériorité de la pièce latine pour le style et pour la pensée, je suis étonné que Cécilius, rencontrant dans son modèle des traits pleins de naturel et de comique et pouvant les reproduire, n'ait pas essayé de le faire ; il néglige ces beautés comme indignes de plaire, et les remplace par des bouffonneries : ainsi il laisse de côté, je ne sais pourquoi, un passage de Ménandre où le tableau de la vie humaine est reproduit avec une simplicité, une vérité, un charme parfaits. C'est lorsque le vieux mari, s'entretenant avec un autre vieillard, son voisin, maudit en ces termes l'orgueil de sa riche épouse :

LE MARI

Oui, Lamia, j'ai épousé une riche héritière : ne te l'avais-je pas dit ?

Venundarem. Nunc, credo, inter suas æqualis
Et cognatas sermonem serit : « Quis vestrarum fuit
Integra ætatula, quæ hoc itidem a viro
Impetrarit suo, quod ego anus modo
Effeci, pellice ut meum privarem virum ? »
Hæc erunt concilia hodie. Differor sermone miser.

Præter venustatem autem rerum atque verborum, in duobus libris nequaquam parem in hoc equidem soleo animum attendere, quod, quæ Menander præclare et apposite et facete scripsit, ea Cæcilius ne quæ potuit quidem, conatus est enarrare ; sed, quasi minime probanda, prætermisit, et alia nescio quæ mimica inculcavit. Et illud Menandri, de vita hominum media sumptum, simplex et verum et delectabile, nescio quo pacto, omisit. Idem enim ille maritus senex cum altero sene vicino colloquens, et uxoris locupletis superbiam deprecans, hæc ait :

ΑΝΗΡ

Ἔχω δ' ἐπίκληρον, Λάμιαν. Οὐκ εἴρηκά σοι
Τοῦτ';

LE VIEILLARD

Non.

LE MARI

A la maison, aux champs, partout elle règne en tyran. C'est le plus terrible des fléaux : elle est odieuse à tout le monde, à mon fils et surtout à ma fille.

LE VIEILLARD

Le mal est sans remède, je le vois bien.

Cécilius, dans le même endroit voulant faire rire, tient un langage qui ne convient ni au personnage, ni à la situation. Voici comment il gâte ce passage :

LE VIEILLARD

Dis-moi, je te prie, ta femme te ferait-elle enrager ?

ΓΕΡΩΝ

Οὐχί.

ΑΝΗΡ

Κυρίαν τῆς οἰκίας,
Καὶ τῶν ἀγρῶν, καὶ πάντων ἀπ' ἐκείνης ἔχω
Ἀφ' ὅλων χαλεπῶν χαλεπώτατον.
Ἅπασι δ' ἀργαλέα 'στίν, οὐκ ἐμοὶ μόνῳ
Υἱῷ, πολὺ μᾶλλον θυγατρί.

ΓΕΡΩΝ

Πρᾶγμα ἄμαχον λέγεις,
Εὖ οἶδα.

Cæcilius vero hoc in loco ridiculus magis, quam personæ isti, quam tractabat, aptus atque conveniens videri maluit. Sic enim hæc corrupit :

SENEX

Sed tua morosane uxor, quæso, est ?

LE MARI

Eh ! peux-tu me le demander !

LE VIEILLARD

Mais encore ?

LE MARI

Ne m'en parle pas; aussitôt que je rentre chez moi, à peine suis-je assis qu'elle m'embrasse et m'infecte de son haleine fétide.

LE VIEILLARD

Elle sait bien ce qu'elle fait; elle veut t'obliger à rendre tout le vin que tu as bu hors de chez toi.

On peut encore rapprocher deux morceaux qu'il est assez facile de juger; voici le sujet de cette nouvelle scène : la fille d'un homme sans fortune a été déshonorée par son amant pendant une fête nocturne; le père n'en sait rien, la fille passe pour vierge; cependant elle est devenue enceinte, elle va devenir mère. Un esclave fidèle qui ignore que sa jeune maîtresse est sur

MARITUS

Quam rogas?

SENEX

Qui tandem?

MARITUS

Tœdet mentionis; quæ mihi,
Ubi domum adveni ac sedi, exemplo savium
Dat jejuna [anima].

SENEX

Nihil peccat de savio.
Ut devomas volt, quod foris potaveris.

Quid de illo quoque loco, in utraque comœdia posito, existimari debeat, manifestum est cujus loci hæc ferme sententia est : Filia hominis pauperis in pervigilio vitiata est. Ea res clam patre fuit; et habebatur pro virgine. Ex [eo] vitio gravida mensibus exactis parturit. Servus bonæ frugi, quum pro foribus domus staret, et propinquare partum herili filiæ, atque omnino vitium esse oblatum

le point d'accoucher, s'arrêtant devant la maison, entend les gémissements et les plaintes de la fille dans les douleurs de l'enfantement. La crainte, la colère, le soupçon, la pitié, la compassion s'emparent de lui. Ces mouvements de l'âme, ces différentes émotions, dans la comédie grecque, sont exprimés avec une force et une vérité merveilleuses. Le style de Cécilius, au contraire, est flasque, sans dignité, sans grâce; l'esclave qui, après information, sait ce qui est arrivé, parle ainsi chez Ménandre :

« O trois fois malheureux l'homme qui sans fortune se marie et devient père de famille ! Qu'il est insensé ! il n'a point d'amis pour le soutenir ; et si un événement malheureux l'expose au mépris du monde, il ne peut couvrir sa honte avec de l'or. Sa vie est à découvert, nue, isolée, battue par la tempête ; il lutte en vain contre la misère ; il ne trouve que sa part de maux, sans pouvoir trouver sa part de bonheur. Je parle ici d'un seul, qu'il serve d'exemple à tous. »

Voyons si la pureté et le naturel de ce morceau auront inspiré

ignoraret, gemitum et ploratum audit puellæ in puerperio enitentis : timet, irascitur, suspicatur, miseretur, dolet. Hi omnes motus ejus affectionesque animi in Græca quidem comœdia mirabiliter acres et illustres : apud Cæcilium autem pigra [ista] hæc omnia, et a rerum dignitate atque gratia vacna sunt. Post, ubi idem servus percontando, quod acciderat, reperit, has apud Menandrum voces facit :

> Ὦ τρὶς κακοδαίμων, ὅστις ὢν πένης γαμεῖ,
> Καὶ παιδοποιεῖ. Ὡς ἀλόγιστος ἔστ' ἀνήρ,
> Ὃς μήτε φυλακὴν τῶν ἀναγκαίων ἔχει,
> Μήτ' ἂν ἀτυχήσας εἰς τὰ κοινὰ τοῦ βίου,
> Ἐπαμφιέσθαι δύναται τοῦτο χρήμασιν,
> Ἀλλ' ἐν ἀκαλύπτῳ καὶ ταλαιπώρῳ βίῳ
> Χειμαζόμενος ζῇ, τῶν μὲν ἀνιαρῶν ἔχων
> Τὸ μέρος ἁπάντων, ἀπ' ἀγαθῶν οὐ δυνάμενος.
> Ὑπὲρ ἑνὸς γὰρ ἀλγῶν, ἅπαντας νουθετῶ.

Ad horum autem sinceritatem veritatemque verborum an aspiraverit Cæcilius,

Cécilius. Voici ses vers, on y trouve quelques emprunts faits à Ménandre, et le style ampoulé de la tragédie :

« Oui, il est malheureux l'homme pauvre qui donne le jour à des enfants destinés à vivre dans la misère. Sa fortune et sa position en font un esclave; le riche, au contraire, couvre son infamie de son opulence. »

Oui, je le répète, lorsque je lis ces vers de Cécilius, sans chercher à les comparer, je n'y vois ni faiblesse ni froideur; mais lorsque je les rapproche de ceux du poëte grec, je suis d'avis que Cécilius n'aurait pas dû imiter un modèle qu'il ne pouvait atteindre.

XXIV. De l'ancienne frugalité; des anciennes lois somptuaires.

Chez les anciens Romains, la frugalité, la simplicité dans les repas, n'étaient pas seulement une affaire d'ordre et d'économie domestique, mais une obligation publique maintenue par la sévérité de plusieurs lois. J'ai lu tout dernièrement, dans les

consideremus. Versus sunt hi Cæcilii, trunca quædam ex Menandro dicentis, et consarcinantis verba tragici tumoris :

> . . . . . . Is demum infortunatus est homo
> Pauper, qui educit in egestate liberos :
> Fortuna et res est, ut continuo pareat.
> Nam opulento famam facile occultat factio.

Itaque, ut supra dixi, quum hæc Cæcilii verba seorsum lego, neutiquam videntur ingrata ignavaque; quum autem Græca comparo et contendo, non puto Cæcilium sequi debuisse, quod assequi nequiret.

XXIV. De vetere parcimonia, deque antiquis legibus sumptuariis.

Parcimonia apud veteres Romanos et victus atque cœnarum tenuitas non domestica solum observatione ac disciplina, sed publica quoque animadversione legumque complurium sanctionibus custodita est. Legi adeo nuper in Capitonis

Conjectures de Capiton Attéius, un décret du sénat, porté sous le consulat de C. Fannius et de M. Valérius Messala, enjoignant aux principaux citoyens qui, dans la célébration des jeux Mégalésiens, s'inviteraient réciproquement à des repas, selon l'antique usage, de s'engager par serment devant les consuls, d'après une formule consacrée, à ne pas dépenser pour chaque repas plus de cent vingt as, sans y comprendre les légumes, la farine et le vin; à ne servir aucun vin étranger; à ne pas mettre sur la table plus de cent livres d'argenterie. Après ce sénatus-consulte, fut portée la loi Fannia, qui permet de dépenser cent as par jour pendant les jeux Romains, les jeux du Peuple, les Saturnales et dans quelques autres circonstances, et qui désigne, dans chaque mois, dix jours où l'on pouvait en dépenser trente : les jours ordinaires, la dépense devait être de dix as. Le poëte Lucilius fait allusion à cette loi lorsqu'il dit :

« Les misérables cent as de Fannius. »

Quelques commentateurs de Lucilius se sont trompés lorsqu'ils ont pensé, d'après ce passage, que la loi Fannia permettait de dépenser cent as par jour. Fannius ne permet cette dépense que

---

Atteii *Conjectaneis* senatus decretum vetus, C. Fannio et M. Valerio Messala coss. factum; in quo jubentur principes civitatis, qui ludis Megalensibus antiquo ritu mutitarent, id est mutua inter sese convivia agitarent, jurare apud consules verbis conceptis, non amplius in singulas coenas sumptus esse facturos; quam centenos vicenosque æris, præter olus et far et vinum; neque vino alienigena, sed patrio, usuros; neque argenti in convivio plus pondo, quam libras centum illaturos. Sed post id senatus consultum lex Fannia lata est, quæ ludis Romanis, item ludis Plebeiis et Saturnalibus, et aliis quibusdam diebus, in singulos dies centenos æris insumi concessit, decemque aliis diebus in singulis mensibus tricenos; cæteris autem omnibus diebus denos. Hanc Lucilius poeta legem signat, quum dicit :

. . . . . . Fanni centussisque misellos.

In quo erraverunt quidam commentariorum in Lucilium scriptores, quod putaverunt, Fannia lege perpetuos in omne dierum genus centenos æris statutos.

pour certains jours de fête, comme je viens de le dire; il a même désigné ces jours. La dépense pour les autres jours est fixée tantôt à trente as, tantôt à dix. La loi Licinia fut ensuite portée; cette loi, comme celle de Fannius, permettait cent as de dépense pour des jours désignés, et en accordait deux cents pour les repas de noce, trente pour les jours ordinaires. Elle réglait pour chaque jour la quantité de viande salée et fumée; toutefois, elle laissait le propriétaire libre d'user, comme il le voudrait, des productions de ses terres, de ses vignes, de ses arbres. Le poëte Lévius fait mention de cette loi dans sa pièce intitulée *Jeux de l'Amour*. Il dit qu'un chevreau qu'on avait apporté pour un repas fut renvoyé, et que, conformément à la loi Licinia, les convives durent se contenter de fruits et de légumes.

« On sert pour régal, dit-il, la loi Licinia; le chevreau est épargné. »

Lucilius fait aussi allusion à cette loi lorsqu'il dit :

« Tâchons de nous soustraire à la loi Licinia. »

Plus tard le dictateur L. Sylla, voyant que toutes ces lois tom-

---

Centum enim æris Fannius constituit, sicuti supra dixi, festis quibusdam diebus, eosque ipsos dies nominavit : aliorum autem dierum omnium in singulos dies sumptus inclusit intra æris alias tricenos, alias denos. Lex deinde Licinia rogata est; quæ quum certis diebus, sicuti Fannia, centenos æris impendi permisisset, nuptiis ducenos indulsit; cæterisque diebus statuit æris tricenos; quum et carnis aridæ et salsamenti certa pondera in singulos dies constituerit : sed quidquid esset natum e terra, vite, arbore, promiscue atque indefinite largita est. Hujus legis Lævius poeta meminit in *Erotopægniis*. Verba Lævii hæc sunt, quibus significat hædum, qui ad epulas fuerat allatus, dimissum, cœnamque ita, ut lex Licinia sauxisset, pomis oleribusque instructam :

   Lex Licinia, *inquit*, introducitur :
   Lux liquida hædo redditur.

Lucilius quoque legis istius meminit in his verbis :

   Legem vitemus Licini.

Postea L. Sulla dictator, quum, legibus istis situ atque senio obliteratis, ple-

baient en désuétude, que la plupart des Romains dissipaient dans des festins d'immenses patrimoines, et que des fortunes entières étaient absorbées par le luxe, porta, devant le peuple, une loi d'après laquelle, aux calendes, aux nones, aux ides, pendant les jeux et les fêtes solennelles, on ne devait dépenser que trente sesterces; la dépense des autres jours ne devait pas excéder trois sesterces. Outre ces lois, j'ai trouvé encore la loi Émilia, qui détermine non le taux de la dépense, mais le genre des aliments et la manière de les assaisonner ; puis la loi Antia, qui, outre les dispositions relatives aux dépenses, portait que les magistrats ou ceux qui allaient le devenir, ne pourraient accepter une invitation que chez certaines personnes désignées. Enfin la loi Julia, portée sous le règne de César Auguste, fixait à deux cents sesterces la dépense des jours ordinaires; à trois cents celle des calendes, des ides, des nones et des autres jours fériés; à mille celle des noces et du lendemain. Attéius Capiton prétend qu'il existe un édit, qu'il attribue à Auguste ou à Tibère, je ne me rappelle pas au juste auquel des deux, portant que la dépense de la table, pour les jours fériés, sera de trois cents sesterces à deux mille. Cet édit avait pour but de mettre un frein quelconque aux dépenses folles d'un luxe insensé.

rique in patrimoniis amplis helluarentur, et familiam pecuniamque suam prandiorum gurgitibus proluissent, legem ad populum tulit, qua cautum est, ut kalendis, idibus, nonisque, diebus ludorum, et feriis quibusdam solemnibus sestertios tricenos in cœnam insumere jus potestasque esset; cæteris autem aliis diebus omnibus non amplius ternos. Præter has leges Æmiliam quoque legem invenimus; qua lege non sumptus cœnarum, sed ciborum genus et modus præfinitus est. Lex deinde Antia præter sumptum æris id etiam sanxit, ut qui magistratus esset, magistratumve capturus esset, ne quo ad cœnam, nisi ad certas personas, itaret. Postremo lex Julia ad populum pervenit, Cæsare Augusto imperante : qua profestis quidem diebus ducenti finiuntur; kalendis, idibus, nonis, et aliis quibusdam festivis trecenti; nuptiis autem et repotiis HS. mille. Esse etiam dicit Capito Atteius edictum, divine Augusti, an Tiberii Cæsaris, non satis commemini : quo edicto per dierum varias solemnitates a trecentis HS. adusque duo millia sumptus cœnarum propagatus est; ut his saltem finibus luxuriæ effervescentis æstus coerceretur.

XXV. Ce que les Grecs entendent par les mots ἀναλογία analogie, ἀνωμαλία anomalie.

On a beaucoup discuté pour savoir si l'on doit, en latin comme en grec, se laisser guider par l'analogie ou par l'anomalie. L'analogie est la déclinaison semblable des mots semblables, on l'appelle quelquefois *proportio* en latin. L'anomalie est une irrégularité de déclinaison, fondée sur l'usage. Deux célèbres grammairiens grecs, Aristarque et Cratès, ont défendu avec une égale ardeur, l'un l'analogie, l'autre l'anomalie. M. Varron, dans son livre huitième *sur la Langue latine*, dédié à Cicéron, enseigne que l'on ne tient aucun compte de l'analogie; il montre que dans presque tous les mots on obéit à l'usage. Écoutons Varron lui-même. « Nous disons : *lupus, lupi*; *probus, probi*; mais on dit *lepus, leporis*. *Paro* fait au parfait *paravi*; mais *lavo* fait *lavi*; *pungo* donne *pupugi*; *tundo, tutudi*; mais *pingo* donne *pinxi*. Si les verbes *cœno, prandeo, poto*, font au parfait *cœnatus sum, pransus sum, potus sum*; les verbes *adstringeor, extergeor, lavor*, font *adstrinxi, extersi* et *lavi*. Bien que des mots *Oscus, Tuscus, Græcus*, nous formions les adverbes *Osce, Tusce, Græce*; cepen-

---

XXV. Quid Græci ἀναλογίαν, quid contra ἀνωμαλίαν vocent.

In Latino sermone, sicut in Græco, alii ἀναλογίαν sequendam putaverunt, alii ἀνωμαλίαν. Ἀναλογία est similium similis declinatio, quam quidam Latine proportionem vocant. Ἀνωμαλία est inæqualitas declinationum consuetudinem sequens. Duo autem Græci grammatici illustres, Aristarchus et Crates, summa ope, ille ἀναλογίαν, hic ἀνωμαλίαν defensitavit. M. Varronis liber ad Ciceronem *de Lingua Latina* octavus nullam esse observationem similium docet; inque omnibus pæne verbis consuetudinem dominari ostendit. « Sicuti quum dicimus, inquit, *lupus lupi, probus probi*, et *lepus leporis* : item *paro paravi, lavo lavi, pungo pupugi, tundo tutudi*, et *pingo pinxi*; quumque, inquit, a *cœno* et *prandeo* et *poto*, et *cœnatus sum*, et *pransus sum*, et *potus sum* dicamus : et ab *adstringor* tamen et *extergeor* et *lavor, adstrinxi* et *extersi* et *lavi* dicimus. Item quum dicamus ab *Osco, Tusco, Græco, Osce, Tusce, Græce* : a *Gallo* tamen et a *Mauro*

8.

dant, de *Gallus*, de *Maurus*, nous faisons *Gallice*, *Maurice*. De *probus* vient *probe*; de *doctus*, *docte*; mais *rarus* ne donne pas *rare*, puisque les uns disent *raro*, les autres *rarenter*. »

M. Varron, dans le même livre, dit encore : « *Sentior* n'est pas usité; ce mot n'aurait pas de sens; tout le monde cependant dit *assentior*. Sisenna seul disait en plein sénat, *assentio*; beaucoup d'autres, dans la suite, ont employé cette forme; toutefois, ils n'ont pu triompher de l'usage. »

Cependant le même Varron, dans d'autres ouvrages, a vivement défendu l'analogie; toutes ses dissertations pour ou contre l'analogie ne sont donc réellement que des lieux communs.

XXVI. Entretiens de M. Fronton et de Favorinus sur les différentes espèces de couleurs, et sur leurs noms en grec et en latin. Ce que c'est que la couleur appelée spadix.

Le philosophe Favorinus allant un jour rendre visite au consulaire M. Fronton, atteint de la goutte, voulut que je l'accompagnasse. Nous trouvâmes Fronton entouré d'une réunion d'hommes érudits qui parlaient des couleurs et de leurs noms;

Gallice et *Maurice* dicimus. Item a *probus probe*, a *doctus docte*; sed a *rarus* non dicitur *rare*, sed alii *raro* dicunt, alii *rarenter*. »

Idem M. Varro in eodem libro : « *Sentior*, inquit, nemo dicit, et id per se nihil est : *assentior* tamen fere omnes dicunt. Sisenna unus *assentio* in senatu dicebat; et eum postea multi sequuti, neque tamen vincere consuetudinem potuerunt. »

Sed idem Varro in aliis libris multa pro ἀναλογίᾳ tuenda scripsit. Sunt igitur hi tanquam loci quidam communes contra ἀναλογίαν dicere, et item rursus pro ἀναλογίᾳ.

XXVI. Sermones M. Frontonis et Favorini philosophi de generibus colorum vocabulisque eorum Graecis et Latinis : atque iuibi color spadix cujusmodi sit.

Favorinus philosophus, quum ad M. Frontonem consularem, pedibus aegrum, viseret, voluit me quoque ad eum secum ire. Ac deinde, quum ibi apud Frontonem, plerisque viris doctis praesentibus, sermones de coloribus vocabulisque

on s'étonnait que, pour désigner tant de nuances si variées, la langue latine ne pût fournir qu'un petit nombre de termes assez vagues. « Il est vrai, dit Favorinus, que la vue saisit beaucoup plus de nuances que la langue n'en peut désigner; car, sans parler des autres couleurs, combien y a-t-il de nuances dans le rouge et dans le vert qui cependant ne changent pas de nom? Cette disette de mots se fait sentir bien plus encore dans la langue latine que dans la langue grecque : ainsi nous employons *rufus* pour désigner la couleur rouge ; mais cette teinte varie dans le feu, dans le sang, dans la pourpre, dans le safran ; pour exprimer ces variétés, la langue latine n'a pas de mots propres et particuliers ; elle les désigne toutes par une seule expression, *rubor*, rougeur, couleur rouge, ou si elle les indique, c'est par des mots tirés de l'objet même coloré. Ainsi l'on dit *igneus, flammeus, sanguineus, croccus,* couleur de feu, de flamme, de sang, de safran. *Russus* et *ruber* ne diffèrent en rien de *rufus*, et cependant ils ne s'appliquent point aux variétés du rouge ; les Grecs, au contraire, ont les mots ξανθὸς, ἐρυθρὸς, πυῤῥὸς, φοῖνιξ, qui semblent désigner les diverses nuances du rouge, foncées ou claires, et celles qui résultent du mélange de plusieurs teintes. »

eorum agitarentur, quod multiplex colorum facies, appellationes autem incertæ et exiguæ forent : « Plura sunt, inquit Favorinus, in sensibus oculorum, quam in verbis vocibusque colorum discrimina. Nam, ut alias eorum concinnitates omittamus, simplices isti rufus et virides colores singula quidem vocabula, multas autem species differentes habent. Atque eam vocum inopiam in lingua magis Latina video, quam in Græca : quippe qui rufus color, a rubore quidem appellatus est ; sed quum aliter rubeat ignis, aliter sanguis, aliter ostrum, aliter crocum, has singulas rufi varietates Latina oratio singulis propriisque vocabulis non demonstrat, omniaque ista significat una ruboris appellatione, quum [tamen] ex ipsis rebus vocabula colorum mutuetur ; et igneum aliquid dicit, et flammeum, et sanguineum, et croceum, et ostrinum, et aureum. Russus enim color et ruber nihil a vocabulo rufi differunt, neque proprietates ejus omnes declarant ; ξανθὸς autem et ἐρυθρὸς et πυῤῥὸς et φοῖνιξ habere quasdam distantias coloris rufi videntur, vel augentes eum, vel remittentes, vel mixta quadam specie temperantes. »

Alors Fronton, prenant la parole : « Je ne nierai pas, dit-il à Favorinus, que la langue grecque, et tu parais la connaître à fond, ne soit plus riche et plus abondante que la nôtre ; mais, pour désigner les couleurs dont tu parlais tout à l'heure, nous ne sommes pas aussi pauvres que tu le crois. En effet, pour désigner le rouge, nous ne sommes pas bornés aux mots *rufus*, *ruber*, nous en avons plus que tu n'en as cité tout à l'heure en grec. *Fulvus*, *flavus*, *rubidus*, *phœniceus*, *rutilus*, *luteus*, *spadix*, sont en effet autant de mots qui expriment les nuances de la couleur rouge ; le rouge vif ardent, le rouge mêlé de vert, le rouge rembruni ou éclairci par une teinte sombre. *Phœniceus*, dérivé du grec φοῖνιξ, que tu viens de citer ; *rutilus* et *spadix*, synonymes de *phœniceus*, et dérivés aussi du grec, désignent le rouge brillant et vif ; c'est la teinte des fruits du palmier avant leur parfaite maturité. C'est même du nom de ces fruits que viennent les mots *spadix* et *phœniceus* ; car les Doriens appellent *spadix* une branche de palmier arrachée de l'arbre avec son fruit. *Fulvus* désigne une couleur mêlée de rouge et de vert ; tantôt c'est le vert, tantôt c'est le rouge qui domine. Ainsi le poëte le plus scrupuleux dans le choix des expressions, Virgile, a appliqué cette épithète à l'aigle, au jaspe, à une coiffure de peau de loup,

---

Tum Fronto ad Favorinum : « Non infitias, inquit, imus, quin lingua Græca, quam tu videre legisse, prolixior fusiorque sit ; quam nostra : sed in his tamen coloribus, quibus modo dixisti, designandis, non perinde inopes sumus, ut tibi videmur. Non enim hæc sunt sola vocabula rufum colorem demonstrantia, quæ tu modo dixisti, *rufus* et *ruber*; sed alia quoque habemus plura, quam quæ dicta abs te Græca sunt : fulvus enim et flavus et rubidus et phœniceus et rutilus et luteus et spadix appellationes sunt ruti coloris, aut acuentes eum quasi incendentes, aut cum colore viridi miscentes, aut nigro infuscantes aut virenti, sensim albo illuminantes. Nam phœniceus, quem tu Græce φοίνικα dixisti, noster est, et rutilus, et spadix phœnicei συνώνυμος, qui factus Græce noster est, exuberantiam splendoremque significat ruboris ; quales sunt fructus palmæ arboris non admodum sole incocti, unde spadicis et phœnicei nomen est. Spadica enim Dorici vocant avulsum e palma termitem cum fructu. Fulvus autem videtur, de rufo atque viridi mixtus, in aliis plus viridis, in aliis plus rufi habere : sicut poeta, verborum diligentissimus, *fulvam aquilam* dicit et *iaspidem*, *fulvos galeros*, et

à l'or, au sable et au lion. Q. Ennius, dans ses *Annales*, a dit *aere fulva*, ciel jaunissant, sombre nuage. *Flavus* désigne le mélange du vert, du rouge et du blanc; aussi dit-on *comæ flaventes*, des cheveux roux; et même, ce dont on s'étonne quelquefois, Virgile a donné l'épithète de *flavus* aux feuilles de l'olivier. Bien avant lui, Pacuvius avait dit *aqua flava*, de l'eau jaunissante, et *flavus pulvis*, de la poussière jaunissante; ces expressions se trouvent dans ces jolis vers que je cite avec plaisir :

> Cedo tamen pedem, lymphis flavis flavum ut pulverem
> Manibus isdem, quibus Ulixi sæpe permulsi, abluam,
> Lassitudinemque minuam manuum mollitudine.

Souffrez que je répande sur vos pieds cette eau jaunissante; laissez-moi essuyer cette poussière jaune avec ces mains qui souvent ont rendu les mêmes soins à Ulysse; laissez-moi les frotter doucement pour diminuer votre fatigue.

Rubidus est un rouge foncé dans lequel le noir domine. *Luteus*, au contraire, marque un rouge plus clair, *dilucidior*, d'où vient probablement ce mot. Tu vois donc, mon cher Favorinus, que la langue latine est aussi riche que la langue grecque pour désigner les diverses nuances du rouge. Dans le vert, nous distin-

---

fulvum aurum, et *arenam fulvam*, et *fulvum leonem;* sicque Q. Ennius, in *Annalibus, aere fulva* dixit. *Flavus* contra videtur ex viridi et rufo et albo concretus; sic *flaventes comæ*, et, quod mirari quosdam video, *frondes olearum* a Virgilio dicuntur *flavæ*. Sic multo ante Pacuvius *aquam flavam* dixit, et *flavum pulverem;* cujus versus, quoniam sunt jucundissimi, libens commemini :

> Cedo tamen pedem, lymphis flavis flavum ut pulverem
> Manibus isdem, quibus Ulixi sæpe permulsi, abluam,
> Lassitudinemque minuam manuum mollitudine.

Rubidus autem est rufus atrior et nigrore multo mixtus. *Luteus* contra rufus color est dilucidior; unde ejus quoque nomen esse factum videtur. Non ergo, inquit, mi Favorine, species rufi coloris plures apud Græcos, quam apud nos nominantur. Sed ne viridis quidem color pluribus ab illis, quam a nobis, vocabulis

guons tout autant de nuances que les Grecs. Virgile, en parlant d'un cheval dont la couleur est nuancée de vert, aurait pu employer *cœruleus* plutôt que *glaucus*; mais il a préféré ce dernier mot, dirivé du grec, comme étant plus usité. Les anciens Latins se servaient du mot *cæsia*; comme les Grecs de γλαυκῶπις, en parlant de la couleur glauque de certains yeux. Ce mot, dit Nigidius, vient de *cœlia*, et désigne la couleur du ciel. »

Lorsque Fronton eut ainsi parlé, Favorinus, charmé de l'érudition et de l'élégance du langage de son ami, lui dit : « Avant cet entretien, j'étais convaincu que la langue grecque l'emportait sur la nôtre pour ces sortes de mots; mais tu fais, mon cher Fronton, ce que dit Homère :

« Tu as vaincu ou du moins tu as rendu la victoire douteuse. »

« J'ai écouté avec plaisir toutes ces explications, mais j'ai été charmé surtout de ce que tu as dit sur la nuance désignée par le mot *flavus*. Tu m'a fait comprendre un fort beau passage du quatorzième livre des *Annales* d'Ennius, passage que jusqu'ici je ne comprenais pas du tout :

Verrunt exemplo placide mare marmore flavo :

dicitur. Neque non potuit Virgilius, colorem equi significare viridem volens, cæruleum magis dicere equum, quam glaucum : sed maluit verbo uti notiore Græco, quam inusitato Latino. Nostris autem [Latinis] veteribus *cæsia* dicta est, quæ a Græcis, γλαυκῶπις ut Nigidius ait, de colore cœli, quasi cœlia. »

Postquam hæc Fronto dixit, tum Favorinus scientiam rerum uberem, verborumque ejus elegantiam exosculatus : Absque te, inquit, una forsitan lingua profecto Græca longe anteisset; sed tu, mi Fronto, quod in versu Homerico est, id facis :

Καὶ νύ κεν ἢ παρέλασσας, ἢ ἀμφήριστον ἔθηκας.

Sed quum omnia libens audivi, quæ peritissime dixisti, tum maxime, quod varietatem flavi coloris enarrasti, fecistique, ut intelligerem verba illa ex *Annali* quarto decimo Ennii amœnissima, quæ minime intelligebam :

Verrunt exemplo placide mare marmore flavo :

Cæruleum spumat mare conferta rate pulsum.

Aussitôt ils fendent doucement la surface de la mer jaunissante ; et l'onde verdâtre écume sous la proue des nombreux vaisseaux.

Je ne pouvais accorder ensemble les mots *cæruleum* et *flavo*; mais puisque, d'après ta définition, *flavus* désigne le rouge mêlé de vert et de blanc, le poëte a fait une peinture très-juste, lorsqu'il appelle cette onde verdâtre qui écume, une mer jaunissante. »

XXVII. Opinion de T. Castricius sur les portraits que Salluste et Démosthène ont fait, l'un de Sertorius, et l'autre de Philippe.

On connaît le portrait plein de force et de noblesse que Démosthène a tracé du roi Philippe : « Je voyais ce Philippe auquel nous disputions le pouvoir et l'empire de la Grèce, un œil de moins, une épaule brisée, blessé à la main et à la cuisse, abandonner sans regret à la fortune tout ce qu'elle voudrait lui prendre de son corps, afin de vivre puissant et glorieux. »

Cæruleum spumat mare conferta rate pulsum.

Non enim videbatur cæruleum mare cum marmore flavo convenire. Sed quum sit, ita ut dixisti, flavus color viridi et albo mixtus, pulcherrime prorsus spumas virentis maris flavo marmore appellavit.

XXVII. Quid T. Castricius existimaverit super Sallustii verbis et Demosthenis, quibus alter Philippum descripsit, alter Sertorium.

Verba sunt hæc gravia atque illustria de rege Philippo Demosthenis : Εὑρὼν δὲ αὐτὸν Φίλιππον, πρὸς ὃν ἦν ἡμῖν ὁ ἀγὼν ὑπὲρ ἀρχῆς καὶ δυναστείας, τὸν ὀφθαλμὸν ἐκκεκομμένον, τὴν κλεῖν κατεαγότα, τὴν χεῖρα, τὸ σκέλος πεπηρωμένον, πᾶν ὅ τι ἂν βουληθῇ μέρος ἡ τύχη τοῦ σώματος παρελέσθαι, τοῦτο προϊέμενον, ὥστε τὸ λοιπὸν μετὰ τιμῆς καὶ δόξης ζῆν.

C'est ce passage que Salluste a voulu imiter, lorsqu'il dit dans son *Histoire*, en parlant de Sertorius : « Sertorius se couvrit de gloire en Espagne, où il servit, en qualité de tribun militaire, sous les ordres du général T. Didius; il rendit des services signalés dans la guerre des Marses, en levant des troupes et en les armant; pendant son commandement, il sut se distinguer par des exploits que l'obscurité de sa naissance et la jalousie des écrivains ont laissés dans l'oubli, mais dont il portait les marques sur son visage : il avait un œil crevé, ses joues étaient couvertes de cicatrices; mais il tirait un noble orgueil de ses blessures, et, loin de s'en affliger, la gloire embellissait ce qu'il avait conservé. »

T. Castricius disait en comparant ces deux portraits : N'est-il point contre nature de se réjouir de la mutilation de son corps? car la joie n'est autre chose que l'expansion de l'âme, causée par l'accomplissement des vœux les plus ardents. Combien Démosthène est plus près de la nature et plus logique! « Philippe abandonnait sans regret à la fortune tout ce qu'elle voudrait lui prendre. » Dans ce passage, Philippe ne se réjouit pas, comme Sertorius, de la mutilation de son corps, ce qui est invraisemblable et outré; mais le soin de sa gloire et de sa renommée lui font compter pour rien les mutilations, la perte de ses membres:

Hæc æmulari volens Sallustius de Sertorio duce, in *Historiis* ita scripsit : « Magna gloria tribunus militum in Hispania T. Didio imperante, magno usu bello Marsico paratu militum et armorum fuit : multaque tum ductu ejus curata, primo per ignobilitatem, deinde per invidiam scriptorum celata sunt : quæ eminus facie sua ostentabat, aliquot adversis cicatricibus et effosso oculo. Quo ille dehonestamento corporis maxime lætabatur : neque illis anxius, quia reliqua gloriosius retinebat. »

De utriusque his verbis T. Castricius quum judicaret : Nonne, inquit, ultra naturæ modum humanæ est, dehonestamento corporis lætari? Siquidem lætitia dicitur exsultatio quædam animi gaudio efferventior eventu rerum expetitarum. Quando illud sincerius et humanis magis rationibus conveniens? Πᾶν ὅ τι ἂν βουληθῇ μέρος ἡ τύχη τοῦ σώματος παρελέσθαι, τοῦτο προϊέμενον. Quibus verbis, inquit, ostenditur Philippus, non, ut Sertorius, corporis dehonestamento lætus, quod est, inquit, insolens et immodicum; sed, præ studio laudis et honoris, jac-

il est prêt à sacrifier à la fortune tous ses membres, pourvu qu'elle lui donne la gloire en échange.

XXVIII. Que l'on ignore quelle divinité il faut invoquer dans les tremblements de terre.

Quelle est la cause des tremblements de terre? Non-seulement le vulgaire n'en sait rien, mais les physiciens eux-mêmes ne peuvent dire s'ils sont le résultat de l'action des vents qui se précipitent dans les cavités et les abîmes de la terre, ou de l'ébranlement des eaux qui, resserrées dans les profondeurs du globe, s'agitent et repoussent. C'est ce que croyaient les anciens Grecs, qui donnaient à Neptune les noms de ἐννοσίγαιος, σεισίχθων, le dieu qui ébranle, qui agite la terre. Faut-il mettre en avant une autre cause, ou l'intervention d'une divinité? Je le répète, on l'ignore. C'est pourquoi les Romains, fidèles et rigoureux observateurs de tous les devoirs de la vie, surtout de ceux qui concernaient la religion, et toujours attentifs à honorer la divinité, s'empressaient, chaque fois qu'ils avaient été témoins d'un tremblement de terre ou qu'ils en avaient entendu parler, de prescrire, par un édit, des cérémonies publiques; mais, contre la

---

turarum damnorumque corporis contemptor, qui singulos artus suos fortunæ producendos daret quæstu atque compendio gloriarum.

XXVIII. Non esse compertum, cui deo rem divinam fieri oporteat, quum terra movet.

Quænam esse causa videatur, quamobrem terræ motus fiant, non modo his communibus hominum sensibus opinionibusque compertum [non est], sed ne inter physicas quidem philosophias satis constitit, ventorumne vi accidant specus hiatusque terræ subeuntium, an aquarum subter in terrarum cavis undantium fluctibus pulsibusque, ita uti videntur existimasse antiquissimi Græcorum, qui Neptunum ἐννοσίγαιον καὶ σεισίχθονα appellaverunt; an cujus aliæ rei causa, alteriusve dei vi ac numine, nondum etiam, sicut diximus, pro certo creditum. Propterea veteres Romani, quum in omnibus aliis vitæ officiis, tum in constituendis religionibus atque in diis immortalibus animadvertendis castissimi cautissimique, ubi terram movisse senserant, nuntiatumve erat, ferias ejus rei causa edicto im-

coutume, ils s'abstenaient de nommer le dieu auquel les vœux publics étaient adressés, de peur qu'en prenant un dieu pour un autre, ils n'enchaînassent le peuple par un culte fondé sur une erreur. Si on violait la sainteté de ce jour, on était obligé d'offrir une victime expiatoire; la victime était immolée *au Dieu, à la Déesse*; telle était, d'après M. Varron, la prescription des pontifes, parce que l'on ignorait quelle puissance, quel Dieu ou quelle déesse ébranlait la terre. Les anciens n'ont pas recherché avec moins d'attention la cause des éclipses de soleil et de lune. M. Caton, si passionné pour l'étude des phénomènes de la nature, a émis à ce sujet une opinion vague et qui annonce une certaine indifférence; il dit dans le quatrième livre de *ses Origines* : « Je ne rapporterai pas ici tout ce qui se trouve dans les annales du grand pontife, combien de fois il y a eu cherté de vivres, combien de fois un nuage ou tout autre obstacle est venu intercepter la lumière de la lune ou du soleil. » Ainsi il paraît peu soucieux de savoir et d'apprendre aux autres les véritables causes de ce phénomène.

XXIX. Apologue intéressant d'Ésope le Phrygien.

Ésope le Phrygien, fabuliste, a été justement mis au rang des

---

1 perabant; sed dei nomen, ita uti solet, cui servari ferias oporteret, statuere et edicere quiescebant; ne, alium pro alio nominando, falsa religione populum alligarent. Eas ferias si quis polluisset, piaculoque ob hanc rem opus esset; hostiam *si Deo, si Deæ*! immolabat, idque ita ex decreto pontificum observatum esse M. Varro dicit : quoniam et qua vi, et per quem deorum dearumve terra tremeret incertum esset. Sed de lunæ solisque defectionibus non minus in ejus rei causa reperienda sese exercuerunt. Quippe M. Cato, vir in cognoscendis rebus multi studii, incerta tamen et incuriosa super ea re opinatus est. Verba Catonis ex *Originum* quarto hæc sunt : « Non lubet scribere, quod in tabula apud pontificem maximum est, quoties annona cara, quoties lunæ aut solis lumini caligo aut quid obstiterit. » Usque adeo parvi fecit rationes veras solis et lunæ deficientium vel scire vel dicere.

XXIX. Apologus Æsopi Phrygis, memoratu non inutilis.

Æsopus ille è Phrygia fabulator haud immerito sapiens existimatus est; quum,

sages; les enseignements, les conseils sages et prudents qu'il donne dans ses fables n'ont rien de l'austérité, du ton impérieux si commun chez les philosophes; ses apologues, au contraire, amusent et plaisent; il sait, par les grâces de son langage, faire entrer les plus utiles réflexions dans les cœurs gagnés par l'attrait du plaisir. C'est ce que nous prouve la fable du petit oiseau et de sa couvée, récit plein de goût et d'élégance, dans lequel il nous avertit que le succès d'une affaire dont on peut venir à bout tout seul dépend de nous-mêmes, et que nous ne devons jamais nous en remettre aux soins d'autrui. « Il y a, dit-il, un petit oiseau nommé alouette, qui habite et fait son nid dans les blés assez tôt pour qu'au temps de la moisson ses petits soient déjà couverts de plumes. Une alouette donc avait fait son nid dans un champ de blé qui mûrit avant le temps ordinaire; les blés jaunissaient déjà et les petits étaient encore sans plumes. Un jour, en partant pour aller chercher de la pâture pour ses petits, l'alouette leur recommande de prêter leur attention à ce qui se passerait de nouveau ou à ce qu'on dirait pendant son absence, pour lui en faire part à son retour. Sur ces entrefaites, le maître du champ appelle son fils et lui dit : « Tu vois que ces blés sont mûrs et n'attendent que la faucille; va donc demain matin, au point du jour, prier nos amis de venir nous aider à faire la

---

quæ utilia monitu suasuque erant; non severe, non imperiose præcepit et censuit, ut philosophis mos est, sed festivos delectabilesque apologos commentus, res salubriter ac prospicienter animadversas in mentes animosque hominum cum audiendi quadam illecebra induit. Velut hæc ejus fabula de aviculæ nidulo lepide atque jucunde præmonet, spem fiduciamque rerum, quas efficere quis possit, haud unquam in alio, sed in semet ipso habendam. « Avicula, inquit, est parva. Nomen est cassita. Habitat nidulaturque in segetibus id ferme temporis, ut appetit messis, pullis jamjam plumantibus. Ea cassita in sementes forte concesserat tempestiviores. Propterea frumentis flavescentibus pulli etiam tunc involucres erant. Quum igitur ipsa iret cibum pullis quæsitum, monet eos ut, si quid ibi rei novæ fieret dicereturve, animadverterent, idque uti sibi, ubi redisset, renuntiarent. Dominus postea segetum illarum filium adolescentem vocat, et : Videsne, inquit, hæc ematuruisse, et manus jam postulare? Idcirco die crastini, ubi pri-

moisson. Ayant ainsi parlé, le laboureur se retire. A peine l'alouette est-elle de retour, que ses petits, tremblants, s'empressent autour d'elle et la prient de chercher un autre asile : car le maître du champ, disent-ils, a fait prévenir ses amis pour qu'ils viennent moissonner au point du jour. La mère les rassure et leur dit : « Si le maître compte sur ses amis pour la moisson, les blés ne seront pas coupés demain ; il n'est pas nécessaire que je vous emmène aujourd'hui. » Le lendemain, la mère retourne à la pâture. Le maître attend ceux qu'il a mandés ; cependant, le soleil devient plus ardent ; le temps se passe, point d'amis. Alors, s'adressant à son fils : « Ma foi, dit-il, ces amis-là sont de grands paresseux. Que n'allons-nous plutôt chez nos parents, chez nos alliés, chez nos voisins, les prier de venir demain nous aider? » Les petits, effrayés, rapportent cette nouvelle à leur mère. « Ne craignez rien, dit celle-ci, les parents, les alliés ne sont pas assez diligents pour venir aider au premier mandement ; mais faites maintenant bien attention à tout ce qu'on dira. Le jour suivant, l'alouette fait sa course ordinaire. Les parents, les alliés invités à prêter le secours de leurs bras ne paraissent pas. Enfin le maître dit à son fils : « Laissons là parents et amis ; au point du jour,

mum diluculabit, fac amicos adeas et roges, veniant, operamque mutuam dent, et messem hanc nobis adjuvent. Hæc ille ubi dixit, discessit : atque ubi rediit cassita, pulli trepiduli circumstrepere, orareque matrem, ut statim jam properet, atque alium in locum sese asportet : nam dominus, inquiunt, misit, qui amicos rogaret, uti luce oriente veniant et metant. Mater jubet eos a metu otiosos esse : si enim dominus, inquit, messem ad amicos rejicit, crastino seges non metetur ; neque necesse est, hodie uti vos auferam. Die igitur postero mater in pabulum volat. Dominus, quos rogaverat, opperitur. Sol fervit, et fit nihil : et amici nulli erant. Tum ille rursum ad filium : Amici isti, inquit, magnam partem cessatores sunt. Quin potius imus, et cognatos, affinesque et vicinos nostros oramus, ut adsint cras tempori ad metendum? Itidem hoc pulli pavefacti matri nuntiant. Mater hortatur, ut tum quoque sine metu ac sine cura sint : cognatos affinesque nullos ferme tam esse obsequibiles [ait], ut ad laborem capessendum nihil cunctentur, et statim dicto obediant. Vos modo, inquit, advertite, si modo quid denuo dicetur. Alia luce orta, avis in pastum profecta est. Cognati et affines operam, quam dare rogati sunt, supersedent. Ad postremum igitur dominus filio :

apporte deux faucilles, l'une pour moi, l'autre pour toi, et nous couperons nos blés nous-mêmes demain. » A peine les petits ont-ils rapporté ces paroles à leur mère, que celle-ci s'écrie : « C'est maintenant qu'il faut déloger et se retirer d'ici, car, sans aucun doute, le maître fera ce qu'il a dit, puisque l'affaire est entre les mains de celui qu'elle intéresse, et qu'il ne la confie à personne. » Là-dessus l'alouette abandonna son nid, et le maître vint moissonner son champ. » Telle est la fable qu'Ésope a composée pour montrer combien peu l'on doit compter sur les secours des amis et des proches. Les livres des philosophes nous donnent-ils des enseignements plus sages ? ne nous avertissent-ils pas de chercher toutes nos ressources en nous, de ne jamais regarder comme notre bien, comme notre propriété ce qui est indépendant de notre volonté ?

Cet apologue d'Ésope a été imité par Q. Ennius, dans ses satires, dans des vers ïambiques de huit pieds, pleins d'élégance et de grâce. Les deux vers qui terminent cette pièce ne sont pas indignes, à mon avis, d'être appris par cœur ; les voici :

« Ayez toujours cette maxime présente à l'esprit : ne demandez pas à vos amis une chose que vous pouvez faire vous-même. »

Valeant, inquit, amici cum propinquis. Afferes prima luce falces duas : unam egomet mihi, et tu tibi capies alteram ; et frumentum nosmet ipsi manibus nostris cras metemus. Id ubi ex pullis dixisse dominum mater audivit : Tempus, inquit, est cedendi et abeundi : fiet nunc dubio procul, quod futurum dixit : in ipso enim jam vertitur, cuja est res, non in alio, unde petitur. Atque ita cassita nidum migravit, et seges a domino demessa est. » Hæc quidem est Æsopi fabula de amicorum et propinquorum levi [plerumque] et inani fiducia. Sed quid aliud sanctiores libri philosophorum monent, quam ut in nobis tantum ipsis nitamur ; alia autem omnia, quæ extra nos extraque nostrum arbitrium sunt, neque pro nostris, neque pro nobis ducamus ?

Hunc Æsopi apologum Q. Ennius in *Satiris* scite admodum et venuste versibus quadratis composuit : quorum duo postremi isti sunt, quos habere cordi et memoriæ operæ pretium esse hercle puto :

Hoc erit tibi argumentum semper in promptu situm :
Ne quid exspectes amicos, quod tute agere possies.

XXX. Quelles observations on a faites sur le mouvement, en sens divers, que communiquent aux flots de la mer l'Auster et l'Aquilon.

Souvent on a constaté qu'il existe une différence entre les vagues formées par l'Aquilon et les autres vents du nord, et celles que soulèvent l'Auster et l'Africus. Le souffle de l'Aquilon élève les flots jusqu'aux nues, et, aussitôt que le vent se calme, ils s'affaissent, se ralentissent et disparaissent tout à fait. Il n'en est pas de même lorsque souffle l'Auster ou l'Africus; ils ont cessé de mugir, et cependant les flots sont encore amoncelés; ce n'est qu'un certain temps après la chute du vent que les eaux redeviennent tranquilles. On croit expliquer ce phénomène en disant que les vents du nord, partis des plus hautes régions du ciel, tombent sur les eaux, se précipitent dans le sein de la mer, l'agitent en la creusant, la soulèvent, non pas en poussant de côté la partie supérieure des eaux, mais en la bouleversant jusque dans ses entrailles; ils impriment ainsi aux flots une agitation momentanée, qui ne dure que tant que leur souffle impétueux fond d'en haut sur l'abîme. Mais l'Auster et l'Africus, confinés au midi vers l'extrémité inférieure de l'axe, partant de la plus basse région, parcourent la surface de la mer en roulant les flots plutôt qu'ils

---

XXX. Quid observatum sit in undarum motibus, quæ in mari alio atque alio modo fiunt, Austris flantibus Aquilonibusque.

Hoc sæpenumero in undarum motu observatum est, quas Aquilones venti, quique ex eadem cœli regione aer fluit, quasve faciunt in mari Austri atque Africi. Nam fluctus, qui flante Aquilone maximi ac creberrimi excitantur, simul ac ventus posuit, sternuntur ac conflaccescunt, et mox fluctus esse desinunt. At non idem fit flante Austro vel Africo : quibus jam nihil spirantibus undæ tamen factæ diutius tument, et a vento quidem jamdudum tranquillæ sunt; sed mare est etiam atque etiam undabundum. Ejus rei causa esse conjectatur, quod venti a septentrionibus ex altiore cœli parte in mare incidentes deorsum in aquarum profunda quasi præcipites deferuntur, undasque faciunt non prorsus impulsas, sed vi intus commotas : quæ tantisper crutæ volvuntur, dum illius infusi desuper spiritus vis manet. Austri vero et Africi ad meridianum orbis circulum atque

ne les soulèvent ; c'est pourquoi les eaux, n'étant pas pressées d'en haut et forcées de s'ouvrir, mais seulement poussées et entre-choquées avec violence, conservent quelque temps l'impulsion reçue et s'agitent encore lorsque le vent a cessé. Cette explication peut s'appuyer sur un vers d'Homère, qui sans doute n'échappera pas au lecteur attentif. Voici ce qu'il dit :

« Là, le Notus pousse les flots contre les rochers. »

Au sujet de Borée, que nous appelons Aquilon, il s'exprime tout autrement :

« Et Borée qui chasse les nuages et soulève des vagues énormes. »

Homère donne à entendre que les Aquilons, qui viennent d'en haut, soulèvent les flots et creusent des gouffres où retombe la vague soulevée ; tandis que l'Auster, partant des régions inférieures, chasse les flots devant lui et les pousse en l'air par la violence de son souffle : c'est là le sens du verbe ὠθέω, qu'Homère emploie avec la même signification lorsqu'il dit : Λᾶαν ἄνω ὠθεῖ,

---

ad partem axis infimam depressi, inferiores et humiles, per suprema æquoris euntes protrudunt magis fluctus, quam eruunt : et idcirco non desuper læsæ, sed propulsæ in adversum aquæ etiam desistente flatu retinent aliquantisper de pristino pulsu impetum. Id autem ipsum, quod dicimus, ex illis quoque Homericis versibus, si quis non incuriose legat, adminiculari potest. Nam de Austri flatibus ita scripsit

Ἔνθα Νότος πόντοιο κλυδῶνα εἰς λάαν ὠθεῖ.

Contra autem de Borea, quem Aquilonem appellamus, alio dicit modo :

Καὶ Βορέης αἰθρηγενέτης μέγα κῦμα κυλίνδων.

Ab Aquilonibus enim, qui alti supernique sunt, fluctus excitatos quasi per prona volvi dicit ; ab Austris autem iis, qui humiliores sunt, majore vi quadam propelli sursum, atque [rursum] subjici. Id enim significat verbum ὠθεῖ, sicut in alio loco : Λᾶαν ἄνω ὠθεῖ. Id quoque a peritissimis rerum philosophis obser-

il pousse la pierre en haut. Les physiciens les plus savants ont remarqué que, lorsque l'Auster souffle, la mer devient verdâtre, bleu foncé; tandis que par l'Aquilon, elle est plus obscure, plus noire. Je crois avoir trouvé la cause de ce phénomène dans les livres des *Problèmes* d'Aristote : « Pourquoi, dit-il, quand l'Auster souffle, la mer est-elle bleu foncé, plus noire et plus obscure quand c'est l'Aquilon? Est-ce parce que l'Aquilon agite moins les flots? Car plus un objet est immobile, plus il paraît noir. »

---

vatum est, Austris spirantibus mare fieri glaucum et cæruleum, Aquilonibus obscurius atriusque : cujus rei causam, quum Aristotelis libros *Problematum* præcerpsimus, notavi : « Cur Austro spirante mare cæruleum fiat, Aquilone obscurius atriusque? An propterea, quod Aquilo minus mare perturbat? Omne autem, quod tranquillius est, atrum esse videtur. »

LIVRE TROISIÈME

I. Pourquoi Salluste a dit que l'avarice énerve non-seulement une âme virile, mais même le corps.

Un jour, à la fin de l'hiver, nous nous promenions avec Favorinus devant les bains de Sitius, pour jouir de la chaleur du soleil. Tout en nous promenant, nous lisions le *Catilina* de Salluste, sur l'invitation de Favorinus, qui avait aperçu ce livre entre les mains d'un de ses amis. A la lecture de ce passage : « L'avarice est une soif de l'or que ne connut jamais le sage ; cette passion, pleine, pour ainsi dire, d'un poison funeste, énerve le corps et l'âme : toujours infinie, insatiable, elle ne diminue ni par l'abondance ni par le besoin. » Favorinus, se tournant vers moi : « Comment, dit-il, l'avarice peut-elle énerver le corps ? Il me semble que je comprends parfaitement que cette passion énerve l'âme la

LIBER TERTIUS

I. Quæsitum ac tractatum, quam ob causam Sallustius avaritiam dixerit non animum modo virilem, sed corpus quoque ipsum effeminare.

Hieme jam discedente apud balneas Sitias in area sub calido sole cum Favorino philosopho ambulabamus : atque ibi inter ambulandum legebatur *Catilina* Sallustii, quem, in manu amici conspectum legi, jusserat. Quumque hæc verba ex eo libro lecta essent : « Avaritia pecuniæ studium habet, quam nemo sapiens concupivit. Ea, quasi venenis malis imbuta, corpus animumque virilem effeminat : semper infinita et insatiabilis est : neque copia neque inopia minuitur : » tum Favorinus me aspiciens : Quo, inquit, pacto corpus hominis avaritia effeminat? Quid enim istuc sit, quod animum virilem ab ea effeminari dixit, videor

9.

plus virile; mais qu'elle puisse produire cet effet sur le corps, c'est ce que je ne m'explique pas. — Moi aussi, dis-je alors, je me suis bien des fois adressé cette question, et tu n'as fait que prévenir une demande que j'allais te faire. »

A peine avais-je ainsi témoigné le désir d'être éclairé sur ce passage, qu'un disciple de Favorinus, qui paraissait versé dans la littérature, prit la parole en ces termes : « Voici ce que j'ai entendu dire à Valérius Probus: Salluste s'est servi d'une tournure poétique, pour faire entendre que l'avarice corrompt l'homme : il a dit que cette passion énerve le corps et l'âme, qui sont les deux parties dont l'homme est composé. — Jamais, que je sache du moins, dit Favorinus, notre ami Probus, pour expliquer ce passage, n'a eu recours à une subtilité aussi déplacée et aussi téméraire; il n'est pas possible qu'il prête ici une périphrase poétique à Salluste, un auteur qui recherche la concision avec un soin si particulier. Il y avait parmi nous un homme d'une grande érudition; Favorinus lui demande son opinion sur cette difficulté. Ce dernier prend ainsi la parole : « Ceux qui, rongés et dévorés d'ambition, se livrent tout entiers à la passion d'entasser de l'or, sont sans cesse absorbés par cette occupation; comme leur seul

ferme assequi ; sed quonam modo corpus quoque hominis effeminet, nondum reperio. — Et ego, inquam, longe jamdiu in eo ipso quærendo fui, ac, nisi tu occupasses, ultro te hoc rogassem.

Vix ego hæc dixeram cunctabundus, atque inibi quispiam de sectatoribus Favorini, qui videbatur esse in litteris veterator : Valerium, inquit, Probum audivi hæc dicere : usum esse Sallustium circumlocutione quadam poetica, et, quum dicere vellet hominem avaritia corrumpi, corpus et animum dixisse, quæ duæ res hominem demonstrarent : namque homo ex anima et corpore est. — Nunquam, inquit, Favorinus, quod equidem scio, tam importuna tamque audaci argutia fuit noster Probus, ut Sallustium vel subtilissimum brevitatis artificem periphrasim poetarum facere diceret. Erat tum nobiscum in eodem ambulacro homo quispiam sane doctus. Is quoque a Favorino rogatus, ecquid haberet super ea re dicere, hujuscemodi verbis usus est : Quos, inquit, avaritia minuit et corrumpit, quique sese [in] quærenda undique pecunia dediderunt, eos plerosque tali genere vitæ occupatos videmus, ut, sicuti alia in iis omnia præ pecunia, ita labor

but est de thésauriser, ils négligent les autres travaux et tous les exercices qui peuvent entretenir les forces de l'homme; la plupart du temps renfermés chez eux, ils se livrent à des trafics et à des opérations sédentaires qui leur enlèvent la vigueur du corps et de l'âme, et les énervent, comme dit Salluste. »

Alors Favorinus fait lire de nouveau le passage de Salluste. Après cette lecture : « Mais que dire, reprend-il alors, quand nous voyons beaucoup d'hommes très-avides d'argent, conserver cependant une santé robuste ? — Ton objection est juste, reprend le premier ; cependant je dirai que si l'avare conserve une bonne santé, il faut nécessairement qu'il se livre à certains exercices pour satisfaire d'autres penchants qui l'invitent à prendre soin de son corps ; car si l'avarice seule, s'emparant de toutes les affections, de toutes les facultés de l'homme, le pousse jusqu'à l'oubli de son propre corps, au point de lui faire abandonner les soins que réclament et ses propres forces et la nature, on peut dire avec raison que la soif de l'argent énerve le corps et l'âme de celui qu'elle dévore. — Ton opinion, dit Favorinus, est admissible; ou Salluste, par haine de l'avarice, en a exagéré la puissance. »

quoque virilis, exercendique corporis studium relictui sit. Negotiis [enim] se plerumque umbraticis et sellulariis quæstibus intentos habent, in quibus omnis eorum vigor animi corporisque elanguescit, et, quod Sallustius ait, effeminatur.

Tum Favorinus legi denuo verba eadem Sallustii jubet, atque, ubi lecta sunt : Quid igitur, inquit, dicemus, quod multos videre est pecuniæ cupidos, et eosdem tamen corpore esse vegeto ac valenti ? Tum ille ita respondit : Non hercle inscite ! Quisquis est, inquit, pecuniæ cupiens, et corpore tamen est bene habito ac strenuo, aliarum quoque rerum vel studio vel exercitio eum teneri necessarium est, atque in sese colendo non æque esse parcum. Nam si avaritia sola summa omnes hominis partes affectionesque occupet, et si ad incuriam usque corporis grassetur, ut per illam unam neque virtutis, neque virium, neque corporis, neque animi cura adsit; tum denique is vere dici potest effeminato esse et animo et corpore, qui neque sese, neque aliud curet, nisi pecuniam. Tum Favorinus : Aut hoc, inquit, quod dixisti, probabile est, aut Sallustius odio avaritiæ plus, quam potuit, eam criminatus est.

II. Quel est, d'après M. Varron, le jour natal de ceux qui sont nés avant ou après la sixième heure de la nuit (minuit)? Durée de la journée civile chez les différents peuples. Que suivant Q. Mucius, la femme qui n'a pas observé la durée de l'année civile ne peut être épousée par usurpation.

On s'est demandé souvent quel est le jour natal de ceux qui naissent à la troisième, à la quatrième ou à toute autre heure de la nuit; est-ce le jour qui précède ou le jour qui suit la nuit de la naissance? M. Varron, dans son traité *des Choses humaines*, au livre *des Jours*, dit : « Les enfants nés dans le même intervalle de vingt-quatre heures, placés entre la moitié d'une nuit et celle de la nuit suivante, sont considérés comme étant nés le même jour. » D'après ce passage, il est facile de voir que Varron établissait la division des jours de telle sorte que l'enfant né après le soleil couché, mais avant minuit, doit avoir pour jour natal celui qui a précédé la nuit de la naissance; qu'au contraire, l'enfant né dans les six dernières heures de la nuit a pour jour natal le jour qui suit immédiatement. Varron nous apprend, dans ce même traité, que les Athéniens comptaient autrement: chez eux,

II. Quemnam esse natalem diem M. Varro dicat eorum, qui ante noctis horam sextam postve eam nati sunt : atque inibi de temporibus terminisque dierum, qui civiles nominantur, et usquequaque gentium varie observantur : et præterea quid Q. Mucius scripserit super ea muliere, quam maritus non jure usurpavisset, quod rationem civilis anni non habuerit.

Quæri solitum est, qui noctis hora tertia quartave, sive qua alia, nati sunt, uter dies natalis haberi appellarique debeat, isne, quem nox ea consequuta est, an qui dies noctem consequutus est. M. Varro in libro *Rerum humanarum*, quem *de Diebus* scripsit : « Homines, inquit, qui ex media nocte ad proximam mediam noctem in his horis XXIV nati sunt, una die nati dicuntur. » Quibus verbis ita videtur dierum observationem divississe, ut, qui post solem occasum ante mediam noctem natus sit, is ei dies natalis sit, a quo die ea nox cœperit : contra vero, qui in sex noctis horis posterioribus nascatur, eo die videri natum, qui post eam noctem diluxerit. Athenienses autem aliter observare, idem Varro in

le jour civil commençait au coucher du soleil et finissait le lendemain à la chute du jour. Les Babyloniens avaient une autre manière de compter : chez eux, le jour embrassait tout le temps compris d'une aurore à l'autre. Il ajoute que les Ombriens prennent généralement pour un jour le temps qui se passe d'un midi à l'autre : « Ce qui est absurde, dit-il, car l'enfant qui naîtrait en Ombrie à la sixième heure (midi) des calendes, aurait son jour de naissance moitié dans les calendes et moitié dans le jour suivant. » Le peuple romain, comme l'affirme Varron, compte en effet le jour civil par le milieu de chaque nuit ; cette opinion est confirmée par un grand nombre de faits. Chez les Romains, les sacrifices se font en partie pendant la nuit, en partie pendant le jour : les sacrifices de nuit se rapportent aux jours précédents, et non aux nuits ; les sacrifices offerts dans les six dernières heures se rapportent au jour suivant. Une autre preuve nous est fournie par les cérémonies et les rites établis pour prendre les auspices. Quand les magistrats doivent consulter les auspices pour un acte public, et dans le même jour exécuter cet acte, ils ont soin de ne prendre les auspices qu'après minuit, et de n'agir qu'après midi : ainsi ils

---

eodem libro scripsit, eosque a sole occaso ad solem iterum occidentem omne id medium tempus unum diem esse dicere. Babylonios porro aliter : a sole enim exorto ad exortum ejusdem incipientem totum id spatium unius diei nomine appellare : multos vero in terra Umbria unum et eumdem diem esse dicere a meridie ad insequentem meridiem. « Quod quidem, inquit, nimis absurdum est. Nam qui kalendis hora sexta natus est apud Umbros, dies ejus natalis videri debebit et kalendarum dimidiarum, et qui est post kalendas dies ante horam ejusdem diei sextam. » Populum autem Romanum ita, uti Varro dixit, dies singulos adnumerare a media nocte usque ad mediam proximam, multis argumentis ostenditur. Sacra sunt Romana partim diurna, partim nocturna : sed ea, quæ inter noctem fiunt, diebus addicuntur, non noctibus ; quæ igitur sex posterioribus noctis horis fiunt, eo die fieri dicuntur, qui proximus eam noctem illucescit. Ad hoc, ritus quoque et mos auspicandi eamdem esse observationem docet ; nam magistratus, quando una die eis auspicandum est, et id, super quo auspicaverunt, agendum, post mediam noctem auspicantur, et post meridiem sole magno ; auspi-

ont pris les auspices et agi le même jour. En outre, les tribuns du peuple, à qui il est interdit de s'absenter de Rome pendant un jour entier, ne sont pas censés avoir violé la loi lorsqu'ils partent après minuit et qu'ils reviennent entre l'heure où l'on allume les flambeaux et le milieu de la nuit suivante, de manière à passer dans Rome une partie de la nuit.

J'ai lu aussi que le jurisconsulte Quintus Mucius disait souvent que le mariage par usurpation était impossible si la femme, qui avait vécu depuis les calendes de janvier avec l'homme qu'elle devait épouser, n'avait pas commencé à coucher hors du logis avant le quatrième jour des calendes de janvier suivant; car dans ce cas elle ne peut s'être absentée trois nuits de la maison de cet homme (condition requise par la loi des Douze-Tables pour valider le mariage par usurpation), puisque les six heures de la dernière nuit appartiennent à l'année suivante, qui commence aux calendes. Lorsque j'eus trouvé dans les anciens tous les détails sur la manière de diviser les jours, et les rapports de cette division du temps avec la jurisprudence ancienne, je me rappelai un passage de Virgile où ce poëte, sans aucun doute, nous fournit là-dessus une preuve de plus, non pas d'une manière directe et précise, mais par une tournure toute poétique, qui, tout

---

caticque esse et egisse ex eodem die dicuntur. Præterea tribuni plebei, quos nullum diem abesse Roma licet, quum post mediam noctem proficiscuntur, et post primam facem ante mediam sequentem revertuntur, non dicuntur abfuisse unum diem; quando ante horam noctis sextam regressi parte aliqua illius in urbe Roma[na] sunt.

Quintum quoque Mucium jurisconsultum dicere solitum legi, non esse usurpatam mulierem, quæ kalendis januariis apud virum causa matrimonii esse cœpisset, et ante diem quartum kalendas januarias sequentis usurpatum isset. Non enim posse impleri trinoctium, quod abesse a viro usurpandi causa ex Duodecim Tabulis deberet : quoniam tertiæ noctis posteriores sex horæ alterius anni essent, qui inciperet ex kalendis. Isthæc autem omnia de dierum temporibus et finibus ad observationem disciplinamque juris antiqui pertinentia quum in libris veterum inveniremus, non dubitabamus quin Virgilius quoque id ipsum ostenderit,

en voilant la réalité, ne laisse pas de rappeler une coutume ancienne; c'est dans ces deux vers :

L'humide nuit, dit-il, a parcouru la moitié de sa carrière; et déjà j'ai senti le souffle brûlant des coursiers du soleil.

Le poëte, en effet, par cette image, ne semble-t-il pas nous dire que, chez les Romains, le jour civil commençait à la sixième heure de la nuit?

III. Moyen de reconnaître l'authenticité des comédies de Plaute, puisqu'on a confondu celles qui lui appartiennent véritablement avec celles qui ne sont pas de lui. Que Plaute composa plusieurs de ses ouvrages dans un moulin, et Névius quelques-unes de ses pièces dans une prison.

Je vois aujourd'hui combien est juste la réflexion que j'ai entendu faire à des hommes versés dans la littérature; quand on veut, disaient-ils, résoudre les doutes qui se sont élevés sur l'authenticité de la plupart des comédies de Plaute, il ne faut ajouter aucune foi aux catalogues d'Élius, de Sédigitus, de Claudius, d'Aurélius, d'Attius, de Manilius ; il faut interroger Plaute lui-

non exposite atque aperte, sed, ut hominem decuit poeticas res agentem, recondita et quasi operta veteris ritus significatione.

. . . . Torquet, *inquit*, medios nox humida cursus :
Et me sævus equis oriens afflavit anhelis.

His enim versibus oblique, sicuti dixi, admonere voluit, *diem*, quem Romani *civilem* appellaverunt, a sexta noctis hora oriri.

III. De noscendis explorandisque Plauti comœdiis, quoniam promiscue veræ atque falsæ nomine ejus inscriptæ feruntur ; atque inibi, quod Plautus in pistrino, et Nævius in carcere fabulas scriptitarint.

Verum esse comperior, quod quosdam bene litteratos homines dicere audivi, qui plerasque Plauti comœdias curiose atque contente lectitaverunt, non indicibus Ælii [nec] Sedigiti, nec Claudii, nec Aurelii, nec Attii, nec Manilii super

même, son génie, son style. Varron n'a pas adopté d'autre méthode; car sans parler des vingt et une pièces appelées *Varroniennes*, que ce critique distingue des autres comme appartenant à Plaute, du consentement de tout le monde, il en a recueilli encore quelques-unes, qui, par le style et par le caractère comique, lui paraissent offrir des analogies frappantes avec la manière de Plaute, bien qu'elles aient été attribuées à d'autres. C'est ainsi que Varron revendique pour Plaute *la Béotienne*, que je lisais tout récemment. Bien que cette pièce ne se trouve pas dans les vingt et une premières, et qu'elle ait été attribuée à Aquilius, Varron n'hésite pas à la regarder comme l'œuvre de Plaute; tout lecteur un peu familiarisé avec le style de cet auteur en conviendra, s'il veut lire les vers suivants que j'ai cités, parce que, pour parler comme le comique lui-même, ils me paraissent tout à fait dignes de Plaute : *Plautinissimi*. C'est un parasite à jeun qui parle :

Que les dieux confondent celui qui a inventé les heures et qui le premier plaça dans cette ville un cadran ! Malheureux que je suis ! il m'a découpé la journée en compartiments ! Lorsque j'étais jeune, je n'avais d'autre cadran que mon ventre; c'était

---

iis fabulis, quæ dicuntur ambiguæ, credituros, sed ipsi Plauto moribusque ingenii atque linguæ ejus. Hac enim judicii norma Varronem quoque [esse] usum videmus. Nam præter illas unam et viginti, quæ Varronianæ vocantur; quas idcirco a cæteris segregavit, quoniam dubiosæ non erant, sed consensu omnium Plauti esse censebantur; quasdam item alias probavit, adductus stilo atque facetia sermonis Plauto congruentis, easque jam nominibus aliorum occupatas Plauto vindicavit; sicuti istam, quam nuperrime legebamus, cui est nomen *Bœotia*. Nam quum in illis una et viginti non sit, et esse Aquilii dicatur, nihil tamen Varro dubitavit, quin Plauti foret, neque alius quisquam non infrequens Plauti lector dubitaverit, si vel hos solos versus ex ea fabula cognoverit, qui quoniam sunt, ut de illius more dicam, Plautinissimi, propterea et meminimus eos, et adscripsimus. Parasitus ibi esuriens hæc dicit :

Ut illum di perdant, primus qui horas reperit,
Quique adeo primus heic statuit solarium ;
Qui mihi comminuit misero articulatim diem !
Nam puero me uterus hic erat solarium,

pour moi l'horloge la plus sûre et la plus vraie; elle ne manquait jamais de m'avertir, excepté quand il y avait disette. Maintenant, lors même qu'il se présente de bons morceaux, on ne mange point s'il ne plaît pas au soleil; car, dans toute la ville, on ne voit plus que cadrans : aussi les trois quarts des citoyens se traînent-ils mourants de faim.

Un jour je lisais avec Favorinus *la Chaîne* de Plaute, classée parmi les pièces douteuses; en entendant ce vers :

Femmes débauchées, éclopées, épileuses, sales coquines.

notre philosophe, charmé de ses anciennes et comiques expressions, qui dépeignent si bien le vice et la laideur des courtisanes, s'écria : « Ce seul vers dissiperait tous les doutes sur l'authenticité de cette pièce; elle est de Plaute. » Moi-même, en lisant dernièrement *le Détroit* (autre pièce classée parmi les douteuses), je n'hésitai pas à l'attribuer à Plaute, et même à y voir une de celles où se révèle le mieux sa verve comique. En voici deux vers que je recueillis en cherchant l'origine de l'oracle cornu :

Voilà; c'est l'oracle cornu, qu'on redit dans les Grands jeux :

Multo omnium istorum optumum et verissumum,
Ubi iste monebat; esse, nisi quom nihil erat.
Nunc, etiam quod est, non estur, nisi soli lubet;
Itaque adeo jam obpletum 'st oppidum solariis.
Major populi pars aridi reptant fame.

Favorinus quoque noster, quum *Nervolariam* Plauti legerem, quæ inter incertas est habita, et audisset ex ea comœdia versum hunc :

Strateæ, scrupedæ, strativolæ, sordidæ,

delectatus faceta verborum antiquitate, meretricum vitia atque deformitates significantium : « Vel unus hercle, inquit, hic versus Plauti esse hanc fabulam satis potest fidei fecisse. » Nos quoque ipsi nuperrime quum legeremus *Fretum* (nomen est id comœdiæ quam Plauti esse quidam non putant), haud quidquam dubitavimus quin et Plauti foret, et omnium maxime genuina. Ex qua duos hos versus exscripsimus, ut historiam quæreremus oraculi arietini :

. . . . Hoc illud est

« Je suis perdu, si je ne le fais pas; si je le fais, je serai battu. »

Marcus Varron, dans son premier livre *sur les Comédies de Plaute*, reproduit ce passage d'Attius : « Les comédies intitulées : *les Jumeaux, les Lions, l'Anneau de l'esclave, la Vieille*, ne sont pas de Plaute ; *la Fille deux fois violée, la Béotienne, le Rustre, les Amis à la vie à la mort*, n'ont jamais appartenu à Plaute ; ces pièces sont de M. Aquilius. » Dans le même livre, M. Varron rapporte qu'il exista à Rome un autre poëte nommé Plautius, et que comme ses comédies portaient en titre le mot PLAUTII, elles furent prises pour des ouvrages de Plaute, et appelées *Plautinæ comœdiæ*, au lieu de *Plautianæ comœdiæ*. On porte à cent trente environ le nombre des pièces de Plaute ; mais le savant L. Élius ne lui en attribue que vingt-cinq. Il est aussi très-probable que beaucoup de pièces portant son nom, pièces dont l'authenticité est douteuse, appartiennent à des poëtes plus anciens ; qu'elles ont été retouchées et refondues par lui, ce qui fait qu'elles portent l'empreinte de son style. *Saturion, l'Insolvable*, et une autre pièce dont le nom m'échappe, ont été composées dans un moulin, au rapport de Varron et de beaucoup d'autres critiques, qui racontent que Plaute, après avoir perdu

---

Quod arietinum responsum Magnis ludis dicitur :
Peribo, si non fecero ; si faxo, vapulabo.

Marcus autem Varro in libro *de Comœdiis Plautinis* primo Attii verba hæc ponit : « Nam nec *Gemini*, nec *Leones*, nec *Condalium*, nec *Anus* Plauti, nec *Bis compressa*, nec *Bœotia* unquam fuit, neque adeo Ἄγροικος, neque *Commorientes* ; sed M. Aquilii. » In eodem libro [M.] Varronis id quoque scriptum est, Plautium fuisse quempiam, poetam comœdiarum ; cujus quoniam fabulæ PLAUTI inscriptæ forent, acceptas esse quasi Plautinas, quum essent non a Plauto Plautinæ, sed a Plautio Plautianæ. Feruntur autem sub Plauti nomine comœdiæ circiter centum atque triginta ; sed homo eruditissimus L. Ælius quinque et viginti esse ejus solas existimavit. Non tamen dubium est quin istæ et quæ scriptæ a Plauto non videntur, et nomini ejus addicuntur, veterum poetarum fuerint, et ab eo retractatæ et expolitæ sint, ac propterea resipiant stilum Plautinum. Sed enim *Saturionem*, et *Addictum*, et tertiam quamdam, cujus nunc mihi nomen non suppetit, in pistrino eum scripsisse, Varro et plerique alii memoriæ tradi-

dans le commerce tout l'argent qu'il avait gagné au théâtre, revint à Rome dans un dénûment complet; que pour vivre il fut obligé de tourner une meule à bras, et se loua à un boulanger. J'ai entendu dire aussi que Névius avait composé en prison les pièces intitulées *le Devin* et *Léon*. Comme il ne mettait aucun frein à la hardiesse de ses satires, et qu'à l'imitation des poëtes grecs, il ne craignait pas de blesser l'amour-propre des principaux citoyens de l'État, il fut jeté en prison à Rome par l'ordre des triumvirs. La liberté lui fut rendue par les tribuns du peuple, après qu'il eut composé les deux pièces que je viens de citer, dans lesquelles il faisait amende honorable pour les railleries et pour les traits injurieux qui avaient blessé tant de citoyens.

IV. Que P. Scipion l'Africain et d'autres personnages distingués de son siècle avaient l'habitude de se raser les joues et le menton avant d'être parvenus à la vieillesse.

En lisant l'histoire de la vie de P. Scipion l'Africain, je remarquai un passage où l'on rapportait que P. Scipion, fils de Paul, après avoir triomphé des Carthaginois et exercé les fonctions de censeur, fut cité devant le peuple par le tribun Claudius

derunt, quum, pecunia omni, quam in operis artificum scenicorum pepererat, in mercationibus perdita, inops Romam redisset, et ob quærendum victum ad circumagendas molas, quæ trusatiles appellantur, operam pistori locasset. Sicuti de Nævio quoque accepimus, fabulas eum in carcere duas scripsisse, *Hariolum* et *Leontem*, quum ob assiduam maledicentiam et probra in principes civitatis de Græcorum poëtarum more dicta, in vincula Romæ a triumviris conjectus esset. Unde post a tribunis plebei exemptus est, quum in iis, quas supra dixi, fabulis delicta sua et petulantias dictorum, quibus multos ante læserat, diluisset.

IV. Quod P. Africano et aliis tunc viris nobilibus ante ætatem senectam barbam et genas radere moris fuit.

In libris quos de vita P. Scipionis Africani compositos legimus, scriptum esse animadvertimus, P. Scipioni, Pauli filio, postquam de Pœnis triumphaverat, censorque fuerat, eidem diem dictum esse ad populum a Claudio Asello, tribuno

Asellus, auquel il avait retiré son cheval pendant sa censure; que, Scipion, quoique accusé, n'en continua pas moins de se raser, de se montrer vêtu d'une robe blanche; en un mot, qu'il ne prit rien de l'appareil ordinaire des accusés. Comme Scipion, à cette époque, avait près de quarante ans, je fus tout étonné de voir qu'à cet âge il se rasait la barbe. Mais bientôt je m'assurai qu'à cette époque les autres personnages de distinction de son âge avaient coutume de se raser. C'est pour cela que nous voyons beaucoup d'anciens portraits où sont représentés sans barbe des hommes qui, sans être vieux, sont déjà au milieu de leur carrière.

V. Par quelles paroles sévères et plaisantes tout à la fois, le philosophe Arcésilas railla quelqu'un sur sa mollesse, et sur la langueur efféminée de ses yeux et de sa personne.

Plutarque rapporte un mot spirituel et violent du philosophe Arcésilas sur un homme riche dont toute la personne paraissait efféminée, quoiqu'il passât pour avoir des mœurs chastes, honnêtes et pures. Entendant sa voix de femme, voyant sa chevelure artistement arrangée, ses yeux provocateurs et chargés de

plebei, cui equum in censura ademerat : eumque, quum esset reus, neque barbam desisse radi, neque non candida veste uti, neque fuisse cultu solito reorum. Sed, quum in eo tempore Scipionem minorem quadraginta annorum fuisse constaret, quod de barba rasa ita scriptum esset mirabamur. Comperimus autem cæteros quoque in iisdem temporibus nobiles viros barbam in ejusmodi ætate rasitavisse : idcircoque plerasque imagines veterum non admodum senum, sed in medio ætatis ita factas videmus.

V. Deliciarum vitium et mollities oculorum et corporis ab Arcesilao philosopho cuidam opprobrata acerbe simul et festiviter.

Plutarchus refert, Arcesilaum philosophum vehementi verbo usum esse de quodam nimis delicato divite, qui incorruptus tamen et castus et perinteger dicebatur. Nam quum vocem ejus infractam, capillumque arte compositum, et ocu-

volupté, notre philosophe lui dit : « Peu importe qu'on soit impudique par le haut ou par le bas. »

VI. Force et propriété du palmier : le bois de cet arbre se relève sous les fardeaux dont on le charge.

Aristote, dans le septième livre de ses *Problèmes*, et Plutarque, dans le huitième de ses *Symposiaques*, rapportent un fait bien étonnant. Si l'on met, disent-ils, sur le bois du palmier un poids très-lourd, et qu'on le charge au point qu'il ne puisse supporter la masse qui agit sur lui, le palmier ne cèdera pas, ne fléchira même pas ; au contraire, il résistera et se relèvera en formant une courbe. Voilà pourquoi, dit Plutarque, dans les combats, la branche de palmier est devenue le symbole de la victoire ; parce qu'il est dans la nature de ce bois de ne jamais céder à la force qui le presse et l'opprime.

VII. Histoire du tribun militaire Q. Cédicius, tirée des *Annales*. Citation d'un passage des *Origines* de M. Caton, qui compare la valeur de Cédicius à celle du Spartiate Léonidas.

Grands dieux ! quel trait sublime, digne des éloges de la Grèce

los ludibundos atque illecebræ voluptatisque plenos videret : « Nihil interest, inquit, quibus membris cinædi sitis, posterioribus an prioribus. »

VI. De vi atque natura palmæ arboris, quod lignum ex eâ ponderibus impositis renitatur.

Per hercle rem mirandam Aristoteles in septimo *Problematum* et Plutarchus in octavo *Symposiacorum* dicit. Si super palmæ, inquit, arboris lignum magna pondera imponas, ac tam graviter urgeas oneresque, ut magnitudo oneris sustineri non queat, non deorsum palma cedit, nec intra flectitur, sed adversus pondus resurgit, et sursum nititur recurvaturque. Propterea, inquit Plutarchus, in certaminibus palmam signum esse placuit victoriæ, quoniam ingenium ligni ejusmodi est, ut urgentibus opprimentibusque non cedat.

VII. Historia ex *Annalibus* sumpta de Q. Cædicio, tribuno militum, verbaque ex *Originibus* M. Catonis apposita, quibus Cædicii virtutem cum Spartano Leonida æquiparat.

Pulchrum, dii boni ! facinus Græcarumque facundiarum magniloquentia condi-

éloquente nous lisons dans le livre des *Origines* de M. Caton, sur le tribun militaire Q. Cédicius ! Voici le sens du passage en question :

Dans la première guerre punique, le général carthaginois qui commandait en Sicile s'avance contre l'armée romaine, et s'empare des hauteurs et de toutes les positions les plus favorables. Les soldats romains sont obligés de s'engager dans un défilé dangereux où ils courent risque de périr. Le tribun Cédicius vient trouver le consul, lui montre que, dans cette position et entourée d'ennemis, l'armée est exposée aux plus grands dangers: « Si tu veux sauver l'armée, ajouta le tribun, je pense qu'il est à propos qu'on envoie quatre cents soldats vers cette verrue (c'est ainsi que M. Caton désigne les lieux élevés et de difficile accès), et que, sur tes exhortations, sur tes ordres, ils s'en emparent; dès que les ennemis verront cette troupe, les plus braves et les plus déterminés d'entre eux accourront pour l'arrêter, et engageront une affaire qui les occupera tous. Les quatre cents soldats seront massacrés, sans aucun doute; mais toi, pendant que les ennemis seront occupés à les égorger, tu auras le temps de tirer l'armée de ce défilé; il n'y a pas, je crois, d'autre moyen de salut. — Cet avis, dit le consul, me paraît excellent; mais qui se

---

gnum M. Cato in libris *Originum* de Q. Cædicio, tribuno militum, scriptum reliquit. Id profecto est ad hanc ferme sententiam :

Imperator Pœnus in terra Sicilia, bello Carthaginiensi primo, obviam Romano exercitui progreditur; colles locosque idoneos prior occupat. Milites Romani, uti res nata est, in locum insinuant, fraudi et perniciei obnoxium. Tribunus ad consulem venit; ostendit exitium de loci importunitate et hostium circumstantia. « Maturum censeo, inquit, si rem servare vis, faciundum ut quadringentos aliquos milites ad verrucam illam (sic enim M. Cato locum editum asperumque appellat) ire jubeas, eamque uti occupent imperes horterisque : hostes profecto ubi id viderint, fortissimus quisque et promptissimus ad occursandum pugnandumque in eos prævertentur, unoque illo negotio sese alligabunt : atque illi omnes quadringenti procul dubio obtruncabuntur. Tu interea, occupatis in ea cæde hostibus, tempus exercitus ex hoc loco educendi habebis. Alia, nisi hæc, salutis via nulla est. — Consul tribuno respondit, consilium quidem fidum atque

chargera de conduire ces quatre cents soldats sur les hauteurs couronnées d'ennemis ? — Si tu ne trouves personne, reprit le tribun, sers-toi de moi pour tenter l'exécution de cette entreprise ; je fais à mon général et à la république le sacrifice de ma vie. » Le consul complimente et remercie le tribun. Les quatre cents soldats marchent à la mort, Cédicius à leur tête. Les ennemis, admirant leur audace, attendent pour voir où ils se dirigeront ; mais dès que le général carthaginois comprend qu'ils s'avancent pour s'emparer des hauteurs, il détache contre eux tout ce qu'il y avait de plus intrépide dans son armée, tant en infanterie qu'en cavalerie. Les Romains sont enveloppés ; dans cette position, ils se défendent avec énergie ; la victoire même est longtemps incertaine. Enfin le nombre l'emporte : les quatre cents tombent tous percés de coups d'épée, ou couverts de traits. Le consul met à profit le temps du combat pour sortir du défilé et prendre une position sûre dans des lieux élevés. Mais je transcrirai les propres termes de Caton pour raconter le prodige que firent les dieux dans ce combat, en faveur du tribun qui commandait les quatre cents soldats :

« Les dieux immortels donnèrent au tribun un sort digne de sa bravoure. Couvert de blessures, il n'en reçut aucune à la tête ;

providens sibi viderier ; sed istos, inquit, milites quadringentos ad eum locum in hostium cuneos quisnam erit qui ducat ? — Si alium, inquit tribunus, neminem reperis, me licet ad hoc periculum utare : ego hanc tibi et reipublicæ animam do. » Consul tribuno gratias laudesque egit. Tribunus et quadringenti ad moriendum proficiscuntur. Hostes eorum audaciam demirantur ; quorsum ire pergant, in exspectando sunt. Sed ubi apparuit ad eamdem verrucam occupandam iter intendere, mittit adversum illos imperator Carthaginiensis peditatum equitatumque, quos in exercitu viros habuit strenuissimos. Romani milites circumveniuntur ; circumventi repugnant. Fit prælium diu anceps. Tandem superat multitudo. Quadringenti omnes tum una, perfossi gladiis, aut missilibus operti ; cadunt. Consul, interibi dum ea pugna fit, se in locos tutos atque editos subducit. Sed quod illi tribuno, duci militum quadringentorum, divinitus in eo prælio usus venit, non jam nostris, sed ipsius Catonis verbis subjecimus :

« Dii immortales tribuno militum fortunam ex virtute ejus dedere. Nam ita

on le trouva parmi les morts, épuisé par la perte de son sang, respirant à peine; on l'emporta, il revint à la vie; plusieurs fois dans la suite il donna à sa patrie des preuves de son courage. Dans cette circonstance, s'il conduisit à la mort quatre cents soldats, il sauva le reste de l'armée. Mais malheureusement la gloire d'une belle action dépend beaucoup du théâtre où elle s'est passée. L'univers retentit des louanges du Lacédémonien Léonidas, qui aux Thermopyles montra un semblable courage; la Grèce, sa patrie, a exalté sa valeur, l'a immortalisée par des monuments, par des statues, par des tableaux, par des récits, par des éloges publics; elle a mis tout en usage pour témoigner sa reconnaissance, et l'on connaît à peine le nom d'un tribun qui n'a pas montré moins de courage, et qui a sauvé sa patrie. » C'est ainsi que M. Caton honore par son témoignage la vaillance de Q. Cédicius. Toutefois Claudius Quadrigarius, dans le troisième livre de ses *Annales*, dit que le tribun ne s'appelait pas Cédicius, mais Labérius.

VIII. Lettre remarquable des consuls C. Fabricius et Q. Émilius, au roi Pyrrhus, conservée par l'historien Q. Claudius.

Lorsque Pyrrhus était en Italie, et que, vainqueur dans deux

---

evenit : quum saucius multifariam ibi factus esset, tum vulnus capiti nullum evenit : quumque inter mortuos defatigatum vulneribus ægreque spirantem, quod sanguen defluxerat, cognovere, eum sustulere. Isque convaluit : sæpeque post illa operam reipublicæ fortem atque strenuam perhibuit : illoque facto, quod illos milites subduxit, exercitum cæterum servavit. Sed idem benefactum in quo loco ponas, nimium interest. Leonidas Lacedæmonius laudatur, qui simile apud Thermopylas fecit. Propter ejus virtutes omnis Græcia gloriam atque gratiam præcipuam claritudinis inclytissimæ decoravere monumentis, signis, statuis, elogiis, historiis, aliisque rebus gratissimum id ejus factum habuere. At tribuno militum parva laus pro factis relicta, qui idem fecerat, atque rem [publicam] servaverat. » Hanc Q. Cædicii virtutem M. Cato tali suo testimonio decoravit. Claudius autem Quadrigarius *Annali* tertio non Cædicio nomen fuisse refert, sed Laberio.

VIII. Litteræ eximiæ consulum C. Fabricii et Q. Æmilii ad regem Pyrrhum a Q. Claudio, scriptore historiarum, in memoriam datæ.

Quum Pyrrhus rex in terra Italia esset, et unam atque alteram pugnam

batailles, il pressait de toutes parts les Romains, qu'un grand nombre de peuples de l'Italie passaient du côté du vainqueur, un certain Timocharès d'Ambracie, favori du roi, vint en secret trouver C. Fabricius, et s'offrit, pour un salaire, à empoisonner son maître : ce qui serait d'autant plus facile, ajoutait-il, que ses fils étaient échansons du prince. Fabricius en écrit au sénat, qui envoie des ambassadeurs à Pyrrhus, avec ordre de ne point dénoncer Timocharès, mais de conseiller au roi d'agir avec plus de circonspection, et de se mettre en garde contre la trahison de ceux qui l'approchent le plus. Ce trait est ainsi rapporté par l'historien Valérius Antias. Mais Quadrigarius, dans le troisième livre de ses *Annales*, raconte que ce ne fut pas Timocharès, mais Nicias qui vint trouver le consul; que les ambassadeurs ne furent point envoyés par le sénat, mais par les consuls; que le roi écrivit au peuple romain une lettre d'éloges et de remerciements, et qu'il renvoya sans rançon tous les prisonniers romains. Les consuls de cette année étaient C. Fabricius et Q. Émilius. Le texte de la lettre qu'ils écrivirent à Pyrrhus nous a été conservé par Claudius Quadrigarius :

« Les consuls romains au roi Pyrrhus, salut. Nous désirons

---

prospere pugnasset, satisque angerentur Romani, et pleraque Italia ad regem descivisset : tum Ambraciensis quispiam Timochares, regis Pyrrhi amicus, ad C. Fabricium consulem furtim venit, ac præmium petivit; et, si de præmio conveniret, promisit regem venenis necare : idque facile esse factu, dixit, quoniam filii sui pocula in convivio regi ministrarent. Eam rem Fabricius ad senatum scripsit. Senatus legatos ad regem misit, mandavitque, ut de Timochare nihil proderent, sed monerent uti rex circumspectius ageret, atque a proximorum insidiis salutem tutaretur. Hoc ita, uti diximus, in Valerii Antiatis historia scriptum est. Quadrigarius autem in libro tertio non Timocharem, sed Niciam adisse ad consulem scripsit; neque legatos a senatu missos, sed a consulibus, et regem populo Romano laudes atque gratias scripsisse, captivosque omnes, quos tum habuerit, restituisse et reddidisse. Consules tum fuerunt C. Fabricius et Q. Æmilius. Litteras, quas ad regem Pyrrhum super ea causa miserunt, Claudius Quadrigarius scripsit fuisse hoc exemplo :

« Consules Romani salutem dicunt Pyrrho regi. Nos pro tuis injuriis continuo

toujours nous venger du mal que tu nous as fait, nous sommes toujours tes ennemis, et nous mettons tous nos soins à te faire la guerre. Mais pour donner à tous l'exemple de la loyauté, nous voulons sauver notre ennemi, afin de pouvoir en triompher plus tard. Un de tes courtisans, Nicias, est venu nous trouver pour nous demander quelle récompense il pouvait attendre de nous s'il mettait fin à tes jours. Nous avons rejeté ses propositions; nous lui avons dit qu'il ne devait rien attendre des consuls romains; en même temps il nous a paru bon de t'informer de ce projet criminel, afin que si l'on attentait à ta vie, aucun peuple ne crût que nous sommes les instigateurs du crime, et ne pensât que c'est par la ruse ou par la trahison soldée que nous combattons nos ennemis; si tu ne te tiens sur tes gardes, tu périras. »

IX. Ce qu'était le cheval de Séius, connu par un proverbe. Couleur des chevaux appelés *spadices*, chevaux bais. Origine de ce mot.

Gabius Bassus, dans ses *Commentaires*, Julius Modestus, dans le deuxième livre de ses *Remarques mêlées*, racontent l'histoire merveilleuse du cheval de Séius. Ce Cn. Séius, disent ces auteurs, avait un cheval, né à Argos, en Grèce, dont l'origine, si

---

animo strenui, commoti inimiciter, tecum bellare studemus. Sed communis exempli et fidei [ergo] visum est, uti te salvum velimus; ut esset, quem [armis] vincere possimus. Ad nos venit Nicias, familiaris tuus, qui sibi pretium a nobis peteret, si te clam interfecisset. Id nos negavimus velle; neve ob eam rem quidquam commodi exspectaret : et simul visum est ut te certiorem faceremus ne quid ejusmodi, si accidisset, nostro consilio civitates putarent factum : et quod nobis non placet, pretio aut præmio aut dolis pugnare. Tu, nisi caves, jacebis. »

IX. Quis et cujusmodi fuerit, qui in proverbio fertur, equus Seianus : et qualis color equorum sit, qui spadices vocantur; deque istius vocabuli ratione.

Gabius Bassus in *Commentariis* suis, item Julius Modestus in secundo *Quæstionum confusarum* historiam de equo Seiano tradunt dignam memoria atque admiratione. Cn. Seium quempiam scribunt fuisse; eumque habuisse equum natum Argis in terra Græcia : de quo fama constans esset, tanquam de genere

l'on en croit une tradition fort accréditée, remontait jusqu'à ces fameux coursiers que Diomède possédait en Thrace, et qu'Hercule, après avoir fait périr Diomède, conduisit de Thrace dans Argos. C'était, dit-on, un cheval bai, d'une grandeur extraordinaire ; il avait la tête haute, la crinière fournie et luisante, et possédait au plus haut degré toutes les autres qualités que l'on estime dans un cheval. Mais telle était la fatalité ou le sort funeste attaché à cet animal, que tous ceux qui le possédaient mouraient de mort violente après avoir perdu tout leur bien, à la suite d'affreux malheurs. Ainsi, son premier maître, Cn. Séius, condamné à mort par M. Antoine, qui dans la suite fut triumvir, perdit la vie dans d'horribles supplices ; à la même époque, le consul Cornélius Dolabella, partant pour la Syrie, attiré par la célébrité de ce coursier, passa par Argos ; il fut saisi d'un vif désir de l'avoir, et il l'acheta cent mille sesterces. Or, la guerre civile ayant éclaté en Syrie, Dolabella lui-même fut assiégé et égorgé. Bientôt le cheval passa de Dolabella à C. Cassius, qui avait assiégé ce dernier ; on sait assez que Cassius, voyant la ruine de son parti, la déroute de son armée, périt d'une manière funeste, frappé de sa propre main. Vainqueur de Cassius, Antoine se fit amener le

---

equorum progenitus foret, qui Diomedis Thracis fuissent ; quos Hercules, Diomede occiso, e Thracia Argos perduxisset. Eum equum fuisse dicunt magnitudine inusitata, cervice ardua, colore phœniceo flava et comanti juba ; omnibusque aliis equorum laudibus quoscumque longe præstitisse : sed eumdem equum tali fuisse fato sive fortuna ferunt, ut, quisquis haberet eum possideretque, is cum omni domo, familia, fortunisque omnibus suis ad internecionem deperiret. Itaque primum illum Cn. Seium, dominum ejus, a M. Antonio, qui postea triumvir reipublicæ constituendæ fuit, capitis damnatum, miserando supplicio affectum esse : eodem tempore Cornelium Dolabellam consulem, in Syriam proficiscentem, fama istius equi adductum, Argos devertisse ; cupidineque habendi ejus exarsisse ; emisseque [eum] sestertiis centum millibus : sed ipsum quoque Dolabellam in Syria bello civili obsessum atque interfectum esse : mox eumdem equum, qui Dolabellæ fuerat, C. Cassium, qui Dolabellam obsederat, abduxisse. Eum Cassium postea satis notum est, victis partibus, fusoque exercitu suo, miseram mortem oppetiisse : deinde Antonium post interitum Cassii, parta victoria, equum illum

cheval déjà fameux de son adversaire; mais, peu de temps après l'avoir eu en sa possession, trahi par la fortune, abandonné des siens, il périt de la plus déplorable mort. De là ce proverbe appliqué souvent aux hommes que le malheur poursuit : *Cet homme a le cheval de Séius.* Tel est encore le sens de cette ancienne locution passée en proverbe : *L'or de Toulouse.* En voici l'origine : le consul Q. Cépion, ayant pillé Toulouse, dans les Gaules, trouva beaucoup d'or dans les temples de cette cité; et on remarqua que ceux qui, dans le pillage, avaient pris de cet or, périrent tous d'une mort misérable et violente. Gabius Bassus rapporte qu'il vit à Argos le cheval de Séius; il fut frappé de la beauté extraordinaire de cet animal, de sa vigueur et de la couleur remarquable de sa robe. Cette couleur était comme nous l'avons dit plus haut, celle que les Latins appellent *phœniceus*, et les Grecs φοίνιξ ou bien encore σπάδιξ, rouge foncé, parce que c'est le nom qu'on donne à une branche de palmier, arrachée de l'arbre avec son fruit.

X. Vertu et propriété du nombre sept, constatées par un grand nombre d'exemples. Faits nombreux cités par M. Varron, sur ce sujet, dans son traité des *Semaines*.

M. Varron, dans le premier livre de son ouvrage intitulé Se-

nobilem Cassii requisisse ; et quum eo potitus esset, ipsum quoque postea victum atque desertum detestabili exitio interisse. Hinc proverbium de hominibus calamitosis ortum, dicique solitum : *Ille homo habet equum Seianum.* Eadem sententia est illius quoque veteris proverbii, quod ita dictum accepimus : *Aurum Tolosanum.* Nam quum oppidum Tolosanum in terra Gallia Q. Cæpio consul diripuisset, multumque auri in ejus oppidi templis fuisset, quisquis ex ea direptione aurum attigit, misero cruciabilique exitu periit. Hunc equum Gabius Bassus vidisse se Argis refert haud credibili pulchritudine, vigoreque et colore exuberantissimo; quem colorem nos, sicuti dixi, phœniceum, Græci partim φοίνικα, alii σπάδικα appellant, quoniam palmæ termes ex arbore cum fructu avulsus spadix dicitur.

X. Quod est quædam septenarii numeri vis et facultas in multis naturæ rebus animadversa, de qua M. Varro in *Hebdomadibus* disserit copiose.

M. Varro, in primo librorum qui inscribuntur *Hebdomades* vel *de Imaginibus*,

maines ou *Images*, traite fort au long de la vertu et de la propriété du nombre sept, que les Grecs appellent ἑϐδομάς. « Ce nombre, dit-il, forme dans le ciel la grande et la petite Ourse, les *Vergiliæ*, que les Grecs appelent Πλειάδες, pléiades; il forme aussi les étoiles que les uns appellent *erraticæ*, planètes, et P. Nigidius *errones*. » Les cercles célestes, qui ont pour centre l'axe du monde, sont aussi au nombre de sept: les deux plus petits, voisins de l'extrémité de l'axe, sont appelés pôles; leur petitesse empêche de les marquer sur la sphère *armillaire*. Le zodiaque lui-même renferme ce nombre sept : en effet, le solstice d'été arrive quand le soleil entre dans le septième signe, à partir du solstice d'hiver; de même le solstice d'hiver a lieu quand le soleil a parcouru sept signes, à partir du solstice d'été. On compte également sept signes d'un équinoxe à l'autre. Le temps que les alcyons emploient à construire leur nid sur l'eau, dans l'hiver, est aussi de sept jours. Varron ajoute que la révolution de la lune se fait en quatre fois sept jours : « En effet, dit-il, en vingt-huit jours elle revient au point d'où elle est partie. » Il cite Aristide de Samos comme étant l'auteur de cette observation. En cela, dit-il, il y a deux choses à remarquer : d'abord, que la lune décrit son cercle en quatre fois sept jours, c'est-à-dire en vingt-huit jours;

---

septenarii numeri, quem Græci ἑϐδομάδα appellant, virtutes potestatesque multas variasque dicit. « Is namque numerus, inquit, Septentriones majores minoresque facit in cœlo, item Vergilias, quas Πλειάδας Græci vocant; facit etiam stellas, quas alii erraticas, P. Nigidius errones appellat. » Circulos quoque ait in cœlo circum longitudinem axis septem esse; e queis, duos minimos, qui axem extimum tangunt, πόλους appellari dicit; sed eos in sphæra quæ κρικωτὴ vocatur, propter brevitatem, non inesse. Atqui neque ipse zodiacus septenario numero caret : nam in septimo signo fit solstitium a bruma; in septimo bruma a solstitio; in septimo æquinoctium ab æquinoctio. Dies deinde illos, quibus halcyones hieme anni in aqua nidulantur, eos quoque septem esse dicit. Præterea scribit lunæ curriculum confici integris quater septenis diebus : « Nam duodetricesimo luna, inquit, ex quo vestigio profecta est, eodem redit : » auctoremque opinionis hujus Aristidem esse Samium : in qua re non id solum animadverti debere dicit, quod quater septenis, id est octo et viginti diebus conficeret iter

et ensuite, que le nombre sept, ajouté à lui-même, forme, si l'on additionne toutes les unités depuis la première jusqu'à la dernière, le nombre vingt-huit, qui est celui de la durée de la révolution de la lune. D'après le même auteur, le nombre sept a aussi une influence bien marquée sur la formation et la naissance de l'homme : « Lorsque le principe fécondant, dit Varron, a pénétré dans le sein de la femme, il s'amoncelle et se réunit pendant les sept premiers jours, et devient ainsi susceptible de recevoir une forme et une figure; au bout de quatre semaines, lorsque le fœtus doit être un enfant mâle, la tête et l'épine dorsale se forment; après la septième semaine, vers le quarante-neuvième jour, l'homme est complétement formé. » Voici une autre observation de Varron sur la puissance du nombre sept. Le fœtus, de quelque sexe qu'il soit, ne peut naître viable et à terme avant le septième mois ; depuis l'instant de la conception jusqu'à celui de la naissance, il reste ordinairement dans le sein maternel deux cent trente-six jours, c'est-à-dire quarante fois sept jours. Varron nous apprend en même temps que les nombres climatériques les plus dangereux sont ceux qui se composent du nombre sept. Les Chaldéens appellent nombres climatériques les époques où l'homme est menacé de la perte de la vie ou de ses

---

luna suum; sed quod is numerus septenarius, si ab uno profectus dum ad semet ipsum progreditur, omnis, per quos progressus est, numeros comprehendat, ipsumque se addat, facit numerum octo et viginti : quot dies sunt curriculi lunaris. Ad homines quoque nascendos vim numeri istius porrigi pertinerequé ait : Nam quum in uterum, inquit, mulieris genitale semen datum est, primis septem diebus conglobatur coagulaturque, fitque ad capiendum figuram idoneum. Post deinde, quarta hebdomade, quod ejus virile secus futurum est, caput et spina, quæ est in dorso, informatur. Septima autem fere hebdomade, id est nono et quadragesimo die, totus, inquit, homo in utero absolvitur. » Illam quoque vim numeri hujus observatam refert, quod ante mensem septimum neque masculus neque femina salubriter ac secundum naturam nasci potest; et quod ii qui justissime in utero sunt, post ducentos septuaginta tres dies, postquam sunt concepti, quadragesima denique hebdomade ita nascuntur. Pericula quoque vitæ fortunarumque hominum, quæ climacteras Chaldæi appellant, gra-

biens. A tout cela Varron ajoute que la plus haute taille du corps humain est de sept pieds; ce qui me paraît plus probable que le récit d'Hérodote, ce conteur de fables, qui, dans le livre premier de ses *Histoires*, rapporte qu'on a trouvé sous terre le corps d'Oreste, long de sept coudées; ce qui fait douze pieds un quart, à moins que l'on n'admette avec Homère que les hommes des premiers siècles étaient d'une stature plus élevée que ceux de notre époque, et que maintenant le monde vieillissant pour ainsi dire, tout dégénère, les choses et les hommes. Voici d'autres faits cités par Varron : les dents poussent dans les sept premiers mois; il en sort sept de chaque côté; elles tombent à la septième année; et les molaires percent vers la quatorzième année. Les pulsations des veines, ou plutôt celles des artères, suivent une espèce de rhythme que détermine le nombre sept, d'après l'opinion des médecins qui guérissent par le secours de la musique; ils appellent ce mouvement διὰ τεσσάρων συμφωνία, c'est-à-dire l'harmonie formée du nombre quatre. Varron pense que les dangers des maladies augmentent dans les jours formés du nombre sept; et que les jours *critiques ou décisifs*, Κριτικοὺσ ἢ κρισίμους, comme les appellent les médecins, sont le sept, le quatorze et le vingt et un de chaque mois. Une autre observation ne laisse pas de confirmer la vertu et la puissance du nombre sept : ceux

---

vissima quæque fieri affirmat septenariis. Præter hæc, modum esse dicit summum adolescendi humani corporis septem pedes. Quod esse magis verum arbitramur, quam quod Herodotus, homo fabulator, in primo *Historiarum*, inventum esse sub terra scripsit Oresti corpus, cubita longitudinis habens septem; quæ faciunt pedes duodecim et quadrantem : nisi si, ut Homerus opinatus est, vastiora prolixioraque fuerint corpora hominum antiquorum : et nunc, quasi jam mundo senescente, rerum atque hominum decrementa sunt. Dentes quoque et in primis septem mensibus et septenos ex utraque parte gigni ait, et cadere annis septimis, et genuinos annasci annis fere bis septenis. Venas etiam in hominibus, vel potius arterias, medicos musicos dicere ait numero moveri septenario : quod ipsi appellant τὴν διὰ τεσσάρων συμφωνίαν, quæ fit in collatione quaternarii numeri. Discrimina etiam periculorum in morbis majore vi fieri putant in diebus qui conficiuntur ex numero septenarii : eosque dies omnium maxime, ita ut medici

qui veulent se laisser périr de faim ne meurent que le septième jour. Telles sont les recherches soigneuses que Varron a faites sur le nombre sept; toutefois, il ajoute d'autres observations qui ne sont rien moins qu'intéressantes : par exemple, qu'il y a sept merveilles du monde; qu'il y eut sept sages; que dans les jeux, les chars doivent parcourir sept fois le Cirque; que sept chefs furent choisis pour assiéger Thèbes. Il termine en disant qu'il a bientôt vécu sept fois douze années; qu'il a écrit sept fois soixante-dix livres, dont il perdit un assez grand nombre, sa bibliothèque ayant été pillée pendant qu'il était proscrit.

XI. De quels pauvres arguments se sert Attius dans ses *Didascaliques*, pour prouver que le poëte Hésiode est plus ancien qu'Homère.

On n'est point d'accord sur l'époque où vécurent Homère et Hésiode. Les uns prétendent qu'Homère est plus ancien qu'Hésiode : de ce nombre sont Philochorus et Xénophanes; d'autres, qu'il est moins ancien : parmi ces derniers se trouvent le poëte L. Attius et l'historien Éphorus. Marcus Varron, dans le premier

appellant, κριτικούς ἢ κρισίμους cuique videri, primam hebdomadam et secundam et tertiam. Neque non id etiam est ad vim facultatesque ejus numeri augendas, quod, quibus inedia mori consilium est, septimo demum die mortem oppetunt. Hæc Varro de numero septenario scripsit admodum conquisite; sed alia quoque ibidem congerit frigidiuscula; veluti septem opera esse in orbe terræ miranda, et sapientes item veteres septem fuisse, et curricula ludorum Circensium solemnia septem esse, ad oppugnandas Thebas duces septem delectos. Tum ibi addit, se quoque jam duodecimam annorum hebdomadam ingressum esse, et ad eum diem septuaginta hebdomadas librorum conscripsisse : ex quibus aliquam, tum quum proscriptus esset, direptis bibliothecis suis, non comparuisse.

XI. Quibus et quam frivolis argumentis Attius in *Didascalicis* utatur, quibus docere nititur, Hesiodum esse, quam Homerum, natu antiquiorem.

Super ætate Homeri atque Hesiodi non consentitur. Alii Homerum, quam Hesiodum, majorem natu fuisse scripserunt : in queis Philochorus et Xenophanes; alii minorem : in queis L. Attius poeta et Ephorus historiæ scriptor. Marcus

livre de ses *Images*, dit qu'il est assez difficile de savoir lequel de ces deux poëtes est né le premier ; mais qu'il n'est pas douteux qu'ils furent pendant quelque temps contemporains. A l'appui de son opinion, il cite une inscription tracée sur le trépied qui fut consacré par Hésiode sur le mont Hélicon. Le poëte Attius, dans le premier livre de ses *Didascaliques*, se sert de bien pauvres arguments pour établir qu'Hésiode est venu le premier. « Lorsqu'Homère, dit-il, au commencement de son *Iliade*, dit qu'Achille est le fils de Pélée, il néglige de nous apprendre quel est ce Pélée ; sans contredit, il n'eût pas manqué de nous en instruire, si déjà Hésiode ne nous eût fait connaître ce personnage. De même, en parlant du Cyclope, il ne dit point qu'il n'a qu'un œil ; certes il n'eût pas passé sous silence un trait aussi remarquable, si Hésiode ne nous en avait instruit déjà dans ses vers. » On est encore beaucoup moins d'accord sur la patrie d'Homère. Selon les uns, il naquit à Colophon ; selon les autres, à Smyrne ; quelques-uns font de lui un Athénien, d'autres un Égyptien ; Aristote affirme qu'il est natif de l'île d'Ios. M. Varron, dans le livre premier de ses *Images*, place cette inscription au bas du portrait d'Homère :

Cette chèvre blanche indique le lieu où repose Homère : car une

---

autem Varro in primo *de Imaginibus*, uter natus prior sit, parum constare dicit ; sed non esse dubium quin aliquo tempore eodem vixerint ; idque ex epigrammate ostendit, quod in tripode scriptum est, qui in monte Helicone ab Hesiodo positus traditur. Attius autem in primo *Didascalico* levibus admodum argumentis utitur, per quæ ostendit Hesiodum natu priorem : « Quod Homerus, inquit, quum in principio carminis Achillem esse filium Pelei diceret, quis esset Peleus, non addidit. Quam rem procul, inquit, dubio dixisset, nisi ab Hesiodo jam dictum videret[ur]. De Cyclope itidem, inquit, vel maxime quod unoculus fuit, rem tam insignem non præterisset, nisi æque prioris Hesiodi carminibus vulgatum esset. » De patria quoque Homeri multo maxime dissensum est. Alii Colophonium, alii Smyrnæum ; sunt qui Atheniensem, sunt qui Ægyptium dicant fuisse ; Aristoteles tradidit ex insula Io natum. M. Varro, in libro *de Imaginibus* primo, Homeri imagini hoc epigramma apposuit :

Capella Homeri candida hæc tumulum indicat :

chèvre blanche est la victime que les habitants d'Ios sacrifient à sa mémoire.

Sept villes se disputent l'honneur d'avoir donné le jour à Homère : Smyrne, Rhodes, Colophon, Salamine, Ios, Argos, Athènes.

XII. Que P. Nigidius, savant distingué, en appelant un ivrogne *bibosus*, se sert d'une expression inusitée et bien peu latine.

Dans ses commentaires sur la grammaire, P. Nigidius désigne un ivrogne par les mots de *bibax*, de *bibosus*. *Bibax* comme *edax*, grand mangeur, est employé fréquemment. Je pourrais citer plusieurs exemples de l'emploi de ce mot, que je lis dans beaucoup d'auteurs ; mais je n'ai trouvé *bibosus* que chez Labérius. On ne voit pas, non plus, de mot formé de cette façon : car *bibosus* n'est pas de la même espèce que *vinosus*, *vitiosus*, et autres mots semblables qui dérivent de substantifs et non de verbes. Labérius, dans un de ses mimes, *le Marchand de sel*, s'est servi de ce mot dans le vers suivant :

Non mammosa, non annosa, non bibosa, non procax.

Qui n'a point de grosses mamelles ; qui n'est ni vieille, ni buveuse, ni insolente.

Quod hac Ietæ mortuo faciunt sacra.

Ἑπτὰ πόλεις διερίζουσι περὶ ῥίζαν Ὁμήρου·
Σμύρνα, Ῥόδος, Κολοφών, Σαλαμίν, Ἴος, Ἄργος, Ἀθῆναι.

XII. Largum atque avidum bibendi a P. Nigidio, doctissimo viro, novo et propemodum absurdo vocabulo *bibosum* dictum.

Bibendi avidum P. Nigidius in commentariis grammaticis *bibacem* et *bibosum* dicit. *Bibacem* ego, ut edacem, a plerisque aliis dictum lego. *Bibosum* dictum etiam nusquam reperi, nisi apud Laberium : neque aliud est, quod simili inclinatu dicatur. Non enim simile est, ut *vinosus*, aut *vitiosus*, cæteraque, quæ hoc modo dicuntur : quoniam a vocabulis, non a verbo, inclinata sunt. Laberius in mimo [vel primo], qui *Salinator* inscriptus est, verbo hoc ita utitur :

Non mammosa, non annosa, non bibosa, non procax.

XIII. Que Démosthène, pendant sa jeunesse, lorsqu'il était disciple de Platon, ayant entendu, par hasard, l'orateur Callistrate prononcer un discours dans l'assemblée du peuple, quitta l'école du philosophe pour suivre l'orateur.

Hermippus nous apprend que Démosthène, dans sa première jeunesse, allait souvent à l'Académie, où il suivait assidûment les leçons de Platon. Un jour, dit ce même Hermippus, Démosthène, sortant de chez lui pour se rendre, selon sa coutume, à l'école de son maître, voit un nombreux concours de peuple; il en demande la cause : on lui répond que cette multitude court entendre Callistrate. Ce Callistrate était un de ces orateurs publics d'Athènes que les Grecs appellent *démagogues*. Démosthène se détourne un instant de sa route pour s'assurer si le discours qui attirait tant de monde était digne d'un tel empressement. Il arrive, il entend Callistrate prononcer son remarquable plaidoyer sur Orope. Il est si ému, si charmé, si entraîné, qu'aussitôt, abandonnant Platon et l'Académie, il s'attache à Callistrate.

XIII. Quod Demosthenes, etiam tum adolescens, quum Platonis philosophi discipulus foret, audito forte Callistrato rhetore in concione populi, destitit a Platone, et sectatus est Callistratum.

Hermippus hoc scriptum reliquit, Demosthenem, admodum adolescentem, ventitare in Academiam, Platonemque audire solitum. Atque is, inquit, Demosthenes, domo egressus, ut ei mos erat, quum ad Platonem pergeret, compluresque populos concurrentes videret, percontatur ejus rei causam, cognoscitque currere eos auditum Callistratum. Is Callistratus Athenis orator in republica fuit. Illi δημαγωγοὺς appellant. Visum est paulum devertere, experirique an ad digna auditu tanto properatum studio foret. Venit, inquit, atque audit Callistratum, nobilem illam τὴν περὶ Ὠρωποῦ δίκην dicentem : atque ita motus et demulctus et captus est, ut Callistratum jam inde sectari cœperit, Academiam cum Platone reliquerit.

XIV. Que ces locutions, *dimidium librum legi, dimidiam fabulam audivi*, et autres semblables, ne sont pas correctes. Comment M. Varron démontre l'impropriété de ces termes, qui ne peuvent être justifiés par aucun exemple tiré des anciens.

Dimidium librum legi, j'ai lu la moitié d'un livre, *dimidiam fabulam audivi*, j'ai entendu la moitié d'un récit, et autres locutions de ce genre, sont, de l'avis de Varron, incorrectes et vicieuses : « L'expression propre est alors, dit-il, *dimidiatum librum, dimidiatam fabulam*, et non *dimidium librum, dimidiam fabulam legi*. Mais si dans un *setier* on verse une *hémine*, il ne faudra pas dire, en parlant du demi-setier versé, *dimidiatus sextarius fusus*, mais *dimidius*. De même, si un homme à qui il est dû mille deniers en a reçu cinq cents, cette moitié payée sera désignée par *dimidium* et non par *dimidiatum*. Au contraire, ajoute Varron, si je divise en deux parties égales une coupe d'argent que je possède en commun avec un autre, je devrai dire, en parlant de la coupe, *dimidiatus scyphus meus*, et non *dimidius*; en parlant de l'une des deux parties d'argent de la coupe, par exemple de celle qui m'appartient, je dirai *dimidium meum*, et non *dimidiatum*. » Telle est la distinction savante que Varron établit entre *dimidium* et *dimidiatum*. Il ajoute que

---

XIV. *Dimidium librum legi*, aut *dimidiam fabulam audivi*, aliaque hujusmodi qui dicat, vitiose dicere : ejusque vitii causas reddere M. Varronem; nec quemquam veterum hisce verbis ita usum esse.

Dimidium librum legi, aut *dimidiam fabulam audivi*, vel quid aliud hujuscemodi, male ac vitiose dici existimat Varro. « Oportet enim, inquit, dicere *dimidiatum librum*, non *dimidium*; et *dimidiatam fabulam*, non *dimidiam*. Contra autem si e sextario hemina fusa est, *dimidium*, non *dimidiatum sextarium fusum* dicendum est : et qui [quoque] ex mille nummum, quod ei debebatur, quingentos recepit, non *dimidiatum* recepisse dicemus, sed *dimidium*. At si scyphus, inquit, argenteus mihi cum alio communis in duas partes dissectus sit, *dimidiatum* cum dicere esse scyphum debeo, non *dimidium*; argenti autem, quod in eo scypho inest, *dimidium* meum esse, non *dimidiatum*; » disseritque ac dividit subtilissime, quid

ce n'est pas sans raison que Q. Ennius a dit dans ses *Annales*:

Sicuti si quis ferat vas vini dimidiatum.

Comme si on apportait un vase à moitié plein de vin.

S'il s'agissait de la moitié restée vide, on la désignerait par le mot *dimidia*, et non par *dimidiata*. Au reste, nous allons donner le résumé de toute cette dissertation de Varron, où l'on trouve, il faut le dire, autant d'obscurité que de finesse : *Dimidiatum* est presque le synonyme de *dismediatum* ; il se dit d'une chose divisée en deux parties égales. Il ne convient donc qu'à un objet divisé. *Dimidium*, au contraire, se dit, non de ce qui est divisé, mais de l'une des deux parties de l'objet divisé. Ainsi, lorsque nous voulons faire comprendre que nous avons lu la moitié d'un livre, ou que nous avons entendu la moitié d'un récit; si nous disons : *dimidium librum, dimidiam fabulam,* c'est une faute ; car pour désigner un tout divisé, nous nous servons de *dimidium*, au lieu de *dimidiatum*. Lucilius a tenu compte de cette distinction dans ce passage :

Uno oculo, pedibusque duobus dimidiatus,
Ut porcus;

Avec son œil unique et ses deux pieds fendus comme ceux d'un porc ;

dimidium dimidiato intersit. Et Q. Ennium scienter hoc in *Annalibus* dixisse ait :

Sicuti si quis ferat vas vini dimidiatum.

Sicuti pars quæ deest ei vaso non *dimidiata* dicenda est, sed *dimidia*. Omnis autem disputationis ejus, quam subtiliter quidem, sed subobscure explicat, summa hæc est : *Dimidiatum* est quasi *dismediatum*, et in partes duas pares divisum. *Dimidiatum* ergo nisi ipsum quod divisum est, dici haud convenit. *Dimidium* vero est, non quod ipsum *dimidiatum* est, sed quæ ex *dimidiato* pars altera est. Quum igitur partem libri dimidiam legisse volumus dicere, aut partem dimidiam fabulæ audisse : si *dimidiam fabulam*, aut *dimidium librum* dicemus, peccabimus; totum enim ipsum, quod *dimidiatum* atque divisum est, *dimidium* dicis. Itaque Lucilius, eadem sequutus :

Uno, oculo *inquit,* pedibusque duobus dimidiatus,
Ut porcus;

et ailleurs :

> Quidni? Et scruta quidem ut vendat scrutariu' lauda,
> Præfractam strigilem, soleam improbu' dimidiatan.

Pourquoi non? Le fripier vante bien ses guenilles pour les vendre; le rusé coquin vous fait passer pour neuves une étrille brisée, une vieille sandale dont il ne reste que la moitié.

Dans son vingtième livre, il évite avec le plus grand soin de dire *dimidia hora*; il se sert de *dimidium horæ* dans les vers suivants :

> Tempestate sua, atque eodem uno tempore, et hora
> Dimidio, tribu' confectis duntaxat, eamdem
> Et quartam.

Au bon moment pour lui, et juste dans le même espace de temps, au bout de trois heures et demie seulement, la même et la quatrième.

Cependant il était aussi facile et aussi simple de dire :

> . . . . Et hora
> Dimidia tribu' confectis ;

mais il s'est bien gardé d'employer une locution impropre. Ainsi,

---

et alio loco :

> Quidni ? Et scruta quidem ut vendat scrutariu' laudat ;
> Præfractam strigilem, soleam improbu' dimidiatam.

Jam in vicesimo manifestius *dimidiam horam* dicere studiose fugit : sd pro *dimidia dimidium* ponit in hisce versibus :

> Tempestate sua, atque eodem uno tempore, et horæ
> Dimidio, tribu' confectis duntaxat, eamdem
> Et quartam.

Nam quum obvium proximumque esset dicere

> . . . . Et hora
> Dimidia tribu' confectis ;

vigilate atque attente verbum non probum mutavit. Per quod satis aparet, ne

il paraît évident qu'il ne faut pas dire *dimidia hora*, mais tantôt *dimidiata hora*, tantôt *dimidia pars horæ*. C'est pourquoi Plaute, dans les *Bacchidis*, dit : *dimidium auri*, et non *dimidiatum aurum*, la moitié de l'or. Dans *la Marmite*, nous trouvons encore : *dimidium obsonii*, la moitié des provisions, au lieu de *dimidiatum obsonium*. Voici le vers :

Ei adeo obsonii hinc jussit dimidium dari.

Aussi a-t-il ordonné qu'on lui donnât la moitié des provisions.

Nous lisons dans les *Ménechmes* un vers où le poëte dit : *dimidiatus dies*, et non *dimidius dies* :

Dies quidem jam ad umbilicum dimidiatus mortuu 'st.

Déjà la moitié du jour est passée.

M. Caton, dans son traité *sur l'Agriculture*, dit : « Semez épais la graine de cyprès, comme on a coutume de semer le lin ; criblez ensuite au-dessus de la terre à l'épaisseur d'un demi-doigt ; puis aplanissez-la bien avec une planche, ou avec les pieds, ou avec la main. » On voit que Caton met *dimidiatum digitum*, et non *dimidium*. On peut dire *dimidium digiti*; mais au mot *digitus*, on ne peut appliquer que *dimidiatus*. En parlant

---

horam quidem *dimidium* recte dici, sed vel *dimidiatam horam*, vel *dimidiam partem horæ*. Propterea Plautus [quoque] in *Bacchidibus dimidium auri* dicit, non *dimidiatum aurum*. Item in *Aulularia dimidium obsonii*, non *dimidiatum obsonium*, in hoc versu :

Ei adeo obsonii hinc jussit dimidium dari.

In *Menæchmis* autem *dimidiatum diem*, non *dimidium*, in hoc versu :

Dies quidem jam ad umbilicum dimidiatus mortuu 'st.

M. Etiam Cato, in libro quem *de Agricultura* conscripsit : « Semen cupressi serito crebrum, ita uti linum seri solet. Eo cribro terram incernito, dimidiatum digitum. Jam id bene tabula aut pedibus aut manibus complanato. *Dimidiatum* [autem]; inquit, *digitum*, non *dimidium*. Nam digiti quidem *dimidium*, digitum

des Carthaginois, Caton a dit encore : « Ils enterrèrent ces hommes jusqu'à la moitié du corps, *in terram dimidiatos*, ils les entourèrent de feu, et les firent mourir ainsi. » Enfin tous les auteurs qui ont écrit purement leur langue observent la règle que je viens de faire connaître.

XV. Que plusieurs personnes, ainsi que l'attestent l'histoire et la tradition, ont perdu la vie en apprenant la nouvelle d'un bonheur extrême et inattendu, suffoquées par la violence de leur émotion et par l'excès du saisissement.

Le philosophe Aristote raconte que Polycrite, femme noble de l'île de Naxos, expira en apprenant une nouvelle heureuse à laquelle elle ne s'attendait pas. Philippides, poëte comique qui n'était pas sans mérite, après avoir remporté sur la fin de sa carrière, dans un concours poétique, une victoire qu'il n'osait espérer, mourut de même, au milieu de son triomphe, suffoqué par l'excès de sa joie. On connaît l'histoire de Diagoras de Rhodes. Ce Diagoras avait trois fils dans la fleur de l'âge : le premier s'était exercé au pugilat, le second au pancrace, le troisième à la course : il les vit tous trois vainqueurs et couronnés le même

---

autem ipsum *dimidiatum* dici oportet. Item M. Cato de Carthaginiensibus ita scripsit : « Homines defoderunt in terram dimidiatos, ignemque circumposuerunt. Ita interfecerunt. » Neque quisquam omnium qui probe loquuti sunt, his verbis secus, quam dixi, usus est.

XV. Exstare in litteris, perque hominum memorias traditum, quod repente multis mortem attulit gaudium ingens insperatum, interclusa anima et vim magni novique motus non sustinente.

Cognito repente insperato gaudio exspirasse animam refert Aristoteles philosophus Polycritam nobilem feminam Naxo insula. Philippides quoque, comœdiarum poeta haud ignobilis, ætate jam edita, quum in certamine poetarum præter spem vicisset, et lætissime gauderet, inter illud gaudium repente mortuus est. De Rhodio etiam Diagora celebrata historia est. Is Diagoras tres filios adolescentes habuit, unum pugilem, alterum pancratiasten, tertium luctatorem : eosque omnes

jour. Les trois jeunes gens, après avoir embrassé leur père, allèrent poser leur couronne sur sa tête, tandis que le peuple le saluait de ses acclamations et lui jetait des fleurs de toutes parts. Alors, dans le stade même, sous les yeux de la foule, Diagoras expira au milieu des embrassements et dans les bras de ses fils. Nous lisons aussi dans nos annales que, dans le temps où l'armée romaine fut taillée en pièces à Cannes, une mère, avancée en âge, ayant reçu la nouvelle que son fils était mort, s'abandonna aux larmes et à la plus vive douleur. Cependant cette nouvelle était fausse, et le jeune homme, peu de temps après le combat, revint à Rome. En le voyant, sa mère, suffoquée par l'abondance et la vivacité de ses sentiments, succombant, pour ainsi dire, sous le poids accablant d'un si grand bonheur, rendit le dernier soupir à l'instant même.

XVI. Différents termes assignés à la naissance des enfants par les médecins et par les philosophes. Opinion des poëtes anciens à ce sujet. Plusieurs autres détails curieux sur le même sujet. Passage d'Hippocrate tiré de son traité *sur les Aliments*.

Des médecins et des philosophes illustres, s'occupant de l'épo-

vidit vincere coronarique eodem Olympiæ die : et quum ibi eum tres adolescentes amplexi, coronis suis in caput patris positis, saviarentur, quumque populus gratulabundus flores undique in eum jaceret : ibi in stadio, inspectante populo, in osculis atque in manibus filiorum animam efflavit. Præterea in nostris annalibus scriptum legimus, qua tempestate apud Cannas exercitus populi Romani cæsus est, anum matrem, nuntio de morte filii allato, luctu atque mœrore affectam esse. Sed is nuntius non verus fuit; atque is adolescens non diu post ex ea pugna in Urbem rediit. Anus, repente filio viso, copia atque turba et quasi ruina incidentis inopinati gaudii oppressa exanimataque est.

XVI. Temporis varietas in puerperiis mulierum quænam sit [et] a medicis et [a] philosophis tradita : atque inibi poetarum quoque veterum super eadem re opiniones, multaque alia auditu atque memoratu digna verbaque ipsa Hippocratis medici ex libro illius sumpta, qui inscriptus est περὶ Τροφῆς.

Et medici et philosophi illustres de tempore humani partus quæsiverunt,

que de la naissance des enfants, ont recherché combien de temps l'homme reste dans le sein maternel. Voici l'opinion la plus accréditée et la plus vraisemblable : la femme qui a reçu le principe fécondant met au monde son fruit, rarement dans le septième mois, jamais dans le huitième, très-souvent dans le neuvième, assez souvent dans le dixième ; la fin du dixième mois est le terme le plus reculé jusqu'auquel la gestation puisse se prolonger. C'est ce que dit un de nos anciens poètes comiques, Plaute, dans sa comédie intitulée *la Cassette* :

La femme avec laquelle il avait eu commerce mit au monde une fille à la fin du dixième mois.

Ménandre, plus ancien encore, et très-versé dans toutes les connaissances humaines, émet la même opinion dans le vers suivant de la comédie de *Plocium* :

La femme accouche au bout de dix mois.

Notre Cécilius, dans une comédie qui porte le même titre et qui roule sur le même sujet que celle de Ménandre, à laquelle il a fait de nombreux emprunts, met au nombre des mois où la

---

πόσος ὁ τῆς τῶν ἀνθρώπων κυήσεως χρόνος. Et multa opinio est, eaque jam pro vero recepta, postquam mulieris uterum conceperit semen, gigni hominem septimo rarenter, nunquam octavo, sæpe nono, sæpinsnumero decimo mense; eumque esse hominem gignendi summum finem, decem menses non inceptos, sed exactos. Idque Plautum veterem poetam dicere videmus in comœdia *Cistellaria* his verbis :

Tum illa, quam compresserat,
Decumo post mense exacto hic peperit filiam.

Hoc idem tradit etiam Menander, poeta vetustior, humanarum opinionum vel peritissimus. Versus ejus super ea re de fabula *Plocio* posui :

Γυνὴ κυεῖ δεκάμηνος.

Sed noster Cæcilius, quum faceret eodem nomine et ejusdem argumenti comœdiam, ac pleraque a Menandro sumeret, in mensibus tamen genitalibus nomi-

femme peut accoucher le huitième, ce que Ménandre n'avait point dit. Voici le passage de Cécilius :

Une femme peut-elle accoucher au dixième mois? — Sans doute, aussi bien qu'au neuvième, au septième et au huitième.

L'autorité de M. Varron nous donne lieu de croire que Cécilius n'a pas avancé cela au hasard, et que ce n'est pas sans réflexion qu'il n'a pas partagé le sentiment de Ménandre et de plusieurs autres écrivains. En effet, dans le quatorzième livre de son traité sur les *Choses divines*, Varron nous apprend que quelquefois des femmes ont accouché dans le huitième mois. Dans ce même livre, il ajoute que l'accouchement peut quelquefois n'avoir lieu qu'au onzième mois. Au reste, et il nous en prévient, ces deux assertions appartiennent à Aristote. Un passage du traité d'Hippocrate *sur les Aliments* nous explique pourquoi les avis sont partagés au sujet de la possibilité des accouchements du huitième mois; le voici : « Les enfants naissent et ne naissent pas au huitième mois. » Cet aphorisme, obscur par trop de concision, et qui semble renfermer une contradiction, est développé en ces termes par le médecin Sabinus, lumineux commen-

nandis non prætermisit octavum, quem præterierat Menander. Cæcilii versus hice sunt :

> Insolenene mulier decimo mense parere? —
> Pol nono, etiam septimo, atque octavo.

Eam rem Cæcilium non inconsiderate dixisse, neque temere a Menandro atque a multorum opinionibus descivisse, M. Varro uti credamus facit. Nam mense nonnumquam octavo editum esse partum in libro quarto decimo *Rerum divinarum* scriptum reliquit : quo in libro etiam undecimo mense aliquando nasci posse hominem dicit; ejusque sententiæ, tam de octavo quam de undecimo mense, Aristotelem laudat auctorem. Sed hujus de mense octavo dissensionis causa cognosci potest in libro Hippocratis, qui inscriptus est περὶ Τροφῆς, ex quo libro verba hæc sunt : Ἔστι δὲ καὶ οὐκ ἔστιν ὀκτάμηνος γένεσις. Id tam obscure atque præcise tamque adverse dictum Sabinus medicus, qui Hippocratem commodis-

tateur d'Hippocrate : « Les enfants qui naissent par avortement au huitième mois paraissent vivants; mais ils ne le sont pas réellement puisqu'ils meurent un instant après : c'est une apparence de vie; ce n'est pas la force, la puissance de la vie. » Les premiers Romains, suivant Varron, ne regardaient pas comme possibles ces accouchements au huitième mois; ils pensaient que le neuvième et le dixième mois étaient des époques fixées par la nature, et qu'en dehors de ces deux termes, l'accouchement ne pouvait être naturel. Le même auteur ajoute que cette opinion fut l'origine des noms qu'ils donnèrent aux trois Parques; ces noms viennent, en effet, de *parire*, enfanter, et des adjectifs *nonus* et *decimus*. « *Parca*, Parque, dit Varron, vient de *partus*, par le changement d'une seule lettre; et *Nona* et *Decima* viennent des mois qui sont l'époque ordinaire de l'enfantement. » Césellius Vindex dit dans ses *Lectures antiques* : « Les noms donnés aux trois Parques sont : *Nona*, *Decuma*, *Morta*. » Pour appuyer son opinion, il cite ce vers de l'*Odyssée* de Livius, le plus ancien de nos poëtes :

Quand viendra le jour fixé par Morta ?

Mais Césellius, critique peu judicieux, a tout bonnement pris

---

sime commentatus est, his verbis enarravit : Ἔστι μὲν φαινόμενα ὡς ζῶα μετὰ τὴν ἔκτρωσιν· οὐκ ἔστι δὲ ὡς ζησόμενα μετὰ ταῦτα· καὶ ἔστιν οὖν φαντασίᾳ μὲν παραυτίκα ὄντα, δυνάμει δὲ οὐκ ἔστι. Antiquos autem Romanos Varro dicit non recepisse hujuscemodi quasi monstruosas raritates; sed nono mense aut decimo, neque præter hos, aliis partionem mulieris secundum naturam fieri existimasse : idcircoque eos nomina Parcis tribus fecisse a *pariendo* et a *nono* atque *decimo* mense. Nam « *Parca*, inquit, immutata littera una, a *partu* nominata : item *Nona* et *Decima* a partus tempestivi tempore. » Cæsellius autem Vindex in *Lectionibus* suis *antiquis* : « Tria, inquit, nomina Parcarum sunt : *Nona*, *Decuma*, *Morta*, » et versum hunc Livii, antiquissimi poetæ, ponit ex Ὀδυσσείᾳ :

Quando dies adveniet, quem profata Morta est?

Sed homo minime malus Cæsellius *Mortam* quasi nomen accepit, quem acci-

pour le nom de l'une des Parques le mot *Morta*, qui n'est autre que la traduction du Μοῖρα des Grecs, destin, la Parque. A ces renseignements sur la durée de la gestation, puisés dans différents ouvrages, je joindrai le récit d'un fait arrivé à Rome. Une dame de mœurs pures et honnêtes, dont on ne pouvait contester la vertu, accoucha dans le onzième mois qui suivit la mort de son mari. L'époque de son accouchement fit généralement croire qu'elle avait eu un commerce illicite depuis la mort de son mari, et on l'accusa, en vertu de la loi des décemvirs qui détermine que l'enfantement ne peut dépasser le dixième mois. Mais le divin Adrien, ayant à juger de l'affaire, décida que la femme pouvait accoucher au onzième mois. J'ai lu le décret lui-même, dans lequel Adrien, ayant à juger de l'affaire, décida que la femme pouvait accoucher au onzième mois. Dans ce décret, Adrien motive son jugement sur l'opinion des médecins et des philosophes anciens. Tout dernièrement, dans la satire de M. Varron, qui a pour titre *le Testament*, j'ai lu ce passage : « Si un ou plusieurs enfants m'arrivent au dixième mois, et s'ils sont aussi stupides que des ânes, je les déshérite ; s'il m'en vient un dans le onzième mois, quoi qu'en dise Aristote, je ferai autant de cas d'Accius que de Titius. » Varron, pour faire comprendre sa pensée, cite ce vieux proverbe que l'on employait ordinaire-

---

pere quasi Mœram deberet. Præterea ego de partu humano, præterquam quæ scripta in libris legi, hoc quoque venisse usu Romæ comperi : Feminam bonis atque honestis moribus, non ambigua pudicitia, in undecimo mense post mariti mortem peperisse, factumque esse negotium propter rationem temporis, quasi marito mortuo postea concepisset, quoniam decemviri in decem mensibus gigni hominem, non in undecimo scripsissent ; sed divum Hadrianum, causa cognita, decrevisse in undecimo quoque mense partum edi posse ; idque ipsum ejus rei decretum nos legimus. In eo decreto Hadrianus id statuere se dicit, requisitis veterum philosophorum et medicorum sententiis. Hodie quoque in satira [forte] M. Varronis, quæ inscribitur *Testamentum*, legimus verba hæc : « Si quis mihi filius unus pluresve in decem mensibus gignuntur, ii si erunt ὄνοι λύρας, exheredes sunto : quod si quis undecimo mense, κατ' Ἀριστοτέλη, natus est, Accio idem quod Titio jus esto apud me. » Per hoc vetus proverbium Varro

ment pour dire qu'il n'y avait aucune différence entre deux choses : « Il en est d'Accius comme de Titius. » Il veut faire entendre qu'il réserve le même sort aux enfants qui naissent au dixième et à ceux qui viennent au onzième mois. Si la femme ne peut porter son fruit jusqu'au onzième mois, il est difficile de comprendre pourquoi, dans Homère, Neptune dit à une jeune fille qu'il vient de séduire :

Jeune fille, réjouis-toi de t'être unie à moi ; l'année, en achevant sa révolution, te verra mettre au jour deux illustres rejetons : car les caresses des Immortels sont toujours suivies de la fécondité.

Je montrai ces vers à plusieurs grammairiens : les uns soutinrent qu'au temps d'Homère, comme dans le siècle de Romulus, l'année n'était pas de douze mois, mais seulement de dix ; les autres pensaient qu'il convenait à la majesté du dieu que l'enfant dont il était le père grandît plus longtemps dans le sein de sa mère ; d'autres me firent des réponses plus frivoles encore. Mais Favorinus me dit que le mot περιπλομένου ne signifiait pas que l'année était révolue, *confectus*, mais seulement qu'elle était bien avancée, *affectus*, mais il donna au mot *affectus* un sens

---

significat, sicuti vulgo dici solitum erat de rebus inter se nihil distantibus : « Idem Accii, quod Titii, » ita pari eodemque jure esse in decem mensibus natos et in undecim. Quod si ita, neque ultra decimum mensem fœtura mulierum protolli potest, quæri oportet cur Homerus scripserit Neptunum dixisse puellæ a se recens compressa :

Χαῖρε, γυνή, φιλότητι· περιπλομένου δ' ἐνιαυτοῦ
Τέξεις ἀγλαὰ τέκνα· ἐπεὶ οὐκ ἀποφώλιοι εὐναὶ
Ἀθανάτων.

Id quum ego ad complures grammaticos attulissem, partim eorum disputabant, Homeri quoque ætate, sicuti Romuli, annum fuisse non duodecim mensium, sed decem : alii convenisse Neptuno majestatique ejus dicebant, ut longiore tempore fetus ex eo grandesceret : alii alia quædam nugalia. Sed Favorinus mihi ait, περιπλομένου ἐνιαυτοῦ non *confecto* esse *anno*, sed *affecto*. In qua re usus

qu'il n'a pas communément. *Affecta* est employé par M. Cicéron et par tous les bons écrivains de l'antiquité, pour désigner une chose qui n'est pas encore arrivée à sa fin, mais qui s'y achemine et s'en approche. Tel est le sens que Cicéron donne à ce mot dans son discours *sur les Provinces consulaires*. Hippocrate, dans le livre précédemment cité, après avoir déterminé le nombre des jours nécessaires à la formation du fœtus, et fixé le temps de l'accouchement au dixième ou au onzième mois, sans affirmer cependant que cette époque ne puisse varier, et ne soit retardée ou avancée, termine en disant : « L'accouchement a lieu plus tôt ou plus tard : cet instant peut varier; mais quand nous disons plus tard, nous disons trop; quand nous disons plus tôt, nous disons trop encore. » Le sens de ces derniers mots est que, lorsque l'accouchement a lieu plus tôt, il n'est pas avancé de beaucoup, et que, lorsqu'il est retardé, ce retard est bien court. Je me rappelle qu'à Rome, dans une affaire très-importante, on examina avec le plus grand soin la question de savoir si un enfant de huit mois né vivant, et venant à mourir quelques instants après sa naissance, pouvait donner au père le droit des trois enfants. Il y eut un long débat : quelques-uns pensant que, la délivrance à huit mois n'étant pas un terme, il y avait avortement. Mais,

---

est verbo non vulgariæ significationis. *Affecta* enim, sicuti M. Cicero et veterum elegantissimi loquuti sunt, ea proprie dicebantur, quæ non ad finem ipsum, sed proxime finem progressa deductave erant. Hoc verbum ad hanc sententiam in Ciceronis oratione fuit, quam dixit *de Provinciis consularibus*. Hippocrates autem, in eo libro de quo supra scripsi, quum et numerum dierum quibus conceptum in utero coagulum conformatur, et tempus ipsius partionis nono aut decimo mense definisset, neque id tamen semper eadem esse fini dixisset, sed alias ocius fieri, alias serius, hisce ad postremum verbis usus est : Γίνεται δὲ ἐν τούτοις καὶ πλείω καὶ ἐλάσσω καὶ ὅλου κατὰ μέρος, καὶ εἴπομεν δὲ καὶ πλείω πλειόνων, καὶ ἐλάσσου ἐλασσόνων. Quibus verbis significat, quod aliquando ocius fieret, non multo tamen fieri ocius; neque quod serius, multo serius. Memini ego Romæ accurate hoc atque sollicite quæsitum, negotio non rei tunc parvæ postulante, an octavo mense infans ex utero vivus editus et statim moriuus jus trium liberorum supplevisset, quum abortio quibusdam, non partus, videretur mensis octavi in-

puisque j'ai fait connaître l'opinion d'Homère sur l'accouchement au douzième mois, et tout ce que j'ai pu recueillir sur la délivrance au onzième mois, je ne dois pas passer sous silence ce que j'ai lu dans le septième livre de l'*Histoire naturelle* de Pline l'Ancien. Comme la chose pourrait paraître peu vraisemblable, je cite les paroles mêmes de l'auteur : « Massurius rapporte que le préteur L. Papirius, devant lequel un plaideur réclamait une succession comme second héritier, l'adjugea, à son préjudice, à un enfant que la mère déclarait avoir mis au monde au bout de treize mois; que le magistrat motiva son jugement sur ce qu'il ne croyait pas qu'il y eût véritablement d'époque fixe pour les accouchements. » Je trouve encore dans le même livre de Pline l'Ancien le passage suivant : « Le bâillement est mortel pendant l'enfantement; l'éternument, au moment de la conception, provoque l'avortement. »

XVII. Que, d'après le témoignage des écrivains les plus graves, Platon acheta trois livres du pythagoricien Philolaüs, et Aristote quelques ouvrages du philosophe Speusippe pour des sommes qui passent toute croyance.

On dit que le philosophe Platon, quoiqu'il n'eût qu'un très-modique patrimoine, acheta les trois livres du pythagoricien Phi-

---

tempestivitas. Sed quoniam de Homerico annuo partu ac de undecimo mense diximus quæ cognoveramus, visum est non prætereundum quod in Plinii Secundi libro septimo *Naturalis Historiæ* legimus. Id autem quia extra fidem esse videri potest, verba ipsius Plinii posuimus : « Massurius auctor est L. Papirium prætorem, secundo herede lege agente, bonorum possessionem contra eum dedisse, quum mater partum se tredecim mensibus tulisse diceret, quoniam nullum certum tempus pariendi statum ei videretur. » In eodem libro Plinii Secundi verba hæc scripta sunt : « Oscitatio in nixu lethalis est, sicut sternuisse a coitu abortivum. »

XVII. Id quoque esse a gravissimis viris memoriæ mandatum, quod tres libros Plato Philolai Pythagorici, et Aristoteles paucolos Speusippi philosophi, mercati sunt pretiis fidem non capientibus.

Memoriæ mandatum est, Platonem philosophum tenui admodum pecunia familiari fuisse : atque eum tamen tres Philolai Pythagorici libros decem millibus

Iolaüs, au prix de dix mille deniers. Quelques auteurs assurent que cette somme lui avait été donnée par son ami Dion de Syracuse. Aristote acheta, dit-on encore, quelques opuscules du philosophe Speusippe, après la mort de l'auteur, trois talents attiques, somme qui équivaut à soixante-douze mille sesterces de notre monnaie. Timon, cet écrivain mordant, dans une satire intitulée *Sille*, où il donne un libre cours à sa causticité, apostrophe, en termes peu modérés, Platon, qui, comme nous l'avons dit, était fort pauvre, pour avoir acheté très-cher un traité de philosophie pythagoricienne, et en avoir tiré tout le fonds de son fameux dialogue intitulé *Timée*. Voici les vers de Timon à ce sujet :

Et toi aussi, Platon, tu as été pris du désir de devenir un savant ; tu as acheté à prix d'or un petit livre à l'aide duquel tu as fait ton apprentissage d'écrivain.

XVIII. Ce qu'on entend par sénateurs *pédaires* ; d'où vient cette dénomination. Origine de ces termes d'un ancien édit maintenu par les consuls : « Les sénateurs et ceux qui ont le droit d'exprimer leur avis en plein sénat. »

On pense généralement que l'on appelle sénateurs *pédaires* les

---

denarium mercatum. Id ei pretium donasse quidam scripserunt amicum ejus Dionem Syracusanum. Aristotelem quoque traditum libros pauculos Speusippi philosophi ; post mortem ejus, emisse talentis Atticis tribus. Ea summa fit nummi nostri HS. duo et septuaginta millia. Τίμων amarulentus librum maledicentissimum conscripsit, qui Σίλλος inscribitur. In eo libro Platonem philosophum [quem dixeramus tenui admodum pecunia familiari fuisse] contumeliose appellat, quod impenso pretio librum Pythagoricæ disciplinæ emisset, exque eo *Timæum*, nobilem illam dialogum, concinnasset. Versus super ea re Τίμωνος hi sunt :

Καὶ σύ, Πλάτων· καὶ γάρ σε μαθητὴν ὁ πόθος ἔσχεν·
Πολλῶν δ' ἀργυρίων ὀλίγην ἠλλάξαο βίβλον·
Ἔνθεν ἀπαρχόμενος ..... γράφειν ἐδιδάχθης.

XVIII. Quid sint *pedari* senatores, et quam ob causam ita appellati : quamque habeant originem verba hæc ex edicto tralatitio consulum : « Senatores, quibusque in senatu sententiam dicere licet. »

Non pauci sunt qui opinantur *pedarios* senatores appellatos, qui sententiam

membres du sénat qui ne donnaient pas leur avis de vive voix, mais qui accédaient aux suffrages de leurs collègues, en changeant de place. Mais lorsque les sénatus-consultes se faisaient par *discession*, séparation de l'assemblée en deux côtés, est-ce que tous les sénateurs ne changeaient pas de place pour opiner? Voici l'explication que Gabius Bassus nous a donnée de ce mot *pedarius*, dans ses *Commentaires*. Dans les premiers temps de la république, dit cet auteur, les sénateurs qui avaient été revêtus de dignités curules jouissaient du droit honorifique de venir au sénat sur un char dans lequel était un siége sur lequel ils se plaçaient. Ce siége était, pour cette raison, appelé *siége curule*. Les sénateurs qui n'avaient pas encore été élevés aux premières dignités se rendaient à pied au sénat, et, pour cela, on les nommait sénateurs *pédaires*. D'un autre côté, Marcus Varron, dans la satire Ménippée intitulée Ἱπποκύων, parle de chevaliers *pédaires*; il semble désigner par là les chevaliers qui, n'ayant pas encore été choisis par les censeurs pour faire partie du sénat, ne sont pas sénateurs, mais qui, eu égard aux fonctions élevées qu'ils ont remplies, ont le droit d'entrer au sénat et de voter. Il est certain, en effet, que ceux même qui avaient exercé les magistratures curules, s'ils n'avaient pas été élus par les censeurs, n'étaient point sénateurs; que les derniers inscrits n'étaient point appelés à don-

in senatu non verbis dicerent, sed in alienam sententiam pedibus irent. Quid igitur? Quum senatusconsultum per discessionem fiebat, nonne universi senatores sententiam pedibus ferebant? Atque hæc etiam vocabuli istius ratio dicitur, quam Gabius Bassus in *Commentariis* suis scriptam reliquit. Senatores enim dicit in veterum ætate, qui curulem magistratum gessissent, curru solitos honoris gratia in curiam vehi; in quo curru sella esset, supra quam considerent; quæ ob eam causam *curulis* appellaretur; sed eos senatores, qui magistratum curulem nondum ceperant, pedibus itavisse in curiam : propterea senatores, nondum majoribus honoribus functos, *pedarios* nominatos. Marcus autem Varro in satira Menippea quæ Ἱπποκύων inscripta est, equites quosdam dicit *pedarios* appellatos : videturque eos significare, qui, nondum a censoribus in senatum lecti, senatores quidem non erant, sed, quia honoribus populi usi [quidem] erant, in senatum veniebant, et sententiæ jus habebant. Nam et curulibus magistratibus functi, qui

ner leur avis de vive voix, mais qu'ils se portaient d'un côté ou de l'autre pour adopter l'avis des plus anciens membres de l'assemblée. C'est ce que signifie cet édit emprunté d'un autre temps, dont les consuls se servent, pour conserver un ancien usage, lorsqu'ils convoquent le sénat. On trouve ces mots dans cet édit : « Les sénateurs et ceux qui ont le droit de donner leur avis dans le sénat. » Je ne dois pas, non plus, oublier ici un vers de Labérius, tiré de son mime intitulé *l'Écriture* :

L'avis d'un sénateur pédaire est une tête sans langue.

Beaucoup de personnes altèrent ce mot d'une manière barbare ; car on dit souvent *pedaneus* pour *pedarius*.

XIX. Explication du mot *parcus* par Gabius Bassus ; étymologie qu'il en donne. De quelle manière et dans quels termes Favorinus, tout en se moquant, réfuta cette opinion de Gabius.

Toutes les fois que l'on dînait chez le philosophe Favorinus, lorsque chacun était à sa place, et que la table était servie, un

nondum a censoribus in senatum lecti erant, senatores non erant : et qui in postremis scripti erant, non rogabantur sententias, sed, quas principes dixerant, in eas discedebant. Hoc significabat edictum, quo nunc quoque consules, quum senatores in curiam vocant, servandæ consuetudinis causa translatitio utuntur. Verba edicti hæc sunt : SENATORES, QUIBUSQUE IN SENTENTIAM DICERE LICET. Versum quoque Laberii, in quo id vocabulum positum est, notari jussimus, quem legimus in mimo qui *Scriptura* inscriptus est :

Caput sine lingua pedaria sententia est.

Hoc vocabulum a plerisque barbare dici animadvertimus. Nam pro *pedariis*, *pedaneos* appellant.

XIX. Qua ratione Gabius Bassus scripserit *parcum hominem* appellatum, et quam ejus vocabuli causam putarit ; et contra, quem in modum quibusque verbis Favorinus hanc traditionem ejus eluserit.

Apud cœnam Favorini philosophi quum discubitum fuerat, cœptusque erat

esclave placé près des convives faisait une lecture dans un auteur grec ou latin ; c'est ainsi qu'un jour, où j'étais invité, j'entendis lire le traité de l'*Origine des mots et des noms*, de Gabius Bassus, savant distingué. On en vint au passage où l'auteur dit : « *Parcus* est un mot composé ; c'est l'équivalent de *par arcœ*, semblable à une cassette : en effet, comme une cassette enferme tout et garde fidèlement ce qu'on lui confie, de même l'homme économe, sachant se contenter de peu, garde et conserve tout comme la cassette, *sicuti arca*. Voilà l'étymologie de *parcus*, qui est la même chose que *par arcœ*. » Favorinus n'eut pas plutôt entendu ces paroles : « Il me semble, dit-il, que ce Gabius Bassus cherche une étymologie bien minutieuse, bien ridicule et bien bizarre, au lieu de nous donner la véritable. Car si on peut donner libre cours à son imagination, pourquoi ne dirait-on pas, avec plus de vraisemblance, que *parcus* est une forme abrégée de *pecuniarcus*, puisque le propre de l'homme économe est de faire tous ses efforts pour ménager l'argent et pour empêcher la dépense, *pecuniam arcere*. Pourquoi, ajouta-t-il, ne pas adopter l'explication qui est en même temps la plus vraie et la plus simple ? car *parcus* n'est formé ni de *arca*, ni de *arcere*, mais de *parum*, peu, ou de *parvus*, petit. »

---

apponi cibus, servus assistens mensæ ejus legere inceptabat aut Græcarum quid litterarum aut nostratium : velut eo die, quo affui ego, legebatur Gabii Bassi, eruditi viri, liber *de Origine verborum et vocabulorum*. In quo ita scriptum fuit : « *Parcus*, composito vocabulo dictus est, quasi *par arcœ* : quando, sicut in arca omnia reconduntur, ejusque custodia servantur et continentur, ita homo tenax parvoque contentus omnia custodita et recondita habet sicuti arca : quam ob causam *parcus*, quasi *par arcœ* nominatus est. » Tum Favorinus, ubi hæc audivit : Superstitiose, inquit, et nimis moleste atque odiose confabricatus commolitusque magis est originem vocabuli Gabius iste Bassus, quam enarravit. Nam, si licet res dicere commentitias, cur non probabilius videatur, ut accipiamus *parcum* ob eam causam dictum, quod pecuniam consumi atque impendi arceat et prohibeat, quasi *pecuniarcus*. Quin potius, quod simplicius, inquit, veriusque est, id dicimus ? parcus enim neque ab *arca*, neque ab *arcendo*, sed ab eo quod est *parum* et *parvum*, denominatus est.

LIVRE QUATRIÈME

I. Récit d'un entretien à la manière de Socrate que le philosophe Favorinus eut avec un grammairien plein de jactance. Citation, amenée dans la conversation, d'un passage de Q. Scévola, où ce dernier donne du mot *penus* une définition qui n'a paru ni juste ni complète.

Un jour qu'une foule de personnes de tout rang attendaient, dans le vestibule du palais Palatin, le moment de saluer César, un grammairien, au milieu d'un groupe de savants où se trouvait le philosophe Favorinus, se mit à débiter, en vrai pédant d'école, de savantes niaiseries sur les genres et les cas des noms, fronçant le sourcil et donnant à sa voix et à son maintien une gravité qui l'eût fait prendre pour un interprète des oracles de la Sibylle. Tout à coup, s'adressant à Favorinus, quoiqu'il le connût fort peu : « Quant au mot *penus*, provisions de ménage, dit-il, on lui a donné aussi différents genres, on l'a décliné de

LIBER QUARTUS

I. Sermo quidam Favorini philosophi cum grammatico jactantiore factus in Socraticum modum : atque [in] ibi inter sermonem dictum, quibus verbis *penus* a Q. Scævola definita sit, quodque eadem definitio culpata reprehensaque sit.

In vestibulo ædium Palatinarum omnium fere ordinum multitudo opperientes salutationem Cæsaris constiterant, atque ibi, in circulo doctorum hominum Favorino philosopho præsente, ostentabat quispiam grammaticæ rei doctior scholica quædam nugalia, de generibus et casibus vocabulorum disserens, cum arduis superciliis, vocisque et vultus gravitate composita, tanquam interpres et arbiter Sibyllæ oraculorum. Tum aspiciens ad Favorinum, quanquam ei etiam nondum satis notus esset : Penus quoque, inquit, variis generibus dictum et varie decli-

plusieurs manières; car les anciens ont dit *hoc penus*, *hæc penus*, et au génitif, *peni*, *peneris*, *peniteris*, *penoris*. Remarquons encore que le mot *mundus*, toilette, parure, qui est du masculin partout ailleurs, est du neutre dans les vers suivants de la seizième satire de Lucilius :

> Legavit quidam uxori mundum omne penumque.
> Quid mundum? quid non? nam quis dijudicet istuc?

Un mari légua à sa femme tout son *mundum* et tout son *penus*. Mais ce *mundum*, qu'est-ce? et que n'est-ce pas? Car qui peut déterminer cela?

Et notre homme de continuer d'étaler sa science, et d'étourdir tout le monde de témoignages et de citations. Enfin, ennuyé de cette jactance, Favorinus l'interrompit d'un ton calme : « Illustre professeur, dont j'ignore le nom, lui dit-il, tu viens de nous apprendre beaucoup de choses que nous ignorions assurément, et que nous étions fort peu désireux de savoir. En effet, que m'importe à moi, et à celui avec qui je parle, de quel genre soit *penus* ou comment je le décline, puisqu'il a été décliné de différentes manières sans barbarisme? Mais ce qui pique ma curiosité, c'est de savoir ce que veut dire *penus*; dans quel sens est pris

---

natum est. Nam et hoc penus et hæc penus, et hujus peni et peneris et peniteris et penoris veteres dictaverunt. Mundum quoque muliebrem Lucilius in *Satirarum* sextodecimo non virili genere, ut cæteri, sed neutro appellavit his versibus :

> Legavit quidam uxori mundum omne penumque.
> Quid mundum? quid non? nam quis dijudicet istuc?

Atque omnium horum et testimoniis et exemplis constrepebat : quumque nimis odiose sibi placeret, intercessit placide Favorinus, et : Jam, bone, inquit, magister, quidquid est nomen tibi, abunde multa docuisti, quæ quidem ignorabamus, et scire haud sane postulabamus. Quid enim refert mea, ejusque quicum loquor, quo genere *penum* dicam, aut in quas extremas litteras declinem, si nemo id non nimis barbare fecerit? Sed hoc plane indigeo addiscere, quid sit *penus*, et quo

ce mot, afin de ne pas m'exposer à désigner par des termes impropres des objets d'un usage journalier, comme font les esclaves étrangers qui s'essayent à parler latin. — La réponse est facile, reprit notre grammairien; qui ne sait que *penus* désigne le vin, le blé, l'huile, les lentilles, les fèves, et autres choses semblables. — Mais, demanda Favorinus, peut-on aussi se servir de *penus* pour désigner du millet, du panic, du gland, de l'orge? car toutes ces choses-là sont à peu près semblables. » Comme le grammairien, embarrassé, hésitait à répondre : « Ne te tourmentes pas l'esprit, ajouta Favorinus, pour savoir si tout cela fait partie de *penus*. Je ne te demande pas de nommer les objets désignés par *penus*, mais de me faire connaître le sens du mot *penus* lui-même, de me le définir par le genre et par les différences. — De quels genres, de quelles différences parles-tu, dit l'autre, je ne te comprends pas? — Tu me demandes, reprend Favorinus, une chose fort difficile; c'est d'expliquer plus clairement une chose qui est clairement expliquée; n'est-il pas, en effet, généralement reconnu que toute définition procède par le genre et par les différences? Cependant, si tu veux que je commence par te mâcher les morceaux, comme on dit, je le ferai pour t'être agréable. » Puis il commença en ces termes : « Si je te demandais de définir l'homme,

---

sensu id vocabulum dicatur, ne rem quotidiani usus, tanquam qui in venalibus Latine loqui cœptant, alia, quam oportet, voce appellem. — Quæris, inquit, rem minime obscuram. Quis adeo ignorat, *penum* esse vinum et triticum et oleum et lentem et fabam atque hujuscemodi cætera? — Etiamne, inquit Favorinus, milium et panicum et glans et hordeum *penus* est? sunt enim propemodum hæc quoque ejusmodi. Quumque ille reticens hæreret : Nolo, inquit, hoc jam laborem, an ista, quæ dixi, *penus* appellentur. Sed potesne mihi non speciem aliquam de penu dicere, sed definire, genere proposito et differentiis appositis, quid sit *penus*? — Quæ genera et quas differentias dicas, non hercle, inquit, intelligo. — — Rem, inquit Favorinus, plane dictam, postulas. quod difficillimum est, dici planius; nam hoc quidem pervulgatum est, definitionem omnem ex genere et differentia consistere. Sed si item me tibi præmandare, quod aiunt, postulas, faciam sane id quoque honoris tui habendi gratia. Atque deinde ita exorsus est : Si, inquit, ego te nunc rogem, uti mihi dicas et quasi circumscribas verbis, quid

tu ne me répondrais pas, je suppose, que nous sommes l'un et l'autre des hommes : car ce serait montrer des hommes, et non dire ce que c'est que l'homme. Mais, je le répète, si je te priais de me définir l'homme, tu me répondrais certainement que l'homme est un animal mortel, doué de raison et d'intelligence; ou tu me donnerais toute autre définition qui distinguerait l'homme de tous les autres animaux. Or, maintenant, je te demande de me dire ce que c'est que *penus*, et non de me citer tel ou tel objet désigné par ce mot. » Alors notre fanfaron, baissant la voix et le ton : « Je n'ai jamais appris ni désiré apprendre la science de la philosophie, dit-il; et si j'ignore si l'orge fait partie du *penus*, et comment on peut définir ce mot, ce n'est pas une raison pour que je manque de littérature. »

« Eh! sache donc, dit alors en riant Favorinus, que la définition du mot *penus* ne rentre pas plus dans notre philosophie que dans ta grammaire. En effet, tu te rappelles, je pense, que l'on a coutume de discuter pour savoir ce que Virgile a voulu dire par ces mots : *penum instruere longam* ou *longo ordine*; car tu n'ignores pas que ces deux leçons se trouvent dans ce poëte. Mais, pour te rassurer, je dois te dire que les plus savants interprètes du droit ancien, ceux que l'on a honorés du nom de sages, n'ont pu don-

---

homo sit, non, opinor, respondeas, hominem esse te atque me. Hoc enim, quis homo sit, ostendere est; non, quid homo sit, dicere. Sed si, inquam, peterem, ut ipsum illud, quod homo est, definires, tum profecto mihi diceres, hominem esse mortale animal rationis et scientiæ capiens; vel quo alio modo diceres, ut eum a cæteris animalibus omnibus separares. Proinde igitur nunc te rogo, ut quid sit penus dicas, non ut aliquid ex penu nomines. — Tum ille ostentator, voce jam molli atque demissa : Philosophias, inquit, ego non didici, nec discere appetivi; et, si ignoro an hordeum ex penu sit, aut quibus verbis penus definiatur, non ea re litteras quoque alias nescio.

Scire, inquit ridens jam Favorinus, quid penus sit, non ex nostro magis est philosophia, quam ex grammatica tua. Meministi enim, credo, quæri solitum quid Virgilius dixerit, *penum instruere* vel *longam* vel *longo ordine*. Utrumque enim profecto scis legi solitum. Sed, ut faciam te æquiore animo ut sis, ne illi quidem veteris juris magistri, qui sapientes appellati sunt, definisse satis recte

ner du *penus* une définition bien satisfaisante. On sait, en effet, que Q. Scévola a défini ainsi *penus* : « *Penus* est ce que l'on boit
» et ce que l'on mange. Comme le remarque Mucius, par ce mot
» on doit entendre les choses dont on fait provision d'avance
» pour le repas du père de famille ou de ses enfants, et pour
» celui de toutes les personnes chargées des travaux tant du père
» de famille que de ceux de ses enfants. *Penus* ne peut pas se
» dire de ce que l'on prépare chaque jour pour le boire et le man-
» ger du matin et du soir: mais ce qu'on entend au juste par ce
» mot, ce sont les objets de consommation serrés et mis en dé-
» pôt pour un usage assez long ; le mot *penus* vient de ce que ces
» objets ne se trouvent pas sous la main, mais qu'ils sont serrés
» et renfermés dans un endroit retiré de la maison, *intus* ou
» *penitus*. »

« Bien que mes goûts m'aient dirigé vers l'étude de la philosophie, reprit Favorinus, je n'ai pas cru que ces connaissances me fussent inutiles, parce qu'il me paraît aussi honteux pour des citoyens romains, parlant la langue latine, de ne pas désigner un objet par le mot propre, que ridicule de ne point nommer quelqu'un par son nom. »

C'est ainsi que Favorinus savait changer une conversation banale, froide et minutieuse, en un entretien instructif et utile pour ses auditeurs; ce qu'il faisait sans affectation, sans pédan-

---

existimantur, quid sit penus. Nam Q. Scævolam ad demonstrandam penum his verbis usum audio : « Penus est, inquit, quod esculentum aut poculentum est. Quod enim ipsius patrisfamilias, aut liberorum patrisfamilias ejusque familiæ, quæ circum cum aut liberos ejus est, et opus eorum facit, causa paratum est, ut Mucius ait, penus videri debet. Nam quæ ad edendum bibendumque in dies singulos prandii aut cœnæ causa parantur, penus non sunt : sed ea potius, quæ hujusce generis longæ usionis gratia contrahuntur et reconduntur, ex eo quod non in promptu sint, sed intus et penitus habeantur, penus dicta sunt. »

Hæc ego, inquit, quum philosophiæ me dedissem, non insuper tamen habui discere : quoniam civibus Romanis, Latine loquentibus, rem non suo vocabulo demonstrare, non minus turpe esset, quam hominem non suo nomine appellare.

Sic Favorinus sermones id genus communes a rebus parvis et frigidis abduce-

tisme, tout en ayant le talent de faire naître ses observations du sujet même.

Quant au mot *penus*, j'ai cru qu'il était bon, pour compléter ces détails, de consigner ici ce qu'avance Servius Sulpicius, dans sa *Critique des chapitres de Scévola* : « Catus Élius, dit-il, soutient que le *penus* désigne non-seulement ce que l'on boit, ce que l'on mange, mais encore l'encens, la cire et autres choses analogues dont on fait provision. » Massurius Sabinus, dans le deuxième livre de son traité *du Droit civil*, comprend aussi dans le *penus* ce que l'on achète pour nourrir les chevaux du maître de la maison. Il dit même que le bois, les fagots, le charbon qui servent à la préparation des aliments, y sont compris par quelques-uns ; mais que, quand un propriétaire retire du même fonds de terre des produits dont il se sert pour son usage propre, et dont il trafique, le mot *penus* ne doit s'appliquer qu'aux objets mis en réserve pour la consommation de l'année entière.

II. En quoi diffèrent les mots *morbus* et *vitium*; leur signification dans un arrêté des édiles. Si la rédhibition existe pour les eunuques et les femmes stériles. Diverses opinions émises à ce sujet.

Dans un arrêté des édiles curules, à l'article qui a rapport à la

bat ad ea quæ esset magis utile audire ac discere, non allata extrinsecus, non per ostentationem, sed indidem nata acceptaque.

Præterea de penu abscribendum hoc etiam putavi, Servium Sulpicium in *Reprehensis Scævolæ capitibus* scripsisse, « Cato Ælio placuisse, non quæ esui tantum et potui forent, sed thus quoque et cereos in penu esse, quodque esset ejus fermе rei causa comparatum. » Massurius autem Sabinus, in [libro] *Juris civilis* secundo, etiam quod jumentorum causa apparatum esset, quibus dominus utеretur; penori attributum dicit. Ligna quoque et virgas et carbones, quibus confiсeretur penus, quibusdam ait videri esse in penu: Ex iis autem, quæ promercalia et usuaria in locis iisdem essent; ea sola esse penoris putat; quæ [satis] sint usui annuo.

II. Quid differat *morbus* et *vitium*; et quam vim habeant vocabula ista in edicto ædilium; et an eunuchus et steriles mulieres redhiberi possint; diversæque super ea re sententiæ.

In edicto ædilium curulium, qua parte de mancipiis vendundis cautum est;

vente des esclaves, on lit : « Ayez le soin de dresser chacune de vos listes de vente de manière qu'on puisse facilement voir les maladies, les vices des esclaves; s'assurer s'ils sont fugitifs ou vagabonds, ou s'ils sont sous le coup d'une condamnation. »

Les anciens jurisconsultes, se rendant compte de cet édit, ont examiné ce qu'il fallait entendre par esclave malade, *morbosus*, et par esclave vicieux, *vitiosus*, et quelle est la différence entre les mots *vitium*, vice, et *morbus*, maladie.

Célius Sabinus, dans son traité *sur l'Édit des édiles curules*, rapporte que Labéon définit ainsi ce qu'on doit entendre par maladie, *morbus* : « La maladie est un état du corps contre nature, et qui prive les organes de leur puissance. » Il ajoute que tantôt la maladie gagne tout le corps, tantôt une partie : le corps entier, dans la fièvre ou la phthisie ; une partie du corps, dans la cécité, la faiblesse de jambes. Le bégayement, dit-il, une difficulté pour parler, sont plutôt des vices que des maladies : c'est ainsi qu'un cheval qui mord, qui rue, n'est pas malade, mais vicieux. Sans aucun doute, le sujet malade est en même temps vicieux; mais la proposition inverse n'est pas exacte : car le sujet vicieux, *vitiosus*, peut n'être pas malade, *morbosus*. C'est pourquoi, en parlant d'un homme malade, jamais on ne dira : « De combien ce

---

scriptum sic fuit : TITULUS SERVORUM SINGULORUM UTEI SCRIPTUS SIT COERATO, ITA UTEI INTELLEGI RECTE POSSIT, QUID MORBI VITII VE QUOI Q. SIT, QUIS FUGITIVUS ERRO VE SIT, NOXA VE SOLUTUS NON SIT.

Propterea quæsierunt jureconsulti veteres, quod mancipium morbosum quodve vitiosum recte diceretur : quantumque morbus a vitio differret.

Cælius Sabinus, in libro quem *de Edicto ædilium curulium* composuit, Labeonem refert, quid esset morbus, hisce verbis definisse : « Morbus est habitus cujusque corporis contra naturam, qui usum ejus facit deteriorem. » Sed morbum alias in toto corpore accidere dicit, alias in parte corporis. Totius corporis morbum esse, veluti [sunt] φθίσις aut febris : partis autem, veluti cæcitas aut pedis debilitas. » Balbus autem, inquit, et atypus vitiosi magis quam morbosi sunt : ut equus mordax aut calcitro, vitiosus, non morbosus est. Sed cui morbus est, idem etiam vitiosus est. Neque id tamen contra fit. Potest enim qui vitiosus est,

vice diminuera-t-il son prix ? *quanto ob id vitium minoris erit.* »

On s'est demandé si c'est une contravention à l'arrêté des édiles, de vendre un eunuque en laissant ignorer à l'acheteur que l'esclave a perdu les organes de la virilité. Labéon, dit-on, affirme que c'est un cas de rédhibition, l'esclave étant malade, *morbosus*; il soutient même qu'en vertu de cet édit, on pourrait poursuivre ceux qui auraient vendu des truies stériles. Trébatius combat Labéon au sujet des femmes stériles, quand elles le sont de naissance. Labéon pense que c'est un cas de rédhibition, la femme étant malade. Trébatius lui oppose, d'après l'édit, « qu'on ne peut rompre le marché si la femme est stérile de naissance. » Mais si la santé de la femme s'est dérangée, si de ce dérangement il est résulté dans les organes une altération qui l'empêche de concevoir, elle n'est plus saine, et peut être rendue à son vendeur. L'esclave myope, *luscitiosus*, aussi bien que celui qui n'a pas de dents, a donné lieu à une discussion : les uns pensent qu'on peut toujours avoir recours contre le vendeur ; les autres n'admettent la rédhibition que lorsque l'infirmité serait venue à la suite d'une maladie. Selon Servius, le brèche-dents peut être rendu à son premier maître ; Labéon le nie : « Beaucoup d'hommes, dit-il,

non morbosus esse. Quamobrem, quum de nomine morboso ageretur, nequaquam, inquit, ita diceretur : QUANTO OB ID VITIUM MINORIS ERIT. »

De eunucho quidem quæsitum est, an contra edictum ædilium videretur venundatus, si ignorasset emptor eum eunuchum esse. Labeonem respondisse aiunt redhiberi posse quasi morbosum : sues autem feminas, si steriles essent, et venum issent, ex edicto ædilium posse agi Labeonem scripsisse. De sterili autem muliebre, si nativa sterilitate sit, Trebatium contra Labeonem respondisse dicunt. Nam quum redhiberi eam Labeo, quasi minus sanam, putasset necesse : non oportere aiunt Trebatium ei edicto apposuisse, « si ea mulier a principio genitali in sterilitate esset. » At si valetudo ejus offendisset, exque ea vitium factum esset, ut concipere fœtus non posset ; tum sanam non videri, et esse in causa redhibitionis. De myope quoque, qui *luscitiosus* Latine appellatur [et περὶ νωδοῦ], dissensum est ; alii enim redhiberi omnimodo debere, alii contra, nisi id vitium morbo contractum esset. Eum vero, cui dens deesset, Servius redhiberi posse respondit ; Labeo in causa esse redhibendi negavit : « Nam et magna, inquit, pars

sont privés de quelques dents, et ne sont pas pour cela réputés malades; et il serait absurde de dire que les hommes naissent infirmes, parce que les enfants viennent au monde sans avoir de dents. » Il ne faut pas omettre ici ce que nous trouvons dans les écrits des anciens jurisconsultes, savoir, qu'il y a une différence entre *morbus*, maladie, et *vitium*, vice. Le vice, disent-ils, est permanent, la maladie est passagère. S'il en est ainsi, ni l'aveugle ni l'eunuque ne sont malades ; ce qui combat l'opinion émise par Labéon, et que je viens de citer. Voici un passage que j'ai extrait du deuxième livre du traité *du Droit civil* de Massurius Sabinus. « Le fou furieux, le muet, celui qui a un membre brisé ou mutilé, celui qui est atteint d'une infirmité qui le rend impropre au service, sont réputés malades, *morbosi*; celui qui a la vue courte n'est pas regardé comme plus malsain que celui qui marche avec difficulté. »

III. Que Rome ne vit point de procès entre époux, sur la possession de la dot, avant le divorce de Carvilius. Signification du mot *pellex*; son origine.

On rapporte que cinq cents ans après la fondation de Rome, on n'avait encore vu ni dans Rome ni dans le Latium aucun

---

dente aliquo carent : neque eo magis plerique homines morbosi sunt; et absurdum admodum est dicere non sanos nasci homines, quoniam cum infantibus non simul dentes gignuntur. » Non prætereundum est, id quoque in libris veterum jurisperitorum scriptum esse, *morbum* et *vitium* distare : quod *vitium* perpetuum, *morbus* cum accessu decessuque sit. Sed hoc si ita est, neque cæcus neque eunuchus morbosus est, contra Labeonis, quam supra dixi, sententiam. Verba Massurii Sabini apposui ex libro *Juris civilis* secundo : « Furiosus mutusve, cuive quod membrum lacerum læsumque est, aut obest, quo ipse minus aptus sit, morbosi sunt. Qui longe videt, tam sanus est, quam qui tardius currit. »

III. Quod nullæ fuerint rei uxoriæ actiones in urbe Roma ante Carvilianum divortium : atque inibi, quid sit proprie pellex, quæque ejus vocabuli ratio sit.

Memoriæ traditum est quingentis fere annis post Romam conditam, nullas rei

procès occasionné par la reprise des biens de la femme, ni aucune de ces conventions relatives au divorce, mentionnées dans les contrats. Personne, en effet, ne songeait à ces précautions; le divorce étant encore sans exemple. Servius Sulpicius, dans son traité *des Dots*, a écrit que les conventions relatives au bien de la femme avaient été jugées nécessaires, pour la première fois, lorsque Spurius Carvilius, surnommé Ruga, homme noble, eut divorcé avec sa femme, parce qu'un vice de conformation empêchait celle-ci de lui donner des enfants. Ce fait se passait cinq cent vingt-trois ans avant la fondation de Rome, sous le consulat de M. Attilius et de P. Valérius. Ce Carvilius, dit-on, loin d'avoir de l'aversion pour la femme qu'il répudia, l'aimait beaucoup pour la pureté de ses mœurs; mais il sacrifia son amour et ses affections à la religion du serment, parce qu'il avait juré devant les censeurs qu'il se mariait pour avoir des enfants.

La femme qui vivait en concubinage avec un homme marié, était regardée comme infâme et appelée *pellex*, comme nous l'apprend une loi très-ancienne que l'on fait remonter jusqu'au roi Numa : « Que la concubine ne touche point à l'autel de Junon; si elle y touche, que, les cheveux épars, elle vienne immoler une jeune brebis à la déesse. » Le mot *pellex*, de là *pel-*

---

uxoriæ neque actiones neque cautiones in urbe Romana aut in Latio fuisse : quia profecto nihil desiderabantur, nullis etiam tunc matrimoniis divertentibus. Servius quoque Sulpicius, in libro quem composuit *de Dotibus*, tum primum cautiones rei uxoriæ necessarias esse visas scripsit, quum Spurius Carvilius, cui Ruga cognomentum fuit, vir nobilis, divortium cum uxore fecit, quia liberi ex ea, corporis vitio, non gignerentur, anno Urbis conditæ quingentesimo vigesimo tertio, M. Attilio, P. Valerio coss. Atque is Carvilius traditur uxorem, quam dimisit, egregie dilexisse, carissimamque morum ejus gratia habuisse; sed jurisjurandi religionem animo atque amori prævertisse; quod jurare a censoribus coactus erat, uxorem se liberum quærendum gratia habiturum.

Pellicem autem appellatam, probrosamque habitam [eam], quæ juncta consuetaque esset cum eo, in cujus manu mancipioque alia matrimonii causa foret, hac antiquissima lege ostenditur, quam Numæ regis fuisse accepimus : PELLEX ARAM JUNONIS NE TAGITO; SI TAGET, JUNONI CRINIBOUS DEMISSIS ARNUM FEMINAM CAIDITO.

licio, attirer par la flatterie, vient de πάλλαξ jeune fille, dont on fait παλλακίς concubine. Comme tant d'autres, il est emprunté à la langue grecque.

IV. Ce que Servius Sulpicius, dans son livre *sur les Dots*, a dit sur les conventions légales et les coutumes des fiançailles chez les anciens Romains.

Servius Sulpicius, dans son traité *sur les Dots*, nous instruit des formes légales qui précédaient les fiançailles, et des conventions observées dans cette circonstance par les habitants de cette partie de l'Italie que nous appelons *Latium* : « Celui qui voulait se marier, dit-il, faisait à celui qui devait lui donner une femme la promesse de la prendre pour épouse ; de son côté, celui qui avait promis une épouse s'engageait à la donner. Ce contrat, ces conventions réciproques, ces stipulations, s'appelaient *sponsalia*, fiançailles ; la femme promise était appelée *sponsa*, fiancée ; celui qui promettait de la prendre, *sponsus*, fiancé. Si après ce traité et ces conventions, l'épouse n'était pas donnée ; si le fiancé manquait à sa parole, la partie lésée, en vertu du contrat, pouvait se pourvoir en justice. Les juges connaissaient de l'affaire ; le tribunal s'informait de la cause qui avait empêché de livrer ou

---

Pellex autem quasi πάλλαξ, id est quasi παλλακίς. Ut pleraque alia, ita hoc quoque vocabulum de Græco flexum est.

IV. Quid Servius Sulpicius, in libro qui est *de Dotibus*, scripserit de jure atque more veterum sponsaliorum.

Sponsalia in ea parte Italiæ quæ Latium appellatur, hoc more atque jure solita fieri scripsit Servius Sulpicius in libro quem scripsit *de Dotibus* : « Qui uxorem, inquit, ducturus erat, ab eo unde ducenda erat, stipulabatur, eam in matrimonium ductum iri ; qui daturus erat, itidem spondebat [daturum]. Is contractus stipulationum sponsionumque dicebatur sponsalia. Tum, quæ promissa erat, sponsa appellabatur ; qui spoponderat ducturum, sponsus. Sed si post eas stipulationes uxor non dabatur, aut non ducebatur, qui stipulabatur, ex sponsu agebat. Judices cognoscebant. Judex, quamobrem data acceptave non esset uxor, quærebat. Si

d'accepter la fiancée : si les raisons alléguées n'étaient pas valables, celui qui avait manqué à sa parole était puni d'une amende plus ou moins forte, selon que le dommage causé par le refus de donner ou d'accepter la fiancée était plus ou moins grand pour la partie lésée. » Servius dit que ces prescriptions légales furent observées jusqu'à l'époque où le droit de citoyen romain fut accordé à tout le Latium par la loi Julia. Nératius rapporte les mêmes particularités au sujet des fiançailles, dans son livre *sur les Noces.*

V. Trait de perfidie des aruspices étrusques, qui donna lieu à ce vers que les enfants chantaient dans toute la ville de Rome : « Un mauvais conseil est surtout mauvais pour celui qui le donne. »

La statue élevée dans le comitium de Rome, en l'honneur d'Horatius Coclès, ce courageux citoyen, fut un jour frappée par la foudre. Pour purifier par des sacrifices expiatoires les lieux foudroyés, on fit venir des aruspices de l'Étrurie. Ces derniers, par haine et par ressentiment national contre le peuple romain, résolurent de faire cette expiation d'une manière funeste. Ils conseillèrent donc méchamment de transporter cette statue dans un endroit plus bas, environné d'une enceinte de maisons qui inter-

---

nihil justæ causæ videbatur, litem pecunia æstimabat : quantique interfuerat eam uxorem accipi aut dari, eum, qui spoponderat aut qui stipulatus erat, condemnabat. » Hoc jus sponsaliorum observatum dicit Servius ad id tempus, quo civitas universo Latio lege Julia data est. Hæc eadem Neratius scripsit, in libro quem *de Nuptiis* composuit.

V. Historia narrata de perfidia haruspicum Etruscorum, quodque ob eam rem versus hic a pueris Romæ urbe tota cantatus est : « Malum consilium consultori pessimum est. »

Statua Romæ in comitio posita Horatii Coclitis, fortissimi viri, de cœlo tacta est. Ob id fulgur piaculis luendum, haruspices ex Etruria acciti, inimico atque hostili in populum Romanum animo, instituerant, eam rem contrariis religionibus procurare. Atque illam statuam suaserunt in inferiorem locum perperam

ceptaient de tous côtés les rayons du soleil. Les Romains se laissèrent persuader. Mais la perfidie des aruspices ne tarda pas à être découverte; ils furent dénoncés au peuple, avouèrent leur crime et furent mis à mort. Ensuite les vrais principes ayant été reconnus, on décida que la statue serait replacée dans un lieu découvert. On la mit donc sur l'esplanade où est bâti le temple de Vulcain; et ce changement fut heureux pour le peuple romain. Alors, pour perpétuer le souvenir du crime des aruspices et de la vengeance qu'on en avait tirée, on fit, avec assez d'à-propos, ce vers que les enfants de Rome chantèrent dans toute la ville :

Un mauvais conseil est surtout mauvais pour celui qui le donne.

Cette anecdote touchant la perfidie des aruspices et le vers iambique qui la rappelle, sont consignés dans le onzième livre des *Grandes Annales*, et dans le premier livre des *Faits mémorables* de Verrius Flaccus. Ce vers paraît être une imitation d'un vers grec du poëte Hésiode :

Un mauvais dessein est surtout mauvais pour celui qui le conçoit.

transponi, quem sol oppositu circum undique aliarum ædium nunquam illustraret. Quod quum ita fieri persuasissent, delati ad populum proditique sunt; et quum de perfidia confessi essent, necati sunt; constititque eam statuam, proinde, ut veræ rationes post compertæ monebant, in locum editum subducendam, atque ita in area Vulcani sublimiori loco statuendam : eaque res bene ac prospere populo Romano cessit. Tunc igitur, quod in Etruscos haruspices male consulentes animadversum vindicatumque fuerat, versus hic scite factus cantatusque esse [a] pueris urbe tota fertur :

Malum consilium consultori pessimum est.

Ea historia de haruspicibus ac de versu isto senario scripta est in *Annalibus maximis*, libro undecimo, et in Verrii Flacci libro primo *Rerum memoria dignarum*. Videtur autem versus hic de Græco illo Hesiodi versu expressus :

Ἡ δὲ κακὴ βουλὴ τῷ βουλεύσαντι κακίστη.

VI. Termes d'un ancien sénatus-consulte ordonnant l'offrande des grandes victimes, parce que dans le sanctuaire du temple de Mars les javelots de ce dieu s'étaient agités d'eux-mêmes. Ce qu'on appelle *hostiæ succidaneæ, porca præcidanea.* Capiton Atteius a appelé certaines fêtes *præcidanea.*

On sait qu'à Rome, aussitôt qu'un tremblement de terre a été annoncé quelque part, on s'empresse de conjurer la colère divine par des offrandes. C'est d'après cet usage, qu'un jour, comme je l'ai lu dans les anciennes annales, le sénat ayant été informé que les javelots de Mars s'étaient agités d'eux-mêmes dans le sanctuaire, rendit, sous le consulat de M. Antoine et de A. Postumius, un sénatus-consulte dont voici les termes : « C. Julius, fils de Lucius, souverain pontife, ayant annoncé que les javelots de Mars se sont agités d'eux-mêmes, au fond du sanctuaire, dans le palais des pontifes, le sénat a décidé que le consul M. Antoine apaisera Jupiter et Mars par l'offrande des grandes victimes; qu'il sacrifiera aux autres divinités qu'il croira devoir être conjurées; qu'il sera approuvé en tout ce qu'il fera; que s'il est indispensable de multiplier le nombre des victimes, *si quid succidaneis opus esset,* on en offrira au dieu Robigus. » Quelles sont ces victimes appelées *succidaneæ* par le sénat? On a souvent cherché

VI. Verba veteris senatusconsulti, [in] quo decretum est, hostiis majoribus expiandum, quod in sacrario hastæ Martiæ movissent : atque inibi enarratum, quid sint *hostiæ succidaneæ;* quid item *porca præcidanea;* et quod Capito Atteius ferias quasdam *præcidaneas* appellavit.

Ut terram movisse nuntiari solet, eaque res procuratur : ita in veteribus memoriis scriptum legimus, nuntiatum esse senatui, in sacrario in regia hastas Martias movisse. Ejus rei causa senatusconsultum factum est M. Antonio, A. Postumio coss., ejusque exemplum hoc est : QUOD C. JULIUS, L. F. PONTIFEX, NUNTIAVIT IN SACRARIO IN REGIA HASTAS MARTIAS MOVISSE; DE EA RE ITA CENSUERUNT, UTI M. ANTONIUS CONSUL HOSTIIS MAJORIBUS JOVI ET MARTI PROCURARET, ET CÆTERIS DIIS, QUIBUS VIDERETUR, PLACANDIS UTI PROCURASSET SATIS HABENDUM CENSUERUNT; SI QUID SUCCIDANEIS OPUS ESSET, ROBIGUS ACCEDERET. Quod *succidaneas hostias* senatus appellavit, quæri solet, quid verbum id significet. In

quel est le sens de ce mot. Dans l'*Epidicus* de Plaute, on lit deux vers qui ont fixé l'attention des savants, parce qu'on y trouve le mot *succidaneus* :

> Men' piacularem oportet fieri ob stultitiam tuam,
> Ut meum tergum stultitiæ tuæ subdas succidaneum?

Faut-il que j'expie ta sottise, et que mon dos porte la peine de ta folie ?

Remarquons d'abord que *succidaneæ* est pour *succedaneæ*, la lettre *e* ayant été changée en *i*, ce qui arrive souvent dans les mots composés ; il faudrait donc dire *succedaneæ* : ce qui s'entend des victimes que l'on conduisait à l'autel pour être immolées, si le premier sacrifice était insuffisant pour apaiser la colère des dieux ; victimes qui étaient immolées à la suite des premières, *succidebantur*, pour achever l'expiation commencée ; voilà l'origine du mot *succidaneæ*, dans lequel l'*i* est long et non pas bref, comme le prononcent quelques personnes, qui, en cela, font une faute grossière. Par la même raison, on appelle *hostiæ præcidaneæ* celles qui sont immolées la veille des sacrifices solennels, *porca præcidanea* la truie que l'on immole à Cérès avant que la moisson nouvelle commence à croître, lorsque dans la

---

Plauti quoque comœdia quæ *Epidicus* inscripta est, super eodem ipso verbo requiri audio in his versibus :

> Men' piacularem oportet fieri ob stultitiam tuam,
> Ut meum tergum stultitiæ tuæ subdas succidaneum?

Succidaneæ autem hostiæ dicuntur, *e* littera per morem compositi vocabuli in *i* litteram commutata. Nam quasi *succedaneæ* appellatæ : quoniam, si primis hostiis litatum non erat, aliæ post easdem ductæ hostiæ cædebantur ; quæ, quasi prioribus jam cæsis, luendi piaculi gratia, subdebantur et succidebantur ; ob id *succidaneæ* nominatæ, littera *i* scilicet tractim pronuntiata. Audio enim quosdam eam litteram in hac voce barbare corripere. Eadem autem ratione verbi *præcidaneæ* quoque hostiæ dicuntur, quæ ante sacrificia solemnia pridie cæduntur. *Porca* etiam *præcidanea* appellata, quam piaculi gratia ante fruges novas captas immolari Cereri mos fuit, si qui familiam funestam aut non purgaverant, aut

maison où il est mort quelqu'un on a négligé de faire les purifications d'usage, ou qu'on les a faites sans observer les rites ordinaires. Tout le monde sait le sens des expressions que je viens de citer : *porca præcidanea, hostiæ præcidaneæ* ; mais on ignore généralement qu'il est aussi des fêtes que l'on appelle *feriæ præcidaneæ*. C'est pourquoi j'ai consigné ici un passage d'Attéius Capiton, extrait du cinquième livre de son traité *sur le Droit des pontifes*, où l'on trouve cette expression : « Le grand pontife Tib. Coruncanius, ayant annoncé les fêtes *præcidaneæ* pour un jour regardé comme funeste, le collége des pontifes arrêta qu'on ne devait pas se faire scrupule de désigner un tel jour pour la célébration de ces fêtes. »

VII. Sur une lettre du grammairien Valerius Probus à Marcellus touchant l'accentuation de quelques mots carthaginois.

Le grammairien Valérius Probus, un des hommes les plus érudits de son temps, voulait que l'on prononçât *Hannibálem, Hasdrubálem, Hamilcárem*, comme si la pénultième était marquée d'un accent circonflexe ; c'est ce que prouve la lettre qu'il écrivit à Marcellus, et dans laquelle il prétendait que Plaute, Ennius

aliter eam rem, quam oportuerat, procuraverant. Sed porcam et hostias quasdam præcidaneas, sicute dixi, appellari vulgo notum est ; *ferias præcidaneas* dici, id, opinor, a vulgo remotum est. Propterea verba Atteii Capitonis, ex quinto librorum quos *de Pontificio jure* composuit, scripsi : « Tib. Coruncanio pontifici maximo feriæ præcidaneæ in atrum diem inauguratæ sunt. Collegium decrevit, non habendum religioni, quin eo die feriæ præcidaneæ essent. »

VII. De epistola Valerii Probi, grammatici, ad Marcellum scripta, super accentu nominum quorumdam Punicorum.

Valerius Probus grammaticus inter suam ætatem præstanti scientia fuit. Is *Hannibálem* et *Hasdrubálem* et *Hamilcárem* ita pronuntiabat, ut penultimam circumflecteret : ut testis est epistola ejus scripta ad Marcellum, in qua Plautum et

et beaucoup d'autres auteurs anciens n'avaient pas adopté une autre accentuation. Toutefois, pour appuyer son opinion, il ne cite qu'un vers d'Ennius qu'il tire de son livre intitulé *Scipion*; ce vers iambique de quatre mètres serait faux, si la troisième syllabe du mot *Hannibâlis* n'était pas marquée d'un accent circonflexe. Voici le vers d'Ennius :

Qui propter Hannibâlis copias considerant.

Ceux qui s'étaient arrêtés non loin des troupes d'Annibal.

VIII. Mot de C. Fabricius sur Cornelius Rufinus, homme avare, qu'il avait fait désigner pour le consulat, quoiqu'il eût pour lui de l'aversion et de la haine.

Fabricius Luscinus s'acquit beaucoup de gloire par ses hauts faits. P. Cornélius Rufinus était de son côté un guerrier plein de bravoure, un général habile et expérimenté, mais un homme d'une rapacité et d'une avarice insatiables. Fabricius n'estimait pas ce dernier, et, loin d'avoir de l'amitié pour lui, il le haïssait même à cause de son caractère. Cependant ce Rufinus, briguant

Ennium multosque alios veteres eo modo pronuntiasse affirmat. Solius tamen Ennii versum unum ponit, ex libro qui *Scipio* inscribitur. Eum versum, quadrato numero factum, subjecimus; in quo, nisi tertia syllaba de Hannibâlis nomine circumflexa ponatur, numerus claudus est. Versus Ennii, quem dixit, ita est :

Qui propter Hannibâlis copias considerant.

VIII. Quid C. Fabricius de Cornelio Rufino, homine avaro, dixerit; quem, quum odisset inimicusque esset, designandum tamen consulem curavit.

Fabricius Luscinus magna gloria vir magnisque rebus gestis fuit. P. Cornelius Rufinus manu quidem strenuus et bellator bonus, militarisque disciplinæ admodum peritus fuit; sed furax homo et avaritia acri erat. Hunc Fabricius non probabat, neque amico utebatur : osusque cum morum causa fuit. Sed quum [in] temporibus reipublicæ difficillimis consules creandi forent, et is Rufinus peteret

le consulat dans des circonstances très-difficiles pour la république, et n'ayant pour compétiteur que des hommes sans énergie et sans capacité, Fabricius employa tout son crédit pour que les suffrages se portassent sur ce Rufinus. Comme on s'étonnait généralement que Fabricius secondât un homme d'une avarice sordide, et qu'il détestait ouvertement : « Qu'on ne s'étonne pas, dit-il, si j'aime mieux être pillé que vendu. » Dans la suite, Fabricius, devenu censeur, chassa du sénat ce même Rufinus, quoiqu'il eût été deux fois consul et dictateur, comme coupable de déployer un trop grand luxe, et d'avoir dix livres de vaisselle d'argent. Ce mot de Fabricius, que je viens de rapporter, se trouve dans la plupart des historiens; mais Cicéron rapporte, dans le deuxième livre *de l'Orateur*, que Fabricius l'adressa à Rufinus lui-même, qui venait le remercier de son concours, pour lui faire entendre que les remercîments étaient inutiles. Voici les paroles mêmes de Cicéron : « Un genre assez heureux de plaisanterie, c'est de profiter d'une circonstance peu importante ou même d'un seul mot, pour laisser voir sa pensée. P. Cornélius, à qui l'on reprochait son avarice et ses déprédations, passait en même temps pour un général brave et habile. Comme il remerciait C. Fabricius de lui avoir, malgré son inimitié, donné sa voix pour le consulat, dans un temps où Rome soutenait une guerre

---

consulatum, competitoresque ejus essent imbelles quidam et futiles, summa ope adnisus est Fabricius, uti Rufino consulatus deferretur. Eam rem plerisque admirantibus, quod hominem avarum, cui esset inimicissimus, creari consulem peteret [quem hostiliter oderat] : Fabricius inquit : « Nihil est quod miremini, si malui compilari, quam venire. » Hunc Rufinum postea, bis consulatu et dictatura functum, censor Fabricius senatu movit ob luxuriæ notam, quod decem pondo libras argenti facti haberet. Id autem, quod supra scripsi, Fabricium de Cornelio Rufino [ita], ut in pleraque historia scriptum est, dixisse, M. Cicero non aliis a Fabricio, sed ipsi Rufino gratias agenti, quod ejus gratiam dedignatus non esset, dictum esse refert in libro secundo *de Oratore*. [Verba Ciceronis hæc sunt : « Arguta etiam significatio est, quum parva re et sæpe verbo res obscura et latens illustratur : ut quum C. Fabricio P. Cornelius, homo, ut existimatur, avarus et furax, sed egregie fortis et bonus imperator, gratias ageret quod se homo

dangereuse : « Ne me remercie pas, lui dit celui-ci ; j'ai mieux aimé être pillé que vendu. »

IX. Ce que signifie proprement *religiosus* ; différentes significations attribuées à ce mot. Ce que Nigidius Figulus en dit dans ses *Commentaires*.

Nigidius Figulus, qui est, selon moi, le plus savant des Romains après M. Varron, cite, dans le onzième livre de ses *Commentaires sur la grammaire*, un vers tiré d'un ancien poëme, et vraiment digne d'être remarqué ; le voici :

Religentem oportet esse ; religiosum nefas.
Il faut être religieux, et non pas superstitieux.

Nigidius ne nous apprend pas quel est l'auteur de ce vers ; il dit encore dans le même endroit : « Les mots terminés en *osus*, comme *vinosus*, adonné au vin, *mulierosus*, passionné pour les femmes ; *religiosus*, superstitieux ; *nummosus*, avare, indiquent toujours un excès de la chose dont il s'agit : c'est pourquoi *religiosus* désignait celui qui se soumettait à des pratiques supersti-

---

inimicus consulem fecisset, bello præsertim magno et gravi : « Nihil est, quo » mihi gratias agas, inquit, si malui compilari, quam venire. »]

IX. Quid significet proprie *religiosus*, et in quæ diverticula significatio istius vocabuli flexa sit, et verba Nigidii Figuli ex *Commentariis* ejus super eâ re sumpta.

Nigidius Figulus, homo, ut ego arbitror, juxta M. Varronem doctissimus, in undecimo *Commentariorum grammaticorum* refert versum ex antiquo carmine, memoriâ hercle dignum :

Religentem oportet esse ; religiosum nefas.

Cujus autem id carmen sit, non scribit. Atque in eodem loco Nigidius : «Hoc, inquit, inclinamentum semper hujuscemodi verborum, ut : *vinosus*, *mulierosus*, *religiosus*, *nummosus*, significat copiam quamdam immodicam rei super qua dicitur. Quocirca *religiosus* is appellabatur, qui nimiâ et superstitiosâ reli-

tieuses, exagérées, et était pris en mauvaise part. » Mais Nigidius ne donne pas toute l'étendue du sens de ce mot. *Religiosus* a souvent une autre signification ; il se dit de l'homme chaste et pur, scrupuleux observateur de ses devoirs, qui ne sort jamais des règles, des limites de ce qui doit être fait. Ce mot s'emploie encore de différentes manières, et même il a deux sens bien distincts dans les expressions dérivées, telles que les suivantes : *religiosi dies, religiosa delubra*. On appelle *religiosi dies* les jours malheureux, les jours de mauvais augure, pendant lesquels on ne peut ni offrir de sacrifices, ni entreprendre aucune affaire. Le vulgaire ignorant les appelle à tort jours néfastes. M. Cicéron, dans le neuvième livre de ses *Lettres à Atticus*, s'exprime ainsi : « Nos ancêtres ont voulu que la journée de la bataille de l'Allia fût regardée comme plus funeste que celle de la prise de Rome, parce que le second de ces malheurs fut la suite du premier. Aussi l'anniversaire de la première journée a été mis au rang des jours appelés *religiosi*, tandis que celui de la seconde est oublié. »

Cependant le même M. Tullius, dans son discours *sur les Droits des accusateurs*, emploie l'expression *delubra religiosa*, par laquelle il n'entend pas des temples attristés par de mauvais présages, mais des lieux qui inspirent le respect par leur majesté

---

gione sese alligaverat, eaque res vitio assignabatur. » Sed præter ista, quæ Nigidius dicit, alio quodam diverticulo significationis *religiosus* pro casto atque observanti cohibentique sese certis legibus finibusque dici captus. Simili autem modo illa quoque vocabula, ab eadem profecta origine, diversum significare videntur : *religiosi dies*, et *religiosa delubra*. *Religiosi* enim *dies* dicuntur tristi omine infames impeditique ; in quibus et res divinas facere et rem quampiam novam exordiri temperandum est : quos multitudo imperitorum prave et perperam *nefastos* appellant. Itaque M. Cicero in libro *Epistolarum* nono *ad Atticum* : « Majores, inquit, nostri funestiorem diem esse voluerunt Alliensis pugnæ, quam Urbis captæ; quod hoc malum ex illo. Itaque alter religiosus etiam nunc dies, alter in vulgus ignotus. »

Idem tamen M. Tullius, in oratione *de Accusatore constituendo*, *religiosa delubra* dicit non ominosa nec tristia, sed majestatis venerationisque plena. Mas-

et leur sainteté. Massurius Sabinus, dans ses *Commentaires sur les mots indigènes*, définit ainsi *religiosus* : « Par ce mot, dit-il, on désigne des choses qu'un caractère de sainteté semble mettre à l'écart et placer loin de nous; il dérive de *relinquo*, comme *cærimoniæ* tire son origine de *carere*. » D'après cette interprétation de Sabinus, les temples, les lieux consacrés, dont la sainteté ne saurait être trop grande, l'excès ici ne méritant point le blâme comme dans les autres choses, sont appelés *religiosa*, parce qu'ils doivent être visités, non par une foule impudente et grossière, mais par des personnes chastes et pures, qui accomplissent les cérémonies avec un pieux recueillement, et parce qu'ils doivent être plus redoutés que fréquentés du vulgaire; tandis que les jours *religiosi* sont ceux que nous évitons, que nous laissons, *relinquimus*, comme marqués d'un funeste présage. Voilà pourquoi Térence, dans *le Bourreau de soi-même*, dit :

Tum, quod dem ei, recte est. Nam, nihil esse mihi, relligio est dicere.

Cependant, pour lui donner… C'est bien. Je n'ose pas avouer que je n'ai rien.

Si, comme le dit Nigidius, tous les noms terminés en *osus* indiquent un excès, un abus, et renferment une idée de blâme,

---

surius autem Sabinus, in *Commentariis* quos *de indigenis* composuit : « Religiosum, inquit, est, quod propter sanctitatem aliquam remotum ac sepositum a nobis est, verbum a relinquendo dictum, tanquam cærimoniæ a carendo. Secúndum hanc Sabini interpretationem, templa quidem ac delubra, quia horum cumulus in vituperationem non cadit, ut illorum quorum laus in modestia est, *religiosa* sunt, quæ non vulgo ac temere, sed cum castitate cærimoniaque adeunda et reverenda et reformidanda sunt magis, quam invulganda : sed dies *religiosi* dicti, quos ex contraria causa, propter ominis diritatem, relinquimus. Idcirco ait Terentius in *Heautontimorumeno* :

Tum, quod dem ei, recte est. Nam, nihil esse mihi, relligio est dicere.

Quod si, ut ait Nigidius, omnia istiusmodi inclinamenta nimium ac præter

comme *vinosus*, adonné au vin, *mulierosus*, passionné pour les femmes, *verbosus*, verbeux, *morosus*, morose. *famosus*, mal famé ; pourquoi *ingeniosus*, ingénieux, *formosus*, beau, *officiosus*, officieux, *speciosus*, spécieux, dérivés de *ingenium*, *forma*, *officium*; *disciplinosus*, docile, *consiliosus*, de bon conseil, *victoriosus*, victorieux, employé dans ce sens par M. Caton ; pourquoi *facundiosus*, éloquent, dont Sempronius Asellius s'est servi au troisième livre de ses *Annales*, dans la phrase suivante : « *Facta sua spectari oportere, non dicta, si minus facundiosa essent*, il fallait le juger par ses actes, et non sur le plus ou moins d'éloquence de ses paroles ; pourquoi, dis-je, tous ces mots n'expriment-ils jamais un blâme, mais au contraire toujours un éloge, quoiqu'ils désignent une chose portée à l'excès ? Est-ce parce que l'excès est blâmable dans les choses désignées par les mots que nous avons cités ? Ainsi le crédit, *gratia*, s'il est excessif et sans bornes ; les mœurs, *mores*, si elles renferment autant de mauvaises qualités que de bonnes ; la conversation, *verba*, si elle est longue, insignifiante et monotone ; la renommée, *fama*, si par son excès elle trouble le repos et fait naître l'envie, ne sont ni louables ni utiles ; tandis que l'esprit, *ingenium*, le devoir, *officium*, la beauté, *forma*, la science, *disciplina*, la prudence dans les conseils, *consilium*, la victoire, *victoria*, l'éloquence, *facundia*, sont autant de qualités précieuses qui ne doivent point avoir

modum significant, et idcirco in culpas cadunt, ut *vinosus, mulierosus, verbosus, morosus, famosus* : cur *ingeniosus, formosus*, et *officiosus* et *speciosus*, quæ pariter ab ingenio et forma et officio inclinata sunt ; cur etiam *disciplinosus, consiliosus, victoriosus*, quæ M. Cato ita affiguravit ; cur item *facundiosa*, quod Sempronius Asellio, tertio decimo *Rerum gestarum* ita scripsit : « Facta sua spectari oportere, non dicta, si minus facundiosa essent : « cur, inquam, ista omnia nunquam in culpam, sed in laudem dicuntur ; quanquam hæc quoque incrementum sui nimium demonstrent? An propterea, quia illis quidem, quæ supra posui, adhibendus est modus quidam necessarius ? Nam et *gratia*, si nimia quidem atque immodica, et *mores*, si multi atque varii, et *verba*, si perpetua atque infinita et obtundentia, et *fama*, si magna et inquieta et invidiosa sit, neque laudabilia nec utilia sunt, *ingenium* autem et *officium* et *forma* et *disciplina* et *consilium* et

de bornes ; plus elles sont grandes, portées à l'extrême, plus elles ont droit à nos hommages.

X. Sur la manière de recueillir les suffrages dans le sénat. Scène qui eut lieu entre le consul C. César et Caton, qui voulait parler pendant tout le jour.

Avant la loi qui règle aujourd'hui les délibérations du sénat, on changea souvent la manière de recueillir les suffrages : tantôt l'on commençait à recueillir les avis par celui que les censeurs avaient élu prince du sénat ; tantôt par les consuls désignés. Cependant quelquefois les consuls, disposant de cette distinction en faveur d'un sénateur qu'ils voulaient honorer de cette marque de déférence et d'amitié, ne se conformaient pas à l'usage adopté ; mais lorsqu'on dérogeait à cet ordre, on avait le soin de s'adresser toujours à un personnage consulaire. On rapporte que C. César, lorsqu'il était consul avec M. Bibulus, n'honora de cette distinction que quatre sénateurs : de ce nombre se trouva M. Crassus ; toutefois, quand César eut marié sa fille à Cn. Pompée, il réserva cet honneur à son gendre. Il s'en expliqua même devant le sénat, et rendit compte de cette conduite, ainsi que nous le

victoria et *facundia*, sicut ipsæ virtutum amplitudines, nullis finibus cohibentur, sed quanto majora auctioraque sunt, etiam tanto laudatiora sunt.

X. Quid observatum de ordine rogandarum sententiarum in senatu ; jurgiorumque in senatu C. Cæsaris consulis et M. Catonis, diem dicendo eximentis.

Ante legem, quæ nunc de senatu habendo observatur, ordo rogandi sententias varius fuit : alias primus rogabatur, qui a censoribus princeps in senatum lectus fuerat ; alias, qui designati consules erant : quidam e consulibus, studio aut necessitudine aliqua adducti, quem iis visum erat, honoris gratia, extra ordinem sententiam primum rogabant. Observatum tamen est, quum extra ordinem fieret, ne quis quemquam ex alio quam ex consulari loco, sententiam primum rogaret. C. Cæsar, in consulatu quem cum M. Bibulo gessit, quatuor solos extra ordinem rogasse sententiam dicitur : ex iis quatuor principem rogabat M. Crassum ; sed postquam filiam Cn. Pompeio desponderat, primum cœperat Pompeium rogare ;

rapporte Tiron Tullius, affranchi de M. Cicéron, qui tenait ces particularités de la bouche de son maître. Capiton Attéius, dans son traité *sur les Devoirs du sénateur*, mentionne ce fait. On lit dans ce même traité l'anecdote suivante : « Caius César, étant consul, pria M. Caton de donner son avis. Caton repoussait la proposition sur laquelle on délibérait, parce qu'il la croyait nuisible à la république ; aussi, pour faire traîner l'affaire en longueur, se mit-il à discuter longuement, et pendant ce temps le jour s'écoulait : car chaque sénateur, lorsqu'on lui demandait son avis, avait le droit de parler auparavant sur le premier sujet venu, et de garder la parole tant qu'il lui plaisait. César, en sa qualité de consul, appela l'huissier et lui ordonna de saisir l'orateur qui s'obstinait à parler, et de le conduire en prison. Le sénat tout entier se leva et se disposait à suivre Caton en prison. Ce blâme universel arrêta César, qui le fit mettre en liberté. »

XI. Renseignements donnés par le philosophe Aristoxène sur le régime de Pythagore et qui semblent plus vrais que la tradition ordinaire. Témoignage analogue de Plutarque sur le même sujet.

D'après une opinion ancienne fort en crédit, mais évidemment

Ejus rei rationem reddidisse enim senatui Tiro Tullius, M. Ciceronis libertus, refert, itaque se ex patrono suo audisse scribit. Id ipsum Capito Atteius, in libro quem de *Officio senatorio* composuit, scriptum reliquit. In eodem libro Capitonis id quoque scriptum est : « Caius, inquit, Cæsar consul M. Catonem sententiam rogavit. Cato rem quæ consulebatur, quoniam non e republica videbatur, perfici nolebat. Ejus rei gratia ducendæ, longa oratione utebatur, eximebatque dicendo diem. Erat enim jus senatori, ut, sententiam rogatus, diceret ante quidquid vellet alius rei, et quoad vellet. Cæsar consul viatorem vocavit, eumque, quum finem non faceret, prehendi loquentem et in carcerem duci jussit. Senatus consurrexit, et prosequebatur Catonem in carcerem. Hac, inquit, invidia facta, Cæsar destitit, et mitti Catonem jussit. »

XI. Quæ qualiaque sint, quæ Aristoxenus, quasi magis comperta, de Pythagora memoriæ commendavit ; et quæ item Plutarchus in eumdem modum de eodem Pythagora scripserit.

Opinio vetus falsa occupavit et convaluit, Pythagoram philosophum non esita-

fausse, Pythagore ne mangeait jamais de la chair des animaux, et s'interdisait même ce légume que les Grecs appellent κύαμος fèves. C'est en suivant cette opinion que le poëte Callimaque a dit :

Abstenez-vous de fèves, ne mangez point de chair : c'était le précepte de Pythagore, et je le proclame aussi.

Cette erreur était aussi partagée par M. Cicéron, qui a dit, dans le premier livre de son traité *de la Divination :* « Platon veut que, lorsqu'on se livre au sommeil, la disposition du corps soit telle qu'il n'y ait rien qui puisse jeter dans l'âme le trouble et l'erreur. Aussi croit-on que l'usage des fèves a été interdit aux pythagoriciens, parce que cet aliment produit une boursouflure contraire à la tranquillité qui doit régner dans une âme qui recherche la vérité. » Voilà les paroles de M. Cicéron. Mais, d'un autre côté, le musicien Aristoxène, homme très-versé dans la littérature ancienne, et disciple d'Aristote, rapporte, dans un traité qu'il a laissé sur Pythagore, que les fèves étaient, de tous les légumes, celui que ce philosophe se faisait servir le plus souvent, parce qu'il les trouvait faciles à digérer, et douées d'une propriété laxative. Je cite Aristoxène lui-même : « Pythagore

---

visse ex animalibus; item abstinuisse fabulo, quem κύαμον Græci appellant. Ex hac opinione Callimachus poeta scripsit :

Καὶ κυάμων ἄπο χεῖρας ἔχειν ἀνιῶντον ἔδεσθαι,
Κἀγώ, Πυθαγόρας ὡς ἐκέλευε, λέγω.

Ex eadem item opinione M. Cicero, in libro *de Divinatione* primo, hæc verba posuit : « Jubet igitur Plato sic ad somnum proficisci corporibus affectis, ut nihil sit, quod errorem animis perturbationemque afferat. Ex quo etiam Pythagoreis interdictum putatur, ne faba vescerentur, quod habet inflationem magnam is cibus, tranquillitatem mentis quærentibus contrariam. » Hæc quidem M. Cicero. Sed Aristoxenus musicus, vir litterarum veterum diligentissimus, Aristotelis philosophi auditor, in libro quem de Pythagora reliquit, nullo sæpius legumento Pythagoram dicit usum, quam fabis : quoniam in cibus et subduceret sensim alvum et lævigaret. Verba ista Aristoxeni subscripsi : Πυθαγόρας δὲ τῶν ὀσπρίων

préférait les fèves à tous les autres légumes, parce qu'elles sont faciles à digérer et ne chargent pas l'estomac ; aussi en mangeait-il très-souvent. » Le même Aristoxène prétend que Pythagore mangeait aussi du cochon de lait et du chevreau. Il tenait probablement ces particularités du pythagoricien Xénophile, son ami, et de quelques autres personnes plus âgées, qui, par conséquent, avaient été presque contemporains de Pythagore. Le poëte Alexis, dans sa comédie intitulée *la Pythagorienne*, nous apprend, lui aussi, que Pythagore mangeait de la chair des animaux. Quant aux fèves, il est probable que l'erreur provient d'un poëme d'Empédocle, philosophe pythagoricien, où l'on trouve ce vers :

O malheureux, très-malheureux, abstenez-vous de toucher aux fèves, κυάμους.

On a pensé généralement qu'il s'agissait du légume qu'on appelle de ce nom ; mais ceux qui ont lu avec plus d'attention et d'intelligence les poëmes d'Empédocle ont pensé que κύαμος signifie ici testicule, et qu'Empédocle, sous le voile de l'allégorie et à la manière de Pythagore, désigne par ce mot les organes de la génération, première et principale cause de la concep-

---

μάλιστα τὸν κύαμον ἐδοκίμασε· λίαν κινητικόν τε γὰρ εἶναι, καὶ διαφορητικόν· διὸ καὶ μάλιστα κέχρηται αὐτῷ. Porculis quoque minusculis et hædis tenerioribus victitasse, idem Aristoxenus refertur. Quam rem videtur cognovisse ex Xenophilo Pythagorico, familiari suo, et ex quibusdam aliis, natu majoribus, qui ab ætate Pythagoræ haud multum aberant. Ac de animalibus Alexis etiam poeta, in comœdia quæ Πυθαγορίζουσα inscribitur, docet. Videtur autem de κυάμῳ non esitato causam erroris fuisse, quia in Empedocli carmine, qui disciplinas Pythagoræ sequutus est, versus hic invenitur :

Δειλοί, πάνδειλοι, κυάμων ἄπο χεῖρας ἔχεσθαι.

Opinati enim sunt plerique κύαμον legumentum vulgo dici. Sed qui diligentius scitiusque carmina Empedocli arbitrati sunt, κυάμους hoc in loco testiculos significare dicunt; eosque more Pythagoræ operte atque symbolice κυάμους appellatos, quod sint εἰς τὸ κύειν δεινοὶ καὶ αἴτιοι τοῦ κύειν, et geniturae humanae

tion τοῦ κυεῖν, voies dont se sert la nature humaine pour se reproduire ; qu'ainsi dans ce vers, Empédocle ne défend pas de manger des fèves, mais il cherche à détourner les hommes de la débauche, des plaisirs honteux de Vénus. Plutarque, dont l'érudition donne du poids à ce qu'il avance, nous dit, dans le premier livre de son traité *sur Homère*, qu'au rapport d'Aristote, les pythagoriciens se nourrissaient de la chair de tous les animaux, à peu d'exceptions près. Voici les paroles de Plutarque, que j'ai cru devoir citer, parce que ces détails sont peu connus : « Aristote nous apprend que les pythagoriciens s'abstenaient de manger la matrice et le cœur des animaux ; qu'ils s'interdisaient l'ortie de mer et quelques autres animaux ; que du reste ils mangeaient de toute espèce de chair. » L'ortie de mer, ἀκαλύφη, est un poisson que l'on appelle, dans notre langue, *urtica*. Plutarque rapporte aussi, dans ses *Symposiaques*, que les pythagoriciens ne mangeaient pas indistinctement de toutes les sortes de poissons. Le même écrivain nous dit que Pythagore assurait qu'il avait vécu d'abord sous le nom d'Euphorbe, c'est ce que tout le monde sait ; mais ce que l'on ignore assez généralement, c'est que, suivant Cléarque et Dicéarque, Pythagore disait avoir été ensuite Pyrandre, puis Calliclée, enfin une courtisane d'une grande beauté, dont le nom était Alcé.

vim præbeant; idcircoque Empedoclem versu isto non a fabulo edendo, sed a rei venereæ proluvio voluisse homines deducere. Plutarchus quoque, homo in disciplinis gravi auctoritate, in primo librorum quos de Homero composuit, Aristotelem philosophum scripsit eadem ipsa de Pythagoricis scripsisse : quod non abstinuerunt edundis animalibus, nisi pauca carne quadam. Verba ipsa Plutarchi, quoniam res inopinata est, subscripsi : Ἀριστοτέλης δὲ μήτρας, καὶ καρδίας, καὶ ἀκαλύφης, καὶ τοιούτων [τινῶν] ἄλλων ἀπέχεσθαί φησι τοὺς Πυθαγορικούς· χρῆσθαι δὲ τοῖς ἄλλοις. Ἀκαλύφη autem est animal marinum, quod *urtica* appellatur. Sed et piscibus nonnullis abstinere Pythagoricos, Plutarchus in *Symposiacis* dicit. Pythagoram vero ipsum, sicut celebre est, Euphorbum primo se fuisse dictitasse ; ita hæc remotiora sunt his quæ Clearchus et Dicæarchus memoriæ tradiderunt, fuisse eum postea Pyrandrum, deindè Callicleam, deinde feminam pulchra facie meretricem, cui nomen [fuerit] Alce.

XII. Curieux exemples de peines infamantes infligées autrefois par les censeurs, d'après les monuments anciens.

Laisser son champ en friche, ne pas y donner tous les soins nécessaires, ne le labourer ni le nettoyer ; négliger ses arbres, ses vignes, c'était à Rome autant de fautes que punissaient les censeurs de la perte du droit de suffrage. Un chevalier romain avait-il un cheval maigre, mal soigné, il était noté comme coupable d'*impolitia*, mot qui est l'équivalent de *incuria*, négligence. Ces deux faits sont prouvés par des textes, et M. Caton en parle souvent.

XIII. Qu'en jouant de la flûte d'une certaine manière, on peut apporter un soulagement aux douleurs de la sciatique.

C'est une croyance très-répandue qu'un homme tourmenté par un accès de sciatique sent la violence de son mal diminuer insensiblement, si quelqu'un, placé près de lui, tire d'une flûte des sons doux et mélodieux. J'ai lu tout dernièrement, dans

---

XII. Notæ et animadversiones censoriæ, in veteribus monumentis repertæ, memoria dignæ.

Si quis agrum suum passus fuerat sordescere, eumque indiligenter curabat, ac neque araverat neque purgaverat ; sive quis arborem suam vineamque habuerat derelictui : non id sine pœna fuit ; sed erat opus censorium : censoresque ærarium faciebant. Item si quis eques Romanus equum habere gracilentum aut parum nitidum visus erat, *impolitiæ* notabatur. Id verbum significat, quasi [si] tu dicas *incuriæ* : cujus rei utriusque auctoritates sunt : et M. Cato id sæpenumero attestatus est.

XIII. Quod incentiones quædam tibiarum, certo modo factæ, ischiacis mederi possunt.

Creditum hoc a plerisque est et memoriæ mandatum : ischiaci quum maxime doleant, tum, si modulis lenibus tibicen incinat, minui dolores. Ego nuperrime

Théophraste, qu'on guérit aussi les morsures de la vipère par les sons que tirerait de son instrument un habile joueur de flûte. Démocrite rapporte à peu près la même chose dans son traité *de la Peste et des maladies pestilentielles*. Dans beaucoup de maladies, dit-il, les sons de la flûte ont été un remède souverain ; car chez l'homme, l'affinité qui existe entre le corps et l'âme est si grande, que les mêmes remèdes guérissent les maladies de l'un et corrigent les vices de l'autre.

XIV. Anecdote sur l'édile Hostilius Mancinus et la courtisane Mamilia. Arrêt des tribuns devant lesquels cette dernière cita l'édile.

En lisant le neuvième livre des *Conjectures* d'Attéius Capiton, qui a pour titre *des Jugements publics*, j'y remarquai un arrêté des tribuns, plein de cette sagesse si commune chez nos ancêtres ; c'est pourquoi je le rapporte ici. Voici le fait qui provoqua cet arrêté, et quel en est, à peu près, le contenu : A. Hostilius Mancinus, étant édile curule, cita un jour à comparaître devant le peuple la courtisane Mamilia, parce que, du haut de sa galerie, elle lui avait lancé, pendant la nuit, une pierre qui l'avait blessé ; et il montrait la blessure à la foule. Mamilia porta l'affaire

---

in libro Theophrasti scriptum inveni, viperarum morsibus tibicinium, scite modulateque adhibitum, mederi. Refert etiam [idem] Democriti liber qui inscribitur περὶ Λοιμῶν ἢ λοιμικῶν κακῶν. In quo docet plurimis hominum morbis medicinæ fuisse inceutiones tibiarum. Tanta prorsus est affinitas corporibus hominum mentibusque, et propterea quoque vitiis aut medelis animorum et corporum.

XIV. Narratur historia de Hostilio Mancino, ædili, et Mamilia meretrice ; verbaque decreti tribunorum, ad quos a Mamilia provocatum est.

Quum librum nonum Attei Capitonis *Conjectaneorum* legeremus, qui inscriptus est *de Judiciis publicis*, decretum tribunorum visum est gravitatis antiquæ plenum : propterea id meminimus ; idque ob hanc causam et in hanc sententiam scriptum est : A. Hostilius Mancinus ædilis curulis fuit. Is Mamiliæ meretrici

devant les tribuns du peuple : elle dit que Mancinus, au sortir de table, s'était présenté chez elle ; que, comme la loi lui défendait de le recevoir, et qu'il voulait entrer de force, elle s'était vue obligée de le repousser à coups de pierres. Les tribuns jugèrent qu'un édile qui, la couronne sur la tête, se présentait ainsi devant une telle maison, méritait d'en être chassé de cette manière ; en conséquence, ils lui défendirent de porter plainte devant le peuple.

XV. D'un passage de Salluste attaqué par les ennemis de cet historien avec une sévérité malveillante.

L'élégance du style de Salluste, le penchant de cet écrivain à innover dans les mots et les expressions, lui ont attiré de nombreuses critiques ; des hommes d'un grand mérite ont pris à tâche de déprécier ses écrits, dont ils ont censuré beaucoup de passages, et souvent avec ignorance ou mauvaise foi. Il faut avouer cependant que beaucoup de passages semblent prêter à la critique, par exemple cet endroit de la *Conjuration de Cati-*

diem ad populum dixit, quod de tabulato ejus noctu lapide ictus esset, vulnusque ex eo lapide ostendebat. Mamilia ad tribunos plebis provocavit. Apud eos dixit comessatorem Mancinum ad ædes suas venisse : eum sibi [fas] recipere non fuisse in æde sua; sed quum vi irrumperet, lapidibus depulsum. Tribuni decreverunt ædilem ex eo loco jure dejectum, quo eum venire cum coronario non decuisset : propterea, ne cum populo ædilis ageret, intercesserunt.

XV. Defensa a culpa sententia ex historia Sallustii, quam inimici ejus cum insectatione maligne reprehenderunt.

Elegantia orationis Sallustii verborumque facundia et novandi studium cum multa prorsus invidia fuit, multique non mediocri ingenio viri conati sunt reprehendere pleraque et obtrectare : in quibus plura inscite aut maligne vellicant. Nonnulla tamen videri possunt non indigna reprehensione ; quale illud in *Catilinæ historia* repertum est, quod habeat eam speciem, quasi parum attente dic-

lina où l'on dirait que l'auteur n'a pas pesé ses paroles ; les voici : « Bien qu'il n'y ait pas autant de gloire à écrire les grandes actions qu'à en être l'auteur, cependant la tâche de l'historien me paraît des plus difficiles : d'abord parce qu'il faut que le récit réponde à la grandeur des actions ; ensuite parce que si vous relevez quelque faute, on ne manquera pas d'attribuer vos reproches à la malveillance, à l'envie ; enfin parce que si vous rappelez la gloire, les vertus des gens de bien, chacun n'accueille avec plaisir que ce qu'il se juge en état de faire : au delà il ne voit que fiction et mensonge. »

Salluste, dit-on, se propose de faire connaître les causes qui rendent difficile la tâche de l'historien ; mais, au lieu de commencer par là, il se borne à des plaintes. En effet, dire que le lecteur ou interprète mal la pensée de l'auteur, ou ne croit pas à la vérité des faits, ce n'est pas expliquer en quoi le travail de l'historien est difficile. C'est une preuve, tout au plus, qu'il est exposé aux injustices de la malveillance ; mais ceci n'augmente nullement la difficulté : car ce qui est difficile est ce qui offre en soi de la difficulté, indépendamment des erreurs où peut tomber l'opinion publique. Tel est le langage que tiennent des critiques peu bienveillants ; mais Salluste emploie *arduus* pour dé-

tum. Verba Sallustii hæc sunt : « Ac mihi quidem, tametsi haudquaquam par gloria sequatur scriptorem et auctorem rerum, tamen imprimis arduum videtur res gestas scribere : primum, quod facta dictis exæquanda sunt ; dein, quod plerique, quæ delicta reprehenderis, malivolentia et invidia dicta putant ; ubi de magna virtute atque gloria bonorum memores, quæ sibi quisque facilia factu putat, æquo animo accipit ; supra ea veluti ficta pro falsis ducit. »

Proposuit, inquiunt, dicturum causas, quamobrem videatur esse arduum res gestas scribere : atque ibi non primum causam, sed querelas dicit. Non enim causa videri debet cur historiæ opus arduum sit, quod ii qui legunt, aut inique interpretantur quæ scripta sunt, aut vera esse non credunt. Obnoxiam quippe et objectam falsis existimationibus eam rem dicendam magis aiunt quam arduam : quia, quod arduum est, sui operis difficultate est arduum, non opinionis alienæ erroribus. Hæc illi malivoli reprehensores dicunt. Sed *arduum* Sallustius non pro

signer non-seulement ce qui est difficile, mais encore ce que les Grecs entendent par δυσχερής ou χαλεπός, c'est-à-dire ce qui est difficile, fâcheux, pénible, incommode à supporter. Signification qui certainement, dans le passage cité, s'accorde assez bien avec la pensée de l'auteur.

XVI. *De quelques mots dans la déclinaison desquels Varron et Nigidius s'éloignaient de la règle ordinaire. Éclaircissements sur ce sujet; citations d'anciens auteurs.*

On sait que M. Varron et P. Nigidius, ces deux savants romains, ont toujours écrit et prononcé *senatuis, domuis, fluctuis*, génitif de *senatus*, sénat; *domus*, maison; *fluctus*, flot. De là vient, d'après eux, le datif *senatui, domui, fluctui*, dans ces noms et dans tous ceux qui suivent la même déclinaison.

On trouve, dans les premières éditions du poëte comique Térence, un vers où cette forme de génitif est employée :

Ejus anuis, opinor, causa, quæ est emortua.

Sans doute à cause de cette vieille qui est morte.

---

difficili tantum, sed pro eo quoque ponit, quod Græci δυσχερὲς aut χαλεπὸν appellant : quod est tum difficile, tum molestum quoque et incommodum et intractabile. Quorum verborum significatio a sententia Sallustii suprascriptanon abhorret.

XVI. *De vocabulis quibusdam a Varrone et Nigidio contra quotidiani sermonis consuetudinem declinatis; atque inibi id genus quædam cum exemplis veterum relata.*

M. Varronem et P. Nigidium, viros Romani generis doctissimos, comperimus non aliter eloquutos esse et scripsisse, quam *senatuis*, et *domuis*, et *fluctuis*; qui est patrius casus, ab eo quod est *senatus, domus,* et *fluctus* : hinc, *senatui, domui, fluctui*, cæteraque his consimilia pariter dixisse.

Terentii quoque comici versus in libris veteribus itidem scriptus est :

Ejus anuis, opinor, causa, quæ est emortua.

Plusieurs grammairiens anciens ont voulu confirmer l'autorité de ces écrivains par l'observation suivante : tout datif singulier en *i*, s'il n'est pas semblable au génitif du même nombre, forme la terminaison de ce dernier cas par l'addition de la lettre *s*. Exemple : *patri patris, duci ducis, cædi cædis*. Or, ajoutent ces grammairiens, si nous disons au datif *huic senatui*, il s'ensuit que le génitif singulier doit être *senatuis* et non *senatus*; mais ils ne conviennent pas tous que l'on doive dire au datif *senatui*, plutôt que *senatu*. Lucilius dit au datif *victu, anu*, et non *victui, anui* dans le vers suivant :

Quod sumptum atque epulas victu præponis honesto.

Parce que tu préfères les dépenses et les festins à un train de vie modéré.

Ailleurs : *anu noceo*, je nuis à la vieille. Virgile dit aussi au datif, *aspectu* pour *aspectui* :

. . . . . Teque aspectu ne subtrahe nostro.

Ne te dérobe pas à mes regards.

Hanc eorum auctoritatem quidam e veteribus grammaticis ratione etiam firmare voluerunt, quod omnis dativus singularis littera finitus *i*, si non similis est genitivi singularis, *s* littera addita genitivum singularem facit, ut : *Patri patris, duci ducis, cædi cædis*. Quum igitur, inquiunt, in casu dandi *huic senatui* dicamus, genitivus ex eo singularis *senatuis* est, et non *senatus*. Sed non omnes concedunt in casu dativo *senatui* magis dicendum quam *senatu*. Sicut Lucilius in eodem casu *victu* et *anu* dicit, non *victui* et *anui*, in hisce versibus :

Quod sumptum atque epulas victu præponis honesto.

Et alio in loco : *Anu noceo*, inquit. Virgilius quoque in casu dandi *aspectu* icit, non *aspectui* :

. . . . . Teque aspectu ne subtrahe nostro.

Et dans les *Géorgiques* :

> Quod nec concubitu indulgent.

Parce qu'elles ne s'accouplent point.

Caïus César, qui connaît bien les principes de la langue latine, a dit également, dans son *Anticaton* : *Unius arrogantiæ, superbiæque dominatuque*, à l'orgueil, à l'insolence, à la domination d'un seul. Et dans sa troisième action *contre Dolabella* : — *Ibi isti quorum in ædibus fanisque posita et honori erant et ornatu*, là ceux pour qui ces richesses déposées dans les temples et dans les maisons étaient un ornement et une gloire. Enfin, dans son traité *sur l'Analogie*, il pense que l'on peut supprimer la lettre *i* au datif des noms de cette espèce.

XVII. De la nature de quelques prépositions jointes à des verbes. Qu'il n'y a rien de choquant dans l'usage de faire ces prépositions longues. Citations et discussions à ce sujet.

Dans le onzième livre de Lucilius, on lit les vers suivants :

> Scipiadæ magno improbus objiciebat Asellus,

Et in *Georgicis* :

> Quod nec concubitu indulgent.

Caius etiam Cæsar, gravis auctor linguæ Latinæ, in *Anticatone* : « Unius, inquit, arrogantiæ superbiæque *dominatuque*. » Item *in Dolabellam* actionis III : « Ibi isti quorum in ædibus fanisque posita et honori erant et *ornatu*. » In libris quoque *Analogicis* omnia istiusmodi sine *i* littera dicenda censet.

XVII. De natura quarumdam particularum quæ, præpositæ verbis, intendi atque produci barbare atque inscite videntur, exemplis rationibusque plusculis disceptatum.

Lucilii ex undecimo versus sunt :

> Scipiadæ magno improbus objiciebat Asellus,

Lustrum, illo censore, malum infelixque fuisse.

Asellus poussait la méchanceté jusqu'à reprocher à Scipion que le lustre qui s'était écoulé pendant l'exercice de la censure de ce grand citoyen avait été malheureux et fatal.

J'entends souvent des lecteurs faire longue la lettre *o*, pour sauver, disent-ils, la mesure du vers. Plus bas, nous lisons dans le même auteur :

. . . . Et jam
Conjicere in versus dictum præconi' volebam
Grani.

Déjà je songeais à mettre en vers le mot du crieur public Granius.

Par la même raison, la préposition *con* qui se trouve dans le premier verbe est longue. Dans cet autre vers de Lucilius, tiré de son quinzième livre,

Subjicit huic humilem et suffert catu' posteriorem,

Il glisse à sa place un homme obscur, et lui substitue adroitement un inférieur.

on fait longue la lettre *u* de *subjicit*, parce qu'un vers héroïque

---

Lustrum, illo censore, malum infelixque fuisse.

Objiciebat o littera producta multos legere audio, idque eo facere dicunt, ut ratio numeri salva sit. Idem infra :

. . . . Et jam
Conjicere in versus dictum præconi' volebam
Grani.

In hoc quoque prima verbi præpositio ob eamdem causam producitur. Item quinto decimo :

Subjicit huic humilem et suffert catu' posteriorem,

subjicit u littera longa legunt, quia primam syllabam brevem esse in versu he-

ne peut commencer par une brève. De même, dans l'*Epidicus* de Plaute, on prononce longue la syllabe *con*, dans ce vers :

Age nunc jam, orna te, Epidice, et pallium in collum conjice.

Allons, pares-toi, Epidicus, et jette ton manteau sur tes épaules.

On donne ordinairement la même quantité à la première syllabe de *subjicit* dans ce vers de Virgile :

. . . . Et jam Parnasia laurus
Parva sub ingenti matris se subjicit umbra.

Le laurier même, ornement du Parnasse, voit croître à l'ombre de son large feuillage des enfants dont il est le père.

Cependant les prépositions *ob*, *sub*, ne sont point longues dans leur nature ; il en est de même de *con*, à moins que cette syllabe ne soit suivie de *s* ou de *f*, comme dans *constituit* et *confecit*, ou qu'elle ne perde, par élision, la lettre *n*, comme dans ce passage de Salluste, *Facinoribus coopertus*, couvert de crimes. Dans les exemples que je viens de citer, la quantité est respectée, sans que l'on soit obligé d'allonger les prépositions par licence : car

roico non convenit. Item apud Plautum in *Epidico con* syllabam productam pronuntiant :

Age nunc jam, orna te, Epidice, et pallium in collum conjice.

Apud Virgilium quoque *subjicit* verbum produci a plerisque audio :

. . . . Et jam Parnasia laurus
Parva sub ingenti matris se subjicit umbra.

Sed neque *ob* neque *sub* præpositiones producendi habent naturam ; neque item item *con* ; nisi quum eam litteræ sequuntur quæ in verbis *constituit* et *confecit* secundum eam prima sunt, vel quum eliditur ex ea *n* littera : sicut Sallustius : « Facinoribus, inquit, coopertus. » In iis autem quæ supra posui, et metrum esse integrum potest, et præpositiones istæ possunt non barbare protendi : secunda enim littera in his verbis per duo *i i*, non per unum, scribenda est. Nam

il faut remarquer que, dans ces verbes, les prépositions *con*, *sub*, sont suivies de deux *ii*, et non pas d'un seul. En effet, le verbe auquel se joignent les prépositions dont nous venons de parler, n'est pas *icio*, mais bien *jacio*; il ne fait pas au parfait *ici*, mais *jeci* : or, la lettre *a* comprise dans le verbe *jacio* se change en *i*, par la même raison qui fait dire *insilio*, *incipio*; on a donc ainsi un *i* double qui a la valeur d'une consonne. C'est pourquoi, comme on prononce cette syllabe en appuyant un peu dessus, la première ne peut être brève; elle devient longue par position : de cette manière, on reste fidèle en même temps à la quantité et aux règles de la prononciation. Ce que nous venons de dire nous conduit à penser que, dans ce passage du sixième livre de l'*Énéide*,

Eripe me his, invicte, malis, aut tu mihi terram
Injice.

Héros invincible, arrachez-moi à ces maux, ou jetez sur mon corps un peu de terre.

c'est bien *injice* qu'on doit lire et écrire; à moins qu'il ne se trouve un commentateur assez entêté pour soutenir que, dans ce pied, la préposition *in* est allongée par licence, à cause de la me-

---

verbum istud, cui supradictæ particulæ præpositæ sunt, non *icio* est, sed *jacio*, et præteritum non *icit*, sed *jecit* : idque ubi compositum est ex *a* littera, *a* in *i* mutatur; sicuti fit in verbis *insilio* et *incipio*; atque ita vim consonantis capit; et idcirco ea syllaba productius latiusque paulo pronuntiata priorem syllabam brevem esse non patitur, sed reddit eam positu longam; proptereaque et numerus in versu et ratio in pronuntiatu manet. Hæc, quæ diximus, eo etiam conducunt, ut, quod apud Virgilium in sexto positum invenimus :

Eripe me his, invicte, malis, aut tu mihi terram
Injice;

sic esse *injice*, ut supra dixi, et scribendum et legendum sciamus; nisi quis tam indocilis est, ut in hoc quoque verbo *in* præpositionem metri causa protendat.

sure du vers. Mais pourquoi, dans *obicibus*, qui vient de *obicio*, la lettre *o* se trouve-t-elle longue? On ne dira pas ici qu'il en est de même que de *motus*, qui, venant de *moveo*, fait *o* long. Je me souviens que Sulpicius Apollinaris, homme d'une profonde érudition, prononçait *o* bref dans *obices* et *obicibus*. C'est ainsi qu'il lisait ce vers de Virgile :

. . . . Qua vi maria alta tumescant
Obicibus ruptis.

Par quelle cause la mer s'enfle et brise ses digues.

Mais en prononçant la lettre *i*, qu'il faut considérer comme double dans ce mot, il s'arrêtait un peu sur cette voyelle, de manière à en prolonger légèrement le son, comme je viens de le recommander. On devrait de même dans *subices*, mot composé comme *obices*, faire *u* bref. Ennius, dans sa tragédie intitulée *Achille*, donne à *subices* le sens de plaine de l'air placée au-dessous du ciel, dans les vers suivants :

Per ego deum sublimes subices, humidus

Quærimus igitur, in *obicibus* *o* littera qua ratione intendatur, quum id vocabulum factum sit a verbo *obicio*, et nequaquam simile sit, quod a verbo *moveo*, *motus* *o* littera longa dicitur. Equidem memini Sulpicium Apollinarem, virum præstanti litterarum scientia, *obices* et *obicibus*, *o* littera correpta, dicere; in Virgilio quoque sic eum legere :

. . . . Qua vi maria alta tumescant
Obicibus ruptis.

Sed ita, ut diximus, *i* litteram, quæ in vocabulo quoque gemina esse debet, paulo uberius largiusque pronuntiabat. Congruens igitur est, ut *subices* etiam, quod perinde ut *obices* compositum est, *u* littera brevi dici oporteat. Ennius in tragœdia, quæ *Achilles* inscribitur, *subices* pro aere alio ponit, qui cœlo subjectus est, in his versibus :

Per ego deum sublimes subices, humidus

Unde oritur imber, sonitu sævo et spiritu.

Je le jure par les demeures aériennes, d'où nous viennent et la pluie et les vents à l'haleine bruyante.

Cependant vous entendez la plupart des lecteurs faire *u* long dans ce mot. Dans son discours sur son consulat, M. Caton emploie ce même verbe joint à une autre préposition : « C'est ainsi, dit-il, que le vent les porte d'abord vers la partie supérieure des Pyrénées ; de là il les pousse, *projicit*, vers la haute mer. » De même Pacuvius, dans sa tragédie intitulée *Chrysès* :

. . . . Id promontorium
Cujus lingua in altum projicit.

Ce promontoire qui s'avance en pointe dans la mer.

XVIII. Traits mémorables de la vie P. Scipion, le premier Africain, rapportés dans les *Annales*.

Un grand nombre de paroles et d'actions remarquables de Scipion, le premier Africain, nous révèlent quelle gloire lui acquirent ses vertus, et quelles furent sa grandeur d'âme, la di-

---

Unde oritur imber, sonitu sævo et spiritu.

Plerosque omnes tamen legere audias *u* littera producta. Id ipsum autem verbum M. Cato sub alia præpositione dicit, in oratione, quam de consulatu suo habuit : « Ita hos, inquit, fert ventus ad priorem Pyrenæum, quos *projicit* in altum. » Et Pacuvius item in *Chryse* :

. . . . Id promontorium
Cujus lingua in altum projicit.

XVIII. De P. Africano superiore sumpta quædam ex *Annalibus*, memoratu dignissima.

Scipio Africanus antiquior quanta virtutum gloria præstiterit, et quam fuerit altus animo atque magnificus, et qua sui conscientia subnixus, plurimis rebus,

gnité de son caractère, et la force que lui donnait une conscience sans reproche. On remarque surtout deux occasions mémorables dans lesquelles il déploya sa noble confiance en lui-même et l'élévation extraordinaire de son âme. Le tribun M. Névius l'accusait devant le peuple de s'être laissé gagner par l'or du roi Antiochus, pour lui faire obtenir, au nom du peuple romain, des conditions de paix moins onéreuses et plus douces ; il lui reprochait encore beaucoup d'autres actes indignes d'un tel homme. Alors Scipion, après quelques mots que semblaient exiger sa dignité personnelle et le soin de sa gloire, s'écrie : « Romains, c'est à pareil jour, je m'en souviens, que je défis, dans une grande bataille, en Afrique, le Carthaginois Annibal, l'ennemi le plus redoutable de la grandeur romaine, et que je vous procurai une paix et une victoire inespérées; ne soyons donc pas ingrats envers les dieux ; laissons là ce mauvais citoyen, et allons au Capitole remercier Jupiter très-bon, très-puissant. » A ces mots, il laisse son accusateur, se dirige vers le temple; le peuple entier, qui s'était réuni pour juger Scipion, abandonne le tribun, suit Scipion au Capitole, et le reconduit ensuite à sa maison avec les plus vives démonstrations de reconnaissance et d'allégresse. On cite un discours que l'on prétend être celui qu'il prononça dans

---

quæ dixerit quæque fecerit, declaratum est. Ex quibus sunt hæc duo exempla ejus fiduciæ atque exsuperantiæ ingentis. Quum M. Nævius tribunus plebei accusaret eum ad populum, diceretque accepisse a rege Antiocho pecuniam, ut conditionibus gratiosis et mollibus pax cum eo populi Romani nomine fieret; et quædam item alia crimini daret indigna tali viro : tum Scipio pauca præfatus, quæ dignitas vitæ suæ atque gloria postulabat : « Memoria, inquit, Quirites, repeto, diem esse hodiernum, quo Hannibalem Pœnum imperio nostro inimicissimum magno prælio vici in terra Africa, pacemque et victoriam vobis peperi insperabilem; non igitur simus adversum deos ingrati : et censeo, relinquamus nebulonem hunc, eamus nunc protinus Jovi optimo maximo gratulatum. » Id quum dixisset, avertit, et ire ad Capitolium cœpit. Tum concio universa, quæ ad sententiam de Scipione ferendam convenerat, relicto tribuno, Scipionem in Capitolium comitata, atque inde ad ædes ejus cum lætitia et gratulatione solemni prosequuta est. Fertur etiam oratio, quæ videtur habita eo die a Scipione; et, qui

cette circonstance : mais ceux qui le croient supposé ne nient pas toutefois que les paroles que nous venons de rapporter ne soient de Scipion. Le second trait n'est pas moins digne de remarque. Un certain Pétilius, tribun du peuple, poussé, à ce qu'on assure, par Marcus Caton, ennemi personnel de Scipion, le pressa vivement, un jour, en plein sénat, de rendre compte du trésor d'Antiochus et des dépouilles qu'il avait enlevées à ce prince pendant la guerre. On sait que Scipion, dans cette guerre, avait été le lieutenant de son frère L. Scipion l'Asiatique. L'accusé se lève, et, tirant de son sein un livret, dit qu'il contient le compte de l'argent et des dépouilles ; qu'il l'a apporté pour en faire connaître le contenu et le déposer ensuite au trésor public. Mais je ne le ferai pas, ajouta-t-il, je n'aurai point la faiblesse de me déshonorer moi-même. Aussitôt il met le livret en pièces devant toute l'assemblée, indigné qu'on se permette de demander compte de quelques sommes d'argent prises sur l'ennemi à celui auquel l'État devait son salut et sa gloire.

XIX. Ce que M. Varron dit, dans un de ses recueils, sur la nécessité de modérer la nourriture des enfants.

Il est prouvé que si on laisse les enfants encore impubères trop

---

dicunt eam non veram, non eunt infitias, quin hæc quidem verba fuerint, quæ dixi, Scipionis. Item aliud est factum ejus præclarum Pœtilius quidam, tribunus plebei, a Marco, ut aiunt, Catone, inimico Scipionis, comparatus in eum atque immissus desiderabat in senatu instantissime, ut pecuniæ Antiochenæ, prædæque, quæ eo in bello capta erat, rationem redderet. Fuerat enim L. Scipioni Asiatico, fratri suo, imperatori, in ea provincia legatus. Ibi Scipio exsurgit ; et, prolato e sinu togæ libro, rationes in eo scriptas esse dixit omnis pecuniæ omnisque prædæ : allatum, ut palam recitaretur et ad ærarium deferretur. Sed enim id jam non faciam, inquit, nec me ipse afficiam contumelia. Eumque librum statim coram discidit suis manibus et concerpsit, ægre passus, quod, cui salus imperii ac reipublicæ accepta ferri deberet, rationem pecuniæ prædatitiæ posceretur.

XIX. Quid M. Varro in *Logistorico* scripserit de moderando victu puerorum impubium.

Pueros impuberes compertum est, si plurimo cibo nimioque somno uterentur,

manger et trop boire, ils deviennent lourds, apathiques, et sont exposés à tomber dans la langueur et l'abrutissement; ils grandissent très-difficilement et ne peuvent se développer. La plupart des médecins et des philosophes partagent cette opinion, qui a été développée par M. Varron dans un de ses recueils intitulé *Caton, ou de l'Éducation des Enfants.*

XX. Condamnations portées par les censeurs contre ceux qui, à leur audience, se permettaient quelque plaisanterie indécente. Délibération sur la punition qu'ils devaient infliger à un homme qui avait bâillé devant eux.

Parmi les condamnations portées par les censeurs, on en cite trois qui prouvent quelle était la sévérité de ces magistrats. Voici la première. Le censeur, selon la coutume, faisait prêter le serment par lequel on déclare qu'on est marié. On adressait la question suivante : « Et toi, réponds selon ta conscience, es-tu marié? » Un homme du peuple vint prêter serment à son tour : C'était un plaisant, naturellement railleur. Pensant que l'occasion était bonne pour faire rire, il répond à la question d'usage adressée par le censeur: « Oui, je suis marié, mais non selon mon

hebetiores fieri, ad veterni usque aut eluci tarditatem; corporaque eorum improcera fieri, minusque adolescere. Idem plerique alii medicorum philosophorumque, et M. Varro in *Logistorico* scripsit, qui inscriptus est *Cato aut de Liberis educandis.*

XX. Notati a censoribus, qui audientibus iis dixerant joca quædam intempestiviter; ac de ejus quoque nota deliberatum, qui steterat forte apud eos oscitabundus.

Inter censorias severitates tria hæc exempla in litteris sunt castigatissimæ disciplinæ. Unum est hujuscemodi: Censor agebat de uxoribus solemne jusjurandum. Verba erant ita concepta : « Et tu, ex animi tui sententia, uxorem habes? » Qui jurabat, cavillator quidam et canicula et nimis ridicularius fuit. Is, locum esse sibi joci dicendi ratus, quum ita, uti mos erat, censor dixisset : « Et tu, ex animi tui sententia, uxorem habes? — Habeo equidem, inquit, uxorem; sed non hercle ex animi mei sententia. » Tum censor eum, quod intem-

goût. » Pour cette réponse déplacée, le censeur relégua le plaisant dans la classe des citoyens privés du droit de suffrage, et motiva son arrêt sur une plaisanterie inconvenante faite en sa présence. Il n'y a pas moins de sévérité dans cet autre fait. Les censeurs délibérèrent un jour sur la punition qui devait être infligée à un citoyen qui, appelé en témoignage par un ami, s'était permis, en pleine séance, de bâiller de toutes ses forces et avec grand bruit; ils allaient condamner le coupable pour s'être laissé aller à un acte qui dénotait une étourderie indécente et un sansgêne fort insolent; mais celui-ci assura par serment qu'il n'avait pu se retenir, que ce bâillement lui avait échappé, et qu'il était sujet à la maladie appelée *oscedo*, envie continuelle de bâiller; alors l'arrêt, porté contre lui déjà, fut annulé. P. Scipion l'Africain, fils de P. Émile, consigne ces deux faits dans le discours qu'il prononça, pendant sa censure, pour rappeler le peuple à la sévérité des mœurs des anciens Romains. Le troisième fait est tiré du septième livre des *Mémoires* de Sabinus Massurius : « Les censeurs P. Scipion Nasica et M. Popillius, dit-il, passant la revue des chevaliers, en remarquèrent un dont le cheval était maigre et en mauvais état, tandis qu'il était lui-même gras et brillant de santé. « D'où vient, disent ces magistrats, que tu es en » meilleur état que ton cheval? — C'est que je me soigne moi-

pestive lascivisset, in ærarios retulit, causamque hanc joci scurrilis apud se dicti subscripsit. Altera severitas ejusdem sectæ disciplinæque est. Deliberatum est de nota ejus, qui ad censores ab amico advocatus est, et, in jure stans, clare nimis ac sonore oscitavit : atque inibi, prope ut plecteretur fuit, tanquam illud indicium vagi animi foret et alucinantis, et fluxæ atque apertæ securitatis. Sed quum ille dejurasset, invitissimum sese ac repugnantem oscitatione victum, teneriqve eo vitio, quod oscedo appellatur, tum notæ jam destinatæ exemptus est: P. Scipio Africanus, Pauli F., utramque historiam posuit in oratione quam dixit in censura, quum ad majorum mores populum hortaretur. Item aliud refert Sabinus Massurius in septimo *Memoriali* severe factum : « Censores, inquit, P. Scipio Nasica et M. Popillius quum equitum censum agerent, equum nimis strigosum et male habitum, sed equitem ejus uberrimum et habitissimum viderunt. « Et » cur, inquiunt, ita est, ut tu sis, quam equus, curatior? — Quoniam, inquit,

» même, répondit-il, et que c'est Statius, un mauvais drôle d'es-
» clave, qui prend soin de mon cheval. » Cette réponse paraissant
peu respectueuse, le chevalier fut relégué, selon la coutume,
dans la classe des citoyens privés du droit de suffrage. » Statius
était dans l'origine un nom d'esclave très-commun ; le poëte Cécilius, si célèbre par ses comédies, avait été esclave, et avait, à
cause de cela, porté le nom de Statius, qu'il garda dans la suite
comme un surnom, puisqu'on l'appelle encore de nos jours Cécilius Statius.

» ego me curo, equum Statius meus servus. » Visum est parum reverens esse responsum, relatusque in ærarios, ut mos est. » Statius autem servile nomen fuit. Plerique apud veteres servi eo nomine fuerunt. Cæcilius quoque, ille comœdiarum poeta inclytus, servus fuit, et propterea nomen habuit Statius. Sed postea versum est quasi in cognomentum, appellatusque [est] Cæcilius Statius.

LIVRE CINQUIÈME

1. Que le philosophe Musonius désapprouvait les acclamations bruyantes et les applaudissements qui couvrent la voix des philosophes pendant leurs leçons.

J'ai appris que le philosophe Musonius avait coutume de dire : « Lorsqu'un philosophe exhorte, avertit, persuade, réprimande, ou donne tout autre enseignement moral, si les auditeurs lui jettent à la tête, de toute la force de leurs poumons, des applaudissements et des louanges banales et vulgaires; s'ils poussent des cris; si, charmés de l'harmonie des expressions, du nombre des mots, des chutes cadencées des périodes, ils s'agitent et gesticulent avec transport, alors, croyez-le bien, l'auditoire et le maître perdent également leur temps : ce n'est plus un philosophe qui enseigne, c'est un joueur de flûte qui se fait entendre. Quand on écoute, ajoutait Musonius, un philosophe, si les préceptes qu'il donne sont utiles et salutaires, s'ils sont un remède contre le vice

LIBER QUINTUS

I. Quod Musonius philosophus reprehendit improbavitque, laudari philosophum disserentem a vociferantibus et in laudando gestientibus.

Musonium philosophum solitum dicere accepimus : Quum philosophus, inquit, hortatur, monet, suadet, objurgat, aliudve quid disciplinarum disserit, tum, qui audiunt, si de summo et soluto pectore obvias vulgatasque laudes effutiunt, si clamitant etiam [si gestiunt], si vocum ejus festivitatibus, si modulis verborum, si quibusdam quasi frequentamentis orationis emoventur, exagitantur, et gestiunt, tum scias, et qui dicit et qui audiunt frustra esse, neque illic philosophum loqui, sed tibicinem canere. Animus [enim], inquit, audientis philosophum, si, quæ dicuntur, utilia ac salubria sunt, et errorum atque vitiorum medicinas ferunt, laxamen-

et contre l'erreur, on n'a ni loisir ni même la pensée de faire entendre des acclamations bruyantes et prolongées ; l'auditeur, quel qu'il soit, à moins toutefois que ce ne soit un homme profondément corrompu, en entendant les paroles du philosophe, gardera un profond silence, frémira et rougira intérieurement de ses fautes ; il se repentira, se réjouira tour à tour ; son visage reproduira les émotions diverses de son âme, émotions que le philosophe fera naître dans sa conscience en touchant aux parties saines ou malades de son âme. D'ailleurs, disait encore Musonius, ce qui est digne des plus grands éloges inspire l'admiration ; or, l'on sait que l'admiration portée à un très-haut degré ne se manifeste que par le silence, et non par la parole. C'est pourquoi le plus habile des poëtes, après qu'Ulysse a raconté ses malheurs avec tant d'éloquence, ne dit point que les auditeurs, à la fin du récit, s'agitèrent, applaudirent et firent entendre de bruyantes acclamations ; tout au contraire, ils gardent le silence, immobiles, saisis d'étonnement, comme si la puissance magique qui charme leurs oreilles pénétrait jusqu'à leur langue, et la paralysait.

Ainsi parla Ulysse, et dans le palais qu'enveloppait déjà l'ombre de la nuit, tous les assistants, charmés de ses paroles, demeuraient en silence.

tium atque otium prolixe profuseque laudandi non habet. Quisquis ille est, qui audit, nisi ille est plane deperditus, inter ipsam philosophi orationem et perhorrescat necesse est, et pudeat tacitus, et pœniteat, et gaudeat, et admiretur ; vario adeo vultus disparilesque sensus gerat ; perinde ut eum, conscientiamque ejus affecerit utrarumque animi partium aut sincerarum aut ægrarum philosophi pertractatio. Præterea dicebat, magnam laudem non abesse ab admiratione : admirationem autem, quæ maxima est, non parere verba, sed silentium. Idcirco, inquit, poëtarum sapientissimus auditores illos Ulixi, labores suos illustrissime narrantis ; ubi loquendi finis factus, non exsultare nec strepere nec vociferari facit, sed consiluisse universos dicit, quasi attonitos et obstupidos, delenimentis aurium ad origines usque vocis permanentibus.

Ὣς ἔφατ'· οἱ δ' ἄρα πάντες ἀκὴν ἐγένοντο σιωπῇ·
Κηληθμῷ δ' ἔσχοντο κατὰ μέγαρα σκιόεντα.

II. Sur le cheval d'Alexandre, appelé Bucéphale.

Le roi Alexandre avait un cheval que la forme de sa tête avait fait appeler Bucéphale. Charès rapporta qu'il fut acheté treize talents, ce qui fait trois cent mille et douze sesterces de notre monnaie, et donné au roi Philippe. Ce qu'il y avait de remarquable dans ce cheval, c'est que, lorsqu'il était harnaché et préparé pour le combat, il ne se laissait jamais monter que par le roi. On raconte encore que dans la guerre des Indes, Alexandre, après des prodiges de valeur, s'étant précipité imprudemment au milieu d'un bataillon ennemi, et se trouvant en butte à tous les traits, Bucéphale, qui le portait, fut couvert de blessures à la tête et aux flancs; et que cependant, sur le point de mourir, épuisé qu'il était par la perte de son sang, il dégagea le roi du milieu des ennemis, et parvint à le tirer du danger par la rapidité de sa course; qu'aussitôt qu'il l'eut mis hors de la portée des traits, il tomba sur la place, et, tranquille alors pour son maître, il mourut en paraissant consolé par la joie de l'avoir sauvé.

II. Super equo Alexandri regis, qui Bucephalus appellatus est.

Equus Alexandri regis et capite et nomine Bucephalus fuit. Emptum Chares scripsit talentis tredecim, et regi Philippo donatum : æris nostri summa est sestertia trecenta duodecim. Super hoc equo dignum memoria visum, quod, ubi ornatus erat armatusque ad prælium, haud unquam inscendi sese ab alio nisi a rege passus sit. Id etiam de isto equo memoratum est : quod quum in eo insidens Alexander, bello Indico, et facinora faciens fortia, in hostium cuneum non satis sibi providens inmisisset, conjectisque undique in Alexandrum telis, vulneribus alte in cervice atque in latere equus perfossus est : moribundus tamen ac prope jam exsanguis e mediis hostibus regem vivacissimo cursu retulit, atque, ubi eum extra tela extulerat, illico concidit et, domini jam superstitis securus, quasi cum sensus humani solatio animam exspiravit.

Alexandre, après la victoire qui mit une fin glorieuse à cette guerre, bâtit une ville sur le champ de bataille, et l'appela Bucéphalie en l'honneur de son coursier.

III. Comment et à quelle occasion Protagoras se livra à l'étude de la philosophie.

Protagoras, ce philosophe illustre par son savoir, dont le nom sert de titre à l'un des plus beaux dialogues de Platon, forcé, dit-on, dans sa jeunesse, de subvenir à ses besoins en se mettant au service d'autrui, exerçait la profession de portefaix, ce que les Grecs désignent par le mot de ἀχθοφόρος, et les Latins par celui de *bajulus*. Un jour, de la campagne voisine d'Abdère, sa patrie, il se rendait dans cette ville, portant un lourd fagot attaché par un lien très-faible, lorsque par hasard Démocrite, citoyen de la même ville, homme recommandable entre tous par ses vertus et par ses profondes connaissances en philosophie, se trouvant hors des murs, le voit marcher avec aisance et rapidité, bien que chargé d'un fardeau embarrassant et dont les parties semblaient très-difficiles à maintenir liées ensemble. Démocrite s'approche, examine l'arrangement et la disposition ingénieuse et habile de chaque morceau de bois, et engage Protagoras à se

Tum rex Alexander, parta ejus belli victoria, oppidum in iisdem locis condidit, idque ob equi honores Bucephalon appellavit.

III. Quæ causa, quodque initium fuisse dicatur Protagoræ ad philosophiæ litteras adeundi.

Protagoram, virum in studiis doctrinarum egregium, cujus nomen Plato libro illi suo inclyto inscripsit, adolescentem aiunt, victus quærendi gratia, in mercedem, missum, vecturasque onerum corpore suo factitavisse. Quod genus Græci ἀχθοφόρους vocant; Latine bajulos appellamus. Is de proximo rure in Abderam oppidum, cujus popularis fuit, caudices ligni plurimos funiculo brevi circumdatos portabat. Tum forte Democritus, civitatis ejusdem civis, homo ante alios virtutis et philosophiæ gratia venerandus, quum egrederetur extra urbem, videt eum, cum illo genere oneris tam impedito ac tam incohibili facile atque expedite incedentem : et prope accedit, et juncturam posituramque ligni, scite periteque

reposer un instant. Protagoras se rend à l'invitation de Démocrite, qui, examinant de plus près encore, s'aperçoit que le fardeau disposé en rond, et serré par un lien très-court, est maintenu en équilibre par un procédé géométrique. Le philosophe demande quel est celui qui a ainsi disposé ce bois. Protagoras ayant répondu que c'était lui-même, Démocrite le prie de le défaire et de le lier de nouveau de la même manière. Protagoras ayant fait selon son désir, Démocrite, plein d'admiration pour l'intelligence et l'adresse de cet homme inculte, lui dit : « Jeune homme, puisque tu as de si bonnes dispositions, tu peux t'occuper avec moi de choses plus importantes et plus utiles. » Et il l'emmène dans sa maison, le garde près de lui, pourvoit à tous ses besoins, lui enseigne la philosophie et lui donne les moyens de parvenir à la célébrité qu'il obtint plus tard. Cependant, il faut le dire, la philosophie de Protagoras n'avait point pour but la recherche sincère de la vérité; il fut, au contraire, le plus disputeur des sophistes, car il promettait à ses disciples, qui lui donnaient chaque année un salaire considérable, de leur enseigner par quelle subtilité de langage la plus mauvaise cause devenait la meilleure; ce qu'il exprimait ainsi en grec : Τὸν ἥττω λόγον κρείττω ποιεῖν, rendre bonne une mauvaise cause.

---

faciam, considerat, petitque ut paululum acquiescat. Quod ubi Protagoras, uti erat petitum, fecit; atque itidem Democritus acervum illum et quasi orbem caudicum, brevi vinculo comprehensum, ratione quadam quasi geometrica librari continerique animadvertit, interrogavit quis id lignum ita composuisset : et quum ille a se compositum dixisset, desideravit uti solveret, ac denuo in modum eumdem collocaret. At postquam ille solvit ac similiter composuit : tum Democritus, animi aciem solertiamque hominis non docti demiratus : « Mi adolescens, inquit, quum ingenium benefaciendi habeas, sunt majora melioraque, quæ facere mecum possis : » abduxitque eum statim, secumque habuit, et sumptum ministravit, et philosophias docuit, et esse eum fecit, quantus postea fuit. Is tamen Protagoras insincerus quidem philosophus, sed acerrimus sophistarum fuit; pecuniam quippe ingentem quum a discipulis acciperet annuam, pollicebatur se id docere, quanam verborum industria causa infirmior fieret fortior. Qua rem Græce ita dicebat : Τὸν ἥττω λόγον κρείττω ποιεῖν.

IV. Sur le mot *duoetvicesimus*, vingt-deuxième, qui, bien qu'inconnu du vulgaire, se trouve très-souvent employé par de bons écrivains.

Me trouvant un jour chez un libraire du quartier des Sigillaires, avec un des hommes les plus érudits de notre temps, le poëte Julius Paulus, je vis un exemplaire des *Annales* de Fabius, précieux par son antiquité et par la pureté du texte, exemplaire que le marchand prétendait être sans fautes. Mais un grammairien des plus illustres, amené par un acheteur pour examiner les livres, disait en avoir trouvé une dans ce volume. De son côté, le libraire voulait gager, quelle que fût la somme, qu'il n'y avait pas même une seule lettre incorrecte dans son exemplaire. Alors le grammairien montra ce passage du livre quatrième : *Qua propter tum primum ex plebe alter consul factus est, duoetvicesimo anno, postquam Romam Galli ceperunt*, c'est pourquoi alors, pour la première fois, un des consuls fut pris dans les rangs du peuple, vingt-deux ans après la prise de Rome par les Gaulois. Il fallait écrire, dit-il, *duodevicesimo* et non *duoetvicesimo*. Qu'est-ce, en effet, que *duoetvicesimo*? Mais le même historien a dit ailleurs : *Mortuus est anno duoetvicesimo. Rex fuit annos viginti*

IV. De verbo *duoetvicesimo*, quod vulgo incognitum est, a viris doctis multifariam in libris scriptum est.

Apud Sigillaria forte in libraria ego et Julius Paulus poeta, vir memoria nostra doctissimus, consederamus : atque ibi expositi erant Fabii *Annales*, bonæ atque sinceræ vetustatis libri, quos venditor sine mendis esse contendebat. Grammaticus autem quispiam de nobilioribus, ab emptore ad spectandos libros adhibitus, reperisse unum in libro mendum dicebat; sed contra librarius in quodvis pignus vocabat, si in una uspiam littera delictum esset. Ostendebat grammaticus ita scriptum in libro quarto : « Quapropter tum primum ex plebe alter consul factus est, *duoetvicesimo* anno, postquam Romam Galli ceperunt. » Non, inquit, *duoetvicesimo*, sed *duodevicesimo* scribi oportuit. Quid enim est *duoetvicesimo* ? Alio

et unum, il mourut à vingt-deux ans, après en avoir régné vingt et un.

V. Réponse plaisante et maligne du Carthaginois Annibal au roi Antiochus.

Nous lisons dans de vieux recueils d'anecdotes que le Carthaginois Annibal, se trouvant à la cour d'Antiochus, railla ce prince d'une manière fort plaisante. Voici à quel sujet : Antiochus lui montrait dans une vaste plaine toute l'armée qu'il avait levée pour faire la guerre aux Romains; il faisait manœuvrer devant son hôte les bataillons étincelants de l'éclat de leurs armes d'or et d'argent; il faisait passer devant lui les chars armés de faux, les éléphants chargés de tours, la cavalerie avec ses freins, ses selles, ses colliers et ses phalères brillants. Le roi, tout fier à la vue de son armée, si nombreuse et si richement équipée, se tournant vers Annibal : « Penses-tu, lui demande-t-il, que je puisse livrer bataille, et crois-tu qu'il y en ait là assez pour les Romains? » Alors le Carthaginois voulant railler le monarque sur la lâcheté et la faiblesse de cette armée si magnifique : « Oui, certainement, répond-il, je crois qu'il y en a assez pour les Romains, bien qu'ils soient les plus avares de tous les hommes. » On ne pouvait

---

quoque loco hic ita scripsit : « Mortuus est anno *duoetvicesimo*. Rex fuit annos viginti et unum. »

V. Cujusmodi joco cavillatus sit Antiochum regem Pœnus Hannibal.

In libris veterum memoriarum scriptum est, Hannibalem Carthaginiensem apud regem Antiochum facetissime cavillatum esse. Ea cavillatio hujuscemodi fuit. Ostendebat ei Antiochus in campo copias ingentes, quas bellum populo Romano facturus comparaverat, convertebatque exercitum insignibus argenteis et aureis florentem. Inducebat etiam currus cum falcibus, et elephantos cum turribus, equitatumque frenis, ephippiis, monilibus, phaleris præfulgentem. Atque ibi rex, contemplatione tanti ac tam ornati exercitus gloriabundus, Hannibalem aspicit, et : « Putasne, inquit, conferri posse, ac satis esse credis Romanis hæc

faire une réponse plus spirituelle ni plus mordante. Le roi n'entendait parler que du nombre et de la force de son armée comparée avec celle des Romains; Annibal répond comme s'il s'agissait du butin qu'elle va leur offrir.

VI. Des couronnes militaires. Détails sur les couronnes *triomphale, obsidionale, civique, murale, vallaire, navale;* sur la couronne de l'ovation et sur celle d'olivier.

Il y a plusieurs espèces de couronnes militaires. On cite comme les plus honorables : les couronnes triomphale, obsidionale, civique, murale, vallaire, navale. Il y a aussi la couronne de l'ovation; et encore la couronne d'olivier, qu'on ne décerne pas aux combattants, mais à ceux qui sont chargés de l'appareil du triomphe. Les couronnes triomphales, envoyées aux généraux pour qu'ils s'en parent le jour de leur triomphe, sont d'or; voilà pourquoi assez souvent on appelle cette couronne *aurum coronarium*. Dans l'origine elle était de laurier; dans la suite on commença à la faire d'or. La couronne obsidionale est celle que

omnia? » Tum Pœnus, eludens ignaviam imbelliamque militum ejus pretiose armatorum : « Satis plane, inquit, satis esse credo Romanis hæc omnia, etiamsi avarissimi sunt. » Nihil prorsum neque tam lepide neque tam acerbe dici potest. Rex de numero exercitus sui ac de æquiparatione æstimanda quæsierat : respondit Hannibal de præda.

VI. De coronis militaribus, quæ sit earum *triumphalis*, quæ *obsidionalis*, quæ *civica*, quæ *muralis*, quæ *castrensis*, quæ *navalis*, quæ *ovalis*, quæ *oleaginea*.

Militares coronæ multifariæ sunt. Quarum quæ nobilissimæ sunt, has ferme esse accepimus : triumphalem, obsidionalem, civicam, muralem, castrensem, navalem. Est ea quoque corona, quæ ovalis dicitur. Est item postrema oleaginea, qua uti solent, qui in prælio non fuerunt, sed triumphum procurant. Triumphales coronæ sunt aureæ, quæ imperatoribus ob honorem triumphi mittuntur. Id vulgo dicitur aurum coronarium. Hæ antiquitus e lauru erant; post fieri ex auro cœptæ. Obsidionalis est, quam ii, qui liberati sunt obsidione, dant ei duci,

donnent des assiégés au général qui les a délivrés. Elle est faite de gazon, que l'on a soin de prendre dans l'enceinte de la ville assiégée. Une couronne de ce genre fut donnée par le sénat et le peuple romain à Q. Fabius Maximus qui, dans la seconde guerre punique, avait fait lever le siége de Rome. On appelle couronne civique celle qu'un citoyen reçoit d'un autre citoyen auquel il a sauvé la vie dans un combat; c'est un témoignage de reconnaissance : elle est de feuilles de chêne, parce que jadis l'homme faisait sa nourriture habituelle des fruits de cet arbre; on la composait aussi de feuilles d'yeuse (arbre qui se rapproche beaucoup du chêne), comme nous pouvons le voir dans cet endroit d'une comédie de Cécilius :

On les amène, dit-il, avec une couronne d'yeuse et une chlamyde. — Grands dieux !

Toutefois Massurius Sabinus, dans le onzième livre de ses *Mémoires*, dit que, pour obtenir la couronne civique, il ne suffisait pas de sauver la vie à un citoyen, mais qu'il fallait tuer l'ennemi et rester maître du champ de bataille; que c'était là le seul moyen de mériter cette distinction. Cependant il ajoute que Ti-

---

qui liberavit. Ea corona graminea est : observarique solitum, ut fieret e gramine, quod in eo loco generatum esset, intra quem clausi erant, qui obsidebantur. Hanc coronam gramineam senatus populusque Romanus Q. Fabio Maximo dedit bello Pœnorum secundo, quod urbem Romanam obsidione hostium liberasset. Civica corona appellatur, quam civis civi, a quo servatus est in prælio, testem vitæ salutisque perceptæ dat. Ea, fit e fronde querna, quoniam cibus victusque antiquissimus quernus capi solitus; fit etiam ex ilice; quod genus superiori proximum est, sicuti scriptum est in quadam comœdia Cæcilii :

    Advehuntur, *inquit*, cum ilignea corona et chlamyde.
    — Di, vostra fidem !

Massurius autem Sabinus in undecimo librorum memorialium civicam coronam tum dari solitam dicit, quum is, qui civem servaverat, eodem tempore etiam hostem occiderat, neque locum in ea pugna reliqueret : aliter jus civicæ coronæ

bère, consulté sur la question de savoir si on pouvait décerner la couronne civique à celui qui, après avoir sauvé un citoyen dans un combat en tuant deux ennemis, s'était vu forcé de céder le champ de bataille resté au pouvoir de l'ennemi, répondit que celui-là méritait cette récompense, parce qu'il était évident que le champ de bataille où il avait sauvé un citoyen avec tant de courage était trop désavantageux pour qu'il fût possible de s'y maintenir. L. Gellius, qui avait rempli les fonctions de censeur, émit, en plein sénat, le vœu que la république décernât cette couronne au consul Cicéron pour avoir, par son activité, découvert et puni les criminels projets de Catilina.

La couronne murale est celle que donne le général au soldat qui, le premier, après avoir escaladé un mur, a pénétré de force dans une ville assiégée. Aussi cette couronne est-elle ornée de créneaux.

La couronne vallaire est la récompense du soldat qui, le premier, est entré dans le camp des ennemis, les armes à la main. Elle représente un retranchement.

La couronne navale est décernée à celui qui, dans une bataille sur mer, s'est élancé le premier avec ses armes dans un vaisseau

---

negat concessum. Tiberium tamen Cæsarem consultum, an civicam coronam capere posset, qui civem in prælio servasset, et hostes ibidem duos interfecisset, sed locum, in quo pugnabat, non retinuisset, eoque loco hostes potiti essent, rescripsisse dicit, eum quoque civica dignum videri; quod appareret, tam iniquo loco civem ab eo servatum, ut etiam a fortiter pugnantibus retineri non quiverit. Hanc corona civica L. Gellius, vir censorius, in senatu Ciceronem consulem donari a republica sensuit, quod ejus opera esse atrocissima illa Catilinæ conjuratio detecta vindicataque.

Muralis est corona, qua donatur ab imperatore qui primus murum subiit, inque oppidum hostium per vim escendit. Idcirco quasi muri pinnis decorata est.

Castrensis est corona, qua donat eum imperator, qui primus hostium castra pugnans introivit. Ea corona insigne valli habet.

Navalis est, qua donari solet maritimo prælio qui primus in hostium navem

ennemi. Elle est ornée de proues. Ces trois dernières couronnes sont ordinairement d'or.

La couronne de l'ovation est de myrte ; elle ceignait la tête des généraux qui entraient dans Rome avec les honneurs de l'ovation. L'ovation remplace le triomphe, lorsque la guerre n'a pas été déclarée dans les formes accoutumées, lorsque l'armée ennemie n'était pas complète, lorsqu'on a vaincu des ennemis d'une espèce dégradée, dont le nom n'était pas digne des armes de la république, comme des pirates ou des esclaves ; ou bien enfin lorsque, les ennemis, mettant bas les armes au commencement de la mêlée, on remporte la victoire sans se couvrir de poussière, comme on dit, et sans verser de sang. On pensait qu'une branche de l'arbuste consacré à Vénus suffisait pour récompenser une victoire si facile, pour orner un triomphe remporté, pour ainsi dire, sous les auspices de la Vénus guerrière, bien plus que sous ceux du dieu des combats. Cette couronne de myrte fut rejetée avec dédain par M. Crassus, lorsqu'après avoir terminé la guerre contre les esclaves fugitifs, il fit son entrée dans Rome avec les honneurs de l'ovation ; ce général même eut assez de crédit pour faire porter un sénatus-consulte, qui substituait le laurier au myrte.

M. Caton reprocha un jour à M. Fulvius Nobilior de décerner

---

armatus vi transilivit. Ea quasi navium rostris insignata est. Et muralis autem et castrensis et navalis fieri ex auro solent.

Ovalis vero corona myrtea est. Ea utebantur imperatores, qui ovantes introibant Urbem. Ovandi autem, ac non triumphandi causa est, quum aut bella non rite indicta, neque cum justo hoste gesta sunt ; aut hostium nomen humile et non idoneum est, ut servorem piratorumque : aut deditione repente facta, impulverea, ut dici solet, incruentaque victoria obvenit. Cui facilitati aptam esse Veneris frondem crediderunt, quod non Martius, sed quasi Venerius quidam triumphus foret. Hanc myrteam coronam M. Crassus, quum, bello fugitivorum confecto, ovans rediret, insolenter aspernatus est : senatusque consultum faciundum per gratiam curavit, ut lauro, non myrto, coronaretur.

M. Cato objecit M. Fulvio Nobiliori ; quod milites per ambitionem coronis de

des couronnes à ses soldats, dans des vues d'ambition, pour les choses les plus frivoles. Voici les paroles mêmes de Caton : « Qui dans les premiers temps a vu décerner des couronnes avant que la ville fût prise, ou le camp des ennemis dévoré par les flammes? » Or, Fulvius, auquel s'adressaient les reproches de Caton, avait distribué des couronnes à ses soldats pour avoir élevé un retranchement ou creusé des puits. Nous ne devons pas omettre ici, au sujet de l'ovation, un fait sur lequel, je le sais, les écrivains anciens ne sont pas d'accord. Selon plusieurs, le général qui recevait les honneurs de l'ovation faisait, à cheval, son entrée dans Rome; tandis que Sabinus Massurius prétend que, dans cette circonstance, le général était à pied, suivi, non de son armée, mais du sénat tout entier.

VII. Ingénieuse interprétation du mot *persona* par Gabius Bassus. Étymologie que le même écrivain donne de ce mot.

Gabius Bassus, dans son traité *sur l'Origine des mots*, donne du mot *persona*, masque, une étymologie aussi spirituelle que savante; il le fait venir de *personare*, retentir : « Car, dit-il, la

causis levissimis, donasset. De qua re verba ipsa apposui Catonis : « Nam principio quis vidit corona donari quemquam, quum oppidum captum non esset, aut castra hostium non incensa essent? » Fulvius autem, in quem hoc a Catone dictum est, coronis donaverat milites, quia vallum curaverant, aut quia puteum strenue foderant. Prætereundum non est, quod ad ovationes attinet : super quo dissensisse veteres scriptores accipio. Partim enim scripserunt, qui ovarent, introire solitos equo vehentes; at Sabinus Massurius pedibus ingredi ovantes dicit, sequentibus eos non militibus, sed universo senatu.

VII. *Personæ* vocabulum quam lepide interpretatus sit, quamque esse vocis ejus originem dixerit Gabius Bassus.

Lepide mehercules et scite Gabius Bassus in libris, quos *de Origine vocabulorum* composuit, unde appellata *persona* sit, interpretatur : a *personando* enim id

tête et le visage se trouvant entièrement couverts par le masque, qui n'a d'ouverture que pour laisser le passage libre à la voix qu'il resserre et qu'il empêche de se répandre de différents côtés, en la forçant de s'échapper par cette seule ouverture, et qu'il rend par là plus claire et plus sonore, on a par cette raison donné au masque le nom de *persona*; et c'est à cause de la forme de ce mot que la lettre *o* y est longue. »

VIII. Défense d'un passage de Virgile critiqué par le grammairien Julius Hygin. Ce que c'est que le *lituus*. Étymologie de ce mot.

Ipse Quirinali lituo parvaque sedebat
Succinctus trabea; lævaque ancile gerebat.

Le sceptre augural à la main, revêtu de la courte trabée, Picus couvrait son bras droit du bouclier sacré.

Hygin dit que Virgile a laissé échapper une faute dans ce passage et qu'il n'a pas vu que les mots *Ipse Quirinali lituo* étaient sans complément dans la phrase.

vocabulum factum esse conjectat : « Nam caput, inquit, et os cooperimento personæ tectum undique, unaque tantum vocis emittendæ via pervium, quoniam non vaga neque diffusa est, in unum tantummodo exitum collectam coactamque vocem, et magis claros canorosque sonitus facit. Quoniam igitur indumentum illud oris clarescere et resonare vocem facit, ob eam causam *persona* dicta est, *o* littera propter vocabuli formam productiore. »

VIII. Defensus error a Virgilii versibus, quos arguerat Julius Hyginus grammaticus; et ibidem, quid sit *lituus* : deque etymologia vocis ejus.

Ipse Quirinali lituo parvaque sedebat
Succinctus trabea; lævaque ancile gerebat.

In his versibus errasse Virgilium Hyginus scribit, tanquam non animadverterit deesse aliquid hisce verbis : *Ipse Quirinali lituo.*

« Car, dit ce grammairien, si nous trouvons la phrase complète, Virgile semble avoir dit : *Lituo et trabea succinctus*, revêtu de la robe et du bâton augural ; ce qui est une absurdité énorme. En effet, le *lituus* étant la baguette courte et recourbée par le gros bout, dont se servaient les augures, comment peut-on dire *succinctus lituo?* » Mais Hygin lui-même n'a pas pris garde qu'ici, comme dans mille exemples semblables, il y a quelque chose de sous-entendu ; c'est ainsi que l'on dit : *M. Cicero, homo magna eloquentia*, Cicéron, orateur d'une grande éloquence ; et : *Q. Roscius, histrio summa venustate,* Roscius, comédien plein de grâce. Ces phrases ne sont, grammaticalement, ni complètes ni pleines ; mais elles n'en présentent pas moins un sens parfait et complet. Virgile a dit ailleurs :

Victorem Buten immani corpore.

Butès, vainqueur au corps énorme.

C'est comme s'il y avait : *Corpus immane habentem*. Et dans un autre endroit :

In medium geminos immani pondere cæstus
Projecit.

Il jette au milieu de l'assemblée deux gantelets d'un poids énorme.

« Nam, si nihil, inquit, deesse animadvertimus, videtur ita dictum, ut fiat : *Lituo et trabea succinctus;* quod est, inquit, absurdissimum : quippe quum lituus sit virga brevis, in parte, qua robustior est, incurva, qua augures utuntur ; quoniam modo *succinctus lituo* videri potest? » Immo ipse Hyginus parum animadvertit, sic hoc esse dictum, ut pleraque dici per defectionem solent. Veluti quum dicitur : « M. Cicero, homo magna eloquentia; » et : « Q. Roscius, histrio summa venustate : » non plenum hoc utrumque, non perfectum est; sed enim pro pleno atque perfecto auditur. Ut Virgilius alio in loco [dixit] :

Victorem Buten immani corpore,

id est corpus immane habentem. Et item alibi :

In medium geminos immani pondere cæstus
Projecit.

Et ailleurs :

. . . . . Domus sanie dapibusque cruentis,
Intus opaca, ingens.

Sa caverne obscure et immense était souillée d'un sang corrompu, et semée de débris sanglants.

Il me semble donc que, par la même raison, on peut dire : *Picus Quirinali lituo erat*, Picus tenait en main le sceptre de Romulus ; comme nous disons : *Statua grandi capite erat*, il y avait une statue dont la tête était élevée. *Est, erat, fuit*, sont sous-entendus très-souvent sans que le sens de la phrase en souffre, et cette ellipse a même de l'élégance. Puisque nous venons de parler du *lituus*, n'oublions pas de dire qu'on pourrait demander si le bâton augural, *lituus*, a tiré son nom de l'espèce de trompette désignée par le même mot, ou bien si cette trompette a tiré le sien du bâton augural : car les deux objets ont entre eux des ressemblances et sont également recourbés. Mais si, comme quelques étymologistes le pensent, le nom du clairon fait allusion au son qu'il rend, d'après ces paroles d'Homère, Λίγξε βιός, l'arc a résonné, alors on doit admettre que le bâton augural a été appelé *lituus*, à cause de sa ressemblance de forme avec le clairon,

---

Ac similiter :

. . . . . Domus sanie dapibusque cruentis,
Intus opaca, ingens.

Sic igitur id quoque videri dictum debet : « Picus Quirinali *lituo* erat : » sicuti dicimus : « Statua grandi capite erat. » Et *est* autem, et *erat*, et *fuit* plerumque absunt, cum elegantia, sine detrimento sententiæ. Et, quoniam facta *litui* mentio est, non prætermittendum est, quod posse quæri animadvertimus, utrum lituus auguralis a tuba, quæ *lituus* appellatur, an tuba a lituo augurum *lituus* dicta sit : utrumque enim pari forma et pariter incurvum est. Sed si, ut quidam putant, tuba a sonitu *lituus* appellata est ex illo Homerico versu : Λίγξε βιός, necesse

tuba. Virgile se sert aussi, pour désigner le clairon, du mot *lituus* :

Et lituo pugnas insignis obibat et hasta.

Il se distinguait dans les combats, soit en faisant retentir son clairon, soit en maniant la lance.

IX. Anecdote sur le fils de Crésus, tirée des ouvrages d'Hérodote.

Le fils de Crésus, à l'âge où les enfants commencent à parler, ne pouvait articuler aucune parole; il atteignit même l'adolescence sans s'être débarrassé de cette infirmité, en sorte que l'on crut pendant longtemps qu'il était muet. Mais un jour, Crésus ayant été vaincu dans une grande bataille, et la ville où il avait trouvé un asile étant prise d'assaut, le jeune prince vit un soldat qui, l'épée à la main, s'avançait pour tuer le roi, qu'il ne connaissait pas. A cette vue, il ouvre la bouche pour crier; la violence des efforts fut telle qu'elle brisa l'obstacle qui embarrassait sa langue, et qu'il cria très-clairement et très-nettement au soldat de ne pas tuer le roi Crésus. Aussitôt le soldat écarta son épée, le roi fut sauvé, et à partir de ce moment le jeune prince

---

est ita accipi, ut virga auguralis a tubæ similitudine *lituus* vocetur. Utitur autem vocabulo isto Virgilius et pro tuba :

Et lituo pugnas insignis obibat et hasta.

IX. Historia de Crœsi filio, sumpta ex Herodoti libris.

Filius Crœsi regis, quum jam per ætatem fari posset, infans erat, et, quum jam multum adolevisset, item nihil fari quibat. Mutus adeo et elinguis diu habitus est. Quum vero in patrem ejus, bello magno victum, et urbe, in qua erat, capta, hostis, gladio educto, regem esse ignorans, invaderet : diduxit adolescens os, clamare nitens, eoque nisu atque impetu spiritus vitium nodumque linguæ rupit, planeque et articulate eloquutus est, clamans in hostem, ne rex Crœsus occideretur. Tum et hostis gladium reduxit, et rex vita donatus est, et adole-

put parler. C'est Hérodote qui raconte ce fait dans son *Histoire*. Il cite les premières paroles que prononça le fils de Crésus : « Soldat, ne tue pas Crésus ! » Un athlète samien, nommé Églès, après avoir été muet pendant longtemps, recouvra, dit-on, l'usage de la parole par une cause analogue. Un jour qu'une lutte devait avoir lieu pendant une cérémonie religieuse, il s'aperçut qu'il y avait de la mauvaise foi dans le tirage au sort qui règle l'ordre des combattants, et qu'on le trompait dans le rang qu'on lui assignait ; il se précipite sur l'auteur de la fraude en lui disant à haute voix qu'il découvrait sa supercherie. Cet effort brisa le lien qui tenait sa langue captive, et, dès ce moment, il parla avec aisance et netteté.

X. Des arguments que les Grecs appellent ἀντιστρέφοντα, qui peuvent se retourner mot que nous pouvons traduire en latin par *reciproca*, réciproques.

Parmi les arguments vicieux, le plus vicieux est celui que les Grecs appellent ἀντιστρέφον, qui peut se retourner, mot que plusieurs auteurs latins traduisent fort bien par *reciprocum*. Voici en quoi il consiste : on peut le retourner contre celui qui s'en

scens loqui prorsum deinceps incepit. Herodotus in *Historiis* hujus memoriæ scriptor est : ejusque verba sunt, quæ prima dixisse filium Crœsi refert : Ἄνθρωπε, μὴ κτεῖνε Κροῖσον. Sed et quispiam Samius athleta (nomen illi fuit Αἰγλῆς), quum antea non loquens fuisset, ob similem dicitur causam loqui cœpisse. Nam quum in sacro certamine sortitio inter ipsos et adversarios non bona fide fieret, et sortem nominis falsam subjici animadvertisset, repente in eum, qui id faciebat, sese videre, quid faceret, magnum inclamavit. Atque is, oris vinculo solutus, per omne inde vitæ tempus non turbide neque adhæse loquutus est.

X. De argumentis, quæ Græce ἀντιστρέφοντα appellantur, a nobis *reciproca* dici possunt.

Inter vitia argumentorum longe maximum esse vitium videtur corum, quæ Græci dicunt. Ea quidam ex nostris, non hercle nimis absurde, ἀντιστρέφοντα *reciproca* appellaverunt. Id autem vitium accidit hoc modo : quum argumentum

sert, et en tirer une seconde conclusion contraire à la première. Tel est le raisonnement bien connu dont fit usage le plus subtil des sophistes, Protagoras, dans le procès qu'il soutint contre son disciple Évathle, au sujet du salaire qui lui avait été promis. Évathle, jeune homme riche, désireux de se former à l'éloquence et de se mettre en état de paraître au barreau, vint demander des leçons à Protagoras, s'engageant à lui payer une somme considérable que Protagoras avait fixée lui-même. Évathle donne d'avance la moitié de la somme, et promet de payer le reste le jour où il plaidera et gagnera sa première cause devant les tribunaux. Cependant le disciple suivait depuis longtemps les leçons du maître ; il était déjà fort avancé dans l'art oratoire, et aucune cause ne lui était encore venue ; il attendait toujours ; à la fin, il semblait faire exprès de ne point en avoir pour ne pas payer le reste de la somme convenue. Alors Protagoras emploie un moyen qui lui paraissait être très-adroit : il réclame le reste de la somme dont il était convenu avec son élève, et intente un procès à Évathle. Le maître et l'élève s'étant présentés devant les juges pour exposer leur affaire, Protagoras prend la parole en ces termes : « Apprends, jeune insensé, que tu seras forcé de me

---

propositum referri contra convertique potest in eum, a quo dictum est; et utrinque pariter valet : quale est pervulgatum illud, quo Protagoram, sophistarum acerrimum, usum esse ferunt adversus Evathlum discipulum suum. Lis namque inter eos et controversia super pacta mercede hæc fuit. Evathlus, adolescens dives, eloquentiæ discendæ causarumque orandi cupiens fuit. Is in disciplinam Protagoræ sese dedit, daturumque promisit mercedem grandem pecuniam, quantam Protagoras petiverat; dimidiumque ejus dedit jam tunc statim, priusquam disceret : pepigitque, ut reliquum dimidium daret, quo primo die causam apud judices orasset et vicisset. Postea quum diutule auditor assectatorque Protagoræ fuisset, et in studio quidem facundiæ abunde promovisset, causas tamen non reciperet, tempusque jam longum transcurreret, et facere id videretur, ne reliquum mercedis daret, capit consilium Protagoras, ut tum existimabat, astutum. Petere institit ex pacto mercedem : litem cum Evathlo contestatur. Et quum ad judices, conjiciendæ consistendæque causæ gratia, venissent, tum Protagoras sic exorsus est : « Disce, inquit, stultissime adolescens, utroque id modo fore, uti

payer ce que je te réclame, condamné ou non : en effet, si le tribunal prononce contre toi, ce jugement me constituera ton créancier, puisque j'aurai gagné mon procès; si le tribunal te donne droit, tu me devras encore la somme dont nous sommes convenus, puisque tu auras gagné une cause devant les tribunaux. »
A cet argument Évathle répond : « J'aurais pu aller au-devant de ce sophisme, en laissant à un avocat le soin de plaider mon affaire ; mais je veux augmenter le plaisir de mon triomphe sur toi, en gagnant ma cause, et en prouvant le vice de ton raisonnement. Apprends donc, à ton tour, illustre maître, que dans l'une et l'autre hypothèse, que je gagne ou que je perde mon procès, je ne te donnerai pas ce que tu me réclames : car si les juges me donnent droit, je ne te dois rien, puisque j'aurai gagné ma cause ; s'ils me condamnent, d'après notre convention, je ne te dois rien, puisque je n'aurai pas gagné ma première cause. » Alors les juges, fort embarrassés, ne sachant comment se décider entre deux raisonnements qui se détruisaient l'un l'autre, et craignant que leur jugement, quel qu'il fût, ne se trouvât contradictoire, s'abstiennent de se prononcer, et renvoient l'affaire à une époque fort éloignée. C'est ainsi qu'un illustre professeur d'éloquence vit son propre raisonnement tourné contre lui-même

reddas, quod peto, sive contra te pronuntiatum erit, sive pro te : nam, si contra te lis data erit, merces mihi ex sententia debebitur, quia ego vicero; sin vero secundum te judicatum erit, merces mihi ex pacto debebitur, quia tu viceris. »
Ad ea respondit Evathlus : « Potui, inquit, huic tuæ tam ancipiti captioni isse obviam, si verba non ipse facerem, atque alio patrono uterer. Sed majus mihi in ista victoria prolubium est, quum te non in causa tantum, sed in argumento quoque isto vinco. Disce igitur tu quoque, magister sapientissime, utroque modo fieri, uti non reddam, quod petis : sive contra me pronuntiatum fuerit, sive pro me : nam, si judices pro causa mea senserint, nihil tibi ex sententia debebitur, quia ego vicero; sin contra me pronuntiaverint, nihil tibi ex pacto debebo, quia ego non vicero. » Tum judices dubiosum hoc inexplicabileque esse, quod utrinque dicebatur, rati, ne sententia sua, utramcumque in partem dicta esset, ipsa sese rescinderet, rem injudicatam reliquerunt, causamque in diem longissimam distulerunt. Sic ab adolescente discipulo magister disciplina eloquentiæ inclytus suo

par un jeune disciple, et qu'il eut en vain recours à la subtilité de ses arguments captieux.

XI. Que le syllogisme de Bias sur le mariage ne peut point être regardé comme réciproque.

On a cru que cet argument de Protagoras, ἀντιστρέφον, avait du rapport avec la réponse suivante du sage Bias, cet illustre philosophe. Un homme l'ayant consulté pour savoir s'il devait se marier ou vivre dans le célibat, il répondit : « La femme que tu prendras sera belle ou laide : si elle est belle, tu n'en seras pas le seul possesseur ; si elle est laide, tu épouseras une furie : l'un ne vaut pas mieux que l'autre ; reste donc libre. » Or on prétend que cette réponse peut être retournée ainsi : « Si j'épouse une belle femme, je n'aurai pas de furie ; si j'épouse une femme laide, elle me sera fidèle : il faut donc se marier. » Mais je ne trouve pas ici l'argument ἀντιστρέφον ; car la réponse ainsi retournée n'offre qu'un argument sans force et sans valeur. Bias en effet, soutient qu'il ne faut pas se marier, parce que le mariage expose nécessairement à l'un des deux inconvénients qu'il signale, et auxquels ne peut échapper celui qui se marie. Mais

---

sibi argumento confutatus est, et captionis versute excogitatæ frustratus fu

XI. Biantis de re uxoria syllogismum non posse videri ἀντιστρέφοντα.

Existimavit quidam, etiam illud Biantis, viri sapientis ac nobilis, responsum consimile esse, atque est Protagorion illud, de quo dixi modo, antistrephon. Nam quum rogatus esset a quodam Bias, deberetne uxorem ducere, an vitam vivere cœlibem : Ἤτοι, inquit, καλὴν ἕξεις, ἢ αἰσχράν· καὶ εἰ καλήν, ἕξεις κοινήν· εἰ δὲ αἰσχράν, ἕξεις ποινήν· ἑκάτερον δὲ οὐκ ἀγαθόν· οὐ ληπτέον ἄρα. Sic autem hoc responsum convertunt : Εἰ μὲν καλὴν ἕξω, οὐχ ἕξω ποινήν· εἰ δὲ αἰσχράν, οὐχ ἕξω κοινήν· γαμητέον ἄρα. Sed minime hoc esse videtur ἀντιστρέφον, quoniam ex altero latere conversum frigidius est infirmiusque. Nam Bias proposuit, non esse ducendam uxorem propter alterutrum incommodum, quod necessario patiendum erit ei, qui duxerit. Qui convertit autem, non ab eo se defendit incommodo, quo adest : sed carere se

retourner l'argument, ce n'est pas dire que l'homme marié se met à l'abri du danger qui existe, c'est dire qu'il est exempt de ceux qui ne le menacent point. Pour soutenir l'argument de Bias, il suffit de répéter que l'homme qui se marie s'expose nécessairement à l'un ou à l'autre de ces deux inconvénients : Il aura ou une femme débauchée, ou une furie. Notre ami Favorinus, entendant un jour citer ce syllogisme de Bias, dont le premier membre est : « Tu prendras une femme jolie ou laide, » dit que cette distinction n'était ni juste ni concluante, attendu qu'il n'était pas absolument nécessaire d'admettre l'une ou l'autre de ces deux affirmations ; et qu'ainsi la règle exigée pour les prémisses de cette nature n'était pas observée. En effet, dit-il, le syllogisme de Bias semble ne comprendre que les femmes qui atteignent le dernier degré en beauté ou en laideur. Mais entre ces deux affirmations il est un moyen terme, auquel Bias n'a pas songé ; entre la très-belle femme et la femme très-laide, il y a celle dont les charmes sont ordinaires, et qui n'attire pas les regards ni n'inspire d'aversion. Ainsi, dans sa *Ménalippe*, Q. Ennius se sert d'une expression fort élégante, *stata*, beauté modeste, pour désigner cette femme qui ne sera ni une infidèle ni une furie.

Favorinus avait trouvé pour cette beauté modeste un mot for

---

altero dicit, quod non adest. Satis est autem tuendæ sententiæ, quam Bias dixit, quod enm, qui duxit uxorem, pati necesse est ex duobus incommodis alterum, ut aut κοινὴν habeat, aut ποινήν. Sed Favorinus noster, quum facta esset forte mentio syllogismi istius ; quo Bias usus est, cujus prima πρότασις est, ἤτοι καλὴν ἕξεις, ἢ αἰσχράν, non ratum id neque justum disjunctum esse ait : quoniam non necessum est, alterum ex duobus, quæ disjunguntur, verum esse. Quod in proloquio disjunctivo necessarium est. Eminentia enim quadam significari formarum turpes et pulchræ videntur. Est autem, inquit, tertium quoque inter duo ista, quæ disjunguntur : cujus rationem prospectumque Bias non habuit. Inter enim pulcherrimam feminam et deformissimam media quædam forma est, quæ a nimiæ pulchritudinis periculo et a summæ deformitatis odio vacat. Qualis a Q. Ennio in *Menalippa* perquam eleganti vocabulo *stata* dicitur, quæ neque κοινὴ futura sit, neque ποινή.

Quam formam modicam et modestam Favorinus non mehercle inscite appel-

expressif : il la nommait la beauté des épouses. Le même Ennius, dans la tragédie que je viens de citer, dit que ces femmes d'une beauté modeste, *stata forma*, respectent toujours les lois de la pudeur.

XII. Des noms des dieux *Dijovis* et *Vejovis*, honorés chez les Romains.

Dans les anciens oracles des augures, on trouve les deux noms de divinités *Dijovis* et *Vejovis*. Ce dernier est, en outre, honoré à Rome dans un temple situé entre la citadelle et le Capitole. Voici ce que j'ai découvert sur l'origine de ces deux noms : les anciens Latins ont fait dériver *Jovis* de *juvare*, aider, auquel ils joignent le nom de *pater*, père ; car Jovis pater est le mot complet, dont *Jupiter* n'est qu'une abréviation. En joignant ainsi *pater* à d'autres noms de dieux, on a fait *Neptunuspater*, *Saturnuspater*, *Januspater*, *Marspater*, et plus souvent *Marspiter* ; joignant aussi ce mot de *pater* à *dies* on a *Diespiter*, c'est-à-dire le père du jour et de la lumière, d'où vient *Dijovis*. *Lucetius* est encore un autre nom par lequel on rend hommage au Dieu bienfaisant qui nous dispense le jour et la lumière, c'est-à-dire

---

labat *uxoriam*. Ennius autem, in ista quam dixi, tragœdia eas fere feminas ait incolumi pudicitia esse, quæ *stata forma* forent.

XII. De nominibus deorum populi Romani *Dijovis* et *Vejovis*.

In antiquis spectionibus nomina hæc deorum inesse animadvertimus : *Dijovis* et *Vejovis*. Est autem etiam ædes Vejovis Romæ inter arcem et Capitolium. Eorum nominum rationem esse hanc comperi. Jovem Latini veteres a *juvando* appellavere : eumdemque alio vocabulo juncto *patrem* dixerunt. Nam quod est, elisis aut immutatis quibusdam litteris, *Jupiter*, id plenum atque integrum est *Jovispater*. Sic et *Neptunuspater* conjuncte dictus est, et *Saturnuspater*, et *Januspater*, et *Marspater* (hoc enim est *Marspiter*) item Jovis *Diespiter* appellatus, id est diei et lucis pater. Idcircoque simili nomine *Dijovis* dictus est, et *Lucetius*; quod nos die et luce quasi vita ipsa afficeret et juvaret. *Lucetium* autem *Jovem*

presque la vie. Cn. Névius, dans son poëme *sur les Guerres puniques*, donne ce nom à Jupiter. Nos ancêtres, qui avaient coutume de rendre hommage à certaines divinités pour en obtenir des bienfaits ; qui, par des sacrifices, cherchaient à en apaiser d'autres dont ils redoutaient le courroux, ayant formé, comme nous venons de le voir, les mots *Jovis* et *Dijovis* de *juvare*, appelèrent *Vejovis* le dieu qui, privé du pouvoir de faire le bien aux hommes, avait celui de leur nuire. La particule *ve*, qui dans plusieurs mots s'écrit autrement, avec un *a* intercalé entre les deux lettres qui la composent, a deux sens bien différents. Elle est augmentative et privative, comme beaucoup d'autres particules. Voilà pourquoi beaucoup de mots qui commencent par cette particule ont un sens vraisemblable et susceptible de recevoir deux interprétations bien opposées, comme *vescus*, *vehemens* et *vegrandis*, dont j'ai parlé ailleurs plus en détail. Mais dans *vesanus* et *vecors*, la particule n'a qu'un sens ; elle est privative, στερητικὸν μόριον, comme disent les Grecs. La statue du dieu *Vejovis*, qui est dans le temple dont je viens de parler, tient à la main des flèches qui sont les attributs d'une divinité malfaisante : cet attribut a fait croire à beaucoup de gens que cette divinité n'était autre qu'Apollon. D'après le rite sacré, on

---

Cn. Nævius in libris *Belli Punici* appellat: Quum Jovem igitur et Dijovem a juvando nominassent : eum quoque contra deum, qui non juvandi potestatem, sed vim nocendi haberet (nam deos quosdam, ut prodessent, celebrabant, quosdam, ut ne obessent, placabant), *Vejovem* appellaverunt, dempta atque detracta juvandi facultate. *Ve* enim particula, quæ in aliis atque aliis vocabulis varia, tum per has duas litteras, tum *a* littera media immissa dicitur, duplicem significatum eumdemque inter sese diversum capit. Nam et augendæ rei et minuendæ valet, sicut aliæ particulæ plurimæ ; propter quod accidit, ut quædam vocabula, quibus particula ista præponitur, ambigua sint, et utroqueversum dicantur : *vescum*, *vehemens* et *vegrande* ; de quibus alio in loco, uberiore tractatu facto, admonuimus : *vesani* autem et *vecordes* ex una tantum parte [dicti], quæ privativa est, quam Græci στερητικὸν μόριον dicunt. Simulacrum igitur dei *Vejovis*, quod est in æde, de qua supra dixi, sagittas tenet, quæ sunt videlicet paratæ ad nocendum : quapropter eum deum plerique Apollinem esse dixerunt. Immolaturque

lui immole une chèvre, et l'on voit la représentation de cet animal au pied de la statue. Voilà, dit-on, pourquoi Virgile, qui, sans faire parade d'érudition, n'en était pas moins profondément versé dans la connaissance des antiquités romaines, adresse, dans ses *Géorgiques*, des prières aux dieux qu'il appelle *numina læva*, divinités malfaisantes, donnant ainsi à entendre qu'il y a certaines divinités dont la puissance est de faire le mal plutôt que le bien. Voici les vers :

In tenui labor, at tenuis non gloria, si quem
Numina læva sinunt, auditque vocatus Apollo.

Mince est le sujet et non pas la gloire, si les divinités ennemies se laissent fléchir par le poëte, si Apollon exauce ses vœux.

Parmi ces dieux qu'il faut apaiser pour qu'ils détournent les fléaux qui peuvent frapper nos personnes ou les productions des champs, se trouvent encore *Averruncus* et *Robigus*.

XIII. De la gradation que les mœurs romaines établissent entre les devoirs.

Un jour plusieurs illustres Romains avancés en âge, et possé-

---

illi ritu humano capra : ejusque animalis figmentum juxta simulacrum stat. Propterea Virgilium quoque aiunt, multæ antiquitatis hominem, sine ostentationis odio peritum, numina læva in *Georgicis* deprecari : significantem quamdam vim esse hujuscemodi deorum in lædendo magis quam in juvando potentem. Versus Virgilii hi sunt :

In tenui labor, at tenuis non gloria, si quem
Numina læva sinunt, auditque vocatus Apollo.

In istis autem diis, quos placari oportet, uti mala a nobis vel a frugibus natis amoliantur, *Averruncus* quoque habetur et *Robigus*.

XIII. De officiorum gradu atque ordine, moribus populi Romani observato.

Seniorum hominum et Romæ nobilium atque in morum disciplinarumque ve-

dant plus que personne la connaissance et le souvenir des mœurs et des usages de l'ancienne Rome, dissertaient en ma présence sur l'ordre et l'importance des devoirs. Il s'agissait de fixer la règle d'après laquelle on doit se déterminer, toutes fois qu'il est nécessaire de faire un choix entre plusieurs devoirs. On admettait sans contestation que, d'après les usages reçus de tous temps chez le peuple romain, les parents viennent en première ligne ; aussitôt après, les pupilles confiés à notre bonne foi et à nos soins ; ensuite les clients qui se mettent sous notre protection et sous notre patronage ; en quatrième lieu nos hôtes ; enfin nos proches, nos alliés. L'antiquité nous fournit mille preuves et mille témoignages de cette hiérarchie des devoirs. Je vais donner ici quelques renseignements que je trouve sous ma main ; ils concernent les clients et les proches. Caton, dans le discours qu'il prononça devant les censeurs contre Lentulus, s'exprime ainsi : « Nos ancêtres regardaient comme un devoir plus sacré de défendre les intérêts de nos pupilles que d'être fidèles envers nos clients. On peut porter témoignage contre un parent éloigné en faveur d'un client ; mais personne ne porte témoignage contre son client. Après les devoirs de père il n'en est point de plus sacrés que ceux de patron. » Cependant

terum doctrina memoriaque præstantium disceptatio quædam fuit, præsente atque audiente me, de gradu atque ordine officiorum ; quumque quæreretur, quibus nos ea prioribus potioribusque facere oporteret, si necesse esset in opera danda faciundoque officio alios aliis anteferre, non constabat. Conveniebat autem facile, constabatque, ex moribus populi Romani, primum juxta parentes locum tenere pupillos debere, fidei tutelæque nostræ creditos ; secundum eos proximum locum clientes habere, qui sese itidem in fidem patrociniumque nostrum dediderunt ; tum in tertio loco esse hospites ; postea esse cognatos affinesque. Hujus moris observationisque multa sunt testimonia atque documenta in antiquitatibus perscripta ; ex quibus unum hoc interim de clientibus cognatisque, quod præ manibus est, ponemus. M. Cato in oratione quam dixit apud censores in Lentulum, ita scripsit : « Quod majores sanctius habuere, defendi pupillos, quam clientem non fallere. Adversus cognatos pro cliente testatur ; testimonium adversus clientem

Massurius Sabinus, dans le troisième livre du *Droit civil*, met l'hôte avant le client. Voici ses propres paroles : « Nos ancêtres ont établi ainsi la hiérarchie des devoirs : d'abord les pupilles, puis les hôtes, les clients, ensuite les parents à un degré éloigné, enfin les parents par alliance. En raison de l'importance des devoirs imposés aux tuteurs, les droits des femmes passaient avant ceux des hommes ; mais la tutelle d'un jeune homme imposait des devoirs d'un ordre plus élevé que celle d'une femme ; bien plus, en justice, dans le cas où un père eût laissé en mourant la tutelle de son fils à des hommes soutenant un procès contre lui, ces derniers devaient changer de rôle et adopter la cause de leur pupille. » Ce témoignage acquiert plus de force encore de l'autorité de C. César, grand pontife, qui, dans son discours pour les Bithyniens, s'exprime ainsi dans son exorde : « Les liens sacrés de l'hospitalité qui m'attachent au roi Nicomède, l'amitié de ceux qui sont en cause, me faisaient un devoir, M. Vinicius, de prendre leur défense. Car, de même que la mémoire des morts doit être religieusement conservée dans le cœur de leurs parents, de même aussi on ne peut, sans se couvrir d'infamie, abandonner ses clients, dont les droits viennent immédiatement après nos devoirs envers nos proches. »

---

nemo dicit : patrem primum, deinde patronum proximum nomen habere. » Massurius autem Sabinus, in libro *Juris civilis* tertio, antiquiorem locum hospiti tribuit, quam clienti. Verba ex eo libro hæc sunt : « In officiis apud majores ita observatum est : primum tutelæ, deinde hospiti, deinde clienti, tum cognato, postea affini. De qua causa feminæ viris potiores sunt habitæ, pupillarisque tutela muliebri prælata : etiam adversus quem affuissent, ejus filii tutores relicti in eadem causa pupillo aderant. » Firmum atque clarum isti testimonium rei perhibet auctoritas C. Cæsaris, pontificis maximi, qui in oratione, quam pro Bithynis dixit, hoc principio usus est : « Vel pro hospitio regis Nicomedis, vel pro horum necessitate, quorum res agitur, defugere hoc munus, M. Vinici, non potui. Nam neque hominum morte memoria deleri debet, quin a proximis retineatur : neque clientes sine summa infamia deseri possunt : quibus etiam a propinquis nostris opem ferre instituimus. »

XIV. Histoire racontée par Apion, surnommé Plistonicès, qui affirme avoir vu à Rome un lion et un esclave se reconnaître mutuellement.

Apion, surnommé Plistonicès, était un auteur rempli d'érudition, très-remarquable surtout par la variété de ses connaissances sur l'antiquité grecque. On estime assez généralement le recueil dans lequel il a consigné tout ce que l'Égypte offre de plus merveilleux dans ses monuments ou dans les traditions de ses habitants. Toutefois, dans le récit de ce qu'il a lu ou entendu dire, il est trop prolixe ; il se laisse trop entraîner à l'exagération par le désir de produire de l'effet ; car il aime beaucoup à faire parade de sa science. Mais le fait qu'il rapporte dans le cinquième livre de ses *Égyptiaques*, il ne l'a ni lu, ni entendu raconter ; il affirme l'avoir vu de ses propres yeux à Rome. « Un jour, dit-il, tout le peuple romain était assemblé dans le grand Cirque, où l'on devait donner le spectacle d'une chasse d'animaux ; me trouvant à Rome, j'allai au Cirque ; on voyait dans l'arène une foule d'animaux d'une grandeur prodigieuse et d'une férocité extraordinaire ; mais ce qu'on admirait surtout, c'était une troupe de lions énormes, parmi lesquels un entre tous, par

XIV. Quod Apion, doctus homo, qui Plistonices appellatus est, vidisse se Romæ scripsit recognitionem inter se mutuam ex vetere notitia hominis et leonis.

Apion, qui Plistonices appellatus est, litteris homo multis præditus, rerumque Græcarum plurima atque varia scientia fuit. Ejus libri non incelebres feruntur, quibus omnium ferme, quæ mirifica in Ægypto visuntur audiunturque, historia comprehenditur. Sed in iis, quæ vel audisse vel legisse sese dicit, fortasse a vitio studioque ostentationis fit loquacior; est enim sane quam in prædicandis doctrinis suis venditator. Hoc autem, quod in libro *Ægyptiacorum* quinto scripsit, neque audisse neque legisse, sed ipsum sese in urbe Romana vidisse oculis suis confirmat. « In Circo maximo, inquit, venationis amplissimæ pugna populo dabatur. Ejus rei, Romæ quum forte essem, spectator, inquit, fui. Multæ ibi sævientes feræ, magnitudine bestiarum excellentes, omniumque invisitata aut forma erat aut ferocia. Sed præter alia omnia leonum, inquit, immanitas admirationi

sa taille monstrueuse, par ses bonds rapides, par ses rugissements terribles, par ses muscles saillants, par sa crinière flottante et hérissée, frappait d'étonnement les spectateurs et attirait tous les regards. Au nombre des malheureux condamnés à disputer leur vie contre ces animaux, se trouvait l'ancien esclave d'un personnage consulaire. Cet esclave se nommait Androclès. A peine le lion l'a-t-il vu de loin, ajoute Plistonicès, qu'il s'arrête comme saisi d'étonnement; puis il s'avance doucement vers lui, s'approche peu à peu en le regardant comme s'il le reconnaissait; arrivé près de lui il agite la queue d'un air soumis et caressant, comme le chien qui flatte son maître; il se frotte contre le corps de l'esclave, et lèche doucement les jambes et les mains du malheureux à demi mort de frayeur. Cependant Androclès, en se sentant caressé par le terrible animal, reprend ses esprits; ses yeux s'entr'ouvrent peu à peu, il ose regarder le lion : alors on vit l'homme et le lion, comme s'ils se fussent reconnus mutuellement, se donner l'un à l'autre des marques de joie et d'attachement. A ce spectacle étrange, dit Apion, l'assemblée tout entière éclate en applaudissements; César fait approcher Androclès, lui demande pourquoi seul il a été épargné par cette bête cruelle. Alors Androclès raconte l'aventure la plus

---

fuit; præterque omnes cæteros unius. Is unus leo corporis impetu, et vastitudine, terrificoque fremitu et sonoro, toris comisque cervicum fluctuantibus, animos oculosque omnium in sese converterat. Introductus erat inter complures cæteros ad pugnam bestiarum datus servus viri consularis. Ei servo Androclus nomen fuit. Hunc ille leo ubi vidit procul, repente, inquit, quasi admirans stetit : ac deinde sensim atque placide tanquam noscitabundus ad hominem accedit. Tum caudam more atque ritu adulantium canum clementer et blande movet, hominisque sese corpori adjungit; cruraque ejus et manus prope jam exanimati metu lingua leniter demulcet. Homo Androclus inter illa tam atrocis feræ blandimenta amissum animum recuperat : paulatimque oculos ad contuendum leonem refert. Tum, quasi mutua recognitione facta, lætos, inquit, et gratulabundos videres hominem et leonem. Ea re prorsus tam admirabili maximos populi clamores excitatos dicit, arcessitumque a Cæsare Androclum, quæsitumque causam, cur ille atrocissimus leo uni parsisset. Ibi Androclus rem mirificam narrat atque admi-

étonnante et la plus merveilleuse : « J'étais, dit-il, esclave du proconsul qui gouvernait la province d'Afrique ; les coups et les mauvais traitements dont j'étais accablé tous les jours, sans les avoir mérités, me déterminèrent à prendre la fuite ; et, pour échapper aux poursuites d'un maître tout-puissant dans cette province, je cherchai une retraite dans les sables et dans les déserts, résolu de me donner la mort, n'importe comment, si je venais à manquer de nourriture. Je marchais brûlé par les rayons ardents du soleil, alors au milieu de sa course, lorsque je trouvai sur mon chemin un antre ténébreux, isolé ; j'y pénètre, je m'y cache. Peu d'instants après, je vis arriver ce lion, marchant avec peine ; une de ses pattes était toute sanglante ; il poussait des rugissements et des cris affreux que lui arrachait la douleur causée par sa blessure. D'abord la vue de ce lion qui se dirigeait de mon côté me glaça de terreur et d'effroi ; mais, dès qu'il m'eut aperçu au fond de l'antre qui évidemment lui servait de repaire, il avance d'un air doux et soumis, il lève sa patte, me la présente, me montre sa blessure et semble me demander du secours ; alors j'arrache une grosse épine enfoncée entre ses griffes, je presse la plaie et j'en fais sortir le pus qui

randam. Quum provinciam, inquit, Africam proconsulari imperio meus dominus obtineret, ego ibi iniquis ejus et quotidianis verberibus ad fugam sum coactus; et, ut mihi a domino, terræ illius præside, tutiores latebræ forent, in camporum et arenarum solitudines concessi : ac, si defuisset cibus, consilium fuit, mortem aliquo pacto quærere. Tum, sole, inquit, medio rapido et flagrante, specum quamdam nactus remotam latebrosamque, in eam me penetro et recondo. Neque multo post ad eamdem specum venit hic leo, debili uno et cruento pede, gemitus edens et murmura dolorem cruciatumque vulneris commiserantia. Atque illic primo quidem conspectu advenientis leonis territum sibi et pavefactum animum dixit. Sed postquam introgressus, inquit, leo, uti re ipsa apparuit, in habitaculum illud suum, vidit me procul delitescentem, mitis et mansuetus accessit : ac sublatum pedem ostendere mihi ac porrigere, quasi opis petendæ gratia, visus est. Ibi, inquit, ego stirpem ingentem, vestigio pedis ejus hærentem, revelli conceptamque saniem vulnere intimo expressi : accuratiusque, sine magna jam formidine, siccavi penitus atque detersi cruorem. Ille tunc mea opera et medela

s'y était formé; bientôt revenant un peu de ma frayeur, j'épongeai soigneusement la plaie et en enlevai le sang. Le lion, que j'avais soulagé et délivré de ses souffrances, se couche et s'endort paisiblement, sa patte dans mes mains. A partir de ce jour, nous vécûmes ensemble dans cet antre pendant trois ans, et nous partagions les mêmes aliments : le lion me portait, dans notre retraite, les meilleurs morceaux des bêtes qu'il prenait à la chasse; comme je n'avais pas de feu, je les faisais cuire aux rayons du soleil, à l'heure de midi. Cependant, commençant à m'ennuyer de la vie sauvage que je menais, un jour je profitai du moment où ce lion était à la chasse pour quitter l'antre; après trois jours de marche, je fus reconnu par des soldats qui me saisirent. Ramené d'Afrique à Rome, je parus devant mon maître, qui sur-le-champ prononça mon arrêt de mort et me condamna à être livré aux bêtes. Je pense, ajoute Androclès, que ce lion a été pris aussi depuis notre séparation; il me témoigne aujourd'hui sa reconnaissance de ce que je l'ai soigné et guéri. » Tel est le récit qu'Apion met dans la bouche d'Androclès. Aussitôt on écrit cette aventure sur une tablette que l'on fait circuler parmi les spectateurs. Cédant à la demande de la multitude, César fait grâce à l'esclave, et, en outre, le peuple veut qu'on lui fasse présent du lion. « Ensuite, dit Apion, nous vîmes Andro-

---

levatus, pede in manibus meis posito, recubuit et quievit. Atque, ex eo die, triennium totum ego et leo in eadem specu eodemque victu viximus. Nam, quas venebatur feras, membra opimiora ad specum mihi suggerebat; quæ ego, ignis copiam non habens, sole meridiano torrens edebam. Sed ubi me, inquit, vitæ illius ferinæ jam pertæsum est, leone in venatum profecto, reliqui specum : et, viam ferme tridui permensus, a militibus visus apprehensusque sum, et ad dominum ex Africa Romam deductus. Is me statim rei capitalis damnandum, dandumque ad bestias curavit. Intelligo autem, inquit, hunc quoque leonem, me tunc separato, captum gratiam mihi nunc [etiam] beneficii et medicinæ referre. » Hæc Apion dixisse Androclum tradit, eaque omnia scripta circumlataque tabella populo declarat : atque ideo cunctis petentibus, dimissum Androclum et pœna solutum, leonemque ei suffragiis populi donatum. « Postea, inquit, videbamus

clès tenant le lion attaché par une faible courroie, parcourir les rues de Rome ; on lui donnait de l'argent ; on jetait des fleurs sur le lion, et l'on s'écriait de tous côtés : « Voici le lion qui a » donné l'hospitalité à un homme ; voici l'homme qui a guéri » un lion. »

XV. Que les philosophes ne sont pas d'accord sur la question de savoir si la voix est ou n'est pas un corps.

Les plus illustres philosophes ont souvent, et depuis bien longtemps, agité la question de savoir si la voix est un corps ou si elle est incorporelle. Ce dernier mot répond à l'expression grecque ἀσώματον, sans corps. Or, un corps est ce qui agit ou ce qui souffre ; les Grecs le définissent ainsi : Tout ce qui est capable d'action ou de passion, définition qui a été reproduite par le poëte Lucrèce quand il a dit :

Il n'y a que le corps qui puisse toucher ou être touché.

Les Grecs disent encore que le corps est ce qui a les trois dimensions. Mais les stoïciens soutiennent que la voix est un corps.

Androclum et leonem, loro tenui revinctum, Urbe tota circum tabernas ire : donari ære Androclum, floribus sparge leonem, omnes [fere] ubique obvios dicere « Hic est leo hospes hominis, hic est homo medicus leonis. »

XV. Corpusne sit vox, an ἀσώματον, varias esse philosophorum sententias.

Vetus atque perpetua quæstio inter nobilissimos philosophorum agitata est, corpusne sit vox an incorporeum. Hoc enim vocabulum quidam finxerunt proinde quod Græce dicitur ἀσώματον. Corpus autem est quod aut efficiens est aut patiens : id Græce definitur τὸ δρώμενον ἢ πάσχον σῶμά ἐστι. Quam definitionem significare volens Lucretius [poeta] ita scripsit :

Tangere enim aut tangi, nisi corpus, nulla potest res.

Alio quoque modo corpus esse Græci dicunt τὸ τριχῇ διαστατόν. Sed vocem

et qu'elle n'est autre chose que l'air frappé. Platon, au contraire, la croit incorporelle. D'après lui, la voix n'est point l'air frappé, mais le coup lui-même, la percussion produite dans l'air : « La voix n'est pas seulement la percussion de l'air, puisque le mouvement du doigt frappe l'air et ne produit cependant aucun son; mais la percussion doit être vive et forte, et telle, qu'elle puisse être entendue. » Démocrite, et après lui Épicure, disent que la voix est composée de particules indivisibles, que c'est une sorte d'émanation d'atomes qui produisent le discours, ρεῦμα λόγων, pour me servir de leur expression. En recueillant dans les conversations et dans les livres ces subtilités des philosophes et autres semblables faites pour piquer la curiosité et pour charmer l'oisiveté, comprenant bien que ces sortes de connaissances n'offrent aucun but solide, et ne peuvent contribuer au bonheur de la vie, je me rappelais avec plaisir ce vers du *Néoptolème* d'Ennius :

Il est bon de philosopher quelquefois, mais non pas toujours.

XVI. De l'organe de la vue, et de la manière dont s'opère la vision.

Les opinions des philosophes sont partagées sur le principe de

stoici corpus esse contendunt : eamque esse dicunt ictum aera. Plato, autem non esse vocem corpus putat. Non enim percussus, inquit, aer, sed plaga ipsa atque percussio [id], vox est. Οὐχ ἁπλῶς πληγὴ ἀέρος ἐστὶν ἡ φωνή· πλήττει γὰρ τὸν ἀέρα καὶ δάκτυλος παραγόμενος, καὶ οὐδέπω ποιεῖ φωνήν· ἀλλ' ἡ τόση πληγή, καὶ σφοδρά, καὶ τόση δὲ, ὥστε ἀκουστὴν γενέσθαι. Democritus ac deinde Epicurus ex individuis corporibus vocem constare dicunt, eamque, ut ipsis eorum verbis utar, ρεῦμα λόγων appellant. Hos aliosque tales argutæ delectabilisque desidiæ aculeos quum audiremus vel lectitaremus, neque in his scrupulis aut emolumen tum aliquod solidum ad rationem vitæ pertinens, aut finem ullum quærendi videremus : Ennianum *Neoptolemum* probabamus, qui profecto ita ait :

Philosophandum est paucis. Nam omnino haud placet.

XVI. De vi oculorum, deque videndi rationibus.

De videndi ratione deque cernendi natura diversas esse opiniones philosopho-

la vue et sur la manière dont l'homme aperçoit les objets. Les stoïciens prétendent que la vision est produite par une émission de rayons qui se dirigent de l'œil vers l'objet et par une tension simultanée de l'air. Épicure soutient que des images se détachent sans cesse et qu'elles viennent s'introduire dans l'œil, et que c'est là l'origine de la vue. Platon estime que de l'organe même de la vue s'échappent des jets de feu, de lumière, qui, mêlés à la lumière du soleil ou à celle de tout autre corps, par leur propre force et par celle qu'ils empruntent, éclairent tous les objets qu'ils rencontrent, et par là nous les font apercevoir. Mais ce sont là de ces recherches sur lesquelles il ne faut pas trop s'arrêter; et là encore il est bon de rappeler le vers du *Néoptolème* d'Ennius, que j'ai cité dans le chapitre précédent, et qui conseille de s'adonner un peu à la philosophie, mais de ne pas s'abîmer tout entier dans ses profondeurs.

XVII. Pour quel motif on a classé parmi les jours funestes le lendemain des calendes, des nones, et des ides. Pourquoi beaucoup de personnes regardent comme un jour malheureux, où l'on doit s'interdire toute affaire, le quatrième jour avant chacune de ces époques.

Verrius Flaccus, dans le quatrième livre de son traité *de la*

rum animadvertimus. Stoici causas esse videndi dicunt, radiorum ex oculis in ea, quæ videri queunt, emissionem, aerisque simul intentionem. Epicurus [autem] effluere semper ex omnibus corporibus simulacra quædam corporum ipsorum, eaque sese in oculos inferre, atque ita fieri sensum videndi putat. Plato existimat, genus quoddam ignis lucisque de oculis exire : idque conjunctum continuatumque vel cum luce solis vel cum alterius ignis lumine, sua vi et externa nixum, efficere, ut, quæcumque offenderit illustraveritque, cernamus. Sed et hic ea, quæ disserimus, imaginandum : ejusdemque illius Enniani *Neoptolemi*, de quo supra scripsimus, consilio utendum est, qui degustandum ex philosophia censet, non in eam ingurgitandum.

XVII. Quam ob causam dies primi post kalendas, nonas, idus, atri habeantur : et cur diem quoque quartum ante kalendas, vel nonas, vel idus quasi religiosum plerique vitant.

Verrius Flaccus, in quarto *de Verborum significatione*, dies, qui sunt postridi

Signification des mots, en parlant des jours qui suivent le lendemain des calendes, des nones, des ides et qui sont appelés néfastes, mais à tort, par le vulgaire, explique pourquoi ces jours ont été regardés comme funestes : « Rome, dit-il, ayant été délivrée des Gaulois Sénonais, L. Attilius dit en plein sénat que Q. Sulpicius, tribun, militaire, sur le point de livrer bataille aux Gaulois, sur les bords de l'Allia, avait offert un sacrifice aux dieux, le lendemain des ides. Or, l'armée romaine fut taillée en pièces et trois jours après la ville fut prise à l'exception du Capitole. Alors plusieurs sénateurs dirent qu'ils se rappelaient fort bien que toutes les fois qu'avant de combattre les magistrats du peuple romain avaient offert des sacrifices le lendemain des calendes, des nones, des ides, les Romains avaient toujours éprouvé quelque échec. Le sénat déféra ces observations au collége des pontifes pour qu'ils décidassent ce qui leur paraîtrait bon. Les pontifes arrêtèrent que tout sacrifice serait interdit ces jours-là. » Beaucoup de personnes s'abstiennent aussi de toute affaire le quatrième jour qui précède les calendes, les nones ou les ides, regardant ce jour comme funeste. On s'enquiert souvent si cet usage tient à quelque prescription religieuse ; je n'ai trouvé jusqu'à présent aucun renseignement, si ce n'est que, d'après un passage du cinquième livre des annales de Q. Claudius, la désastreuse

---

kalendas, nonas, idus, quos vulgus imperite nefastos dicit, propter hanc causam dictos habitosque atros esse scribit : « Urbe, inquit, a Gallis Senonibus recuperata, L. Attilius in senatu verba fecit, Q. Sulpicium, tribunum militum, ad Alliam adversus Gallos pugnaturum rem divinam dimicandi gratia postridie idus fecisse; tum exercitum populi Romani occidione occisum, et post diem tertium ejus diei urbem præter Capitolium captam esse : compluresque alii senatores recordari sese dixerunt, quotiens belli gerendi gratia res divina postridie kalendas, nonas, idus, a magistratu populi Romani facta esset, ejus belli proximo deinceps prælio rem[publicam] male gestam esse. Tum senatus eam rem à pontifices rejecit; ut ipsi, quod videretur, statuerent. Pontifices decreverunt, nullum iis diebus sacrificium recte futurum. » Ante diem quoque quartum kalendas, vel nonas, vel idus, tanquam inominalem diem, plérique vitant. Ejus observationis an religio ulla sit tradita, quæri solet. Nihil [nos] super ea re scriptum inveni-

bataille de Cannes fut livrée le quatrième jour avant les nones d'août.

XVIII. Différence entre histoire et annales; citation à ce sujet, tirée du premier livre de l'*Histoire* de Sempronius Asellion.

Quelques écrivains disent que l'histoire et les annales diffèrent en ce que l'annaliste et l'historien racontent l'un et l'autre des faits, mais l'historien seulement les faits dont il a été témoin. Verrius Flaccus rapporte dans le quatrième livre de son traité *de la Signification des mots*, que cette distinction a été adoptée par plusieurs savants; toutefois elle lui paraît contestable, bien qu'il pense qu'elle peut se soutenir, parce qu'en grec *histoire*, ιστορία, signifie récit fait par un témoin. Quant à moi, j'ai souvent entendu dire que les annales rentrent dans l'histoire, mais que l'histoire diffère un peu des annales. C'est ainsi que nous raisonnons lorsque nous disons : Tout homme est un animal, mais tout animal n'est pas nécessairement un homme. Ainsi l'histoire est l'exposition, la démonstration, comme on voudra l'entendre,

---

mus : nisi quod Q. Claudius *Annalium* quinto cladem illam pugnæ Cannensis vastissimam factam dicit ante diem quartum nonas sextiles.

XVIII. In quid et quantum differat historia ab annalibus : superque ea re verba posita ex libro rerum gestarum Sempronii Asellionis primo.

Historiarum ab annalibus quidam differre eo putant, quod, quum utrumque sit rerum gestarum narratio, earum tamen proprie rerum sit historia, quibus rebus gerendis interfuerit is qui narret. Eamque esse opinionem quorumdam, Verrius Flaccus refert in libro *de Significatu verborum* quarto; ac se quidem dubitare super ea re dicit : posse autem videri putat, nonnihil esse rationis in ea opinione, quod historia Græce significat rerum cognitionem præsentium. Sed nos audire soliti sumus, annales omnino id esse, quod historiæ sint : historias non omnino esse id, quod annales sint; sicuti, quod est homo, id necessario animal esse; quod est animal, non id necesse est hominem esse. Ita historias quidem esse aiunt rerum gestarum vel expositionem vel demonstrationem, vel quo

des événements passés ; les annales ont cela de particulier, qu'elles rapportent les faits, année par année, en suivant exactement l'ordre chronologique. Lorsque, au lieu de suivre l'ordre des années, l'annaliste rapporte les faits jour par jour, son travail s'appelle *éphéméride*, du mot grec ἐφημερίς, dont Sempronius Asellion nous donne l'équivalent dans le premier livre de son *Histoire*. Je puis citer une partie de ce passage pour montrer la différence que l'auteur établit entre l'histoire et les annales : « Voici, dit-il, la différence qui existe entre ceux qui nous ont laissé des annales, et ceux qui ont essayé d'écrire l'histoire du peuple romain : les annales exposent les faits dans l'ordre des années, de même que les journaux, *diaria*, ou, comme disent les Grecs, les éphémérides les rapportent jour par jour. Quant à moi, je ne pense pas que ce soit assez pour un historien d'exposer les faits ; il faut dire quels desseins, quelles causes les ont amenés. »

Un peu plus loin Asellion ajoute dans le même livre : « Les récits de l'annaliste ne sauraient donner plus d'ardeur pour le service de la république, ou inspirer plus d'aversion pour le mal. En effet, raconter des guerres, dire sous quel consul les hostilités ont commencé, en faire connaître l'issue, dire quels géné-

---

alio nomine id dicendum est; annales vero esse, quum res gestæ plurium annorum, observato cujusque anni ordine, deinceps componuntur. Quum vero non per annos, sed per dies singulos res gestæ scribuntur, ea historia Græco vocabulo ἐφημερίς dicitur; cujus Latinum interpretamentum scriptum est in libro Sempronii Asellionis primo : ex quo libro plura verba adscripsimus, ut simul ibidem, quid ipse inter res gestas et annales esse dixerit, ostenderemus : « Verum inter eos, inquit, qui annales relinquere voluissent, et eos, qui res gestas a Romanis perscribere conati essent, omnium rerum hoc interfuit : annales libri tantummodo quod factum, quoque anno gestum sit, id demonstrabant; id eorum est, quasi qui diarium scribunt, quam Græci ἐφημερίδα vocant. Nobis non modo satis esse video, quod factum esset, id pronuntiare, sed etiam, quo consilio quaque ratione gesta essent, demonstrare. »

Paulo post idem Asellio in eodem libro : « Nam neque alacriores ad rempublicam defendendam, neque segniores ad rem perperam faciundam annales libri commovere quidquam possunt. Scribere autem, bellum quo initum consule, et

raux reçurent les honneurs du triomphe, quelles actions d'éclat signalèrent une bataille sans faire mention des décrets du sénat, des lois, des requêtes adressées au peuple, sans parler des desseins qui ont présidé à l'accomplissement des faits, c'est faire des récits pour les enfants, ce n'est pas écrire l'histoire. »

XIX. Ce qu'on appelle adoption, adrogation ; en quoi l'une diffère de l'autre. Formule de la demande qu'on adresse au peuple pour autoriser l'adrogation.

L'acte par lequel des étrangers sont introduits dans une famille pour y jouir des droits d'enfants et d'héritiers se passe devant le préteur ou devant le peuple : dans le premier cas, c'est l'adoption ; dans le second, c'est l'adrogation. L'adoption a lieu pour ceux qui, étant encore soumis au pouvoir paternel, sont cédés juridiquement par le père, après trois mancipations, à une famille étrangère, et que l'auteur de l'adoption déclare prendre pour fils, en présence du juge chargé de présider à cet acte. L'adrogation a lieu lorsque des hommes libres, *sui juris*, se mettent sous la puissance d'autrui, et entrent librement dans cette condition nouvelle. Toutefois les adrogations ne se font pas à la

quo [modo] confectum sit, et quis triumphans introierit, et quæ eo in bello gesta sint, iterare : non prædicare autem, intereà quid senatus decreverit, aut quæ lex rogatiove lata sit, neque quibus consiliis ea gesta sunt : id fabulas pueris est narrare, non historias scribere. »

XIX. Quid sit adoptatio, quid item sit arrogatio, quantumque hæc inter se differant ; verbaque ejus quæ qualiaque sint, qui in liberis arrogandis super ea re populum rogat.

Quum in alienam familiam inque liberorum locum extranei sumuntur, aut per prætorem fit, aut per populum. Quod per prætorem fit, adoptatio dicitur : quod per populum, arrogatio. Adoptantur autem, quum a parente, in cujus potestate sunt, tertia mancipatione in jure ceduntur; atque ab eo, qui adoptat, apud eum, apud quem legis actio est, vindicantur. Arrogantur ii, qui, quum sui juris sunt, in alienam sese potestatem tradunt : ejusque rei ipsi auctores fiunt. Sed arroga-

légère et sans précaution. Les comices s'assemblent par curie, d'après une décision des pontifes : on examine si réellement celui qui veut adroger n'est plus d'âge à donner le jour à des enfants, et s'il n'a pas plutôt en vue d'acquérir, par des moyens illicites, les biens de celui qu'il prend pour fils. Enfin on exige de lui le serment usité en pareil cas suivant la formule prescrite par le grand pontife Q. Mucius. Celui qui veut entrer dans une famille par adrogation doit avoir atteint l'âge de puberté. On a donné à cette acte le nom d'adrogation, à cause de la requête, *rogatio*, qu'il faut d'abord adresser au peuple.

En voici les termes :

« Qu'il vous plaise, Romains, ordonner que Lucius Valérius devienne le fils de Lucius Titius ; qu'il ait les mêmes droits que s'il était né dans la famille de ce dernier ; que son nouveau père ait sur lui le droit de vie et de mort, comme tout père l'a sur son fils. Je vous prie, Romains, qu'il soit comme je l'ai dit. »

Ni le pupille, ni la femme qui n'est point soumise au pouvoir d'un père, ne peuvent être adoptés par adrogation. La cause en

---

tiones non temere nec inexplorate committuntur. Nam comitia, arbitris [etiam] pontificibus, præbentur, quæ curiata appellantur : ætas quoque ejus, qui arrogare vult, an liberis potius gignundis idonea sit, bonaque ejus qui arrogatur ne insidiose appetita sint, consideratur : jusque jurandum a Q. Mucio pontifice maximo conceptum dicitur, quod in arrogando juraretur. Sed arrogari non potest, nisi jam vesticeps. Arrogatio autem dicta, quia genus hoc in alienam familiam transitus per populi rogationem fit.

Ejus rogationis verba hæc sunt :

« Velitis jubeatis [Quirites], uti Lucius Valerius Lucio Titio tam jure legeque filius [sibi] siet, quam si ex eo patre matreque familias ejus natusque esset, utique ei vitæ necisque in eum potestas siet, uti patri endo filio est. Hæc ita uti dixi ita vos, Quirites, rogo. »

Neque pupillus autem, neque mulier, quæ in parentis potestate non est, arro-

est que les comices ne peuvent avoir de rapport avec les femmes, et que la loi ne donne pas au tuteur sur son pupille assez d'autorité pour livrer à des mains étrangères l'enfant libre confié à ses soins. Massurius Sabinus a écrit que l'affranchi pouvait être adopté par un homme libre ; mais il ajoute qu'on ne permet jamais et même qu'il n'est pas convenable de permettre à des affranchis de prendre par adoption la place d'un enfant libre. Au reste, si on observe à la rigueur cette ancienne défense, l'esclave même peut être adopté par son maître en présence du préteur, et Sabinus prétend que plusieurs anciens auteurs ont soutenu la validité d'un tel acte. J'ai remarqué dans le discours que P. Scipion prononça devant le peuple, pendant sa censure, sur les mœurs publiques, un passage où, tout en signalant plusieurs infractions aux anciennes coutumes, il se plaint que les fils adoptifs donnent aux citoyens qui les adoptent les avantages que la loi réserve à la paternité. Voici le passage : « Le père vote dans une tribu, le fils dans une autre ; on voit un fils adoptif donner à son père d'adoption les mêmes priviléges que s'il était son propre fils ; quant aux absents, j'ordonnerai désormais qu'on les inscrive sur le rôle du cens, afin que le défaut de présence ne puisse exempter personne. »

---

gari possunt : quoniam et cum feminis nulla comitiorum communio est ; et tutoribus in pupillos tantam esse auctoritatem potestatemque fas non est, ut caput liberum fidei suæ commissum alienæ ditioni subjiciant. Libertinos vero ab ingenuis adoptari quidem jure posse, Massurius Sabinus scripsit. Sed id neque permitti dicit, neque permittendum esse unquam putat, ut homines libertini ordinis per adoptationem in jura ingenuorum invadant. Alioquin, si juris ista antiquitas servetur, etiam servus a domino per prætorem dari in adoptionem potest. Idque, ait, plerosque juris veteris auctores posse fieri scripsisse. Animadvertimus in oratione P. Scipionis, quam censor habuit ad populum de moribus, inter ea, quæ reprehendebat quod contra majorum instituta fierent, id etiam eum culpavisse, quod filius adoptivus patri adoptatori inter præmia patrum prodesset. Verba ex ea oratione hæc sunt : « In alia tribu patrem, in alia filium suffragium ferre ; filium adoptivum tam procedere, quam si [ex] se natum habeat ; absentes censeri jubere, ut ad censum nemini necessum sit venire. »

XX. Par quel nom latin Capiton Sinnius a désigné le solécisme ; comment l'avaient appelé les anciens Latins. Définition du solécisme par le même Sinnius Capiton.

Sinnius Capiton et ses contemporains appellent *imparilitas*, disconvenance, le solécisme que les anciens Latins nommaient *stribligo*, en raison, sans doute, de l'irrégularité et de la défectuosité qu'il introduit dans le discours, comme s'ils eussent voulu exprimer une sorte d'entortillement, *strabiligo*. Sinnius Capiton, dans une lettre adressée à Clodius Tuscus, définit ainsi ce genre de faute : « Le solécisme, dit-il, est une construction incorrecte et défectueuse des parties du discours. » Comme le mot *solécisme* est tout grec, on a cherché à savoir s'il a été employé par les Attiques, ceux de tous les Grecs qui ont parlé avec le plus de pureté ; pour moi, je n'ai trouvé ni le mot de *solécisme*, ni celui de *barbarisme* chez aucun bon auteur grec. Au surplus, les Grecs disent σόλοικος aussi bien que βάρβαρος, et nos ancêtres employaient assez fréquemment *solœcus* ; mais je ne sais s'ils ont jamais dit *solœcismus*. S'il en est ainsi, *solécisme* n'est ni grec ni latin.

XX. Quod vocabulum Latinum solœcismo fecerit Capito Sinnius ; quid autem id ipsum appellaverint veteres Latini ; quibusque verbis solœcismum definieri idem Capito Sinnius.

Solœcismus Latino vocabulo a Sinnio Capitone ejusdemque ætatis alii *imparilitas* appellatus, vetustioribus Latinis *stribligo* dicebatur, a versura videlicet et pravitate tortuosæ orationis, tanquam strobiligo quædam. Quod vitium Sinnius Capito in litteris, quas ad Clodium Tuscum dedit, hisce verbis definit : « Solœcismus est, inquit, impar et inconveniens compositura partium orationis. » Quum Græcum autem vocabulum sit solœcismus, an Attici homines, qui elegantius loquuti sunt, usi eo sint, quæri solet. Sed nos neque *solœcismum* neque *barbarismum* apud Græcorum idoneos adhuc invenimus. Nam sicut βάρβαρον, ita σόλοικον dixerunt. Nostri quoque antiquiores *solœcum*, facile, *solœcismum* haud scio an unquam dixerint. Quod si ita est, neque in Græca neque in Latina lingua solœcismus probe dicitur.

XXI. Que ceux qui disent *pluria, compluria, compluries*, parlent correctement et ne font point de barbarisme.

Un de mes amis, homme fort érudit, se servit un jour, dans la conversation, du mot *pluria* : non point qu'il voulût faire parade d'érudition, ou qu'il crût que *plura* ne pouvait se dire ; car c'est un homme d'une érudition solide : occupé de l'accomplissement des devoirs sérieux de la vie, il ne s'amusait pas à disputer sur les mots ; mais, je pense, la lecture assidue des auteurs anciens l'avait familiarisé avec cette expression, qui se trouve fréquemment employée dans leurs ouvrages. Quand il employa cette expression, il y avait là, par hasard, un prétendu savant, hardi redresseur de mots, homme d'une instruction très-vulgaire et très-bornée ; il ne possédait sur la grammaire que quelques notions superficielles incohérentes, et assez souvent fausses, mais il s'en servait pour jeter de la poudre aux yeux de tous ceux auxquels il s'adressait. Se tournant vers mon ami : « Ton *pluria*, dit-il, est un barbarisme ; ce mot n'a pour lui ni les règles ni l'autorité d'un écrivain remarquable. — Illustre savant, répondit en souriant mon ami, tu me ferais grand plaisir, car dans ce moment je n'ai point d'affaires sérieuses, si tu voulais m'expliquer

---

XXI. *Pluria* qui dicat et *compluria* et *compluries*, non barbare dicere, sed Latine.

Pluria forte quis dixit sermocinans vir apprime doctus, meus amicus ; non hercle studio [fervens] ostentandi, neque quo *plura* dicendum non putaret. Est enim doctrina homo seria et ad vitæ officia devincta ac nihil de verbis laborante. Sed, opinor, assidua veterum scriptorum tractatione inoleverat linguæ illius vox, quam in libris sæpe offenderat. Aderat, quum ille hoc dixit, reprehensor audaculus verborum, qui perpauca eademque a vulgo protrita legerat : habebatque nonnullas disciplinæ grammaticæ inauditiunculas, partim rudes inchoatasque, partim non probas ; easque quasi pulverem ob oculos, quum adortus, quemque fuerat, aspergebat. Sicut tunc amico nostro : « Barbare, inquit, dixisti *pluria*. Nam neque rationem verbum hoc, neque auctoritatem habet. » Ibi ille amicus ridens : « Amabo te, inquit, vir bone, quia nunc mihi a magnis seriisque rebus

comment il se fait que *pluria* ou *compluria* (peu importe) ne soit point latin, et qu'en l'employant M. Caton, Q. Claudius, Valérius Antias, L. Élius, P. Nigidius, M. Varron, aient fait un barbarisme : car outre une foule de poëtes et d'orateurs anciens, ces auteurs n'ont pas craint de se servir de ce mot. Alors notre critique, d'un ton dédaigneux : « Va chercher, si tu veux, tes autorités dans le siècle des Faunes et des Aborigènes; réponds seulement à ceci : Il n'y a point de comparatif neutre qui, au nominatif pluriel, prenne *i* avant l'*a* de la terminaison : de même qu'on dit *meliora, majora, graviora*, on doit dire *plura* et non *pluria*; car il serait contraire à la règle, qui est invariable, de mettre l'*i* avant l'*a*. » Alors mon ami, ne jugeant pas ce pédant digne de l'honneur d'un plus long entretien, se contente de lui répondre ainsi : « Il existe un volumineux recueil de lettres de Sinnius Capiton, homme fort érudit; ce recueil se trouve, je crois, dans le temple de la Paix. La première lettre adressée à Pacuvius Labéon porte en titre ces mots : *On doit dire* PLURIA *et non* PLURA. L'auteur, dans cette lettre, s'autorise de principes de grammaire, pour prouver que *pluria* est latin et *plura* barbare. Je te renvoie donc à Capiton; tu apprendras en

otium est, velim doceas nos, cur *pluria* sive *compluria* (nihil enim differt) non Latine, sed barbare dixerint M. Cato [et], Q. Claudius, Valerius Antias, L. Ælius, P. Nigidius, M. Varro : quos subscriptores approbatoresque hujus verbi habemus; præter poetarum oratorumque veterum multam copiam. » Ad quæ ille nimis arroganter : « Tibi, inquit, habeas auctoritates istas ex Faunorum et Aboriginum sæculo repetitas; atque huic rationi respondeas. Nullum enim vocabulum neutrum comparativum, numero plurativo, casu recto, ante extremam *a* habet *i* litteram; sicuti : *meliora, majora, graviora*. Proinde igitur *plura*, et non *pluria* dici consuevit; ne contra formam perpetuam in comparativo *i* littera sit ante extremam *a*. » Tum ille amicus noster, quum hominem confidentem pluribus verbis non dignum existimaret : « Sinnii, inquit, Capitonis, doctissimi viri, epistolæ sunt uno in libro multæ, opinor, positæ in templo Pacis. Prima epistola scripta est ad Pacuvium Labeonem, cui titulus præscriptus est : PLURIA *non* PLURA *dici debere*. In ea epistola rationes grammaticas posuit, per quas docet *pluria* Latinum esse, *plura* barbarum. Ad Capitonem igitur te dimittimus. Ex eo id quoque simul

même temps, dans cette lettre, si toutefois tu peux l'entendre, que *pluria* ou *plura* est un positif et non pas un comparatif, comme tu le prétends. Ce qui vient encore à l'appui de l'opinion de Sinnius Capiton, c'est que *compluries*, adverbe formé de *compluria*, n'a point le sens du comparatif. Comme ce mot est d'un usage assez rare, je citerai un vers du *Perse* de Plaute où nous le trouvons employé :

Quid metuis? — Metuo hercle vero. Sensi ego compluries.

Que crains-tu? Je ne le sais que trop; j'y ai été déjà pris plus d'une fois.

« De même M. Caton, dans le quatrième livre de ses *Origines*, a employé *compluries* trois fois dans la même phrase. « Souvent
» leurs soldats mercenaires tournèrent leurs armes contre eux-
» mêmes en grand nombre, et s'entre-tuèrent; souvent on les
» vit passer à l'ennemi par troupes nombreuses; souvent, *com-*
» *pluries*, on les vit se révolter contre leur général. »

disces, si modo assequi poteris, quod in ea epistola scriptum est, *pluria* sive *plura* absolutum esse sive simplex; non, ut tibi videtur, comparativum. » Hujus opinionis Sinnianæ id quoque adjumentum est, quod, *compluries* quum dicimus, non comparative dicimus. Ab eo autem, quod est *compluria*, adverbium est factum *compluries*. Id quoque quoniam minus usitatum est, versi Plauti subscripsi, ex comœdia quæ *Persa* inscribitur :

Quid metuis? — Metuo hercle vero. Sensi ego compluries.

« Item M. Cato in quarto *Originum* eodem in loco ter hoc verbum posuit :
« *Compluries* eorum milites mercenarii inter sese multi alteri alteros occidere;
» *compluries* multi simul ad hostes transfugere; *compluries* in imperatorem im-
» petum fecere. »

LIVRE SIXIÈME

1. De quelle manière Chrysippe réfutait ceux qui niaient l'existence de la Providence.

Ceux qui nient que le monde ait été créé pour Dieu et pour les hommes, et que les choses d'ici-bas soient gouvernées par la Providence, croient mettre en avant un argument bien fort lorsqu'ils disent : S'il y avait une Providence, le mal n'existerait pas. Rien, en effet, ajoutent-ils, n'est moins en harmonie avec l'action d'une Providence que ce nombre infini de souffrances et de maux répandus dans ce monde, si, comme on le dit, il a été fait pour l'homme. Chrysippe, en réfutant cette doctrine dans le quatrième livre de son traité *sur la Providence*, dit : « Rien n'est plus absurde que l'opinion de ces hommes qui croient que

LIBER SEXTUS

I. Quem in modum responderit Chrysippus adversus eos, qui Providentiam consistere negaverunt.

Quibus non videtur mundus Dei et hominum causa institutus, neque res humanæ Providentia gubernari, gravi se argumento uti putant, quum ita dicunt : Si esset Providentia, nulla essent mala. Nihil enim minus aiunt Providentiæ congruere, quam in eo mundo, quem propter homines fecisse dicatur, tantam vim esse ærumnarum et malorum. Adversus ea Chrysippus quum in libro περὶ Προνοίας quarto dissereret : « Nihil est prorsus istis, inquit, insubidius, qui opinantur bona esse potuisse, si non essent ibidem mala : nam quum bona malis

le bien peut exister sans le mal : car le bien étant le contraire du mal, il faut qu'ils existent ensemble, opposés l'un à l'autre, et appuyés, pour ainsi dire, sur leur mutuel contraste. Deux contraires, en effet, ne peuvent exister l'un sans l'autre. Ainsi, comment pourrions-nous avoir la notion de la justice, si l'injustice n'existait pas? En d'autres termes : Qu'est-ce que la justice, sinon l'absence de l'injustice? Comment pourrions-nous comprendre le courage, si nous ne lui opposions la lâcheté? la tempérance, sans son contraire, l'intempérance? la prudence, sans l'imprudence? Pourquoi, ajoute Chrysippe, ces hommes insensés ne désirent-ils pas aussi que la vérité existe sans le mensonge? Car ici-bas le bien et le mal, le bonheur et le malheur, la douleur et le plaisir sont inséparables : l'un et l'autre, comme le dit Platon, sont liés étroitement par des extrémités contraires; on ne peut détruire l'un sans détruire en même temps l'autre. »

Dans le même livre, Chrysippe discute et examine cette question qui lui paraît digne d'attention : « Si les maladies qui attaquent l'homme sont inhérentes à sa nature, » c'est-à-dire si c'est la puissance appelée nature des choses ou Providence, puissance ordonnatrice de l'ensemble de l'univers et créatrice de l'homme, qui a produit les maladies, les infirmités, les souf-

---

contraria sint, utraque necessum est, opposita inter se[se] et quasi mutuo adverso quæque fulta nixu, consistere : nullum adeo contrarium est sine contrario altero. Quo enim pacto justitiæ sensus esse posset, nisi essent injuriæ? Aut quid aliud justitia est, quam injustitiæ privatio? Quid item fortitudo intelligi posset, nisi ex ignaviæ oppositione? Quid continentia, nisi ex intemperantiæ? Quo item modo prudentia esset, nisi foret contra imprudentia? Proinde, inquit, homines stulti cur non hoc etiam desiderant, ut veritas sit, et non sit mendacium? Namque itidem sunt bona et mala, felicitas et infortunitas, dolor et voluptas. Alterum enim ex altero, sicuti Plato ait, verticibus inter se contrariis deligatum est; si tuleris unum, abstuleris utrumque. »

Idem Chrysippus in eodem libro tractat consideratque, dignumque esse id quæri putat, εἰ αἱ τῶν ἀνθρώπων νόσοι κατὰ φύσιν γίνονται, id est naturane ipsa rerum vel Providentia, quæ compagem hanc mundi et genus hominum fecit, morbos quoque et debilitates et ægritudines corporum, quas patiuntur ho-

frances dont l'homme est assiégé. Or, Chrysippe pense que le but principal de la nature n'a pas été d'assujettir l'homme à la maladie; car un tel dessein ne pouvait convenir à la nature, auteur et mère de toutes bonnes choses. « Mais en créant, dit-il, en formant une abondance de choses grandes, utiles, avantageuses, elle produisit, sans le vouloir, des maux inévitables inhérents aux avantages dont elle dotait l'espèce humaine; maux qu'elle n'a point voulu créer, mais sont une conséquence nécessaire, un accompagnement fatal, ce que Chrysippe appelle κατὰ παρακολούθησιν, selon la conséquence.

« Ainsi, dit-il, lorsque la nature forma le corps humain, une raison supérieure, des vues bienfaisantes l'engagèrent à former notre tête avec des os très-minces et très-délicats. Mais elle ne put remplir la grandeur de ses desseins en faveur de l'homme sans qu'il s'ensuivît un danger à l'extérieur : la tête, n'étant préservée que par une faible cloison, peut être endommagée par un choc, par la moindre atteinte. Ainsi les maladies et les souffrances qui atteignent l'homme sont toujours le résultat des plus tendres précautions de la nature. De même, par Hercule, ajoute Chrysippe, tandis que la nature met dans l'homme l'amour de la vertu, les vices viennent germer à côté, par l'affinité des contraires. »

---

mines, fecerit. Existimat autem non fuisse hoc principale naturæ consilium, ut faceret homines morbis obnoxios : nunquam enim hoc convenisse naturæ auctori parentique rerum omnium bonarum. « Sed quum multa, inquit, atque magna gigneret pareretque aptissima et utilissima, alia quoque simul agnata sunt incommoda iis ipsis, quæ faciebat, cohærentia : eaque non per naturam, sed per sequelas quasdam necessarias facta dicit, quod ipse appellat κατὰ παρακολούθησιν.

« Sicut, inquit, quum corpora hominum natura fingeret, ratio subtilior et utilitas ipsa operis postulavit, ut tenuissimis minutisque ossiculis caput compingeret. Sed hanc utilitatem rei majoris alia quædam incommoditas extrinsecus consequuta est; ut fieret caput tenuiter munitum, et ictibus offensionibusque parvis fragile. Proinde morbi quoque et ægritudines partæ sunt, dum salus paritur. Sic hercle, inquit, dum virtus hominibus per consilium naturæ gignitur, vitia ibidem per affinitatem contrariam nata sunt. »

II. De quelle manière, tout en reconnaissant la puissance et la nécessité du destin, Chrysippe prouve la liberté de l'homme dans ses desseins et dans ses jugements.

Le destin, que les Grecs appellent πεπρωμένη ou εἱμαρμένη, est à peu près ainsi défini par Chrysippe, le prince de la philosophie stoïcienne : « Le destin, dit-il, est l'enchaînement éternel et inévitable des choses dont la chaîne immense se déroule d'elle-même à travers la série infinie des conséquences, qui sont les anneaux dont elle est formée. » J'ai cité ici, autant que me l'a permis ma mémoire, les paroles mêmes de Chrysippe, afin que si mon interprétation paraît peu lucide, on puisse avoir recours au texte du philosophe. Dans le quatrième livre de son traité *sur la Providence*, il dit : « Le destin est l'enchaînement naturel de toutes choses dérivant éternellement les unes des autres, et se succédant d'après un ordre toujours invariable dans l'immensité du temps. » Mais les chefs des autres écoles reprennent cette définition : Si Chrysippe, disent-ils, pense que tout est mû et régi par le destin, et qu'on ne peut se dérober à son action ni déranger son cours, on ne doit plus voir et punir avec indigna-

---

II. Quo itidem modo et vim necessitamque fati constituerit, et esse tamen in nobis consilii judiciique nostri arbitrium confirma[ve]rit.

Fatum, quod Græci [πεπρωμένην, vel] εἱμαρμένην vocant, ad hanc ferme sententiam Chrysippus, stoicæ princeps philosophiæ, definit : « Fatum est, inquit, sempiterna quædam et indeclinabilis series rerum et catena, volvens semetipsa sese et implicans per æternos consequentiæ ordines, ex quibus apta [con]nexaque est. » Ipsa autem verba Chrysippi, quantum valui memoria, adscripsi; ut, si cui meum istud interpretamentum videbitur esse obscurius, ad ipsius verba animadvertat. In libro enim περὶ Προνοίας quarto : Εἱμαρμένην esse dicit φυσικήν τινα σύνταξιν τῶν ὅλων, ἐξ ἀϊδίου τῶν ἑτέρων τοῖς ἑτέροις ἐπακολουθούντων, καὶ μετὰ πολὺ μὲν οὖν ἀπαραβάτου οὔσης τοιαύτης συμπλοκῆς. Aliarum autem opinionum disciplinarumque auctores huic definitioni ita obstrepunt : Si Chrysippus, inquiunt, fato putat omnia moveri et regi, nec declinari transcendique posse agmina fati et volumina : peccata

tion les fautes et les délits; on ne peut plus rendre l'homme responsable de ses actes, qu'il faut dès lors attribuer à l'impulsion irrésistible, à la puissance du destin, qui devient ainsi l'arbitre et la cause de tous les événements. Les châtiments infligés par les lois aux coupables sont iniques, si les hommes ne commettent pas de fautes librement, s'ils sont poussés au crime par le destin. Chrysippe répond à cette objection avec finesse et subtilité. Cependant tout ce qu'il a écrit sur cette matière peut se résumer ainsi : « Bien que, dit-il, toutes choses soient nécessairement soumises, subordonnées au destin par une loi souveraine, néanmoins l'esprit et le cœur de l'homme ne sont les esclaves de la fatalité que d'après le caractère et les qualités de chacun. En effet, si la nature, en les créant, a doué les hommes de qualités bonnes et utiles, toute cette puissance qui émane du destin deviendra douce et inoffensive, en passant par notre âme. Si les hommes, au contraire, sont sauvages, ignorants, grossiers, s'ils ne portent en eux le germe d'aucune bonne qualité pour lutter contre leurs mauvais instincts, vous les verrez succomber aux attaques du destin, qu'elles soient puissantes ou non; vous les verrez, obéissant à leur férocité, écoutant la voix de leurs passions, se précipiter dans de continuels désordres;

---

quoque hominum et delicta non succensenda neque inducenda sunt ipsis voluntatibusque eorum; sed necessitati cuidam et instantiæ, quæ oritur ex fato; omnium quæ sit rerum domina et arbitra, per quam necesse sit fieri, quidquid futurum est : et propterea nocentium pœnas legibus inique constitutas, si homines ad maleficia non sponte veniunt, sed fato trahuntur. Contra ea Chrysippus tenuiter multa et argute disserit; sed omnium fere, quæ super ea re scripsit, sententia hujuscemodi est : « Quanquam ita sit, inquit, ut ratione quadam necessario principali coacta atque connexa sint fato omnia : ingenia tamen ipsa mentium nostrarum perinde sunt fato obnoxia, ut proprietas eorum est ipsa et qualitas. Nam si sunt per naturam primitus salubriter utiliterque ficta, omnem illam vim, quæ de fato extrinsecus ingruit, inoffensius tractabiliusque transmittunt. Sin vero sunt aspera et inscita et rudia, nullisque artium bonarum adminiculis fulta, etiamsi parvo sive nullo fatalis incommodi conflictu urgeantur, sua tamen scævitate et voluntario impetu in assidua delicta et in errores ruunt.

et adopter toutes les erreurs. Cela même est amené par cet enchaînement naturel et nécessaire que l'on appelle destin. C'est même une fatalité attachée à la nature d'un mauvais cœur, de s'abandonner aux dérèglements et au mal. » Ensuite Chrysippe, pour confirmer son opinion, se sert d'une comparaison qui ne manque ni d'à-propos, ni d'esprit : « Si vous lancez, dit-il, une pierre de forme cylindrique sur un plan fortement incliné, vous communiquerez à la pierre son mouvement, son impulsion : bientôt cependant la pierre roule avec rapidité ; elle n'obéit plus à votre main, mais à sa forme et à sa volubilité. Ainsi l'ordre, la loi, la nécessité du destin mettent en mouvement les causes et les principes de toutes choses ; mais la volonté, les affections particulières de l'âme modèrent l'impétuosité de nos projets, de nos esprits, et président à nos actions. » Chrysippe ajoute ensuite ces paroles qui viennent donner plus de force à son opinion : « C'est pourquoi les pythagoriciens ont adopté cette maxime :

Sachez que les hommes ne doivent s'en prendre qu'à eux-mêmes de leurs maux.

Ils pensaient, en effet, que chacun est l'auteur de ses maux,

---

Idque ipsum ut ea ratione fiat, naturalis illa et necessaria rerum consequentia efficit, quæ fatum vocatur. Est enim genere ipso quasi fatale et consequens, ut mala ingenia peccatis et erroribus non vacent. » Hujus deinde rei exemplo non hercle nimis alieno neque illepide utitur. « Sicut, inquit, lapidem cylindrum si per spatia terræ prona atque derupta jacias, causam quidem ei et initium præcipitantiæ feceris ; mox tamen ille præceps volvitur, non quia tu id jam facis, sed quoniam ita sese modus ejus et formæ volubilitas habet : sic ordo et ratio et necessitas fati genera ipsa et principia causarum movet ; impetus vero consiliorum mentiumque nostrarum actionesque ipsas voluntas cujusque propria et animorum ingenia moderantur. » Infert deinde verba hæc iis quæ dixi congruentia : Διὸ καὶ ὑπὸ τῶν πυθαγορείων οὕτως εἴρηται·

Γνώσῃ δ' ἀνθρώπους αὐθαίρετα πήματ' ἔχοντας·

et que c'est par notre propre mouvement et par notre détermination que nous devenons le jouet de l'erreur, que nous tombons dans le vice et dans la misère, qui en sont la conséquence. »

C'est pourquoi, reprend ce philosophe, n'écoutez pas ces hommes pervers, lâches et criminels, qui, convaincus de fautes et de crimes, se réfugient dans la fatalité comme dans un asile sacré et soutiennent qu'il faut attribuer leurs mauvaises actions, non à une erreur volontaire de leur part, mais au destin. Le plus ancien et le plus sage des poëtes exprime le premier cette pensée dans les vers suivants :

Eh quoi ! les mortels accusent les dieux ! C'est nous, disent-ils, qui leur envoyons les maux : que ne s'accusent-ils eux-mêmes, car ils sont les victimes de leur propre folie ?

M. Cicéron, dans son traité du *Destin*, avoue que cette question lui paraissait très-obscure et très-embrouillée, et que le philosophe Chrysippe lui-même n'a pu s'en tirer. Voici le passage : « Chrysippe s'épuise, sue sang et eau pour nous faire comprendre que nous avons en nous le libre arbitre, quoique tout

---

ὡς τῶν βλαβῶν ἑκάστοις παρ᾽ αὐτοῖς γινομένων, καὶ καθ᾽ ὁρμὴν αὐτῶν ἁμαρτανόντων τε καὶ βλαπτομένων, καὶ κατὰ τὴν διάνοιαν καὶ πρόθεσιν.

Propterea negat oportere ferri audirique homines aut nequam aut ignavos et nocentes et audaces : qui, quum in culpa et in maleficio revicti sunt, perfugiunt ad fati necessitatem, tanquam in aliquod fani asylum; et, quæ pessime fecerunt, ea non suæ temeritati, sed fato esse attribuenda dicunt. Primus hoc sapientissimus ille et antiquissimus poetarum dixit in hisce versibus :

Ὤποποι, οἷον δή νυ θεοὺς βροτοὶ αἰτιόωνται.
Ἐξ ἡμέων γάρ φασι κάκ᾽ ἔμμεναι· οἱ δὲ καὶ αὐτοὶ
Σφῇσιν ἀτασθαλίῃσιν ὑπὲρ μόρον ἄλγε᾽ ἔχουσιν.

Itaque M. Cicero in libro quem *de Fato* conscripsit, quum quæstionem istam diceret obscurissimam esse et implicatissimam, Chrysippum quoque philosophum non expedisse se in ea refert, his verbis : « Chrysippus æstuans labo-

soit soumis au destin ; mais il ne fait que s'embarrasser dans ses raisonnements. »

III. Récit tiré des livres de Tubéron, sur un serpent d'une grandeur prodigieuse.

Tubéron raconte dans ses *Histoires* que, pendant la première guerre punique, le consul Attilius Régulus, campé en Afrique sur les bords du fleuve Bagrada, eut à soutenir un combat long et opiniâtre contre un serpent d'une grandeur prodigieuse, qui avait son repaire dans cet endroit. L'armée tout entière lutta contre le monstre, et on fut obligé d'avoir recours aux balistes et aux catapultes. Enfin le serpent fut tué, et sa dépouille, qui avait cent vingt pieds de long, fut envoyée à Rome par Régulus.

IV. Fait curieux de la captivité d'Attilius Régulus à Carthage, raconté par le même Tubéron. Ce que dit Tuditanus du même Régulus.

J'ai lu tout récemment, dans les ouvrages de Tuditanus, le fait

ransque, quonam pacto explicet, et fato omnia fieri, et esse aliquid in nobis, intricatur hoc modo. »

III. Historia sumpta ex libris Tuberonis de serpente invisitatæ magnitudinis.

Tubero in *Historiis* scriptum reliquit, bello primo Punico Attilium Regulum consulem in Africa, castris apud Bagradam flumen positis, prælium grande atque acre fecisse adversus unum serpentem, in illis locis stabulantem, invisitatæ immanitatis; eumque, magna totius exercitus conflictione, ballistis atque catapultis diu oppugnatum : ejusque interfecti corium longum pedes centum et viginti Romam misisse.

IV. Quid idem Tubero novæ historiæ de Attilio Regulo, a Carthaginiensibus capto, memoriæ mandaverit : quid etiam Tuditanus super eodem Regulo scripserit.

Quod satis celebre est de Attilio Regulo, id nuperrime legimus scriptum in

suivant tiré de la vie d'Attilius Régulus, fait qui d'ailleurs est assez connu. Cet historien raconte que Régulus, après avoir conseillé au sénat de refuser l'échange des prisonniers avec les Carthaginois, ajouta que les Carthaginois lui avaient fait prendre un poison lent, de telle sorte qu'il pût prolonger son existence jusqu'à ce que l'échange ait eu lieu, et qu'ensuite le progrès insensible du poison le fit mourir.

Tubéron, dans l'histoire déjà citée plus haut, rapporte que Régulus, de retour à Carthage, souffrit des tortures inouïes : « Les Carthaginois, dit-il, l'enfermaient dans des cachots profonds et ténébreux ; puis, lorsque le soleil était le plus ardent, ils le faisaient sortir aussitôt, le plaçaient en face des rayons, et le forçaient à lever la tête pour regarder le ciel, et, pour l'empêcher de fermer les paupières, ils les cousaient en haut et en bas. » Tuditanus rapporte qu'on l'empêchait de dormir, et que la fatigue de l'insomnie causa sa mort. Lorsque cette nouvelle fut connue à Rome, le sénat livra les plus illustres d'entre les prisonniers carthaginois aux enfants de Régulus, qui les enfermèrent dans une armoire garnie de pointes de fer, où le supplice de l'insomnie termina aussi leur existence.

Tuditani libris : Regulum captum, ad ea, quæ in senatu Romæ dixit suadens ne captivi cum Carthaginiensibus permutarentur, id quoque addidisse : venenum sibi Carthaginienses dedisse, non præsentarium, sed ejusmodi, quod mortem in diem proferret, eo consilio, ut viveret quidem tantisper quoad fieret permutatio, post autem, grassante sensim veneno contabesceret.

Eumdem vero Regulum Tubero in iisdem historiis redisse Carthaginem, novisque exemplorum modis excruciatum a Pœnis dicit : « In atras, inquit, et profundas tenebras eum claudebant; ac diu post, ubi erat visus sol ardentissimus, repente educebant, et adversus ictus solis oppositum continebant, atque intendere in cœlum oculos cogebant. Palpebras quoque ejus, ne convenire posset, sursum ac deorsum diductas insuebant. » Tuditanus autem somno diu prohibitum, atque ita vita privatum refert; idque ubi Romæ cognitum est, nobilissimos Pœnorum captivos liberis Reguli a senatu deditos, et ab his in armario muricibus præfixo destitutos, eademque insomnia cruciatos interisse.

V. Que le jurisconsulte Alfénus commit une erreur dans l'interprétation de quelques mots anciens.

Le jurisconsulte Alfénus, élève de Servius Sulpicius, s'adonnait avec ardeur à l'étude des monuments anciens. Nous lisons dans le trente-quatrième livre de son *Digeste* et dans le deuxième de ses *Conjectures* : « Dans le traité conclu entre le peuple romain et les Carthaginois, il se trouve une clause qui porte que les Carthaginois payeront aux Romains, tous les ans, une certaine quantité d'argent pur, *argenti puri puti*. On me demanda un jour ce que signifiaient ces mots *purum putum*. Je répondis que *purum putum* signifie très-pur ; que c'est ainsi que nous disons *novum novicium*, et *proprium propicium*, pour donner un sens plus large et plus étendu aux mots *novum* et *proprium*. » Quand je lus ce passage, je m'étonnai qu'Alfénus établit le même rapport entre *purum* et *putum* qu'entre *novum* et *novicium* : car pour que ce rapport fût juste, il faudrait que l'on pût dire *puricium* pour *purum*, comme on dit *novicium* pour *novum*. Il est étonnant aussi qu'Alfénus ait donné à *novicium* un sens augmentatif ; car *novicium* ne signifie pas ce qui est plus récent : c'est un dérivé de *novus* qui a le même sens. Je partage donc

---

V. Quod Alfenus jureconsultus in verbis veteribus interpretandis erravit.

Alfenus jureconsultus, Servii Sulpicii discipulus, rerumque antiquarum non incuriosus, in libro *Digestorum* trigesimo et quarto, *Conjectaneorum* autem secundo : « In fœdere, inquit, quod inter populum Romanum et Carthaginienses actum est, scriptum invenitur, ut Carthaginienses quotquot annis populo Romano darent certum pondus argenti puri puti. Quæsitum[que] est, quid esset [argentum] *purum putum*. Respondi ego, inquit, esse purum putum valde purum : sicut *novum novicium* dicimus, et *proprium propicium*, augere atque intendere volentes *novi* et *proprii* significationem. » Hoc ubi legimus, mirabamur eamdem affinitatem visam esse Alfeno *puri et puti*, quæ ait *novi* et *novicii* : nam si esset *puricium*, tum sane videretur dici, quasi *noviciam*. Id etiam mirum fuit, quod novicium per augendi figuram dictum existimavit, quum sit novicium, non quod magis novum sit, sed quod a novo dictum inclinatumque

l'avis de ceux qui pensent que *putum* dérive de *putare*, et qui pour cette raison abrègent la première syllabe de ce mot, au lieu de la prononcer longue, comme le veut Alfénus, qui fait dériver *putum* de *purum*. Or, *putare*, chez les anciens, signifie ôter, couper, retrancher d'une chose ce qui est surabondant, nuisible ou étranger, et laisser ce qui est utile, ce qui ne peut causer aucun dommage. Par exemple, *putare arbores et vites*, *putare rationes*, tailler les arbres et les vignes, apurer les comptes : le verbe *puto*, je pense, lui-même, dont nous nous servons lorsque nous émettons une opinion, ne signifie rien autre chose sinon que, dans une affaire douteuse et obscure, après avoir écarté, éloigné les fausses idées, nous conservons ce qui nous paraît vrai, juste, raisonnable. Ainsi, dans le traité carthaginois, le mot *putum* qui accompagne *argentum* est employé dans le sens de *exputatum*, c'est-à-dire un argent affiné sans alliage, qui n'est point altéré par une matière étrangère, un argent pur de tout défaut. Au reste, on trouve *purum putum*, non-seulement dans le texte du traité carthaginois, mais encore dans beaucoup de livres anciens, par exemple, dans une tragédie de Q. Ennius, qui a pour titre *Alexandre*, et dans une satire de M. Varron, intitulée *les Vieillards deux fois enfants*.

sit. His ergo assentimus, qui *putum* esse dicunt a *putando* dictum; et ob eam causam prima syllaba brevi pronuntiant, non longa : uti existimasse Alfenum videtur, qui a *puro* id esse factum scripsit. *Putare* autem veteres dixerunt, vacantia ex quaque re ac non necessaria aut etiam obstantia et aliena auferre excidere, et, quod esset utile, ac sine vitio videretur, relinquere. Sic namque arbores et vites, et sic etiam rationes *putari* dictum. Verbum quoque ipsum *puto*, quod declarandæ sententiæ nostræ causa dicimus, non signat profecto aliud, quam id agere nos in re dubia obscuraque, ut, decisis amputatisque falsis opinionibus, quod videatur esse verum et integrum et incorruptum, retineamus. Argentum ergo in Carthaginiensi fœdere *putum* dictum esse, quasi *exputatum*, excoctumque, omnique aliena materia carens, omnibusque ex eo vitiis detractis emaculatum et candefactum. Scriptum est autem *purum putum* non in Carthaginiensi solum fœdere, sed quum in multis aliis veterum libris, tum [etiam] in Q. quoque Ennii tragœdia, quæ inscribitur *Alexander*, et in satira M. Varronis, quæ inscripta est Δὶς παῖδες οἱ γέροντες.

VI. Que Julius Hygin a commis une erreur grossière en reprochant à Virgile d'avoir appliqué aux ailes de Dédale l'épithète de *præpetes*. Ce qu'on appelle *aves præpetes*. Quels sont les oiseaux que Nigidius appelle *inferæ*.

Dédale, si l'on en croit la renommée, fuyant les lieux où régnait Minos, osa s'élever dans les airs, et d'un vol heureux il dirigea sa course par des routes nouvelles vers l'Ourse glacée.

Dans ces vers de Virgile, Hygin blâme l'emploi de *præpetibus pennis* comme une expression impropre et une marque d'ignorance. « En effet, dit-il, les augures désignent par *aves præpetes* les oiseaux qui traversent le ciel, devant eux, d'un vol favorable, ou qui vont se poser dans des lieux d'un heureux présage. » Il conclut que Virgile a fort mal à propos employé un terme en usage dans la langue augurale, en parlant du vol de Dédale, qui n'a aucun rapport avec la science des augures. Mais Hygin s'est trompé grossièrement en croyant saisir le sens de *præpetes* mieux que Virgile, mieux que Cn. Matius, ce poëte si érudit, qui, dans le second livre de son *Iliade*, donne à la Victoire l'épithète de *præpes* :

VI. Temere inepteque reprehensum esse a Julio Hygino Virgilium, quod *præpetes* Dædali pennas dixit : atque ibi, quid sint *aves præpetes*, et quid illæ sint aves, quas Nigidius *inferas* appellavit.

   Dædalus, ut fama est fugiens Minoia regna,
   Præpetibus pennis ausus se credere cælo
   [Insuetum per iter gelidas enavit ad Arctos].

In his Virgilii versibus reprehendit Hyginus *præpetibus pennis*, quasi improprie et inscite dictum. « Nam præpetes, inquit, aves ab auguribus appellantur, quæ aut opportune prævolant, aut idoneas sedes capiunt. » Non apte igitur usum verbo augurali existimavit in Dædali volatu, nihil ad auguram disciplinam pertinente. Sed Hyginus nimis hercle ineptus est, quum, quid *præpetes* essent, se scire ratus est : Virgilium autem et Cn. Matium, doctum virum, ignorasse, qui in secundo *Iliadis* Victoriam volucrem *præpetem* appellavit in hoc versu :

Dum dat vincenti præpes Victoria palmam.

Pourvu que la Victoire vienne, d'un vol favorable, lui décerner la palme.

Pourquoi Hygin ne critique-t-il pas aussi Q. Ennius, qui, dans ses *Annales*, a employé *præpes*, et non pas comme Virgile, en parlant du vol de Dédale, mais dans un cas bien différent :

. . . . Quid
Brundusium pulchro præcinctum præpete portu?

Que dire de Brindes, entourée d'un port magnifique et assurée?

Si Hygin eût examiné la force et la valeur de ce mot, au lieu de s'en tenir d'une manière absolue au sens donné par les augures, il eût été plus indulgent pour les poëtes qui ont pu à leur gré, sans encourir aucun blâme, employer ce mot par comparaison et par métaphore. En effet, puisque l'on appelle *præpetes* non-seulement les oiseaux dont le vol est favorable, mais encore les lieux où ils se posent, lieux d'heureux augure, Virgile a bien pu donner l'épithète de *præpetes* aux ailes de Dédale, dont l'essor l'avait porté d'un lieu où il avait à redouter des dangers, dans une contrée hospitalière et plus sûre. Les augures, du reste,

---

Dum dat vincenti præpes Victoria palmam.

Cur autem non Q. quoque Ennium reprehendit, qui in *Annalibus*, non ut Virgilius pennas Dædali *præpetes*, sed longe diversius, inquit :

. . . e . . . . Quid
Brundusium pulchro præcinctum præpete portu?

Et, si vim potius naturamque verbi considerasset, neque id solum, quod augures dicerent, inspexisset, veniam prorsus poetis daret similitudine ac translatione verborum, non significatione [propria] utentibus. Nam quoniam non ipsæ tantum aves, quæ prosperius prævolant, sed etiam loci, quos capiunt, qui idonei felicesque sunt, præpetes appellantur, idcirco Dædali pennas præpetes dixit, quoniam ex locis, in quibus periculum metuebat, in loca tutiora pervenerat. Locos

emploient *præpes* en parlant des lieux. Dans le premier livre de ses *Annales*, Ennius a dit :

Præpetibus hilares sese pulchrisque locis dant.

Joyeux, ils s'avancent dans cet heureux et aimable séjour.

Dans le premier livre de son traité sur l'*Augurat privé*, Nigidius Figulus dit qu'on appelle *aves inferæ* ceux qui volent en bas ; ils sont opposés aux *aves præpetes* : « L'oiseau qui vole à droite s'oppose à celui qui se montre à gauche ; l'oiseau appelé *præpes* s'oppose à l'oiseau désigné par l'épithète de *infera*, qui rase la terre (et de mauvais augure). » D'où il est permis de conjecturer qu'on appelle *aves præpetes* ceux dont le vol est plus élevé, puisque Nigidius les oppose aux oiseaux nommés *inferæ*.

Lorsque, dans ma jeunesse, je fréquentais à Rome les écoles des grammairiens, j'entendis un jour Sulpicius Apollinaris, qui était celui dont les leçons avaient le plus d'attrait pour moi, répondre au préfet de Rome Érucius Clarus, pendant un entretien sur le droit augural, au sujet des *aves præpetes*, que les oiseaux ainsi nommés paraissaient être ceux qui, chez Homère, sont désignés par l'épithète de τανυπτέρυγαι, aux ailes larges, parce que les oiseaux qui attirent le plus l'attention des augures sont ceux

---

porro præpetes et augures appellant ; et Ennius in *Annalium* primo dixit :

Præpetibus hilares sese pulchrisque locis dant.

Avibus autem *præpetibus* contrarias aves *inferas* appellari, Nigidius Figulus in libro primo *Augurii privati* ita dicit : « Discrepat dextra sinistræ, *præpes inferæ*. » Ex quo est conjectare, præpetes appellatas, quæ altius sublimiusque volitent ; quum differe a *præpetibus* Nigidius *inferas* dixerit.

Adolescens ego Romæ, tum quum etiam ad grammaticos itarem, audivi Apollinarem Sulpicium, quem in primis sectabar, quum de jure augurio quæreretur, et mentio *præpetum avium* facta esset, Erucio Claro præfecto Urbi, dicere : *præpetes* sibi videri esse alites, quas Homerus τανυπτέρυγας appellaverit : quoniam

qui ont les ailes larges, et qui occupent le plus d'espace en volant. En même temps Sulpicius nous cita ce passage d'Homère :

Tu m'ordonnes de prendre pour guide les oiseaux qui déploient leurs ailes en traversant les airs. Que m'importe ! je me soucie peu de semblables présages.

VII. Sur Acca Larentia et Caïa Tarratia. De l'origine du sacerdoce des frères Arvales.

— — — Les noms d'Acca Larentia, de Caïa Tarratia ou Fufétia, sont célèbres dans les anciennes annales. Ces deux femmes, la première après sa mort, la seconde de son vivant, reçurent du peuple les plus grands honneurs. Tarratia était consacrée au culte de Vesta comme l'atteste la loi Horatia portée devant le peuple romain en sa faveur. Cette loi lui décerne les prérogatives les plus insignes, entre autres celle de témoigner; d'être de toutes les femmes romaines, la seule qui fût *testabilis*, qui a droit de déposer en justice, comme le porte la loi Horatia. Ce mot est opposé à *intestabilis*, qui ne peut être témoin, que nous

istas potissimum augures spectarent, quæ ingentibus alis patulæ atque porrectæ prævolarent. Atque ibi hos Homeri versus dixit :

Τύνη δ' οἰωνοῖσι τανυπτερύγεσσι κελεύεις
Πείθεσθαι· τῶν οὔτι μετατρέπομ' οὐδ' ἀλεγίζω.

VII. De Acca Larentia et Caia Tarratia ; deque origine sacerdotii fratrum Arvalium.

Accæ Larentiæ et Caiæ Tarratiæ, sive illa Fufetia est, nomina in antiquis annalibus celebria sunt ; earum altera post mortem, Tarratiæ autem vivæ amplissimi honores a populo Romano habiti [sunt]. Et Tarratiam quidem virginem Vestæ fuisse lex Horatia testis est, quæ super ea ad populum lata, qua lege ei plurimi honores fiunt, inter quos jus quoque testimonii dicendi tribuitur ; *testabilis*que una omnium feminarum ut sit, datur. Id verbum est ipsius legis Horatiæ. Con

trouvons dans la loi des Douze-Tables : *Improbus intestabilis esto*, qu'il soit noté d'infamie, et ne puisse être témoin. En outre, si à quarante ans elle voulait quitter le sacerdoce et se marier, on lui permettait de renoncer au culte de Vesta et de se choisir un époux, pour la récompenser de ce qu'elle avait donné au peuple romain le champ du Tibre ou le champ de Mars. Quant à Acca Larentia, c'était une courtisane qui avait fait des gains immenses dans son commerce ; par testament, selon l'historien Antias, elle institua Romulus son héritier ; selon d'autres, le peuple romain. Pour montrer leur reconnaissance, les Romains décrétèrent qu'un sacrifice aux frais de l'État lui serait offert par le flamine Quirinal ; que dans les fastes un jour lui serait consacré. Mais Sabinus Massurius, dans le premier livre de ses *Mémoires*, adoptant l'opinion de quelques historiens, prétend qu'Acca Larentia fut la nourrice de Romulus : « Cette femme, dit Sabinus, mère de douze fils, en perdit un, dont Romulus prit la place, et fut nourri par Acca ; dans la suite, Romulus donna à ses frères le nom de *frères Arvales*, et prit ce nom lui-même. Telle est l'origine du collège des frères Arvales, composé de douze pontifes. Les insignes de ce sacerdoce sont une couronne d'épis et des bandelettes blanches. »

---

trarium est in XII Tabulis scriptum : « Improbus intestabilisque esto. » Præterea si quadraginta annos nata sacerdotio abire ac nubere voluisset, jus ei potestasque exaugurandi atque nubendi facta est, munificentiæ et beneficii gratia, quod campum Tiberinum sive Martium populo Romano condonasset. Sed Acca Larentia corpus in vulgus dabat, pecuniamque emeruerat ex eo quæstu uberem. Ea testamento, ut in Antiatis historia scriptum est, Romulum regem, ut quidam [autem] alii tradiderunt, populum Romanum bonis suis heredem fecit. Ob id meritum a flamine Quirinali sacrificium ei publice fit : dies e nomine ejus in fastos additus. Sed Sabinus Massurius in primo *Memoralium*, sequutus quosdam historiæ scriptores, Accam Larentiam Romuli nutricem fuisse dicit : « Ea, inquit, mulier ex duodecim filiis maribus unum morte amisit ; in illius locum Romulus Accæ Larentiæ sese filium dedit ; seque et cæteros ejus filios *fratres Arvales* appellavit. Ex eo tempore collegium mansit fratrum Arvalium numero duodecim. Cujus sacerdotii insigne est spicea corona et albæ infulæ. »

VIII. Faits curieux sur le roi Alexandre et sur P. Scipion.

Le Grec Apion, surnommé Plistonicès, avait un style vif et facile. Il dit, en faisant l'éloge d'Alexandre : « Ce prince défendit qu'on amenât en sa présence la femme de l'ennemi qu'il venait de vaincre, et cette femme était d'une beauté remarquable, pour éviter à sa pudeur même l'affront d'un regard. » Il me semble, à ce sujet, que ce serait une belle question à traiter, de savoir lequel des deux a été le plus chaste, de P. Scipion, qui, après la prise de Carthagène, ville importante d'Espagne, rendit intacte et pure à son père une jeune fille nubile, d'une grande beauté, d'une illustre naissance, qui avait été conduite dans la tente du général; ou du roi Alexandre, qui, après une grande victoire, défendit qu'on lui présentât la sœur et l'épouse de Darius, tombée en son pouvoir, et dont il avait entendu vanter la beauté. C'est un petit sujet de déclamation sur Alexandre et sur Scipion que nous laissons à ceux qui ont assez d'esprit, de temps et de facilité de style pour le traiter convenablement. Nous nous contenterons de remarquer ici que, d'après les chroniqueurs de l'époque (à tort ou à raison, c'est ce que nous ignorons), Scipion,

VIII. Notata quædam de rege Alexandro et de P. Scipione, memoratu digna.

Apion, Græcus homo, qui Plistonices est appellatus, facili atque alacri facundia fuit. Is quum de Alexandri regis laudibus scriberet : « Victi, inquit, hostis uxorem, facie inclyta mulierem, vetuit in conspectum suum deduci, ut eam ne oculis suis quidem contingeret. » Lepida igitur quæstio agitari potest, utrum videri continentiorem par sit, Publiumne Africanum superiorem, qui, Carthagine ampla civitate in Hispania expugnata, virginem tempestivum, forma egregia, nobilis viri Hispani filiam, captam perductamque ad se, patri inviolatam reddidit; an regem Alexandrum, qui Darii regis uxorem, eamdemque ejusdem sororem, prælio magno captam, quam esse audiebat exsuperanti forma, videre noluit, perducique ad sese prohibuit. Sed hanc utramque declamatiunculam super Alexandro et Scipione celebraverint, quibus abunde et ingenii et otii et verborum est. Nos satis habebimus, quod ex historia est, id dicere : Scipionem istum, verone

dans sa jeunesse, ne jouissait pas d'une excellente réputation; il est probable que ces vers du poëte Cn. Névius ont été écrits contre lui :

L'homme dont le bras a fait tant de grandes choses, dont les exploits vivent encore dans la mémoire des Romains, qui fixe les regards des nations, jadis fut ramené par son père de la maison d'une courtisane, avec un manteau pour tout vêtement.

Ce sont probablement ces vers qui ont porté Valérius Antias à contredire l'opinion de tous les autres écrivains sur les mœurs de Scipion; car il dit que la jeune captive dont nous venons de parler, loin d'avoir été rendue à son père, fut retenue par Scipion, qui la fit servir à ses plaisirs et à ses amours.

IX. Piquante anecdote tirée des *Annales* de L. Pison.

Dans le troisième livre de ses *Annales*, L. Pison raconte, dans son style élégant et pur, une anecdote assez piquante sur Cn. Flavius, fils d'un affranchi, édile curule. Je reproduis en entier

an falso incertum, fama tamen, quum esset adolescens, haud sincera fuisse; et propemodum constitisse, hosce versus a Cn. Nævio poeta in eum scriptos esse :

Etiam, qui res magnas manu sæpe gessit gloriose,
Cujus facta viva nunc vigent, qui apud gentes solus
Præstat eum suus pater cum pallio uno ab amica abduxit.

His ego versibus credo adductum Valerium Antiatem, adversus cæteros omnes scriptores de Scipionis moribus sensisse; et eam puellam captivam non redditam patri scripsisse, contra quam nos supra diximus, sed retentam a Scipione, atque in deliciis amoribusque ab eo usurpatam.

IX. Locus exemptus ex *Annalibus* L. Pisonis historiæ et orationis lepidissimæ.

Quod res videbatur memoratu digna, quam fecisse Cn. Flavium, Annii filium, ædilem, curulem, L. Piso, in tertio *Annali* scripsit, eaque res perquam pure et venuste narrata a Pisone : locum istum totum huc ex Pisonis *Annali* transposui-

ce passage des *Annales* de Pison : « Cn. Flavius, fils d'un affranchi, remplissait les fonctions de greffier ; étant, en cette qualité, attaché à l'édile curule à l'époque où ces magistrats sont réélus, il fut nommé lui-même à cette charge par la tribu appelée la première à donner son suffrage. Mais l'édile qui présidait les comices refuse de le reconnaître, et déclare qu'il ne souffrira point qu'un greffier parvienne à l'édilité curule. Alors Flavius, fils d'Annius, pose ses tablettes, renonce à sa charge de greffier, et se fait reconnaître comme édile. Le même Cn. Flavius, fils d'Annius, alla, dit-on, quelque temps après, visiter son collègue qui était malade. Étant entré dans sa chambre, où se trouvaient plusieurs jeunes gens des premières familles de Rome, aucun de ces jeunes patriciens, par mépris pour lui, ne voulut se lever. L'édile Cn. Flavius, fils d'Annius, en rit ; il se fait apporter sa chaise curule, la met sur le seuil de la porte, et se place dessus, en travers du passage, pour qu'aucun d'eux ne puisse sortir, et que tous soient forcés de le voir assis sur son siége de magistrat. »

X. Anecdote sur Euclide le Socratique, que Taurus citait à ses élèves pour les exciter à se livrer avec ardeur à l'étude de la philosophie.

Le philosophe Taurus, illustre platonicien de nos jours, citait

mus : « Cn., inquit, Flavius, patre libertino natus, scriptum faciebat : isque in eo tempore ædili curuli apparebat, quo tempore ædiles subrogantur : eumque pro tribu ædilem curulem renuntiaverunt. At ædilis, qui comitia habebat, negat accipere ; neque sibi placere, qui scriptum faceret, eum ædilem fieri, Cn. Flavius, Annii filius, dicitur tabulas posuisse ; scriptu sese abdicasse : isque ædilis curulis factus est. Idem Cn. Flavius, Annii filius, dicitur ad collegam venisse visere ægrotum ; et, in conclave postquam introivit, adolescentes ibi complures nobiles sedebant. Hi contemnentes eum, assurgere ei nemo voluit. Cn. Flavius, Annii filius, ædilis id arrisit ; sellam curulem jussit sibi afferri, eam in limine apposuit, ne quis illorum exire posset ; utique ii omnes inviti viderent sese in sella curuli sedentem. »

X. Historia super Euclide Socratico, cujus exemplo Taurus philosophus adhortari adolescentes suos solitus est ad philosophiam gnaviter sectandam.

Philosophus Taurus, vir memoria nostra in disciplina Platonica celebratus,

à ses élèves, pour les exhorter à l'étude de la philosophie, un grand nombre d'exemples bons et salutaires; pour enflammer leur ardeur, il aimait surtout à raconter ce trait d'Euclide, disciple de Socrate : « Les Athéniens, dit-il, avaient décrété que si un citoyen de Mégare mettait les pieds dans Athènes, il subirait la peine capitale : tant était grande, ajoute-t-il, la haine des Athéniens contre leurs voisins les Mégariens ! Cependant Euclide, qui était de Mégare, et qui avant le décret avait coutume de séjourner à Athènes pour assister aux leçons de Socrate, ne se laissa point effrayer par l'arrêté des Athéniens : vers le soir, à l'entrée de la nuit, il prenait une tunique de femme, un manteau de diverses couleurs, et, la tête couverte d'un voile, il se rendait de Mégare à Athènes pour pouvoir, pendant une partie de la nuit, écouter les leçons de Socrate et jouir de son entretien. Au point du jour, caché sous le même vêtement, il disparaissait et faisait plus de vingt mille pas pour retourner à Mégare. Mais aujourd'hui, continue-t-il, on voit les philosophes courir aux portes des fils de famille pour leur donner des leçons, et là rester assis, attendant, jusqu'à midi, que leurs disciples aient cuvé le vin de la nuit. »

quum aliis bonis multis salubribusque exemplis hortabatur ad philosophiam capessendam, tum vel maxime ista re animos juvenum expergebat, Euclidem quam dicebat Socraticum factitavisse : « Decreto, inquit, suo Athenienses caverant, ut, qui Megaris civis esset, si intulisse Athenas pedem prehensus esset, ut ea res ei homini capitalis esset : tanto Athenienses, inquit, odio flagrabant finitimorum hominum Megarensium ! Tum Euclides, qui indidem Megaris erit, quique [etiam] ante id decretum ei esse Athenis et audire Socratem consueverat, postquam id decretum sanxerunt, sub noctem, quum advesperasceret, tunica longa muliebri indutus, et pallio versicolore amictus, et caput rica velatus e domo sua Megaris Athenas ad Socratem commeabat; ut vel noctis aliquo tempore consiliorum sermonumque ejus fieret particeps : rursusque sub lucem millia passuum paulo amplius viginti, eadem veste illa tectus redibat. At nunc, inquit, videre est, philosophos ultro currere, ut doceant, ad fores juvenum divitum; eosque ibi sedere atque opperiri prope ad meridiem, donec discipuli nocturnum omne vinum edormiant. »

XI. Passage d'un discours de Q. Metellus Numidicus, que l'on cite à cause de la leçon de modération et de gravité qu'il contient.

Ne cherchons point à faire assaut d'injures avec des adversaires méprisables, n'engageons jamais de lutte de sarcasmes et d'outrages avec des gens sans pudeur et sans moralité; ce serait nous rabaisser, pour ainsi dire, à leur niveau en agissant et en parlant comme eux. Nous trouvons cette règle de conduite enseignée non-seulement dans un discours de Q. Métellus Numidicus, homme d'une grande sagesse, mais encore dans les livres et dans les enseignements des philosophes. Voici les paroles de Métellus; elles sont tirées d'un discours qu'il prononça contre Cn. Manlius, tribun du peuple, qui, dans une assemblée du peuple, l'avait poursuivi de propos injurieux et grossiers : « Quant à ce qui concerne cet homme, Romains, il croit peut-être qu'il grandira en se déclarant mon ennemi; mais je brave sa haine, comme je repousse son amitié. Voilà tout ce que j'ai à lui répondre; à mon avis, il est aussi indigne de recevoir les éloges des hommes de bien, qu'il le serait d'essuyer leurs reproches. Parler d'un

XI. Verba ex oratione Q. Metelli Numidici, quæ libuit meminisse, ad officium gravitatis dignitatisque vitæ ducentia.

Cum inquinatissimis hominibus non esse convicio decertandum, neque in maledictis adversus impudentes et improbos velitandum, quia tantisper similis et compar eorum fias, dum paria et consimilia dicas atque audias, non minus ex oratione Q. Metelli Numidici, sapientis viri, cognosci potest, quam ex libris et disciplinis philosophorum. Verba hæc sunt Metelli adversus Cn. Manlium, tribunum plebei, a quo apud populum in concione lacessitus jactatusque fuerat dictis petulantibus : « Nunc quod ad illum attinet, Quirites, qui se ampliorem putat esse, si se mihi inimicum dictaverit, quem ego mihi neque amicum recipio, neque inimicum respicio, in eum ego non sum plura dicturus. Nam eum indignissimum arbitror, cui a viris bonis benedicatur; tum ne idoneum quidem, cui a probis

homme de cette espèce dans un temps où on ne peut le punir, c'est lui faire plus d'honneur que d'affront. »

XII. Que Servius Sulpicius et C. Trebatius se sont trompés en disant : le premier, que *testamentum*, le second, que *sacellum*, sont des mots composés. Que *testamentum* dérive de *testatio*, que *sacellum* est un diminutif de *sacrum*.

Servius Sulpicius, le jurisconsulte le plus éclairé de son temps, avance dans le second livre de son traité *sur l'Abolition des sacrifices privés*, en s'appuyant je ne sais sur quelle raison, que *testamentum*, testament, est un mot composé, et il le fait dériver de *mentis contestatio*, témoignage de l'âme. Que seront alors les mots *calceamentum, paludamentum, pavimentum, vestimentum*, chaussure, manteau des généraux, carrelage, vêtement, et tant d'autres substantifs dont la terminaison est semblablement allongée? Dirons-nous qu'ils sont tous composés? Cette opinion, qu'elle soit de Servius ou de tout autre, est erronée; toutefois, il faut avouer qu'elle est spécieuse et qu'elle offre quelque chose de satisfaisant à l'esprit. C. Trébatius a été trompé

---

maledicatur. Nam si in eo tempore hujuscemodi homunculum nomines, in quo punire non possis, majore honore quam contumelia afficias. »

XII. Quod neque *testamentum*, sicuti Servius Sulpicius existimavit, neque *sacellum*, sicuti C. Trebatius, duplicia verba sunt, sed a *testatione* productum alterum; alterum a *sacro* deminutum.

Servius Sulpicius jureconsultus, vir aetatis suae doctissimus, in libro *de Sacris detestandis* secundo, qua ratione adductus testamentum verbum esse duplex scripserit, non reperio. Nam compositum esse dixit a mentis contestatione. Quid igitur *calceamentum*, quid *paludamentum*, quid *pavimentum*, quid *restimentum*, quid alia mille per hujuscemodi formam producta? etiamne ista omnia composita dicemus? Obrepsisse autem videtur Servio, vel si quis alius est, qui id prior dixit, falsa quidem, sed non abhorrens neque inconcinna, quasi mentis quaedam in hoc vocabulo significatio; sicut hercle C. quoque Trebatio eadem concinnitas

au sujet d'un autre mot par une régularité apparente du même genre. Dans le livre second de son traité *sur les Religions*, il dit : « Ce qu'on appelle *sacellum* est une petite enceinte consacrée à un dieu et renfermant un autel. » Et il ajoute : « Je pense que *sacellum* est composé des deux mots *sacer*, sacré et *cella*, réduit ; ce qui équivaut à *sacra cella*. »

Telle est l'opinion de Trébatius. Mais qui ignore que *sacellum* est un mot simple, que loin d'être un composé de *sacer* et de *cella*, il est tout simplement un diminutif de *sacer* ?

XIII. Des questions appelées *Symposiaques*, sur lesquelles on discutait à la table du philosophe Taurus.

Les amis intimes du philosophe Taurus qui fréquentaient sa maison à Athènes, s'étaient, pour ainsi dire, imposé une loi qu'ils observaient rigoureusement. Lorsqu'il nous invitait à dîner chez lui, pour ne pas venir, comme on dit, les mains vides et sans avoir de quoi payer son écot, nous apportions chacun, non des mets recherchés, mais quelques questions ingénieuses à discuter. Chacun de nous arrivait avec sa provision faite d'avance ;

---

obrepsit. Nam in libro *de Religionibus* secundo : « *Sacellum* est, inquit, locus parvus deo sacratus cum ara. » Deinde addit verba hæc : « *Sacellum* ex duobus verbis arbitror compositum, sacri et cellæ ; quasi sacra cella. »

Hoc quidem scripsit Trebatius. Sed quis ignorat, *sacellum* et simplex verbum esse, et non ex *sacro* et *cella* copulatum, sed ex *sacro* deminutum ?

XIII. De quæstiunculis, apud Taurum philosophum in convivio agitatis, quæ *Symposiacæ* vocantur.

Factitatum observatumque hoc Athenis est ab iis, qui erant philosopho Tauro junctiores : quum domum suam nos vocaret, ne omnino, ut dicitur, immunes et asymboli veniremus, conjectabamus ad cœnulam, non cupedias ciborum, sed argutias quæstionum. Unusquisque igitur nostrum commentus paratusque ibat quod

et vers la fin du repas, on commençait à discuter. Les sujets que l'on traitait n'étaient ni bien graves ni bien sérieux; c'étaient des questions, Ἐνθυμήματα, fines et amusantes, propres à stimuler les esprits déjà égayés par les vapeurs du vin. Voici, par exemple, en quoi consistaient assez ordinairement ces subtilités divertissantes. On demanda un jour : quand peut-on dire qu'un homme meurt? est-ce lorsqu'il a rendu le dernier soupir, ou lorsqu'il vit encore? Quand peut-on dire que quelqu'un se lève? est-ce lorsqu'il est déjà levé, ou lorsqu'il est encore assis? Quand peut-on dire qu'un homme qui apprend un état est ouvrier? est-ce pendant ou après l'apprentissage? De quelque manière que l'on réponde, la réponse est absurde et ridicule; elle le sera bien davantage encore si l'on admet que la chose puisse se faire dans les deux cas, ou si l'on nie qu'elle ait lieu dans l'un ou dans l'autre. Quelques-uns de nous s'étant avisés de dire que c'étaient des subtilités futiles et inutiles, des piéges de sophistes : « Gardez-vous bien, répliqua Taurus, de dédaigner ces questions comme des puérilités sans but utile; les philosophes les plus graves les ont traitées avec la plus grande attention : les uns ont pensé que le mot *mourir* doit s'appliquer au moment où l'homme respire encore; d'autres, quand l'être a cessé de respirer, et que, déjà, il appartient tout entier à la mort. Il en est de même pour les au-

---

quæreret : eratque initium loquendi, edundi finis. Quærebantur autem non gravia nec reverenda, sed ἐνθυμήματα quædam lepida et minuta et florentem vino animum lacessentia; quale hoc ferme est subtilitatis ludicræ, quod dicam. Quæsitum est, quando moriens moreretur; quum jam in morte esset, an tum etiam, quum in vita foret : et quando surgens surgeret; quum jam staret, an tum etiam, quum sederet : et, qui artem disceret, quando artifex fieret; quum jam esset, an tum, quum etiam non esset. Utrum enim horum dicas, absurde atque ridicule dixeris : multoque absurdius [esse] videbitur, si aut utrumque esse dicas, aut neutrum. Sed ea omnia quum captiones esse quidam futiles et inanes dicerent : Nolite, inquit Taurus, hæc quasi nugarum aliquem ludum aspernari. Gravissimi philosophorum super hac re serio quæsiverunt : et alii moriendi verbum atque momentum manente adhuc vita dici atque fieri putaverunt; alii nihil in eo tempore vitæ reliquerunt; totumque illud, quod mori dicitur, morti vindicaverunt.

tres questions du même genre. Il ont différé sur l'instant qu'il faut déterminer, et ont émis des opinions différentes. » Platon n'accorde ces derniers moments de l'être ni à la mort ni à la vie; il répond de même à toutes les questions du même genre. Voyant que dans les deux cas on est en contradiction avec soi-même, et que de deux contraires l'un ne peut être admissible sans que l'autre cesse à l'instant d'exister ; que toute la différence résulte du rapprochement de deux mots qui se repoussent, la vie et la mort, il regarde comme un état intermédiaire les derniers moments de l'homme : c'est cet état qu'il désigne si bien par ces mots ἡ ἐξαίφνης φύσις, la nature instantanée. Vous trouverez cette opinion telle que je vous l'expose, dans son *Parménide*. « Ce que l'on appelle instantané, dit Platon, semble désigner le passage de l'une de ses manières d'être à une autre. » Tel était l'écot que chacun payait à la table de Taurus; telles étaient, comme il avait coutume de dire lui-même, les friandises du dessert.

XIV. Que les philosophes distinguent trois manières de punir. Pourquoi Platon n'en admet que deux.

On a pensé qu'il devait exister trois sortes de punitions pour

---

Item de cæteris similibus in diversa tempora et in contrarias sententias discesserunt. Sed Plato, inquit, noster neque vitæ id tempus neque morti dedit; idemque in omni consimilium rerum disceptatione fecit. Vidit quippe utrumque esse pugnans : neque posse ex duobus contrariis, altero manente, alterum constitui : quæstionemque fieri per diversorum inter se finium mortis et vitæ cohærentiam : et idcirco peperit ipse expressitque aliud quoddam novum in confinio tempus, quod verbis propriis atque integris τὴν ἐξαίφνης φύσιν appellavit. Idque ipsum ita, uti dico, inquit, in libro cui Παρμενίδης titulus est, scriptum ab eo reperietis : Τὸ γὰρ ἐξαίφνης τοιοῦτόν τι ἔοικε σημαίνειν, ὡς ἐξ ἐκείνου μεταβάλλον εἰς ἑκάτερον. Tales apud Taurum symbolæ, taliaque erant secundarum mensarum, ut ipse dicere solitus erat, τραγήματα.

XIV. Puniendis peccatis tres esse rationes a philosophis attributas, et quamobrem Plato [tantum] duarum ex iis meminerit, [non trium].

Puniendis peccatis tres esse debere causas existimatum est. Una est quæ

les diverses fautes que commettent les hommes. La première,
qu'on nomme νουθεσία, blâme, ou κόλασις, punition, ou παραίνεσις, leçon, s'emploie quand on corrige, qu'on châtie celui qui
a failli par imprudence, pour le rendre soit à l'avenir plus attentif à son devoir et plus soigneux de le remplir. La seconde,
nommée τιμωρία, châtiment, par ceux qui se sont appliqués à
faire cette distinction avec le plus de soin, a pour but de proté-
ger la dignité et l'autorité de l'homme offensé, de peur que l'im-
punité n'expose au mépris le citoyen qui a reçu une injure et ne
porte atteinte à son honneur. C'est pourquoi l'on pense que ce
mot tire son origine de l'honneur Τιμή, qu'il maintient et conserve. La troisième, que les Grecs appellent παράδειγμα, exemple, est celle que commande la nécessité de faire un exemple qui
puisse empêcher par la crainte d'un châtiment connu le retour
de fautes qu'il est de l'intérêt de la société de prévenir. C'est
pourquoi nos ancêtres désignaient par *exempla*, exemple, les châtiments les plus sévères et les plus rigoureux. Mais a-t-on l'espoir
que le coupable se corrige sans être châtié, sans avoir besoin de
punition ; craint-on, au contraire, qu'il ne puisse ni se corriger
ni s'amender ; n'a-t-on rien à craindre pour l'honneur de celui
qui a été offensé ; la faute n'est-elle pas de celles qui rendent né-

---

νουθεσία, vel κόλασις, vel παραίνεσις dicitur; quum pœna adhibetur castigandi
atque emendandi gratia, ut is, qui fortuito deliquit, attentior fiat correctiorque.
Altera est, quam ii, qui vocabula ista curiosius diviserunt, τιμωρίαν appellant. Ea
causa animadvertendi est, quum dignitas auctoritasque ejus, in quem est peccatum, tuenda est, ne prætermissa animadversio contemptum ejus pariat et honorem
levet : idcircoque id ei vocabulum a conservatione honoris factum putant. Tertia
ratio vindicandi est, quæ παράδειγμα a Græcis nominatur, quum punitio propter
exemplum [est] necessaria, ut cæteri a similibus peccatis, quæ prohiberi publi-
citus interest, metu cognitæ pœnæ deterreantur. Idcirco veteres quoque nostri
exempla pro maximis gravissimisque pœnis dicebant. Quando igitur aut spes
magna est, ut is, qui peccavit, citra pœnam ipse sese ultro corrigat : aut spes
contra nulla est, emendari eum posse et corrigi : aut jacturam dignitatis ejus, in
quem peccatum est, metui non necessum est : aut non id peccatum est, cujus
exemplo necessario metu succurrendum sit : tum, quidquid ita delictum est, non

cessaire l'application d'un châtiment rigoureux : alors il n'y a point de motif suffisant pour infliger une peine. Presque tous les philosophes, en plusieurs endroits de leurs écrits, et parmi eux, Taurus mon maître, dans le premier livre de ses commentaires sur le *Gorgias* de Platon, ont admis ces trois manières de punir. Mais Platon déclare ouvertement qu'il n'en admet que deux : la première, celle qu'on emploie pour corriger, et la troisième, celle qui a pour but d'intimider par l'exemple. Voici un passage du *Gorgias* où Platon fait cette distinction : « Or, ce qui convient à tout être soumis au châtiment par un juge qui sait l'appliquer avec justice, c'est de devenir meilleur et de retirer ainsi quelque utilité de sa peine, ou de servir au moins d'exemple aux autres, afin qu'étant témoins de ce qu'il souffre, la crainte d'un sort pareil les rende plus sages. »

Il est facile de voir que Platon ne prend pas ici τιμωρία dans le sens restreint que lui donnent quelques philosophes et que je viens de faire connaître, mais dans un sens général, celui de punition. A-t-il omis le second genre de peine, celui qui a pour but de mettre à couvert la dignité de l'offensé, parce qu'il le regardait comme de peu d'importance et ne méritant pas une discussion spéciale ; ou ne voyait-il pas la nécessité de s'en occuper dans un sujet où il ne s'agit pas des châtiments infligés ici-bas

---

sane dignum esse imponendæ pœnæ studium visum est. Has tres ulciscendi rationes et philosophi alii plurifariam, et noster Taurus in primo commentariorum, quos in *Gorgiam* Platonis composuit, scriptas reliquit. Plato autem ipse verbis apertis duas solas esse puniendi causas dicit : unam, quam primo in loco propter corrigendum, alteram, quam in tertio propter exempli metum posuimus. Verba unt hæc Platonis in *Gorgia* : Προσήκει δὲ παντὶ τῷ ἐν τιμωρίᾳ ὄντι ὑπ' ἄλλου ὀρθῶς τιμωρουμένῳ ἢ βελτίονι γίνεσθαι, καὶ ὀνίνασθαι, ἢ παράδειγμά τι τοῖς ἄλλοις γίνεσθαι, ἵνα ἄλλοι ὁρῶντες πάσχοντα ἃ ἂν πάσχοι, φοβούμενοι βελτίους γίνωνται.

In hisce verbis facile intelligas τιμωρίαν Platonem dixisse, non, ut supra scripsi quosdam dicere, sed ita ut promisce dici solet, pro omni punitione. Anne autem quasi omnino parvam et contemptu dignam præterierit pœnæ sumendæ causam propter tuendam læsi hominis auctoritatem, an magis, quasi ei, quam dicebat, rei

par les hommes à leurs semblables, mais des tourments d'une autre vie ? C'est un point que je ne cherche pas à éclaircir.

XV. Si la lettre *e* est longue ou brève dans *quiesco*.

Un de mes amis, homme de beaucoup de goût, très-versé dans la connaissance des belles-lettres, se servant un jour, dans la conversation, du mot *quiescit*, il se repose, prononça brève, comme on le fait d'ordinaire, la lettre *e*. Mais un autre de mes amis, homme d'une prodigieuse érudition, et qui, dans son langage, ne peut supporter de s'asservir aux règles communes, déclara que cette prononciation était barbare, parce que l'*e* n'était pas bref mais long. Il dit qu'il fallait prononcer *quiescit*, il se repose, comme *calescit*, *nitescit*, *stupescit*, il s'échauffe, il devient brillant, il s'étonne, et autres mots semblables. Il ajouta que dans *quies*, repos, l'*e* est long et non bref. L'autre, esprit sage et modéré en toutes choses, répondit que quand même les Élius, les Cincius, les Santra, auraient adopté cette prononciation, il n'en persisterait pas moins à obéir aux usages constants de la langue latine ; qu'il ne poussait pas l'amour de l'originalité jusqu'à par-

non necessariam prætermiserit; quum de pœnis, non in vita, neque inter homines, sed post vitæ tempus capiendis scriberet, ego in medium relinquo.

XV. De verbo *quiesco*; an e littera corripi, an produci debeat.

Amicus noster, homo multi studii atque in bonarum disciplinarum opere frequens, verbum *quiescit* usitate, *e* littera correpta, dixit. Alter item amicus, homo in doctrinis, quasi in præstigiis, mirificus, communiumque vocum respuens nimis et fastidiens, barbare eum dixisse opinatus est; quoniam producere debuisset, non corripere. Nam *quiescit* ita oportere dici prædicavit, ut *calescit*, *nitescit*, *stupescit*, atque alia hujuscemodi multa. Id etiam addebat, quod *quies*, *e* producta, non brevi diceretur. Noster autem, qua est omnium rerum verecunda mediocritate, ne si Ælii quidem, Cincii, et Santræ dicendum ita censuissent, obsequuturum sese fuisse ait contra perpetuam Latinæ linguæ consuetudinem;

ler d'une manière ridicule et bizarre. Il s'est amusé dans ses studieux loisirs à écrire une lettre sur ce sujet. Il fait voir que *quiesco*, je me repose, diffère des mots que j'ai cités, qu'il ne dérive pas de *quies*, repos, mais qu'il en est plutôt la racine ; il montre que ce verbe tire son origine du mot grec ἔσχον, où, d'après le dialecte ionien, ἔσκον, j'avais, qui vient du verbe ἔσχω ou ἴσχω, j'ai, je possède ; et, par des raisons très-plausibles, il prouve que dans *quiesco*, je me repose, l'*e* ne doit pas se prononcer long.

XVI. Sur un mot fort connu, *deprecor*, employé par le poëte Catulle dans un sens assez rare, mais conforme à la langue. Valeur de ce mot. Exemples tirés des écrivains anciens.

Un de ces hommes qui, après une étude rapide et superficielle de la langue, se donnent le titre d'hommes éloquents, et qui, le plus souvent, ne connaissent pas le véritable sens des mots, nous amusa beaucoup un soir que nous nous promenions dans le Lycée. Notre homme nous citait des vers de Catulle, où ce poëte emploie le mot *deprecor* en lui donnant une signification peut-être un peu trop savante. Ne comprenant pas la pensée du poëte, il trouvait

neque se tam insignite loquuturum, absona inauditaque ut diceret : litteras autem super hac re fecit inter exercitia quædam ludicra : et *quiesco* non esse his simile, quæ supra posui, nec a *quiete* dictum, sed ab eo *quietem*; Græcæque vocis ἔσχον καὶ ἴσχον Ionice a verbo ἔσχω ἴσχω et modum et originem verbum illud habere demonstravit : rationibusque haud sane frigidis docuit, *quiesco*, *e* littera longa, dici non convenire.

XVI. Notatum, verbum *deprecor* a poeta Catullo inusitate quidem, sed apte positum et proprie : deque ratione ejus verbi, exemplisque veterum scriptorum.

Ejusmodi quispiam, qui tumultuariis et inconditis linguæ exercitationibus ad famam se facundiæ permiserat, neque orationis Latinæ usurpationes veras didicerat, quum in Lycio forte vespera ambularemus, ludo ibi nobis et voluptati fuit. Nam quum esset verbum *deprecor* doctiuscule positum in Catulli carmine, quia

ces vers très-froids, et cependant ce sont peut-être les plus beaux de l'auteur. Les voici :

> Lesbia mi dicit semper male, nec tacet unquam
> De me : Lesbia me dispeream nisi amat.
> Quo signo? Quasi non totidem mox deprecor illi
> Assidue : verum dispeream nisi amo.

Lesbie ne fait que dire du mal de moi, et ne tarit pas sur mon compte. Que je meure, si Lesbie ne m'aime pas. Quelle preuve en ai-je? C'est que moi-même je ne cesse de la maudire; mais que je meure, si je ne l'aime !

Notre homme croyait bonnement que *deprecor* était pris dans le sens que lui donne le vulgaire ; qu'il était le synonyme de *precari, orare, supplicare,* prier, précédé de la préposition *de* pour lui donner plus de force et d'énergie. S'il en était ainsi, ces vers seraient assurément très-froids; mais c'est tout le contraire : la préposition *de* prend avec ce verbe des significations diverses. Par exemple, dans ce passage de Catulle, *deprecari* signifie maudire, éloigner les imprécations de sa tête, les renvoyer d'où elles viennent; mais ce même mot a une signification tout autre dans cette phrase du discours de Cicéron *pour P. Sylla : — Quam multorum hic vitam a Sulla deprecatus,* de combien d'hommes

---

id ignorabat, frigidissimos versus esse dicebat, omnium quidem meo judicio venustissimos, quos subscripsi :

> Lesbia mi dicit semper male, nec tacet unquam
> De me : Lesbia me dispeream nisi amat.
> Quo signo? Quasi non totidem mox deprecor illi
> Assidue : verum dispeream nisi amo.

Deprecor hoc in loco vir bonus ita dictum esse putabat, ut plerumque a vulgo dicitur, quod significat valde precor et oro et supplico ; in quo *de* præpositio ad augendum et cumulandum valet. Quod si ita esset, frigidi sane versus forent. Nunc enim contra omnino est : nam *de* præpositio, quoniam et anceps, in uno eodemque verbo diversitatem significationis capit; sic enim *deprecor* a Catullo dictum est, quasi detestor, vel exsecror, vel depello, vel abominor. Contra autem

n'a-t-il pas obtenu la grâce auprès de Sylla! De même dans la discussion de la loi agraire : *Si quid deliquero, nullæ sunt imagines, quæ me a vobis deprecentur,* si je me rends coupable, je n'ai point d'ancêtres qui puissent me faire obtenir mon pardon.

Mais Catulle n'est pas le seul qui ait donné ce sens au mot *deprecor*; on en pourrait tirer beaucoup d'exemples des auteurs anciens; en voici quelques-uns que j'ai recueillis. Q. Ennius, dans son *Érechthée*, emploie *deprecor* à peu près dans le même sens que Catulle :

> Quibus nunc, ærumna mea libertatem paro,
> Quibus servitutem mea miseria deprecor?

Ceux qui doivent leur liberté à mes malheurs; ceux de qui j'éloigne la servitude par mon infortune.

Ici *deprecor* signifie j'éloigne, j'écarte, soit par des prières, soit par tout autre moyen.

Et Ennius dans son *Cresphonte* :

> Ego quum meæ vitæ parcam, letum inimico deprecor.

Pour sauver mes jours, j'éloigne le trépas de mon ennemi.

---

valet, quum Cicero pro P. Sulla ita dicit : « Quam multorum hic vitam a Sulla *deprecatus.* » Item in dissuasione legis agrariæ : « Si quid deliquero, nullæ sunt imagines, quæ me a vobis *deprecentur.* »

Sed neque solus Catullus ita isto verbo usus est. Pleni adeo sunt libri veterum similis in hoc verbo significationis, ex quibus unum et alterum, quæ suppetierant, apposui. Q. Ennius in *Erechtheo* non longe secus dixit, quam Catullus :

> Quibus nunc, *inquit*, ærumna mea libertatem paro,
> Quibus servitutem mea miseria deprecor?

Significat abigo et amolior, vel prece adhibita, vel quo alio modo.
Item Ennius in *Cresphonte* :

> Ego quum meæ vitæ parcam, letum inimico deprecor.

Cicéron, dans le sixième livre *de la République* : — *Quod quidem eo fuit majus, quia, quum causa pari collegæ essent, non modo invidia pari non erant, sed etiam Claudii invidiam Gracchi caritas deprecabatur*, action d'autant plus honorable, que les deux collègues, dans une cause pareille, n'étaient point jugés de même par le peuple, et que Gracchus semblait faire à Claudius, moins aimé que lui, un rempart de sa popularité. Ici *deprecabatur* n'a pas le sens de supplier ; Cicéron lui donne la signification de repousser, d'écarter la haine. C'est alors à peu près le sens que les Grecs donnent au mot παραιτοῦμαι, j'écarte. Nous trouvons encore un exemple dans le plaidoyer de Cicéron *pour A. Cécina* : — *Quid, huic homini facias? Nonne concedas interdum, ut, excusatione summæ stultitiæ, summæ improbitatis odium deprecetur*, que dire d'Ébutius ? ne lui permettrons-nous pas de s'avouer le plus extravagant des hommes, pour se défendre d'en être le plus perfide ? Le même écrivain a dit dans le premier livre de sa seconde action *contre Verrés* : *Nunc vero quid faciat Hortensius? Avaritiæne crimina frugalitatis laudibus deprecetur? an hominem flagitiosissimum, libidinosissimum, nequissimumque defendat?* maintenant que fera Hortensius? Encensera-t-il les excès de son avarice en faisant l'éloge de sa tempérance ? Pourra-t-il défendre, par ce moyen, le plus infâme, le plus débauché, le plus pervers de tous les hommes ? Ainsi Catulle dit qu'il fait ce que fait Lesbie ; il la maudit, il la déteste, il lui renvoie à cha-

---

Cicero in libro sexto *de Republica* ita scripsit : « Quod quidem eo fuit majus, quia, quum causa pari collegæ essent, non modo invidia pari non erant, sed etiam Claudii invidiam Gracchi caritas *deprecabatur*. » Hic quoque item non est valde precabatur, sed quasi propulsabat et defensabat invidiam. Quod Græci propinqua significatione παραιτοῦμαι dicunt. Item *pro A. Cæcina* consimiliter Cicero verbo isto utitur. « Quid, inquit, huic homini facias? Nonne concedas interdum, ut, excusatione summæ stultitiæ, summæ improbitatis odium *deprecetur*? Item *in Verrem* actionis secundæ primo : « Nunc vero quid faciat Hortensius? Avaritiæne crimina frugalitatis laudibus *deprecetur*? an hominem flagitiosissimum, libidinosissimum, nequissimumque defendat? » Sic igitur Catullus eadem se

que instant les imprécations qu'elle fait contre lui, et cependant il l'aime éperdument!

XVII. *Quel fut celui qui le premier établit une bibliothèque publique. Quel était le nombre de livres des bibliothèques publiques d'Athènes avant l'invasion des Perses.*

Le tyran Pisistrate fut le premier, dit-on, qui fonda à Athènes une bibliothèque publique, après avoir réuni un assez grand nombre d'ouvrages littéraires et scientifiques. Dans la suite, les Athéniens mirent tous leurs soins à augmenter cette bibliothèque; mais Xerxès, après s'être emparé d'Athènes et avoir réduit en cendres toute la ville à l'exception de la citadelle, fit enlever tous les livres, qui furent, par son ordre, transportés en Perse. Longtemps après, les mêmes livres furent rapportés à Athènes par les soins du roi Séleucus, surnommé Nicanor. Dans la suite, les Ptolémées fondèrent en Égypte une riche bibliothèque de sept cent mille ouvrages environ rassemblés ou écrits par leurs ordres. Mais dans la première guerre d'Alexandrie, pendant qu'on livrait la ville au pillage, l'imprudence seule de quelques soldats auxiliaires causa la perte de ces richesses littéraires, qui devinrent la proie des flammes.

---

facere dicit, quæ Lesbiam, quod et maledicerot ei palam, respueretque et recusaret detestareturque assidue, et tamen eam penitus deperiret.

XVII. Quis omnium primus libros publice præbuerit legendos, quantusque numerus fuerit Athenis ante clades Persicas librorum in bibliothecis publicorum.

Libros Athenis disciplinarum liberalium publice ad legendum præbendos primus posuisse dicitur Pisistratus tyrannus : deinceps studiosus accuratiusque ipsi Athenienses auxerunt : sed omnem illam postea librorum copiam Xerxes, Athenarum potitus, urbe ipsa præter arcem incensa, abstulit asportavitque in Persas. Hos porro libros universos multis post tempestatibus Seleucus rex, qui Nicanor appellatus est, referendos Athenas curavit. Ingens postea numerus librorum in Ægypto a Ptolemæis regibus vel conquisitus, vel confectus est ad millia ferme voluminum septingenta : sed ea omnia bello priore Alexandrino, dum diripitur ea civitas, non sponte, neque opera consulta, sed a militibus forte auxiliariis incensa sunt.

LIVRE SEPTIÈME

I. Récits merveilleux, extraits des *Annales*, sur P. Scipion le premier Africain.

On raconte de la mère de P. Scipion, le premier Africain, la même chose que nous lisons dans l'histoire grecque sur Olympias, femme du roi Philippe et mère d'Alexandre. En effet, C. Oppius, Julius Hyginus et les autres historiens qui ont écrit sur la vie et les actions de Scipion l'Africain rapportent que sa mère passa longtemps pour stérile, et que Publius Scipion, son époux, n'espérait plus avoir d'enfants; mais un jour qu'elle s'était endormie seule, en l'absence de son mari, on vit tout à coup sur son lit, couché à ses côtés, un énorme serpent qui s'échappa aux cris d'épouvante poussés par les témoins de ce prodige; il disparut sans qu'on eût pu découvrir ses traces. P. Scipion rapporta le fait aux augures, qui lui répondirent, après avoir offert

LIBER SEPTIMUS

I. Admiranda quædam ex *Annalibus* sumpta de P. Africano superiore.

Quod de Olympiade, Philippi regis uxore, Alexandri matre, in historia Græca scriptum est, idem de P. Scipionis quoque matre, qui prior Africanus appellatus est, memoriæ datum est. Nam et C. Oppius, et Julius Hyginus, aliique, qui de vita et rebus Africani scripserunt, matrem ejus diu sterilem existimatam tradunt; Publium quoque Scipionem, cum quo nupta erat, liberos desperavisse. Postea in cubiculo atque in lecto mulieris, cum absente marito cubans sola obdormisset, visum repente [esse] juxta eam cubare ingentem anguem; cumque, iis, qui viderant territis et clamantibus elapsum, inveniri non quisse : id ipsum

un sacrifice, que sa femme deviendrait mère. En effet, peu de jours après l'apparition du serpent dans son lit, elle ressentit les premiers symptômes d'une grossesse, et au dixième mois, elle mit au monde ce P. Scipion l'Africain qui vainquit Annibal et les Carthaginois en Afrique, dans la seconde guerre punique. Au reste, il dut plutôt à ses actions qu'à ce prodige de passer pour un homme d'une vertu divine. Je ne ferai point difficulté de rapporter, d'après les mêmes historiens, que Scipion se rendait fréquemment au Capitole, vers la fin de la nuit, avant l'aube du jour. Là, se faisant ouvrir le sanctuaire de Jupiter, il restait longtemps comme s'il consultait le dieu sur les affaires de la république. Les gardiens de ce temple s'étonnaient souvent que les chiens, qui s'élançaient sur tous ceux qui se présentaient à cette heure, n'aboyaient pas contre lui et ne le poursuivaient pas.

Ces récits merveilleux et populaires sur Scipion semblaient encore approuvés et confirmés par une foule de paroles et d'actions vraiment dignes d'admiration. Je ne citerai qu'un fait. Il assiégeait en Espagne une ville défendue par sa position, ses

P. Scipionem ad haruspices retulisse : eos, sacrificio facto, respondisse, fore ut liberi gignerentur. Neque multis diebus post, quam ille anguis in lecto visus est, mulierem cœpisse concepti fœtus signa atque sensum pati : exinde mense decimo peperisse; natumque esse hunc P. Scipionem Africanum, qui Hannibalem et Carthaginienses in Africa bello Punico secundo vicit. Sed et eum impendio magis ex rebus gestis, quam ex illo ostento, virum esse virtutis divinæ creditum est. Id etiam dicere haud piget, quod iidem illi, quos supra nominavi, litteris mandaverint, Scipionem hunc Africanum solitavisse noctis extremo, prius quam dilucularet, in Capitolium ventitare, ac jubere aperiri cellam Jovis, atque ibi solum diu demorari, quasi consultantem de republica cum Jove; ædituosque ejus templi sæpe esse demiratos, quod solum id temporis in Capitolium ingredientem canes, semper in alios sævientes, neque latrarent eum neque incurrerent.

Has vulgi de Scipione opiniones confirmare atque approbare videbantur dicta factaque ejus pleraque admiranda. Ex quibus est unum hujuscemodi. Assidebat oppugnabatque oppidum in Hispania; situ mœnibusque ac defensoribus validum

murailles, une garnison courageuse et bien approvisionnée; aussi n'y avait-il aucun espoir qu'il pût s'en rendre maître. Un jour qu'il rendait la justice dans son camp (on apercevait de son tribunal la ville assiégée), un des soldats qui se présentaient devant lui demanda, selon l'usage, le jour et le lieu fixé pour l'assignation. Scipion étendant la main vers la citadelle de la ville assiégée : « Après-demain, dit-il, que l'on comparaisse dans ce lieu. » Ce qu'il avait dit se réalisa : au troisième jour, époque fixée par l'audience, la ville fut prise, et ce jour même il rendit la justice dans la citadelle.

II. Sur une erreur grossière commise par Césellius Vindex dans ses *Lectures antiques*.

Nous trouvons une erreur grossière dans les *Lectures antiques*, ouvrage célèbre de Césellius Vindex; et pourtant Césellius est d'ordinaire d'une exactitude remarquable. Cette faute a échappé à plusieurs critiques, quoique l'on ait été par trop sévère à l'égard de cet écrivain. Césellius a écrit que Q. Ennius, dans le treizième livre de ses *Annales*, a pris le mot *cor* au genre mas-

et munitum, re etiam cibaria copiosum : nullaque ejus potiundi spes erat. Et quodam die jus in castris sedens dicebat : atque ex eo loco id oppidum procul visebatur. Tum e militibus, qui in jure apud eum stabant, interrogavit quispiam ex more, in quem diem locumque vadimonium promitti juberet. Et Scipio manum ad ipsam oppidi, quod obsidebatur, arcem protendens : « Perendie, inquit, sese sistant illo in loco. » Atque ita factum : die tertio, in quem vadari jusserat, oppidum captum est, eodemque die in arce ejus oppidi jus dixit.

II. De Cæselli Vindicis pudendo errore, quem offendimus in libris ejus, quos inscripsit *Lectionum antiquarum*.

Turpe erratum offendimus in illis celebratissimis commentariis *Lectionum antiquarum* Cæselli Vindicis, hominis hercle pleraque haud indiligentis. Quod erratum multos fugit, quanquam multa in Cæsellio reprehendendo etiam per calumnias rimarentur. Scripsit autem Cæsellius, Q. Ennium in tertio decimo libro

culin. Voici le passage de Césellius : « Ennius a employé *cor* et plusieurs autres mots semblables au masculin, car, dans le treizième livre des *Annales*, il a dit *quem cor*. » Il cite ensuite ces deux vers d'Ennius :

> Hannibal audaci dum pectore de me hortatur,
> Ne bellum faciam : quem credidit esse meum cor?

Lorsque Annibal est assez audacieux pour m'exhorter à ne point faire la guerre, quel cœur me suppose-t-il donc?

C'est Antiochus, roi d'Asie, qui parle ainsi. Il s'étonne et s'indigne que le Carthaginois Annibal veuille le détourner de faire la guerre aux Romains. Or, Césellius entend ces vers comme si Antiochus disait : Annibal veut me dissuader de faire la guerre; en agissant ainsi, quel cœur me croit-il donc? Et combien ne me croit-il pas méprisable, lorsqu'il veut me persuader une telle lâcheté? Tel est le sens adopté par Césellius; mais celui d'Ennius est bien différent; car il faut prendre trois vers, et non deux, pour avoir toute la pensée du poëte, et Césellius a négligé le troisième :

Annalium cor dixisse masculino genere. Verba Cæsellii subjecta sunt : « Masculino genere *cor*, ut multa alia, enuntiavit Ennius. Nam in tertio decimo *Annali quem cor* dixit. » Adscripsit deinde versus Ennii duo :

> Hannibal audaci dum pectore de me hortatur,
> Ne bellum faciam : quem credidit esse meum cor?

Antiochus est, qui hoc dicit, Asiæ rex. Is admiratur et permovetur, quod Hannibal Carthaginiensis bellum se facere populo Romano volentem dehortetur. Hos autem versus Cæsellius sic accipit, tanquam si Antiochus sic dicat : Hannibal me, ne bellum geram, dehortatur. Quod quum facit, ecquale cor putat habere me? Et quam stultum esse me credit, quum id mihi persuadere vult? Hoc Cæsellius quidem, sed aliud longe Ennius. Nam tres versus sunt, non duo, ad hanc Ennii sententiam pertinentes, ex quibus tertium versum Cæsellius non respexit :

Hannibal audaci dum pectore de me hortatur,
Ne bellum faciam : quem credidit esse meum cor
Suasorem summum, et studiosum robore belli.

Annibal est assez audacieux pour m'exhorter à ne pas faire la guerre, lui que mon cœur croyait le plus empressé à me la conseiller, et le plus ardent à l'entreprendre.

Tel est, à mon avis, dans ces vers le sens et l'ordre des idées : Annibal, cet homme plein d'audace et de courage que j'ai cru (c'est-à-dire que mon cœur a cru ; comme s'il disait : que j'ai cru, insensé que j'étais !) devoir être le plus empressé à m'exciter à la guerre, lui-même s'efforce de me dissuader, de me détourner de mon dessein. Césellius a peut-être été trompé, faute d'attention, par la construction de la phrase, et il a cru qu'Ennius avait dit *quem cor*; il a lu *quem* avec un accent aigu, comme s'il se rapportait à *cor*, et non à Annibal. Je n'ignore pas cependant que le masculin *cor* pourrait être défendu, mais par un ignorant ; il faudrait pour cela séparer le troisième vers, et le lire à part comme une interruption soudaine, une exclamation d'Antiochus : *Suasorem summum,* l'excellent conseiller ! Mais il ne vaut pas la peine de réfuter cette interprétation.

Hannibal audaci dum pectore de me hortatur,
Ne bellum faciam : quem credidit esse meum cor
Suasorem summum, et studiosum robore belli.

Horum versuum sensus atque ordo sic, opinor, est : Hannibal ille audentissimus atque fortissimus, quem ego credidi (hoc est enim *cor meum credidit* : proinde atque diceret : quem ego stultus homo credidi) fore summum suasorem ad bellandum, is me dehortatur, dissuadetque, ne bellum faciam. Caesellius autem forte ῥαθυμότερον ῥαχῇ ista verborum captus, *quem cor* dictum putavit, et *quem* accentu acuto legit, quasi ad cor referretur, non ad Hannibalem. Sed non fugit me, si aliquis sit tam inconditus, sic posse defendi *cor* Caesellii masculinum, ut videatur tertius versus separatim atque divise legendus : perinde quasi praecisis interruptisque verbis exclamet Antiochus : *Suasorem summum!* Sed non dignum est, eis, qui hoc dixerint, responderi.

III. Critique du discours de M. Caton, au sénat, en faveur des Rhodiens, par Tullius Tiron, affranchi de Cicéron. Réponse à cette critique.

Les Rhodiens sont célèbres par la situation avantageuse de leur île, par la magnificence de leurs monuments, par leur habileté dans la navigation et par leurs victoires navales. Quoique alliés et amis du peuple romain, ils entretinrent cependant des rapports d'amitié avec le fils de Philippe, Persée, roi de Macédoine, qui faisait la guerre aux Romains. Les Rhodiens envoyèrent même de fréquentes ambassades à Rome pour mettre un terme aux hostilités. Ces projets de pacification n'ayant pas réussi, un grand nombre de Rhodiens prirent la parole dans leurs assemblées publiques, proposant, si la paix ne pouvait avoir lieu, de seconder le roi contre le peuple romain; toutefois, aucun décret public ne fut porté à ce sujet. Mais lorsque Persée eut été vaincu et pris, les Rhodiens tremblèrent en se rappelant tant de propos et d'actes malveillants. Ils envoyèrent donc une députation à Rome pour demander que l'on ne rendît pas les Rhodiens responsables de la témérité de quelques citoyens, et pour disculper leur fidélité et leurs intentions. Arrivés à Rome,

III. Quid Tullius Tiro, Ciceronis libertus, reprehenderit in M. Catonis oratione, quam pro Rhodiensibus in senatu dixit; et quid ad ea, quæ reprehenderat, responderimus.

Civitas Rhodiensis et insulæ opportunitate et operum nobilitate et navigandi solertia navalibusque victoriis celebrata est. Ea Rhodiensis civitas, quum amica atque socia populi Romani foret, Persa tamen, Philippi filio, Macedonum rege, cum quo bellum populo Romano fuit, amico usa est : connixique sunt Rhodienses, legationibus Romam sæpe missis, id bellum inter eos componere. Sed, ubi ista pacificatio perpetrari nequivit; verba a plerisque Rhodiensibus in concionibus eorum ad populum facta sunt, ut, si pax non fieret, Rhodienses regem adversus populum Romanum adjutarent. Sed nullum super ea re publicum decretum factum est. At ubi Perses victus captusque est, Rhodienses pertimuere ob ea, quæ compluries in cœtibus populi acta dictaque erant : legatosque Romam miserunt, qui temeritatem quorumdam popularium suorum deprecarentur, et

les députés furent introduits dans le sénat. Après qu'ils eurent plaidé leur cause en suppliants, ils sortirent de la curie, et la délibération commença. Plusieurs sénateurs se plaignaient des Rhodiens, disant qu'ils s'étaient montrés animés du plus mauvais esprit, et qu'il fallait leur faire la guerre. Alors M. Caton se leva, persuadé que si plus d'un grand personnage se montrait animé et mal disposé à l'égard de bons et fidèles alliés, ce n'était que pour trouver un prétexte de piller leurs richesses; il prit le parti et la défense des Rhodiens, et prononça le fameux discours qui a été publié à part de ses autres ouvrages, sous ce titre : *Pour les Rhodiens*, et qu'il a inséré dans le cinquième livre de ses *Origines*.

Tiron Tullius, affranchi de M. Cicéron, fut certainement un homme d'un esprit cultivé, et il possédait des connaissances réelles dans la littérature ancienne. Après avoir reçu de son maître, dès ses jeunes années, une éducation libérale, il partagea les études de Cicéron, qu'il secondait dans ses travaux. Il a toutefois porté l'audace à un point que l'on ne peut ni supporter ni pardonner dans une lettre familière et par trop passionnée, adressée à Q. Axius, ami de son patron. Cette lettre, dans laquelle il croit faire preuve de jugement et d'esprit en attaquant

---

fidem consiliumque publicum expurgarent. Legati postquam Romam venerunt, et in senatum intromissi sunt, verbis pro sua causa suppliciter factis, e curia excesserunt. Sententiæ rogari cœptæ; quumque partim senatorum de Rhodiensibus quererentur, maleque eos animatos fuisse dicerent, bellumque illis faciendum censerent : tum M. Cato exsurgit, et optimos fidissimosque socios, quorum opibus diripiendis possidendisque non pauci ex summatibus viris intenti infensique erant, defensum conservatumque pergit : orationemque inclytam dicit, quæ et seorsum fertur, inscriptaque est *pro Rhodiensibus*, et in quinto *Originum* libro scripta est.

Tiro autem Tullius, M. Ciceronis libertus, sane quidem fuit ingenio homo eleganti, et haudquaquam rerum litterarumque veterum indoctus : eoque, ab ineunte ætate liberaliter instituto, adminiculatore et quasi administro in studiis litterarum Cicero usus est. Sed profecto plus ausus est, quam ut tolerari ignoscique possit. Namque epistolam conscripsit ad Q. Axium, familiarem patroni sui

le discours de Caton pour les Rhodiens, autorise, ce me semble, notre critique, et certes, elle mérite d'être critiquée bien plus que le discours lui-même. Il accuse d'abord l'orateur d'avoir maladroitement, ἀναγώγως, comme il dit, débuté d'un ton plein d'insolence, d'aigreur et de reproche, lorsqu'il manifeste la crainte que les sénateurs, privés de la raison par l'excès de la joie et par l'ivresse des prospérités de la république, ne soient incapables de délibérer, et hors d'état de juger, de décider selon les règles de l'équité. « Dans l'exorde, dit le critique, les patrons qui plaident pour des accusés doivent se concilier la bienveillance des juges; au moment où les esprits, dans l'attente de la cause, sont incertains et froids, c'est par des témoignages de considération et par des paroles respectueuses qu'il faut les flatter, au lieu de les irriter par des injures et d'impérieuses menaces. » Tiron transcrit ensuite cet exorde, dont voici les termes : « Je le sais, d'ordinaire les succès et la prospérité exaltent l'âme de la plupart des hommes, de telle sorte que leur orgueil, leur fierté s'accroît sans mesure; c'est pourquoi je crains fort, au moment où notre fortune est arrivée à son comble, qu'une décision funeste ne nous attire quelque malheur

---

confidenter et nimis calide, in qua sibimet visus est orationem istam pro Rhodiensibus acri subtilique ingenio et judicio percensuisse. Ex ea epistola libitum forte nobis est reprehensiones ejus quasdam attingere; majore scilicet venia reprehensuri Tironem, quam tum ille reprehenderit Catonem. Culpavit autem primum hoc, quod Cato inerudite, ἀναγώγως, ut ipse ait, principio nimis insolenti nimisque acri et objurgatorio usus sit; quum vereri sese ostendit, ne patres, gaudio atque laetitia rerum prospere gestarum de statu mentis suae deturbati, non satis consiperent; neque ad recte intelligendum consulendumque essent idonei : « In principiis autem, inquit, patroni, qui pro reis dicunt, conciliare sibi et complacare judices debent : sensusque eorum exspectatione causae suspensos rigentesque honorificis verecundisque sententiis commulcere; non injuriis atque imperiosis comminationibus confricare. » Ipsum deinde principium apposuit, cujus verba haec sunt : « Scio solere plerisque hominibus rebus secundis atque prolixis atque prosperis animum excellere, atque superbiam atque ferocitatem augescere atque crescere : quod nunc mihi magnae curae est, quod haec res

qui détruise notre prospérité et fasse évanouir cette joie à laquelle nous nous abandonnons avec excès. L'adversité donne des armes contre elle-même : elle nous apprend comment nous devons agir. La prospérité, par l'ivresse qu'elle cause, nous éloigne ordinairement des résolutions justes et prudentes. C'est pourquoi je vous exhorte de tout mon pouvoir à différer de quelques jours l'examen de cette affaire, jusqu'à ce que, revenus de notre joie, nous soyons rentrés en possession de nous-mêmes. »

Dans les paroles qui suivent, dit le critique, Caton avoue le crime des Rhodiens, loin de les défendre. Il ne cherche pas à repousser l'accusation, ou à la rejeter sur d'autres; il dit seulement que les Rhodiens ont eu de nombreux complices : ce qui, certes, n'est pas propre à les disculper.

« Bien plus, ajoute Tiron, les Rhodiens étaient accusés d'avoir fait des vœux contre le peuple romain, et en faveur du roi : Caton convient qu'ils ont, en effet, formé ces espérances et ces désirs, mais en vue de leur intérêt propre, dans la crainte que les Romains, vainqueurs aussi de Persée, ne missent plus de bornes à leur orgueil et à leur présomption. » Et il cite les paroles mêmes de Caton : « Je crois bien que les Rhodiens auraient

---

tam secunde processerit, ne quid in consulendo adversi eveniat, quod nostras secundas res confricet : neve hæc lætitia nimis luxuriose eveniat. Adversæ res se domant; et docent quid opus sit facto. Secundæ res lætitia transvorsum trudere solent a recte consulendo atque intelligendo. Quo majore opere dico suadeoque, uti hæc res aliquot dies proferatur, dum ex tanto gaudio in potestatem nostram redeamus. »

Quæ deinde Cato juxta dicit : « Ea, inquit, confessionem faciunt, non defensionem : neque propulsationem translationemve criminis habent, sed cum pluribus aliis communicationem : quod scilicet nihil ad purgandum est.

« Atque etiam, inquit, insuper profitetur, Rhodienses, qui accusabantur, quod adversus populum Romanum regi magis cupiverint faverintque, id eos cupisse atque favisse utilitatis suæ gratia : ne Romani, Perse quoque rege victo, ad superbiam ferociamque et immodicum modum insolescerent. » Eaque ipsa verba ponit, ita uti infra scriptum est : « Atque ego quidem arbitror, Rhodienses no-

désiré que la guerre eût tourné autrement, et que Persée n'eût pas succombé. Et non-seulement, à mon avis, ce désir était celui des Rhodiens, mais encore celui de beaucoup d'autres peuples. Je ne dirai pas que plusieurs de ces nations auraient souhaité, pour jouir de notre humiliation, que la fortune nous devînt contraire; mais toutes craignaient que, Rome n'ayant plus de rivale, et sa volonté étant la loi suprême, il ne leur fallût courber la tête sous le joug d'une puissance désormais sans limites. Ainsi, l'intérêt de leur liberté fut le mobile de leur conduite. Cependant les Rhodiens n'ont jamais secondé publiquement Persée. Songez, je vous prie, combien, dans la vie privée, chacun de nous met plus d'ardeur encore à défendre ses intérêts. Que si quelqu'un menace notre fortune, voyez avec quelle énergie nous repoussons toute attaque, tout péril. Les Rhodiens n'ont pourtant rien fait. »

Pour ce qui concerne la critique de l'exorde, Tiron aurait dû savoir que Caton, en défendant les Rhodiens, parlait comme un sénateur honoré jadis du consulat et de la censure, et qui dit ce qu'il juge être le plus opportun à l'État, et non pas en avocat qui défend un accusé. En effet, autres sont les principes qui dirigent l'orateur quand il cherche tous les moyens d'exciter la

luisse, nos ita depugnare, uti depugnatum est, neque regem Persen vicisse. Non Rhodienses id modo noluere, sed multos populos ac multas nationes idem noluisse arbitror. Atque haud scio, an partim eorum fuerint, qui non nostræ contumeliæ causa id noluerint evenire : sed enim id metuere, si nemo esset homo, quem vereremur, et quidquid luberet, faceremus, ne sub solo imperio nostro in servitute nostra essent. Libertatis suæ causa in ea sententia fuisse arbitror. Atque Rhodienses tamen Persen publice nunquam adjuvere. Cogitate, quanto nos [inter nos] privatim cautius facimus. Nam unusquisque nostrum, si quis adversus rem suam quid fieri arbitratur, summa vi contra nititur, ne adversus eam fiat. Quod illi tamen perpessi. »

Sed, quod ad principium reprehensum attinet, scire oportuit Tironem, defensos esse Rhodienses a Catone, sed ut a senatore et consulari et censorio viro, id, quod optimum esse publicum existimabat, suadente; non ut a patrono, causam pro reis dicente. Alia namque principia conducunt reos apud judices defendenti;

clémence et la compassion des juges, autres les règles que devra suivre, au sein d'une délibération publique, un homme investi d'une autorité imposante, irrité d'entendre les propositions les plus injustes, lorsque, élevant la voix pour l'utilité commune et pour le salut des alliés, il s'exprime avec une noble liberté inspirée par l'indignation et la douleur. Quand on parle devant des juges appelés à décider du sort d'autrui dans une cause qui leur est étrangère, et dans laquelle, sans crainte comme sans espérance pour eux-mêmes, ils n'ont qu'à s'acquitter des devoirs de leur charge, les rhéteurs, dans leurs écoles, donnent certainement un précepte juste et utile, en recommandant de se concilier les juges, de se les rendre propices, et, par des expressions flatteuses, insinuantes et douces, de leur inspirer pour l'accusé des sentiments d'estime, et le désir de le sauver. Mais lorsqu'il s'agit de la dignité, de l'honneur et de l'intérêt public, lorsqu'il faut faire adopter ou rejeter une résolution, l'orateur qui, dans ce cas, s'occupe dans l'exorde de préparer ses auditeurs à la bienveillance et à la bonté, perdra son temps en paroles inutiles. Depuis longtemps, en effet, les affaires, les dangers communs ont dû préparer les esprits à recevoir des conseils, et ce sont bien plutôt les auditeurs qui réclament la bienveillance de l'orateur.

et clementiam misericordiamque undique indaganti; alia, quum senatus de republica consulitur, viro auctoritate præstanti sententiis quorumdam iniquissimis permoto, et pro utilitatibus publicis ac pro salute sociorum graviter ac libere indignanti simul ac dolenti. Quippe recte et utiliter in disciplinis rhetorum præcipitur, judices de capite alieno deque causa ad sese non pertinenti cognituros, ex qua præter officium judicandi nihil ad eos vel periculi vel emolumenti redundaturum est, conciliandos esse ac propitiandos laudabiliter ac placabiliter et leniter existimationi salutique ejus, qui apud eos accusatus est. At quum dignitas et fides et utilitas omnium communis agitur, ob eamque rem aut suadendum quid ut fiat, aut fieri jam coepto differendum est, tum qui se in hujuscemodi principiis occupat, ut benevolos benignosque sibi auditores paret, otiosam operam in non necessariis verbis sumit. Jamdudum enim negotia periculaque ipsa rerum communia consiliis eos capiendis conciliat : et ipsi potius sibi exposcunt consultoris benevolentiam.

Quant à ces paroles de Caton, où il avoue que les Rhodiens auraient désiré que la guerre eût une autre issue et que le roi Persée n'eût pas été vaincu par les Romains (désir partagé par bien d'autres peuples), Tiron pense que cet aveu est peu propre à justifier ou à excuser. Mais c'est là d'abord un mensonge insigne : Tiron cite les paroles de Caton, et leur donne ensuite une interprétation fausse. En effet, Caton n'avoue pas que les Rhodiens ont souhaité la défaite de Rome, mais il pense que tel fut leur désir : il exprime, sans nul doute, une opinion personnelle, mais il ne fait pas l'aveu de la faute des Rhodiens ; et il me semble en cela non-seulement exempt de blâme, mais bien plutôt digne de louange et d'admiration ; car, après avoir dit avec une bonne foi religieuse ce qu'il juge de défavorable aux Rhodiens, maître de la confiance des juges par cette noble franchise, il sait bientôt tourner en faveur des accusés ce qui semblait les condamner. N'est-ce pas dire, en effet, qu'ils sont on ne peut plus dignes de l'estime et de l'affection du peuple romain, puisque, pouvant être utiles à Persée, et faisant des vœux pour lui, ils n'ont cependant rien fait pour le seconder?

Ensuite Tiron cite le passage suivant du même discours : « Et

Sed quod ait, confessum Catonem, noluisse Rhodienses ita depugnari, uti depugnatum est, neque regem Persen a populo Romano vinci, atque id eum dixisse non Rhodienses modo, sed multas quoque alias nationes noluisse, sed id nihil ad purgandum extenuandumve crimen valere : jam hoc primum Tiro improbe mentitur. Verba ponit Catonis : et aliis tamen eum verbis calumniatur, Non enim Cato confitetur, Rhodienses noluisse victoriam esse populi Romani, sed sese arbitrari dixit, id eos noluisse, quod erat procul dubio suæ opinionis professio, non Rhodiensium culpæ confessio. In qua re, ut meum quidem judicium est, non culpa tantum vacat, sed dignus quoque laude admirationeque est; quum et ingenue et religiose dicere visus est contra Rhodienses, quod sentiebat, et parta sibi veritatis fide, ipsum illud tamen, quod contrarium putabatur, flexit et transtulit : ut eos idcirco vel maxime æquum esset acceptiores carioresque fieri populo Romano, quod, quum et utiles essent et vellent regi esse factum, nihil tamen adjuvandi ejus gratia fecerint.

Postea verba hæc ex eadem oratione ponit : « Ea nunc derepente tanta nos

maintenant, après tant de bienfaits mutuels, briserons-nous subitement les liens d'une telle amitié? Ce que nous disons qu'ils ont voulu faire, nous hâterons-nous de le faire les premiers? » Cet enthymème, dit le critique, est incorrect et vicieux; car on pouvait répondre : Oui, nous nous hâterons de le faire; car, si nous ne prévenons pas nos ennemis, ils nous accableront; il nous faudra tomber dans leurs embûches, si nous n'avons pas su d'avance les déjouer. C'est, dit-il, le même raisonnement vicieux que Lucilius reproche à Euripide, dans la scène où, le roi Polyphonte disant qu'il a tué son frère pour éviter d'être tué par lui, Mérope croit faire tomber cette excuse lorsqu'elle répond en ces termes au meurtrier de son époux :

Si mon mari, comme tu le prétends, devait te tuer, il fallait attendre pour le frapper le moment où il attenterait à tes jours.

C'est bien là, dit le critique, le comble de la démence : c'est se proposer un but, et se mettre hors d'état de l'atteindre. Ainsi donc, Tiron ne remarque pas que, dans tous les périls à éviter, les circonstances ne sont pas les mêmes : il n'en est pas des affaires des actes de la vie humaine, soit qu'il s'agisse de se hâ-

beneficia ultro citroque, tantam amicitiam relinquemus? Quod illos dicimus voluisse facere, id nos priores facere occupabimus? » Hoc, inquit, enthymema nequam et vitiosum est. Responderi enim potuit : Occupabimus certe : nam, si non occupaverimus, opprimemur, incidendumque erit in insidias, a quibus ante nos non caverimus. Recte, inquit, hoc vitio dat Lucilius poeta Euripidi, quod, quum Polyphontes rex propterea se interfecisse fratrem diceret, quod ipse ante consilium de nece ejus cepisset, Meropa fratris uxor hisce eum verbis eluserit :

Εἰ γὰρ σ' ἔμελλεν, ὡς σὺ φῄς, κτείνειν πόσις,
Χρῆ καὶ σὲ μέλλειν, ὡς χρόνος δῆθεν παρῆν.

At hoc enim, inquit, plane stultitiæ plenum est, eo consilio atque ea fini facere velle aliquid, uti nunquam id facias, quod velis. Sed videlicet Tiro animum non advertit, non esse in omnibus rebus cavendis eamdem causam : neque humanæ vitæ negotia et actiones et officia vel occupandi, vel differendi, vel etiam ulci-

ter ou de différer, soit que l'on veuille se venger ou se tenir sur ses gardes, comme d'un combat de gladiateurs. En effet, quand un gladiateur est sous les armes, la condition de la lutte est celle-ci : il tuera son adversaire, s'il le prévient; il succombera, s'il se laisse prévenir. Mais l'existence des hommes n'est pas d'ordinaire menacée par une nécessité tellement fatale et tellement imminente, qu'il faille frapper le premier coup, si l'on ne veut être frappé soi-même. Cette manière d'agir est peu d'accord avec la clémence du peuple romain, qui souvent a négligé de se venger des injures qu'il avait reçues.

Ensuite Tiron prétend que, dans le même discours, Caton a eu recours à des arguments peu honnêtes, beaucoup trop hardis, et dignes, non d'un homme tel que lui, mais d'un fourbe, d'un trompeur, d'un sophiste grec habitué à recourir aux subtilités : « Car, dit-il, quand on objecte aux Rhodiens qu'ils avaient voulu prendre les armes contre les Romains, Caton est presque tenté de nier; puis il demande grâce pour eux, parce qu'ils n'ont pas fait ce qu'ils désiraient si ardemment. Il emploie un argument insidieux et subtil que les dialecticiens appellent induction, et qui n'est pas plus propre à prouver la vérité que le mensonge, lorsqu'il s'efforce, par des exemples captieux, d'é-

---

scendi, vel cavendi similia esse pugnæ gladiatoriæ. Nam gladiatori, composito ad pugnandum, pugnæ hæc proposita sors est, aut occidere, si occupaverit, aut occumbere, si cessaverit. Hominum autem vita non tam iniquis, neque tam indomitis necessitatibus circumscripta est, ut idcirco prior injuriam facere debeas, quam, nisi feceris, pati possis. Quod tantum aberat a populi Romani mansuetudine [occupare], ut sæpe etiam in sese factas injurias ulcisci neglexerit.

Post deinde usum esse Catonem dicit in eadem oratione argumentis parum honestis et nimis audacibus, ac non viri ejus, qualis fuit, sed vafris ac fallaciosis, et quasi Græcorum sophistarum solertiis. Nam : « Quum objiceretur, inquit, Rhodiensibus, quod bellum populo Romano facere voluissent, negavit pæne; sed ignosci poposcit, quia id non fecissent, etsi maxime voluissent : induxisseque eum dicit, quam dialectici epagogen appellant, rem admodum insidiosam et sophisticam, neque ad veritates magis quam ad captiones repertam, quum conatus sit exemplis decipientibus colligere confirmareque, neminem, qui male facere

tablir et d'affirmer que tout homme qui veut malfaire ne doit être puni que s'il exécute son projet. » Voici, à ce sujet, les paroles mêmes de M. Caton : « Ceux qui accusent avec le plus de violence les Rhodiens disent qu'ils ont voulu devenir nos ennemis. Mais qui de nous, pour ce qui le concerne, regardera comme juste de punir un désir coupable? Personne, sans doute; du moins, je ne le crois pas. »

Un peu plus bas, il ajoute : « Je le demande, où trouver la loi tyrannique qui dise : Si quelqu'un veut faire telle action, il payera mille deniers, ou la moitié si c'est un membre de la famille; celui qui désirera posséder plus de cinq cents arpents de terre sera condamné à telle amende; celui qui désirera avoir plus de troupeaux que la loi ne le permet subira telle punition? Certes, il n'est aucun de nous qui ne désire accroître ses richesses, et personne ne songe à nous en faire un crime. » L'orateur dit encore : « S'il n'est pas juste de récompenser l'homme qui prétend avoir voulu bien faire, et qui pourtant n'a rien fait, faudra-t-il donc punir les Rhodiens, non parce qu'ils ont malfait, mais parce qu'on les accuse d'avoir voulu malfaire? »

Tels sont, d'après Tullius Tiron, les arguments par lesquels M. Caton prétend soutenir et prouver qu'on ne doit pas punir

---

voluit, plecti æquum esse, nisi, quod factum voluit, etiam fecerit. » Verba autem ex ea oratione M. Catonis hæc sunt : « Qui acerrime adversus eos dicit, ita dicit : hostes voluisse fieri. Et quis est tandem nostrorum, qui quod ad sese attineat, æquum censeat, quemquam pœnas dare ob eam rem, quod arguatur male facere voluisse? Nemo, opinor : nam ego, quod ad me attinet, nolim. »

Deinde paulo infra [ita] dicit : « Quid nunc? et quæ tandem lex est tam acerba, quæ dicat : Si quis illud facere voluerit, mille nummi, dimidium familiæ mulcta esto : Si quis plus quingenta jugera habere voluerit, tanta pœna esto : et si quis majorem pecudum numerum habere voluerit, tantum damni esto. Atqui nos omnia plura habere volumus, et id nobis impune est. » Postea ita dicit : « Sed si honorem non æquum est haberi ab eam rem, quod bene facere voluisse quis dicit, neque fecit tamen : Rhodiensibus male erit, non quod male fecerunt, sed quia voluisse dicuntur facere? »

His argumentis Tiro Tullius M. Catonem contendere et conficere dicit, Rho-

les Rhodiens d'avoir voulu être les ennemis de la république sans avoir fait d'acte hostile. On ne peut se dissimuler, dit-il, que ce ne soit la même chose de désirer avoir plus de cinq cents arpents de terre, limite fixée par un plébiscite, et désirer faire une guerre injuste et impie au peuple romain. On conviendra aussi que les règles de la justice pour les récompenses ne peuvent être les mêmes que pour les châtiments. En effet, dit-il, il faut attendre qu'une bonne action promise ait été accomplie : jusque là on ne peut la récompenser. Mais quant aux menaces, il est bien plus conforme à l'équité de les prévenir que d'en attendre l'effet. Ce serait faire profession de la plus grande folie, que de ne point aller au-devant des projets criminels, de rester inactif, d'attendre que le crime soit achevé, et de ne songer enfin à punir que quand le mal est devenu irréparable.

Ces objetions de Tiron à Caton ne sont dénuées ni de force ni de fondement. Toutefois l'orateur se garde bien de présenter ainsi son induction nue, isolée et sans appui; il a recours à plusieurs moyens, à d'autres preuves qui entourent et fortifient son argument. Et d'ailleurs, persuadé qu'il défendait les intérêts non-seulement des Rhodiens, mais encore de la république, actions et paroles, il a cru pouvoir tout employer sans rougir,

diensibus quoque impune esse debere, quod hostes quidem esse populi Romani voluissent, et qui maxime non fuissent. Dissimulari autem non posse ait, quin paria et consimilia non sint, plus quingenta jugera habere velle, quod plebiscito colonis prohibitum fuit, et bellum injustum atque impium populo Romano facere velle : neque item infitiari posse, quin alia causa in præmio sit, alia in pœnis. Nam beneficia, inquit, promissa operiri oportet, neque ante remunerari, quam facta sint : injurias autem imminentes præcavisse justum est [magis], quam exspectavisse. Summa enim professio stultitiæ, inquit, est, non ire obviam sceleribus cogitatis sed manere opperirique, et, quum admissa et perpetrata fuerint, tum denique, ubi, quæ facta sunt, infecta fieri non possunt, puniantur.

Hæc Tiro in Catonem non nimis frigide, neque sane inaniter. Sed enim Cato non nudam nec solitariam nec improtectam hanc ἐπαγωγὴν facit : sed multis eam modis præfulcit, multisque aliis argumentis convelat : et, quia non Rhodiensibus magis, quam reipublicæ, consultabat, nihil sibi dictu factuque in ea re turpe

pourvu que par la persuasion il arrivât à son but, qui était de
sauver nos alliés. Et d'abord il prend fort adroitement pour
exemples des prohibitions imposées, non par la nature, non par
le droit universel, mais par des lois faites pour remédier à quelques abus, ou pour satisfaire aux exigences du temps : telles
sont celles qui déterminent les nombres des troupeaux, l'étendue de territoire que peut posséder un citoyen, et tout autre
règlement semblable. Les défenses prescrites par de telles lois
doivent être respectées ; mais souhaiter qu'elles n'existent pas ne
peut être considéré comme une faute. Après avoir mis en avant
des désirs de cette nature, il les mêle avec ceux que l'on ne peut
honorablement ni former ni exécuter. Mais alors, de crainte
que ce rapprochement ne rende évident le contraste, il a recours
à une multitude d'arguments. Il ne paraît pas, sans doute, attacher un grand prix à l'appréciation subtile et précise des erreurs
de la volonté, genre de discussion en honneur dans les écoles
des philosophes ; mais ce qui fait l'objet de tous ses efforts, c'est
de gagner la cause des Rhodiens, dont il juge l'alliance utile à la
république ; c'est de les faire reconnaître innocents, ou du moins
excusables. Ainsi, tantôt il soutient qu'ils n'ont pas fait la guerre
et qu'ils n'ont pas même désiré la faire ; tantôt il dit que les
actions seules doivent être pesées et soumises au tribunal de la

---

duxit, quin omnium sententiarum via servatum ire socios niteretur. Ac primum
ea non incallide conquisivit, quæ non jure naturæ aut jure gentium fieri prohi-
bentur, sed jure legum, rei alicujus medendæ aut temporis causa jussarum : sicut
est de numero pecoris, et de modo agri præfinito, aut ejus modi aliquo. In quibus rebus, quod prohibitum est, fieri per leges quidem non licet : velle id tamen
facere, si liceat, inhonestum non est. Atque eas res contulit seorsum, miscuitque
cum eo, quod neque facere neque velle per sese honestum est ; tum deinde, ne
disparilitas collationis evidens fieret, pluribus id propugnaculis defensat : neque
tenues istas et enucleatas voluntatum in rebus illicitis reprehensiones, qualia in
philosophorum otio disputantur, magni facit, sed id solum ex summa ope nititur, ut causa Rhodiensium, quorum amicitiam retineri ex republica fuit, aut
æqua judicaretur, aut quidem certe ignoscenda : atque interim neque fecisse
Rhodienses bellum neque facere voluisse dicit : interim autem facta sola cen-

justice, mais que de vains désirs ne peuvent être atteints ni par les lois ni par les châtiments; tantôt, comme s'il reconnaissait la culpabilité des Rhodiens, il demande grâce pour eux, en s'efforçant de démontrer les avantages de la clémence. Si les Romains ne pardonnent pas, il craint quelque malheur imprévu; la clémence, au contraire, ne peut que consolider la grandeur du peuple romain.

Quant au reproche d'orgueil, un des griefs adressés aux Rhodiens, c'est par une réponse admirable, et dont la forme est presque divine, que Caton le repousse et le fait tomber. Je citerai ses expressions mêmes, puisque Tiron les a passées sous silence : « On reproche, dit-il, aux Rhodiens de se montrer trop orgueilleux ; plaise au ciel que ni moi ni les miens ne méritions un tel reproche ; mais qu'ils aient ce défaut, que nous importe? Verriez-vous donc avec colère qu'un peuple fût plus orgueilleux que nous? »

Quoi de plus mordant et de plus fort que cette apostrophe adressée aux hommes les plus orgueilleux, et qui aiment chez eux-mêmes cette fierté qu'ils ne pouvaient souffrir chez les autres? On doit encore remarquer que, dans tout ce discours, Caton met en usage toutes les armes, toutes les ressources de la

---

senda dicit atque in judicium vocanda, sed voluntates nudas inanesque neque legibus neque pœnis fieri obnoxias : interdum autem, quasi deliquisse eos concedat, ignosci postulat, et ignoscentias utiles esse rebus humanis docet : ac nisi ignoscant, metus in republica rerum novarum monet : sed enim contra, si ignoscatur, conservatum iri ostendit populi Romani magnitudinem.

Superbiæ quoque crimen, quod tunc præter cætera in senatu Rhodiensibus objectum erat, mirifica et prope divina responsionis figura elusit et eluit. Verba adeo ipsa ponemus Catonis, quoniam Tiro ea prætermisit : « Rhodienses superbos esse aiunt, id objectantes, quod mihi et liberis meis minime dici velim. Sint sane superbi : quid id ad nos attinet? Idne irascimini, si quis superbior est, quam nos? »

Nihil prorsus hac compellatione dici potest neque gravius neque munitius, adversus homines superbissimos facta, qui superbiam in sese amarent, in aliis reprehenderent. Præterea animadvertere est, in tota ista Catonis oratione omnia

rhétorique, non pas comme dans une lutte inoffensive, dans un combat fait à plaisir ; ce n'est pas, dis-je, avec une pureté, une harmonie rigoureuse que se passe l'action ; on dirait plutôt une bataille acharnée, une mêlée furieuse entre des troupes éparses, combattant sur plusieurs points avec des succès divers. Ainsi, dans cette cause, pour repousser ce reproche d'un orgueil trop célèbre, et qui rendait les Rhodiens odieux, Caton emploie indistinctement tous les moyens propres à défendre ses clients, à repousser loin d'eux le danger. Tantôt il les recommande comme ayant bien mérité de la république ; tantôt il les dépeint comme des victimes innocentes dont il reproche aux Romains de convoiter les biens et les richesses ; ce sont bientôt des coupables pour lesquels il intercède ; ce sont encore des alliés nécessaires à Rome. Là, il rappelle aux sénateurs la clémence, la mansuétude de leurs aïeux ; ici, c'est l'utilité publique qu'il invoque. Et si, dans l'emploi de ces moyens, on demandait peut-être plus d'ordre, d'harmonie et d'élégance, il serait du moins impossible de traiter ce sujet avec plus de force et d'éloquence. Tullius Tiron est donc trop injuste lorsque, de cette harangue si riche en moyens, si abondante, et dont toutes les parties se prêtent par leur enchaînement un appui mutuel, il détache quelques fragments, mettant à nu quelques phrases isolées, pour les criti-

disciplinarum rhetoricarum arma atque subsidia mota esse : sed non perinde ut in decursibus ludicris aut simulacris præliorum voluptariis fieri videmus : non, inquam, distincte nimis atque compte atque modulate res acta est, sed quasi in ancipiti certamine, quum sparsa acies est, multisque locis Marte vario pugnatur : sic in ista tum causa Cato quum superbia illa Rhodiensium famosissima multorum odio atque invidia flagraret, omnibus promisce tuendi atque propugnandi modis usus est : et nunc ut optime meritos commendat : nunc, tanquam si innocentes purgaret, ne bona divitiæque eorum expetantur, objurgat : nunc etiam, quasi sit erratum, deprecatur : nunc ut necessarios reipublicæ ostentat : nunc clementiæ, nunc mansuetudinis majorum, nunc utilitatis publicæ commonefacit. Eaque omnia distinctius numerosiusque ac comptius fortasse [an] dici potuerint : fortius atque vividius potuisse dici non videntur. Inique igitur Tiro Tullius, qui ex omnibus facultatibus tam opulentæ orationis aptis inter sese et cohærentibus

quer tout à son aise. C'est ainsi qu'il déclare indigne de M. Caton d'avoir avancé que les simples désirs coupables, non suivis d'effets, ne méritaient aucune punition.

Mais pour apprécier avec plus de facilité et d'équité ma réponse à la critique de Tullius Tiron, le lecteur fera bien d'étudier tout le discours de Caton et la lettre de Tiron à Axius; il pourra dès lors prononcer avec plus de justice et de lumière, soit qu'il condamne, soit qu'il approuve notre opinion.

IV. Quelle est, selon le jurisconsulte Célius Sabinus, l'espèce d'esclaves que l'on met en vente avec un bonnet sur la tête, et pourquoi. Quels esclaves, d'après un usage de nos ancêtres, étaient *vendus sous la couronne*, et sens de cette expression.

Les esclaves que l'on met en vente la tête couverte d'un bonnet sont ceux que l'on vend sans garantie. Telle est l'opinion de l'habile jurisconsulte Célius Sabinus. Cet usage vient, selon lui, de ce que les esclaves de cette espèce ayant ce signe distinctif, les acheteurs sont à l'abri de l'erreur, de la fraude, et, sans s'oc-

parvum quippiam nudumque sumpsit, quod obtrectaret : tanquam non dignum M. Catone fuerit, quod delictorum non perpetratorum voluntates [tantum] non censuerit puniendas.

Commodius autem erectiusque de his meis verbis, quibus Tullio Tironi respondi modo, existimabit judiciumque faciet, qui et orationem ipsam Catonis totam acceperit in manus, et epistolam Tironis ad Axium scriptam requirere et legere curaverit. Ita enim nos sincerius exploratiusque vel corrigere poterit, vel probare.

IV. Cujusmodi servos, et quam ob causam Cælius Sabinus, juris civilis auctor, pileatos venumdari solitos scripserit, et quæ mancipia *sub corona* more majorum *venierint* : atque id ipsum, *sub corona*, quid sit.

Pileatos servos venum solitos ire, quorum nomine venditor nihil præstaret, Cælius Sabinus jurisperitus scriptum reliquit. Cujus rei causam esse ait, quod ejusmodi conditionis mancipia insignia esse in vendundo deberent, ut emptores errare et capi non possent, neque lex vendundi opperienda esset, sed oculis jam

cuper des conditions de la vente, ils voient du premier coup d'œil quelle espèce d'esclaves on leur offre. « D'après une ancienne coutume, quand on exposait en vente les esclaves pris à la guerre, on leur mettait une couronne sur la tête; de là est venue l'expression *vendre sous la couronne*. De même que la couronne était la marque distinctive des captifs, le bonnet faisait reconnaître les esclaves dont le vendeur ne répondait pas. » L'expression : vendu sous la couronne, s'explique encore autrement, parce que les soldats commis à la garde de ces prisonniers formaient un cercle, *corona*, autour d'eux. Mais je préfère la première version, qui se trouve appuyée de l'autorité de Caton dans son ouvrage *de l'Art militaire*. J'y trouve ce passage : « Que les citoyens vainqueurs par leur courage ceignent leur front de la couronne pour aller rendre des actions de grâces aux dieux, et non pour être mis en vente comme des vaincus. »

V. Anecdote remarquable sur l'acteur Polus.

Il y avait en Grèce un acteur qui surpassait tous ses rivaux

perciperent, quodnam esset mancipiorum genus : « Sicuti, inquit, antiquitus mancipia, jure belli capta, coronis induta venibant, et idcirco dicebantur *sub corona venire*. Namque ut ea corona signum erat captivorum venalium, ita pileus impositus demonstrabat, ejusmodi servos venum dari, quorum nomine emptori venditor nihil præstaret. » Est autem alia rationis hujus opinio, cur dici solitum sit, captivos sub corona venumdari : quod milites, custodiæ causa, captivorum venalium greges circumstarent : eaque circumstatio militum *corona* appellata sit. Sed id magis verum esse, quod supra dixi, Cato quoque in libro, quem composuit *de Re militari*, docet. Verba sunt hæc Catonis : « Ut populus sua opera potius ob rem bene gestam coronatus supplicatum eat, quam re male gesta coronatus veneat. »

V. Historia de Polo histrione memoratu digna.

Histrio in terra Græcia fuit fama celebri, qui gestus et vocis claritudine et

par la pureté de la voix et la grâce des gestes; il se nommait Polus. Il jouait les chefs-d'œuvre tragiques avec un art et une habileté profonde. Ce Polus perdit un fils qu'il aimait tendrement. Lorsqu'il crut avoir assez longtemps porté le deuil, il reprit sa profession. Dans l'*Électre* de Sophocle, qu'il jouait alors devant les Athéniens, il devait porter l'urne qui est supposée renfermer les cendres d'Oreste. Dans cette pièce, Électre, croyant avoir dans les mains les restes de son frère assassiné, gémit sur son trépas et s'abandonne à tous les transports de sa douleur. Polus parut donc couvert des vêtements lugubres d'Électre, et tenant au lieu des prétendues cendres d'Oreste, l'urne qui renfermait les ossements de son propre fils, et qu'il avait tirée du tombeau. En les pressant sur son cœur, il remplit tout le théâtre non de cris simulés, mais d'un deuil réel et de lamentations déchirantes. Ainsi, quand on croyait que l'acteur jouait son rôle, c'est sa propre douleur qu'il représentait.

VI. Opinion d'Aristote sur la privation de certains sens.

Des cinq sens que la nature a donnés aux animaux, savoir:

venustate cæteris antestabat. Nomen fuisse aiunt Polum: tragœdias poetarum nobilium scite atque asseverate actitavit. Is Polus unice amatum filium morte amisit. Eum luctum quum satis visus est eluxisse, rediit ad quæstum artis. In eo tempore Athenis *Electram* Sophoclis acturus, gestare urnam, quasi cum Orestis ossibus, debebat. Ita compositum fabulæ argumentum est, ut veluti fratris reliquias ferens Electra comploret commisereaturque interitum ejus, qui per vim exstinctus existimatur. Igitur Polus, lugubri habitu Electræ indutus, ossa atque urnam e sepulcro tulit filii, et, quasi Orestis amplexus, opplevit omnia, non simulacris neque imitamentis, sed luctu atque lamentis veris et spirantibus. Itaque quum agi fabula videretur dolor actus est.

VI. Quid de quorumdam sensuum naturali defectione Aristoteles scripserit.

Ex quinque [his] sensibus, quos animantibus natura tribuit, visu, auditu,

la vue, l'ouïe, le goût, le toucher, l'odorat, appelés par les Grecs αἰσθήσεις, il en est qui manquent à certains animaux, dont les uns naissent aveugles, d'autres privés du goût ou de l'ouïe. Aristote prétend cependant qu'il n'en est aucun que la nature ait privé, soit du goût, soit du toucher. Je trouve ces mots dans son traité *de la Mémoire* : « Tous les animaux ont le toucher et le goût, excepté ceux qui sont imparfaits. »

VII. S'il faut prononcer *affatim*, comme *admodum*, en mettant l'accent sur la première syllabe. Observations intéressantes sur les accents de quelques autres mots.

Le poëte Annianus joignait aux grâces d'un esprit aimable une connaissance profonde de la littérature et des formes de l'ancienne langue. Sa conversation était un mélange admirable de savoir et d'agrément. Il prononçait *affatim*, amplement, comme *admodum*, tout à fait, en mettant l'accent aigu sur la première syllabe, et non sur la pénultième, prétendant que telle était la prononciation des anciens. Il disait avoir entendu le grammairien Probus lire *affatim* ainsi accentué dans ces vers de la *Cassette* de Plaute :

---

gustu, tactu, odoratu, quos Græci αἰσθήσεις appellant, quædam animalium alia alio carent, et aut cæca natura gignuntur, aut inora, inauritave. Nullum autem gigni animal Aristoteles dicit, quod aut gustus sensu careat, aut tactus. Verba ex libro ejus, quem περὶ Μνήμης composuit, hæc sunt : Τὴν δὲ ἁφὴν καὶ τὴν γεῦσιν πάντα ἔχει, πλὴν ἐπὶ τῶν ἀτελῆ ζώων.

VII. An *affatim*, quasi *admodum*, prima acuta pronuntiandum sit; et quædam itidem non incuriose tractata super aliarum vocum accentibus.

Annianus poeta, præter ingenii amœnitates, litterarum quoque veterum et rationum in litteris oppido quam peritus fuit : et sermocinabatur mira quadam et scita suavitate. Is *affatim*, ut *admodum*, prima acuta, non media, pronuntiabat, atque ita veteres loquutos censebat. Itaque se audiente Probum grammaticum hos versus in Plauti *Cistellaria* legisse dicit :

Potin' es tu homo facinus facere strenuum? — Aliorum
   affatim est,
Qui faciant. Sane ego me nolo fortem perhiberi virum.

Serais-tu homme à te distinguer par une action courageuse? — Assez d'autres voudront l'entreprendre. Pour moi, je suis loin d'aspirer à la réputation d'homme brave.

En effet, disait-il, dans *affatim* il n'y a pas deux parties distinctes ; les deux parties sont tellement unies qu'elles ne forment qu'un seul mot. De même, il pensait que l'on doit dire *exadversum*, vis-à-vis, en mettant l'accent sur la seconde syllabe, parce qu'il n'y a dans ce mot qu'une seule partie du discours, et non deux. C'est ainsi, selon lui, que l'on doit prononcer ce mot dans ces vers de Térence :

In quo hæc discebat ludo, exadversum loco
Tonstrina erat quædam.

Vis-à-vis l'école où elle allait étudier était la boutique d'un barbier.

Il ajoutait même que la préposition *ad*, vers, doit recevoir l'accent aigu, lorsqu'elle est unie intimement à un mot, de manière

---

Potin' es tu homo facinus facere strenuum? — Aliorum affatim est,
Qui faciant. Sane ego me nolo fortem perhiberi virum.

Causamque esse huic accentui dicebat, quod *affatim* non essent duæ partes orationis, sed utraque pars in unam vocem coaluisset, sicuti in eo quoque, quod *exadversum* dicimus, secundam syllabam debere acui existimabat, quoniam una, non duæ essent orationis partes; atque ita oportere apud Terentium legi dicebat in his versibus :

In quo hæc discebat ludo, exadversum loco
Tonstrina erat quædam.

Addebat etiam, quod *ad* præverbium tum ferme acueretur, quum significaret

à former ἐπίτασις, c'est-à-dire *augmentation*, comme dans *adfabre*, artistement; *admodum*, tout à fait, *adprobe*, parfaitement. J'adopte volontiers l'opinion d'Annianus; mais pour ce qui est de la préposition *ad* quand elle renforce le sens des mots, je ne crois pas qu'elle doive toujours être marquée de l'accent aigu. En effet, quand nous disons *adpotus*, bien abreuvé, *adprimus*, de beaucoup le premier, *adprime*, avant tout, dans ces mots *ad* sert évidemment à renforcer le sens, et pourtant il ne serait pas régulier de prononcer *ad* avec l'accent aigu. Toutefois *adprobus*, qui a la signification de *valde probus*, très-honnête, reçoit sans contestation l'accent aigu sur la première syllabe. Dans la comédie intitulée *le Triomphe*, Cœcilius se sert de cette expression :

Hierocles hospes est mihi, adolescens adprobus.

J'ai pour hôte Hiéroclès, jeune homme de la plus grande probité.

Si dans les mots cités précédemment la première syllabe ne peut recevoir l'accent aigu, c'est que la syllabe suivante est longue de sa nature, et jamais l'accent aigu ne doit figurer sur la première dans tout mot composé de plus de deux syllabes. Cependant *ad-*

ἐπίτασιν, quam *intentionem* nos dicimus, sicuti *adfabre* et *admodum* et *adprobe* dicuntur. Cætera quidem satis commode Annianus. Sed quod hanc particulam *ad* semper, quum intentionem significaret, acui putavit, non id perpetuum videtur : nam et *adoptus* quum dicimus, et *adprimus* et *adprime*, intentionem significaret, acui putavit, non id perpetuum videtur : nam et *adoptus* quum dicimus, et *adprimus* et *adprime*, intentio his in verbis demonstratur; neque tamen *ad* particula satis commode accentu acuto pronuntiatur. *Adprobus* tamen, quod significat *valde probus*, non infitias eo quin prima syllaba acui debeat. Cæcilius, in comœdia quæ inscribitur *Triumphus*, vocabulo isto utitur :

Hierocles hospes est mihi, adolescens adprobus.

Num igitur in istis vocibus, quas nos non acui diximus, ea causa est, quod syllaba insequitur natura longior, quæ non ferme patitur acui priorem, in voca-

primus pour *longe primus*, de beaucoup le premier, a été employé par L. Livius dans ce vers de son *Odyssée* :

Ibi denique vir summus adprimus Patroclus.

Alors enfin l'illustre Patrocle, le premier des héros.

Livius dit encore dans le même poëme *prœmodum* pour *admodum* : *Parcentes prœmodum*, d'une clémence sans égale, ce qui signifie *supra modum*, au delà de tout expression, comme qui dirait *prœter modum*, à l'excès. Ce mot prend l'accent aigu sur la première syllabe.

VIII. Tradition invraisemblable sur l'attachement d'un dauphin pour un enfant.

Les dauphins sont voluptueux et enclins à l'amour, ainsi que l'attestent des exemples anciens, et même récents. En effet, sous les premiers Césars, dans la mer de Pouzzol, selon le récit d'Apion, et plusieurs siècles auparavant, près de Naupacte, comme le rapporte Théophraste, on a vu, de manière à n'en pouvoir douter, plusieurs de ces animaux donnant des marques évidentes

---

bulis syllabarum plurium quam duarum? *Adprimum* autem *longe primum* L. Livius in *Odyssea* dicit in hoc versu :

Ibi denique vir summus adprimus Patroclus.

Idem Livius in *Odyssea præmodum* dicit, quasi *admodum*. *Parcentes*, inquit, *præmodum*; quod significat *supra modum*, dictumque est quasi *præter modum* : in quo scilicet prima syllaba acui debuit.

VIII. Res ultra fidem tradita super amatore delphino et puero amato.

Delphinos venereos esse et amasios, non modo historiæ veteres, sed recentes quoque memoriæ declarant. Nam et sub Cæsaris, in Puteolano mari, ut Apion scriptum reliquit, et aliquot seculis ante apud Naupactum, ut Theophrastus tradidit, amatores flagrantissimi delphini quidam cogniti compertique sunt. Neque

de l'amour le plus passionné. Et cet amour n'avait pas pour objet des êtres de leur espèce, mais de beaux enfants qu'ils avaient vus par hasard dans des barques ou sur les sables du rivage, et pour lesquels ils ressentaient une tendresse extraordinaire et vraiment humaine. Je vais transcrire un passage du savant Apion, extrait du livre cinquième de ces *Egyptiaques*, où il rapporte l'attachement d'un dauphin pour un enfant qui s'était familiarisé avec lui de telle sorte, qu'il jouait, montait sur son dos, faisant ainsi des courses sur les flots; Apion dit même qu'il fut un des nombreux témoins de tous ces faits. « J'ai vu moi-même, dit-il, près de Dicéarchie, un dauphin épris de passion pour un enfant nommé Hyacinthe : il accourait à sa voix, s'approchait du rivage et recevait l'enfant sur son dos, ayant bien soin de replier les pointes de ses nageoires, de crainte de blesser l'objet de sa tendresse, qu'il portait ainsi jusqu'à deux cents stades du rivage. On accourait de Rome et de toute l'Italie pour voir ce poisson guidé dans ses courses par l'amour. » Ce qu'ajoute Apion n'est pas moins merveilleux : « Cet enfant si tendrement aimé tomba malade et mourut. Après être revenu plusieurs fois au lieu même où l'enfant avait coutume d'attendre son arrivée, le dauphin ne le voyant pas venir, fut saisi d'une douleur si vive qu'il ne put lui survivre. Son corps fut trouvé sur le rivage par

---

ii amaverunt, quod sunt ipsi, genus, sed pueros forma liberali, in naviculis forte aut in vadis litorum conspectos, miris et humanis modis arserunt. Verba subscripsi Ἀπίωνος, eruditi viri, ex Ægyptiacorum libro quinto : quibus delphini amantis et pueri non abhorrentis consuetudines, lusus, gestationes ac aurigationes refert; eaque omnia sese ipsum multosque alios vidisse dicit : Καὶ αὐτὸς δ' οὖν εἶδον περὶ Δικαιαρχίαν δελφῖνα ἐρῶντα παιδὸς [Ὑάκινθος ἐκαλεῖτο,] καὶ πρὸς παιδικὴν ἐπτοημένον φωνήν. Ἀτὰρ οὖν καὶ προσνηχόμενος ὁ ἰχθὺς ἀνεδέχετο τὸν παῖδα ἐπὶ τῶν νώτων, καὶ τὰς ἀκάνθας περιστέλλων, ἵνα μὴ τὸν ποθούμενον χρῶτα ἀμύξειε, [φειδόμενος,] ἱππηδὸν περιβεβηκότα μέχρι διακοσίων ἀνῆγε σταδίων· ἐξεχεῖτο δ' ἄρα ἡ Ῥώμη καὶ πᾶσα ἡ Ἰταλία θεάσασθαι ἰχθὺν νηχόμενον ὑπὸ ἔρωτος. Ad hæc adjicit rem non minus mirandam. Postea, inquit, idem ille puer delphineromanos morbo affectus obiit suum diem. At ille amans, ubi sæpe ad litus solitum adnavit, et puer, qui in primo vado adventum ejus opperiri consueverat, nusquam fuit, desiderio tabuit

des gens qui connaissaient toute cette histoire, et qui le déposèrent dans le même tombeau que l'objet de ses amours. »

IX. Que la plupart des anciens disaient *peposci*, j'ai demandé, *memordi*, j'ai mordu, *pepugi*, j'ai piqué, *spepondi*, j'ai promis, et *occecurri*, je me suis présenté, par un *e*, et non par un *o* ou par un *u*, à la première syllabe, selon l'usage actuel. Que cette forme était empruntée aux Grecs. Que l'on trouve chez des écrivains savants et renommés, au parfait du verbe *descendo*, je descends, *descendidi*, je suis descendu, et non *descendi*.

Poposci, *momordi*, *pupugi*, *cucurri*, sont des formes qui paraissent régulières, et dont se servent maintenant les gens les plus instruits. Cependant Q. Ennius, dans ses satires, a dit *memorderit* par un *e*, et non *momorderit* : *Meum non est; at si me canis memorderit*, ce n'est pas mon affaire; mais si un chien vient à me mordre.

De même, Labérius, dans *les Gaulois* :

De integro patrimonio meo centum millia nummum
Memordi.

J'ai mangé cent mille deniers de mon patrimoine.

---

exanimatusque est; et in litore jacens inventus ab iis qui rem cognoverant, in sui pueri sepulcro humatus est.

IX. *Peposci* et *memordi*, *pepugi*, *spepondi* et [oc]*cecurri* plerosque veterum dixisse, non, uti postea receptum est dicere, per *o* aut per *u* litteram in prima syllaba positam, sed per *e*, atque in Graecae rationis exemplo dixisse. Praeterea notatum, quod viri non indocti neque ignobiles a verbo *descendo* non *descendi*, sed *descendidi* dixerunt.

Poposci, *momordi*, *pupugi*, *cucurri*, probabiliter dici videntur : atque ita nunc omnes ferme doctiores hujusmodi verbis utuntur. Sed Q. Ennius in satyris *memorderit* dixit per *e* litteram, non *momorderit*. « Meum, inquit, non est; at si me canis *memorderit*. »

Item Laberius in *Gallis* :

De integro patrimonio meo centum millia nummum
Memordi.

LES NUITS ATTIQUES, LIVRE VII

Et dans *le Peintre* :

> . . . . Itaque, levi
> Pruna percoctus, simul sub dentes mulieris
> Veni, bis, ter, memordit.

C'est pourquoi, après avoir été cuit sur une légère braise, je passai sous les dents d'une femme qui me mordit deux ou trois fois.

Nous trouvons encore chez P. Nigidius, dans le second livre de son traité *sur les Animaux* : *Serpens si memordit; gallina deligitur et apponitur*, si l'on est mordu par un serpent, il faut ouvrir une poule et l'appliquer sur la blessure.

Plaute dit aussi dans *la Marmite* : — *Ut admemordit hominem*, dès qu'il eut mordu cet homme. Cependant on trouve, dans *les trois Jumeaux* du même poëte, *præmorsisse*, avoir mordu, au lieu de *præmordisse* ou de *præmemordisse* :

> Ni fugissem, medium, credo, præmorsisset.

Si je n'avais pris la fuite, il m'aurait happé, je crois, au milieu du corps.

Item idem Laberius in *Coloratore* :

> . . . . Itaque, levi
> Pruna percoctus, simul sub dentes mulieris
> Veni, bis, ter, memordit.

Item P. Nigidius *de Animalibus* libro secundo : « Serpens si *memordit*, gallina deligitur et apponitur.

Item Plautus in *Aulularia* : « Ut *admemordit* hominem. » Sed item Plautus in *Trigeminis* non *præmordisse*, neque *præmemordisse* dicit, sed *præmorsisse* :

> Ni ugissem, *inquit*, medium, credo, præmorsisset.

On lit dans *la Conciliatrice* d'Atta :

Ursum se memordisse autumat.

Il dit qu'un ours l'a mordu.

Valérius Antias a écrit *peposci*, j'ai demandé, et non *poposci*, dans le quarante-cinquième livre des *Annales* : « *Denique Licinius tribunus plebei perduellionis ei diem dixit, et comitiis diem a M. Marcio prœtore peposcit*, le tribun du peuple Licinius le cita en justice pour crime envers l'État, et demanda au préteur, M. Marcius, de fixer le jour des comices. » Atta a dit *pepugero*, j'aurai piqué, dans son *Ædilicia* : — *Sed si pepugero, metuet*, mais si je le pique, il aura peur. Élius Tubéron, dans le livre qu'il a adressé à C. Oppius, dit *occecurrerit*, se sera rencontré ; ce mot a été noté par Probus, il cite même le passage : *Si generalis species occecurrerit*, si la forme générale se rencontre. Le même Probus a encore remarqué l'expression *speponderant*, ils avaient promis, dans Valérius Antias, au douzième livre de ses *Histoires*. Voici le passage de cet auteur : *Tib. Gracchus, qui quæstor C. Mancino in Hispania fuerat, et cæteri qui pacem speponderant*, Tibérius Gracchus, qui avait été questeur de C. Mancinus en Espagne, et les autres chefs qui avaient promis la paix.

Ces formes viennent probablement de ce que les Grecs, dans

Item Atta in *Conciliatrice* :

Ursum se memordisse autumat.

Peposci quoque non, *poposci*, Valerius Antias libro *Annalium* quadragesimo quinto scriptum reliquit : « Denique Licinius tribunus plebei perduellionis ei diem dixit, et comitiis diem a M. Marcio prætore *peposcit*. » *Pepugero*, æque Atta in *Ædilicia* dicit : « Sed si *pepugero* metuet. » Ælium quoque Tuberonem libro ad C. Oppium scripto *occecurrerit* dixisse, Probus annotavit, et hæc ejus verba apposuit : « Si generalis species *occecurrerit*. » Idem Probus Valerium Antiatem libro *Historiarum* duodecimo *speponderant* scripsisse annotavit, verbaque ejus hæc posuit : « Tib. Gracchus, qui quæstor C. Mancino in Hispania fuerat, et cæteri qui pacem *speponderant*. »

Ratio autem istarum dictionum hæc esse videri potest : quoniam Græci in

une forme du temps passé qu'ils appellent παρακείμενος, changent le plus souvent en e la seconde lettre du redoublement : γράφω, j'écris, γέγραφα, ποιῶ, je fais, πεποίηκα, λαλῶ, je parle, λελάληκα, κρατῶ, je commande, κεκράτηκα, λούω, je lave, λέλουκα. De même en latin : *mordeo*, je mords, *memordi; posco*, je demande, *peposci; tendo*, je tends, *tetendi; tango*, je touche, *tetigi; pungo*, je pique, *pepugi; spondeo*, je promets, *spepondi; curro*, je cours, *cecurri; tollo*, je lève, *tetulli*. Aussi M. Tullius et C. César ont-ils dit *memordi, pepugi, spepondi*. J'ai encore trouvé au verbe *scindo*, je coupe, un passé ayant une forme semblable, *sciciderat*, et non *sciderat*. L. Attius, au livre premier de ses *Sotadiques*, a dit *scisciderat*. Voici ses paroles : *Non ergo aquila ita, ut hi prædicant, scisciderat pectus*. Ainsi donc un aigle ne lui a pas, comme ils le prétendent, déchiré la poitrine. Nous trouvons la même forme dans Ennius et dans le soixante-quinzième livre des *Histoires* de Valérius Antias, dont voici les paroles : *Deinde funere locato, ad forum descendidit*, après avoir accompli les cérémonies des funérailles, il descendit au forum. Labérius, dans son *Catularius*, a dit aussi :

Ego mirabar, quomodo mammæ mihi descendiderant.

J'étais surprise de voir comme les mamelles m'étaient descendues.

quadam specie præteriti temporis, quod παρακείμενον appellant, secundam verbi litteram in *e* plerumque vertunt, γράφω γέγραφα, ποιῶ πεποίηκα, λαλῶ λελάληκα, κρατῶ κεκράτηκα, λούω λέλουκα. Sic ergo *mordeo memordi, posco peposci, tendo tetendi, tango tetigi, pungo pepugi, spondeo spepondi, curro cecurri, tollo tetulli* facit. Sic et M. Tullius et C. Cæsar *mordeo memordi, pungo pepugi, spondeo spepondi* dixerunt. Præterea inveni, a verbo *scindo* simili ratione non *sciderat*, sed *scisciderat*, dictum esse. L. Attius in *Sotadicorum* libro primo *scisciderat* dicit. Verba [ejus] hæc sunt : « Non ergo aquila ita; ut hi prædicant, *scisciderat* pectus. » Ennius quoque, et Valerius Antias, in libro *Historiarum* septuagesimo quinto, verba hæc scripsit : « Deinde funere locato; ad forum *descendidit*. » Laberius quoque in *Catulario* ita scripsit :

Ego mirabar; quomodo mammæ mihi descendiderant.

X. Que l'expression composée *usucapio*, formant régulièrement un seul mot, on peut aussi dire *pignoriscapio*, en réunissant deux mots en un seul.

De même que l'on dit bien *usucapio*, usucapion, expression composée dans laquelle la lettre *a* devient longue, ainsi l'on formait *pignoriscapio*, paye du soldat, en réunissant deux mots, et l'on allongeait aussi la lettre *a*. On lit dans Caton, au premier livre de ses *Questions épistolaires* : « *Pignoriscapio* était une expression consacrée spécialement pour désigner l'argent que le soldat devait recevoir du tribun trésorier. » D'où il suit évidemment que *capio*, mis pour *captio*, action de prendre, de saisir, peut aussi bien se joindre à *pignus*, gage, qu'à *usus*, usage.

XI. Que la véritable signification de *levitas* et de *nequitia* n'est pas celle qu'on leur donne vulgairement.

J'entends le plus souvent employer *levitas* dans le sens d'inconstance et de légèreté, et *nequitia* dans celui d'artifice et de fourberie. Cependant, ceux de nos auteurs anciens qui se dis-

---

X. *Usucapio* et copulate et recte vocabuli casu dicitur, ita *pignoriscapio* conjuncte et eadem vocabuli forma dictum est.

Ut hæc *usucapio* dicitur copulato vocabulo, *a* littera in eo tractim pronuntiata; ita *pignoriscapio* junctæ sunt partes, et producte dicebatur. Verba Catonis sunt ex primo *Epistolicarum quæstionum* : « *Pignoriscapio* ob æs militare, quod æs a tribuno ærario miles accipere debebat, vocabulum seorsum fit. Per quod satis dilucet, *hanc capionem* posse dici, quasi *hanc captionem*, et in usu et in pignore.

XI. Neque *levitatem*, neque *nequitiam* ea significatione sese, qua in vulgi sermonibus dicuntur.

Levitatem plerumque nunc pro inconstantia et mutabilitate dici audio, et *nequitiam* pro solertia astutiaque. Sed veterum hominum qui proprie atque integre

tinguent par la propriété et la pureté de l'expression désignent par le mot *levis* l'homme que nous appelons maintenant vil et méprisable; ils ont pris *levitas* dans le sens de bassesse. Ils appellent aussi *nequam* un homme de rien, de nulle valeur, que les Grecs appellent ἄσωτος, perdu, ou ἀκόλαστος, déréglé, ἀχρεῖος, inutile, ἄχρηστος, qui n'est bon à rien, κακότροπος, pervers, μιαρός, scélérat. Pour trouver des exemples à l'appui de ce que j'avance, il n'est pas nécessaire de remonter à des ouvrages fort anciens; qu'on ouvre seulement la seconde *Philippique* de Cicéron. Lorsqu'il veut dépeindre les mœurs sordides et déréglées de M. Antoine, qui, renfermé dans un cabaret, se gorgeait de vin jusqu'au soir, et sortait la tête enveloppée pour n'être pas reconnu; au moment où l'orateur se dispose à lui adresser d'autres reproches de ce genre, il dit : *Videte hominis levitatem!* voyez l'infamie de cet homme! comme si ce seul mot suffisait pour exprimer tant de déshonneur. Plus loin, après avoir couvert d'opprobre les autres turpitudes de la vie d'Antoine, l'orateur ajoute, comme pour le flétrir par ce dernier terme : *O hominem nequam! Nihil enim magis proprie possum dicere*, homme méprisable! car c'est bien là le nom qu'il mérite. Mais il me paraît convenable de présenter la citation d'une manière complète : « Mais voyez l'ignominie de cet homme! Arrivé aux Roches

---

loquuti sunt, *leves* dixerunt, quos vulgo nunc viles et nullo honore dignos dicimus; et *levitatem* appellaverunt, perinde quasi *vilitatem*; et *nequam* hominem nulli rei neque frugis bonæ; quod genus Græci fere ἄσωτον ἢ ἀκόλαστον [ἢ ἀχρεῖον ἢ ἄχρηστον ἢ κακότροπον ἢ μιαρόν] dicunt. Qui exempla horum verborum requirit, ne in libris nimis remotis quærat, inveniet ea in M. Tullii secunda *Antonianarum*. Nam quum genus quoddam sordidissimum vitæ atque vicius M. Antonii idem demonstraturus esset, quod in caupona delitesceret, quod ad vesperum perpotaret, quod ore involuto iter faceret, ne cognosceretur; hæc et alia ejusmodi quum in eum dicturus esset : « Videte, inquit, hominis *levitatem*! » tanquam prorsus ista dedecora hoc vitio in homine notarentur. At postea, quum in eumdem Antonium probra quædam alia ludibriosa et turpia ingessisset, ad extremum hoc addidit : O hominem *nequam!* Nihil enim magis proprie possum dicere. » Sed ex eo loco M. Tullii verba compluscula libuit ponere : « At videte

rouges vers la dixième heure du jour, il se cacha dans une misérable taverne, et là il but jusqu'au soir. Une voiture le transporta rapidement à Rome, et il rentra dans sa demeure la tête enveloppée. Qui es-tu ? demande le portier.—Messager d'Antoine, répondit-il. On le conduit aussitôt vers celle qui était l'objet de son voyage; il lui donne une lettre dont la lecture lui fait verser des larmes, car elle était pleine d'expressions d'amour. Elle portait en substance que désormais il ne serait plus rien pour cette comédienne; qu'il ne l'aimerait plus, et que son épouse serait l'unique objet de sa tendresse. Comme les pleurs redoublaient, cet homme sensible, incapable de se contenir plus longtemps, se découvrit et se jeta au cou de sa femme. Homme méprisable ! car c'est bien là le nom que tu mérites. Ainsi donc, c'est pour faire le galant, pour paraître inopinément aux regards surpris de ta femme, que tu as répandu la terreur dans la ville pendant une nuit, et la crainte dans l'Italie pendant plusieurs jours. »
Q. Claudius, dans le premier livre de ses *Annales*, désigne aussi par *nequitia* les désordres d'une existence prodigue et dissolue. Voici ses propres termes : « A la persuasion d'un jeune homme de Lucanie, qui était de la plus illustre origine, mais qui, par les désordres d'une vie adonnée au luxe et aux débauches, *nequitia*,

levitatem hominis ! Quum hora diei decima fere ad Saxa rubra venisset, delituit in quadam cauponula : atque ibi se occulens perpotavit ad vesperum : inde cisio celeriter ad urbem advectus, domum venit ore involuto. Janitor rogat : Quis tu ? — A Marco tabellarius. Confestim ad eam, cujus causa venerat, deducitur : eique epistolam tradit. Quam illa quum legeret flens (erat enim scripta amatorie ; caput autem litterarum hoc erat : sibi cum illa mima posthac nihil futurum : omnem se amorem abjecisse illius, atque in hanc transfudisse), quum mulier fleret uberius, homo misericors ferre non potuit : caput aperuit ; in collum invasit. O hominem *nequam* ! Nihil enim magis proprie possum dicere. Ergo ut te catamitum, nec opinato quum ostendisses, præter spem mulier aspiceret, idcirco urbem terrore nocturno, Italiam multorum dierum metu perturbasti ? » Consimiliter Q. quoque Claudius in primo *Annalium nequitiam* appellavit luxum vitæ prodigum effusumque, in hisce verbis : « Persuadenti cuidam adolescenti Lucano, qui apprime summo genere gnatus erat, sed luxuria et *nequitia* pecuniam ma-

avait dissipé une immense fortune. » M. Varron dit, dans son traité *sur la Langue latine* : « Comme de *non*, non, ne, et de *volo*, je veux, on forme *nolo*, je ne veux pas, de même de *ne*, non, pas de même, et de *quidquam*, quelque chose, en supprimant la syllabe du milieu, on a formé *nequam*, vaurien. » Je citerai encore un passage de la défense de P. Scipion contre Tib. Asellus, qui voulait le faire condamner par le peuple à une amende : « Toutes les actions déshonnêtes, honteuses, criminelles, se résument en deux mots, méchanceté et dépravation, *malitia et nequitia*. Duquel de ces vices te dis-tu innocent? de la méchanceté, ou de la dépravation, ou des deux à la fois? Si tu prétends qu'on ne peut t'accuser de dépravation, permis à toi : cependant, pour une seule courtisane, tu as prodigué plus d'argent que tu n'en as déclaré au censeur pour le mobilier de ta terre de Sabine. Si tu le nies, qui voudra se faire caution pour toi de mille deniers? Mais n'as-tu pas dissipé, consumé en criminelles débauches le tiers au moins de ton patrimoine? Si tu le nies, qui voudra se faire caution pour toi de mille deniers? Tu ne veux pas, dis-tu, repousser le reproche de dépravation : défends-toi du moins contre celui de méchanceté. Mais tu as faussé un serment solennel, de propos délibéré et en parfaite connaissance de cause : tu le nies? Qui voudra se faire caution pour toi de mille deniers? »

---

gnam consumpserat. » M. Varro in libris *de Lingua Latina* : « Ut ex *non* et *volo*, inquit, *nolo* fit : sic ex *ne* et *quidquam*, media syllaba extrita, compositum est *nequam*. » P. Africanus pro se contra Tib. Asellum de mulcta ad populum : « Omnia mala, probra, flagitia, quæ homines faciunt, in duabus rebus sunt, *malitia* atque *nequitia*. Utrum defendis, malitiam, an nequitiam, an utrumque simul? Si nequitiam defendere vis, licet; sed tu in uno scorto majorem pecuniam absumpsisti, quam quanti omne instrumentum fundi Sabini in censum dedicavisti. Ni hoc ita est : qui spondet mille nummum? Sed tu plus tertia parte pecuniæ paternæ perdidisti atque absumpsisti in flagitiis. Ni hoc ita est : qui spondet mille nummum? Non vis *nequitiam?* age malitiam saltem defendas. Sed tu verbis conceptis conjuravisti sciens, sciente animo tuo. Ni hoc ita est : qui spondet mille nummum? »

XII. Des tuniques dites à manches; que P. Scipion l'Africain en reprochait l'usage à Sulpicius Gallus.

Autrefois, à Rome et dans tout le Latium, il eût été honteux pour un homme de se servir de ces tuniques dont les manches, descendant au delà du bras, couvrent la main jusqu'aux doigts. Nos ancêtres ont donné à ces tuniques le nom grec de χειριδωτοί. Les femmes seules portaient par décence les vêtements longs et amples, pour dérober aux regards leurs bras et leurs jambes. Les hommes ne portaient d'abord qu'une simple toge sans tunique; ensuite ils firent usage de ces tuniques serrées et courtes qui ne dépassaient pas les épaules, et que les Grecs nomment ἐξωμίδες. Plein de respect pour cette simplicité antique, P. Scipion l'Africain, fils de Paul Émile, homme doué de tous les talents honorables et de toutes les vertus, reprenait un jour P. Sulpicius Gallus pour ses mœurs efféminées, et il lui reprochait entre autres choses de porter des tuniques dont les manches descendaient jusque sur les mains. Voici les propres paroles de Scipion : « Que dire de celui qui tous les jours se couvre de parfums, s'occupe de sa toilette devant un miroir; qui s'arrache la barbe,

---

XII. De tunicis χειριδωτοῖς, quod earum usum P. Africanus Sulpicio Gallo objecit.

Tunicis uti virum prolixis ultra brachia, et usque in primores manus ac prope in digitos, Romæ atque omni in Latio indecorum fuit. Eas tunicas Græco vocabulo nostri χειριδωτούς appellaverunt, feminisque solis vestem longe lateque diffusam decoram existimaverunt, ad ulnas cruraque adversus oculos protegenda. Viri autem Romani primo quidem sine tunicis, toga sola amicti fuerunt : postea substrictas et breves tunicas citra humerum desinentes habebant, quod genus Græci dicunt ἐξωμίδας. Hac antiquitate inductus P. Africanus, Pauli F., vir omnibus bonis artibus atque omni virtute præditus, P. Sulpicio Gallo, homini delicato, inter pleraque alia, quæ objectabat, id quoque probro dedit, quod tunicis uteretur manus totas operientibus. Verba sunt hæc Scipionis : « Nam qui quotidie unguentatus adversum speculum ornetur, cujus supercilia radantur, qui

s'épile les jambes, et que l'on vit, tout jeune encore, couvert d'une tunique à longues manches, s'asseoir à un repas près d'un amant, à la place inférieure du lit? Que dire de celui qui joint à la passion du vin un goût dépravé pour les hommes? Douterez-vous qu'il n'ait fait ce que font d'ordinaire les plus infâmes débauchés? »

Virgile blâme aussi les tuniques de cette espèce, comme ne convenant qu'aux femmes, et indignes d'un homme :

Vos tuniques ont des manches longues, et vos mitres sont attachées sous le menton par des bandelettes.

Enfin, lorsque Quintus Ennius appelle les jeunes Carthaginois *une jeunesse en tunique,* ce n'est pas sans l'intention de les flétrir.

XIII. Quelle est, suivant M. Caton, la signification de *classicus;* quelle est celle de *infra classem.*

On appelait *classici,* non tous les citoyens des diverses classes, mais seulement ceux de la première, qui possédaient un revenu

barba vulsa feminibusque subvulsis ambulet, qui in conviviis adolescentulus cum amatore, cum chiridota tunica inferior accubuerit, qui non modo vinosus, sed virosus quoque sit; eumne quisquam dubitet, quin idem fecerit, quod cinædi facere solent? »

Virgilius quoque tunicas hujuscemodi, quasi femineas ac probrosas criminatur :

Et tunicæ, *inquit,* manicas, et habent redimicula mitræ.

Quintus quoque Ennius *Carthaginiensium tunicatam iuventutem* non videtur sine probro dixisse.

XIII. Quem *classicum* dicat M. Cato, quem *infra classem.*

Classici dicebantur non omnes qui in classibus erant, sed primæ tantum clas-

de cent vingt-cinq mille as au moins. Tous ceux dont le revenu était inférieur à cette somme, et qui, par conséquent, faisaient partie de la seconde classe ou d'une autre, étaient dits *infra classem*. J'ai fait cette remarque en passant, parce que ceux qui lisent le discours de M. Caton pour la loi Voconia se demandent ordinairement ce que signifient les mots *classicus* et *infra classem*.

XIV. Des trois genres de style, et des philosophes que les Athéniens envoyèrent en ambassade à Rome.

Dans la poésie comme dans la prose, on admet trois genres de style, χαρακτῆρες, formes, selon les Grecs, qui les désignent par les trois noms ἁδρὸς, abondant, ἰσχνὸς, simple, μέσος, tempéré. Nous traduisons le premier par *uber*, riche, le second par *gracilis*, simple, le troisième par *mediocris*, tempéré. Le style riche se distingue par la dignité et la grandeur; le simple, par la grâce et la finesse; le tempéré tient le milieu entre les deux autres et participe de leurs qualités. Mais à chacune de ces beautés qui caractérisent les trois genres de style correspondent des défauts égaux en nombre, et qui se parent de leur extérieur par

---

sis homines, qui centum et viginti quinque millia æris ampliusve censi erant. *Infra classem* autem appellabantur secundæ classis, cæterarumque omnium classium, qui minore summa æris, quam supra dixi, censebantur. Hoc eo strictim notavi, quoniam in M. Catonis oratione, qua Voconiam legem suasit, quæri solet, quid sit *classicus*, quid *infra classem*.

XIV. De tribus dicendi generibus, ac de tribus philosophis, qui ab Atheniensibus ad senatum Romam legati [missi] sunt.

Et in carmine et in soluta oratione genera dicendi probabilia sunt tria, quæ Græci χαρακτῆρας vocant; nominaque eis fecerunt ἁδρὸν, ἰσχνὸν, μέσον. Nosque, quem primum posuimus, uberem vocamus, secundum gracilem, tertium mediocrem. Uberi dignitas atque amplitudo est: gracili venustas et subtilitas: medius in confinio est utriusque modi particeps. His singulis orationis virtutibus vitia

une ressemblance mensongère. Ainsi, fort souvent, on prend l'exagération et l'enflure pour la richesse ; l'aridité, la sécheresse pour la simplicité, l'incohérence d'un style sans caractère pour la sobriété dans le langage. M. Varron dit que la langue latine offre trois modèles parfaits de chacun de ces genres : Pacuvius pour le style riche, Lucilius pour le simple, Térence pour le tempéré. Mais des exemples de ces trois genres d'éloquence avaient été donnés, bien des siècles auparavant, par Homère, dans trois de ses personnages : le style d'Ulysse est magnifique et fécond, celui de Ménélas se distingue par la finesse et la retenue, celui de Nestor réunit la richesse du premier à la simplicité du second. On remarqua cette même variété des trois formes de style dans les discours des trois philosophes que les Athéniens envoyèrent au sénat et au peuple romain, pour demander la remise de l'amende à laquelle cette ville avait été condamnée pour la dévastation d'Orope ; l'amende était d'environ cinq cents talents. Ces philosophes étaient Carnéade de l'Académie, Diogène le stoïcien, Critolaüs le péripatéticien. Lorsqu'ils eurent été introduits dans la curie, C. Acilius, l'un des sénateurs, leur servit d'interprète. Mais auparavant, chacun d'eux, désirant faire parade de ses talents, avait disserté séparément, en présence d'un concours nom-

agnata sunt pari numero, quæ earum modum et habitum simulacris falsis ementiuntur. Sic plerumque sufflati atque tumidi fallunt pro uberibus; squalentes et jejuni dicti pro gracilibus, incerti et ambigui pro mediocribus. Vera autem et propria hujuscemodi formarum exempla in Latina lingua M. Varro esse dicit ubertatis Pacuvium, gracilitatis Lucilium, mediocritatis Terentium. Sed ea ipsa genera dicendi jam antiquitus tradita ab Homero sunt, tria in tribus : magnificum in Ulixe et uber est, subtile in Menelao et cohibitum, mixtum moderatumque in Nestore. Animadversa eadem tripartita varietas est in tribus philosophis, quos Athenienses Romam ad senatum populumque Romanum legaverant, impetratum, uti mulctam remitterent, quam fecerant iis propter Oropi vastationem. Ea mulcta fuerat talentum fere quingentum. Erant isti philosophi, Carneades ex Academia, Diogenes stoicus, Critolaus peripateticus. Et in senatum quidem introducti, interprete usi sunt C. Acilio senatore : sed ante ipsi seorsum quoque quisque, ostentandi gratia, magno conventu hominum dissertaverunt. Tum admirationi fuisse

breux d'auditeurs. Rutilius et Polybe rapportent qu'ils se firent admirer, chacun dans un genre différent : Carnéade était véhément et rapide, Critolaüs méthodique et simple, Diogène élégant et plein de sobriété. Chacun de ces genres, comme nous l'avons dit, si l'art y est accompagné de pureté et du naturel, peut offrir de grandes beautés ; mais s'il est fardé et apprêté, ce n'est plus alors qu'un exercice frivole fait pour éblouir un moment.

XV. Avec quelle sévérité nos ancêtres punissaient le vol. Ce que Mucius Scévola a écrit sur la fidélité avec laquelle on doit conserver un dépôt ou un objet prêté.

Labéon, dans le second livre de son ouvrage *sur la Loi des Douze-Tables*, nous fait connaître plusieurs décisions extrêmement sévères de nos ancêtres, sur le vol. Au rapport de cet auteur, Brutus avait coutume de dire que l'on devait regarder comme un voleur l'homme qui conduisait un cheval sur une autre route que celle dont on était convenu, ou qui le conduisait plus loin que le terme fixé d'avance. Aussi Q. Scévola, au seizième livre de son traité *sur le Droit civil*, établit ce principe :

aiunt Rutilius et Polybius philosophorum trium sui cujusque generis facundiam. Violenta, inquiunt, et rapida Carneades dicebat, scita et teretia Critolaus, modesta Diogenes et sobria. Unumquodque autem genus, ut diximus, quum caste pudiceque ornatur, fit illustrius : quum fucatur, atque prælinitur, fit præstigiosum.

XV. Quam severe moribus majorum in fures vindicatum sit, et quid scripserit Mucius Scævola super eo, quod servandum datum commodatumve esset.

Labeo in libro *de Duodecim Tabulis* secundo, acria et severa judicia de furtis habita esse apud veteres scripsit : idque Brutum solitum dicere, furti damnatum esse, qui jumentum aliorsum duxerat, quam quo utendum acceperat; item qui longius produxerat, quam quem in locum petierat. Itaque Q. Scævola in librorum, quos *de Jure civili* composuit, sexto decimo verba hæc posuit : « Quod cui

« Il y a peine de vol contre le gardien d'un dépôt, s'il s'en sert, ou si, pouvant s'en servir, il en fait un usage autre que celui pour lequel il l'a reçu. »

XVI. Passage extrait de la satire de M. Varron, intitulé *sur les Aliments*, relativement à quelques mets étrangers. Citation de quelques vers d'Euripide contre la délicatesse et le luxe voluptueux des gourmands.

M. Varron, dans la satire intitulée *des Aliments*, a décrit, en vers piquants et spirituels, les mets recherchés qui font les délices des repas. Ce sont des vers ïambiques. Il dépeint, il énumère la plupart des productions que nos gastronomes recherchent et sur terre et sur mer. Le lecteur qui en aura le loisir pourra consulter le poëte lui-même, au livre indiqué. Je ne veux que rappeler, autant que ma mémoire me le permettra, les espèces, les noms, la patrie de ces aliments délicieux, de ces mets délicats, objets de la recherche des gourmands, et que cite Varron en couvrant d'opprobre tant de luxe ; le paon de Samos, les francolins de Phrygie, les grues de Mélos, le chevreau d'Ambracie, le

servandum datum est, si id usus est, sive, quod utendum acceperit, ad aliam rem, atque accepit, usus est, furti se obligavit. »

XVI. Locus exscriptus e satira M. Varronis, quæ περὶ Ἐδησμάτων inscripta est, de peregrinis ciborum generibus : et appositi versus Euripidis, quibus delicatorum hominum luxuriantem gulam confutavit.

M. Varro in satyra, quam περὶ Ἐδησμάτων inscripsit, lepide admodum et scite factis versibus cœnarum ciborumque exquisitas delicias comprehendit. Nam pleraque id genus, quæ helluones isti terra et mari conquirunt, exposuit, inclusitque in numeros senarios. Et ipsos quidem versus, cui otium erit, in libro, quo dixi, positos legat. Genera autem nominaque edulium et domicilia ciborum omnibus aliis præstantia, quæ profunda ingluvies vestigavit, quæ Varro opprobrans exsequutus est, hæc sunt ferme, quantum nobis memoriæ est : Pavus e Samo, Phry-

jeune thon de Chalcédoine, la murène de Tartesse, la morue de Pessinonte, les huîtres de Tarente, le pétoncle de Chio, l'esturgeon de Rhodes, le sarget de Cilicie, les noix de Thasos, les dattes d'Égypte et les glands d'Espagne. Cette industrie avec laquelle la gourmandise explore le monde pour trouver des ragoûts inconnus et de nouvelles délices nous paraîtra encore plus digne de mépris si nous nous rappelons ces vers d'Euripide, souvent cités par le philosophe Chrysippe, et dans lesquels le poëte dit que ces mets inventés pour irriter l'appétit, loin d'être nécessaires au soutien de la vie, ont été imaginés par le luxe, qui dédaigne tout ce qui est simple et facile, et n'aspire qu'à satisfaire des passions blasées par la satiété.

J'ai jugé convenable de rapporter les vers d'Euripide :

Car que faut-il aux mortels? deux choses : les dons de Cérès pour nourriture, et l'eau pour breuvage. Ils sont sous notre main; ils naissent pour soutenir notre vie; jamais ils n'inspirent la satiété; mais nous inventons d'autres mets pour satisfaire notre soif de voluptés.

gia attagena, grues Melicæ, hædus ex Ambracia, pelamis Chalcedonia, muræna Tartessia, aselli Pessinuntii, ostrea Tarentina, pectunculus Chius, elops Rhodius, scari Cilices, nuces Thasiæ, palma Ægyptia, glans Iberica. Hanc autem peragrantis gulæ et in succos insuetos inquirentis industriam, atque has undiqueversum indagines cupediarum majore detestatione dignas censebimus, si versus Euripidis recordemur, quibus utebatur sæpissime Chrysippus philosophus, tanquam edendi irritationes quasdam repertas esse, non per usum vitæ necessarium, sed per luxum animi parata atque facilia fastidientis, per improbam satietatis lasciviam.

Versus Euripidis abscribendos putavi :

Ἐπεὶ τί δεῖ βροτοῖσι πλὴν δυεῖν μόνον,
Δήμητρος ἀκτῆς, πώματος θ' ὑδρηχόου;
Ἅτινα πάρεστι καὶ πέφυχ' ἡμᾶς τρέφειν·
Ὧν οὐκ ἀπαρκεῖ πλησμονή, τρυφῇ δὲ τοι
Ἄλλων ἐδεστῶν μηχανὰς θηρώμεθα.

XVII. Entretien que j'eus avec un grammairien plein de présomption et d'ignorance sur le sens et l'origine du mot *obnoxius*.

Rencontrant un jour à Rome un grammairien que la renommée de son enseignement mettait au premier rang, je lui demandai, non pas certes pour mettre son savoir à l'épreuve, mais bien dans l'intention et dans le désir de m'éclairer, ce que signifiait *obnoxius*, et quelle était l'origine et la valeur de ce mot. Il me regarda, et, me raillant de ce que je lui faisais une question si peu importante et si frivole : « Certes, dit-il, le problème est obscur, et il nous faudra bien des veilles pour le résoudre. Quel est l'homme assez peu instruit dans la langue latine pour ignorer qu'*obnoxius* se dit de celui qui peut recevoir d'un autre quelque tort, quelque dommage, ou qui, ayant commis une faute de compagnie avec un autre, se trouve placé sous la dépendance de son complice. Que ne laisses-tu ces questions puériles pour nous proposer des sujets dignes de nos recherches et de nos travaux. »

Piqué de sa réponse, je résolus de dissimuler pour mieux me moquer de sa sottise : « Illustre savant, lui dis-je, quand j'aurai

XVII. Sermo habitus cum grammatico, insolentiarum et imperitiarum pleno, de significatione vocabuli, quod est *obnoxius*; deque ejus vocis origine.

Percontabar Romæ quempiam grammaticum primæ in docendo celebritatis, non hercle experiundi vel tentandi gratia, sed discendi magis studio et cupidine, quid significaret *obnoxius*, quæque ejus vocabuli origo ac ratio esset. Atque ille aspicit me, illudens levitatem quæstionis parvitatemque : Obscuram, inquit, sane rem quæris, multaque prorsus vigilia indagandam. Quis adeo tam linguæ Latinæ ignarus est, qui nesciat, eum dici obnoxium, cui quid ab eo, cui esse obnoxius dicitur, incommodari et noceri potest; et qui habeat aliquem noxæ, id est culpæ suæ conscium? Quin potius, inquit, hæc mittis nugalia, et affers ea, quæ digna quæri tractarique sint.

Tum vero ego permotus, agendum jam oblique, ut cum homine stulto, existimavi; et : Cætera, inquam, vir doctissime, remotiora gravioraque, si discere et

besoin d'étudier et de connaître des questions plus relevées et plus importantes, c'est à toi que je m'adresserai ; mais comme j'avais souvent employé le mot *obnoxius* sans en connaître la valeur, j'ai eu recours à tes leçons, et je commence à savoir ce que je n'étais pas seul à ignorer, comme tu sembles le croire, car Plaute lui-même, ce modèle de la pureté et de l'élégance latine, n'a pas connu la valeur d'*obnoxius*. Je trouve, en effet, ce vers dans son *Stichus* :

Nunc ego hercle perii plane, non obnoxie;

C'en est fait de moi, par Hercule; je suis perdu complétement, et non à demi.

ce qui ne s'accorde pas avec l'interprétation que tu m'as donnée. En effet, Plaute a rapproché *plane* et *obnoxie*, comme deux expressions opposées ; ce qui est bien loin de ton sens. A cela mon grammairien répondit assez gauchement, comme si *obnoxius* et *obnoxie* différaient non-seulement pour la forme, mais même pour le fond et pour le sens : « Je t'ai donné le sens d'*obnoxius* et non d'*obnoxie*. » J'admirai tant d'ignorance unie à tant de vanité. Mettons de côté, lui dis-je, l'*obnoxie* de Plaute, si tu le veux, s'il

---

scire debuero, quando mihi usus venerit, tum quæram ex te, atque discam : sed enim quia dixi sæpe *obnoxius*, et quid discerem nescivi, didici ex te, et scire nunc cœpi, quod non ego omnium solus, ut tibi sum visus, ignoravi; sed, ut res est, Plautus [quoque], homo linguæ atque elegantiæ in verbis Latinæ princeps, quid esset *obnoxius*, nescivit. Versus enim est in *Sticho* illius ita scriptus :

Nunc ego hercle perii plane, non obnoxie;

quod minime congruit cum ista, quam me docuisti, significatione : composuit enim Plautus, tanquam duo inter se contraria, *plane* et *obnoxie*; quod a tua significatione longe abest. At ille grammaticus satis ridicule, quasi *obnoxius* et *obnoxie* non declinatione sola, sed re atque sententia differrent : Ego, inquit, dixi, quid esset *obnoxius*, non quid *obnoxie*. At tunc ego admirans insolentis hominis inscitiam : Mittamus, inquam, sicuti vis, quod Plautus *obnoxie* dixit, si id esse nimis

te paraît pris de trop loin; passons également sous silence ces expressions de Salluste dans *Catilina: Minari etiam ferro, ni sibi obnoxia foret*, il la menaçait de son poignard si elle n'obéissait pas à ses volontés. Mais voici un exemple plus connu, que personne n'ignore, et sur lequel je demande ton avis; ces vers de Virgile sont, en effet, dans la mémoire de tout le monde :

>Nam neque tunc astris acies obtusa videri,
>Nec fratris radiis obnoxia surgere luna.

Car alors rien n'altère l'éclat des étoiles, et la lune ne paraît pas emprunter sa lumière à l'astre fraternel.

Ce n'est pas là ton *culpæ suæ conscium*. Virgile emploie encore ce mot dans une acception qui n'est pas la tienne, dans ces vers :

>. . . . . Juvat arva videre
>Non rastris hominum, non ulli obnoxia curæ.

On aime à voir ces champs que le hoyau n'a pas déchirés, qui n'ont été soumis à aucune culture.

La culture est avantageuse aux champs, loin de leur être nuisible, selon le sens que tu as donné à *obnoxius*. Mais je te le

---

remotum putas : atque illud quoque prætermittamus, quod Sallustius in *Catilina* scribit : *Minari etiam ferro, ni sibi obnoxia foret* : et, quod videtur notius pervulgatiusque esse, id me doce; versus enim Virgilii sunt notissimi :

>Nam neque tunc astris acies obtusa videri,
>Nec fratris radiis obnoxia surgere luna;

quod tu ais : *culpæ suæ conscium*. Alio quoque loco Virgilius verbo isto utitur, a tua sententia diverse, in his versibus :

>. . . . . Juvat arva videre
>Non rastris hominum, non ulli obnoxia curæ.

Cura enim prodesse arvis solet, non nocere, quod tu de *obnoxio* dixisti. Jam vero

demande encore, comment s'accordera ton explication avec ces vers d'Ennius dans son *Phœnix* ?

> Sed virum vera virtute vivere animatum addecet
> Eumque innoxium vacare adversus adversarios.
> Ea libertas est, qui pectus purum et firmum gestitat,
> Aliæ res obnoxiosæ nocte in obscura latent.

Mais l'homme doit porter dans la vie les sentiments d'une vertu véritable; son innocence doit le rendre fort contre ses ennemis. La liberté consiste à avoir un cœur pur et inébranlable; le reste n'est que servitude et ténèbres.

Alors mon grammairien troublé et en homme qui divague : « Je n'ai pas le temps de te répondre aujourd'hui, me dit-il, mais, viens me trouver une autre fois, et je t'apprendrai quel est le sens de ce mot d'après Virgile, Salluste, Plaute et Ennius. » Cela dit, notre impudent se retira.

Si quelqu'un désire non-seulement connaître l'origine d'*obnoxius*, mais encore passer en revue les diverses acceptions de ce mot, je mettrai sous ses yeux les vers suivants, tirés de l'*Asinaire* de Plaute :

---

illud etiam Q. Ennii quo pacto congruere tecum potest, quod scribit in *Phœnice* in hisce versibus :

> Sed virum vera virtute vivere animatum addecet
> Eumque innoxium vacare adversus adversarios;
> Ea libertas est, qui pectus purum et firmum gestitat;
> Aliæ res obnoxiosæ nocte in obscura latent.

At ille, oscitans et hallucinanti similis : Nunc, inquit, mihi operæ non est. Quum otium erit, revises ad me, atque disces, quid in verbo isto et Virgilius, et Sallustius, et Plautus, et Ennius senserint. Et nebulo! quidem ille, ubi hoc dixit, digressus est.

Si quis autem volet non originem solam verbi istius, sed significationem quoque ejus varietatemque recensere; ut hoc etiam Plautinum spectet; adscripsi versus ex *Asinaria* :

> Maxumas opimitates gaudio effertissumas
> Suis heris ille una mecum pariet gnatoque et patri ;
> Adeo ut ætatem ambo ambobus nobis sint obnoxii,
> Nostro devincti beneficio.

Je m'unirai à lui pour procurer à ses maîtres les biens les plus abondants, les plus propres à inspirer l'allégresse ; de telle sorte que le père et le fils nous seront attachés, nous serons enchaînés par les liens de la reconnaissance.

Le grammairien n'avait donc envisagé ce mot que sous une seule de ses nombreuses significations, celle dont Cécilius s'est servi dans ces vers de son *Chrysius* :

> Quanquam ego mercede huc conductus tua
> Advenio, ne tibi me esse ob eam rem obnoxium
> Reare : audibis male, si male dixis mihi.

Sans doute je viens à toi séduit par la récompense que tu m'as promise ; garde-toi, cependant, de me croire sous ta dépendance : prends garde à ma langue si tu ne retiens la tienne.

XVIII. Sur la fidélité avec laquelle les Romains observaient la sainteté du serment ; et, à ce propos, histoire de dix captifs envoyés à Rome, sur leur parole, par Annibal.

Les Romains ont toujours observé la foi du serment avec une

> Maxumas opimitates gaudio effertissumas
> Suis heris ille una mecum pariet gnatoque et patri ;
> Adeo ut ætatem ambo ambobus nobis sint obnoxii,
> Nostro devincti beneficio.

Qua vero ille grammaticus finitione usus est, ea videtur in verbo tam multiplici unam tantummodo usurpationem ejus notasse, quæ quidem congruit cum significatu, quo Cæcilius usus est in *Chrysio* in his versibus :

> Quanquam ego mercede huc conductus tua
> Advenio, ne tibi me esse ob eam rem obnoxium
> Reare : audibis male, si male dixis mihi.

XVIII. De observata custoditaque apud Romanos jurisjurandi sanctimonia ; atque inibi de decem captivis, quos Hannibal Romam, dejurio ab iis accepto, legavit.

Jusjurandum apud Romanos inviolate sancteque habitum servatumque est. Id

fidélité inviolable, comme le prouvent un grand nombre de coutumes et de lois, et un exemple remarquable, que je vais rapporter. Après la bataille de Cannes, le général des Carthaginois, Annibal, choisit dix de nos captifs qu'il envoya à Rome pour traiter de l'échange des prisonniers, si la république le jugeait convenable; le peuple qui recevrait un plus grand nombre de captifs devait payer pour chaque homme de plus une livre et demie d'argent. Avant leur départ, il leur fit jurer qu'ils reviendraient dans le camp carthaginois, si les Romains ne consentaient pas à l'échange. Les dix prisonniers arrivent à Rome; ils exposent la proposition d'Annibal au sénat, qui refuse de souscrire à l'échange. Alors, parents, alliés, amis, tiennent embrassés les captifs, disant, qu'ayant franchi le seuil de la patrie, ils ont recouvré leurs droits, leur indépendance; ils les supplient de ne point retourner au camp de l'ennemi. Huit d'entre eux répondirent qu'ils ne pouvaient jouir de ce droit de retour, puisqu'ils s'étaient liés par le serment; et aussitôt, fidèles à leur parole, ils se rendirent près d'Annibal. Les deux autres restèrent à Rome, se prétendant déliés de la religion du serment pour la raison que voici : Après avoir quitté le camp des ennemis, ils y étaient rentrés

et moribus legibusque multis ostenditur; et hoc, quod dicemus, ei rei non tenue argumentum esse potest. Prælio Cannensi Hannibal Carthaginiensium imperator, ex captivis nostris electos decem Romam misit, mandavitque eis, pactusque est, ut, si populo Romano videretur, permutatio fieret captivorum; et pro iis, quos alteri plures acciperent, darent argenti pondo libram [scilicet] et selibram. Hos, priusquam proficiscerentur, jurejurando adegit, redituros eos esse in castra Punica, si Romani captivos non permutarent. Veniunt Romam decem captivi. Mandatum Pœni imperatoris in senatu exponunt. Permutatio senatui non placita. Parentes, cognati, affinesque captivorum amplexi eos, postliminio in patriam redisse dicebant; statumque eorum integrum incolumemque esse : ac, ne ad hostes redire vellent, orabant. Tum octo ex iis postliminium justum non esse sibi responderunt, quoniam dejurio vincti forent; statimque, uti jurati erant, ad Hannibalem profecti sunt. Duo reliqui Romæ manserunt, solutosque esse sese ac liberatos religione dicebant; quoniam, quum egressi castra hostium fuissent, commentitio consilio regressi eodem die, tanquam si ob aliquam fortuitam causam issent, atque

sous quelque prétexte; puis ils en étaient repartis, et ils se croyaient ainsi libres de tout engagement. Mais cette ruse frauduleuse les couvrit d'une telle honte, qu'ils furent poursuivis, accablés du mépris public; quelque temps après, les censeurs les notèrent d'infamie et les flétrirent pour avoir manqué à leur parole. Cornélius Nepos, dans le cinquième livre de ses *Exemples*, rapporte que plusieurs sénateurs furent d'avis de renvoyer sous escorte à Annibal ceux qui refusaient de revenir à son camp, que cependant cette proposition avait été repoussée par la majorité des suffrages; mais que ceux qui avaient ainsi manqué de parole au général carthaginois, se voyant l'objet de tant de mépris et de haine, furent pris du dégoût de la vie, et se donnèrent la mort.

XIX. Anecdote, tirée des annales, touchant le tribun du peuple Sempronius Gracchus, père des Gracques. Décrets des tribuns du peuple, textuellement rapportés.

On cite parmi les plus beaux traits de générosité et de grandeur d'âme, l'action suivante de Tib. Sempronius Gracchus : Le tribun du peuple C. Minucius Augurinus avait fait condamner à

---

ita, jurejurando satisfacto, rursum injurati abissent. Hæc eorum fraudulenta calliditas tam esse turpis existimata est, ut contempti vulgo discerptique sint; censoresque eos postea omnium notarum et damnis et ignominiis affecerunt; quoniam, quod se facturos dictitaverant, non fecissent. Cornelius autem Nepos in libro *Exemplorum* quinto id quoque literis mandavit, multis in senatu placuisse, ut ii, qui redire nollent, datis custodibus ad Hannibalem deducerentur; sed eam sententiam numero plurium, quibus id non videretur, superatam; eos tamen, qui Hannibalem non redissent, usque adeo intestabiles invisosque fuisse, ut tædium vitæ ceperint, necemque sibi consciverint.

XIX. Historia, ex annalibus sumpta, de Tiberio Sempronio Graccho, patre Gracchorum, tribuno plebei; atque tribunorum plebis decreta cum ipsis verbis relata.

Pulchrum atque liberale atque magnanimum factum Tib. Sempronii Gracchi

une amende L. Scipion l'Asiatique, frère de P. Scipion le premier Africain; en conséquence, il réclamait de lui des répondants. Scipion l'Africain fit, au nom de son frère, appel au collége des tribuns, les priant de soustraire à la violence de leur collègue un personnage honoré du consulat et du triomphe. Huit tribuns ayant examiné la cause portèrent le décret suivant, dont j'emprunte le texte aux annales : « Attendu que P. Scipion l'Africain, réclamant en faveur de son frère P. Scipion l'Asiatique, se plaint de ce que, contrairement aux lois et aux coutumes de nos ancêtres, un tribun du peuple, dans une assemblée convoquée par la force et sans le concours des auspices, ait prononcé contre son frère une condamnation à une amende, par un jugement inouï, exigeant de lui des répondants, faute de quoi il est menacé de la prison; que, par ces motifs, l'Africain nous prie de défendre son frère contre la violence de notre collègue; attendu que, d'une autre part, notre collègue nous a priés de ne pas mettre d'entraves à l'exercice de son pouvoir; nous, tribuns, avons pris sur ces causes, et à l'unanimité, la décision suivante : Si L. Cornélius Scipion l'Asiatique consent à fournir des répondants, selon la décision de notre collègue, nous nous opposons à ce qu'il soit jeté en prison; autrement, nous

in exemplis repositum est. Id exemplum hujus[ce]modi est : L. Scipioni Asiatico P. Scipionis Africani superioris fratri, C. Minucius Augurinus tribunus plebei mulctam irrogavit : eumque ob eam causam prædes poscebat. Scipio Africanus fratris nomine ad collegium tribunorum provocabat; petebatque, ut virum consularem triumphalemque a collegæ vi defenderent. Octo tribuni, cognita causa, decreverunt. Ejus decreti verba, quæ posui, ex annalium monumentis exscripta sunt : « Quod P. Scipio Africanus postulavit pro L. Scipione Asiatico fratre, quum contra leges contraque morem majorum tribunus plebei, hominibus accitis, per vim, inauspicato sententiam de eo tulerit, mulctamque nullo exemplo irrogaverit, prædesque eum ob eam rem dare cogat, aut si non det, in vincula duci jubeat; ut eum a collegæ vi prohibeamus; et quod contra collega postulavit, ne sibi intercedamus, quo minus suapte potestate uti liceat : de ea re nostrum sententia omnium data est : si L. Cornelius Scipio Asiaticus collegæ arbitratu prædes dabit, collegæ, ne eum in vincula ducat, intercedemus, si ejus arbitratu prædes

laisserons notre collègue user librement de son pouvoir. » Après ce décret, L. Scipion, refusant de fournir des répondants, le tribun Augurinus se disposait à le faire saisir et conduire en prison, lorsqu'arriva le tribun du peuple Tib. Sempronius Gracchus, père de Caïus et de Tibérius ; et, bien qu'il existât entre lui et P. Scipion l'Africain de graves inimitiés par suite de dissentiments sur presque toutes les affaires de la république, après avoir juré qu'il ne s'était point réconcilié avec P. l'Africain, il lut un décret conçu en ces termes : « Attendu que L. Scipion l'Asiatique, après son triomphe, a jeté dans les fers les chefs des ennemis, et qu'il me paraît indigne de la majesté de la république de renfermer le général du peuple romain dans le même lieu où ont été renfermés les chefs des ennemis, par ces motifs, j'interdis à mon collègue toute violence contre L. Cornélius Scipion l'Asiatique. » Toutefois Valérius Antias, en opposition avec la tradition de ces décrets et avec l'autorité des anciennes annales, prétend que cette intervention de Tib. Gracchus en faveur de Scipion l'Asiatique eut lieu après la mort de l'Africain. Il dit que Scipion ne fut pas condamné à une amende, mais qu'ayant été déclaré coupable de péculat au sujet des richesses d'Antiochus, on voulut le jeter en prison, parce qu'il refusait de donner des

---

non dabit, quo minus collega sua potestate utatur, non intercedemus. » Post hoc decretum, quum Augurinus tribunus plebei L. Scipionem prædes non dantem prehendi et in carcerem duci jussisset, tum Tib. Sempronius Gracchus tribunus plebei, pater Tiberii atque Caii Gracchorum, quum P. Scipioni Africano inimicus gravis ob plerasque in republica dissensiones esset, juravit palam, in amicitiam inque gratiam se cum P. Africano non redisse ; atque ita decretum ex tabula recitavit. Ejus decreti verba hæc sunt : « Quum L. Cornelius Scipio Asiaticus triumphans hostium duces in carcerem conjectaverit, alienum videtur esse a dignitate reipublicæ, in eum locum imperatorem populi Romani duci, in quem locum ab eo conjecti sunt duces hostium. Itaque L. Cornelium Scipionem Asiaticum a collegæ vi prohibeo. » Valerius autem Antias, contra hanc decretorum memoriam, contraque auctoritates veterum annalium, post Africani mortem intercessionem istam pro Scipione Asiatico factam esse a Tib. Graccho dixit, neque mulctam irrogatam Scipioni, sed damnatum eum peculatus ob Antiochenam pecuniam,

répondants, mais que l'intervention de Gracchus l'exempta de cet affront.

XX. Que Virgile substitua dans un vers le mot *ora* au mot *Nola* pour se venger des habitants de Nole, qui lui avaient refusé la jouissance d'un cours d'eau. Suivent quelques autres observations curieuses sur l'harmonie des mots.

J'ai lu dans un commentaire que Virgile avait d'abord écrit et lu un certain vers :

> Talem dives arat Capua et vicina Vesevo
> Nola jugo;

Tel est le territoire que labourent la riche Capoue, et Nole : voisine du mont Vésuve.

mais qu'ensuite ayant demandé aux habitants de Nole, ses voisins, la permission de diriger un cours d'eau dans sa maison de campagne, il éprouva un refus; que le poëte offensé effaça de ses vers le nom de Nole, comme pour l'effacer de la mémoire des hommes, et le remplaça ainsi par le mot *ora*.

---

quia prædes non daret, in carcerem duci cœptum, atque ita intercedente Graccho exemptum.

XX. Quod Virgilius ob aquam a Nolanis sibi non permissam sustulit e versu suo *Nola*, et posuit *ora* : atque ibi quædam alia de consonantia litterarum jucunda.

Scriptum in quodam commentario reperi, versus istos a Virgilio ita primum esse recitatos atque editos :

> Talem dives arat Capua et vicina Vesevo
> Nola jugo;

postea Virgilium petiisse a Nolanis, aquam uti duceret in propinquum rus : Nolanos beneficium petitum non fecisse : poetam offensum nomen urbis eorum, quasi ex hominum memoria, sic ex carmine suo derasisse, *oraque* pro *Nola* mutasse, atque ita reliquisse :

LES NUITS ATTIQUES, LIVRE VII

. . . . Et vicina Vesevo
Ora jugo.

Et la côte voisine du mont Vésuve.

Ce fait est-il vrai ou faux? la question me paraît peu importante. Mais que le mot *ora* sonne mieux et plus doucement à l'oreille que *Nola*, c'est ce qui n'est pas douteux; car la voyelle qui termine le premier vers étant la même que celle qui commence le suivant, il en résulte un son prolongé plein d'harmonie et de grâce. On pourrait trouver chez les meilleurs poëtes un grand nombre d'effets d'harmonie de ce genre, et l'on verrait qu'ils sont calculés, loin d'être produits par le hasard. Homère surtout nous en offrirait beaucoup d'exemples. Souvent, en effet, par le rapprochement des mêmes voyelles, il forme de ces hiatus pleins de charme pour l'oreille :

Ἡ δ' ἑτέρη θέρεϊ προρέει εἰκυῖα χαλάζῃ,
Ἡ χιόνι ψυχρῇ, ἢ ἐξ ὕδατος κρυστάλλῳ.

L'autre fontaine roule en été une eau fraîche comme la grêle, comme la froide neige, ou telle que le cristal de la glace.

. . . . Et vicina Vesevo
Ora jugo.

Ea res verane an falsa sit, non laboro; quin tamen melius suaviusque ad aures sit, quam *Nola*, *ora*, dubium id non est. Nam vocalis in priore versu extrema eademque in sequenti prima canoro simul atque jucundo hiatu tractim sonat. Est adeo invenire apud nobiles poetas hujuscemodi suavitatis multa, quæ appareant novata esse, non fortuita : sed præter cæteros omnes apud Homerum plurima. Uno quippe in loco tales tamque hiantes sonitus in assiduis vocibus plures facit :

Ἡ δ' ἑτέρη θέρεϊ προρέει εἰκυῖα χαλάζῃ,
Ἡ χιόνι ψυχρῇ, ἢ ἐξ ὕδατος κρυστάλλῳ.

Ailleurs :

Λᾶαν ἄνω ὤθεσκε ποτὶ λόφον.

Un jour il poussait le roc vers le sommet de la colline.

Catulle, ce poëte si élégant, a ménagé un effet du même genre dans ces vers :

> Minister vetuli puer Falerni
> Inger mi calices amariores,
> Ut lex Postumiæ jubet magistræ.
> Ebriosa acina ebriosioris.

Esclave, donne-moi de ce vieux falerne ; remplis ma coupe de sa pure liqueur : ainsi l'ordonne la reine du festin, Postumia, plus enivrée que le pepin baignant dans le jus de la treille.

Il aurait pu dire *ebrioso* en adoptant, ce qui même est plus usité, le neutre *acinum*; mais, par amour pour l'harmonie de l'hiatus homérique, il a dit *ebriosa*, à cause de la rencontre des deux *a*. Ceux qui pensent que Catulle a dit *ebrios*, ou bien encore *ebriosos* (car on rencontre aussi cette leçon qui n'est pas plus exacte), ont été induits en erreur par des exemplaires copiés sur des textes incorrects.

Atque item alio loco :

Λᾶαν ἄνω ὤθεσκε ποτὶ λόφον.

Catullus quoque, elegantissimus poetarum, in hisce versibus :

> Minister vetuli puer Falerni
> Inger mi calices amariores,
> Ut lex Postumiæ jubet magistræ
> Ebriosa acina ebriosioris ;

quum *ebrioso* dicere posset, et, quod erat usitatius, *acinum* in neutro genere appellare, amans tamen hiatus illius Homerici suavitatem, *ebriosa* dixit propter consequentis litteræ concentum. Qui *ebrios* autem Catullum dixisse putant, aut *ebriosos* (nam id quoque temere scriptum invenitur), in libros scilicet de corruptis exemplaribus factos inciderunt.

XXI. Pourquoi les expressions *quoad vivet* et *quoad morietur* expriment-elles le même temps, quoique formées de deux mots opposés.

Quand on dit *quoad vivet*, tant qu'il vivra, et *quoad morietur*, jusqu'à ce qu'il meure, il semble que l'on rende deux idées contraires, et cependant les deux locutions n'expriment qu'un seul et même temps. De même quand on dit *quoad senatus habebitur*, tant que le sénat sera assemblé, et *quoad senatus dimittetur*, jusqu'à ce que le sénat se sépare, quoique *haberi* et *dimitti* expriment deux idées contraires, l'un et l'autre cependant ont ici une même signification. En effet, lorsque deux temps sont opposés, mais unis de telle sorte que la fin de l'un se trouve confondue avec le commencement de l'autre, il importe peu que ce soit par la fin du premier, ou par le commencement du second, que l'on désigne le moment de leur rencontre.

XXII. Que les censeurs avaient coutume d'ôter les chevaux aux chevaliers surchargés d'embonpoint et de graisse. Si cette condamnation était flétrissante pour les chevaliers, ou si elle ne portait aucune atteinte à leur dignité.

Quand les censeurs rencontraient un homme gras et replet,

XXI. *Quoad vivet*, et *quoad morietur*, cur idipsum temporis significent, quum ex duobus sint facta contrariis.

Quoad vivet quum dicitur, item *quoad morietur*, videntur quidem duæ res dici contrariæ : sed idem atque unum tempus utraque verba demonstrant. Item quum dicitur *quoad senatus habebitur*, et *quoad senatus dimittetur* : tametsi *haberi* atque *dimitti* contraria sunt, unum atque idipsum tamen utroque in verbo ostenditur. Tempora enim duo quum inter se opposita sunt, atque ita cohærentia, ut alterius finis cum alterius initio misceatur, non refert, utrum per extremitatem prioris, an per initium sequentis, locus ipse confinis demonstretur.

XXII. Quod censores equum adimere soliti sint equitibus corpulentis et præpinguibus; quæsitumque, utrum ea res cum ignominia, an incolumi dignitate equitum facta sit.

Nimis pingui homini et corpulento censores equum adimere solitos, scilicet

ils avaient coutume de lui ôter son cheval, jugeant, sans doute, que la pesanteur de son corps le rendait impropre au service de la cavalerie. Quelques-uns pensent que ce n'était pas une punition, mais seulement un congé donné sans dégradation. Cependant Caton, dans un discours qu'il a écrit sur *la Célébration des sacrifices*, reproche ce fait à un chevalier avec trop de force pour qu'on ne croie pas qu'il s'y attachait une idée de flétrissure. Si nous adoptons cette opinion, nous devons croire que l'on regardait en quelque sorte comme coupable d'indolence celui dont le corps était chargé d'un embonpoint excessif.

minus idoneum ratos esse cum tanti corporis pondere ad faciendum equitis munus. Non enim poena id fuit, ut quidam existimant, sed munus sine ignominia remittebatur. Tamen Cato in oratione, quam *de Sacrificio commisso* scripsit, objicit hanc rem criminosius, uti magis videri possit cum ignominia fuisse. Quod si ita accipias, id profecto existimandum est, non omnino inculpatum neque indesidem visum esse, cujus corpus in tam immodicum modum luxuriasset exuberassetque.

LIVRE HUITIÈME

— CE LIVRE EST PERDU —

SOMMAIRES

I. Est-il régulier, ou non de dire *hesterna noctu?* la dernière nuit. Quelle est, au sujet de cette expression, l'opinion des grammairiens? Que les décemvirs, dans la loi des Douze-Tables, ont dit *nox* pour *noctu*.

II. Dix mots que m'a cités Favorinus, et que les Grecs emploient fréquemment, quoique illégitimes et barbares; nombre égal de mots que je lui ai cités à mon tour, consacrés chez nous par un usage de chaque jour, et qui cependant ne sont pas latins et ne pourraient se trouver chez aucun auteur ancien.

LIBER OCTAVUS

— HIC LIBER NON EXSTAT —

SUMMARIA

I. *Hesterna noctu* rectene, an cum vitio dicatur; et quænam super istis verbis grammatica traditio sit: itemque quod decemviri in XII Tabulis *nox* pro *noctu* dixerunt.

II. Quæ mihi decem verba ediderit Favorinus, quæ usurpentur quidem a Græcis, sed sint adulterina et barbara; quæ item a me totidem acceperit, quæ ex medio communique usu Latine loquentium minime Latina sint, neque in veterum libris reperiantur.

III. En quels termes et avec quelle sévérité le philosophe Pérégrinus réprimanda, en notre présence, un jeune Romain d'une famille équestre, qui l'écoutait d'un air nonchalant, et bâillait à chaque instant.

IV. Que le célèbre historien Hérodote s'est trompé lorsqu'il a dit que seul, parmi tous les arbres, le pin, après avoir été coupé, ne donne aucun rejeton ; et que le même écrivain a avancé comme certaine, sur la pluie et sur la neige, une observation peu exacte.

V. Ce que Virgile a voulu dire par ces mots : *cœlum stare pulvere*, le ciel rempli de poussière ; et Lucilius par ceux-ci : *pectus sentibus stare*, le sein hérissé d'épines.

VI. Qu'après une légère querelle suivie d'un raccommodement, il est tout à fait oiseux de s'interroger mutuellement sur ses torts. A ce sujet, discours de Taurus, et extrait d'un ouvrage de Théophraste. Opinion de Cicéron, textuellement rapportée, sur l'amitié.

VII. Ce qu'Aristote nous apprend dans son traité intitulé περὶ τῆς Μνήμης, sur la mémoire, sur la nature et les phénomènes de la mémoire. Autres observations,

III. Quem in modum et quam severe increpuerit, audientibus nobis, Peregrinus philosophus adolescentem Romanum, ex equestri familia, stantem segnem apud se et assidue oscitantem.

IV. Quod Herodotus, scriptor historiæ memoratissimus, parum vere dixerit, unam solamque pinum arborum omnium cæsam nunquam denuo ex iisdem radicibus pullulare, et quod item de aqua pluviali et nive rem non satis exploratam pro comperta posuerit.

V. Quid illud sit, quod Virgilius *cœlum stare pulvere*, et quod Lucilius *pectus sentibus stare* dixit.

VI. Quum post offensiunculas in gratiam redeatur, expostulationes fieri mutuas, minime utile esse : superque ea re et sermo Tauri expositus, et verba ex Theophrasti libro sumpta, et quia M. quoque Cicero de amore amicitiæ senserit, cum ipsius verbis additum.

VII. Ex Aristotelis libro, qui περὶ τῆς Μνήμης inscriptus est cognita acceptaque de natura

fruit des lectures et de l'expérience, sur le développement prodigieux ou l'anéantissement de cette faculté.

VIII. Ce qui m'arriva en voulant interpréter et traduire en latin certains passages de Platon.

IX. Que le philosophe Théophraste, l'homme le plus éloquent de son temps, voulant un jour adresser quelques mots aux Athéniens, se trouva tellement intimidé qu'il garda le silence. Que la même chose arriva à Démosthène devant le roi Philippe.

X. Discussion que j'eus, dans la ville d'Éleusis, avec un grammairien charlatan, qui ignorait même ce que savent les enfants, les temps des verbes et les premiers éléments, et qui cependant faisait étalage de science par des questions obscures et propres à embarrasser des esprits inexpérimentés.

XI. Réponse plaisante de Socrate à sa femme Xanthippe, qui l'invitait à faire meilleure chère pendant les fêtes de Bacchus.

XII. Quel est, dans les écrits des anciens, le sens de cette expression *plerique omnes*, presque tous. Qu'elle paraît empruntée aux Grecs.

et habitu memoriæ; atque inibi alia quædam de exuberantia aut interitu ejus lecta auditaque.

VIII. Quid mihi usu venerit, interpretari et quasi effingere volenti locos quosdam Platonicos Latina oratione.

IX. Quod Theophrastus philosophus, omnium suæ ætatis facundissimus, verba pauca ad populum Atheniensem facturus, deturbatus verecundia obticuerit; quodque idem hoc Demostheni apud Philippum regem verba facienti evenerit.

X. Qualis mihi fuerit, in oppido Eleusine disceptatio cum grammatico quodam præstigioso tempora verborum et puerilia meditamenta ignorante, remotarum autem quæstionum nebulas et formidines capiendis imperitorum animis ostentante.

XI. Quam festive responderit Xanthippæ uxori Socrates, petenti, ut per Dionysia largiore sumptu cœnitarent.

XII. Quid significet in veterum libris scriptum *plerique omnes*, et quod ea verba accepta a Græcis videntur.

XIII. Que le mot *quopsones*, usité en Afrique, n'est pas carthaginois, mais grec d'origine.

XIV. Plaisante dispute du philosophe Favorinus contre certain fâcheux qui discutait sur l'ambiguïté des mots. Quelques expressions peu usitées empruntées au poëte Névius et à Cn. Gellius. Quelques recherches étymologiques de P. Nigidius.

XV. Avec quelle violence et quelle ignominie le poëte Labérius fut traité par C. César : vers qu'il composa à ce sujet.

XIII. *Quopsones*, quod homines Africi dicunt, non esse verbum Pœnicum, sed Græcum.

XIV. Lepidissima altercatio Favorini philosophi adversus quemdam intempestivum de ambiguitate verborum disserentem, atque inibi verba quædam ex Nævio poeta et Cn. Gellio non usitate collocata; atque ibidem a P. Nigidio origines vocabulorum exploratæ.

XV. Quibus modis ignominiatus tractatusque sit a C. Cæsare Laberius poeta; atque inibi appositi versus super eadem re ejusdem Laberii.

LIVRE NEUVIÈME

I. Pourquoi Q. Claudius Quadrigarius dit-il, dans le dix-neuvième livre de ses *Annales*, qu'on lance un objet plus droit et plus sûrement de bas en haut que de haut en bas.

Q. Claudius, racontant, au dix-neuvième livre de ses *Annales*, le siége d'une ville conduit par le proconsul Métellus, et la courageuse résistance des habitants postés sur leurs murailles, s'exprime en ces termes : « Archers et frondeurs combattaient des deux côtés avec la plus grande ardeur. Mais il est fort différent de diriger une pierre ou une flèche de haut en bas ou de bas en haut ; car, de haut en bas, on ne peut les diriger avec justesse ; de bas en haut, au contraire, la chose est très-facile. Aussi les soldats de Métellus recevaient beaucoup moins de blessures, et, ce qui était très-important, ils éloignaient aisément les ennemis des créneaux. » Je demandai au rhéteur Antonius Julia-

LIBER NONUS

I. Quamobrem Q. Claudius Quadrigarius in undevicesimo *Annali* scripserit, rectiores certioresque ictus fieri, si sursum quid mittas, quam si deorsum.

Q. Claudius in undevicesimo *Annali*, quum oppidum a Metello proconsule oppugnari, contra ab oppidanis desuper e muris propugnari describeret, ita scripsit : « Sagittarius cum funditore utrinque summo studio spargunt fortissime. Sed sagittam atque lapidem deorsum an sursum mittas, hoc interest : nam neutrum potest deorsum versum recte mitti, sed sursum utrumque optime. Quare milites Metelli sauciabantur multo minus, et, quod maxime opus erat, a pinnis hostes defendebant facillime. » Percontabar ergo Antonium Julianum rhetorem,

nus comment Quadrigarius avait pu dire qu'on lançait plus sûrement et plus facilement un trait ou une pierre de bas en haut que de haut en bas, tandis que l'objet lancé semble suivre, au contraire, une ligne plus naturelle et plus facile, quand l'impulsion est donnée de haut en bas. Julianus, approuvant la manière dont j'avais posé ma question, me répondit : « Ce que Quadrigarius a dit d'une flèche et d'une pierre peut s'appliquer à toute espèce de projectile. Sans doute, comme tu le penses, lorsqu'on ne veut que jeter sans rien viser, il est plus facile de le faire de haut en bas. Mais s'agit-il de modérer et de diriger vers un but l'impulsion donnée, alors, si vous lancez de haut en bas, la direction imprimée par la main est naturellement contrariée par le poids du corps jeté, et par la rapidité de sa chute. Mais si vous lancez de bas en haut, si votre main et vos yeux visent un but élevé, le trait suivra sans dévier la ligne que vous lui aurez tracée. » Telle fut l'opinion émise par Julianus conversant avec moi sur ce passage de Q. Claudius. Quant à l'expression du même Q. Claudius : *a pinnis hostes defendebant facillime*, ils repoussaient aisément les ennemis des créneaux, on doit remarquer qu'il a employé *defendebant*, non dans l'acception vulgaire, mais pourtant dans un sens propre et latin : car les mots *defendere* et

cur hoc ita usu veniret, quod Quadrigarius dixisset, ut contigui magis directioresque ictus fiant, si vel lapidem vel sagittam sursum versus jacias, quam deorsum, quum proclivior faciliorque jactus sit ex supernis in infima, quam ex infimis in superna. Tum Julianus, comprobato genere quæstionis : « Quod de sagitta, inquit, et lapide dixit, hoc de omni fere missili telo dici potest. Facilior autem jactus est, sicuti dixisti, si desuper jacias, si quid jacere tantum velis, non ferire. Sed quum modus et impetus jactus temperandus dirigendusque est tum, si in prona jacias, moderatio atque ratio mittentis præcipitantia ipsa et pondere cadentis teli corrumpitur. At si in editiora mittas, et ad percutiendum superne aliquid manum et oculos collimes : quo modus a te datus fuerit, eo telum ibit, quod jeceris. » Ad hanc ferme sententiam Julianus super istis Q. Claudii verbis nobiscum sermocinatus est. Quod autem ait idem Q. Claudius *a pinnis hostes defendebant facillime*, animadvertendum est usum esse eum verbo *defendebant*, non ex vulgari consuetudine, sed admodum proprie et Latine. Nam *defendere* et

offendere, défendre et attaquer, ont un sens opposé : ce dernier signifie ἐμποδὼν ἔχειν, c'est-à-dire se diriger vers un obstacle et s'y heurter ; l'autre verbe signifie ἐμποδὼν ποιεῖσθαι, c'est-à-dire détourner, repousser un obstacle. Telle est la signification de *defendere* dans ce passage de Q. Claudius.

II. Paroles sévères d'Hérode Atticus sur certain personnage qui, composant son extérieur et enveloppé dans un manteau, affectait les manières et prenait le nom de philosophe.

Hérode Atticus, consulaire, célèbre par les charmes de son esprit et par son éloquence dans les lettres grecques, fut un jour abordé, en ma présence, par un personnage recouvert d'un manteau ; cet homme portait une longue chevelure et une barbe qui descendait au-dessous de la ceinture ; il lui demanda de l'argent *pour acheter du pain*. Hérode lui demande qui il est. Celui-ci, d'un air et d'un ton de grandeur, dit qu'il est philosophe, et je m'étonne, ajouta-t-il, qu'on me fasse cette question, puisqu'on voit bien qui je suis : « Je vois, dit Atticus, une barbe et un manteau, mais je ne vois pas encore un philosophe. Dis-moi, sans te

---

offendere inter sese adversa sunt, quorum alterum significat ἐμποδὼν ἔχειν, id est incurrere in aliquid et incidere, alterum ἐμποδὼν ποιεῖσθαι, id est avertere atque depellere. Quod hoc in loco a Q. Claudio dicitur.

II. Quibus verbis notarit Herodes Atticus falso quempiam cultu amictuque nomen habitumque philosophi ementientem.

Ad Herodem Atticum, consularem virum, ingenioque amoeno et Græca facundia celebrem, adiit, nobis præsentibus, palliatus quispiam et crinitus, barbaque prope ad pubem usque porrecta, ac petit æs sibi dari εἰς ἄρτους. Tum Herodes interrogat, quisnam esset. Atque ille, vultu sonituque vocis objurgatorio, philosophum se esse dicit, et mirari quoque addit, cur quærendum putasset, quod videret. « Video, inquit Herodes, barbam et pallium ; philosophum nondum vi-

fâcher, à quelle marque veux-tu que nous le reconnaissions en toi ? » Alors un de ceux qui se trouvaient avec Hérode dit que cet homme était un vagabond, un vaurien, qu'il fréquentait les mauvais lieux, et poursuivait d'ordinaire par de grossières injures ceux qui lui refusaient l'aumône. « Qu'il soit ce qu'il voudra, dit alors Atticus, mais donnons-lui quelque argent, non comme à un homme, mais parce que nous sommes nous-mêmes des hommes. » Et il lui fit donner de quoi acheter du pain pendant trente jours. Puis, se tournant vers nous : « Musonius, dit-il, rencontrant un mendiant de cette espèce, qui se vantait aussi d'être philosophe, lui fit compter mille deniers ; et, comme on lui faisait observer de tous côtés que c'était un vaurien, un misérable, un fripon qui ne méritait aucune pitié, Musonius dit en souriant, à ce qu'on rapporte : En ce cas, *l'argent est fait pour lui*. Au reste, ajouta Hérode, c'est pour moi un sujet de douleur et d'affliction de voir des êtres aussi abjects et aussi vils usurper le nom le plus saint et se dire philosophes. Les Athéniens, mes ancêtres, défendirent par un décret public de donner à des esclaves les noms d'Harmodius et d'Aristogiton, qui, pour rendre la liberté à leur pays, avaient tenté d'immoler le tyran Hippias :

---

deo. Quæso autem te, cum bona venia, dicas mihi, quibus nos uti posse argumentis existimas, ut esse te philosophum noscitemus ? » Interibi aliquot ex iis, qui cum Herode erant, erraticum esse hominem dicere, et nulli rei, incolumque esse sordentium genearum ; ac, nisi accipiat quod petit, convicio turpi solitum incessere. Atque ibi Herodes : « Demus, inquit, huic aliquid æris cuicuimodi est; tanquam homines, non tanquam homini ; » et jussit dari pretium panis triginta dierum. Tum nos aspiciens, qui eum sectabamur : « Musonius, inquit, ærascanti cuipiam id genus, et philosophum sese ostentanti, dari jussit mille nummum; et quum plerique dicerent, nebulonem esse, hominem malum et maliciosum, et nulla re bona dignum ; tum Musonium subridentem dixisse aiunt : Ἄξιος οὖν ἐστιν ἀργυρίου. Sed hoc potius, inquit, dolori mihi et ægritudini est, quod istiusmodi animalia spurca atque probra nomen usurpant sanctissimum, et philosophi appellantur. Majores autem mei Athenienses nomina juvenum fortissimorum, Harmodii et Aristogitonis, qui libertatis recuperandæ gratia Hippiam tyrannum interficere adorsi erant, ne unquam servis indere liceret, decreto pu-

ils eussent craint de souiller par le contact de la servitude des noms consacrés à la liberté de la patrie. Pourquoi donc souffrons-nous que le nom de philosophe, le plus illustre de tous, soit déshonoré par des misérables ? Les anciens Romains ont donné un exemple analogue, quoique dans un genre opposé, quand ils décrétèrent que les prénoms de quelques patriciens, condamnés pour attentat contre la république, ne seraient jamais portés par aucun membre de la même famille. C'était afin que leurs noms mêmes parussent flétris et morts avec ces traîtres. »

III. Lettre du roi Philippe au philosophe Aristote à propos de la naissance d'Alexandre.

Philippe, fils d'Amyntas, ce roi de Macédoine qui sut, par son courage et par sa politique, enrichir ses États, étendre sa domination sur un grand nombre de peuples, et se rendre, par ses armes, redoutable à toute la Grèce, ainsi que le répètent sans cesse les discours et les fameuses harangues de Démosthène, Philippe, disons-nous, quoique presque toujours absorbé par les soins de la guerre et par les émotions de la victoire, ne resta pourtant jamais

blico sanxerunt, quoniam nefas ducerent nomina libertati patriæ devota servili contagio pollui. Cur ergo nos patimur, nomen philosophiæ illustrissimum in hominibus deterrimis exsordescere? Simili autem, inquit, exemplo, ex contraria specie, antiquos Romanorum audio prænomina patriciorum quorumdam, male de republica meritorum, et ob eam causam capite damnatorum, censuisse, ne cui ejusdem gentis patricio inderentur, ut vocabula quoque eorum defamata atque demortua cum ipsis viderentur. »

III. Epistola Philippi regis ad Aristotelem philosophum super Alexandro recens nato.

Philippus, Amyntae filius, terræ Macedoniæ rex, cujus virtute industriaque Macetæ, locupletissimo imperio aucti, gentium nationumque multarum potiri cœperant, et cujus vim atque arma toti Græciæ cavenda metuendaque inclytæ illæ Demosthenis orationes concionesque vocificant. Is Philippus, quum in omni fere tempore negotiis belli victoriisque affectus exercitusque esset, a liberali

étranger au commerce des Muses et aux études littéraires. Beaucoup de ses paroles et de ses écrits témoignèrent d'un esprit aussi fin que poli. On a de lui des lettres pleines de grâce et de sagesse : telle est celle qu'il adressa au philosophe Aristote, pour lui annoncer la naissance d'Alexandre. Elle est bien propre à exciter la sollicitude des pères pour l'éducation de leurs enfants; j'ai donc jugé convenable de la transcrire dans l'espérance qu'elle fera impression sur l'esprit des parents. Je me garderai bien d'en altérer une seule expression.

« Philippe à Aristote, salut. — Sache qu'il m'est né un fils, ce dont je remercie les dieux, c'est moins de me l'avoir donné que de l'avoir fait naître de ton vivant. Car j'espère qu'élevé, formé par toi, il se montrera digne de son père et de l'empire qu'il doit diriger un jour. »

Voici le texte même de la lettre de Philippe :

Φίλιππος Ἀριστοτέλει χαίρειν. — Ἴσθι μοι γεγονότα υἱόν. οὖν τοῖς θεοῖς χάριν ἔχω, οὐχ οὕτως ἐπὶ τῇ γενέσει τοῦ παιδός, ἐπὶ τῷ κατὰ τὴν σὴν ἡλικίαν αὐτὸν γεγονέναι· ἐλπίζω γὰρ, αὐτὸν ὑπὸ σοῦ τραφέντα καὶ παιδευθέντα ἄξιον ἔσεσθαι καὶ ἡμῶν καὶ τῆς τῶν πραγμάτων διαδοχῆς.

tamen Musa et a studiis humanitatis nunquam abfuit quin lepide complerque et faceret et diceret. Feruntur adeo libri epistolarum ejus, munditiarum venustatis et prudentiæ plenarum; velut sunt illæ litteræ, quibus Aristoteli philosopho natum esse sibi Alexandrum nuntiavit. Ea epistola, quoniam diligentiæque in liberorum disciplinas hortamentum est, exscribenda visa est ad commonendos parentum animos. Exponenda igitur est ad hanc ferme sententiam :

« Philippus Aristoteli salutem dicit. — Filium mihi genitum scito; equidem diis habeo gratiam, non proinde quia natus est, quam quod pro enim nasci contigit temporibus vitæ tuæ. Spero enim fore ut educatus eruditusque abs te dignus exsistat et nobis et rerum istarum susceptione. »

Ipsius autem Philippi verba hæc sunt :

Φίλιππος Ἀριστοτέλει χαίρειν. — Ἴσθι μοι γεγονότα υἱόν. Πολλὴν οὖν τοῖς θεοῖς χάριν ἔχω, οὐχ οὕτως ἐπὶ τῇ γενέσει τοῦ παιδός, ὡς ἐπὶ τῷ κατὰ τὴν σὴν ἡλικίαν γεγονέναι· ἐλπίζω γὰρ, αὐτὸν ὑπὸ σοῦ τραφέντα καὶ παιδευθέντα ἄξιον ἔσεσθαι καὶ τῆς τῶν πραγμάτων διαδοχῆς.

LES NUITS ATTIQUES, LIVRE IX 383

IV. Traditions merveilleuses sur quelques nations barbares. Enchantements funestes et déplorables. Femmes changées subitement en hommes.

Revenant de Grèce en Italie, je débarquai à Brindes. Au sortir du vaisseau, je me promenais sur ce port fameux qu'Ennius a appelé *præpes*, assuré, en donnant à ce mot une acception fort peu usitée, mais très-convenable, lorsque j'aperçus un étalage de livres mis en vente. C'était une collection de livres grecs remplis de merveilles, de fables, de récits inouïs, incroyables, dont les auteurs étaient anciens et d'une autorité considérable : Aristée de Proconnèse, Isigone de Nicée, Ctésias, Onésicrite, Polystéphanus, Hégésias. Tous ces livres, abandonnés depuis longtemps, étaient couverts de poussière et avaient la plus triste apparence. Toutefois, je m'approchai, je demandai le prix, et, séduit par un bon marché inattendu et tout à fait étonnant, j'achetai presque pour rien un grand nombre d'ouvrages; je passai les deux nuits suivantes à les parcourir. En faisant cette lecture, j'ai noté quelques traits merveilleux, que l'on chercherait vainement, je crois, dans nos écrivains. J'ai jugé convenable de leur donner place dans

V. De barbararum gentium prodigiosis miraculis; deque diris et exitiosis fascinationibus; atque inibi de feminis repente versis in mares.

Quum e Græcia in Italiam rediremus, et Brundusium iremus, egressique e navi in terram in portu illo inclyto spatiaremur, quem Q. Ennius remotiore paulum, sed admodum scito vocabulo *præpetem* appellavit, fasces librorum venalium expositos vidimus. Atque ego statim avide pergo ad libros. Erant autem isti omnes libri Græci, miraculorum fabularumque pleni : res inauditæ, incredulæ; scriptores veteres non parvæ auctoritatis : Aristeas Proconnesius, et Isigonus Nicæensis, et Ctesias, et Onesicritus et Polystephanus, et Hegesias. Ipsa autem volumina ex diutino situ squalebant, et habitu aspectuque tætro erant. Accessi tamen, percontatusque pretium sum; et, adductus mira atque insperata vilitate, libros plurimos ære pauco emo; eosque omnes duabus proximis noctibus cursim transeo : atque in legendo carpsi exinde quædam, et notavi mirabilia et scriptoribus fere nostris intentata; eaque his commentariis aspersi; ut, qui eos lectita-

cet ouvrage, pour les faire connaître à mes lecteurs, afin qu'ils ne soient pas tout à fait étrangers aux récits de ce genre.

Voici quelques extraits de ces livres :

Les Scythes, qui vivent aux extrémités septentrionales du monde, mangent de la chair humaine, ce qui leur a fait donner le nom d'anthropophages. Dans les mêmes régions se trouvent des hommes qui n'ont qu'un œil au milieu du front, et que l'on appelle Arimaspes; c'est ainsi que les poëtes représentent les Cyclopes. Il y a encore dans cette même contrée une race d'hommes qui marchent avec une grande vitesse; mais au lieu d'avoir les pieds tournés en avant comme les autres hommes, ils les ont tournés en arrière. Enfin, à l'extrémité du monde est un pays appelé Albanie, où naissent des hommes dont la chevelure blanchit dès l'enfance, et qui voient mieux la nuit que le jour. On donne encore pour certain que les Sarmates, qui habitent au delà du Borysthène, ne prennent leur nourriture que de deux jours l'un, et ne mangent rien dans l'intervalle. J'ai même trouvé dans ces ouvrages des détails que j'ai lus depuis dans Pline Second, au septième livre de son *Histoire naturelle* : Qu'il y a en Afrique certaines familles dont les membres peuvent jeter des sorts, en

---

bit, is ne rudis omnino et ἀνήκοος inter istiusmodi rerum auditiones reperiatur.

Erant igitur in illis libris scripta hujuscemodi :

Scythas illos penitissimos, qui sub ipsis septentrionibus ætatem agunt, corporibus hominum vesci, ejusque victus alimento vitam ducere, et ἀνθρωποφάγους nominari : item, esse homines sub eadem regione cœli, unum oculum in frontis medio habentes, qui appellantur Arimaspi ; qua fuisse facie Κύκλωπας poetæ ferunt : alios item esse homines apud eamdem cœli plagam, singulariæ velocitatis, vestigia pedum habentes retro porrecta, non, ut cæterorum hominum, prospectantia : præterea traditum esse memoratumque, in ultima quadam terra, quæ Albania dicitur, gigni homines, qui in pueritia canescant, et plus cernant oculis per noctem, quam interdiu : item esse compertum et creditum, Sauromatas, qui ultra Borysthenem fluvium longe colunt, cibum capere semper diebus tertiis, medio abstinere. Id etiam in iisdem libris scriptum offendimus, quod postea quoque in libro Plinii Secundi *Naturalis Historiæ* septimo legimus, esse quasdam in

faisant entendre un son de voix ou quelques paroles. Leur arrive-t-il, par malheur, de louer de beaux arbres, des moissons fécondes, des enfants bien venus, des chevaux de race, des troupeaux bien nourris, bien soignés, bientôt tout cela meurt par le seul effet de ce charme. Ces mêmes auteurs attribuent aux yeux une influence non moins fatale; et même on rapporte qu'il y a en Illyrie des personnes qui tuent ceux qu'ils regardent longtemps et fixement quand ils sont irrités. Les hommes et les femmes dont la vue a un pouvoir si redoutable ont deux prunelles à chaque œil. Dans les montagnes de l'Inde, on trouve des hommes à tête de chien et qui aboient; ils se nourrissent des oiseaux et des animaux sauvages qu'ils prennent. Les terres situées à l'extrémité de l'Orient offrent encore d'autres merveilles : on y voit des hommes appelés monocoles; ils n'ont qu'une jambe dont ils se servent en sautant avec une très-grande agilité. Il y a même une espèce d'hommes sans tête, et qui ont les yeux placés sur les épaules. Mais ce qui dépasse les bornes du merveilleux, c'est que, d'après les mêmes écrivains, on trouve aux confins de l'Inde des hommes entièrement couverts de plumes, comme les oiseaux, qui ne prennent aucune nourriture substantielle, mais qui se contentent pour vivre d'aspirer par le nez le parfum des fleurs,

---

terra Africa familias hominum, voce atque lingua effascinantium, qui si impensius forte laudaverint pulchras arbores, segetes lætiores, infantes amœniores, egregios equos, pecudes pastu atque cultu opimas; emoriantur repente hæc omnia, nulli aliæ causæ obnoxia. Oculis quoque exitialem fascinationem fieri, in iisdem libris scriptum est : traditurque, esse homines in Illyriis, qui interimant videndo, quos diutius irati viderint; eosque ipsos mares feminasque, qui visu tam nocenti sunt, pupillas in singulis oculis binas habere. Item esse in montibus terræ Indiæ homines caninis capitibus et latratibus; eosque vesci avium et ferarum venatibus : atque item esse alia apud ultimas orientis terras miracula, homines, qui monocoli appellantur, singulis cruribus saltuatim currentes, vivacissimæ pernicitatis : quosdam etiam esse nullis cervicibus, oculos in humeris habentes. Jam vero hoc egreditur omnem modum admirationis, quod iidem illi scriptores gentem esse aiunt apud extrema Indiæ, corporibus hirtis et avium ritu plumantibus, nullo cibatu vescentem, sed spiritu florum naribus hausto victitantem.

Non loin de là sont les pygmées, dont les plus grands n'ont pas plus de deux pieds un quart.

Voilà ce que j'ai lu entre mille autres récits merveilleux. Mais, après avoir écrit ce qui précède, j'ai pris en dégoût un genre de connaissances si extraordinaires, et qui ne peuvent contribuer ni à l'utilité ni à l'agrément de la vie. Cependant, à propos de prodiges, on me permettra de citer Pline Second, un des hommes les plus remarquables de son époque par son génie, la dignité de son caractère, et l'autorité dont il jouissait. Je rapporterai, non pas un fait dont il ait entendu parler, ou qu'il ait lu, mais ce qu'il raconte comme l'ayant vu lui-même. Voici un passage extrait textuellement du septième livre de son *Histoire naturelle* : on verra qu'il ne faut pas tant se moquer des vieux récits des anciens poëtes, sur Cænis et Cæneus.

« Les métamorphoses des femmes en hommes ne sont point une fable. Nous lisons dans les annales que, sous le consulat de Q. Licinius Crassus et de C. Cassius Longinus, une fille de Casinum, vivant avec ses parents, devint un jeune garçon, et qu'elle fut transportée, par l'ordre des aruspices, dans une île déserte. Licinius Mucianus prétendit avoir vu à Argos un jeune homme

---

Pygmæos quoque haud longe ab iis nasci, quorum qui longissimi sint, non longiores esse, quam pedes duos et quadrantem.

Hæc atque alia istiusmodi plura legimus. Sed, quum ea scriberemus, tenuit nos non idoneæ scripturæ tædium, nihil ad ornandum juvandumque usum vitæ pertinentis. Libitum tamen est, in loco hoc miraculorum notare id etiam, quod Plinius Secundus, vir in temporibus ætatis suæ, ingenii dignitatisque gratia, auctoritate magna præditus, non audisse neque legisse, sed scire sese atque vidisse in libro *Naturalis Historiæ* septimo scripsit. Verba igitur hæc, quæ infra posui, ipsius sunt, ex eo libro sumpta : quæ profecto faciunt, ut neque respuenda neque ridenda sit notissima illa veterum poetarum de Cænide et Cæneo cantilena :

« Ex feminis, inquit, mutari in mares, non est fabulosum. Invenimus in annalibus, Q. Licinio Crasso, C. Cassio Longino consulibus, Casini puerum factum ex virgine, sub parentibus, jussuque haruspicum deportatum in insulam desertam. Licinius Mutianus prodidit, visum esse a se Argis Arescontem, cui nomen

appelé Arescon, qui, jadis fille, sous le nom d'Arescusa, avait été marié ; mais la barbe et les organes de la virilité s'étant manifestés, il avait épousé une femme. Le même Licinius dit avoir vu, à Smyrne, un jeune homme qui subit une semblable métamorphose. J'ai vu moi-même en Afrique L. Cossicius, citoyen de Thysdrus, qui, femme d'abord, changea de sexe le jour de ses noces. Il vit encore au moment où je raconte son aventure. »

Pline, dans le même livre, dit encore :

« Il y a des êtres qui réunissent les deux sexes, nous les appelons hermaphrodites; on les appelait autrefois androgynes, et on les regardait comme des monstres. Aujourd'hui ils font les délices du libertinage. »

V. Opinions diverses de plusieurs philosophes illustres sur l'essence et la nature de la volupté. Paroles par lesquelles le philosophe Hiéroclès flétrissait les doctrines d'Épicure.

Les philosophes de l'antiquité ont professé de bouche et par écrit diverses opinions sur la volupté. Épicure pose en principe que la volupté est le souverain bien ; cependant il la définit : « un

---

Arescusæ fuisset, nupsisse etiam; mox barbam et virilitatem provenisse, uxoremque duxisse : ejusdem sortis et Smyrnæ puerum a se visum. Ipse in Africa vidi mutatum in marem die nuptiarum L. Cossitium civem Thysdritanum vivebatque, quum proderem hæc. »

Idem Plinius, eodem in libro, verba hæc scripsit :

« Gignuntur homines utriusque sexus, quos hermaphroditos vocamus, olim androgynos vocatos, et in prodigiis habitos, nunc vero in deliciis. »

V. Diversæ nobilium philosophorum sententiæ de genere ac natura voluptatis : verbaque Hieroclis philosophi, quibus decreta Epicuri insectatus est.

De voluptate veteres philosophi diversas sententias tenuerunt atque dixerunt. Epicurus voluptatem summum bonum esse ponit; eam tamen ita definit : Σαρκὸς

état paisible et harmonieux du corps. » Antisthène, le Socratien, la regarde comme le plus grand des maux. On cite de lui cette parole : « Plutôt devenir fou, que d'aimer le plaisir. » Speusippe et toute l'ancienne Académie disent que la volupté et la douleur sont deux maux contraires, et que le bien est dans un juste milieu à égale distance de ces deux extrêmes. Zénon a regardé la volupté comme indifférente, comme n'ayant aucun rapport avec le bien ni avec le mal, aussi l'appelle-t-il ἀδιάφορον, indifférente. Le péripatéticien Critolaüs dit que la volupté est un mal, et qu'elle enfante beaucoup d'autres maux, l'injustice, la paresse, l'oubli, la lâcheté. Platon, avant tous ces philosophes, avait émis tant d'opinions diverses sur la volupté, que celles dont je viens de parler pourraient être regardées comme prenant leur source dans ses ouvrages. La volupté présentant naturellement mille formes diverses, Platon la peint selon l'usage qu'il veut en faire, et d'après le sujet qu'il traite. Quant à mon maître Taurus, toutes les fois qu'il était question devant lui d'Épicure, il ne manquait jamais de répéter cette parole du stoïcien Hiéroclès, homme grave et de mœurs irréprochables : « Dire que la volupté est la fin de l'homme, c'est une opinion de courtisane; et de même encore, dire qu'il n'y a point de Providence. »

εὐσταθὲς κατάστημα. Antisthenes Socraticus summum malum dicit. Ejus namque hoc verbum est : Μανείην μᾶλλον ἢ ἡσθείην. Speusippus vetusque omnis Academia voluptatem et dolorem duo mala esse dicunt opposita inter sese; bonum autem esse, quod utriusque medium foret. Zeno censuit voluptatem esse indifferens, id est neutrum, neque bonum neque malum; quod ipse Græco vocabulo ἀδιάφορον appellavit. Critolaus Peripateticus et malum esse voluptatem ait, et multa alia mala parere ex sese, injurias, desidias, obliviones, ignavias. Plato ante hos omnes ita varie et multiformiter de voluptate disseruit, ut cunctæ istæ sententiæ, quas supra posui, videantur ex sermonum ejus fontibus profluxisse, nam perinde unaquaque utitur, ut et ipsius voluptatis natura fert, quæ ex multiplex, et causarum, quas tractat, rerumque, quas efficere vult, ratio desiderat. Taurus autem noster, quoties facta mentio Epicuri esset, in ore atque in lingua habebat verba hæc Hieroclis stoici, viri sancti et gravis : Ἡδονὴ τέλος, πόρνης δόγμα· οὐκ ἔστι Προνοία οὐδέν, πορνησόδογμα.

VI. Comment doit se prononcer la première syllabe du verbe qui est le fréquentatif d'*ago*.

On a fait de *ago*, *egi*, je fais, j'ai fait, le verbe *actito*, *actitavi*, je fais souvent, j'ai fait souvent, forme appelée fréquentative par les grammairiens. J'ai entendu des personnes qui ne manquaient pas d'instruction prononcer brève la première syllabe de ces mots : ils s'appuyaient sur ce que la première syllabe du primitif *ago* est brève. Pourquoi donc alors la première syllabe de *edo*, je mange, et de *ungo*, j'oins, étant brève, les fréquentatifs *esito*, je mange souvent, et *unctito*, j'oins souvent, ont-ils longue leur première syllabe? Pourquoi prononçons-nous brève la première de *dictito*, je dis souvent, qui vient de *dico*, je dis? Ne serait-il pas plus convenable d'allonger la première syllabe dans *actito*, *actitavi*, je fais souvent, j'ai fait souvent, puisque la plupart des fréquentatifs adoptent, pour leur première syllabe, la quantité du participe passé de leur primitif? Ainsi de *lego*, *lectus*, je lis, lu, on fait *lectito*, je lis souvent; *unctito*, j'oins souvent, de *ungo*, *unctus*, j'oins, oint; *scriptito*, j'écris souvent, de *scribo*, *scriptus*, j'écris, écrit; *monito*, j'avertis souvent, de *moneo*, mo-

---

VI. Verbum, quod est ab *ago* frequentativum, in prima syllaba quonam sit modo pronuntiandum.

Ab eo, quod est *ago* et *egi*, verba sunt, quæ appellant grammatici frequentativa, *actito* et *actitavi*. Hæc quosdam non sane indoctos viros audio ita pronuntiare, ut primam in his litteram corripiant : rationemque dicunt, quoniam in verbo principali, quod est *ago*, prima littera breviter pronuntiatur. Cur igitur ab eo, quod est *edo*, et *ungo*, in quibus verbis prima littera breviter dicitur, *esito*, et *unctito*, quæ sunt eorum frequentativa, prima littera longa proximus? Et contra, *dictito*, ab eo verbo, quod est *dico*, correpte dicimus? Num ergo potius *actito* et *actitavi* producenda sunt? quoniam frequentativa ferme omnia eodem modo in prima syllaba dicuntur, quo participia præteriti temporis ex iis verbis, unde ea profecta sunt; in eadem syllaba pronuntiantur; sicut *lego*, *lectus*, facit *lectito*; *ungo*, *unctus*, *unctito*; *scribo*, *scriptus*, *scriptito*; *moneo*, mo-

nitus, j'avertis, averti ; *pensito*, je paye souvent, de *pendeo*, *pensus*, je paye, payé ; *esito*, je mange souvent, de *edo*, *esus*, je mange, mangé. Au contraire, *dico*, *dictus*, je dis, dit, fait *dictito*, je dis souvent (avec la première syllabe brève ; *gero*, *gestus*, je fais, fait, fait *gestito*, je fais souvent ; *veho*, *vectus*, je charrie, charrié, *vectito*, je charrie souvent ; *rapio*, *raptus*, j'enlève, enlevé, *raptito*, j'enlève souvent ; *capio*, *captus*, je prends, pris, *captito*, je prends souvent ; *facio*, *factus*, je fais, fait, *factito*, je fais souvent. Ainsi donc la première syllabe de *actito*, je fais souvent, doit se prononcer longue, puisque ce verbe vient de *ago*, *actus*, je fais, fait.

VII. Que les feuilles des oliviers se retournent aux solstices ; que pendant les mêmes époques, si l'on frappe quelques cordes d'un instrument on entend résonner celles qui n'ont point été touchées.

C'est un fait attesté par beaucoup d'auteurs et généralement admis, qu'à l'époque du solstice d'hiver et du solstice d'été, les feuilles de l'olivier se retournent de manière à ce que la partie inférieure et cachée se trouve exposée aux regards, et reçoit la lumière du soleil. J'ai fait moi-même cette expérience, je l'ai répétée, et elle m'a paru à peu près concluante. Mais ce que l'on dit

---

nitus, *monito* ; *pendeo*, *pensus*, *pensito* ; *edo*, *esus*, *esito* ; *dico* autem, *dictus*, *dictito* facit ; *gero*, *gestus*, *gestito* ; *veho*, *vectus*, *vectito* ; *rapio*, *raptus*, *raptito* ; *capio*, *captus*, *captito* ; *facio*, *factus*, *factito*. Sic igitur *actito* producte in prima syllaba pronuntiandum : quoniam ex eo fit, quod est *ago* et *actus*.

VII. De conversione foliorum in arbore olea brumali et solstitiali die ; deque fidibus id temporis ictu alieno sonantibus.

Vulgo et scriptum et creditum est, folia olearum arborum brumali et solstitiali die converti ; et quæ pars eorum fuerat inferior atque occultior, eam supra fieri atque exponi ad oculos et ad solem : quod nobis quoque semel atque iterum experiri volentibus ita esse propemodum visum est. Sed de fidibus rarius dictu

des cordes d'un instrument, est moins connu et plus étonnant : plusieurs savants, et Suetonius Tranquillus entre autres, dans son premier livre des *Récréations historiques*, regardent comme un fait certain et suffisamment prouvé que pendant le solstice d'hiver, si l'on vient à pincer quelques cordes d'une lyre, on entend résonner celles qui n'ont point été touchées.

VIII. Que les besoins croissent nécessairement avec les richesses ; et, à ce sujet, maxime du philosophe Favorinus rendue avec une élégante concision.

C'est l'observation qui a suggéré aux sages cette pensée dont la pratique est certaine : que l'homme qui possède beaucoup manque de beaucoup de choses ; et qu'une grande indigence prend sa source, non dans une grande disette, mais dans une grande abondance. Riche, on éprouve de nouveaux désirs afin de conserver ce que l'on possède déjà. Aussi l'homme comblé de biens désire-t-il se mettre à l'abri du besoin, se garantir de l'indigence, qu'il fasse en sorte que sa fortune diminue, et non qu'elle augmente : moins il possédera, moins il aura de besoins. Je me souviens qu'un jour Favorinus exprima en quelques mots cette pensée aux applaudissements redoublés de ses auditeurs. Voici ses

et mirabilius est : quam rem et alii docti viri, et Suetonius etiam Tranquillus in libro *Ludicræ historiæ* primo satis compertam esse, satisque super ea constare affirmat, nervias in fidibus brumali die alias digitis pelli, alias sonare.

VIII. Necessum esse, qui multa habeat, multis indigere ; deque ea re Favorini philosophi cum brevitate eleganti sententia.

Verum est profecto, quod, observato rerum usu, sapientes viri dixere : multis egere, qui multa habeat ; magnamque indigentiam nasci, non ex inopia magna, sed ex magna copia. Multa enim desiderari ad multa, quæ habeas, tuenda. Quisquis igitur multa habens cavere atque prospicere velit, ne quid egeat, neve quid desit ; jactura opus esse, non quæstu ; et minus habendum esse, ut minus desit. Hanc sententiam memini à Favorino inter ingentes omnium clamores de-

expressions : « Il n'y a pas de raison pour que celui qui veut avoir quinze mille chlamydes, n'en veuille pas avoir encore davantage. Suis-je tourmenté du désir d'acquérir plus que je ne possède? je retranche une partie de ce que j'ai, et ce qui me reste me suffira. »

IX. De la manière de traduire les passages remarquables des poëtes grecs ; et des vers d'Homère que Virgile passe pour avoir traduits plus ou moins heureusement.

Lorsqu'on veut traduire ou imiter certains passages remarquables des poëtes grecs, il ne faut pas, dit-on, toujours s'efforcer de rendre tout mot pour mot. La plupart des beautés perdent en effet de leur charme, s'il faut torturer le texte et user de violence pour les transporter dans une autre langue. Virgile a donc fait preuve de jugement et de goût lorsqu'en imitant des passages d'Homère, d'Hésiode, d'Apollonius, de Parthénius, de Callimaque, de Théocrite, ou d'autres poëtes, il a pris certains traits et en a rejeté d'autres. Dernièrement nous lisions à table les *Bucoliques* de Théocrite et celles de Virgile, et nous remarquions que Virgile a laissé un trait plein de grâce, sans doute, dans le grec, mais qu'il

---

tornatam inclusamque verbis his paucissimis : Τὸν γὰρ μυρίων καὶ πεντακισχιλίων χλαμύδων δεόμενον οὐκ ἔστι μὴ πλειόνων δεῖσθαι· οἷς γὰρ ἔχω προσδεόμενος ἀφελὼν ὧν ἔχω, ἀρκοῦμαι οἷς ἔχω.

IX. Quis modus sit verba vertendi in Græcas sententias ; deque iis Homeri versibus, quos Virgilius vertisse aut bene apteque aut improspere existimatus est.

Quando ex poematicis Græcis vertendæ imitandæque sunt insignes sententiæ, non semper aiunt enitendum, ut omnia omnino verba in eum, in quem dicta sunt, modum vertamus. Perdunt enim gratiam pleraque, si quasi invita et recusantia violentius transferantur. Scite igitur et considerate Virgilius, quum aut Homeri aut Hesiodi aut Apollonii aut Parthenii aut Callimachi aut Theocriti aut quorumdam aliorum locos effingeret, partim reliquit, alia expressit. Sicut nuperrime apud mensam quum legerentur utraque simul *Bucolica*, Theocriti et Virgilii, animadvertimus, reliquisse Virgilium, quod Græcum quidem mire

ne devait ni ne pouvait traduire. Au reste, ce qu'il a substitué au passage omis à dessein est peut-être plus agréable et plus délicat :

Théocrite :

Cléariste jette une pomme au berger qui passe devant elle avec ses chèvres, et elle siffle doucement pour l'appeler.

Virgile :

Galatée me jette une pomme; folâtre jeune fille, elle court se cacher parmi les saules, mais auparavent elle désire être aperçue.

Dans un autre passage, j'ai encore remarqué une expression pleine de charme dans le grec, mais que Virgile a judicieusement omise.

Tityre, mon bien-aimé, fais paître les chèvres; ensuite mène-les à la fontaine, Tityre. Évite ce bouc fauve de Libye, de peur qu'il ne te frappe de ses cornes.

Comment Virgile aurait-il pu conserver τὸ καλὸν περιλαμένε,

quam suave est, verti autem neque debuit neque potuit. Sed enim quod substituit pro eo, quod omiserat, non abest, quin jucundius lepidiusque sit :

> Βάλλει καὶ μάλοισι τὸν αἰπόλον ἁ Κλεαρίστα,
> Τὰς αἶγας παρελῶντα, καὶ ἁδύ τι ποππυλιάσδει.

> Malo me Galatea petit, lasciva puella :
> Et fugit ad salices, et se cupit ante videri.

Illud quoque alio in loco animadvertimus caute omissum, quod est in Græco versu dulcissimum :

> Τίτυρ', ἐμὶν τὸ καλὸν πεφιλαμένε, βόσκε τὰς αἶγας,
> Καὶ ποτὶ τὰν κράναν ἄγε, Τίτυρε· καὶ τὸν ἐνόρχαν,
> Τὸν Λιβυκὸν κνάκωνα φυλάσσεο, μή τυ κορύξῃ.

Quo enim pacto diceret τὸ καλὸν περιλαμένε, verba hercle non translatitia,

mon bel ami, paroles intraduisibles, et d'une grâce en quelque sorte indigène? Il les a donc laissées de côté, et s'est contenté pour le reste d'une élégante imitation. Nous ne blâmerons qu'un mot, *caprum*, pour rendre le ἐνόρχαν, bouc, de Théocrite : en effet, d'après M. Varron, en latin *caper* signifie le bouc qui est châtré.

Tityre, jusqu'à mon retour (j'ai peu de chemin à faire), fais paître les chèvres, ensuite mène-les boire, Tityre; et en les conduisant évite la rencontre du bouc; il frappe de la corne.

Mais puisqu'il s'agit ici de la traduction des passages remarquables des poëtes, je me rappelle avoir entendu les disciples de Valérius Probus, rapportant une opinion plusieurs fois émise par leur maître, homme instruit, appréciateur éclairé et plein de tact du mérite des anciens écrivains. Virgile, selon Probus, ne fut jamais plus mal inspiré qu'en imitant Homère dans ce passage délicieux sur Nausicaa :

Telle Diane chasseresse s'avance sur le haut Taygète, ou sur l'Érymanthe, joyeuse de poursuivre les sangliers et les cerfs rapides.

---

sed cujusdam nativæ dulcedinis? Hoc igitur reliquit, et cætera vertit non infestiviter : nisi quod *caprum* dixit, quem Theocritus ἐνόρχαν appellavit. Auctore enim M. Varrone is demum Latine *caper* dicitur, qui castratus est.

Tityre, dum redeo (brevis est via), pasce capellas,
Et potum pastas age, Tityre : et inter agendum
Occursare capro, cornu ferit ille, caveto.

Et quoniam de transferendis sententiis loquor, memini audisse me ex Valerii Probi discipulis, docti hominis, et in intelligendis pensitandisque veteribus scriptis bene callidi, solitum eum dicere, nihil quidquam tam improspere Virgilium ex Homero vertisse, quam versus hos amœnissimos, quos de Nausicaa Homerus fecit :

Οἵη δ' Ἄρτεμις εἶσι κατ' οὔρεος ἰοχέαιρα,
Ἢ κατὰ Τηΰγετον περιμήκετον, ἢ Ἐρύμανθον,

Autour d'elle sont les nymphes filles du dieu qui porte l'égide;
habitantes des forêts, elles partagent les jeux de la déesse. La joie
remplit le cœur de Latone, car sa fille dépasse ses compagnes de
toute la tête; on la distingue au premier coup d'œil, et cependant
toutes sont belles. Telle brillait au milieu de ses compagnes la
jeune Nausicaa qui n'avait pas encore subi le joug du mariage.

Virgile :

Telle sur les rives de l'Eurotas, ou sur les sommets du Cynthe,
Diane dirige les danses de ses compagnes. Autour d'elle se groupent
de différents côtés des milliers d'Oréades. La déesse s'avance le
carquois sur l'épaule, et dominant de toute la tête les nymphes qui
la suivent. A cette vue une joie secrète agite le cœur de Latone.
Telle était Didon; telle elle s'avançait joyeuse au milieu de ses
sujets, hâtant par sa présence les travaux, et préparant la future
grandeur de son empire.

Avant tout, Probus remarquait que chez Homère la vierge Nausicaa folâtrant avec ses jeunes compagnes, dans un lieu solitaire, est comparée justement et avec bonheur à Diane chassant sur le

Τερπομένη κάπροισι καὶ ὠκείης ἐλάφοισι·
Τῇ δέ θ᾽ ἅμα νύμφαι, κοῦραι Διὸς αἰγιόχοιο,
Ἀγρονόμοι παίζουσι· γέγηθε δέ τε φρένα Λητώ.
Πασάων δ᾽ ὕπερ ἥ γε κάρη ἔχει ἠδὲ μέτωπα·
Ῥεῖα δ᾽ ἀριγνώτη πέλεται· καλαὶ δέ τε πᾶσαι.
[Ὣς ἥ γ᾽ ἀμφιπόλοισι μετέπρεπε παρθένος ἀδμής.]

Qualis in Eurotæ ripis aut per juga Cynthi
Exercet Diana choros, quam mille sequutæ
Hinc atque hinc glomerantur Oreades. Illa pharetram
Fer humero; gradiensque deas supereminet omnes:
Latonæ tacitum pertentant gaudia pectus
[Talis erat Dido, talem se læta ferebat
Per medios, instans operi regnisque futuris.]

Primum omnium id visum esse dicebant Probo, quod apud Homerum quidem virgo Nausicaa ludibunda inter familiares puellas in locis solis recte atque commode confertur cum Diana venante in jugis montium inter agrestes deas; ne-

sommet des montagnes, au milieu des nymphes des bois ; mais Virgile, ajoutait-il, était loin d'avoir fait une comparaison aussi juste, parce que Didon, au milieu de sa ville naissante, s'avançant entourée de ses chefs tyriens, avec une démarche grave, un extérieur imposant, *hâtant les travaux*, comme dit le poëte, *et préparant la future grandeur de son empire*, n'offre aucun rapport, ne présente aucun point de comparaison avec Diane au milieu des joyeux ébats de la chasse ; ensuite Homère peint avec conscience et vérité Diane se livrant avec ardeur à son exercice favori ; Virgile, au contraire, sans avoir parlé de la chasse de la déesse, se contente de lui mettre sur l'épaule un carquois que l'on prendrait volontiers pour un fardeau, pour un véritable paquet. Mais ce qui étonnait surtout Probus, disaient ses disciples, c'est que, ayant pour modèle une joie naturelle et profonde qui pénètre, vivante, au milieu de l'âme et du cœur de Latone (car n'est-ce pas là le sens de γέγηθε δέ τε φρένα Λητώ?) Virgile, dans son imitation, ait peint la joie de la déesse comme un sentiment froid, léger, tranquille, qui n'effleure, pour ainsi dire, que la surface du cœur. « Car, dit Probus, peut-on donner une autre acception au mot *pertentant*? A toutes ces critiques, il ajoute que Virgile lui paraît avoir négligé la fleur de ce passage, lorsqu'il traduit si faiblement ce vers de son modèle :

quaquam autem conveniens Virgilium fecisse, quoniam Dido in urbe media ingrediens inter Tyrios principes, cultu atque incessu serio, *instans operi*, sicut ipse ait, *regnisque futuris*, nihil ejus similitudinis capere possit, quæ lusibus atque venatibus Dianæ congruat. Tum postea quod Homerus studia atque oblectamenta in venando Dianæ honeste apteque dicit ; Virgilius autem, quum de venatu deæ nihil dixisset, pharetram tantum facit eam ferre in humero, tanquam sit onus et sarcina. Atque illud impense Probum esse demiratum in Virgilio dicebant, quod Homerica quidem Λητώ gaudium gaudeat genuinum et intimum, atque in ipso penetrali cordis et animæ vigens (siquidem non aliud est γέγηθε δέ τε φρένα Λητώ) ; ipse autem, imitari hoc volens, gaudia fecerit pigra et levia et cunctantia et quasi in summo pectore superantia. Nescire enim sese, quid significaret aliud *pertentant*. Præter ista omnia florem ipsius totius loci Virgilium videri omisisse, quod hunc Homeri versum exigue sequutus sit :

Ῥεῖα δ' ἀριγνώτη πέλεται· καλαὶ δέ τε πᾶσαι.

On la distingue au premier coup d'œil, et cependant toutes sont belles.

Comment faire un éloge plus grand, plus complet de la déesse, que de dire : toutes ces nymphes étaient belles, mais Diane les éclipsait par ses attraits ; au premier coup d'œil on reconnaissait facilement la déesse ?

X. Critique dégoûtante et ridicule d'Annéus Cornutus sur les vers dans lesquels Virgile peint, en termes chastes et voilés, Vénus et Vulcain reposant sur la même couche.

Le poëte Annianus et la plupart de ses confrères ne pouvaient se lasser de louer ces vers où Virgile, voulant montrer et dépeindre Vulcain et Vénus se tenant embrassés dans la couche nuptiale, voile chastement, par des expressions détournées, les mystères que la nature ordonne de dérober aux regards. Voici ce passage :

Ayant ainsi parlé, il jouit des embrassements désirés, et, repo-

Ῥεῖα δ' ἀριγνώτη πέλεται· καλαὶ δέ τε πᾶσαι.

Quando nulla major cumulatiorque pulchritudinis laus dici potuerit, quam quod una inter omnes pulchras excelleret, una facile ex omnibus nosceretur.

X. Quod Annæus Cornutus versus Virgilii, quibus Veneris et Vulcani concubitum pudice operteque dixit, reprehensione spurca et odiosa inquinavit.

Annianus poeta et plerique cum eo ejusdem musæ viri summis assiduisque laudibus hos Virgilii versus ferebant, quibus Vulcanum et Venerem junctos mixtosque jure conjugii, rem lege naturæ operiendam, verecunda quadam translatione verborum quum ostenderet demonstraretque, protexit. Sic enim scripsit :

. . . . Ea verba loquutus,
Optatos dedit amplexus, placidumque petivit

sant sur le sein de son épouse, il se livre aux douceurs du sommeil.

Ils faisaient remarquer qu'en pareille circonstance il est bien moins difficile de se borner à quelques mots suffisant pour tracer une rapide esquisse de semblables images. Ainsi Homère a dit : « La ceinture virginale, la loi de la couche nuptiale, les travaux amoureux. »

Tous deux s'assoupirent sur la couche où ils avaient goûté les plaisirs de l'amour.

Mais développer en termes clairs et manifestes, et cependant si purs, si chastes, les pudiques mystères du lit conjugal, voilà ce que personne n'a tenté, que le seul Virgile. Cependant un homme qui, d'ailleurs, était loin de manquer de savoir et de jugement, Annéus Cornutus, au second livre *sur les Figures de pensées*, a souillé toute cette délicate peinture par une interprétation aussi forcée qu'inconvenante. Après avoir approuvé ce genre de figure, après avoir dit que ces vers étaient remarquables de réserve : « Cependant, ajoute-t-il, Virgile s'est servi imprudemment du mot *membra*. »

Conjugis infusus gremio per membra soporem.

Minus autem difficile esse arbitrabantur, in istiusmodi re dicenda verbis uti uno atque altero brevi tenuique eam signo demonstrantibus, sicuti Homerus dixerit : παρθενικὴν ζώνην, καὶ λέκτροιο θεσμὸν, et ἔργα φιλοτήσια.

Τὼ μὲν ἄρ᾽ ἐν τρητοῖσι κατεύνασθεν λεχέεσσιν.

Tot vero et tam evidentibus ac tamen non praetextatis, sed puris honestisque verbis venerandum illud concubii pudici secretum neminem quemquam alium dixisse. Sed Annæus Cornutus, homo sane pleraque alia non indoctus neque imprudens, in secundo tamen librorum, quos *de Figuris-sententiarum* composuit, egregiam totius istius verecundiæ laudem insulsa nimis et odiosa scrutatione violavit. Nam quum genus hoc figuræ probasset, et satis circumspecte factos esse versus dixisset : « *Membra* tamen, inquit, paulo incautius nominavit. »

XI. Sur Valérius Corvinus. Origine de ce surnom.

Il n'est pas un seul de nos historiens célèbres qui n'ait parlé de Marcus Valérius, surnommé Corvinus, à cause du secours que lui prêta un corbeau dans un combat. Voici comment ce fait merveilleux est rapporté dans les livres des *Annales* :

L. Furius et Claudius Appius étant consuls, Valérius, jeune homme de race noble, servait en qualité de tribun militaire, lorsqu'une armée nombreuse de Gaulois envahit le champ Pontin. Déjà les consuls disposaient les légions pour le combat, non sans éprouver quelque inquiétude en songeant au courage et au grand nombre de leurs ennemis. Cependant, un chef gaulois, remarquable entre tous par sa taille gigantesque et par l'or éclatant de ses armes, s'avance à grands pas. Sa main agite un trait; il jette autour de lui des regards pleins d'orgueil et de mépris; il appelle, il provoque au combat un Romain, s'il en est un seul qui ose se mesurer avec lui. Alors le tribun Valérius, tandis que tous hésitent entre la frayeur et la honte, demande aux consuls la permission de combattre ce Gaulois si vain et si arrogant. Puis

XI. De Valerio Corvino; et unde Corvini sit cognomentum.

De Marco Valerio, qui Corvinus appellatus est, ob auxilium propugnationemque corvi alitis, haud quisquam est nobilium scriptorum, qui secus dixerit. Ea res, prorsus admiranda, sic profecto est in libris *Annalibus* memorata :

Adolescens tali genere editus, L. Furio, Claudio Appio consulibus, fit tribunus militaris. Atque in eo tempore copiæ Gallorum ingentes agrum Pomptinum insederant; instruebanturque acies a consulibus, de vi ac multitudine hostium satis agentibus. Dux interea Gallorum, vasta et ardua proceritate, armisque auro præfulgentibus, grandia ingrediens et manu telum reciprocans incedebat; perque contemptum et superbiam circumspiciens, despiciensque omnia, venire jubet et congredi, si quis pugnare secum ex omni Romano exercitu auderet. Tum Valerius tribunus, cæteris inter metum pudoremque ambiguis, impetrato prius a consulibus, ut in Gallum, tam immaniter arrogantem, pugnare sese permitte-

il marche d'un air intrépide et modeste contre son ennemi. Les deux adversaires s'approchent et s'observent. Déjà le combat commence, lorsque tout à coup les dieux manifestent leur puissance par un prodige : un corbeau fendant les airs arrive à l'improviste; il se pose sur le casque du tribun; il attaque le visage et les yeux du Gaulois; il s'élançait sur lui, le troublait, lui déchirait les mains, et par ses ailes lui dérobait la vue du Romain; après ces attaques, il revenait se poser sur le casque de Valérius. Les deux armées contemplaient ce spectacle. Le tribun, fort de son propre courage et du secours de l'oiseau, terrasse et immole son redoutable adversaire. De là lui vint le surnom de Corvinus. Cet événement eut lieu quatre cent cinq ans après la fondation de Rome. L'empereur Auguste voulut que la statue de Corvinus fût dressée sur la nouvelle place dont il embellit Rome. Sur la tête du guerrier est l'image d'un corbeau, pour perpétuer la mémoire du combat et du prodige que nous venons de rapporter.

XII. *De certains mots à signification double et réciproque.*

De même que *formidolosus* se dit et de celui qui éprouve de

rent, progreditur intrepide modesteque obviam : et congrediuntur, et consistunt; et conserebantur jam manus; atque ibi vis quædam divina fit. Corvus repente improvisus advolat, et super galeam tribuni insistit, atque [inde] in adversarii os atque oculos pugnare incipit, insibilat, obturbat; et unguibus manum laniabat, et prospectum alis arcebat; atque, ubi satis sævierat, revolabat in galeam tribuni. Sic tribunus, spectante utroque exercitu, et sua virtute nixus et opera alitis propugnatus, ducem hostium ferocissimum vicit interfecitque; atque ob eam causam cognomen habuit Corvinus. Id factum est annis quadringentis quinque post Romam conditam. Satuam Corvino isti divus Augustus in foro suo statuendam curavit. In ejus statuæ capite corvi simulacrum est, rei pugnæque, quam diximus, monumentum.

XII. *De verbis, quæ in utramque partem significatione adversa et reciproca dicuntur.*

Ut *formidolosus* dici potest, et qui formidat et qui formidatur; ut *invidiosus*,

l'effroi, et de celui qui en inspire ; *invidiosus*, de l'envieux et de celui qui inspire l'envie ; *suspiciosus*, de celui qui soupçonne et de celui qui est soupçonné ; *ambitiosus*, de l'ambitieux et de celui près duquel on emploie la brigue ; de même que *gratiosus* désigne l'homme qui obtient une grâce et celui qui l'accorde ; *laboriosus*, l'homme laborieux et la chose qui exige du travail ; enfin, de même que beaucoup d'autres mots de cette espèce, qui ont une double signification, *infestus* peut se prendre dans un double sens : car on appelle *infestus* et celui qui fait du mal à quelqu'un, et celui qui redoute quelque mal d'un autre. Quant au premier sens, il n'est pas nécessaire d'en donner des exemples ; la plupart du temps, *infestus* s'emploie comme synonime d'ennemi, d'adversaire. La seconde acception est plus rare et moins facile à saisir. Qui s'aviserait, en effet, dans la langue usuelle, d'employer *infestus* pour désigner celui qui redoute une autre personne ? Cependant c'est le sens de ce mot chez presque tous nos anciens écrivains, et Cicéron l'emploie ainsi dans son discours *pour Cn. Plancius* : « Je gémissais, ô juges ! je voyais avec la plus vive douleur que le salut de mon client se trouvait en danger, *infestior*, par cela même que Plancius s'était jadis déclaré avec dévouement le gardien, le protecteur de ma vie, de

---

et qui invidet et cui invidetur; ut *suspiciosus*, et qui suspicatur et qui suspectus est; ut *ambitiosus*, et qui ambit et qui ambitur; ut item *gratiosus*, et qui adhibet gratias et qui admittit; ut *laboriosus*, et qui laborat et qui labori est; ut pleraque alia hujuscemodi in utramque partem dicuntur, ita *infestus* ancipiti quoque significatione est; nam et is infestus appellatur, qui malum infert cuipiam : et contra, cui aliunde impendet malum, is quoque infestus dicitur. Sed quod prius posui, profecto exemplis non indiget. Sic adeo multi loquuntur, ut infestum dicant inimicum atque adversum. Alterum autem illud ignorabilius obscuriusque est. Quis enim e medio facile dixerit, infestam esse, cui alter infestus est ?. Sed et veteres plerique ita dixerunt; et M. Tullius in oratione, quam pro *Cn. Plancio* scripsit, vocabulo hoc sic usus est : « Dolebam, inquit, judices, et acerbe ferebam, si hujus salus ob eam ipsam causam esset *infestior*, quod is meam salutem atque vitam sua benevolentia, præsidio custodiaque texisset. » Nos

mon salut. » Je cherchais donc d'où vient ce mot et comment il a été introduit dans la langue, et voici le passage que j'ai trouvé à ce propos dans les commentaires de Nigidius : « *Infestus* vient de *festinare* : il s'applique à l'ennemi qui presse quelqu'un, qui se hâte de l'attaquer, qui brûle du désir de l'accabler au plus vite. *Infestus* se dit encore de celui qui se voit menacé d'un péril, d'une ruine imminente. Ainsi *infestus* peut exprimer également le danger pressant dont nous menaçons autrui, ou celui dont nous sommes menacés. » Désire-t-on des exemples des mots dont nous avons parlé précédemment, *suspiciosus*, *formidolosus*, dans leur acception la moins usitée? *Suspiciosus* est employé par M. Caton, dans son discours *sur les Jeux Floraux* : « De telles turpitudes ne sont permises qu'à ceux qui font ouvertement trafic de leur corps, ou qui se louent à un entrepreneur de prostitution, ou dont les mœurs sont affichées ou suspectes, *suspiciosus*; mais on a pensé que c'est un crime de faire violence à un homme libre. » Dans ce passage, Caton prend *suspiciosus* dans le sens de suspect et non de soupçonneux. Quant à *formidolosus*, Salluste, dans son *Catilina*, lui donne l'acception de redoutable : « Ainsi donc, dit-il, pour de tels hommes point de travail qui fût nouveau, point de lieu inégal et inaccessible, point d'ennemi

igitur de origine et oratione verbi quærebamus; atque ita in Nigidianis commentariis invenimus scriptum : « *Infestum* a *festinando* dictum. Nam qui instat, inquit, alicui, eumque properans urget, opprimereque eum studet festinatque; aut contra de alicujus periculo et exitio festinatur : is uterque *infestus* dicitur, ab instantia atque imminentia fraudis, quam vel facturus cuipiam vel passurus est. » Ne quis autem de *suspicioso*, quod supra posuimus, et de *formidoloso* in eam partem, quæ minus usitata est, exemplum requirat, inveniet de *suspicioso* apud M. Catonem *de Re Floria* ita scriptum : « Sed nisi qui palam corpore pecuniam quæreret, aut se lenoni locavisset, etsi aut famosus aut *suspiciosus* fuisset, vim in corpus liberum non æquum censuere adferri. » *Suspiciosum* enim hoc in loco [Cato] suspectum significat, non suspicantem. *Formidolosum* autem, qui formidetur, Sallustius in *Catilina* ita dicit : « Igitur talibus viris non labos insolitus, non locus ullus asper aut arduus erat, non armatus hostis for-

qui parût redoutable, *formidolosus*. » On trouve aussi dans les vers de C. Calvus *laboriosus* pris, non dans le sens ordinaire, celui qui travaille, mais pour désigner ce qui exige du travail :

Tu fuis la campagne et ses pénibles travaux, *laboriosum*.

Labérius, dans sa pièce intitulée *les Sœurs*, a dit dans un sens analogue :

Voilà quelque chose de bien endormant, *somniculosum*.

Le poëte Cinna a dit :

Comme le Psylle africain à l'égard de l'aspic assoupissant, *somniculosam*.

Metus, crainte; *injuria*, injure, et quelques autres mots du même genre, peuvent aussi être employés à l'actif comme au passif. Car *metus hostium* se dit également de la crainte éprouvée par les ennemis et de la crainte qu'ils inspirent. Ainsi, dans le premier livre des *Histoires* de Salluste, *metus Pompeii* ne veut pas dire que Pompée craignait; ce qui serait l'acception or-

---

midolosus. » Item C. Calvus in poematis *laboriosus* dicit, non, ut vulgo dicitur, qui laborat, sed in quo laboratur :

Durum, *inquit*, rus fugis et laboriosum.

Eadem ratione Laberius quoque in *Sororibus* :

. . . . Æcastor, *inquit*, multum somniculosum.

Et Cinna in poematis :

Somniculosam ut Pœnus aspidem Psyllus.

Metus quoque et *injuria*, atque alia quædam id genus, sic utroque versum dici possunt. Nam *metus hostium* recte dicitur, et quum timent hostes et quum timentur. Itaque Sallustius in *Historia* prima *metum Pompeii* dixit, non quo

dinaire, mais qu'il était redouté. Voici les paroles mêmes de Salluste : *Id bellum excitabat metus Pompeii victoris, Hiempsalem in regnum restituentis,* la cause de cette guerre fut la terreur qu'inspirait Pompée victorieux, rétablissant Hiempsal dans son empire. Le même Salluste dit ailleurs : *Postquam remoto metu Punico, simultates exercere vacuum fuit.* La terreur des guerres puniques ayant disparu, les haines civiles eurent un libre cours. De même *injuria* se dit aussi bien de celui qui fait l'injure que de celui qui la souffre. On trouverait facilement des exemples de ces deux significations. *Vulnus,* dans Virgile, a aussi un double sens :

. . . . . . Et vulnere tardus Ulixi;

Et retardé par la blessure qu'il a reçue d'Ulysse.

ce qui veut dire non pas la blessure reçue par Ulysse, mais faite par lui. *Nescius* se dit aussi bien de celui qui n'est pas connu que de celui qui ne connaît pas. Mais ce dernier sens est aussi fréquent que le premier est rare. *Ignarus* s'emploie également dans la double signification : celui qui est ignoré et celui qui ignore. Ainsi Plaute, dans le *Cordage* :

Pompeius metueret (quod est usitatius); sed quod metueretur. Verba hæc Sallustii sunt : « Id bellum excitabat *metus* Pompeii victoris, Hiempsalem in regnum restituentis. » Item alio in loco : « Postquam remoto *metu* Punico, simultates exercere vacuum fuit. » *Injurias* itidem dicimus tam illorum qui patiuntur, quam qui faciunt. Quarum dictionum exempla sunt facilia inventu. Illud etiam dictum a Virgilio eamdem habet formam communicatæ ultro et citro significationis :

. . . Et vulnere, *inquit,* tardus Ulixi;

quum diceret *vulnus,* non quod accepisset Ulixes, sed quod dedisset. *Nescius* quoque dicitur tam is, qui nescitur, quam qui nescit. Sed super eo, qui nescit, frequens hujus vocabuli usus est; infrequens autem de eo est, quod nescitur. *Ignarus* æque utroqueversum dicitur, non tantum qui ignorat, sed et qui ignoratur. Plautus in *Rudente* :

Quæ in locis nesciis nescia spe sumus.

Nous qui dans des lieux inconnus sommes privés d'espérance.

Et Salluste : *More humanæ cupidinis ignara visundi*, par le désir naturel à l'homme de voir ce qui lui est inconnu.

Et Virgile :

. . . . Ignarum Laurens habet ora Mimanta.

Le rivage de Laurente possède les restes ignorés de Mimas.

XIII. Passage extrait de l'ouvrage de Claudius Quadrigarius, où se trouve décrit le combat du jeune patricien Manlius Torquatus contre un Gaulois qui l'avait provoqué.

T. Manlius appartenait à l'une des plus nobles familles de Rome. Il reçut le surnom de Torquatus à cause d'un collier d'or pris sur un ennemi qu'il avait terrassé. Le portrait de l'adversaire de Manlius, sa race, sa taille gigantesque, ses insolentes provocations, les circonstances du combat, tous ces détails sont décrits au premier

Quæ in locis nesciis nescia spe sumus.

Sallustius : « More humanæ cupidinis *ignara* visundi. »
Virgilius :

. . . . Ignarum Laurens habet ora Mimanta.

XIII. Verba ex *Historia* Claudii Quadrigarii, quibus Manlii Torquati, nobilis adolescentis et hostis Galli provocatoris pugnam depinxit.

T. Manlius summo loco natus apprimeque nobilis fuit. Ei Manlio cognomentum factum est Torquatus. Causam cognomenti fuisse accepimus torquis ex auro induvias, quam ex hoste, quem occiderat, detractam induit. Sed quis hostis, et quod genus, et quam formidandæ vastitatis, et quantum insolens provocator, et cujusmodi fuerit pugna decertatum, Q. Claudius primo *Annalium* purissime atque

livre des *Annales* de Q. Claudius, dans un style d'une pureté et d'une clarté remarquables. Cette narration simple et dénuée d'art reçoit un nouveau charme de la naïveté de l'ancien langage. Le philosophe Favorinus disait qu'en lisant ce passage il éprouvait les mêmes sentiments, les mêmes émotions que s'il eût assisté à ce combat. Je citerai dans son entier la narration de Q. Claudius :

« Alors un Gaulois s'avança, le corps nu, orné de bracelets et d'un collier, n'ayant pour armes qu'un bouclier et deux épées : sa force, sa taille extraordinaire, sa jeunesse et son courage le distinguaient de tous ses compagnons. Au plus fort de la mêlée, lorsque les deux armées se battaient avec fureur, de la main il fait signe de suspendre le combat. On s'arrête, on écoute en silence. Le Gaulois crie d'une voix formidable que si quelqu'un veut se mesurer avec lui, il peut s'avancer. Personne n'osait le faire, à cause de la taille gigantesque, de l'aspect horrible du Gaulois ; alors il éclate de rire, il tire la langue aux Romains. A cette vue, T. Manlius, jeune homme d'une noble naissance, s'indigne qu'un si sanglant outrage soit fait à son pays, sans qu'il se trouve au milieu d'une nombreuse armée un seul homme pour

---

illustrissime, simplicique et incompta orationis antiquæ suavitate descripsit. Quem locum ex eo libro Favorinus philosophus quum legeret, non minoribus quati afficique animum suum motibus pulsibusque dicebat, quam si ipse coram depugnantes eos spectaret. Verba Q. Claudii; quibus pugna ista depicta est, adscripsi :

« Quum interim Gallus quidam nudus præter scutum et gladios duos torque atque armillis decoratus processit : qui et viribus, et magnitudine, et adolescentia, simulque virtute cæteris antistabat. Is, maxime prælio commoto, atque utrisque summo studio pugnantibus, manu significare cœpit, utrique ut quiescerent pugnare. Pugnæ facta pausa est. Extemplo, silentio facto, cum voce maxima conclamat, si quis secum depugnare vellet, uti prodiret. Nemo audebat, propter magnitudinem atque immanitatem facies. Deinde Gallus irridere cœpit, atque linguam exertare. Id subito perdolitum est cuidam T. Manlio, summo genere nato, tantum flagitium civitat accidere; ex tanto exercitu neminem prodire. Is,

le venger. Il marcha donc au barbare, car il ne voulait pas souffrir que la valeur romaine fût honteusement souillée par un Gaulois. Armé d'un bouclier de fantassin et d'une épée espagnole, il alla se placer devant son adversaire. Leur rencontre eut lieu sur le pont, à la vue des deux armées tremblantes sur le sort de chacun d'eux. Ils étaient, comme je l'ai dit, en présence ; le Gaulois, suivant la coutume de sa nation, tenant son bouclier en avant, attendait son ennemi ; Manlius, mettant sa confiance dans son courage plutôt que dans son adresse, frappe de son bouclier le bouclier du barbare qu'il fait chanceler. Tandis que le Gaulois cherche à reprendre sa première position, Manlius frappe encore de son bouclier le bouclier du Gaulois, qui est une seconde fois ébranlé. Aussitôt le Romain se glisse sous sa longue épée gauloise, et de son glaive espagnol il lui perce la poitrine ; et aussitôt, d'un second coup, le blesse à l'épaule droite ; il le presse de manière à ne pas lui laisser l'espace pour frapper ; il redouble ses attaques jusqu'à ce qu'il ait terrassé le barbare. Alors il lui tranche la tête et se saisit de son collier tout sanglant, qu'il met à son cou. Tel fut l'origine du surnom de Torquatus, qu'il reçut et transmit à sa postérité. »

C'est ce même T. Manlius, dont le combat a été décrit par

---

ut dico, processit, neque passus est virtutem Romanam a Gallo turpiter spoliari. Scuto pedestri, et gladio Hispanico cinctus, contra Gallum constitit. Metu magno ea congressio in ipso ponte, utroque exercitu inspectante, facta est. Ita, ut ante dixi, constiterunt : Gallus, sua disciplina scuto projecto, cunctabundus; Manlius, animo magis, quam arte, confisus, scutum scuto percussit, atque statum Galli conturbavit. Dum se Gallus iterum eodem pacto constituere studet, Manlius iterum scuto scutum percutit, atque de loco hominem iterum dejecit : eo pacto ei sub Gallicum gladium successit, atque Hispanico pectus hausit; dein continuo humerum dextrum eodem concessu incidit, neque recessit usquam, donec subvertit, ne Gallus impetum icti haberet. Ubi eum evertit, caput præcædit, torquem detraxit, eamque sanguinolentam sibi in collum imponit. Quo ex facto ipse posterique ejus Torquati sunt cognominati. »

Ab hoc T. Manlio, cujus hanc pugnam Quadrigarius descripsit, imperia et

Quadrigarius, qui a donné lieu à l'expression d'*ordre Manlien*, pour exprimer un ordre sévère et cruel. En voici la cause : il faisait la guerre aux Latins en qualité de consul, lorsqu'il fit tomber sous la hache du licteur son propre fils, parce que celui-ci, chargé par son père de faire une reconnaissance, avec injonction de ne pas combattre, avait tué un ennemi par lequel il avait été provoqué.

XIV. Que le même Quadrigarius, en mettant *facies* au génitif, a parlé correctement et latin. Quelques autres remarques sur la déclinaison de mots semblables.

On lit dans le précédent récit les mots suivants : *Propter magnitudinem atque immanitatem facies*, en raison de sa taille gigantesque et de son aspect horrible. J'ai examiné à cette occasion plusieurs exemplaires anciens, et j'ai acquis la conviction que tel doit être le texte. En effet, la plupart de nos anciens écrivains déclinent ainsi ce nom : *hæc facies, hujus facies*. Le génitif *faciei* est seul admis aujourd'hui par la grammaire. J'ai bien lu dans quelques exemplaires infidèles le génitif *faciei*, mais c'était par altération du texte primitif. Je me souviens même d'avoir

---

aspera et immitia *Manliana* dicta sunt, quoniam postea bello adversum Latinos, quum esset consul, filium suum securi percussit, qui speculatum ab eo missus [ne pugnaret], interdicto, hostem, a quo provocatus fuerat, occiderat.

XIV. Quod idem Quadrigarius *hujus facies* patrio casu probe et Latine dixit; et quædam alia apposita de similium vocabulorum declinationibus.

Quod autem supra scriptum est in Q. Claudii verbis : « Propter magnitudinem atque immanitatem *facies*, » id nos, aliquot veteribus libris inspectis, exploravimus; atque ita esse, ut scriptum est, comperimus. Sic enim pleraque ætas veterum declinavit : *hæc facies, hujus facies*, quod nunc propter rationem grammaticam *faciei* dicitur; corruptos autem quosdam libros reperi, in quibus *faciei* scriptum est, illo, quod ante scriptum erat, obliterato. Meminimus etiam in

trouvé, dans la bibliothèque de Tibur, un exemplaire du livre de Claudius portant ces deux leçons, *facies* et *facii*; mais *facies* était dans le texte même, et *facii* se trouvait en marge. Je ne serais pas éloigné de regarder cette forme comme usitée anciennement, car on donnait à *dies*, jour, le génitif *dii*; à *fames*, faim, le génitif *fami*. Q. Ennius, dans le seizième livre des *Annales*, met *dies* pour *diei* dans ce vers :

Postremæ longinqua dies confecerit ætas.

Lorsque le temps éloigné du dernier jour aura achevé.....

Cicéron lui-même, si l'on en croit Césellius, a écrit *dies* pour *diei*, dans son discours *pour P. Sestius*, et cette assertion s'est trouvée confirmée par les recherches scrupuleuses que j'ai faites d'un assez grand nombre d'exemplaires anciens de ce discours. Voici les expressions de Marcus Tullius : *Equites vero daturos illius dies pœnas* : Que les chevaliers seraient punis pour ce jour. Aussi je crois sans peine ceux qui prétendent avoir lu dans un manuscrit autographe de Virgile :

Tiburti bibliotheca invenire nos in eodem Claudii libro scriptum utrumque, *facies* et *facii*. Sed *facies* in ordine scriptum fuit, et contra per *ii* geminum *facii*. Neque id abesse a quadam consuetudine prisca existimavimus. Nam et ab eo quod est *hic dies*, tam *hujus dii*, et ab eo quod est *hæc fames*, tam *hujus fami* dixerunt. Q. Ennius in sextodecimo *Annali*, *dies* scripsit pro *diei* in hoc versu :

Postremæ longinqua dies confecerit ætas.

Ciceronem quoque affirmat Cæsellius in oratione, quam *pro P. Sestio* fecit, *dies* scripsisse pro *diei*; quod ego, impensa opera, conquisitis veteribus libris plusculis, ita, ut Cæsellius ait, scriptum inveni. Verba sunt hæc Marci Tullii : « Equites vero daturos illius *dies* pœnas. » Quocirca factum hercle est, ut facile iis credam, qui scripserunt idiographum librum Virgilii sese inspexisse, in quo ita scriptum est :

Libra dies somnique pares ubi fecerit horas.

Lorsque la balance aura rendu égales les heures du jour et celles de la nuit.

c'est-à-dire *libra diei somnique*. Mais s'il est probable que Virgile a écrit en ce lieu *dies* pour *diei*, il n'est pas douteux que *dii* est mis pour *diei* dans ce vers :

Munera lætitiamque dii. . . . . . .

Les offrandes et la joie de ce jour.

Des ignorants ont lu *dei*, rejetant une forme actuellement inusitée ; et cependant les anciens disaient *dies dii*, le jour, comme *fames fami*, la faim, *pernicies pernicii*, la ruine, *progenies progenii*, race, *luxuries luxurii*, luxe, *acies acii*, tranchant, pointe. M. Caton, dans son discours *sur la guerre punique*, a écrit : *Pueri atque mulieres extrudebantur fami causa*, les enfants et les femmes étaient renvoyés à cause de la famine. Nous lisons dans le douzième livre de Lucilius :

Rugosum atque fami plenum.

Ridé et affamé.

Libra dies somnique pares ubi fecerit horas.

id est *libra diei somnique*. Sed sicut hoc in loco *dies* a Virgilio scriptum videtur : ita in illo versu non dubium est quin *dii* scripserit pro *diei* :

Munera lœtitiamque dii. . . . . . .

quod imperitiores *dei* legunt, ab insolentia scilicet vocis istius abhorrentes. Sic autem *dies dii* a veteribus declinatum est, ut *fames fami, pernicies pernicii, progenies progenii, luxuries luxurii, acies acii*. M. enim Cato, in oratione quam *de Bello Carthaginiensi* composuit, ita scripsit : « Pueri atque mulieres extrudebantur *ami* causa. » Lucilius in duodecimo :

Rugosum atque fami plenum.

et dans Sisenna, au sixième livre de ses *Histoires* : — *Romanos inferendæ pernicii causa venisse,* les Romains étaient venus pour les détruire. Pacuvius a dit, dans son *Paulus* :

    Pater supreme nostræ progenii patris.

Père suprême du père du père de notre race.

Cn. Matius, dans le livre xxie de l'*Iliade* :

    Altera pars acii vitassent fluminis undas.

L'autre partie de l'armée aurait évité les eaux du fleuve.

Le même Matius, au livre xiiie du même ouvrage :

    An maneat specii simulacrum in morte silentum.

Reste-t-il de nous une apparence de forme dans le séjour silencieux de la mort.

C. Gracchus, dans son discours *sur les Lois promulguées* : *Ea luxurii causa aiunt institui,* ils prétendent que c'est par luxe qu'on se procure ces choses. Plus loin on trouve encore : *Non*

Sisenna in *Historiarum* libro sexto : « Romanos inferendæ *pernicii* causa venisse. » Pacuvius in *Paulo* :

    Pater supreme nostræ progenii patris.

Cn. Matius in *Iliadis* xxi :

    Altera pars acii vitassent fluminis undas.

Idem Matius in xiii :

    An maneat specii simulacrum in morte silentum.

C. Gracchus *de Legibus promulgatis* : « Ea *luxurii* causa aiunt institui. » Et ibidem infra ita scriptum est, « Non esse ea *luxurii* quæ necessario parentur vitæ

esse ea *luxurii quæ necessario parentur vitæ causa*, se procurer ce qui est nécessaire à la vie ce n'est pas luxe. Cette double citation prouve évidemment que Gracchus a donné à *luxuries* le génitif *luxurii*. Cicéron, dans son plaidoyer *pour Sex. Roscius*, a aussi écrit *pernicii*. Voici le passage : *Quorum nihil pernicii causa divino consilio, sed vi ipsa et magnitudine rerum factum putamus*, nous ne pensons pas que ces malheurs arrivent pour notre perte par les ordres des dieux; ils ont leur source dans la force du destin et dans la grandeur des causes naturelles. Ainsi on doit penser que Quadrigarius a écrit au génitif *facies* ou *facii*; quant à *faciei*, je ne l'ai trouvé dans aucun exemplaire ancien. Au datif, les auteurs les plus corrects ne disaient pas, comme aujourd'hui, *faciei*, mais *facie*. On lit dans les *Satires* de Lucilius :

. . . . Et primum facie quod honestas
Accedit.

Et d'abord, parce que la probité est peinte sur sa figure.

Lucilius dit encore au septième livre :

Qui te diligat, ætati facieque tuæ se

causa. » Per quod apparet, eum ab eo, quod est *luxuries*, *luxurii* patrio casu dixisse. Marcus quoque Tullius in oratione qua Sex. Roscium defendit, *pernicii* scriptum reliquit. Verba hæc sunt : Quorum nihil *pernicii* causa divino consilio, sed vi ipsa et magnitudine rerum factum putamus. » Aut *facies* ergo in casu patrio, aut *facii* Quadrigarium scripsisse existimandum est; *faciei* autem in nullo veteri libro scriptum reperi. In casu autem dandi, qui purissime loqunti sunt, non *faciei*, uti nunc dicitur, sed *facie* dixerant. Lucilius in *Satiris* :

. . . . Et primum, *inquit*, facie quod honestas
Accedit.

Idem Lucilius in libro septimo :

Qui te diligat, ætati facieque tuæ se

Fautorem ostendat, fore amicum polliceatur.

Un homme qui te chérisse, qui se déclare le protecteur de ta jeunesse, de ta beauté, qui se déclare ton ami.

Cependant plusieurs lisent *facii* dans ces deux passages. C. César, dans son traité *sur l'Analogie*, au second livre, croit que l'on doit dire au génitif *die* et *specie*. Moi-même j'ai trouvé, dans le *Jugurtha* de Salluste, ouvrage digne de faire autorité, et d'une ancienneté respectable, le génitif *die*; je cite les expressions : *Vix decima parte die reliqua*, il restait à peine la dixième partie du jour. Je ne pense pas, en effet, qu'on puisse admettre cette interprétation subtile, qu'ici *die* est mis pour *ex die*.

XV. Du genre de controverse appelé par les Grecs ἄπορον, inexplicable.

Le rhéteur Antonius Julianus et moi, fuyant les brûlantes chaleurs de Rome pendant les vacances d'été, nous nous étions rendus à Naples. Là se trouvait un jeune homme fort riche qui, sous la direction de deux maîtres de latin et de grec, se livrait à

Fautorem ostendat, fore amicum polliceatur.

Sunt tamen non pauci qui utrobique *facii* legant. Sed C. Cæsar in libro *de Analogia* secundo *hujus die*, et *hujus specie* dicendum putat. Ego quoque in *Jugurtha* Sallustii summæ fidei et reverendæ vetustatis libro *die* casu patrio scriptum inveni. Verba hæc ita erant : « Vix decima parte *die* reliqua. » Non enim puto argutiolam istam recipiendam ut *die* dictum quasi *ex die* existimemus.

XV. De genere controversiæ, quod Græce ἄπορον appellatur.

Cum Antonio Juliano rhetore, per feriarum tempus æstivarum decedere ex urbis æstu volentes, Neapolim concesseramus. Atque ibi erat adolescens tunc quispiam ex ditioribus, cum utriusque linguæ magistris meditans et exercens,

l'étude et à l'exercice de l'éloquence latine dans l'intention de suivre la carrière du barreau. Il pria Julianus de venir l'entendre déclamer ; Julianus y consentit, et je l'accompagnai. Le jeune homme paraît : il débute avec un ton d'arrogance et de présomption inconvenant pour son âge ; puis il nous demande des sujets de controverse. Nous avions avec nous un disciple de Julianus, jeune homme d'un esprit vif, intelligent, et qui avait profité des leçons de son maître. Il fut choqué de voir un écolier se poser ainsi sur la brèche en face de Julianus, sans craindre d'affronter le péril d'une controverse improvisée. Il lui propose donc, dans l'intention de l'éprouver, un sujet de discussion, peu important du reste, de l'espèce appelée par les Grecs ἄπορον, et que nous traduirions volontiers en latin par le mot *inexplicabile*, inexplicable. Voici cette question : « Sept juges ont à prononcer la sentence d'un accusé, et cette sentence doit être celle de la majorité des voix. La cause ayant été examinée, deux des juges opinent pour l'exil, deux pour l'amende, trois pour la peine capitale. On veut conduire le coupable au supplice d'après l'arrêt des trois juges ; il interjette appel. » A peine a-t-il entendu ce sujet, que notre jeune présomptueux, sans se donner le temps de réfléchir, sans voir si d'autres questions ne lui seraient pas proposées,

---

ad causas Romæ orandas, eloquentiæ Latinæ facultatem. Atque is rogat Julianum, uti sese audiat declamantem. It auditum Julianus, imusque nos cum eo simul. Introit adolescens, et præfatur arrogantius et elatius quam ætati ejus decebat ; ac deinde jubet exponi controversias. Aderat nobiscum ibi Juliani sectator, juvenis promptus, et proficiens, et offendens jam in eo, quod ille apud Juliani aures in præcipiti stare, et subitaria dictione periculum sui facere audebat. Exponit igitur tentamenti gratia controversiam parum consistentem, quod genus Græci ἄπορον vocant ; Latine autem id non nimis incommodé *inexplicabile* dici potest. Ea controversia fuit hujuscemodi : « De reo septem judices cognoscant ; eaque sententia sit rata, quam plures ex eo numero dixerint. Quum septem judices cognovissent, duo censuerunt reum exsilio mulctandum, duo alii pecunia, tres reliqui capite puniendum. Petitur ad supplicium ex sententia trium judicum : et contradicit. » Hac ille audita nec considerata, neque aliis ut propone-

commence avec une étonnante volubilité, posant je ne sais quels principes au sujet de la controverse qui lui est soumise, déroulant des flots d'expressions vides de sens, des mots sonores, aux applaudissements redoublés de la troupe ordinaire de ses auditeurs, tandis que Julianus à la torture rougissait, était couvert de sueur. Lorsqu'il eut ainsi débité quelques milliers de phrases, il s'arrêta enfin, et nous pûmes nous retirer. Les amis, les admirateurs du jeune homme nous suivirent, demandant avec instance à Julianus son opinion sur ce qu'il venait d'entendre. Julianus leur répondit fort plaisamment : « Ne me demandez pas ce que j'en pense ; ce jeune homme est *sans contestation, sine controversia,* très-éloquent. »

XVI. Que Pline Second, homme d'un grand savoir, est tombé dans l'erreur en se laissant séduire par l'argument vicieux appelé par les Grecs ἀντιστρέφον, réciproque.

Pline Second passe pour avoir été l'homme le plus savant de son temps. Il a laissé un ouvrage ayant pour titre *des Amis de la science,* et j'en fais le plus grand cas. Là se trouvent traités

rentur, exspectatis, incipit statim mira celeritate in eamdem hanc controversiam principia nescio quæ dicere, et involucra sensuum verborumque volumina vocumque turbas fundere ; cæteris omnibus ex cohorte ejus, qui audire eum soliti erant, clamore magno exsultantibus ; Juliano autem male ac misere rubente et sudente. Sed ubi, deblateratis versuum multis millibus, finem aliquando fecit, egressique inde sumus ; amici familiaresque ejus Julianum prosequuti, quidnam existimaret, percontati sunt. Atque ibi Julianus festivissime : « Nolite quærere, inquit, quid sentiam ; adolescens hic *sine controversia* disertus est. »

XVI. Quod Plinium Secundum, hominem non indoctum, fugerit latueritque vitium argumenti, quod ἀντιστρέφον Græci dicunt.

Plinius Secundus existimatus est esse ætatis suæ doctissimus. Is libros reliquit, quos *Studiosorum* inscripsit, haud medius fidius usquequaque aspernandos.

un grand nombre de sujets propres à charmer les hommes instruits. Il cite plusieurs arguments employés, selon lui, avec autant d'esprit que de finesse, par les rhéteurs dans leurs déclamations. Voici un de ces arguments et la controverse qui y donne lieu : « La loi ordonne d'accorder à l'homme courageux la récompense qu'il désire : or, un citoyen s'étant distingué par son courage, demande à épouser la femme d'un autre; il l'obtient. Mais le premier mari se distingue aussi par son courage, il redemande sa femme; une contestation s'engage. » Voici, dit Pline, un argument aussi ingénieux que pressant, employé en faveur de ce dernier : « Si vous approuvez la loi, rendez-moi ma femme; si vous la désapprouvez, rendez-moi ma femme. » Mais Pline ne remarque pas que cet argument, qu'il regarde comme très-ingénieux, rentre pourtant dans le genre de sophisme appelé en grec ἀντιστρέφον, réciproque. Ce vice est à la vérité caché avec artifice sous l'apparence d'un dilemme; car un raisonnement semblable pourra être retourné contre celui qui l'emploie, et l'autre époux peut lui répondre : « Si vous approuvez la loi, je ne vous rends pas votre femme; si vous la désapprouvez, je ne vous la rends pas. »

In his libris multa varie ad oblectandas eruditorum hominum aures ponit. Refer etiam plerasque sententias, quas in declamandis controversiis lepide arguteque dictas putat. Sicuti hanc quoque sententiam ponit ex hujuscemodi controversia : « Vir fortis præmio, quod optaverit, donetur. Qui fortiter fecerat, petit alterius uxorem in matrimonium, et accepit. Is deinde, cui ea uxor fuerat, fortiter fecit. Repetit eamdem. Contradicitur. » Eleganter, inquit, et probabiliter ex parte posterioris viri fortis, uxorem sibi reddi postulantis, hoc dictum est : « Si placet lex, redde; si non placet, redde. » Fugit autem Plinium, sententiolam istam, quam putavit esse argutissimam, vitio non carere, quod Græce ἀντιστρέφον dicitur. Et est vitium insidiosum, et sub falsa lemmatis specie latens : nihilo enim minus converti ex contrario id ipsum adversus eumdem potest, atque ita a priore illo vero forti dici : « Si placet lex, non reddo; si non placet, non reddo. »

FIN DU PREMIER VOLUME DES NUITS ATTIQUES

NOTES

SUR AULU-GELLE

PRÉFACE

Page 1. — *Alba, ut dicitur linea.* Une ligne blanche ne ressort pas sur des objets blancs. De là, dans un sens métaphorique et proverbial, *alba linea,* pour *sine discrimine, indistincte.*

LIVRE PREMIER

P. 9. — *Plutarchus.* Plutarque, né à Chéronée, dans la Béotie, vivait sous Trajan, vers le commencement du onzième siècle. On croit généralement qu'il mourut vers l'an 140, sous le règne d'Antonin le Pieux.

P. 9. — *Scite subtiliterque ratiocinatum Pythagoram.* Pythagore, philosophe grec, né à Samos, en 584, fut le fondateur de l'École italique. Sa mort eut lieu vers l'an 504 avant Jésus-Christ.

P. 9. — *Quod est Pisis.* Pise, ancienne capitale de l'Élide. Olympie, lieu de l'Élide, sur l'Alphée, à peu de distance de Pise, est célèbre par les jeux qu'on y donnait tous les quatre ans, en l'honneur de Jupiter Olympien.

P. 10. — *Herodes Atticus.* Rhéteur grec, né à Marathon, l'an 110 après Jésus-Christ, enseigna avec éclat dans Athènes. Il fut choisi par Antonin pour être le précepteur de Marc-Aurèle et de Vérus, ses deux fils adoptifs. Consul l'an 143, il eut pour gouvernement une partie de l'Asie et de la Grèce, qu'il embellit de monuments magnifiques. Il mourut à soixante-seize ans.

P. 11. — *Accersebat... Cl. V. Servilianum.* Les initiales *Cl. V.* remplacent les mots *clarissimus vir*, ou *consularis vir*; car cette abréviation se prenait dans ces deux sens. Quant au Servilianus dont il s'agit ici, il serait difficile de préciser qui il était.

P. 11. — *Sidere autumni flagrantissimo.* L'automne, chez les Romains, commençait vers le milieu d'août, et finissait vers le milieu de septembre. Ainsi, la canicule régnait encore dans le commencement de l'automne.

P. 11. — *Sectator disciplinæ... stoicæ.* L'école des stoïciens eut pour fondateur Zénon, qui naquit à Cittium, dans l'île de Cypre, l'an 340 avant Jésus-Christ, et mourut à l'âge de quatre-vingts ans.

P. 11. — Κυριεύοντας, ἡσυχάζοντας καὶ σωρείτας. « Le *dominant*, le *reposant*, le *sorite*. » Le *dominant* est un argument au moyen duquel trois propositions contradictoires étant données, on en faisait admettre deux, en rejetant la troisième. Le *reposant* est un argument à l'aide duquel on peut s'arrêter quand on est poussé par un sorite. Le *sorite* est un argument par lequel on enchaîne plusieurs autres arguments, de telle sorte que la conclusion du premier serve de point de départ au second, ainsi de suite.

P. 12. — *Epictetus.* Épictète, philosophe stoïcien, né à Hiéropolis, en Phrygie, montra dans l'esclavage la fermeté et la constance d'un véritable sage. Chassé de Rome par Domitien, il revint après la mort de cet empereur. Toute la morale de ce philosophe se réduisait à ces deux préceptes : *Abstiens-toi, résigne-toi.* Il mourut sous le règne de Marc-Aurèle, dans un âge fort avancé.

P. 12. — *Ab Arriano.* Arrien, historien grec, natif de Nicomédie, se fit un nom célèbre sous Adrien, Antonin et Marc-Aurèle, par son savoir et son éloquence. Il fut gouverneur de la Cappadoce. Il nous reste de lui sept livres de l'*Histoire d'Alexandre le Grand*; les *Indiques*, un *Périple du Pont-Euxin*, une *Instruction sur l'ordre de bataille des Alains*, un *Traité de Tactique*, un *Traité de Chasse*. Il fut le disciple d'Épictète, dont il publia les discours.

P. 13. — Εἰπέ μοι. L'auteur, Épictète, suppose ici une conversation entre un faux stoïcien et un véritable sage.

P. 13. — Ἰλιόθεν μέ. Épictète se moque ici de ces philosophes qui citaient à tort et à travers des vers d'Homère, dont le sens était souvent peu en harmonie avec les questions dont il s'agissait. Le vers cité est de l'*Odyssée*, chant IX, v. 39.

P. 13. — Ἑλλάνικος. Hellanicus, historien grec, né à Mitylène, dans l'île de Lesbos, l'an 495 avant Jésus-Christ, mort vers 411, écrivait une quinzaine d'années avant Hérodote. Il ne reste de lui que quelques fragments.

P. 13. — Χρύσιππος. Chrysippe, philosophe stoïcien, natif de Soles, dans la Cilicie, mourut 207 ans avant Jésus-Christ, les uns disent d'un excès de vin avec ses disciples, les autres d'un excès de rire, en voyant un âne manger des figues dans un bassin d'argent. Chrysippe fut l'apôtre du destin et le défenseur de la liberté humaine ; contradiction qu'il est bien difficile d'expliquer.

P. 13. — Κλεάνθης. Cléanthe, autre stoïcien, né à Assos, en Étolie, 300 ans avant Jésus-Christ, fut disciple de Zénon. Il ne reste de lui que quelques fragments, et un hymne à Jupiter, traduit en vers français par Louis Racine.

P. 15. — *Lacedæmonium Chilonem*. Chilon de Lacédémone, un des sept sages de la Grèce, vivait vers l'an 600 avant Jésus-Christ. Il mourut de joie en voyant son fils couronné aux jeux Olympiques. Il nous reste de lui quelques sentences.

P. 17. — *A Theophrasto disputatur*. — Théophraste, philosophe grec, né à Érèse, dans l'île de Lesbos, 374 ans avant Jésus-Christ, suivit à Athènes les leçons de Platon et d'Aristote, qu'il remplaça au Lycée. Les Grecs furent tellement charmés de son éloquence, qu'ils lui donnèrent le nom de divin parleur (*Théophraste*) ; son premier nom était Tyrtame. Le plus beau titre de gloire de Théophraste est, sans contredit, d'avoir servi de modèle à notre La Bruyère. Ce philosophe mourut à l'âge de cent sept ans.

P. 19. — *Etiam priusquam Theognis... nasceretur*. Proverbe usité chez les Romains pour signifier une chose très-ancienne. Théognis, poëte fort ancien, était de Mégare en Sicile ; il florissait vers l'an 538. Nous avons de lui des vers élégiaques qui contiennent des sentences.

P. 19. — *Lucilius*. Chevalier romain, oncle maternel du grand Pompée, né à Suessa, dans le Latium, 147 ans avant Jésus-Christ, est regardé comme l'inventeur de la satire chez les Romains. Horace (*Sat.*, liv. I, sat. 4, v. 11) le compare à un fleuve qui roule un sable précieux parmi beaucoup de boue :

> Quum flueret lutulentus erat quod tollere velles.

P. 21. — *Favorinus*. Favorinus, sophiste grec, né à Arles en Gaule, disciple de Dion Chrysostome, contemporain et ami de Plutarque, enseigna la rhétorique à Rome et à Athènes, sous Adrien. Il perdit l'amitié de ce prince par ses sarcasmes. Favorinus avait composé un traité des *tropes* pyrrhoniens, dont Diogène Laërce nous a conservé quelques fragments ; il avait aussi rassemblé les matériaux d'une histoire universelle. Maître et ami d'Aulu-Gelle, il est souvent cité dans ce recueil.

P. 23. — *Antonius Julianus*. Rhéteur de nation espagnole, contemporain d'Aulu-Gelle. Il suivit à Rome les leçons de Crassétius, qui avait ouvert une école de grammaire.

P. 26. — *Ore quoque polluto*. Ces mots ne peuvent se traduire que par une périphrase.

P. 26. — *Legebatur oratio Metelli Numidici*. Q. Céc. Métellus, consul l'an 645 de Rome, reçut le surnom de Numidicus pour avoir vaincu Jugurtha, roi de Numidie. Il fut remplacé par Marius, son lieutenant, qui, par ses intrigues, le fit envoyer en exil. Cécilius appartenait à cette famille des Métellus, qui fournit depuis l'an 283 avant Jésus-Christ un grand nombre de généraux distingués. Dans l'espace de 250 années, 29 consulats, 17 censures, 2 dictatures, 4 pontificats, illustrèrent cette famille.

P. 27. — *Titus Castricius*. Ce rhéteur, qui enseigna la rhétorique à Rome, sous le règne d'Adrien, fut un des maîtres d'Aulu-Gelle.

P. 29. — *Tironiana cura*. Tiron, affranchi de Cicéron, perfectionna la tachygraphie. Il passe pour le premier auteur des caractères que les Latins appelaient *notæ*. Ceux qui écrivaient de cette manière s'appelaient *notarii*. Tiron avait aussi composé la *Vie de Cicéron*, dont il était le confident et l'ami.

P. 30. — *Hanc sibi rem præsidio sperant futurum*. — Deuxième action contre Verrès, 5ᵉ disc., ch. 65.

P. 30. — *Ut in Plauti comœdia.* Cette comédie est la *Casina.*

P. 31. — *C. Gracchus.* Tribun célèbre, grand orateur, fils de l'illustre Cornélie, fille de Scipion l'Africain. Caïus, poursuivi par le consul Opimius, se réfugia dans le temple de Diane, où il fut tué par l'ordre de son ennemi, 121 ans avant Jésus-Christ.

P. 31. — *In Cl. quoque Quadrigarii* ANNALI *libro.* Q. Cl. Quadrigarius, historien romain souvent cité par Aulu-Gelle, était plus ancien que Sisenna, qui travailla sur la même matière. Havercamp a publié ses fragments à la suite de son *Salluste.*

P. 31. — *In Valerii Antiatis quarto et vicesimo.* Valérius Antias, historien romain qui écrivit les *Annales de la République.* Il fut appelé Antias, d'Antium sa patrie, ville maritime du pays latin. Il est cité souvent par Aulu-Gelle.

P. 32. — *Laberius.* Chevalier romain, auteur de petites pièces satiriques appelées mimes; il fut contraint par César de paraître sur la scène pour y jouer dans une de ses pièces. Il mourut dix mois après le meurtre de César. Il ne reste de lui que le prologue de la pièce qu'il joua devant le dictateur, et quelques fragments recueillis par H. Estienne, Paris, 1564.

. . . . Nam sic
Et laberi mimos ut pulchra poemata mirer.
HORATIUS, lib. I, sat. 10, v. 6.

P. 34. — *Testis est Sicilia.* CICÉRON, *pour la loi Manilia,* ch. XI.

P. 34. — *Sotion.* Disciple de Platon et de Xénocrate, quitta la philosophie pour s'adonner à l'étude de l'éloquence. Il florissait du temps de Démosthène.

P. 37. — *Taurus.* Philosophe platonicien, né à Béryte, en Phénicie, composa un *Traité sur la différence des sectes de Platon et d'Aristote.* Taurus fut le maître et l'ami d'Aulu-Gelle.

P. 38. — *Ercto non cito.* — *Erctum,* en termes de droit, signifie *biens indivis,* succession qui n'est point partagée. *Non citum,* « non divisé, » ne fait que donner plus de force à ce mot.

P. 39. — *Neque Auruncorum, aut Sicanorum, aut Pelasgorum... loquuti sunt.* Les Aurunces habitaient cette partie de l'Italie située entre la Campanie et le pays des Volsques, que l'on appelait Ausonie. Les Sicaniens étaient les anciens habitants de la Sicile. Les Pélages étaient une colonie de Thessaliens et d'Épirotes qui se confondirent, en Italie, avec les Aborigènes, 800 ans avant Jésus-Christ.

P. 39. — *Cum maire Evandri*. Évandre, un des plus anciens rois de l'Italie, eut pour mère la prophétesse Carmenta, et passa pour fils de Mercure, à cause de son éloquence.

P. 41. — *Halyattes*. Roi de Lydie, père de Crésus. Ce prince mourut 400 ans avant Jésus-Christ.

P. 43. — *Itaque idem Gracchus*, etc. CICÉRON, *de l'Orateur*, liv. III, ch. IX.

P. 44. — *Labeo Antistius*. Labéon, célèbre jurisconsulte de Rome, était le chef de l'école des proculéiens ou pégasiens, comme Attéius Capiton, son rival, était le chef de l'école des sabiniens ou cassiens. Tacite a tracé le parallèle de ces deux hommes célèbres : « Comptant pour aïeul un centurion de Sylla, pour père un ancien préteur, Attéius Capiton, par l'étude des lois, se plaça au premier rang. Auguste s'était hâté de l'élever au consulat, pour qu'il dépassât en dignité Antistius Labéon, qui le dépassait en savoir; car ce siècle produisit à la fois deux de ces génies qui sont l'ornement de la paix. Labéon, incorruptible et libre, obtint plus de célébrité; Capiton, complaisant du pouvoir, plus de faveurs. Pour le premier, qui n'arriva qu'à la préture, naquit de sa disgrâce la considération publique; pour le second, qui monta jusqu'au consulat, de sa fortune l'envie et l'animadversion. » Les principaux jurisconsultes de l'une et l'autre école, sont :

SABINIENS OU CASSIENS	PROCULÉIENS OU PÉGASIENS
Capiton,	Labéon,
Massurius Sabinus,	Nerva le père,
Gaïus Cassinus Longinus,	Proculus,
Célius Sabinus,	Nerva le fils,
Priscus Favolenus,	Pagasus,
Aburnus Valens,	Juventius Celsus le père,
Tuscius Fuscianus,	Celsus le fils,
Salvius Julianus,	Neratius Priscus.
Gaïus.	

P. 45. — *Quindecimvirum*. Tarquin, après avoir acheté les livres Sybillins (*voyez* le ch. XIX de ce même livre), les fit déposer dans un coffre de pierre placé dans le temple de Jupiter Capitolin. Il choisit dix citoyens (décemvirs) pour consulter ces livres lorsqu'on en aurait besoin. Sylla porta à quinze le nombre de ces prêtres. Ce sacerdoce dura jusqu'au règne de Théodose.

P. 45. — *Septemvirum*. Les septemvirs étaient les ministres subalternes que les pontifes chargeaient des soins du festin qui accompagnait les jeux publics et solennels.

P. 45. — *Capito Atteius*. Ce célèbre jurisconsulte romain vécut sous Auguste et sous Tibère, et fut élevé au consulat par le premier. Il se déshonora sous Tibère, en soutenant une accusation de lèse-majesté, pour flatter l'empereur. « Capito insignitior infamia fuit, quod humani divinique juris sciens, egregium publicum, et bonas domi artes deshonestavisset. » (TACITUS, *Annal.*, lib. III, ch. LXX.) Il mourut l'an 22 de Jésus-Christ.

P. 46. — *In libro primo Fabii Pictoris*. Fabius Pictor, le plus ancien des historiens romains, vivait vers l'an 210 avant Jésus-Christ. Il écrivit les *Annales de l'Histoire romaine* depuis le règne de Romulus jusqu'à son temps. Il ne reste que peu de fragments de cet ouvrage. Fabius était aussi un peintre distingué. CICÉRON, *de l'Orateur*, liv. II, ch. XII.

P. 49. — *A Sempronio Asellione*. Sempronius Asellion, tribun légionnaire pendant la guerre de Numance, est placé par Denys d'Halicarnasse au nombre des plus illustres historiens de l'ancienne Rome. Les ouvrages de cet écrivain sont perdus. *Voyez* CICÉRON, *des Lois*, liv. I, ch. II.

P. 49. — *Oppugnareque Leucas*. Leuca, ville près du golfe de Smyrne, sur les bords du fleuve Hermus.

P. 50. — *Julius Hyginus*. Grammairien latin, natif d'Alexandrie ou d'Espagne, fut d'abord esclave de Jules César, et fut ensuite affranchi par Auguste, qui lui confia le soin de la bibliothèque Palatine. Hygin fut l'ami d'Ovide. On a sous son nom deux ouvrages très-utiles pour l'étude de la mythologie : un *Recueil de Fables mythologiques*, et l'*Astronomicum poeticum*. Toutefois le style de ces deux ouvrages les a fait attribuer à quelque écrivain du Bas-Empire.

P. 53. — *Quid enim est tam furiosum.* CICÉRON, *de l'Orateur*, liv. I, ch. XII.

P. 54. — *Eupolidis quoque versus.* Eupolis, poëte comique d'Athènes, florissait au milieu du cinquième siècle avant Jésus-Christ; il appartenait à l'ancienne comédie :

Eupolis, atque Cratinus, Aristophanesque poetæ,
Atque alii quorum comœdia prisca virorum est.

HORATIUS, lib. I, sat. 4, v. 1.

P. 55. — *Epicharmium quoque illud.* Épicharme, l'inventeur de la comédie, natif de l'île de Cos, écrivit sous Hiéron Ier, l'an 450 avant Jésus-Christ. Il mourut âgé de quatre-vingt-dix-neuf ans. Il ne nous reste rien de ses ouvrages. Plaute paraît l'avoir souvent imité :

Plautus ad exemplar Siculi properare Epicharmi.

HORATIUS, *Epist.* lib. II, ep. 1, v. 58.

P. 55. — *Valerium Probum.* Valérius Probus, grammairien, enseigna la littérature à Rome ; il fut précepteur du petits-fils d'Auguste, et mourut sous le règne de Néron. Critique sévère et pointilleux, Probus était tout occupé de corriger et d'annoter les livres. C'est l'Aristarque des Latins. *Voyez* MARTIAL, *Épigr.*, liv. III, ép. II.

P. 56. — *Satis eloquentiæ,* etc. SALLUSTE, *Conjuration de Catilina,* ch. V. Les meilleures éditions modernes ont adopté la leçon de Valérius Probus.

P. 60. — *Varro.* Marcus Térentius Varron, le plus savant des Romains, né à Rome l'an 116 avant Jésus-Christ, fut tribun du peuple, gouverneur de l'Espagne Ultérieure, comme lieutenant du grand Pompée. Proscrit après l'assassinat de César, il échappa aux meurtriers, et vécut encore quinze ans. Varron mourut l'an 26 avant Jésus-Christ. Cet auteur écrivit, dit-on, plus de cinq cents volumes. Le temps n'a respecté de tous ses ouvrages que le *de Re rustica,* le traité *de Lingua latina,* et des fragments de ses *Satires Ménippées.*

P. 60. — *In quartodecimo* RERUM DIVINARUM *libro*. Il y a une erreur évidente dans l'indication donnée par Aulu-Gelle. Au commencement du chapitre, il cite le XIVe livre des *Choses divines*; plus loin, il indique pour le même passage le commencement du livre sur l'*Étymologie des mots*. Il y a une autre faute dans le titre même du chapitre *in quartodecimo Humanarum*. On sait que *primore libro* ne signifie pas le *premier livre*, mais *au commencement du livre*.

P. 64. — Εὐκλείδης. Euclide, géomètre grec, enseigna les mathématiques à Alexandrie, sous Ptolémée, fils de Lagus, vers l'an 320 avant Jésus-Christ. Euclide, avait rédigé, sous le titre d'*Éléments*, en quinze livres, une sorte d'encyclopédie des sciences mathématiques de cette époque. La partie qui traite de la géométrie sert encore aujourd'hui de base à l'enseignement.

P. 66. — *Jovem Lapidem, inquit, quod sanctissimum jusjurandum est habitum*. Cette espèce de serment rappelle l'ancienne manière de contracter. Sextus Pompilius rapporte qu'alors les contractants, prêts à jurer sur les autels de Jupiter, tenaient chacun à la main une pierre en disant : « Si, le sachant, je trompe, que Jupiter, en conservant la ville et le Capitole, me jette hors de mes possessions, comme je jette cette pierre. »

Les Romains juraient ordinairement par Jupiter Pierre, *per Jovem Lapidem*; c'était une statue de pierre érigée à ce dieu dans le Capitole, dès l'origine de Rome. On tenait une pierre à la main en faisant le serment.

P. 67. — *Nescis quid vesper serus vehat*. « Vous ne savez pas ce que le soir amène; » c'est-à-dire, « Vous ignorez ce que l'avenir vous prépare. »

P. 68. — *Nec vero scientia juris majoribus suis Q. Ælius Tubero defuit*. Ce passage appartient aux *Fragments philosophiques*.

P. 69. — *Læli*. Lélius, Romain célèbre par ses vertus et par son amitié pour Scipion l'Africain, fut élevé au consulat l'an 190 avant Jésus-Christ. Il fut l'ami de Polybe, auquel il fournit d'utiles renseignements pour son *Histoire*. Son fils Lélius Népos fut lié étroitement avec le second Africain. Il fut consul l'an 140 avant Jésus-Christ. Ami de Pacuvius et de Térence, il cultiva les lettres.

On sait que Cicéron a donné le nom de *Lélius* à son dialogue sur l'amitié.

P. 69. — *Julius Paulus*. Jurisconsulte romain, né à Rome, selon les uns, à Tyr, selon les autres, contemporain et rival de Papinien, florissait au commencement du troisième siècle. Il fut élevé au consulat par Alexandre Sévère. De tous ses ouvrages, il ne nous reste que quelques fragments cités dans le *Digeste*.

P. 74. — *In tertio Ennii* ANNALIUM. Quintus Ennius, ancien poëte latin, né à Rudies, en Calabre, 240 ans avant Jésus-Christ, suivit d'abord la carrière militaire. Il fut amené à Rome par Caton l'Ancien. Il composa des comédies, des tragédies, des satires, et un poëme intitulé : les *Annales de la République*, en dix-huit chants.

P. 74. — *In epistola M. Asinii Pollionis*. Asinius Pollion, orateur romain, consul l'an 39 avant Jésus-Christ, fut le premier qui établit une bibliothèque à Rome. Il mourut l'an 3 de Jésus-Christ, laissant des *discours*, des *lettres*, des *tragédies*, un livre contre Salluste, et l'*Histoire des guerres civiles*, en vingt-sept livres. On n'a de lui que trois *Lettres à Cicéron*. Pollion fut, comme Mécène, le protecteur et l'ami de Virgile et d'Horace, qui l'ont immortalisé dans leurs écrits. C'est à lui que Virgile adresse la quatrième églogue, et Horace la première ode du deuxième livre.

P. 74. — *Cn. Nævii*. Névius, poëte campanien, qui vivait au troisième siècle avant Jésus-Christ, et qui mourut vers 202 avant Jésus-Christ. Il composa des tragédies imitées des Grecs, des pièces sur des sujets nationaux et un poëme épique sur la première guerre punique.

Nævius in manibus non est, et mentibus hæret.

HORATIUS, *Epist.* lib. II, ep. 1, v. 53.

P. 74. — *Plenum superbiæ Campanæ*. Les Campaniens étaient les Castillans de l'Italie.

P. 75. — *Epigramma Pacuvii*. Pacuvius, poëte dramatique latin, né à Brindes 218 avant Jésus-Christ, eut pour mère la sœur d'Ennius. Il mourut à Tarente nonagénaire. On a quelques fragments de ses tragédies et de ses comédies.

Ambigitur quoties, uter utro sit prior; aufert
Pacuvius docti famam senis, Accius alti.

HORATIUS, *Epist.* lib. II, ep. 1, v. 56.

P. 78. — *Aurelius Opilius*. Philosophe épicurien, tint une école de philosophie, ensuite de littérature. Il mourut à Smyrne.

LIVRE DEUXIÈME

P. 86. — *Gabius Bassus*. Gabius Bassus, selon Macrobe, gouverneur du Pont, sous Trajan, était estimé pour ses connaissances en histoire et en littérature.

P. 88. — *Cornutus Annæus*. Stoïcien, né à Leptis, en Afrique, fut le précepteur de Perse, qui lui adressa sa cinquième satire. On a de lui un traité de la nature des dieux, publié sous le nom de *Phurnutus*. Il fut exilé par Néron.

P. 88. — *Dulichias vexasse rates*, Virgile (*Bucol.*, égl. VI, v. 75) et Ovide (*Amours*, liv. III, élég. XII, v. 21; *Fastes*, liv. IV, v. 500) confondent les deux Scylla, en attribuant à la fille de Nisus ce qui ne convient qu'à celle de Phorcus.

P. 91. Πολλάκι καὶ κηπωρὸς ἀνήρ. *Souvent un simple jardinier*, c'est-à-dire un homme de basse condition, exerçant une profession humble.

P. 94. — *Attius*. L. Attius, Accius ou Actius, un des plus anciens poëtes latins, fils d'un affranchi, naquit l'an 170 avant Jésus-Christ, et mourut dans un âge très-avancé. Il fut l'ami de D. Junius Brutus, et le collègue de Scipion dans le consulat. Il écrivit des annales en vers, traduisit quelques tragédies de Sophocle, et en composa un grand nombre qui sont perdues. On connaît seulement les titres de quelques-unes : *les Noces*, *Philoctète*, *Néoptolème*, *Phénice*, *Médée*, *Atrée*, *Agamemnon*, et *Brutus*, le premier sujet national qui fut traité sur la scène romaine. Les anciens hésitaient sur le mérite respectif des deux poëtes Pacuvius et Accius.

P. 100. — *Suggestusque*. Le Capitole fut brûlé du temps de Sylla. Un nouvel incendie le consuma sous Vitellius, et Vespasien le rétablit. Il éprouva le même sort sous Titus, Domitien en répara les ruines.

P. 102. — *In legibus Solonis*. Solon, législateur d'Athènes, un des sept sages de la Grèce, naquit vers 640 avant Jésus-Christ, à Salamine. Il suivit d'abord la carrière du commerce, et vint habiter Athènes après avoir acquis beaucoup de richesses dans ses voyages. Nommé archonte en 593, il reçut du peuple la glorieuse mission de donner des lois nouvelles à sa patrie; il abolit celles de Dracon, et y substitua un code humain. Il quitta Athènes après avoir fait prêter serment aux lois nouvelles, et ne revint dans sa patrie qu'au bout de dix ans. Mécontent de voir son pays soumis à la tyrannie de Pisistrate, il finit par s'exiler en Chypre, où il mourut en 559. Solon était poëte et grand orateur.

P. 107. — *Capite septimo legis Juliæ.* La loi Julia fut portée par l'empereur Auguste, l'an de Rome 736.

P. 107. — *Fasces... collegis concedere.* Le consul autorisé par la loi à prendre les faisceaux était précédé de douze licteurs, pendant que son collègue n'en avait qu'un. Les licteurs marchaient devant le consul, un à un, sur la même ligne; celui qui était le plus près du consul était appelé le dernier licteur, *ultimus lictor;* c'était lui qui recevait les ordres directs.

P. 108. — *Cæsellius*, Césellius Vindex, grammairien peu connu.

P. 109. — *Apollinaris Sulpicius.* Sulpicius Apollinaris, grammairien, qui, au rapport de Julius Capitolinus, fut précepteur d'Élius Pertinax, depuis empereur romain.

P. 111. — *Coopertus est.* Salluste a dit aussi (*Catilina*, ch. XXII) : *Flagitiis atque facinoribus coopertus;* « souillé de désordres et de crimes. »

P. 112. — *Cogo.* Ce verbe vient, en effet, de *cum* et de *ago*.

P. 112. — *Phædon Elidensis.* Phédon, d'Élis, disciple et ami de Socrate. Ayant été dans sa jeunesse pris par des pirates, il fut racheté par Socrate, qui l'admit à ses leçons. Après la mort de son maître, il retourna dans sa patrie, et y fonda une école qui conserva avec fidélité la doctrine de Socrate. Platon a donné le nom de *Phédon* à un de ses dialogues, qui traite de l'immortalité de l'âme. Selon Strabon, Phédon vivait environ 400 ans avant Jésus-Christ. Quelques traducteurs ont traduit *Phædon Elidensis* par *Phédon d'Élée;* ce qui est une erreur évidente : c'est confondre ainsi l'école d'*Élis* avec l'école d'*Élée*. L'école d'Élis eut pour chefs

Phédon et Ménédème; celle d'Élée eut pour chefs Zénon et Parménide.

P. 112. — *Cebes Socraticus.* Cébès, philosophe grec, né à Thèbes vers le milieu du quatrième siècle avant Jésus-Christ, fut disciple de Socrate; il est un des interlocuteurs du *Phédon* de Platon. Cébès avait composé plusieurs traités, dont un seul nous est resté, le *Tableau de la Vie humaine.*

P. 113. — *Ex quibus ille Menippus fuit.* Ménippe, philosophe cynique et poëte natif de Gadara en Phénicie, s'établit à Thèbes, où il amassa de grands biens. C'est un personnage bien connu des *Dialogues* du spirituel Lucien. Ménippe avait composé treize livres de satires en prose mêlée de vers.

P. 114. — Πενίην Ἴρος. Irus, mendiant d'Ithaque, renommé pour sa grande taille et sa gloutonnerie. Son véritable nom était Arnée; mais les amants de Pénélope l'appelèrent Irus, parce qu'il faisait leurs messages (du grec εἴρειν, parler). On connaît sa fin tragi-comique.

P. 115. — *Te ducam, ubi non despuas.* Ces mots font sans doute allusion au moulin où on mettait une sorte de muselière aux esclaves qui tournaient la meule, pour qu'ils ne puissent manger les provisions qui auraient pu tenter leur appétit.

P. 115. — *M. Cato.* Caton M. Porcius, surnommé l'*Ancien* ou le *Censeur*, naquit à Tusculum, l'an 234 avant Jésus-Christ, d'une famille obscure; il servit sous Fabius Maximus, pendant la seconde guerre punique. Nommé préteur en Sardaigne, il acheva de soumettre ce pays aux Romains. Envoyé en Espagne et en Grèce en qualité de consul, il mérita par sa prudence les honneurs du triomphe. Censeur en 187, il exerça ces nouvelles fonctions avec une grande sévérité. Il mourut en 149, à quatre-vingt-cinq ans. Ce grand homme cultiva les sciences et les lettres; il étudia, dit-on, jusqu'à l'âge de quatre-vingts ans. Il laissa en mourant un grand nombre de lettres, de harangues, et un ouvrage intitulé : *Origines romaines.* Il ne reste de lui qu'un petit traité intitulé : *de Re rustica.*

P. 117. — *Fundum Tusculanum.* La terre de Tusculum, villa à jamais célèbre par le séjour qu'y fit l'auteur des *Tusculanes.*

P. 119. — *Quod Quinquatrus dicamus*. La fête des Quinquatries, célébrée à Rome du 19 au 23 mars, en l'honneur de Minerve, répondait aux Panathénées des Grecs. C'était particulièrement la fête des écoliers, auxquels on donnait alors congé.

P. 119. — *Cum L. Ælio*. Élius Stilon Préconinus, illustre grammairien de l'ancienne Rome.

P. 123. *Nostri... Galli*. Nos Gaulois. Nous avons déjà dit que Favorinus était de la ville d'Arles, en Gaule.

P. 123. — *Circium appellant*. « Circius, sic dictus a qui omnia turbet, ac circumvertat. » (AMBR. GALLEPINUS).

P. 124. — *Horatianus... ille Atabulus*. Ce vent, dont parai Horace (*Sat.*, liv. I, sat. v, v. 78), est ainsi nommé parce que, selon Porphyre, son souffle est pestilentiel : ἄτην βάλλει, « il cause du dommage. »

P. 124. — *Prodromi*. Vents du nord-est qui précèdent de huit jours la canicule.

P. 125. — *P. Nigidii*. P. Nigidius Figulus, grammairien, philosophe et astrologue, passa pour le plus savant des Romains après Varron. Il fut l'ami de Cicéron, l'aida à déjouer les projets criminels de Catilina, et parvint à la dignité de sénateur. Exilé pour avoir pris le parti de Pompée contre César, il mourut loin de sa patrie, l'an 45 avant Jésus-Christ. Il ne reste que quelques fragments de ses ouvrages.

P. 126. — *Menandro ac Posidippo aut Apollodoro aut Alexide*. Ménandre, poëte comique d'Athènes, né en 342 avant Jésus-Christ, mort en 290, avait composé un grand nombre de pièces dans le genre de la *nouvelle comédie*, qui différait de l'*ancienne* en ce qu'au lieu de personnalités, elle présentait le tableau des vices et des ridicules. Ménandre fut appelé le prince de la nouvelle comédie. Il servit de modèle à Plaute et à Térence. Il ne nous reste que des fragments de ce poëte (*Voyez* PLUTARQUE, *OEuvres morales*, Comparaison d'Aristophane et de Ménandre). — *Posidippe*, poëte comique grec, vivait quelque temps après Ménandre, dont il suivit les traces. Selon Suidas, il composa trente comédies. — *Apollodore*, poëte comique, florissait à Athènes 240 ans avant Jésus-Christ. — *Alexis*, autre poëte comique grec, natif de Thurium, était oncle de Ménandre et florissait 360 ans avant Jésus-Christ. Il ne reste de lui que des fragments.

P. 126. — *Cæcilii* PLOCIUM *legebamus*. Cécilius Statius, poëte comique latin, affranchi, né dans la Gaule, ami d'Ennius et de Térence, composa plus de trente comédies, dont il ne nous reste que des fragments. Il mourut un an après Ennius, l'an 174 avant Jésus-Christ. Quintilien (*Instit. orat.*, liv. X, ch. 1) le place pour le talent entre Plaute et Sénèque.

P. 127. — Ὄνος ἐν πιθήκοις. Proverbe dont le sens est perdu pour nous. Toutefois, il est permis de penser que ces paroles peuvent désigner un homme simple qui se trouve avec des gens malins qui le tournent en ridicule.

P. 133. — *Fortuna et res est, ut continuo pareat*. D'autres lisent ainsi ce vers :

Qui fortuna et res est ut, continuo patet.

P. 134. — *Ludis Megalensibus*. Les jeux appelés Mégalésiens se célébraient en l'honneur de Cybèle, mère des dieux, pendant six jours, du 4 au 9 du mois d'avril. Pendant ces jeux, les personnes de distinction s'envoyaient réciproquement des présents et se régalaient. Ces jeux furent institués par Junius Brutus.

P. 134. — *Centenos vicenosque æris*. Cent vingt as. L'*as* romain, autrement appelé *libra*, valait dans son origine la dixième partie du *denier*. Le *denier* valait à peu près 50 centimes : 120 as équivalent donc approximativement à 6 francs.

P. 134. — *Lex Fannia*. La loi Fannia fut portée l'an 504 de la fondation de Rome.

P. 134. — *Ludis Romanis, ludis Plebeiis et Saturnalibus*. Les jeux Romains furent établis par Romulus; on les appelait aussi *ludi Magni*, les Grands Jeux, parce qu'on les célébrait avec plus de pompe et de magnificence que tous les autres, ou parce qu'ils étaient consacrés aux dieux du premier ordre. Ils duraient depuis le 4 jusqu'au 14 septembre. Les jeux Plébéiens furent établis en mémoire de la liberté que le peuple recouvra par l'expulsion des rois, ou par la réunion du peuple au sénat, après sa retraite sur le mont *Aventin*; ils se célébraient tous les ans, dans le Cirque, le jour avant le 17 des calendes de novembre, et duraient trois jours

(CICÉRON, act. I, in Verrem). — Les Saturnales, ou fêtes de Saturne, célébrées en Italie longtemps avant la fondation de Rome, avaient lieu au mois de décembre et duraient sept jours. La licence la plus effrénée régnait dans ces fêtes ; ce jour-là les esclaves disaient à leur maître tout ce qu'ils voulaient ; les maîtres les servaient à table.

P. 135. — *Lex deinde Licinia rogata est.* La loi Licinia fut portée par Licinius Crassus, qui fut consul, l'an de Rome 657, avec Cn. Cornélius Lentulus.

P. 135. — *Hujus legis Lævius poeta meminit.* Lévius, poëte latin, qui a été souvent confondu avec Livius Andronicus et Névius.

P. 136. — *Sestertios tricenos in cœnam insumere.* Il faut se rappeler que le petit sesterce valait 12 c. et demi.

P. 136. — *Æmiliam quoque legem.* Émilius Lépidus, auteur de cette loi, fut revêtu de la dignité consulaire l'an de Rome 676.

P. 137. — *Aristarchus et Crates.* Aristarque, critique et grammairien célèbre, disciple d'Aristophane, né dans la Samothrace, vers 160 avant Jésus-Christ, fut chargé, à Alexandrie, de l'éducation du fils de Ptolémée Philométor. Fatigué de ne pouvoir guérir d'une hydropisie, il se laissa mourir de faim à l'âge de soixante et douze ans. Aristarque est célèbre par ses travaux sur Homère, sur Pindare, sur Aratus et sur plusieurs autres poëtes grecs. On croit que c'est lui qui divisa l'*Iliade* et l'*Odyssée* en autant de livres qu'il y a de lettres dans l'alphabet ; on prétend même qu'il retrancha plusieurs vers. Il suffisait, dit-on, qu'un passage ne lui plût pas, pour qu'il le taxât de supposé. *Fiet Aristarchus*, dit Horace (*Art poétique*, v. 450) en parlant d'un critique habile et consciencieux. — *Cratès*, autre grammairien qui fut le disciple et l'antagoniste d'Aristarque. Il établit une école à Pergame, et écrivit l'histoire des événements les plus remarquables de chaque siècle.

P. 138. — *Ad M. Frontonem.* M. Cornélius Fronton, orateur latin du onzième siècle, eut pour élève Marc-Aurèle, qui lui conserva toujours une vive reconnaissance et le nomma consul (161 av. Jésus-Christ). On lui attribue le traité *de Vocabulorum differentiis*. M. Cassan a publié, en 1830, la correspondance de cet écrivain avec Marc-Aurèle, sous le titre de *Lettres inédites de Marc-Aurèle et de Fronton.*

P. 145. — *Aere fulva.* Il faut lire ici *fulva* et non *fulvo*, comme Aulu-Gelle lui-même le fait remarquer au chap. xx du liv. XIII.

P. 146. — *Æsopus ille e Phrygia fabulator.* Ésope naquit en Phrygie dans le sixième siècle avant Jésus-Christ. Il fut d'abord esclave d'un riche habitant de Samos, qui l'affranchit. Ésope s'étant fait une grande réputation par son talent pour l'apologue, Crésus l'appela à sa cour. Envoyé par ce prince à Delphes pour consulter l'oracle, il irrita tellement les habitants du pays par la liberté de son langage, qu'ils s'emparèrent de lui et le précipitèrent du haut d'un rocher (vers 560 av. Jésus-Christ).

P. 147. — *Ea cassita in sementes forte concesserat tempestiviores.* — LA FONTAINE, liv. IV, fab. 22, et BABRIUS, édit. princ., p. 88.

LIVRE TROISIÈME

P. 154. — *Subtilissimum brevitatis artificem.* « Quare vitanda est etiam illa *Sallustiana*, quanquam virtutis in ipso locum obtinet, brevitas. » (QUINTILIANUS, *Instit. orat.*, lib. IV, ch. II.)

P. 158. — *Q. Mucius.* Illustre jurisconsulte, qui fut massacré par les satellites de Sylla, au moment qu'il embrassait les autels de Vesta et qu'il implorait le secours du ciel, huit ans après avoir obtenu le consulat avec L. Crassus. Il appartenait à l'illustre famille qui avait eu pour chef l'héroïque Scévola.

P. 158. — *Usurpatum isset.* On appelait mariage par usurpation le mariage qui se faisait après une année de cohabitation; pour qu'il fût célébré, il fallait que la femme, pendant cette année de cohabitation, eût fait une absence de trois nuits d'après *la loi des Douze-Tables.* Voici la loi : « Lorsqu'une femme, maîtresse d'elle-même, aura demeuré un an entier sur le pied du mariage, dans la maison d'un homme, qu'elle soit censée son épouse, à moins que pendant trois nuits, durant l'année, elle ne se soit pas absentée du logis de cet homme. »

P. 159. — *Non indicibus Ælii*, etc. Élius, Sédigitus, Claudius, Aurélius, Attius, Manilius, grammairiens et auteurs de l'ancienne Rome.

P. 160. — *Aquilii dicatur*. Aquilius, poëte comique, contemporain de Plaute, cité par Varron dans le cinquième livre de son *Traité de la Langue latine*.

P. 162. — *Quod arietinum responsum*. On suppose que Plaute donne ici à cet oracle rendu dans les Grands Jeux le nom d'*arietinum*, par allusion à l'oracle de Jupiter Ammon, dont le langage obscur et les réponses entortillées étaient symboliquement figurés par les cornes de bélier placées sur la tête du dieu. On pourrait admettre encore que *responsum arietinum*, littéralement l'*oracle du bélier*, n'est autre chose qu'un dilemme, sorte d'argument composé de deux ou plusieurs propositions arrangées de façon qu'en accordant telle de ces propositions que vous voudrez, la conclusion sera toujours contre vous. C'est pour cette raison même qu'on l'appelle *argument cornu*. Ce même argument est encore appelé *crocodile*. Eubulide, disciple et successeur d'Euclide, est regardé comme l'inventeur de tous ces sophismes captieux.

P. 164. — *Arcesilaum philosophum*. Arcésilas, philosophe académicien, né à Pitane, dans l'Éolie, vers l'an 316 avant Jésus-Christ, fut disciple de Polémon. Après de longs voyages en Grèce et en Perse, il vint fonder à Athènes la seconde Académie, école qui combattait les stoïciens. Arcésilas mourut à l'âge de soixante-quinze ans.

P. 165. — *Plutarchus in octavo* Symposiacorum. *Symposiaques* ou *Propos de table*, titre donné par Plutarque à un traité en huit livres.

P. 173. — *Item Vergilias*. Selon Festus, *Vergiliæ* vient de *ver*, parce que cette constellation paraît à la fin du printemps.

P. 173. — *Quas* Πλειάδας. Pléiades; on nomme ainsi les sept filles d'Atlas, qui furent métamorphosées en étoiles et formèrent dans le ciel la constellation des Pléiades. On les nomma Pléiades, soit du nom de leur mère Pléione, soit du verbe grec πλέω, naviguer, parce que cette constellation se montre à une époque favorable à la navigation.

P. 173. — *Quas alii erraticas.* — *Erraticœ*, nom des planètes, chez les Latins; ce mot correspond au grec πλάνητες (étoiles errantes). — *Nam in septimo signo.* Les signes compris entre le solstice d'hiver et le solstice d'été étaient : le Capricorne, le Verseau, les Poissons, le Bélier, le Taureau, les Gémeaux et le Cancer. Entre le solstice d'été et celui d'hiver, on comptait : le Cancer, le Lion, la Vierge, la Balance, le Scorpion, le Sagittaire et le Capricorne.

P. 174. — *Is numerus septenarius... facit numerum octo et viginti.* Pour obtenir ce résultat, il faut à *un* ajouter *deux*, à *deux* ajouter *trois*; à *trois*, *quatre*; à *quatre*, *cinq*; à *cinq*, *six*; à *six*, *sept*; de cette manière : $1 + 2 + 3 + 4 + 5 + 6 + 7 = 28$.

P. 175. — *Numero moveri septenario.* Ce mot *septenario* embarrasse les critiques et les commentateurs. Ne pourrait-on pas admettre que *septenarius* correspond au mot grec ἑπτάχορδος, qui signifie lyre à sept cordes. Il s'agirait alors ici de l'harmonie que l'on tire de l'instrument à sept cordes. Cette explication viendrait corroborer l'opinion de Varron.

P. 176. — *Philochorus.* Philochorus, historien natif d'Athènes. Il mourut 220 ans avant Jésus-Christ, assassiné par les ordres d'Antiochus, qui le punissait d'avoir embrassé le parti de Ptolémée, roi d'Égypte.

P. 176. — *Xenophanes.* Xénophane, philosophe grec, contemporain d'Anaximandre, naquit à Colophon. Il composa des vers ïambiques contre Homère et contre Hésiode, qu'il critique sur les choses qu'ils ont dites des dieux. Il mourut fort âgé.

P. 176. — *Ephorus.* Ephorus, orateur et historien grec (363-300 avant Jésus-Christ), natif de Cumes, en Éolie, disciple d'Isocrate et rival de Théopompe, avait composé une histoire du Péloponnèse depuis les temps les plus reculés jusqu'en 340 avant Jésus-Christ. Il ne reste que des fragments de cet ouvrage.

P. 177. — *Insula Io.* — *Ios*, aujourd'hui *Nio*, petite île de l'archipel grec, une des Cyclades, entre Amorgos et Santorin.

P. 179. — *Callistratus.* Callistrate, orateur athénien. Il fut banni de sa patrie, parce que le crédit que lui donnait son éloquence portait ombrage.

P. 179. — Περὶ Ὠρωποῦ. Orope, ville de l'Attique, à l'embouchure de l'Asopus.

P. 180. — *E sextario*. Le setier était une mesure de capacité contenant la quarante-huitième partie de l'amphore. L'hémine contenait la moitié du setier; elle équivaut à 2 lit. 05.

P. 183. — *Ad umbilicum dimidiatus*. Littéralement : *le jour est mort jusqu'au nombril*.

P. 187. — *In libro Hippocratis*. Hippocrate, le plus illustre des médecins, naquit l'an 460 avant Jésus-Christ, dans l'île de Cos, de la famille des Asclépiades, vouée depuis plusieurs siècles à l'art de guérir. Hippocrate résida tantôt à Cos, tantôt en Thessalie, tantôt à Pella, à Athènes, enseignant et pratiquant la médecine. Il mourut à Larisse, à quatre-vingts ans, selon les uns, à cent ans, selon les autres. Les principaux écrits d'Hippocrate sont : *De la Nature de l'Homme; des Fractures; des Airs, des Eaux, des Lieux;* les *Épidémies,* les *Pronostics,* les *Aphorismes;* ce dernier ouvrage est généralement regardé comme son chef-d'œuvre. Hippocrate a été traduit par madame Dacier.

P. 188. — *Versum hunc Livii*. Livius Andronicus, poëte comique latin, antérieur à Ennius, vivait vers l'an 243 avant Jésus-Christ. Il composa les premières comédies régulières chez les Romains. Il jouait lui-même dans ses pièces. Il ne reste de lui que quelques vers.

P. 189. — Ὄνοι λύρας. Proverbe par lequel en Grèce et à Rome on désignait des ignorants ou imbéciles.

P. 191. — *Jus trium liberorum*. Le père de famille qui avait trois enfants était dispensé de la tutelle; il jouissait encore de plusieurs autres priviléges.

P. 192. — *Massurius*. Massurius Sabinus, jurisconsulte du temps de Tibère, disciple d'Attéius Capiton, donna le premier des consultations écrites, et fut le chef de l'école des Sabiniens. Les *Fragments de Sabinus* ont été publiés à Venise en 1568.

P. 192. — *Philolai*. Philolaüs, philosophe pythagoricien, né à Crotone, enseigna le premier que la terre se meut circulairement. Il mourut soupçonné d'aspirer à la tyrannie, l'an 420 avant Jésus-Christ.

P. 193. — *Dionem*. Dion de Syracuse, gendre de Denys l'Ancien, tyran de Syracuse, engagea ce prince à faire venir Platon à sa cour. Dion fut assassiné par un de ses amis, nommé Callippus.

P. 193. — *Speusippi*. Speusippe, né à Myrrhina, un des bourgs du territoire d'Athènes, succéda à Platon, son oncle maternel, qu'il remplaça pendant huit ans. Speusippe suivit les dogmes de Platon, mais il n'en prit pas les mœurs; car il était colère et voluptueux. Il mourut à Athènes en l'an 339 avant Jésus-Christ, des suites de ses débauches.

P. 193. — Τίμων. Timon le satirique, dit le Sillographe, philosophe et poëte, né à Phlionte, vers l'an 350, fut l'ami et le disciple de Pyrrhon le sceptique. Il mourut à Athènes, à l'âge de quatre-vingt-dix ans. Il avait composé des *Silles*, espèces de satires où il maltraitait fort les philosophes. Il en reste quelques fragments recueillis par H. Estienne.

P. 193. — TIMÆUM... *concinnasset*. — *Timée*, titre d'un dialogue dans lequel Platon expose son opinion sur la nature des choses. Il est ainsi appelé du nom de l'un des interlocuteurs.

LIVRE QUATRIÈME

P. 199. — *Panicum*. Le panic est une sorte de graine semblable au millet. Linné en fait un genre distinct de plantes graminées. On sème encore cette plante dans les champs, en Allemagne et en Italie.

P. 202. — *Cato Ælio placuisse*. Catus Élius Sextus Pétus, jurisconsulte romain, fut successivement édile, consul et censeur. En l'an 200 avant Jésus-Christ, étant édile, il divulgua les formules du droit, dont les patriciens se réservaient la connaissance. Cette partie de droit qu'il a fait connaître s'appelle le droit Élien.

P. 202. — *In edicto œdilium curulium*. Les édiles curules étaient distingués des édiles plébéiens; les marques de la dignité des premiers étaient la chaise curule, la robe prétexte, le droit d'images, et celui d'opiner les premiers dans le sénat.

P. 203. — *Coerato*... Ces formules sont toujours écrites en langue primitive. *Coerato* est pour *curato*; *utei* pour *uti*.

P. 203. — *Cœlius Sabinus*. Jurisconsulte cité par Ulpien, vivait sous Vespasien.

P. 204. — *Trebatium*. Trébatius Festa Caïus, jurisconsulte romain, fut fait tribun par Jules César. Il jouit de la plus haute réputation sous Auguste, compta parmi ses disciples l'illustre Labéon. Il écrivit divers traités perdus aujourd'hui. Beaucoup de ses décisions se trouvent dans les *Pandectes*.

P. 206. — *Jurare a censoribus coactus*. Ce serment était obligatoire, *coactus*, seulement dans les mariages légitimes.

P. 206. — *Asam Junonis*. — *Asam*, pour *aram*, est un de ces mots de la langue primitive employés dans les arrêts des magistrats, et dans les sénatus-consultes.

P. 208. — *Neratius*. Célèbre jurisconsulte, souvent cité dans les *Pandectes*.

P. 209. — *Area Vulcani*. La place de Vulcain, comme nous l'apprend Publius Victor, était située dans la quatrième région de Rome.

P. 209. — *Malum consilium consultori pessimum est*. Ce vers se retrouve parmi les *Sentences* de Publius Syrus.

P. 209. — *In Verrii Flacci libro primo*. Verrius Flaccus, grammairien latin, esclave d'abord, puis affranchi, tint à Rome une école qui fut la plus renommée de cette ville, et ensuite fut chargé par Auguste de l'éducation de ses deux petits-fils, Caïus et Lucius

Agrippa. Il mourut sous Tibère, dans un âge très-avancé. Le plus connu de ses ouvrages est son traité *de Verborum significatione*.

P. 210. — *Ferias præcidaneas*. Il me semble que *præcidaneæ* avec *feriæ* ne doit pas avoir la même étymologie qu'avec le mot *porca*. Au reste, je dirai comme Aulu-Gelle parlant de Varron (liv. I, ch. XVIII) : « In hac re de vero tam excellentis doctrinæ non meum judicium est. »

P. 212. — *In atrum diem inauguratæ sunt*. Aulu-Gelle (liv. V, ch. XVII) distingue les *jours funestes* des *jours néfastes*.

P. 212. — *Valerius Probus*. Originaire de Béryte, Valérius Probus quitta la carrière militaire pour l'étude. Il rédigea un grand nombre d'observations sur les anciens usages des Romains.

P. 217. — *Cærimoniæ a carendo*, parce que le vulgaire profane était éloigné des sacrifices, il en était privé, *carebat*. On sait aussi qu'il était très-difficile, chez les Grecs, de se faire initier aux mystères d'Éleusis : c'était un honneur réservé à un bien petit nombre d'élus.

P. 221. — *Callimachus*. Callimaque, célèbre poëte et littérateur grec, né à Cyrène dans le quatrième siècle, et mort vers l'an 270 avant Jésus-Christ. Il enseigna d'abord les belles-lettres à Éleusis; puis fut appelé à Alexandrie par Ptolémée Philadelphe, et donna des leçons de poésie dans le Musée. Callimaque avait composé des poëmes dans presque tous les genres, des ouvrages d'histoire, de grammaire, de littérature. De tous ses écrits, il ne nous reste que quelques hymnes, des épigrammes et des fragments. Un de ses poëmes, l'*Ibis*, satire composée contre Apollonius de Rhodes, son élève, a été imité par Ovide. On sait que Catulle a traduit en vers latins *la Chevelure de Bérénice*, autre pièce de Callimaque.

P. 221. — *Aristoxenus*. Aristoxène, philosophe et musicien grec, né à Tarente vers l'an 350 avant Jésus-Christ, fut un des plus célèbres disciples d'Aristote. Il avait, selon Suidas, composé quatre cent cinquante-trois ouvrages. Il ne reste de lui que des *Éléments harmoniques* en trois livres, et un fragment sur le rhythme, trouvé à Venise, 1785.

P. 222. — *Ex Xenophilo*. Xénophile, philosophe et musicien, qui vécut cent cinq ans sans éprouver la plus légère infirmité.

P. 222. — *Alexis etiam poeta.* Alexis, poëte comique grec, natif de Thurium, oncle de Ménandre, florissait vers l'an 360 avant Jésus-Christ. Il ne reste de lui que quelques fragments.

P. 222. — *Carmina Empedocli.* Empédocle, né à Agrigente, florissait vers l'an 444 avant Jésus-Christ. Il excella à la fois dans la philosophie, dans la poésie, dans la musique et dans la médecine. Il avait composé sur la *nature et les principes des choses* un poëme si beau, qu'on le lut publiquement aux jeux Olympiques.

. . . . Deus immortalis haberi
Dum cupit Empedocles, ardentem frigidus Ætnam
Insiluit.
HORATIUS, *Art. poët.* v. 465.

P. 223. — *Euphorbum.* Euphorbe, nom d'un Troyen tué par Ménélas.

P. 223. — *Clearchus et Dicœarchus.* Cléarque et Dicéarque furent tous deux disciples d'Aristote. Le premier, l'un des plus célèbres péripatéticiens, naquit à Soles, ville de l'île de Cypre, 300 ans avant Jésus-Christ; le second, qui florissait vers l'an 320 avant Jésus-Christ, naquit à Messine, et fut à la fois philosophe, historien et géographe. Il ne reste de lui que des fragments d'un ouvrage sur la géographie de la Grèce.

P. 223. — *Pyrandrum.* Pyrandre, personnage fameux par ses ruses.

P. 223. — *Callicleam.* Calliclée, personnage inconnu.

P. 224. — *Ærarium faciebant.* On appelait *œrarii* les plébéiens auxquels on retirait le droit de suffrage, et auxquels il ne restait de la qualité de citoyen que l'obligation de payer l'impôt. *Fiebant œrarii.*

P. 225. — *Democriti liber.* Démocrite, philosophe grec, né à Abdère vers l'an 490 avant Jésus-Christ, fut l'élève de quelques mages et de philosophes chaldéens restés dans son pays après l'expédition de Xerxès en Grèce. Ce fut de ces mages qu'il apprit la théologie et l'astrologie dès son bas âge. Il s'attacha ensuite à Leucippe, dont il fut le disciple. Après avoir dissipé toute sa fortune dans ses voyages en Égypte et en Asie, il revint à Abdère, sa patrie, où la bizarrerie de son caractère le fit passer pour fou. On rapporte que les Abdéritains appelèrent pour le guérir Hippocrate, qui déclara qu'ils étaient plus fous que Démocrite. On sait que Démocrite riait toujours des folies de l'homme.

P. 230. — *In Anticatone*. L'*Anticaton*, ouvrage que César composa contre Cicéron, dans la vue de diminuer les louanges données par ce dernier à Caton d'Utique dans la *troisième action contre Dolabella*. César était alors âgé de vingt et un ans.

P. 231. — *Lustrum*. Le lustre était une révolution de cinq ans chez les Romains, qui correspondait aux olympiades chez les Grecs. Selon Varron, ce mot vient de *luere*, payer, parce qu'au commencement de chaque cinquième année on payait le tribut imposé par les censeurs. A la fin de chaque lustre on faisait le dénombrement du peuple romain. Parmi les cérémonies qui s'observaient à l'expiration de ce terme, il y en avait une qui consistait à faire tourner autour de l'assemblée les victimes destinées au sacrifice expiatoire qu'on offrait aux dieux pour purifier le peuple ; ce que les auteurs expriment par *lustrare* et *condere lustrum*.

LIVRE CINQUIÈME

P. 241. — *Musonium philosophum solitum dicere accepimus*. Caïus Musonius Rufus, philosophe stoïcien, né sous Tibère à Valtinium, ouvrit à Rome une école très-fréquentée; il fut exilé par Néron dans l'île de Gyare, une des Cyclades, revint sous Vitellius, et se fit tellement estimer, que Vespasien l'excepta seul lorsqu'il chassa de Rome les philosophes.

P. 243. — *Equus Alexandri regis et capite et nomine Bucephalus fuit*. Nous ferons remarquer ici que le prix auquel ce cheval fut acheté (37,504 fr., 30 c.) en faisait un présent digne du roi auquel il fut offert. Il est toutefois douteux que la conformation de la tête de l'animal eût satisfait les exigences des amateurs de chevaux de nos jours.

P. 244. — *Bucephalon*. Bucéphalie, dans l'Inde ancienne, sur l'Hydaspe, vis-à-vis de Nicée au nord du royaume de Taxile.

P. 244. — *Protagoram*. Protagoras, né en 489, mort en 408 avant Jésus-Christ.

P. 245. — *Pecuniam quippe ingentem*. Il exigeait cent mines par an, selon Diogène Laërce, c'est-à-dire à peu près 9,268 fr. de notre monnaie.

P. 246. — *Julius Paulus*. Jurisconsulte romain, né à Rome, selon les uns, à Tyr, selon d'autres, contemporain et rival de Papinien, vivait au commencement du troisième siècle. Il fut élevé au consulat par Alexandre Sévère, et nommé préfet du prétoire après Ulpien. On n'a conservé de ses ouvrages que quelques fragments qui sont cités dans le *Digeste*.

P. 256. — *Insignis obibat*. Il s'agit ici de Misène. VIRGILE, *Énéide*, liv. VI, v. 161 et suiv.

P. 260. — *Bias*. Philosophe grec, l'un des sept sages, naquit à Priène, vers l'an 570 avant Jésus-Christ. Il avait fait une étude particulière des lois de sa patrie. Il mourut dans un âge très-avancé, en plaidant la cause d'un de ses amis. On connaît la réponse que fit ce sage à ceux qui lui demandaient pourquoi, sa patrie étant prise par l'ennemi, il n'emportait rien : « C'est que, dit-il, je porte tout avec moi. »

P. 263. — *Vejovem appellaverunt*. OVIDE, *Fastes*, liv. III, v. 429 et suiv.

P. 263. — *Vescum, vehemens et vegrande*. — *Vescus* signifie :

1° qui mange, qui ronge :

> Nec, mare quæ impendent, vesco sale saxa peræsa.
> LUCRETIUS, *de Rerum natura*, lib. I, v. 327.

2° ce qu'on mange :

> . . . . Verbanesque premens, vescumque papaver.
> VIRGILIUS, *Georg.*, lib. IV, v. 131.

3° qui ne mange pas, maigre, chétif :

> . . . . Vegrandia farra coloni
> Quæ male creverunt, vescaque parva vocant.
>
> Ovidius, *Fast.* lib. III, v. 445.

Vehemens. — *Ve* est toujours augmentatif dans cet adjectif.

Vegrandis signifie : 1° avorté, petit, faible :

> Hic sæpe falsus messibus vegrandibus.
>
> Ausonius, *Epist.* XXII, v. 23.

2° très-grand.

> Ut ramale vetus vegrandi subere coctum.
>
> Persius, sat. I, v. 97.

P. 264. — *Averruncus.* D'*averrunco*, éloigner ; divinité ainsi nommée par les Romains, qui s'imaginaient qu'elle les préservait de malheurs.

P. 267. — *Apion.* Grammairien d'Alexandrie, né en Égypte, fut député par les Alexandrins à Caligula pour se plaindre des Juifs. Apion avait composé une *Histoire d'Égypte* et un *Traité sur les Juifs*, réfuté par Josèphe. Il ne nous reste rien des ouvrages de cet auteur.

P. 267. — *Qui Plistonices appellatus est.* Ce mot vient du grec πλεῖστος, multitude, et de νίκη, victoire : il signifie qui l'emporte sur la multitude.

P. 271. — *Lucretius.* Ce poëte illustre naquit l'an 95 avant Jésus-Christ, et mourut à l'âge de quarante-quatre ans.

P. 274. — *Quos vulgus imperite nefastos dicit.* Un jour néfaste était celui où les tribunaux étaient fermés, où toutes les affaires étaient suspendues ; ce que les Latins exprimaient par ces deux mots : *sumere justitium*. Un jour funeste était en même temps néfaste.

P. 277. — *Arrogationes.* Je me sers de l'expression la plus usitée dans les ouvrages de droit, *après trois mancipations*. Voici comment on procédait à cet acte : le père naturel, en présence de cinq témoins, et de l'officier public appelé *libripens* tenant sa balance, faisait une vente fictive de son fils à un étranger en lui disant : *Mancupo tibi hunc filium, qui meus est.* L'acheteur donnait au père, par forme de prix, une pièce de monnaie, dont il frappait la balance en disant : *Hunc hominem ex jure spiritum meum esse aio, isque mihi emptus est hoc œre œneoque libra.* Cet acte devait être répété trois fois pour l'adoption.

P. 280. — *A Sinnio Capitone.* Sinnius Capiton, grammairien qu'il ne faut pas confondre avec le jurisconsulte Atteius Capiton.

— P. 280. — *Stribligo.* La racine de ce mot est στρεβλὸς, qui en grec signifie tortu, sinueux, détourné, entortillé.

P. 280. — *Ita σόλοικον dixerant.* Σόλοικος, habitant de Soles, ville de l'île de Cypre où l'on parlait très-mal le grec : de là, métaphoriquement, sot, imbécile, grossier, qui parle mal, qui parle comme un habitant de Soles. On sait le sens de βάρβαρος.

P. 282. — *Ex Faunorum et Aboriginum seculo.* C'est-à-dire aux temps les plus reculés, Faune succéda à Picus, son père, 77 ans avant l'arrivée d'Énée en Italie. Quant aux Aborigènes, qui habitaient les lieux mêmes où Rome fut fondée, ils sont regardés comme un rameau de la race pélasgique.

P. 282. — *In templo Pacis.* Il y avait dans ce temple une bibliothèque fondée par Vespasien.

LIVRE SIXIÈME

P. 284. — *Quibus non videtur mundus Dei et hominum causa institutus.* Les premières lignes de ce chapitre, jusqu'à *homines fecisse*, ont été trouvées par Lion, dans Lactance, *ad Pentadium fratrem*, ch. XIX, *de Dei patientia atque providentia.* — *Ceux qui nient que le monde ait été créé pour Dieu et pour les hommes.* Ce n'est qu'avec répugnance que je donne ce sens, qui ne me paraît nullement en harmonie avec ce qui suit. Peut-être faudrait-il lire : *Quibus non mundus videtur Deo, hominum causa, institutus.* On sait qu'il n'est pas rare avec le verbe passif de mettre au datif ou à l'ablatif sans préposition, le nom de la personne par qui l'action est faite. Ovide a dit : *Non intelligor illis*. Cicéron : *Quicquid mihi susceptum est.* N'oublions pas non plus que ce même Cicéron, qui a imité Chrysippe dans ses *Offices*, a dit : *A Deo omnia facta et constituta sunt* : « tout a été fait et organisé par Dieu. »

P. 287. — Πεπρωμένην. Ce participe, qui vient de πορεῖν, a le sens de procurer, fournir *accidentellement, fatalement.*

P. 287. — Εἱμαρμένην. Ce mot, qui est le participe de μείρομαι, signifie également ce qui est donné, ce qui est divisé, distribué par le sort.

P. 288. — *Nam si sunt per naturam*. Il faut avouer que cette réfutation de Chrysippe est plus subtile que juste. Notre philosophe laisse subsister dans toute leur force les objections de ses adversaires : *Si on est né avec de bons instincts, on sera bon ; si on est méchant, on sera méchant ; car c'est une fatalité attachée à la nature d'un mauvais cœur, de s'abandonner aux dérèglements et au mal.* Cicéron fait justice de cette manière de raisonner.

P. 290. — *M. Cicero, in libro quem* DE FATO *conscripsit*. Ou cette phrase est altérée dans le texte de Cicéron, ou elle se trouve dans ce qui nous manque du traité *de Fato*.

P. 291. — *Tubero*. Quintus Élius Tubéron fut lieutenant de Cicéron, son ami, en Asie. A Pharsale, il combattit contre César. Il est auteur d'une *Histoire romaine* qui ne nous est point parvenue. Son fils, comme lui partisan de Pompée, était habile jurisconsulte ; il reste de lui des fragments qu'on trouve dans les *Institutes*.

P. 291. — *In Tuditani libris*. Sempronius Tuditanus, tribun légionnaire à la bataille de Cannes : il échappa aux désastres de cette journée et ramena sa légion à Rome ; il conclut la paix avec Philippe, fut consul en 203, vainquit Annibal à Crotone. Il a écrit des commentaires et des annales.

P. 293. — *Alfenus.* Varus P. Alfenus, de Crémone, quitta le métier de cordonnier pour se livrer à l'étude du droit civil. Il parvint au consulat avec P. Vinucius, l'an 3 de Jésus-Christ.

P. 295. — *Cn. Matium*. Cn. Matius, illustre savant et poëte comique, qui florissait 50 ans avant Jésus-Christ. Il a beaucoup imité Homère et s'est approprié plusieurs de ses vers.

P. 299. — *Meritum a flamine Quirinali*. Les flamines étaient chez les Romains des prêtres attachés exclusivement au service d'un dieu. Numa en institua trois : le flamine Dialis, ou celui de Jupiter ; le flamine Martialis, ou celui de Mars ; le flamine Quirinalis, ou celui de Quirinus, c'est-à-dire de Romulus. Ces trois flamines étaient patriciens ; on les appelait les grands flamines. Ce sacerdoce était à vie.

P. 299. — *Cujus sacerdotii insigne et spicea corona et albæ infulæ.* — VIRGILE, *Géorg.*, liv. I, v. 345 ; STACE, *Silves*, liv. II, silve I, v. 100 ; PLUTARQUE, *Romulus*.

P. 301. — *L. Piso.* L. Calpurnius Pison, dit Frugi, jurisconsulte, historien, orateur, fut tribun du peuple en l'an 149 avant Jésus-Christ, consul en 133, censeur en 121. Il est auteur de la loi *Calpurnia de repetundis* contre les concussionnaires. Il fut l'ardent adversaire du fils de l'illustre Cornélie.

P. 302. — *Eumque pro tribu ædilem curulem renuntiaverunt.* Ancienne formule qui voulait dire la même chose que *in prærogativa tribu*. On sait qu'on donnait le nom de *prærogativa* (prærogata) *tribu* à la tribu qu'on appelait la première aux suffrages (TITE-LIVE, liv. IX, ch. XLVI). — *Ædilem curulem.* Il y avait deux sortes d'édiles : les édiles plébéiens, et les édiles curules. Ces derniers avaient le droit de s'asseoir sur un siége orné d'ivoire, non-seulement en public, mais encore chez eux et partout où ils allaient. On leur accorda encore le privilége de dire leur avis au sénat dans un rang distingué, de porter la robe prétexte bordée de pourpre, d'avoir les images de leurs ancêtres, et de les faire porter dans les cérémonies publiques.

P. 303. — *Euclidem quam dicebat Socraticum.* Eucide fut d'abord disciple de Parménide et ensuite de Socrate, comme nous l'apprend Aulu-Gelle. Après la mort de son dernier maître, il se retira à Mégare, où il ouvrit une école de philosophie qui fut nommée *école Mégarique* ; plus tard, on la nomma *Éristique*, c'est-à-dire disputante. Euclide florissait vers l'an 400 avant Jésus-Christ.

P. 306. — *Sed ex sacro deminutum.* Il y a donc un pléonasme dans ce vers d'Ovide :

Ara mihi posita est, *purro* conjuncta *sacello*.

Fast., lib. I, v. 275.

Il est vrai que nous lisons dans Properce :

> Flore sacella tego, verbenis compita velo.
> *Eleg.*, lib. IV, eleg. 3, v. 57.

P. 311. — *Verbum* QUIESCIT *usitate, e littera correpta*. Jamais l'*e* n'a été bref dans ce verbe.

> . . . . . O mihi tum quam molliter ossa quiescant.
> VIRGILIUS, *Bucol.*, ecl. X, v. 33.

> Indoctusque pilæ, disçive trochive, quiescit.
> HORATIUS, *Ars poet.* v. 380.

P. 312. — *In Catulli carmine*. Catulle, né à Vérone, l'an 86 avant Jésus-Christ, mourut à trente ans, selon quelques-uns, à quarante, selon d'autres. Ovide a dit :

> Mantua Virgilio gaudet, Verona Catullo.
> *Amorum*, lib. III, elég. 15, v. 7.

Et Boileau aurait pu dire :

> Qu'amour dictait les vers que soupirait *Catulle*.

P. 316. — *Libros Athenis... primus posuisse dicitur Pisistratus tyrannus*. C'est un passage de Pausanias qui a fait dire à Aulu-Gelle que Pisistrate avait le premier fondé une bibliothèque publique à Athènes; voici ce passage de Pausanias (liv. VII, ch. XXVI) : « Pisistrate, lorsqu'il rassembla les poésies d'Homère qui existaient séparées et retenues de mémoire en divers lieux... » Mais, comme on l'a dit, il ne pouvait y avoir de bibliothèque dans une ville où l'on écrivait Homère pour la première fois. Aulu-Gelle jugeait l'Athènes de Pisistrate d'après la Rome des Antonins.

LIVRE SEPTIÈME

P. 317. — *Qui prior Africanus appellatus est*. P. C. Scipion, né, selon Pobyle, l'an de Rome 548 ; selon Tite-Live, l'an 520, de l'illustre famille des Cornélicus. « Scipion, dit Voltaire, fut peut-

être l'homme qui fit le plus d'honneur à la république romaine. »
Il mourut à l'Internum, l'an 183 avant Jésus-Christ.

P. 336. — *Quorum nomine venditor nihil præstaret*. Le vendeur, dans ce cas, ne répondait pas des vices de l'esclave, et cette espèce ne pouvait donner lieu à la *rédhibition*.

P. 337. — *Histrio*. Mot toscan, baladin, bateleur. *Comœdus* (de κώμη, village, et de ᾠδή, chant), comédien, acteur qui joue dans les comédies. Ces pièces, dans l'enfance de l'art, se représentaient en allant de village en village.

P. 339. — *Quem περὶ Μνήμης composuit*. Aulu-Gelle cite le traité d'Aristote, *de la Mémoire*, au lieu de celui qui a pour titre : *Sur les veilles et le sommeil*, dans lequel on trouve le passage qu'il rapporte.

P. 339. — *In Plauti* CISTELLARIA *legisse dicit*. M. A. Plaute, né, l'an 227 avant Jésus-Christ, à Sarsine, village de l'Ombrie, florissait à l'époque de la deuxième guerre punique. On doit le considérer comme le père de la comédie romaine. « La *Cistellaria*, dit F. Schœll, est une comédie d'intrigue avec un dénoûment très-faible. » On avait cent trente comédies attribuées à Plaute; Varron n'en admettait que vingt et une comme authentiques; nous en possédons vingt. Molière, Destouches, Regnard, ont plus d'une fois pris le comique latin pour modèle. Plaute mourut l'an 184 avant Jésus-Christ.

P. 343. — *Apion*. Apion, natif d'Oasis, en Égypte, composa plusieurs ouvrages contre les Juifs. L'historien Josèphe réfuta ses calomnies. Apion vécut à Rome sous Tibère et Caligula. Le seul ouvrage de lui que les anciens aient cité est l'*Histoire d'Égypte*.

P. 343. — Περὶ Δικαιαρχίαν. Nom primitif de Pouzzol, ville de Campanie.

P. 343. — Σταδίων. Jusqu'à deux cents stades du rivage, à peu près sept lieues.

P. 344. — *Laberius*. Décimus Labérius, né l'an 109 avant Jésus-Christ. Ce chevalier romain, remarquable par son goût pour les lettres, avait vécu avec honneur jusqu'à soixante ans, lorsqu'il se vit contraint par Jules César de figurer sur le théâtre pour y disputer le prix au plus fameux auteur de ce temps, Publius Syrus. Labérius, dans un prologue improvisé, déplora avec dignité son malheur; et lorsque, dans la pièce, il prononça ces paroles : *Necesse est multos timeat quem multi timent*, tous les regards se tournèrent vers César. V. p. 421.

P. 347. — *L. Attius, in* SOTADICORUM *libro primo*. Les vers sotadiques doivent leur nom à Sotades, leur inventeur. Ils sont composés de sept pieds : le premier, un spondée; le second, un ïambe; le troisième, un spondée; le quatrième, un ïambe; le cinquième et le sixième, deux tribraques; le septième, un spondée.

P. 348. — *Ut hæc* USUCAPIO. On entend par ce mot la jouissance, la possession d'une propriété par la prescription légale.

P. 349. — *Victus M. Antonii*. M. Antoine était fils d'un préteur mort en Crète, et petit-fils de M. Antoine l'orateur, qui fut mis à mort par l'ordre de Marius, et dont Cicéron fait un éloge si pompeux en lui assignant un rôle dans son admirable traité *de Oratore*.

M. Antoine, le triumvir, eut pour mère la vertueuse Julia, de la famille de César. Cicéron expie par sa mort tragique, à l'époque des sanglantes proscriptions du second triumvirat, les discours composés contre Antoine.

Les *Philippiques* furent prononcées dans le temps qui s'écoula depuis la mort de César jusqu'à la bataille de Modène.

P. 351. — *Qui spondet mille nummum*. Le *numme* de cuivre, ou *as*, pesait dans le principe une livre, et se subdivisait en *triens*, *quadrans*, *sextans*. Le *numme*, ou denier d'argent, valait à peu près 50 centimes. Il portait pour marque un char attelé de deux ou de quatre chevaux (*bigatus*, *quadrigatus*).

P. 352. — Χειριδωτοὺς *appellaverunt*. Le principal habillement des Romains, et celui qui leur était propre, était la robe appelée *toga*, comme chez les Grecs c'était le manteau *pallium*. L'habillement des femmes était appelé *stola*. Les toges avaient des marques distinctives, suivant le rang des citoyens.

P. 354. — *Qui centum et viginti quinque millia æris ampliusve censi erant.* Selon Tite-Live (liv. I, ch. XLIII), pour être dans la première classe, il fallait avoir cent mille as. « Ex iis, qui centum millium æris, aut majorem, censum haberent, octoginta confecit centurias, quadragenas seniorum ac juniorum. »

Deuxième classe, 75,000 as.

Troisième classe, 60,000.

Quatrième classe, 25,000.

Cinquième classe, 5,000; environ 250 fr. de revenu.

La sixième classe comprenait les prolétaires : classe nombreuse et déshéritée de toute influence politique, mais aussi exempte de toute charge.

La première classe était composée de quatre-vingt-dix-huit centuries, pouvant disposer de quatre-vingt-dix-huit voix. Toutes les autres, en se réunissant, ne pouvaient lui opposer que quatre-vingt-quinze suffrages.

Ces comices, qui exercèrent une si grande influence sur les destinées romaines, étaient appelés *centuriata*. Ils furent institués par Servius-Tullius. Romulus avait établi les comices *curiata*. Les *tributa*, ou réunion du peuple romain par tribus, furent adoptés par les tribuns à l'époque du jugement de Coriolan.

P. 354. — *Qua Voconiam legem suasit.* La loi *Voconia*, portée par le tribun Q. Voconius, l'an 169 avant Jésus-Christ, défendait de laisser à une fille un héritage de plus de 25,000 sesterces (environ 3,000 fr., en évaluant le sesterce 12 centimes).

P. 356. — *Q. Scævola.* Les vertus et la science étaient héréditaires dans cette famille de jurisconsultes. Cicéron eut pour protecteur, dans sa jeunesse, un Scévola, augure et consul, l'an 637 de Rome.

P. 358. — *Murœna Tartessia.* Les Romains faisaient grand cas de cet animal; les murènes de Tartesse, à l'embouchure du Bœtis, étaient surtout estimées.

P. 363. — *Jusjurandum apud Romanos*, etc. Aulu-Gelle aurait pu rappeler la mort de Régulus. Polybe garde le silence sur ce beau trait célébré par Horace dans une de ses odes les plus admirables :

> Cœlo Tonantem credidimus Jovem
> Regnare. . . . .
> *Carm.*, lib. III, ode 5.

P. 364. — *Postliminio in patriam redisse dicebant.* Le *postliminium* était une fiction de la loi par laquelle on supposait que le prisonnier de guerre n'avait jamais cessé d'être libre, dès qu'il avait remis le pied sur le sol de la patrie. Par conséquent, son retour le faisait rentrer dans tous ses droits.

P. 365. — *Factum Tib. Sempronii Gracchi.* Tibérius, de l'illustre famille plébéienne *Sempronia*, naquit vers l'an de Rome 530. Il fut chef du collége des augures, parvint plusieurs fois au consulat, et devint le gendre de P. Scipien, son ancien ennemi, qu'il défendit noblement contre les tribuns du peuple.

P. 368. — *Capua.* La ville moderne est bâtie à quelque distance de l'ancienne.

P. 368. — *Nola.* Nole, ville du midi de l'Italie. Annibal ne put s'en emparer, et Auguste y termina sa carrière.

LIVRE HUITIÈME

P. 374. — *Peregrinus philosophus.* Pérégrinus voulant rendre son nom immortel, termina volontairement ses jours sur un bûcher, en présence des Grecs réunis aux jeux Olympiques. Lucien, qui assista à cette scène extraordinaire, blâma la résolution du philosophe, et démentit les prodiges qui avaient accompagné, disait-on, la fin de Pérégrinus.

P. 374. — *Qui περὶ τῆς Μνήμης inscriptus est.* Parmi les exemples de mémoire prodigieuse, on peut citer, avec Pline (liv. VII, ch. XXIV), Cyrus, qui savait les noms de tous ses soldats; Mithridate, qui rendait la justice en vingt-deux langues différentes aux vingt-deux nations dont il était souverain; Sénèque, qui récitait à rebours deux cents vers qu'il avait entendus une seule fois, et qui, de plus, répétait deux mille noms sans rien changer à leur ordre. On rapporte, comme exemples de l'anéantissement de cette faculté, qu'un homme, après avoir été frappé d'une pierre, oublia ses lettres; un autre étant tombé d'un toit, oublia son père, sa mère et ses amis; enfin, l'orateur Messala Corvinus oublia jusqu'à son nom.

LIVRE NEUVIÈME

P. 380. — *Hippiam tyrannum interficere adorsi erant.* Ce fut Hipparque, son frère, qui tomba sous les coups des deux amis. Hippias trouva la mort dans les champs de Marathon, en combattant contre les Athéniens.

P. 381. — *Prænomina patriciorum quorumdam.* Les Romains avaient plusieurs noms, ordinairement trois, quelquefois quatre. Le premier était le prénom, servant à distinguer chaque personne; le second était le nom propre, désignant la *gens*; le troisième désignait la famille; le quatrième, le surnom.

On donnait le nom aux enfants le jour de leur purification, qui était le huitième après leur naissance pour les filles, et le neuvième pour les garçons. On donnait le prénom aux garçons lorsqu'ils prenaient la robe virile, et aux filles quand elles se mariaient.

P. 381. — *Philippus, Amyntæ filius.* Philippe, père d'Alexandre le Grand, monta sur le trône en 360, gagna la bataille de Chéronée en 338, fut assassiné par Pausanias en 336 avant Jésus-Christ.

P. 381. — *Inclytæ illæ Demosthenis orationes.* Démosthène naquit à Athènes l'an 384 avant Jésus-Christ. Il mourut l'an 322.

P. 384. — *Qui ultra Borysthenem fluvium longe colunt.* Le Borysthène ou Nieper se jette dans la mer Noire.

P. 384. — *In libro Plinii Secundi.* Pline l'Ancien, né vingt-trois ans après Jésus-Christ, mérita l'amitié de Vespasien. On sait que sa passion pour l'étude était extrême, et qu'elle causa sa mort l'an 79 après Jésus-Christ, époque de la première éruption connue du Vésuve.

Il avait composé l'*Histoire de Rome*, l'*Histoire des guerres de la Germanie*; l'*Histoire naturelle*, que l'on pourrait appeler l'*Ency-*

clopédie des Sciences naturelles : ouvrage presque aussi varié que la nature elle-même, dit Pline le Jeune.

Pline le Jeune, neveu et, pour ainsi dire, fils adoptif du précédent, naquit vers l'an 62, eut pour maître Quintilien; fut appelé aux fonctions publiques par Nerva et Trajan. Il était propréteur en Bythinie et dans le Pont à l'âge de quarante et un ans, lorsqu'il écrivit à Trajan son célèbre *Rapport sur les Chrétiens*. Il mourut vers l'an 110 après Jésus-Christ.

P. 385. — *Qui monoculi appellantur*. Qui n'ont qu'une seule jambe : de μόνος, seul, et κῶλον, membre.

P. 386. — *De Cœnice et Cœneo cantilena*. La fable rapporte qu'une jeune fille appelée Cænis obtint de Neptune qu'elle serait changée en homme, et elle fut appelée Cæneus.

P. 386. — *Casini puerum*. Casinum, ville du Latium.

P. 387. — *Civem Thysdritanum*. Thysdrus, aujourd'hui Caïrovan, non loin de Tunis.

P. 387. — *Quos hermaphroditos vocamus*. La science ne reconnaît pas dans l'espèce humaine de véritables hermaphrodites. Des défauts de conformation ont donc donné lieu aux contes débités à ce sujet.

P. 387. — *Epicurus*. Épicure, né à Samos, l'an 341 avant Jésus-Christ, enseigna à Athènes en 309. Sa morale, qui avait pour base l'intérêt personnel, fut outrée par ses disciples, qui tombèrent dans de honteux excès.

P. 388. — *Antisthenes Socraticus*. Antisthène, d'abord disciple du sophiste Gorgias, puisa ensuite la sagesse à l'école de Socrate, et fit consister la vertu dans le mépris des richesses, des grandeurs, des sciences et de la volupté. Les disciples d'Antisthène allèrent plus loin que lui et dénaturèrent ses doctrines déjà en dehors des limites du vrai. Plusieurs d'entre eux foulèrent aux pieds toute décence. Antisthène contribua à faire condamner les accusateurs de son maître Socrate.

P. 388. — *Critolaus Peripateticus*. Critolaüs, né en Lydie, un des chefs de l'école péripatéticienne, envoyé à Rome l'an 158 avant Jésus-Christ, avec Carnéade et Diogène.

P. 388. — *Plato*. Platon naquit dans l'île d'Égine, l'an 430 avant Jésus-Christ. On le faisait descendre de Solon et de Cadmus. Platon fut le plus célèbre des disciples de Socrate, et l'un des plus grands hommes de l'antiquité. Il eut lui-même pour disciple, et ensuite pour rival Aristote. La morale de Platon s'élève à une telle sublimité, que plusieurs Pères de l'Église, dans leur admiration, ont supposé que Platon avait été admis à une sorte de pressentiment de la révélation.

P. 391. — *Suetonius etiam Tranquillus.* Cet historien naquit sous le règne de Néron. Sa biographie des douze premiers Césars est écrite avec une grande indépendance, dans un style simple, concis, correct et naturel.

P. 391. — *Alias digitis pelli, alias sonare.* Ce qui ne peut signifier que les cordes touchées restent muettes. L'expression *ictu alieno sonantibus*, que l'on voit au titre, semble confirmer cette observation.

P. 392. — *Virgilius quum... Apollonii... locos effingeret.* Apollonius de Rhodes florissait pendant le règne de Ptolémée Evergète. Il eut pour disciple Callimaque.

P. 394. — Ἢ κατὰ Τηΰγετον περιμήκετον, ἢ Ἐρύμανθον. Le Taygète, montagne de la Laconie. L'Érymanthe, montagne de l'Arcadie.

P. 395. — *Juga Cynthi.* Le Cynthe, montagne de l'île de Délos.

P. 399. — *L. Furio, Claudio Appio consulibus.* L'an 349 avant Jésus-Christ.

P. 403. — *Somniculosam ut Pœnus aspidem Psyllus.* On croyait que le venin des serpents était sans force contre les Psylles, peuple de la Cyrénaïque.

P. 405. — *T. Manlius summo loco natus.* Manlius Torquatus s'immortalisa par cet acte de courage, l'an de Rome 333, sous le consulat de C. Sulpicis et de C. Licinius Calvus.

P. 487. — *Gladio Hispanico cinctus.* Les Romains ne commencèrent à se servir de cette arme qu'au temps de la deuxième guerre punique.

P. 411. — *Sisenna in Historiarum libro sexto.* Sisenna (Lucius Cornelius) écrivit l'histoire romaine depuis la prise de Rome par les

Gaulois jusqu'aux guerres de Sylla. Sisenna fut l'ami de Pomponius Atticus.

P. 415. — *Sine controversia disertus est.* La plaisanterie du philosophe repose sur l'équivoque qui est dans l'expression *sine controversia*.

P. 416. — *Quod Græce ἀντιστρέφον dicitur.* On peut voir un exemple fort remarquable de ce genre d'argument, liv. V, ch. X.

FIN DES NOTES DU PREMIER VOLUME

TABLE DES MATIÈRES

DU TOME PREMIER

                                                                         PAGES

Notice sur Aulu-Gelle. v

LIVRE PREMIER

Préface. 1
De quelle mesure et de quelle proportion, au rapport de Plutarque, se servit le philosophe Pythagore pour avoir la taille d'Hercule, pendant le séjour de ce dieu sur la terre. 9
Comment l'illustre Hérode Atticus cita fort à propos à un jeune homme présomptueux et plein de vanité, soi-disant philosophe, un passage du stoïcien Épictète, dans lequel ce dernier distingue assez plaisamment le véritable stoïcien des impudents bavards qui prennent ce nom. . . . 10
Conduite équivoque de Chilon le Lacédémonien pour sauver un ami; examen de cette question délicate et digne d'attention : Est-il permis de commettre une faute dans l'intérêt d'un ami? Opinion de M. Cicéron et de Théophraste sur ce sujet. 15
Avec quelle subtilité et quelle finesse Antonius Julianus commentait un passage de M. Cicéron, où un changement de mots donne lieu à une équivoque. 23
Reproches adressés à l'orateur Démosthène à cause du soin extrême qu'il

prenait de sa personne et de ses vêtements; mêmes reproches faits à l'orateur Hortensius, qui, pour la même recherche dans sa mise, et à cause de sa manière théâtrale de débiter, reçut le nom de la danseuse Dionysia. 25

Passage d'un discours que Métellus Numidicus prononça devant le peuple, pendant sa censure, pour exhorter les citoyens au mariage. Pourquoi ce discours fut critiqué, et comment il a été défendu. 26

Que, dans ces mots du cinquième discours de Cicéron *contre Verrès* : — *Hanc sibi rem præsidio sperans futurum*, il n'y a ni faute de texte ni solécisme; que c'est bien à tort qu'on a voulu corriger ce passage et mettre *futuram*. Autre mot de Cicéron corrigé mal à propos. Quelques réflexions sur le soin extrême que Cicéron donnait à l'harmonie et au nombre de la période. 29

Anecdote rapportée par le philosophe Sotion sur la courtisane Laïs et l'orateur Démosthène. 34

Sur la méthode et l'ordre de l'enseignement de la philosophie pythagoricienne; quel était le temps où les disciples devaient se taire, et celui où il leur était permis de parler. 36

En quels termes le philosophe Favorinus apostropha un jeune homme qui affectait de se servir de locutions anciennes et vieillies. 38

Que les Lacédémoniens, au rapport de Thucydide, allaient au combat au son de la flûte et non au son de la trompette. Paroles de cet historien à ce sujet. Que, d'après Hérodote, le roi Halyatte se faisait accompagner de joueurs de flûte en allant au combat. Quelques observations sur la flûte dont l'orateur Gracchus employait le secours à la tribune. . . . 39

Quelles conditions d'âge et de naissance devait remplir la jeune fille que l'on consacrait au culte de Vesta. Rites et cérémonies religieuses de sa *prise* par le grand prêtre. Nom qui lui était donné par ce dernier, lorsqu'il la *prenait*; droits de la vestale lorsqu'elle a été *prise*. Que, d'après Labéon, elle ne peut hériter d'un intestat. Que nul citoyen ne peut, non plus, hériter *ab intestat* d'une vestale. 44

Sur cette question agitée en philosophie : Faut-il exécuter ponctuellement les ordres qu'on a reçus? Peut-on s'en écarter quelquefois, si l'on a l'espoir d'être plus utile à celui qui nous a donné un ordre? Examen des diverses opinions émises à ce sujet. 47

Réponse de C. Fabricius, célèbre par ses exploits, mais pauvre, aux Samnites, qui lui offraient une somme d'or considérable pour le tirer de l'indigence. 50

Combien est importune et désagréable l'habitude de parler beaucoup et sans sujet. Justes reproches adressés aux bavards, en plusieurs circonstances, par les principaux écrivains de Rome et d'Athènes. 54

Que cette phrase : *Ibi mille hominum occiditur*, tirée du troisième livre des *Annales* de Quadrigarius, n'est ni une licence ni une tournure poétique, mais qu'elle est parfaitement conforme aux règles de la grammaire. . 56

Avec quel calme Socrate supporta l'humeur intraitable de sa femme. Ce que M. Varron, dans une satire, dit sur les devoirs du mari. 59

Que M. Varron, dans le quatorzième livre de son traité *des Choses humaines*, relève quelques erreurs de son maître L. Élius sur l'étymologie. Que Varron, dans ce même livre, se trompe sur l'étymologie du mot *fur*, voleur. 60

Anecdote sur les livres Sybillins et sur le roi Tarquin le Superbe. . . . 62

Ce que les géomètres appellent σχήματα. Noms latins des figures de géométrie. 63

Que Julius Hygin affirme positivement avoir lu, dans un manuscrit qui avait appartenu à la famille de P. Virgile, ce vers ainsi écrit : *Et ora Tristitia tentantum sensu torquebit amaror*, au lieu de *sensu torquebit amarco*, leçon généralement reçue. 65

Un avocat s'exprime-t-il d'une manière correcte et latine, lorsqu'il dit, en parlant de celui qu'il défend : *Superesse se ei?* De la signification propre de *superesse*. 67

Ce qu'était Papirius Prétextatus. Origine de ce surnom. Récit de toute cette plaisante histoire de Papirius. 72

Épitaphes de trois poëtes anciens, Névius, Plaute et Pacuvius, composées par eux-mêmes, et gravées sur leurs tombeaux. 74

Définition du mot *trêve* par M. Varron. Recherches attentives sur l'étymologie de ce mot. 76

Réponse du philosophe Taurus quand je lui demandais si le sage se laissait aller à la colère. 78

LIVRE DEUXIÈME

De quelle manière le philosophe Socrate avait coutume d'exercer son corps à la patience. Constance d'âme de ce sage. 81

Devoirs et procédés réciproques des pères et des fils, soit pour se mettre à table, soit pour prendre des sièges, et dans d'autres cas semblables, tant en public qu'en famille, lorsque les fils sont magistrats et les pères simples particuliers. Dissertation du philosophe Taurus sur ce sujet. Exemple tiré de l'histoire romaine. 82

Pour quelles raisons les anciens ont introduit dans certains mots la lettre aspirée *h*. 84

Ce qui a engagé Gabius Bassus à appeler *divination* un certain genre de jugement. Explication de ce même mot par d'autres jurisconsultes. . . . 86

Paroles ingénieuses et expressives du philosophe Favorinus, pour distinguer l'éloquence de Platon de celle de Lysias. 87

De quelques expressions de Virgile condamnées comme incorrectes et peu élégantes. Réfutation de ces critiques. 88

Des devoirs des enfants envers leurs pères. Opinion des philosophes qui dans leurs livres ont agité la question de savoir si, toujours et en toutes circonstances, un fils doit obéir aux ordres de son père. 95

Que Plutarque blâme à tort la forme d'un syllogisme d'Épicure. . . . 98

Que le même Plutarque critique évidemment à tort une expression d'Épicure. 99

Ce que signifie *favissæ Capitolinæ*. Réponse de M. Varron à Servius Sulpicius, qui lui demandait le sens de ce mot. 100

Nombreux et mémorables exploits de Sicinius Dentatus. 101

D'une loi de Solon, qui, au premier abord, semble être injuste et inique, mais dont l'utilité et la sagesse sont incontestables. 102

Que le pluriel *liberi* désigne très-souvent, chez les anciens, un seul enfant, fils ou fille. 104

Que M. Caton, dans son livre *contre Tibérius exilé*, a écrit : *stitisses vadimonium*, et non *stetisses*. Explication de l'emploi de ce mot. . . . 105

Grands honneurs que les anciens Romains rendaient à la vieillesse. Pourquoi, dans la suite, ces mêmes honneurs ont été accordés aux hommes mariés et aux pères de famille. Détails sur le chapitre septième de la loi Julia. 106

Critique adressée à Césellius Vindex par Apollinaris sur l'interprétation d'un passage de Virgile. 108

Observations de M. Cicéron sur la propriété de quelques prépositions. Réflexions sur la remarque de Cicéron. 110

Que Phédon, disciple de Socrate, fut esclave; que plusieurs autres philosophes ont vécu dans la même condition. 112

Du mot *rescire*; quelle en est la signification propre et véritable. . . . 114

TABLE DU TOME PREMIER

Que ce que nous appelons *vivaria* n'était pas désigné par ce mot chez les anciens; par quelle expression *vivaria* est remplacé dans un discours de P. Scipion au peuple romain, et dans l'*Économie rurale* de M. Varron. 116

Sur la constellation que les Grecs appellent Ἅμαξα, les Latins *Septentriones*. Explication et étymologie de ces deux mots. 118

Sur le mot *Iapyx*. Nom et direction des autres vents. Discours de Favorinus sur ce sujet. 120

Examen et comparaison de quelques endroits du *Plocium* de Ménandre et de celui de Cécilius. 126

De l'ancienne frugalité; des anciennes lois somptuaires. 133

Ce que les Grecs entendent par les mots ἀναλογία, analogie, ἀνωμαλία, anomalie. 137

Entretiens de M. Fronton et de Favorinus sur les différentes espèces de couleurs, et sur leurs noms en grec et en latin. Ce que c'est que la couleur appelée spadix. 138

Opinion de T. Castricius sur les portraits que Salluste et Démosthène ont fait, l'un de Sertorius, et l'autre de Philippe. 143

Que l'on ignore quelle divinité il faut invoquer dans les tremblements de terre. 145

Apologue intéressant d'Ésope le Phrygien. 146

Quelles observations on a faites sur le mouvement, en sens divers, que communiquent aux flots de la mer l'Auster et l'Aquilon. 150

LIVRE TROISIÈME

Pourquoi Salluste a dit que l'avarice énerve non-seulement une âme virile, mais même le corps. 153

Quel est, d'après M. Varron, le jour natal de ceux qui sont nés avant ou après la sixième heure de la nuit (minuit)? Durée de la journée civile chez les différents peuples. Que, suivant Q. Mucius, la femme qui n'a pas observé la durée de l'année civile ne peut être épousée par usurpation. 156

Moyen de reconnaître l'authenticité des comédies de Plaute, puisqu'on a confondu celles qui lui appartiennent véritablement avec celles qui ne sont pas de lui. Que Plaute composa plusieurs de ses ouvrages dans un moulin, et Névius quelques-unes de ses pièces dans une prison. . 159

	PAGES
Que P. Scipion l'Africain et d'autres personnages distingués de son siècle avaient l'habitude de se raser les joues et le menton avant d'être parvenus à la vieillesse.	163
Par quelles paroles sévères et plaisantes tout à la fois, le philosophe Arcésilas railla quelqu'un sur sa mollesse, et sur la langueur efféminée de ses yeux et de sa personne.	164
Force et propriété du palmier : le bois de cet arbre se relève sous les fardeaux dont on le charge.	165
Histoire du tribun militaire Q. Cédicius, tirée des *Annales*. Citation d'un passage des *Origines* de M. Caton, qui compare la valeur de Cédicius à celle du Spartiate Léonidas.	165
Lettre remarquable des consuls C. Fabricius et Q. Émilius, au roi Pyrrhus, conservée par l'historien Q. Claudius.	168
Ce qu'était le cheval de Séius, connu par un proverbe. Couleur des chevaux appelés *spadices*, chevaux bais. Origine de ce mot.	170
Vertu et propriété du nombre sept, constatées par un grand nombre d'exemples. Faits nombreux cités par M. Varron, sur ce sujet, dans son traité des *Semaines*.	172
De quels pauvres arguments se sert Attius dans ses *Didascaliques*, pour prouver que le poëte Hésiode est plus ancien qu'Homère.	176
Que P. Nigidius, savant distingué, en appelant un ivrogne *bibosus*, se sert d'une expression inusitée et bien peu latine.	178
Que Démosthène, pendant sa jeunesse, lorsqu'il était disciple de Platon, ayant entendu, par hasard, l'orateur Callistrate prononcer un discours dans l'assemblée du peuple, quitta l'école du philosophe pour suivre l'orateur.	179
Que ces locutions, *dimidium librum legi, dimidiam fabulam audivi*, et autres semblables, ne sont pas correctes. Comment M. Varron démontre l'impropriété de ces termes, qui ne peuvent être justifiés par aucun exemple tiré des anciens.	180
Que plusieurs personnes, ainsi que l'attestent l'histoire et la tradition, ont perdu la vie en apprenant la nouvelle d'un bonheur extrême et inattendu, suffoquées par la violence de leur émotion et par l'excès du saisissement.	184
Différents termes assignés à la naissance des enfants par les médecins et par les philosophes. Opinion des poëtes anciens à ce sujet. Plusieurs autres détails curieux sur le même sujet. Passage d'Hippocrate tiré de son traité *sur les Aliments*.	185

Que, d'après le témoignage des écrivains les plus graves, Platon acheta trois
livres du pythagoricien Philolaüs, et Aristote quelques ouvrages du philosophe Speusippe pour des sommes qui passent toute croyance. . . 192
Ce qu'on entend par sénateurs *pédaires;* d'où vient cette dénomination.
Origine de ces termes d'un ancien édit maintenu par les consuls : « Les
sénateurs et ceux qui ont le droit d'exprimer leur avis en plein sénat. » 193
Explication du mot *parcus* par Gabius Bassus; étymologie qu'il en donne.
De quelle manière et dans quels termes Favorinus, tout en se moquant,
réfuta cette opinion de Gabius. 195

LIVRE QUATRIÈME

Récit d'un entretien à la manière de Socrate que le philosophe Favorinus
eut avec un grammairien plein de jactance. Citation, amenée dans la
conversation, d'un passage de Q. Scévola, où ce dernier donne du mot
penus une définition qui n'a paru ni juste ni complète. 197
En quoi diffèrent les mots *morbus* et *vitium;* leur signification dans un
arrêté des édiles. Si la rédhibition existe pour les eunuques et les femmes
stériles. Diverses opinions émises à ce sujet. 202
Que Rome ne vit point de procès entre époux, sur la possession de la dot,
avant le divorce de Carvilius. Signification du mot *pellex;* son origine. 205
Ce que Servius Sulpicius, dans son livre *sur les Dots,* a dit sur les conventions légales et les coutumes des fiançailles chez les anciens Romains. . 207
Trait de perfidie des aruspices étrusques, qui donna lieu à ce vers que les
enfants chantaient dans toute la ville de Rome : « Un mauvais conseil
est surtout mauvais pour celui qui le donne. » 208
Termes d'un ancien sénatus-consulte ordonnant l'offrande des grandes victimes, parce que dans le sanctuaire du temple de Mars les javelots de ce
dieu s'étaient agités d'eux-mêmes. Ce qu'on appelle *hostiæ succidaneæ*,
porca præcidanea. Capiton Atéius a appelé certaines fêtes *præcidanea.* 210
Sur une lettre du grammairien Valérius Probus à Marcellus touchant l'accentuation de quelques mots carthaginois. 212
Mot de C. Fabricius sur Cornélius Rufinus, homme avare, qu'il avait fait désigner pour le consulat, quoiqu'il eût pour lui de l'aversion et de la haine. 213

PAGES

Ce que signifie proprement *religiosus*; différentes significations attribuées à ce mot. Ce que Nigidius Figulus en dit dans ses *Commentaires*. . . . 215

Sur la manière de recueillir les suffrages dans le sénat. Scène qui eut lieu entre le consul C. César et Caton, qui voulait parler pendant tout le jour. 219

Renseignements donnés par le philosophe Aristoxène sur le régime de Pythagore et qui semblent plus vrais que la tradition ordinaire. Témoignage analogue de Plutarque sur le même sujet. 220

Curieux exemples de peines infamantes infligées autrefois par les censeurs, d'après les monuments anciens. 224

Qu'en jouant de la flûte d'une certaine manière, on peut apporter un soulagement aux douleurs de la sciatique. 224

Anecdote sur l'édile Hostilius Mancinus et la courtisane Mamilia. Arrêt des tribuns devant lesquels cette dernière cita l'édile. 225

D'un passage de Salluste attaqué par les ennemis de cet historien avec une sévérité malveillante. 226

De quelques mots dans la déclinaison desquels Varron et Nigidius s'éloignaient de la règle ordinaire. Éclaircissements sur ce sujet; citations d'anciens auteurs. 228

De la nature de quelques prépositions jointes à des verbes. Qu'il n'y a rien de choquant dans l'usage de faire ces prépositions longues. Citations et discussions à ce sujet. 230

Traits mémorables de la vie de P. Scipion, le premier Africain, rapportés dans les *Annales*. 235

Ce que M. Varron dit, dans un de ses recueils, sur la nécessité de modérer la nourriture des enfants. 237

Condamnations portées par les censeurs contre ceux qui, à leur audience, se permettaient quelque plaisanterie indécente. Délibération sur la punition qu'ils devaient infliger à un homme qui avait bâillé devant eux. . 238

LIVRE CINQUIÈME

Que le philosophe Musonius désapprouvait les acclamations bruyantes et les applaudissements qui couvrent la voix des philosophes pendant leurs leçons. 241

Sur le cheval d'Alexandre, appelé Bucéphale. 243

Comment et à quelle occasion Protagoras se livra à l'étude de la philosophie. 244

Sur le mot *duoetvicesimus*, vingt-deuxième, qui, bien qu'inconnu du vulgaire, se trouve très-souvent employé par de bons écrivains. 246

Réponse plaisante et maligne du Carthaginois Annibal au roi Antiochus. . 247

Des couronnes militaires. Détails sur les couronnes *triomphale*, *obsidionale*, *civique*, *murale*, *vallaire*, *navale*; sur la couronne de l'ovation et sur celle d'olivier. 248

Ingénieuse interprétation du mot *persona* par Gabius Bassus. Étymologie que le même écrivain donne à ce mot. 252

Défense d'un passage de Virgile critiqué par le grammairien Julius Hygin. Ce que c'est que le *lituus*. Étymologie de ce mot. 253

Anecdote sur le fils de Crésus, tirée des ouvrages d'Hérodote. 256

Des arguments que les Grecs appellent ἀντιστρέφοντα, qui peuvent se retourner, mot que nous pouvons traduire en latin par *reciproca*, réciproques. 257

Que le syllogisme de Bias sur le mariage ne peut point être regardé comme réciproque. 260

Des noms des dieux *Dijovis* et *Vejovis*, honorés chez les Romains. . . . 262

De la gradation que les mœurs romaines établissent entre les devoirs. . . 264

Histoire racontée par Apion, surnommé Plistonicès, qui affirme avoir vu à Rome un lion et un esclave se reconnaître mutuellement. 267

Que les philosophes ne sont pas d'accord sur la question de savoir si la voix est ou n'est pas un corps. 271

De l'organe de la vue, et de la manière dont s'opère la vision. 272

Pour quel motif on a classé parmi les jours funestes le lendemain des calendes, des nones et des ides. Pourquoi beaucoup de personnes regardent comme un jour malheureux, où l'on doit s'interdire toute affaire, le quatrième jour avant chacune de ces époques. 273

Différence entre histoire et annales; citation à ce sujet, tirée du premier livre de l'*Histoire* de Sempronius Asellion. 275

Ce qu'on appelle adoption, adrogation; en quoi l'une diffère de l'autre. Formule de la demande qu'on adresse au peuple pour autoriser l'adrogation. 277

Par quel nom latin Capiton Sinnius a désigné le solécisme; comment l'avaient appelé les anciens Latins. Définition du solécisme par le même Sinnius Capiton. 280

Que ceux qui disent *pluria*, *compluria*, *complures*, parlent correctement latin et ne font point de barbarisme. 281

LIVRE SIXIÈME

PAGES

De quelle manière Chrysippe réfutait ceux qui niaient l'existence de la Providence. 284

De quelle manière, tout en reconnaissant la puissance et la nécessité du destin, Chrysippe prouve la liberté de l'homme dans ses desseins et dans ses jugements. 287

Récit tiré des livres de Tubéron, sur un serpent d'une grandeur prodigieuse. 291

Fait curieux de la captivité d'Attilius Régulus à Carthage, raconté par le même Tubéron. Ce que dit Tuditanus du même Régulus. 291

Que le jurisconsulte Alfénus commit une erreur dans l'interprétation de quelques mots anciens. 293

Que Julius Hygin a commis une erreur grossière en reprochant à Virgile d'avoir appliqué aux ailes de Dédale l'épithète de *præpetes*. Ce qu'on appelle *aves præpetes*. Quels sont les oiseaux que Nigidius appelle *inferæ*. 295

Sur Acca Larentia et Caïa Tarratia. De l'origine du sacerdoce des frères Arvales. 298

Faits curieux sur le roi Alexandre et sur P. Scipion. 300

Piquante anecdote tirée des *Annales* de L. Pison. 301

Anecdote sur Euclide le Socratique, que Taurus citait à ses élèves pour les exciter à se livrer avec ardeur à l'étude de la philosophie. 302

Passage d'un discours de Q. Métellus Numidicus, que l'on cite à cause de la leçon de modération et de gravité qu'il contient. 304

Que Servius Sulpicius et C. Trébatius se sont trompés en disant : le premier, que *testamentum*, le second, que *sacellum*, sont des mots composés. Que *testamentum* dérive de *testatio* ; que *sacellum* est un diminutif de *sacrum*. 305

Des questions appelées *Symposiaques*, sur lesquelles on discutait à la table du philosophe Taurus. 306

Que les philosophes distinguent trois manières de punir. Pourquoi Platon n'en admet que deux. 308

Si la lettre *e* est longue ou brève dans *quiesco*. 311

Sur un mot fort connu, *deprecor*, employé par le poëte Catulle dans un

sens assez rare, mais conforme à la langue. Valeur de ce mot. Exemples tirés des écrivains anciens. 312
Quel fut celui qui le premier établit une bibliothèque publique. Quel était le nombre de livres des bibliothèques publiques d'Athènes avant l'invasion des Perses. 316

LIVRE SEPTIÈME

Récits merveilleux, extraits des *Annales*, sur P. Scipion, le premier Africain. 317
Sur une erreur grossière commise par Gésellius Vindex dans ses *Lectures antiques*. 319
Critique du discours de M. Caton, au sénat, en faveur des Rhodiens, par Tullius Tiron, affranchi de Cicéron. Réponse à cette critique . . . 322
Quelle est, selon le jurisconsulte Célius Sabinus, l'espèce d'esclaves que l'on met en vente avec un bonnet sur la tête, et pourquoi. Quels esclaves, d'après un usage de nos ancêtres, étaient *vendus sous la couronne*, et sens de cette expression. 336
Anecdote remarquable sur l'acteur Polus. 337
Opinion d'Aristote sur la privation de certains sens. 338
S'il faut prononcer *affatim*, comme *admodum*, en mettant l'accent sur la première syllabe. Observations intéressantes sur les accents de quelques autres mots. 339
Tradition invraisemblable sur l'attachement d'un dauphin pour un enfant. 342
Que la plupart des anciens disaient *peposci*, j'ai demandé, *memordi*, j'ai mordu, *pepugi*, j'ai piqué, *spepondi*, j'ai promis, et *occecurri*, je me suis présenté, par un *e*, et non par un *o* ou par un *u*, à la première syllabe, selon l'usage actuel. Que cette forme était empruntée aux Grecs. Que l'on trouve chez des écrivains savants et renommés, au parfait du verbe, *descendo*, je descends, *descendidi*, je suis descendu, et non *descendi*. . 344
Que l'expression composée *usucapio*, formant régulièrement un seul mot, on peut aussi dire *pignoriscapio*, en réunissant deux mots en un seul. 348
Que la véritable signification de *levitas* et de *nequitia* n'est pas celle qu'on leur donne vulgairement. 348

	PAGES
Des tuniques dites à manches; que P. Scipion l'Africain en reprochait l'usage à Sulpicius Gallus.	352
Quelle est, suivant M. Caton, la signification de *classicus*; quelle est celle de *infra classem*.	353
Des trois genres de style, et des philosophes que les Athéniens envoyèrent en ambassade à Rome.	354
Avec quelle sévérité de mœurs nos ancêtres punissaient le vol. Ce que Mucius Scévola a écrit sur la fidélité avec laquelle on doit conserver un dépôt ou un objet prêté.	356
Passage extrait de la satire de M. Varron, intitulée : *Sur les Aliments*, relativement à quelques mots étrangers. Citation de quelques vers d'Euripide contre la délicatesse et le luxe voluptueux des gourmands.	357
Entretien que j'eus avec un grammairien plein de présomption et d'ignorance sur le sens et l'origine du mot *obnoxius*.	359
Sur la fidélité avec laquelle les Romains observaient la sainteté du serment; et, à ce propos, histoire de dix captifs envoyés à Rome, sur leur parole, par Annibal.	363
Anecdote, tirée des *Annales*, touchant le tribun du peuple Sempronius Gracchus, père des Gracques. Décrets des tribuns du peuple, textuellement rapportés.	365
Que Virgile substitua dans un vers le mot *ora* au mot *Nola*, pour se venger des habitants de Nole, qui lui avaient refusé la jouissance d'un cours d'eau. Suivent quelques autres observations curieuses sur l'harmonie des mots.	368
Pourquoi les expressions *quoad vivet* et *quoad morietur* expriment-elles le même temps, quoique formées de deux mots opposés.	371
Que les censeurs avaient coutume d'ôter les chevaux aux chevaliers surchargés d'embonpoint et de graisse. Si cette condamnation était flétrissante pour les chevaliers, ou si elle ne portait aucune atteinte à leur dignité.	371

LIVRE HUITIÈME

Est-il régulier ou non de dire *hesterna noctu*? la dernière nuit. Quelle est, au sujet de cette expression, l'opinion des grammairiens. Que les décemvirs, dans la loi des Douze-Tables, ont dit *nox* pour *noctu*.	373

Dix mots que m'a cités Favorinus, et que les Grecs emploient fréquemment, quoique illégitimes et barbares ; nombre égal de mots que je lui ai cités à mon tour, consacrés chez nous par un usage de chaque jour, et qui cependant ne sont pas latins et ne pourraient se trouver chez aucun auteur ancien. 373

En quels termes et avec quelle sévérité le philosophe Pérégrinus réprimanda, en notre présence, un jeune Romain d'une famille équestre, qui l'écoutait d'un air nonchalant, et bâillait à chaque instant. 374

Que le célèbre historien Hérodote s'est trompé lorsqu'il a dit que seul, parmi tous les arbres, le pin, après avoir été coupé, ne donne aucun rejeton ; et que le même écrivain a avancé comme certaine, sur la pluie et sur la neige, une observation peu exacte. 374

Ce que Virgile a voulu dire par ces mots : *cœlum stare pulvere*, le ciel rempli de poussière ; et Lucilius par ceux-ci : *pectus sentibus stare*, le sein hérissé d'épines. 374

Qu'après une légère querelle suivie d'un raccommodement, il est tout à fait oiseux de s'interroger mutuellement sur ses torts. A ce sujet, discours de Taurus, et extrait d'un ouvrage de Théophraste. Opinion de Cicéron, textuellement rapportée, sur l'amitié. 374

Ce qu'Aristote nous apprend dans son traité intitulé περὶ τῆς Μνήμης, sur la nature et les phénomènes de la mémoire. Autres observations, fruit des lectures et de l'expérience, sur le développement prodigieux ou l'anéantissement de cette faculté. 374

Ce qui m'arriva en voulant interpréter et traduire en latin certains passages de Platon. 375

Que le philosophe Théophraste, l'homme le plus éloquent de son temps, voulant un jour adresser quelques mots aux Athéniens, se trouva tellement intimidé qu'il garda le silence. Que la même chose arriva à Démosthène devant le roi Philippe. 375

Discussion que j'eus, dans la ville d'Éleusis, avec un grammairien charlatan, qui ignorait même ce que savent les enfants, les temps des verbes et les premiers éléments, et qui cependant faisait étalage de science par des questions obscures et propres à embarrasser des esprits inexpérimentés. 375

Réponse plaisante de Socrate à sa femme Xanthippe, qui l'invitait à faire meilleure chère pendant les fêtes de Bacchus. 375

Quel est, dans les écrits des anciens, le sens de cette expression, *plerique omnes*, presque tous. Qu'elle paraît empruntée aux Grecs. 375

Que le mot *quopsones*, usité en Afrique, n'est pas carthaginois, mais grec d'origine. 376
Plaisante dispute du philosophe Favorinus contre certain fâcheux qui discutait sur l'ambiguïté des mots. Quelques expressions peu usitées, empruntées au poëte Névius et à Cn. Gellius. Quelques recherches étymologiques de P. Nigidius. 376
Avec quelle violence et quelle ignominie le poëte Labérius fut traité par C. César : vers qu'il composa à ce sujet. 376

LIVRE NEUVIÈME

Pourquoi Q. Claudius Quadrigarius dit-il, dans le dix-neuvième livre de ses *Annales*, qu'on lance un objet plus droit et plus sûrement de bas en haut que de haut en bas. 377
Paroles sévères d'Hérode Atticus sur certain personnage qui, composant son extérieur et enveloppé dans un manteau, affectait les manières et prenait le nom de philosophe. 379
Lettre du roi Philippe au philosophe Aristote à propos de la naissance d'Alexandre. 381
Traditions merveilleuses sur quelques nations barbares. Enchantements funestes et déplorables. Femmes changées subitement en hommes. . . . 383
Opinions diverses de plusieurs philosophes illustres sur l'essence et la nature de la volupté. Paroles par lesquelles le philosophe Hiéroclès flétrissant les doctrines d'Épicure. 387
Comment doit se prononcer la première syllabe du verbe qui est le fréquentatif d'*ago*. 389
Que les feuilles des oliviers se retournent aux solstices; que pendant les mêmes époques, si l'on frappe quelques cordes d'un instrument on entend résonner celles qui n'ont point été touchées. 990
Que les besoins croissent nécessairement avec les richesses; et, à ce sujet, maxime du philosophe Favorinus rendue avec une élégante concision. . 391
De la manière de traduire les passages remarquables des poëtes grecs; et des vers d'Homère que Virgile passe pour avoir traduits plus ou moins heureusement. 392
Critique dégoûtante et ridicule d'Annéus Cornutus, sur les vers dans les-

quels Virgile peint, en termes chastes et voilés, Vénus et Vulcain reposant sur la même couche. 397
Sur Valérius Corvinus. Origine de ce surnom. 399
De certains mots à signification double et réciproque. 400
Passage extrait de l'ouvrage de Claudius Quadrigarius, où se trouve dépeint le combat du jeune patricien Manlius Torquatus contre un Gaulois qui l'avait provoqué. 405
Que le même Quadrigarius, en mettant *facies* au génitif, a parlé correctement le latin. Quelques autres remarques sur la déclinaison de mots semblables. 408
Du genre de controverse appelé par les Grecs ἄπορον, inexplicable. . . 413
Que Pline Second, homme d'un grand savoir, est tombé dans l'erreur en se laissant séduire par l'argument vicieux appelé par les Grecs ἀντιστρέφον, réciproque. 415

FIN DE LA TABLE DU TOME PREMIER

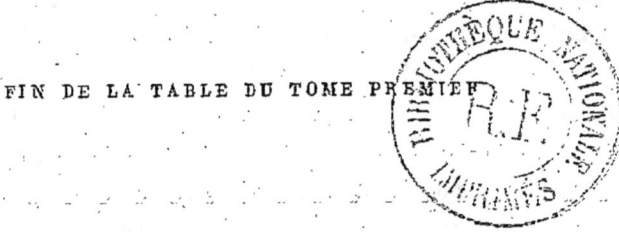

PARIS — IMPRIMERIE ÉDOUARD BLOT, RUE SAINT-LOUIS, 46

RÉIMPRESSION DES CLASSIQUES LATINS DE LA COLLECTION PANCKOUC[KE]

Format grand in-18 jésus — 3 fr. 50 c. le volume

1 — **ŒUVRES COMPLÈTES D'HORACE.** Nouvelle édition, précédée d'une *Étude* sur Horace, par H. RIGAULT. 1 vol.

2 — **ŒUVRES COMPLÈTES DE SALLUSTE.** Traduction par DUROZOIR. Nouvelle édition, revue par MM. CHARPENTIER et FÉLIX LEMAISTRE; précédée d'un nouveau travail sur Salluste, par M. CHARPENTIER. 1 vol.

3 — **ŒUVRES CHOISIES D'OVIDE** (les *Amours*, l'*Art d'aimer*, etc.). Nouvelle édition, revue par M. F. LEMAISTRE et précédée d'une *Étude* sur Ovide, par M. JULES JANIN. 1 vol.

4 — **ŒUVRES DE VIRGILE.** Nouvelle édition, revue par M. FÉLIX LEMAISTRE, et précédée d'une *Étude* sur Virgile, par M. SAINTE-BEUVE. 1 vol. — Par exception. 4 fr. 50

5 à 8 — **ŒUVRES COMPLÈTES DE SÉNÈQUE LE PHILOSOPHE.** Nouvelle édition, revue par MM. CHARPENTIER et F. LEMAISTRE. 4 vol.

9 — **CATULLE, TIBULLE et PROPERCE,** traduits par MM. HÉGUIN DE GUERLE, VALATOUR et GENOUILLE. Nouvelle édition, revue par M. VALATOUR. 1 vol.

10 — **CÉSAR** (Commentaires), traduit par M. ARTAUD. 1 vol.

11 — **ŒUVRES COMPLÈTES DE PÉTRONE,** traduit par M. HÉGUIN DE GUERLE. 1 vol.

12 — **ŒUVRES COMPLÈTES DE QUINTE CURCE,** avec la traduction de MM. AUG. et ALPH. TROGNON, revue avec le plus grand soin par M. PESSONNEAUX, professeur au lycée Napoléon. 1 vol.

13 — **ŒUVRES COMPLÈTES DE JUVÉNAL.** Traduction de DUSAULX, revue par MM. JULES PIERROT et F. LEMAISTRE. 1 vol.

14 — **ŒUVRES CHOISIES D'OVIDE** (les *Fastes*, les *Tristes*). Nouvelle édition, revue par M. E. PESSONNEAUX. 1 vol.

15 à 20 — **ŒUVRES COMPLÈTES DE TITE LIVE.** Trad. par MM. LIEZ, DUBOIS, VERGER et CORPET. Nouvelle édition, revue par E. PESNEAUX, BLANCHET et CHARPENTIER; précédée d'une *Étude* par M. CHARPENTIER. 6

21 — **ŒUVRES COMPLÈTES DE LUCRÈCE** avec la traduction de LAGRANGE, revue le plus grand soin, par M. BLANCHET, professeur au lycée de Strasbourg. 1

22 — **LES CONFESSIONS DE SAINT AUGUSTIN.** Traduction française d'ARNAUD D'ANDILLY, très-soigneusement revue et adaptée pour la première fois au texte latin, avec une introduction M. CHARPENTIER. 1 vol. Par exception. 4 f

23 — **ŒUVRES COMPLÈTES DE SUÉTONE.** Traduction de LA HARPE, refondue avec le plus grand soin par M. CABARET-DUPATY, professeur de l'Université.

24 et 25 — **ŒUVRES COMPLÈTES D'APULÉE,** traduites en français par M. VICTOR BÉTOLAUD, docteur ès-lettres de la Faculté de Paris, ancien professeur de l'Université, membre de la Légion d'honneur. Nouv. éd. entièrement refondue. 2

26 — **ŒUVRES COMPLÈTES DE JUVÉNAL,** traduites par MM. J. PIERROT et E. BOITARD, Nouv. édit., revue par M. PESSONNEAUX. 1

27 — **ŒUVRES CHOISIES D'OVIDE** (les *Métamorphoses*. Nouvelle édition, revue par M. BARET-DUPATY, avec une préface par M. CHARPENTIER. 1 fort volume. Par exception. 4 fr.

28 et 29 — **ŒUVRES COMPLÈTES DE TACITE.** Traduction de DUREAU-DELAMALLE, revue par M. CHARPENTIER. 2

30 — **LETTRES DE PLINE LE JEUNE,** traduites en français par DE SACY et J. PIERROT. Nouv. édit., revue avec le plus grand soin par M. CABARET-DUPATY, professeur de l'Université, auteur de divers ouvrages classiques.

31 et 32 — **ŒUVRES COMPLÈTES D'AULU-GELLE.** Trad. de MM. DE CHAUMONT, FLAMBERT et BUISSON. Nouvelle édit., revue par MM. CHARPENTIER et BLANCHET. 2

En préparation : MARTIAL, 2 vol., QUINTILIEN, 3 vol., CICÉRON, VALÈRE MAXIME, CORNÉLIUS NÉPOS, FLORUS, PHÈDRE, LUCAIN, SÉNÈQUE LE TRAGIQUE.

BIBLIOTHÈQUE LATINE-FRANÇAISE
PUBLIÉE PAR M. C. L. F. PANCKOUCKE

Au lieu de 7 fr., net, 3 fr. 50 c. le vol. in-8, pap. des Vosges non mécani[que]

PREMIÈRE SÉRIE

ŒUVRES COMPLÈTES DE CICÉRON.	36 vol.	JUVÉNAL.	2
ŒUVRES COMPLÈTES DE TACITE.	7 vol.	PERSE, TURNUS, SULPICIA.	1
ŒUVRES COMPLÈTES DE QUINTILIEN.	6 vol.	OVIDE, Métamorphoses.	3
JUSTIN.	2 vol.	LUCRÈCE.	2
FLORUS.	1 vol.	CLAUDIEN.	2
VELLEIUS PATERCULUS.	1 vol.	VALERIUS FLACCUS.	1
VALÈRE-MAXIME.	3 vol.	STACE.	4
PLINE LE JEUNE.	3 vol.	PHÈDRE.	1

SECONDE SÉRIE. — Les auteurs désignés par un * sont traduits pour la première fois en français.

POETÆ MINORES : AVIÉNUS*, CALPURNIUS*, EUCHERIA*, GRATIUS FALISCUS, LUPERCUS SERVASTUS*, NEMESIANUS, PENTADIUS*, SABINUS*, VALERIUS CATO*, VESTITIUS SPURINNA* et le *Pervigilium Veneris*.	1 vol.	PALLADIUS.	1
JORNANDÈS.	1 vol.	HISTOIRE AUGUSTE.	3
		COLUMELLE.	3
CENSORINUS*, JULIUS OBSEQUENS, LUCIUS AMPELIUS.		C. LUCILIUS, LUCILIUS JUNIOR, SALEIUS BASSUS, CORNELIUS SEVERUS, AVIANUS*, DIONYSIUS CATON.	1
AUSONE.	2 vol.	PRISCIANUS*, SERENUS SAMMONICUS*, MACER*, MARCELLUS*.	1
POMPONIUS MELA, VIBIUS SEQUESTER, ETHICUS ISTER*, P. VICTOR*.	1 vol.	MACROBE.	3
		SEXTUS POMPEIUS FESTUS*.	2
R. FESTUS AVIENUS, CL. RUTILIUS NUMATIANUS, etc.		C. J. SOLIN.	1
VARRON.	1 vol.	VITRUVE.	1
		FRONTIN.	1
EUTROPE, MESSALA CORVINUS*, SEXTUS RUFUS.	1 vol.	SEXTUS AURELIUS VICTOR.	1

Il existe encore trois ou quatre collections complètes de la Bibliothèque latine, 214 vol., au prix de 1,200 fran[cs].

PARIS. — IMPRIMERIE ÉDOUARD BLOT, RUE SAINT-LOUIS, 46.

www.ingramcontent.com/pod-product-compliance
Lightning Source LLC
Chambersburg PA
CBHW050235230426
43664CB00012B/1710